Mediation als Wissenschaftszweig

Katharina Kriegel-Schmidt
(Hrsg.)

Mediation als Wissenschaftszweig

Im Spannungsfeld von Fachexpertise und Interdisziplinarität

Springer VS

Herausgeberin
Katharina Kriegel-Schmidt
BTU Cottbus-Senftenberg, Deutschland

Mit freundlicher Unterstützung der Deutschen Stiftung Mediation

Deutsche®
Stiftung Mediation

ISBN 978-3-658-18256-4 ISBN 978-3-658-18257-1 (eBook)
DOI 10.1007/978-3-658-18257-1

Die Deutsche Nationalbibliothek verzeichnet diese Publikation in der Deutschen Nationalbibliografie; detaillierte bibliografische Daten sind im Internet über http://dnb.d-nb.de abrufbar.

Springer VS

Korrektorat: Angelika Schulz
Lektorat: Cori A. Mackrodt

Gedruckt auf säurefreiem und chlorfrei gebleichtem Papier

Springer VS ist Teil von Springer Nature
Die eingetragene Gesellschaft ist Springer Fachmedien Wiesbaden GmbH
Die Anschrift der Gesellschaft ist: Abraham-Lincoln-Str. 46, 65189 Wiesbaden, Germany

Inhalt

Teil II *Forschungsansätze verschiedener Disziplinen:* Mit welchen Zugriffen können wir Mediation untersuchen, beschreiben und erklären?

TEIL III *PROBLEMGELEITETE REFLEXIONSANGEBOTE UND EMPIRISCHE FORSCHUNGSERGEBNISSE* – THEORIEGELEITETE, QUALITATIVE UND QUANTITATIVE MEDIATIONSSTUDIEN

Teil III.1 Mediation als zeitgenössisches Phänomen

Teil III.2 Interkulturelle, kulturvergleichende und internationale Fragestellungen

Teil III.3 Reflexion von Grundpositionen und Wertsetzungen der Mediation

Teil III.4 Die Macht von Sozialstruktur, Narrativ und Situation

Teil III.5 Der Einfluss von Organisationen und Institutionen auf die Entwicklung von Konfliktmanagementsystemen

Teil III.6 Multifaktorielle Konflikt- und Interventionsanalysen in komplex strukturierten Kontexten

Teil III.7 Die Untersuchung von Wirkfaktoren und Wirkprozessen in der Mediation

Teil III.8 Einsatz und Wirkung von Interventionen und Instrumenten in der Mediation

Teil III.9 Irritationen und Widersprüche im Handeln des Mediators

Teil III.10 Ökonomische und kostentheoretische Überlegungen

Teil III.11 Zugangsvoraussetzungen und Bedingungen für Mediation

Teil III.12 Transfer von Ausbildungswissen in den Alltag überprüfen

Teil III.13 Forschung zu benachbarten Hilfeverfahren auf Mediation beziehen

Teil IV *Qualifikationsarbeiten* als Ressource für die Erforschung von Mediation?

Geleitwort

Menschen bilden Kulturen in allen Lebensfeldern. Für die Austragung von Konflikten gibt es eine Vielzahl an Möglichkeiten – von der Durchsetzung der Stärkeren über den Rechtsstreit vor Gerichten bis zur Schlichtung, Verhandlung und Mediation.

Die „Mediationsbewegung" hat eine neue Kultur der konstruktiven Austragung und Beilegung von Konflikten verbreitet. Heute gibt es viele Varianten der Mediation, die sich durch unterschiedliche Traditionen, auch durch unterschiedliche wissenschaftliche Quellen speisen. MediatorInnen haben sehr unterschiedliche Bildungs- und Berufsbiografien und das Spektrum der Erfahrungen mit Konflikten im persönlichen und beruflichen Leben ist sehr heterogen. Eine Flut von Schriften belegt, in welcher Vielfalt Mediation heute praktiziert wird.

Wer die Idee „Mediation" lebendig halten will, wird aufgeschlossen sein, über Probleme und Fehlentwicklungen, neue Ideen und Verfahrensoptionen zu reden. Wenn es nur noch ein einziges Konzept des „Homo Mediator" gäbe, wäre es das Ende der Entwicklung dieser Idee.

Mediation eröffnet Chancen zum Frieden in allen Bereichen des sozialen Lebens – national und international. Je breiter das Angebot an konflikt- und mediationsspezifischem Wissen, umso größer die Chance, erfolgreich zu arbeiten.

Das vorliegende Buch ist ein überzeugendes Plädoyer für eine Ausweitung und Vertiefung der wissenschaftlichen Grundlagen der Mediation. Es enthält Beispiele für fruchtbare Innovationen aus vielen verschiedenen Disziplinen. Es bietet vor allem Argumente, Mediation zu einer eigenständigen wissenschaftlichen Inter-Disziplin zu entwickeln mit unterschiedlich spezialisierten ForscherInnengruppen.

Ich wünsche allen AutorInnen und der Herausgeberin vielfältige Resonanz auf ihre Beiträge sowie auf das mit diesem Buch vorgetragene Plädoyer.

Konstanz, im März 2017 — Leo Montada

Im Spannungsfeld von Fachexpertise und Interdisziplinarität – Mediation als neuer Wissenschaftszweig 1

Einführung in Aufbau und Kontext dieses Bandes

Katharina Kriegel-Schmidt

Ein aktueller Überblick über die deutschsprachige wissenschaftliche Auseinandersetzung zum Thema Mediation lässt schnell deutlich werden: Das Interesse an Mediation ist so vielfältig wie die Fragestellungen, die bearbeitet werden; Forschung zu Mediation entfaltet sich innerhalb der unterschiedlichsten Fachdisziplinen wie auch vor allem in interdisziplinären Wissenschaftsfeldern.

Eine Folge dieser Vielfalt scheint zu sein, dass im zweiten Jahrzehnt des 21. Jahrhunderts ein einigermaßen umfassender, repräsentativer Überblick nicht mehr so leicht zu gewinnen ist, wie dies vor ca. zehn Jahren noch möglich war (da Mediation kaum beforscht wurde[1]) und wie es vielleicht bereits in zehn Jahren wieder möglich sein wird, wenn sich die Mediationsforschung – unbeschadet einer fortschreitenden Diversifizierung – als eigenständiger Wissenschaftszweig etablieren konnte: zu eigenen Zeiten und an eigenen Orten, als Bestandteil von Institutionen und mit – heute noch sehr seltenen – eigenen Lehrstühlen.

Einen Teil der Arbeit in Richtung einer „systematischen" Mediationsforschung – der innerhalb dieser Etappe ihrer noch kurzen Geschichte geleistet werden kann bzw. sollte – möchte dieser Sammelband beitragen. Und dies auf eine besondere Weise: Der Band möchte eine Arbeit leisten, die keine einzelne Disziplin, keine einzelne wissenschaftliche Perspektive zur Mediation, kaum Kolloquien oder Kongresse, aber eben doch ein Sammelband tun kann:

1. Der Band möchte die derzeitigen Aktivitäten in ihrer Vielfalt – ohne Anspruch auf Vollständigkeit – in einer Momentaufnahme sichtbar werden lassen und das, was an vielen Orten geschieht und in den unterschiedlichsten, dem/r Einzelnen manchmal nicht leicht zugänglichen Publikationsorganen dokumentiert wird, in

1 Vgl. u. a. Bastine insbesondere im Hinblick auf (empirische) Mediationsforschung im Bereich Familienmediation (Bastine 2002, S. 11).

einem Band zusammenführen. Er will sagen: Dies ist das Spektrum an existierenden Forschungsfragen und -ergebnissen im Bereich Mediationsforschung. Dazu vereint der Sammelband (immerhin) 43 Beiträge von insgesamt 58 Autor*Innen aus über 12 Disziplinen.

Eine interessierte, nicht wissenschaftliche Öffentlichkeit könnte hier zur Kenntnis nehmen, wie und zu welchen Ergebnissen eine handlungsbefreite Reflexion zum Thema Mediation kommt.

Vor allem aber die Akteure des wissenschaftlichen Feldes, die Altgedienten wie der Nachwuchs der Mediationsforschung können sich hier in einem Gruppenbild vereint sehen.

Fast noch wichtiger ist das zweite Anliegen:

2. Der Band soll zu einem Zeitpunkt, wo der Überblick nicht ganz bequem zu bekommen, aber immer noch relativ unkompliziert genug herzustellen ist, Chancen der *gegenseitigen Wahrnehmung* herstellen und somit die Möglichkeit von „Erkenntnisfortschritt" fördern. Dies auf drei verschiedenen Wegen: durch (a) Abbildung der Forschungsfragen und Aktivitäten vieler Akteure, (b) Möglichkeiten der Multidisziplinarität oder (c) Interdisziplinarität.

Um solche zwei Zwecke voranzubringen (aber auch, um die Lesefreundlichkeit des Bandes zu erhöhen), ist es notwendig, in der hier gebotenen Fülle Ordnung zu schaffen.

Auf der Grundlage der hier versammelten theoretischen wie empirischen Arbeiten sind mehrere Versuche einer Einordnung von Forschungsbemühungen unternommen wurden, von denen zwei hier vorgestellt werden.

Diese Formen der Kategorisierung sollen eine systematische Beschäftigung mit Mediationsforschungsaktivitäten erleichtern: zum einen für den einzelnen Wissenschaftler, der damit das Angebot nutzt, seine eigene Forschung in den hier hergestellten Gesamtzusammenhang einzuordnen, zum anderen für Forschungseinrichtungen und an Mediationsforschung interessierte Einrichtungen, die dadurch in die Lage versetzt werden, gezielt und auf spezifische Weise begründbar Anträge für neue Forschungsprojekte zu entwickeln und einzuwerben. Für alle angesprochenen Akteure wird die Chance eröffnet, sich in der ausdifferenzierenden Mediationsforschung zu orientieren und (interdisziplinär) zu vernetzen. Für den Forschungsgegenstand Mediation vermag dieser erste Versuch einer Systematisierung aufzeigen, welche Fragen und Bereiche theoretisch und/oder empirisch bereits bearbeitet werden, erschlossen bzw. noch unerschlossen sind.

Der erste Ordnungsversuch, der die Navigation durch die Mediationsforschung ermöglichen soll, startet von einer Metaebene aus mit folgender Frage: Wie könnte man Mediationsforschung als Wissenschaftszweig systematisch aufbauen? Was gehört dazu? Anhand der eingegangenen Beiträge lassen sich vier grundlegende Bereiche identifizieren, die im Rahmen einer systematischen Erforschung von Mediation von Bedeutung sind. Diese vier Bereiche bilden den roten Faden und das Ordnungsprinzip des Sammelbandes.

Wie ist der Sammelband aufgebaut?

- Ein Bereich nimmt die Prozesse des Fragens und Forschens zu Mediation in den Blick. Die Auseinandersetzung mit dem Forschungssubjekt und seiner Positionierung zum Forschungsgegenstand Mediation ist in diesem Sammelband mit drei Beiträgen vertreten (Teil I).
- In einem zweiten Bereich geht es darum, disziplinäre Perspektiven voneinander zu unterscheiden und in ihren Fragerichtungen sowie ihrem je eigenen Instrumentarium für eine Erforschung von Mediation kennenzulernen. Im vorliegenden Sammelband sind in einem Kapitel exemplarisch sieben disziplinäre Mediationsforschungsansätze vertreten und zwar eine kulturwissenschaftliche Perspektive, eine erziehungswissenschaftliche, soziologische, kommunikationswissenschaftliche und linguistische Forschungsperspektive, ein Ansatz aus der Kreativitätsforschung sowie eine rechtsphilosophische Perspektive auf Mediation (Teil II).
- Ein weiterer Bereich versammelt *Fachdisziplinen*-übergreifend theoriegeleitete sowie empirische, d.h. qualitative wie quantitative, Mediationsstudien und versucht, übergeordnete Kernfragen bzw. Schwerpunkte für eine systematische Erforschung von Mediation zu identifizieren. Insgesamt 29 Beiträge tragen in diesem Sammelband dazu bei, sich mit folgenden Schwerpunkten/Clustern auseinanderzusetzen (Teil III):
  - Untersuchungen zu Mediation als zeitgenössisches Phänomen
  - Interkulturelle, kulturvergleichende und internationale Fragestellungen
  - Reflexion von Grundpositionen und Wertsetzungen der Mediation
  - Die Macht von Sozialstruktur, Narrativ und Situation
  - Der Einfluss von Organisationen und Institutionen auf die Entwicklung von Konfliktmanagementsystemen
  - Multifaktorielle Konflikt- und Interventionsanalysen in komplex strukturierten Kontexten
  - Die Untersuchung von Wirkfaktoren und Wirkprozessen in der Mediation
  - Einsatz und Wirkung von Interventionen und Instrumenten in der Mediation
  - Irritationen und Widersprüche im Handeln des Mediators
  - Ökonomische und kostentheoretische Überlegungen
  - Zugangsvoraussetzungen und Bedingungen für Mediation

    - Transfer von Ausbildungswissen in den Alltag überprüfen
    - Forschung zu benachbarten Hilfeverfahren auf Mediation beziehen
- Schließlich widmet sich ein vierter Bereich ganz explizit einer neuen Ressource – den an Fachhochschulen und Hochschulen entstehenden Qualifikationsarbeiten zum Thema Mediation. Dort, wo sie sachkundig und didaktisch sensibel betreut werden, entfalten sie ein besonderes Potenzial. Dies nicht zuletzt auch deswegen, weil, wie die Erfahrung als Hochschullehrer*In zeigt, Studierende das Thema Konflikt und Verständigung oft mit persönlichstem Interesse bearbeiten. Zu dieser Aufgabe nehmen drei Beiträge in diesem Sammelband Stellung (Teil IV).

Ein zweiter Ordnungsversuch basiert auf der Frage, welche Zielstellungen hinter den jeweiligen Forschungsaktivitäten stehen, bzw.:

Mit welchen Zielstellungen wird Mediation erforscht?

Ganz allgemein, so ließe sich zumindest mit einer kulturwissenschaftlichen Lesart festhalten, handelt es sich bei Mediation um einen Forschungsschwerpunkt, **(1)** der mit einer, gesellschaftlich-kulturellen Entwicklung einhergeht und diese gleichermaßen abbildet: Mediation wird zum Gegenstand des Interesses auch der Forschung aus dem einfachen Grund, dass Mediation dem Selbstverständnis von Menschen, die im 21. Jahrhundert in einer demokratischen, pluralistischen, postmodernen (d. h. die Vielfalt an individuellen wie kollektiven Identitätsentwürfen fördernde und fordernde) Gesellschaft leben, entspricht. Mediation kann dieser Lesart zufolge als ein Bestandteil einer gesellschaftlichen Praxis-Diskurs-Formation verstanden werden, als ein kulturelles Phänomen also, das gleichermaßen von uns hervorgebracht und gestaltet wird, wie es auf uns zurückwirkt und uns formt. Dass Mediation dann, zu einem bestimmten Zeitpunkt nicht mehr nur praktisch betrieben und ausgeformt wird, sondern auch wissenschaftliches Interesse auf sich zieht, bedarf keiner besonderen Begründung; die Zielstellung wäre mithin eine sehr allgemeine: sich, vor allem sozialwissenschaftlich motiviert, dem *Phänomen* Mediation zu widmen und es zu untersuchen.

Nun lassen sich Forschungsaktivitäten darüber hinaus aber auch **(2)** nach ihrem jeweiligen „Antrieb“ und ihrer Ausrichtung klassifizieren. So unterscheidet bspw. Schluchter in Bezug auf die unterschiedlichen Wissenschaftskulturen eine normative Ausrichtung in Rechtswissenschaft und Theologie, eine experimentell-erklärende in den Natur- und Lebenswissenschaften, eine hermeneutische Ausrichtung in den Geisteswissenschaften sowie eine verstehend-erklärende in den Sozial-und Verhaltenswissenschaften (Schluchter 2009, S. 38). Diese Unterscheidungen sind im System Wissenschaft fest verankert und lassen sich fachdisziplinübergreifend in leicht abgewandelter Form in der Mediationsforschungslandschaft wiederfinden:

a: In einer ersten Ausrichtung von Mediationsforschung richtet sich die Forschungsaktivität dezidiert auf die Verbesserung des „Praxistools" Mediation: Die Beiträge, die dieser Forschungsrichtung zugeordnet werden können, verfolgen damit einen *normativen/präskriptiven Ansatz*: Mediation wird als sinn- bzw. wertvolle Praxis vorausgesetzt, welche es zu fördern gilt. Mediation soll durch die Forschungsaktivitäten optimiert bzw. ihre Reichweite vergrößert werden. Die Beiträge gehören in aller Regel zum Bereich der handlungsorientierten Forschung.

b: Im Unterschied zur ersten Ausrichtung normativ-orientierter Forschungsbemühungen nehmen Arbeiten, die einem *deskriptiven Ansatz* folgen, eine größere Distanz zum Forschungsgegenstand ein und stellen sich (oftmals in grundlagentheoretischer Absicht) die Frage, wie Mediation überhaupt beschrieben werden kann: Das Interesse besteht hier also darin, „Mediation" als Phänomen erst einmal zu beschreiben, um es schließlich zu verstehen. Beispiele hierfür sind kulturwissenschaftliche Analysen, die Mediation als raum-zeitlich geordnetes Handlungskonzept rekonstruieren, d. h. Mediation auf das kohärente Zusammenspiel diverser Elemente hin untersuchen (vgl. Kriegel-Schmidt 2012), strukturelle Betrachtungen, bspw. der Interaktionssoziologie mit der Fragestellung, wie Konflikttransformationen durch vermittelnde Dritte nachgezeichnet werden können (vgl. Heck 2016), oder professionstheoretische Untersuchungen zu Mediation (vgl. Maiwald 2004, 2016). Diese Bemühungen können, müssen aber nicht ein ähnliches Ziel wie normativ-orientierte Ansätze verfolgen, und zwar einen Beitrag zur Verbesserung und Etablierung dieser Handlungspraxis zu liefern. Im Vordergrund steht zunächst das Beschreiben von Mediation als theoretische Explikation: Welchen Zugang haben wir überhaupt zum Phänomen Mediation? Wie wird die Gestalt von Mediation diskursiv hergestellt oder überformt? Welche Rolle spielen Selbstbeschreibungen von Mediator*Innen für das Bild, das wir von Mediation haben? Welche Konsequenzen hat das oftmals zugleich und ineinander verwobene beschreibende und werbende Sprechen über Mediation für eine Analyse derselben?

c: Wird über eine Beschreibung, die letztlich immer auch eine *perspektivische* Beschreibung darstellt, hinaus versucht, die Zusammenhänge, die mit Mediationshandeln zusammenhängen, zu erklären, kann man von einem *explikativ-analytischen Ansatz* sprechen. Zu dieser Kategorie können im Wesentlichen empirische Forschungsarbeiten gezählt werden, die sich die Frage stellen, wie Mediation funktioniert. Im Fokus steht die Analyse von Prozessen und Wirkfaktoren in der Mediation.

d: Einer vierten Ausrichtung, die durchaus auch als Spielart der zweiten und dritten Richtung interpretiert werden kann, können all die Ansätze zugeordnet werden, die Mediation dezidiert als *soziales (sozial produziertes) Phänomen* in den Blick nehmen. Forschungsarbeiten dieser Kategorie interessieren sich weniger für Mediation als Konfliktbearbeitungsverfahren als solches, sondern dafür, *ausgehend* vom Phänomen Mediation, die Gesellschaft, in der wir leben, zu verstehen. Dazu gehört zuvorderst die Auseinandersetzung mit der Frage, ob und inwiefern es sich bei Mediation tatsächlich um eine auf den Konflikt gerichtete Vermittlung handelt oder eher um eine Sozialtechnologie (vgl. u. a. Bröckling 2015) oder Form der sozialen Kontrolle? Des Weiteren ist von Interesse zu erforschen, warum Mediation gerade in dieser Zeit ein attraktives Angebot zu sein scheint (ob tatsächlich als Verfahren im Konflikt oder eher in Form einer Ausbildung, die primär ein attraktives Angebot der Selbstformung unterbreitet, ist zu hinterfragen, bspw. wie Tröndle 2017 es versucht). Was lernen wir durch Mediation über die soziale Plastizität und Formbarkeit von Menschen? Wie reiht sich Mediation in andere Spielarten von Vermittlung ein (bspw. im historischem Vergleich vgl. Kamp 2001, 2016)? Lässt sich Mediation als Instrument eines spezifischen oder mehrerer Kollektive verstehen?

e: Mit der fünften Kategorie soll hier jene Forschung eingeordnet werden, die als „Auftrag“ zustande kommt: Die sogenannte *Auftragsforschung* zu Mediation richtet sich an der unmittelbaren Verwertbarkeit der Ergebnisse für (nicht selten privatwirtschaftliche) Dritte aus und sieht sich in diesem Zusammenhang mit besonderen Herausforderungen konfrontiert (vgl. Kriegel-Schmidt 2015, S. 13ff.), die gerade auch beim Schreiben über Mediation darin bestehen, seine wissenschaftliche Neutralität ggf. auch gegen Herausgeberwünsche und Redaktionsparteinahme zu behaupten.

Bei beiden Versuchen, die diversen Forschungsarbeiten und Forschungsaktivitäten zu Mediation im Hinblick auf die damit verknüpften Zielstellungen zu systematisieren, tritt die bei Busch und Mayer (2012) recht ausführlich diskutierte Frage einer „Berechtigung“ von Mediationsforschung gänzlich in den Hintergrund: **(3)** Forschung und Wissenschaft, verstanden als methodisch-systematisches Produzieren von Erkenntnissen, reiht sich ein in die anthropologische Grundkonstante des Strebens nach Wissen. Forschungsfreiheit ist ein Recht (vgl. Lienkamp 2010), die Erforschung von Mediation ein Interesse. Indes sollten ethische Reflexionen einen festen Bestandteil des Wissenschaftszweigs Mediation bilden.

Wie lässt sich das Feld der beteiligten Akteure für den Wissenschaftszweig Mediation charakterisieren?

Zunächst einmal lässt sich ein Interesse von Akteuren aus den unterschiedlichsten Fachdisziplinen feststellen. In diesem Sammelband vertreten sind Beiträge aus Rechtswissenschaften, Pädagogik/Erziehungswissenschaften, Kommunikations- und Kulturwissenschaften, Psychologie, Soziologie, Soziale Arbeit, Wirtschaftswissenschaften, Linguistik/Sprach- und Sprechwissenschaften, Politikwissenschaft sowie Religionswissenschaften.

Derzeit sind die Akteure über die diversen Wissenschaftsbereiche verstreut angesiedelt. Ob sie überhaupt Notiz voneinander nehmen und Entwicklungen der wissenschaftlichen Auseinandersetzung mit Mediation in anderen Fachdisziplinen nachzuverfolgen in der Lage sind, ist eine wichtige Frage.[2]

Um einen eigenständigen Wissenschaftszweig Mediation systematisch zu stärken, lohnen sich drei Herangehensweisen. Sie helfen, die eigene Forschungstätigkeit zu positionieren und zu reflektieren. Jeder dieser Zugänge geht mit jeweils anderen Anstrengungen (und Erkenntnisgewinnen) für den Aufbau eines Wissenschaftszweiges einher.

1.1 Ein disziplinär ausgerichteter Wissenschaftszweig Mediation

So könnten sich bspw. eine Soziologie der Mediation (Bora et al. 2016), eine genuin psychologische Mediationsforschung (vgl. u. a. Montada und Kals 2013) oder auch eine Linguistik der Mediation (vgl. u. a. Pick (Kapitel 9) und Nenoff (Kapitel 31) in diesem Band) herausbilden.

Vorteil bei diesen disziplinären Perspektiven ist eine in der jeweiligen Disziplin verortete, gemeinsame Grundlage von Begriffen, Theoriesträngen, bekannten Protagonisten, Instrumenten und Forschungsmethoden. Auch die Genese von Fragestellungen lässt sich innerhalb der jeweiligen Disziplin leichter systematisieren: „Das jeweilige Paradigma hat einen analogen Status zu dem der Normen, d. h. es ist handlungsleitend für die ihm verpflichteten Wissenschaftler bzw. präziser für

2 Die seit 2010 jährlich stattfindenden, hochschulübergreifenden und interdisziplinären Kolloquien der bundesweiten Forschungsgruppe Mediation (ForMed) widmen sich vor diesem Hintergrund explizit der Zusammenführung von Akteuren und Perspektiven und der gemeinschaftlichen Begleitung von Forschungsarbeiten: http://forschungsgruppe-mediation.de.

die betreffende Kommunikationsgemeinschaft oder scientific community. Das einer bestimmten Gruppe eigene Paradigma orientiert ihr Handeln, es strukturiert den Erkenntnisprozess, bestimmt die Probleme und legitimiert deren Lösungen" (Weingart 2003, S. 43).

Gleichwohl weist jede der unterschiedlichen Fachdisziplinen, bspw. die Soziologie, noch einmal eine starke Binnendifferenzierung auf, innerhalb derer eine Mediationsforschung durchaus unterschiedlich (stark) verankert sein und unterschiedlich (gut) begründet werden kann.

Dennoch gibt es, und das zeichnet eine disziplinär verankerte Mediationsforschung aus, einen bekannten Kanon oder das von Weingart benannte Paradigma, um Rezeption von Ergebnissen und Bezugnahme aufeinander zu bahnen. Dieser Kanon ermöglicht es, Forschungsergebnisse anderer aufzunehmen, daran anzuschließen, seine eigene Forschung einzuordnen und abzugrenzen und somit ein Gerüst zu entwickeln, dass von Beginn an, eine gewisse Stabilität kennzeichnet, so dass bspw. Heck (2016) auf die Soziologie des Dritten rekurrieren und davon ausgehen kann, dass Soziologen die Thesen zum Streit von Simmel (1908) bezogen auf das Hinzukommen von Dritten zu einer Dyade zumindest in den Grundzügen bekannt sein dürften.

Der Rekurs auf gemeinsames Wissen und das (resonante) Wirken innerhalb einer Gemeinschaft sind für fachdisziplinäres Arbeiten konstitutiv: „Disziplinen sind kognitiv soziale Zusammenhänge. Sie haben einen kognitiven Kern, der logische, methodische und pragmatische Gesichtspunkte miteinander verbindet, und einen sozialen, der gemeinschaftsbildend, im Sinn der Ausbildung einer Fachgemeinschaft, wirkt. Der erste Zusammenhang führt zu Wissensgrenzen, der zweite zu Handlungsgrenzen. Je konsolidierter eine Disziplin ist, desto schärfer sind diese beiden Grenzen markiert" (Schluchter 2009, S. 37).

Nun hat eine disziplinär verortete Mediationsforschung aber auch einen Nachteil für die Entwicklung eines eigenständigen Wissenschaftszweiges: Durch die je eigene wissenschaftliche Community empfänglich gemacht für ausgewählte, vorstrukturierte Fragestellungen, wird ein Wissenschaftler in einem günstigen Fall zwar in besonderer Weise sehend sein, er bleibt jedoch zwangsläufig blind (oder zumindest sehbehindert) für viele andere Aspekte, die für die Erforschung von Mediation eine Rolle spielen könnten. Hier entfaltet eine multidisziplinär ausgerichtete Mediationsforschung ihre Relevanz.

1.2 Ein multidisziplinär ausgerichteter Wissenschaftszweig Mediation

Der vorliegende Sammelband ist ein Dokument der Multidisziplinarität. – *Multi*disziplinarität bedeutet für die Mediationsforschung: Betrachtet man Mediation als „soziales Phänomen", können unterschiedliche Perspektiven beitragen, dieses Phänomen zu „erhellen". Aus der Philosophie heraus, aus den Rechtswissenschaften, den Religionswissenschaften, den Kulturwissenschaften, der Politikwissenschaft, den Erziehungswissenschaften, der Psychologie, der Kommunikationswissenschaft, der Medienwissenschaft, den Sprech- und Sprachwissenschaften u. v. m. werden fachspezifische Fragen an den Gegenstand Mediation entwickelt und diese wiederum werden mit spezifischen Begriffen und Methoden bearbeitet. Die Anwendung unterschiedlicher Perspektiven auf denselben Gegenstand – bspw. bei der Untersuchung als interkulturell verstandener Mediation: sozialpsychologisch (vgl. Gutenbrunner in diesem Band) als auch kulturwissenschaftlich (vgl. Kriegel-Schmidt 2012, 2014; Kriegel-Schmidt und Schmidt 2015) – trägt in Kombination und vielleicht mit Hilfe von miteinander gekoppelter Rezeption zu einem komplexeren Verständnis des Gegenstands Mediation bei. Mehr noch: Jede Perspektive zeigt uns den Konflikt, und wie damit umgegangen wird, als einen anderen Wirkungszusammenhang. Sie fordert zu jeweils anderen Handlungen auf und ist damit auf je eigene besondere Weise produktiv.

Allerdings wartet auch die multidisziplinäre Erforschung von Mediation mit bestimmten Problemen auf: Die Rezeption fachfremder Beiträge ist ein Akt, der in besonderem Maß Anstrengung erfordert und gelingen, aber auch misslingen kann: Um das Beispiel der Erforschung Interkultureller Mediation aus verschiedenen Perspektiven wieder aufzugreifen: Ein sozialpsychologischer Zugriff operiert mit dem Inter-Gruppen-Paradigma, Kontakt, sozialer Identität, Zuschreibung und dem Individuum, während ein kulturwissenschaftlicher Zugang Interkulturelle Mediation mit Bedeutungen, Praktiken, Wissensordnungen, Diskursen, Codes und Symbolen, Subjekt und Subjektivierung versucht zu verstehen. Die Herausforderung hierbei besteht in dem der aufmerksamen Rezeption der jeweils fremden Konstruktionen folgenden Versuch, die fachfremden Zugänge für die eigene Forschung produktiv zu nutzen.

Der multidisziplinäre Zugriff auf Mediation ist vor allem relevant, da er die Perspektivität jeglicher Erkenntnis vor Augen führt. Je nachdem, welchen disziplineigenen Standpunkt man einnimmt, wirft man einen anderen Blick darauf und gibt Mediation damit eine neue Gestalt (vgl. auch Kriegel-Schmidt 2012).

In einem multidisziplinär ausgerichteten Wissenschaftszweig Mediation wird es also zuvorderst darum gehen, „möglichst viele alternative Möglichkeiten der

Weltkonstruktion aufzuweisen […], wobei eine Pluralität koexistierender Theorien wünschenswert [ist]" (von Ameln 2004, S. 183). Wir erhalten damit keinen wahren, aber verschiedene relevante Zugänge zu Mediation.

1.3 Ein interdisziplinär ausgerichteter Wissenschaftszweig Mediation

Erst, wenn es darum geht (und auch gelingt), die verschiedenen, disziplinär verorteten Zugänge nicht nur zur Kenntnis zu nehmen, sondern aufeinander zu beziehen, kann von *inter*disziplinärer Mediationsforschung gesprochen werden. Erfahrungen interdisziplinären Arbeitens weisen vor allem fachübergreifend strukturierte Disziplinen auf, bspw. die Kultur- und interkulturelle Kommunikationsforschung.

Eine interdisziplinäre Erforschung von Mediation würde ermöglichen, bereits Bedachtes aus anderen Disziplinen aktiv und explizit in die eigenen Überlegungen mit einzubeziehen. Mehr noch: Eine interdisziplinär aufgestellte Mediationsforschung wäre als „perspektivensensible" Forschung zu charakterisieren, die Mediation aus verschiedenen (disziplinären) Perspektiven heraus erforscht und die Ergebnisse in einem zweiten Schritt aufeinander beziehen hilft, indem sie methodisch kontrolliert integriert werden. Schluchter (2009) spricht hier von wertvollen „Grenzerfahrungen", die in der interdisziplinären Forschung durch die gezielte Konfrontation mit anderen Disziplinen gewonnen werden.

Problematisch an interdisziplinären Forschungsgebieten, die sich oft auch als *trans*disziplinär bezeichnen, sind zum einen die mit der begrenzten Fassungskraft zusammenhängenden Grenzen beim Versuch des Amalgamierens: Es mögen zwar wertvolle Anleihen aus verschiedenen Disziplinen zusammengeführt werden; oftmals aber kann die mit der fachspezifischen Theorie einhergehende Diskussion in den Herkunftsdisziplinen nicht (vollständig) erfasst werden. Zum anderen besteht auch die Gefahr eines Reduktionismus, wo Unvereinbarkeiten nicht erkannt und reflektiert, sondern oberflächlich passfähig gemacht werden. Man sollte sich unter diesem Gesichtspunkt wohl daher zunächst mit dem Erarbeiten von Hypothesensystemen für die Mediation begnügen.

Der Wert einer interdisziplinären Erforschung von Mediation bestünde vor allem darin, in besonderem Maße „einheitsstiftend" (Schluchter 2009, S. 38) zu sein, da das bewusste Arbeiten mit, an und über Grenzen hinaus, die Erforschung von Mediation zu einem gemeinsamen Projekt werden ließe, das darüber hinaus die je eigene Disziplin stärken kann.

Dieser interdisziplinäre Zugang liefert auch das Argument für den Aufbau von Mediationsforschung als einem eigenständigen Wissenschaftszweig: Mediation ist in diesem Zugriff nicht mehr nur ein Themenschwerpunkt innerhalb einer Fachdisziplin oder gar nur ein (mehr oder weniger zufällig gewählter) Forschungsgegenstand Einzelner, sondern ein Fachdisziplinen-übergreifendes Forschungsansinnen. Hierfür wird zukünftig ein Rahmen benötigt, um die unterschiedlichen methodologischen Zugänge ausweisen und systematisieren zu können.

Eine interdisziplinär orientierte deutschsprachige Mediationsforschung würde sich schließlich kompetent darin erweisen, Bestandteil einer perspektivensensiblen *internationalen* Mediationsforschung zu werden. Solch eine (interdisziplinär wie international) Perspektiven-sensible bzw. Perspektiven-reflexive Mediationsforschung würde sich dadurch ausweisen, nicht unhinterfragt und kontextvergessen verschiedenste Forschungsergebnisse aus unterschiedlichen Ländern zu verwenden, sondern diese in ihrer Kontextgebundenheit zu reflektieren und kontrolliert in die eigenen Erkenntnisprozesse einzubeziehen: Mediation im deutschsprachigen Raum zu erforschen, muss (!) anderen Phänomenen Rechnung tragen als bspw. eine Erforschung von Mediation in den USA oder in Frankreich: Die (immer auch nationalen) Kontexte, in denen Forschungsobjekt wie -subjekt eingebettet sind, zu vermischen, ist üblich, aber riskant; sie reflektiert aufeinander zu beziehen, wäre das Ziel.

Die Beiträge im vorliegenden Band tragen zum größeren Teil einen disziplinären, zum Teil einen multidisziplinären Charakter. Die Herausforderung einer zukünftigen, interdisziplinär aufgestellten Mediationsforschung als eigenständigem Wissenschaftszweig wird es sein, sich gezielt der Anschlussfähigkeit verschiedener Zugänge zu widmen und diese herzustellen. Daher geht es in diesem Band darum, vorhandene Angebote zu sichten, diese zu ordnen *und* Fragestellungen identifizieren zu helfen als mögliche Ausgangsbasis für eine Disziplinen-übergreifende Erforschung von Mediation.

Mit dem Verweis auf eine internationale Mediationsforschung wird ein weiterer wichtiger Punkt angesprochen, der für den vorliegenden Sammelband von Bedeutung ist. Es handelt sich um eine Versammlung von Diskussionsbeiträgen ausschließlich aus dem deutschsprachigen Raum. Aus kulturwissenschaftlicher Perspektive kann das kaum als eine bedauerliche Eingrenzung bezeichnet werden. Der Einbezug von Forschungsergebnissen und Beiträgen aus verschiedenen Ländern zu einem gesellschaftlich-kulturellen überformten – sich (wie erste Forschungen zeigen) reichlich different ausprägenden – Handlungskonzept, hat seine Rezeptionstücken, die nur durch „kultursensible" Reflexion und Moderation durch Herausgeber und Verfasser zu einem Erkenntnisfortschritt führen können: Die Leser*Innen lesen im schlimmsten Fall den fremden Text, als wenn es sich um die Untersuchung von

Phänomenen vor ihrer Institutstür handeln würde, mit dem vertrauten Personal, das die gleichen Begrifflichkeiten verwendet wie sie selbst.

Um Missverständnissen vorzubeugen: Eine inter- bzw. transnationale Forschungsperspektive ist außerordentlich interessant (und in vielen Forschungsprojekten fest verankert), verlangt aber einige Maßnahmen, um gewinnbringend für einen sich etablierenden Wissenschaftszweig genutzt zu werden, die hier noch nicht geleistet werden sollten oder konnten.

Das Mediationsforschungsfeld ist schließlich auch durch die Vielfalt an unterschiedlichen Qualifikationsstadien der Beitragenden charakterisiert. In diesem Band wurde bei der Zusammenstellung der Beiträge zudem bewusst auf den Verweis auf Hierarchiestufen im Wissenschaftsbetrieb verzichtet[3]: So versammeln sich hier Beiträge von Professor*Innen mit denen von Master-Student*Innen -und Absolvent*Innen und lieferten Postdocs Beiträge ebenso wie die, die kurz vor ihrem Doktortitel stehen. In diesem frühen Stadium einer möglichen Konsolidierung braucht es den Überblick, die Vielfalt an Perspektiven, den experimentellen Charakter.

Inhaltlich ist mit diesem Sammelband zwar Vieles, aber nicht alles abgedeckt. Nicht vertreten sind u. a. interaktionssoziologische Studien, historische Studien von Konfliktvermittlung, professionsberufssoziologische Untersuchungen sowie die sehr relevanten Studien zur Gouvernementalität der Mediation, zu Affektregime und Sozialtechnologie (vgl. Bröckling 2015). Wesentlich für die Entwicklung von Mediation als eigenständigem Wissenschaftszweig, aber leider bis auf einen gewichtigen Beitrag (Glenewinkel und Kraft zu Beratung in diesem Band, Kapitel 40) nicht vertreten, sind Forschungsergebnisse einer traditionsreichen Therapie- und Beratungsforschung sowie von Forschungen zu Supervision und Coaching. Gerade die zuletzt genannten Forschungen, die sich postmodernen Handlungskonzepten widmen, die Menschen beteiligen und zu einer gelingenden Lebensführung unter Vielfaltsbedingungen befähigen wollen (Kleve 2016), können von großem Wert sein, indem anhand von deren Befunden Systematiken geprüft und Erkenntnisse für die Erforschung von Mediation genutzt werden können.

Die Erzählstruktur der Beiträge ist jeweils sehr verschieden, (disziplinäre) Konventionen und individuelle Gewohnheiten in der Darstellungs- und auch in der Genderschreibweise wurden bewusst so belassen, wie sie waren. Unter anderem mag der Leser dadurch an die dringend durch ihn zu leistende Auseinandersetzung mit der Perspektivität seiner Texte erinnert werden.

Nicht unerwähnt soll auch bleiben: Es hätte verschiedene Möglichkeiten gegeben, die Beiträge anzuordnen. Einzelne Beiträge würden sich gleichzeitig in verschiedenen

3 Der akademische Grad lässt sich in den jeweiligen Forschungsprofilen am Ende des Bandes nachschlagen.

„Rubriken" gut verorten lassen. Die finale Anordnung, die dem oben skizzierten Ordnungsversuch entspricht, soll – wie schon die Wahl des Ordnungsprinzips nach Bereichen – als Deutungsangebot verstanden werden, als eine Art möglicher Grundstücksplan, der genutzt kann, systematisch den Wissenschaftszweig Mediation auf- und auszubauen.

Am Ende dieser Einleitung möchte ich als in verschiedenen interinstitutionellen und interpersonellen Dependenzen stehendes Subjekt meinen großen Dank aussprechen: der Deutschen Stiftung Mediation für die großzügige Finanzierung des Lektorats. Allen Autor*Innen für ihre inspirierenden Beiträge, den Austausch, ihre Energie und Disziplin seit dem ersten Call for Papers im Dezember 2015. Mein besonderer Dank geht an die Doktorand*Innen, die Mediation begeistert (und kritisch) erforschen helfen und die ihre Beiträge und Ideen in die Kolloquien der bundesweiten Forschungsgruppe Mediation auf anregende und partizipative Weise einbringen. Durch sie erlebe ich auf sehr besondere Weise Resonanz in der Wissenschaft. Und schließlich möchte ich meiner wissenschaftlichen Hilfskraft am Lehrstuhl Interkulturalität, Nadja Weigel, von Herzen danken: Ohne sie wäre ich am Format und den organisatorischen Herausforderungen dieses umfassenden Sammelbandes wohl gescheitert.

Literatur

Ameln, F. von (2004). *Konstruktivismus. Die Grundlagen systemischer Therapie, Beratung und Bildungsarbeit.* Stuttgart: Francke, UTB.

Bastine, R. (2002). *Was leistet die Familienmediation in der Praxis? Empirische Evaluation der Familienmediation.* Heidelberg. Vortrag Bad Boll am 02. 05. 2002. Online verfügbar unter: http://www.mediation-heidelberg.de/pdf/bastine3.pdf (zuletzt abgerufen am 13.03.2017).

Bora, A. et al. (Hrsg.) (2016). Soziologie der Mediation. Themenheft der *Zeitschrift für Rechtssoziologie – The German Journal of Law and Society 36 (1).*

Bröckling, U. (2015). Gute Hirten führen sanft. Über Mediation. *Mittelweg 36, Zeitschrift des Hamburger Instituts für Sozialforschung 1-2*, 171-187.

Busch, D. & Mayer, C.-H. (Hrsg.) (2012). *Mediation erforschen. Fragen – Forschungsmethoden – Ziel.* Wiesbaden: Springer VS.

Heck, J. (2016). Der beteiligte Unbeteiligte. Wie vermittelnde Dritte Konflikte transformieren *Zeitschrift für Rechtssoziologie – The German Journal of Law and Society 36 (1)*, 58-87.

Kamp, H. (2001). *Friedensstifter und Vermittler im Mittelalter.* Darmstadt: Wiss. Buchges.

Kamp, H. (2016). Soziologie der Mediation aus historischer Perspektive. *Zeitschrift für Rechtssoziologie – The German Journal of Law and Society 36 (1)*, 139-153.

Kleve, H. (2016). *Komplexität gestalten. Soziale Arbeit und Case-Management mit unsicheren Systemen.* Heidelberg: Carl-Auer.

Kriegel-Schmidt, K. (2012). *Interkulturelle Mediation. Plädoyer für ein Perspektiven-reflexives Modell.* Dissertation, Berlin et al.: LIT.

Kriegel-Schmidt, K. (2014). Interkulturelle Mediation. In C. Fischer & H. Unberath (Hrsg.), *Grundlagen und Methoden der Mediation* (S. 125-142). München: Beck.

Kriegel-Schmidt, K. (2015). *Warum unterstützen Rechtsanwälte Mediation (nicht)? Eine qualitative Interviewstudie zur Mediation in internationalen Kindschaftskonflikten.* Berlin: Metzner. Online-Publikation.

Kriegel-Schmidt, K. & Schmidt, K. (2015). Kulturwissenschaften und Mediation. Umrisse eines interdisziplinären Forschungsprogramms. *perspektive mediation 1*, 20-25.

Lienkamp, A. (2010). Forschung braucht Ethik. Soziale Arbeit muss bei der Gewinnung neuer Erkenntnisse besonders sensibel sein. *Blätter der Wohlfahrtspflege 1*, 16-19.

Maiwald, K.-O. (2004). *Professionalisierung im modernen Berufssystem. Das Beispiel der Familienmediation.* 1. Aufl., Wiesbaden: VS Verl. für Sozialwiss.

Maiwald, K.-O. (2016). Die Professionalisierung(en) der Mediation. *Zeitschrift für Rechtssoziologie – The German Journal of Law and Society 36 (1)*, 6-28.

Montada, L. (2009). Mediation – Pfade zum Frieden. *Erwägen Wissen Ethik (EWE) 20 (4)*, 501-607.

Montada, L. & Kals, E. (2013). *Mediation: Psychologische Grundlagen und Perspektiven.* Weinheim: Beltz.

Schluchter, W. (2009). *Notiz über den Wert der Interdisziplinarität.* Auszug aus dem Jahresbericht „marsilius-kolleg 2008/2009", S. 35-39. Online verfügbar unter: http://www.marsilius-kolleg.uni-heidelberg.de/md/einrichtungen/mk/publikationen/mk-jahresbericht_2008-2009_03.pdf (zuletzt abgerufen am 13.03.2017).

Simmel, G. (1908). *Soziologie. Untersuchungen über die Formen der Vergesellschaftung.* Berlin: Duncker & Humblot. Online verfügbar unter: http://socio.ch/sim/soziologie/index.htm (zuletzt abgerufen am 10.3.2017).

Tröndle, J. (2017). *Konfliktauflösung durch Selbstveränderung. Eine diskursanalytische und subjektivierungstheoretische Untersuchung der Mediation.* Dissertationsschrift. Eingereicht am Fachbereich Erziehungswissenschaft und Psychologie der Freien Universität Berlin zur Erlangung des Doktorgrades.

Weingart, P. (Hrsg.) (2003). *Wissenschaftssoziologie.* Bielefeld: transcript.

Teil I
Die *Beziehung* des Forschungssubjekts zu Mediation – *Gegenstandsdefinition* und *Blickwinkel* bei der Erforschung von Mediation

Mir doch egal, was Mediation ist

2

Karl Kreuser

Ein beachtlicher Teil der wissenschaftlichen Literatur über Mediation stammt von ‚Infizierten': Menschen also, die Mediation positiv erlebt haben oder selbst, meist erfolgreich und auch begeistert, mediieren. Das ist gut so, denn damit haben die Forscherinnen genaue Kenntnisse über die Praxis ihres Untersuchungsgegenstandes. Wenn sich jedoch Mediierende beim Mediieren selbst beobachten, besteht die Gefahr einer sich selbst reproduzierenden Mediationskultur. Dann gart die Mediationsforschung im eigenen Saft.

Die empirische Wirkungsforschung von Mediation gestaltet sich noch ziemlich einfach. Sie betrachtet Eingangs- und Ausgangsgrößen und kann das, was in der Mediation geschieht, in einer ‚black box' belassen. Schwieriger wird es schon bei der Prozessforschung, denn die Anwesenheit einer Beobachterin oder allein die Tatsache des Beobachtetwerdens verfälschen den Prozess. Einflüsse zu erfassen, die aus der Beratungslogik der Mediatorin stammen, ist wohl am ambitioniertesten. Diese enthält ihr Grundverständnis des mediativen Handelns und ihre Grundannahme über das Funktionieren von Mediation. Jede Beratungslogik hat aber immer auch einen blinden Fleck.

Mediatorin wie Wissenschaftlerin brauchen je eine solche Beratungslogik, um überhaupt in ihrem Metier arbeiten zu können. Die eine, um es sinnvoll zu tun, die andere, um die Beobachtung mediativen Tuns folgerichtig zu interpretieren. Die Forscherin hat darüber hinaus auch eine Forschungslogik, in der sie Hypothesen und empirische Settings entwickelt. Wird die Beratungslogik der Mediatorin ungeprüft von der Forscherin übernommen, dann wird der blinde Fleck mit übertragen – trotz bester Forschungslogik. Geschieht das regelmäßig, gerät die Mediationsforschung in einen Wettstreit, in dem es eigentlich darum geht, den ‚blinderen blinden Fleck' für sich zu reklamieren.

‚Kompetenzen' sind Fähigkeiten zu kreativem selbstorganisiertem Handeln in neuartigen Situationen (Erpenbeck 2010). Sie resultieren aus Fähigkeiten (vor allem

Wissen und Erfahrung) und Bereitschaften (insbesondere Wille und Werte, man kann näherungsweise auch Motivation sagen, das umfasst auch Freiwilligkeit und Autonomie). Der Beitrag zeigt aus Sicht der aktuellen Kompetenz- und Professionenforschung solche Phänomene auf und deutet damit Möglichkeiten an, den blinden Fleck des eigenen Forschens etwas besser kennenzulernen.

2.1 Die Mediatorin

Man kann mediieren, ohne ‚Mediation' definieren zu können oder zu müssen. Auch wenn sie nicht ausformuliert oder in allen Teilen bewusst ist, braucht die Mediatorin eine verinnerlichte Beratungslogik als ihr Grundverständnis über mediatives Handeln. Jede Beratungslogik setzt – explizit oder implizit – auf eine oder einen Mix mehrerer Denkwelten (wie Jura, Systemtheorien, gewaltfreie Kommunikation, positive Psychologie und unzählige andere bis hin zur ‚Psychologie für den Hausgebrauch') auf und legt verschiedene Handlungsmaximen, Interventionsschritte und eine bestimmte Grammatik des Vorgehens nahe. Andere werden ausgeklammert oder erschließen sich ihr nicht: der blinde Fleck. Besonders geprägt wird diese Beratungslogik durch folgende Faktoren, die letztlich nur durch ständige Selbstreflexion und Supervision zugänglich sind. Wissenschaftlich systematisch können solche Faktoren nur indirekt, über Selbstaussagen oder Interpretationen beobachteter Handlungen, Handlungsmuster und -resultate, erfasst werden:

- Auffassung, was Mediation ist
- Rollenverständnis
- Erfahrung und Kompetenzentwicklung
- Verinnerlichung der Grammatik, wie Mediation funktioniert

2.1.1 Mediation an sich

Es beginnt bei der Frage, was Mediation eigentlich ist. Ist sie eine Profession der Lösungsbeschaffung (Kreuser 2015a, 2015b), ein Handlungskonzept (Kriegel-Schmidt 2012), eine Dienstleistung in der Differenzierung von Problem und Lösung, ein Prozess, eine Methode der strukturierten Gesprächssteuerung, eine Haltung? Ist Mediation selbst schon Konfliktlösung? Es gibt durchaus unterschiedliche Sichtweisen, was Mediation ‚ist', was sie bewirken kann und wie sie sich von benachbarten Disziplinen unterscheidet. Man kann schon allein darüber diskutieren, was Profession oder Dienstleistung an sich bedeuten und erst recht, wenn sie mit Mediation verknüpft werden. Selbst Nulllösungen sind erlaubt: *Mir doch egal, was Mediation ist – ich mach das einfach.*

Die Grundmethodik von Mediation ist banal einfach. Die ‚fünf Phasen' kann man an einem Nachmittag lernen. Das ist reproduzierbar und darin ist jede Mediation Gleiche unter Gleichen. So braucht die Mediatorin nur marginale fachlich-methodische Kompetenzen. Mediation ist jedoch mehr als die Anwendung mediativer Techniken, sie ist stets Methode und Medium zugleich (vgl. Graf 2015). Das bedeutet, dass gewisse Qualitäten erst im tatsächlichen Prozess, in kreativer Koproduktion zwischen der Mediatorin und den Klientinnen emergieren. Dabei erhält auch Intuition Raum. Wie gezeigt werden kann, ist Empathie hierbei notwendige Beziehungs- und Prozessqualität (Kreuser und Robrecht 2016). Diese neu aufscheinenden, nicht vorhersagbaren Qualitäten im Miteinander sind methodisch nicht kopierbar und machen jede Mediation einzigartig und unverwechselbar. Sie verleihen dem Mediationssystem „kollektive Kompetenzen" (Kreuser und Robrecht 2016) beim Erwirken von Lösungen für das „Verschwinden-lassen des Problems" (Wittgenstein 2003b). Wichtig werden besonders personale und sozial-kommunikative Kompetenzen. Das ist nicht an einem Nachmittag lernbar. Genau diese subjektive Differenzierung von Methode und Medium sorgt dafür, dass jede Mediatorin ihre eigene Beratungslogik konstruiert.

2.1.2 Rollenverständnis

Das Selbstverständnis der Mediatorin über ihre eigene Rolle und auch über die aller Beteiligten (im Konfliktsystem, im Mediationssystem, aber auch in dem Kontext, der für die Koproduktion relevant ist) ist Teil der Beratungslogik. Aus kompetenztheoretischer Sicht hängen die rollenbedingten Möglichkeiten, durchaus im affektlogischen Sinn (Ciompi 1993), unter anderem davon ab, in welchem Zustand sich das Konfliktsystem befindet. Das soll an einem Interventionsmodell (Kreuser und Robrecht 2016, vgl. Abb. 2.1) gezeigt werden. Die verwendeten Dimensionen sind die konstituierenden Faktoren von Kompetenzen (Erpenbeck 2010), die immer eine Kombination aus Fähigkeiten *und* Bereitschaften sind.

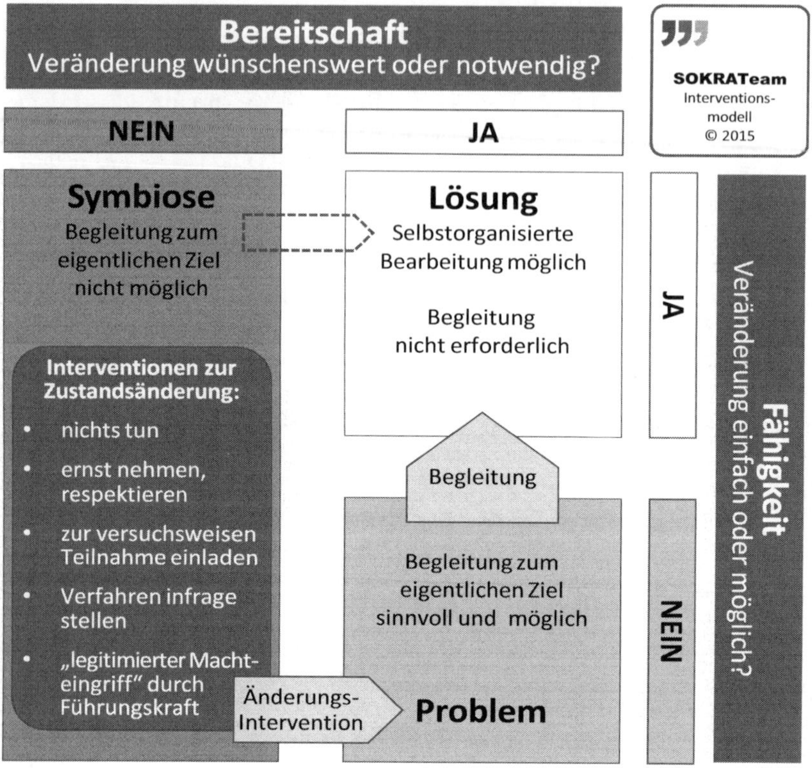

Abb. 2.1 Interventions-Modell (Quelle: Kreuser und Robrecht 2016)

Systemzustände

In diesen Dimensionen (Fähigkeiten, Bereitschaften) lassen sich verschiedene Zustände des Konfliktsystems unterscheiden (vgl. Kreuser et al. 2012; Varga von Kibéd und Sparrer 2009; von Schlippe und Schweitzer 2003):

Lösung: Absicht von Mediation ist, dass die Klientinnen selbstorganisiert, also mit eigenen Kompetenzen, ihren Konflikt in Konsens transformieren. So realisiert Mediation Eigenverantwortung und Autonomie. Befinden sich die Streitenden (also das Konfliktsystem insgesamt) in einem Zustand, in dem sie diese Veränderung (Transformation) wollen (Bereitschaft) und auch herbeiführen können (Fähigkeit), dann spricht man von einem Zustand ‚Lösung'. Dann machen die Parteien das einfach, ohne weitere fremde Hilfe.

Problem: Mediation wird erst dann angefragt, wenn sich mindestens ein Bestandteil des Konfliktsystems, bei vorhandener Bereitschaft, nicht in der Lage sieht (fehlende Fähigkeiten), diese Veränderung zu bewirken. Das nennt man einen Zustand ‚Problem'. Dann wird eine Mediatorin beauftragt: *Wir wollen den Konflikt verändern, wissen aber nicht wie. Bitte hilf uns!* Aufgabe der Mediatorin ist nun nicht, den Konflikt in Konsens zu transformieren, das bleibt in der autonomen Zuständigkeit der Klientinnen. Vielmehr verändert die Mediatorin den aktuellen Zustand ‚Problem' (*Wir schaffen das nicht*) in einen Zustand ‚Lösung' (*Jetzt können wir das*).

Symbiose: Fehlt jedoch mindestens einem Bestandteil des Konfliktsystems die Bereitschaft (fehlende Freiwilligkeit: *Ich will nichts ändern*), dann stellt sich die Frage nach Fähigkeiten zunächst nicht. Das Konfliktsystem befindet sich in einem Zustand, der ‚Symbiose' genannt wird. In diesem Zustand gibt es einen subjektiven Vorteil, den Konflikt beizubehalten. Dieser ist oft nicht bewusst und wird deshalb auch ‚verdeckter Gewinn' genannt. Vielfach leiden alle Beteiligten unter dem Konflikt, dennoch wirkt der verdeckte Gewinn so stark, dass keine Bereitschaft zur Veränderung vorhanden ist. Bei Symbiosen ist Mediation wegen fehlender Freiwilligkeit nicht möglich.

Rollen

Die Notwendigkeit von Rollenklarheit aller Beteiligten wird besonders in Strukturen ersichtlich, die zahlreiche Rollen vereinen, wie etwa bei Mediationen im Unternehmenskontext. Typischerweise lassen sich dabei mindestens unterscheiden:

Führungskraft: Unternehmen werden nur dann eine Mediation beauftragen, wenn unternehmerische Interessen (Ergebnisse, Arbeitsklima) berührt sind. Die Führungskraft repräsentiert das Unternehmen und ist für die Veränderung des Konflikts zuständig. Auch wenn sie sich dabei der temporären und punktuellen Unterstützung einer Mediatorin bedient, bleibt die Führungskraft verantwortlich für den Kontext.

1. Zunächst gilt zu prüfen, ob sie diese Verantwortung auch wahrnimmt, ob diffuses (konfliktverschärfendes) Führungsverhalten vorliegt oder ob die Führungskraft Ursache des Konfliktes (z. B. durch widersprüchliche Vorgaben oder fehlende Entscheidungen) ist. In solchen Fällen ist Coaching der Führungskraft sinnvoller als Mediation, die dann nur Symptome bekämpft und letztlich die Führungskraft schwächt (Kreuser 2014).
2. Führungskräfte können die körperliche Teilnahme an betrieblichen Veranstaltungen (so auch Mediation) anordnen, nicht jedoch, ob sich jemand selbstbestimmt darauf einlässt und sich kreativ beteiligt. Deshalb braucht die Führungskraft

mindestens einen ‚Plan B', sollte die Mediation nicht funktionieren. Liegt schließlich ein Zustand ‚Symbiose' vor, zeigen die Klientinnen also keine wirkliche Veränderungsbereitschaft, dann muss die Führungskraft durch Änderungsinterventionen, sogenannte ‚legitimierte Machteingriffe', diese Symbiose auflösen. Dazu ist die Mediatorin nicht befugt. Mediation kann nur dann gelingen, wenn erfolgskritische Kontexte das erlauben.

Streitende Kolleginnen: Den Klientinnen muss klar sein, dass eine Transformation durch sie in Eigenverantwortung, mit eigenen Kompetenzen (Fähigkeiten und Bereitschaften), erfolgt. Das funktioniert nicht durch Absichtsbekundungen in der Mediation, sondern nur durch konkrete (veränderte) Handlungen nach der Mediation. Mediation ist eine Koproduktion und die Mediatorin ist nicht die Retterin, die sich um alles kümmert, sondern sie gibt ‚Anleitung zur Selbstrettung'.

Mediatorin: Die Mediatorin muss zur Wahrung von Neutralität (sie ist kein Feind) und Allparteilichkeit (sie ist ein Freund, ohne Verbündete zu sein) vor allem darauf achten, keine eigenen Anteile wie friedensbewegtes Sendungsbewusstsein, Mitleid, Bewertungen oder Darstellung der eigenen Empathiefähigkeit usw. einzubringen. Sie muss sich bewusst sein, was ihr Job ist (ein Problem zur Lösung machen) und was nicht (unternehmerische Führungsverantwortung übernehmen oder den Konflikt in Konsens transformieren). Sie braucht zudem eine stimmige Vorstellung über den Kontext: Wenn Unternehmen aus ihrer Sicht nichts als Ausbeutungsmechanismen sind und Management Teufelszeug, wird sie sich in diesem Kontext schwer tun. Darüber hinaus muss sie alle Beteiligten in ihrer Rolle fördern und auch fordern, denn sonst funktioniert die Koproduktion ‚Mediation' nicht.

2.1.3 Kompetenzen als Ausdruck von Erfahrung

Die Sicht auf das eigene mediative Tun und die Handlungsbezüge hängen von der Erfahrung der Mediatorin ab. In einer empirischen Untersuchung (Kreuser et al. 2011) mit 562 Mediatorinnen im deutschsprachigen Raum (D-A-CH) konnten charakteristische Unterschiede festgestellt werden. Dort wurde die Verteilung von vier Basiskompetenzen (gem. Abb. 2.2) nach KODE® (Kompetenzdiagnostik und -entwicklung, vgl. Heyse et al. 2010) untersucht.

P	Personale Kompetenz	kluger und kritischer Umgang mit sich selbst, Selbstreflexion Handlungsbezug: ich
A	Aktivitäts- und Umsetzungskompetenz	initiativ Ziele setzen, Aufgaben beginnen, aktiv durchführen und zu Ende bringen Handlungsbezug: Veränderung/Zeit
F	Fach- und Methodenkompetenz	a) fachlich – inhaltlich b) methodisch – prozesssteuernd Handlungsbezug: Sachverhalt/Ding
S	Sozial-kommunikative Kompetenz	Kommunikation, Konfliktbearbeitung, Integration, Empathiefähigkeit Handlungsbezug: du

Abb. 2.2 Basiskompetenzen nach KODE® (Quelle: eigene Darstellung)

Bemerkenswert an der Studie waren signifikante Verschiebungen der Basiskompetenzen in Abhängigkeit von der Erfahrung (siehe Abb. 2.3). Daraus lassen sich Hypothesen über den Schwerpunkt im Handlungsbezug bilden. Insgesamt kann man damit eine Entwicklung von der Methodenanwendung über eine Identifikations- und Beziehungsphase hin zur dienstleistungsorientierten Profession nachzeichnen.

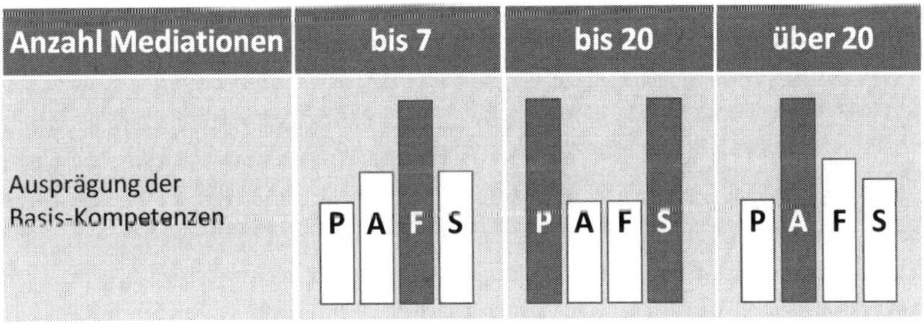

Abb. 2.3 Kompetenz und Erfahrung (Quelle: Kreuser und Robrecht 2016)

Beginnerin (methodenorientiert: *„Ich will nichts falsch machen"*)

Anfangs haben Mediatorinnen wenig Erfahrung und beziehen ihre Sicherheit aus möglichst genauer Anwendung der Methode. Das Bestreben, nichts falsch zu machen, überwiegt und schafft einen hohen Handlungsbezug auf die Fach- und Methodenkompetenz. Hier gibt es eine qualitative Grenze: Bei rein methodischem Vorgehen (was wir tun) kann der soziale Prozess (wie wir es tun) entgleiten. Die implizierte Annahme, je strikter die Methode eingehalten wird, desto besser werde das Ergebnis, ist ein Irrtum. Sie widerspricht der Grundannahme, Mediation sei Methode *und* Medium zugleich.

Fortgeschrittene (beziehungs- und identitätsorientiert: *„Ich bin Mediatorin"*)

Liegt die Erfahrung im mittleren Bereich, dann wurde eine gewisse Erfahrung und Sicherheit im Vorgehen gewonnen, die es erlaubt, sich anderen Handlungsbezügen zuzuwenden. Die Methode „sitzt" nun einigermaßen und man kann sich dem Prozess, den Beziehungen (S) und der eigenen Identität als Mediatorin (P) widmen. Die relative Bedeutung der Fach- und Methodenkompetenz sinkt. Das bedeutet jedoch nicht, dass Fortgeschrittene nicht mehr methodisch arbeiten. Sie achten mehr auf die eigene Identität als Mediatorin sowie auf den Ausbau der kommunikativen Komponente durch besseres aktives Zuhören oder die Arbeit an der eigenen Empathiefähigkeit. Nebenwirkungen dabei können – bei zunehmender Konzentration auf die Beziehung – das Verlieren des methodischen ‚roten Fadens', die Verherrlichung von Empathie als Selbstzweck oder das Verschleppen des Ergebnisses sein.

Profi (ergebnisorientiert: *„Ich will Nutzen stiften"*)

Die starke Ausprägung der Aktivitäts- und Umsetzungskompetenz von Mediatorinnen mit viel Erfahrung lässt den Rückschluss zu, dass hier besonders stark auf Ergebnisse geachtet wird. Die Aufmerksamkeit richtet sich auf die Zielerreichung. Die Handlungen sind von hohem Pragmatismus getragen. Mögliche Gefahren hierbei sind besonders die Überforderung der Klientinnen bei zu straffem Vorgehen und das Verlieren von notwendigen Prozessqualitäten wie Empathie. Bei noch mehr Erfahrung bleibt die Ausprägung stabil, weitere Untergliederungen nach oben ergaben keine erkennbaren Unterschiede mehr.

2.1.4 Grammatik des Prozesses

Die als Beratungslogik verinnerlichte Grundannahme des Funktionierens von Mediation ist von mehreren Seiten zu betrachten. Mediation erfüllt verschiedene Voraussetzungen und Bedingungen recht gut, zum Betrachten gehört aber auch ihr grundlegender prozessualer Aufbau:

- Erstens schafft die strikte Unterscheidung, was zum Mediationssystem gehört und was nicht, einen geschützten Raum nebst Vertraulichkeit und Verschwiegenheit.
- Zweitens erfüllt Mediation sehr gut menschliche Bedürfnisse wie das nach Autonomie oder den Sinn für Gerechtigkeit und Fairness (vgl. z. B. Montada 2000 oder Goldschmidt 2014).
- Drittens baut sie auf Beziehungs- und Prozessqualitäten wie Vertrauen, Empathie oder Geduld auf (vgl. dazu grundlegend Rogers 1959; 1975).
- Viertens wirkt sie deeskalierend, auch durch die Verlangsamung von Dynamiken (siehe u. a. Krämer 2008).
- Fünftens lässt sie durch die Professionalität der Anwendung auf Besserung in einer ausweglosen Situation hoffen. Besonders in Dauer und Folgen unterscheidet sie sich dabei erkennbar von Verfahren anderer Professionen wie der Rechtsprechung oder der Therapie (Oevermann 1996; Kreuser und Robrecht 2016).
- Sechstens schließlich folgt Mediation einer bestimmten Grammatik (hier im Sinn von Wittgenstein 2003a, etwa Nr. 371: *„Das Wesen ist in der Grammatik ausgesprochen"*).

Die typische Grammatik von Mediation, wie wir sie beobachten, ist hypotaktisch (nach-, unterordnend), eine „voraussetzungsreiche Kettenfunktion". Es ist, in unserer Sprache, ein Versuch, im Konfliktsystem „kollektive Kompetenzen" zur gelungenen Transformation von Konflikt in Konsens zu aktivieren (Kreuser und Robrecht 2016):

1. *Wenn* gegenseitiges kognitives Verständnis geschaffen wird, zumindest jedoch störungsfreie Darstellung der Sichtweisen (Perspektivenwechsel im Sinn einer kognitiven „Rollenübernahme" nach George Herbert Mead, vgl. Joas 1989) – Nebenbedingung ist hier, dass die Klientinnen das auch können und wollen –,
2. *dann* erfolgt die Reduktion konfliktbedingter Belastungen (schwächere Wirkung des „Doppelbinders" nach Elias 1976),
3. *dadurch* wird ‚Verstehen' und ‚Verstanden werden' in den Bedürfnissen möglich (vgl. ‚gewaltfreie Kommunikation' mit der potenziell gefährlichen Annahme, je mehr semantische Empathie, desto wahrscheinlicher oder besser wird die Lösung.

Angestrebt wird hierbei partielle semantische Empathie. Partiell, weil Empathie stark auf Bedürfnisse fokussiert wird, Bewertungen und Handlungsabsichten werden dahingehend „umformuliert". Darin ist Mediation inhaltsdirektiv. Semantische Empathie ist hier das Resultat erkundender Kommunikation, welche Bedürfnisse genau aktuell ‚leiden'. Ungenutzt bleibt syntaktische Empathie als feststellende Akzeptanz, dass da ‚etwas' leidet, ohne es kennen zu wollen oder zu müssen, vgl. Kreuser und Robrecht 2016). Das setzt zusätzlich die *Nebenbedingung* voraus, dass die Klientinnen an dieser Stelle willens und in der Lage sind, Empathie als Beziehungs- und Prozessqualität herzustellen.

4. *Das führt* bei den Klientinnen zu einem lösungsorientierten Zustand (state of mind nach Haken und Schiepek 2006; „Schema" nach Piaget 1976, *Auftragsziel* von Mediation),
5. *in dem dann* den Streitenden möglich ist, ihren Konflikt selbstorganisiert in Konsens zu transformieren (eigentliche *Absicht beim Beauftragen* von Mediation). *Nebenbedingung*: Sie können und wollen das auch. Das gilt vor allem über die Mediation hinaus im Alltag. Mediation endet mit Absichtsbekundungen (commitments), Konsens wird im Alltag danach durch (veränderte) Handlungen realisiert.

Wenn nun die Mediatorin beispielsweise der festen Überzeugung ist, dass das intensive Erforschen und Benennen von Bedürfnissen (3) eine *conditio sine qua non* der Mediation ist, wird sie immer dann Schwierigkeiten bekommen, wenn die Klientinnen dazu nicht bereit oder in der Lage sind. Gerade im betrieblichen Umfeld, in dem Kolleginnen stets auch Konkurrentinnen sind, denen gegenüber (wie auch der Führungskraft) man eine Schutzfunktion wahren muss, sind schnell Grenzen erreicht. Wenn die Mediatorin in solchen Fällen keine Alternativen parat hat oder sich selbst verbietet (weil es dann ja nicht mehr echte Mediation ist), wird sie an der eigenen Vorannahme scheitern. Interessanterweise geschieht das an einer Stelle, die nichts mit dem *Auftragsziel* von Mediation oder der eigentlichen *Absicht der Beauftragung* zu tun hat. Man kann diskutieren, ob nicht die Schritte (1) bis (3) durch andere Grammatiken ersetzbar sind und es dennoch ‚Mediation' bleibt.

Die *Nebenbedingungen* verweisen erneut auf das Wesen von Mediation als kreative Koproduktion von Mediatorin und Klientinnen. Die Kompetenz der Mediatorin zeigt sich im Aufrechterhalten der Symmetrie des Prozesses. Sie muss also auf die aktuell abrufbaren Fähigkeiten und Bereitschaften der Klientinnen eingehen und diese möglichst aktivieren, solche Nebenbedingungen zu erfüllen. Das ist weit mehr als eine Methode. Ferner zeichnet sich ab, dass auch Klientinnen ein – manchmal diffuses – Äquivalent zur Beratungslogik haben, das zum Gelingen beiträgt.

2.2 Die Forscherin

Neben ihrer wissenschaftlichen Rolle ist die Forscherin als Mensch auch Individuum. Beides macht sie als Subjekt der Forschung aus. Mit definitorischer Fassung ihrer Beratungslogik konstruiert sie das Objekt ihrer Exploration. Ihre Forschungslogik stellt Kontextbezug her und beschreibt in gebotener Präzision die Relation zwischen Subjekt und Objekt der Erkundung.

2.2.1 Beratungslogik

Man kann ‚Mediation' nur dann erforschen, wenn man sie auch definieren kann. Es bedarf einer belastbaren Aussage, was Mediation ist oder wie Mediation möglich ist. Die Forscherin entwickelt ihre Beratungslogik von Mediation. Ausgehend von ihrem dargelegten Grundverständnis des mediativen Handelns und ihrer formulierten Grundannahme über das Funktionieren von Mediation präzisiert sie damit das Objekt, an dem sie ihre theoretische und empirische Arbeit ausrichtet. In der exakten Abgrenzung und Formulierung unterscheidet sich die Beratungslogik der Forscherin von der Praxistheorie der Mediatorin.

Auch die Betrachtung von Mediation als Profession, Handlungskonzept, Dienstleistung, Prozess, Methode – oder was auch immer – ist forschungsrelevant. Profession und Dienstleistung blicken eher auf äußere Qualitäten. Sie entwickeln zum Beispiel Sichtweisen auf Wirkung und Nutzen bei Klientinnen und Unternehmen. Der Blick auf Prozess und Methode achtet mehr auf innere Qualitäten, etwa Fragen, wie man noch gewaltfreier kommunizieren oder noch mehr Empathie herstellen kann. Daneben ist es erforderlich, auch Kontexte und zentral verwendete Begriffe abzustecken. Das gilt ebenso für Abgrenzungen, wenn etwa der Unterschied zwischen Mediation und Coaching untersucht wird (Kreuser 2015b). Gelegentlich braucht es Priorisierungen, wenn eine Relation, etwa die von Mediation und Diversity, exploriert wird. Es gibt Unterschiede zwischen Forschungsfragen wie ‚Diversity bei Mediation'und ‚Mediation bei Diversity'.

Berufsbedingte Denkschablonen und Schemata (Piaget 1976), aber auch individuelle Erfahrungen und Präferenzen legen fest, wie vorgefundene oder dargebotene Situationen sowie Möglichkeiten einer Veränderung bewertet und welche Lösungsmuster favorisiert werden. Für den Umgang mit Konflikten stellt der Soziologe und Konfliktforscher Walter Bühl (1976) fest: „[D]ie Definition des Konfliktbegriffs ist letztlich eine Willenserklärung zur einzuschlagenden Konfliktstrategie". Das kann auf Mediation verallgemeinert werden. Der Kompetenzforscher John Erpenbeck (2014) beschreibt verschiedene Strategien, die er „Mediationsstile" nennt (s. Abb.

2.4). Diese prägen das mediative Bewerten, Entscheiden und Handeln. Abhängig davon, welche Kompetenzfelder dabei – implizit oder explizit – von Forscherinnen akzentuiert werden, entwickeln sich Beratungslogiken.

Mediationsstil	Akzentuiertes Kompetenzfeld
Administrativ: auf die sozialkommunikative Vermittlung bestehender Werte, Normen und Regeln bauend	sozial-kommunikative Kompetenzen
Kompromisssuchend: auf die Wirkung der hoch aktiven Lösungssuche im Entscheidungskontinuum zwischen Normen, Regeln und Vorschriften einerseits und individuellen Werten, Motiven und Emotionen andererseits bauend	Aktivitäts- und Umsetzungs-kompetenzen
Kompetenzgetrieben: auf die Verankerung von Kompetenzen im Bereich der personalen Werte und Emotionen bauend	personale Kompetenzen
Kognitionslastig: auf das Verständnis und die fachlich-methodische Analyse der Prozesse und Randbedingungen der Konfliktaustragung bauend	fachlich-methodische Kompetenzen

Abb. 2.4 Mediationsstile nach Erpenbeck (Quelle: Kreuser und Robrecht 2016)

2.2.2 Forschungslogik

Ausgehend von ihrer Herkunftsdisziplin (z. B. Juristin, Sozial- oder Kommunikationswissenschaftlerin usw.) schafft die Forscherin ihre Forschungslogik als Relation zwischen Subjekt und Objekt ihrer Arbeit und stellt einen Bezug zum hervorgehobenen Kontext her. Grundlage ist jeweils eine Praxeologie (allgemeine Handlungstheorie, Interventionstheorie usw.), die auf die eigene Beratungslogik (Fassung von Mediation) angewendet wird.

Das führt zu Forschungsfragen, begründeten Hypothesen, Überlegungen zur Relevanz des wissenschaftlichen Handelns und schließlich zur Konstruktion empirischer Untersuchungen. In bester wissenschaftlicher Redlichkeit muss die Forscherin eindeutige Entscheidungen über ihr Vorgehen treffen (normativ/deskriptiv, induktiv/deduktiv, qualitativ/quantitativ usw.). Nur so können wissenschaftliche

Standards wie systematisches Vorgehen, Reproduzierbarkeit von Experimenten oder Nachvollziehbarkeit von Ergebnissen sichergestellt werden.

Je nach wissenschaftstheoretischer Überzeugung und Herkunftsdisziplin hat diese Forschungslogik ebenfalls ihren blinden Fleck. Die Juristin sieht Tatsachen und Sachverhalte anders als die Sozialwissenschaftlerin. Beide bringen ihre Modelle ein, um die Wirklichkeit von Mediation abzubilden. Zwischen Bild und Wirklichkeit besteht eine abbildende Beziehung, die es zum Bild macht und die zum Bild gehört (Wittgenstein 2003b). Jeder macht dieses Bild anders. Dabei geht es wissenschaftlich gesehen nicht darum, wer das „richtige" Bild hat, sondern um schlüssige und nachvollziehbare abbildende Beziehungen und weiter um Relevanz und Nutzen für die Praxis.

So gewendet hat wissenschaftliches Arbeiten auch zwei Aspekte: Im Sinn von akademischen Standards und guter wissenschaftlicher Praxis ist jedes Forschungsvorhaben Gleiches unter Gleichen. Dabei handelt die Forscherin in der Profession der „Wissensbeschaffung" (Oevermann 1996), die einen ausgeprägten Handlungsbezug auf Fach- und Methodenkompetenzen benötigt. Personale Kompetenzen wie Intuition oder soziale Kompetenzen wie Empathiefähigkeit sind nicht erforderlich. Sie trüben den klaren Blick, weil sie nicht reproduzierbar sind. Im Sinn der individuell konstruierten Perspektive der Forscherin ist jedes Forschungskonstrukt zugleich einzigartig und unverwechselbar.

2.3 Die forschende Mediatorin

Wenn Mediatorinnen forschen oder Forscherinnen mediieren, dann treffen in einem Menschen zwei Professionen aufeinander. Aus Erfahrungen in der einen Profession kann man nicht automatisch Kompetenz in der anderen ableiten. Die Gemeinsamkeiten dieser Rollen liegen in einer professionellen Neugier, die jede auf ihre Weise realisiert. Weiter versuchen beide, individuelle Eigenanteile auszublenden: die Mediatorin, um Eigenverantwortung in der Transformation und für das Ergebnis zu ermöglichen sowie um Neutralität und Allparteilichkeit zu wahren, und die Forscherin, um von ihr unabhängige Erkenntnisse zu gewinnen.

Dennoch überwiegen die Unterschiede. Es handelt sich um zwei Professionen, die der Wissensbeschaffung (Oevermann 1996) und die der Lösungsbeschaffung (Kreuser 2015a, 2015b), für die ganz unterschiedliche Kompetenzsets erforderlich sind. Sie unterscheiden sich in ihren Leitdifferenzen von Problem/Lösung (Kreuser 2012) beziehungsweise wahr/falsch (Luhmann). Die Beratungslogik der Mediatorin entsteht überwiegend erfahrungsbasiert, die der Forscherin synthetisch. Die eine arbeitet pragmatisch, die andere analytisch. Voraussetzung für die Arbeit der Forscherin ist, Festlegungen zu treffen, zu definieren und zu unterscheiden. Genau das versucht die Mediatorin zu vermeiden. Nicht sie deutet die Situation, nicht sie trifft Entscheidungen, sondern die Klientinnen.

Auch die Beobachterposition ist eine andere: Die Mediatorin beobachtet das Konfliktsystem, die Forscherin beobachtet die Mediatorin beim Beobachten. Die Möglichkeit besteht, dass die Forscherin während der Beobachtung versehentlich in ihre Mediatorinnenrolle gerät, Vermischungen und Verwechslungen stattfinden. Sie bewertet ihre Beobachtung dann aus ihrer persönlichen Beratungslogik als Mediatorin heraus auf ‚Richtigkeit' (*also, so wie die mediiert, das geht ja gar nicht*), überträgt ihren blinden Fleck, beeinflusst das Ergebnis der Beobachtung latent und fällt damit aus der Wissenschaftlichkeit.

Über die Beobachtung hinaus setzt die Mediatorin situativ Interventionen, um das Konfliktsystem gezielt zu Veränderungen anzuregen. Besonders, wenn Mediation Medium ist, muss sie das Beobachtete durch ihre Aktivitäten oder ihre Anwesenheit beeinflussen. Das macht die Forscherin nicht: Sie beobachtet zunächst und interpretiert dann, was sie gesehen hat. Wenn sie eingreift, dann nur geplant und genormt in der Anordnung des Experiments. Ansonsten versucht sie, das Beobachtete durch ihre Aktivitäten oder ihre Anwesenheit nicht zu beeinflussen.

Mediation kann aus beiden Richtungen, Theorie wie Praxis, betrachtet werden, jedoch niemals vollständig. Es entstehen Unschärferelationen mit Beobachtungsphänomenen, ähnlich wie Werner Heisenberg (1979) sie beschreibt. Wenn man beides tut, besteht die Herausforderung darin, Vermischungen oder Verwechslungen in den eigenen Beratungslogiken zu vermeiden oder Unbestimmtheiten aus der Beratungslogik nicht in die Forschungslogik zu übernehmen.

Methodisch können Triangulationen weiterhelfen. Das ist die Betrachtung eines zu erforschenden Sachverhalts durch ganz unterschiedliche Disziplinen und auch durch andere Forscherinnen, die keine Mediatorinnen sind. Andere Blickwinkel helfen, blinde Flecken zu verändern. Auch das Mitführen von Referenztheorien, an denen die Ergebnisse regelmäßig überprüft werden, funktioniert gut. Schließlich sind Einflüsse der Forscherin auf unabhängige, erklärende Variablen und auch abhängige, erklärte Variablen (Quasi-Experimente) durch Randomisierung oder Verblindung nützlich. Wie eingangs erwähnt, gibt es ergebnisrelevante Faktoren, die über Selbstreflexion erschlossen werden müssen. Hier lohnt es sich, die Fähigkeit zur Rollendistanz (Krappmann 2005) auszubauen. Das ist die Fähigkeit, eine Rolle vollständig zu verlassen, um eine andere vollständig einnehmen zu können. Weil es eben nicht egal ist.

Literatur

Bühl, W. (1976). *Theorien sozialer Konflikte.* Darmstadt: Wissenschaftliche Buchgesellschaft.

Ciompi, L. (1993). Die Hypothese der Affektlogik. *Spektrum der Wissenschaft 2*, 76-82.

Elias, N. (1976). Über den Prozess der Zivilisation. Frankfurt a. M.: Suhrkamp.

Erpenbeck, J. (2010). Kompetenzen – eine begriffliche Klärung. In V. Heyse, J. Erpenbeck & S. Ortmann (Hrsg.), *Grundstrukturen menschlicher Kompetenzen* (S. 13-20). Münster: Waxmann.

Erpenbeck, J. (2014). Mediationskompetenz und Kompetenzmediation. *Die Wirtschaftsmediation 4*, 22-25.

Goldschmidt, R. (2014). Das Metakriterium der Fairness. In R. Goldschmidt (Hrsg.), *Kriterien zur Evaluation von Dialog- und Beteiligungsverfahren* (S. 147-197). Wiesbaden: Springer VS.

Graf, E.-M. (2015). Ganz normal. Wir reden miteinander: Black-Box Coaching-Gespräch, Vortrag am 2. Karlsruher Wissenschaftsforum Coaching am 04.12.2015, https://karlsruher-wissenschaftsforum-coaching.bw21.de/Seiten/default.aspx. Zugegriffen: 18.02.2016.

Haken, H. & Schiepek, G. (2006). *Synergetik in der Psychologie.* Göttingen: Hogrefe.

Heisenberg, W. (1979). *Quantentheorie und Philosophie.* Stuttgart: Reclam.

Heyse V., Erpenbeck, J. & Ortmann, S. (2010). *Grundstrukturen menschlicher Kompetenzen.* Münster: Waxmann.

Joas, H. (1989). *Praktische Intersubjektivität. Die Entwicklung des Werkes von George Herbert Mead.* Frankfurt a. M.: Suhrkamp.

Krämer, Ch. (2008). *Konflikte lösen: die Philosophie der Mediation und ihre Methoden.* London: Turnshare.

Krappmann, L. (2005). *Soziologische Dimensionen der Identität.* Stuttgart: Klett-Cotta.

Kreuser, K. (2012). Entschieden Fragen: ein selbstkritischer Kommentar zu Subjekten und Objekten in der Mediationsforschung. In D. Busch & C. H. Mayer (Hrsg.), *Mediation erforschen: Fragen – Forschungsmethoden – Ziele* (S. 71-86). Wiesbaden: Springer VS.

Kreuser, K. (2014). Wenn sich zwei streiten, was macht dann der Chef? *konfliktDynamik 1*, 56-65.

Kreuser, K. (2015a). Kompetent beim Streiten helfen: Beiträge der Kompetenzforschung zu Konflikt und Mediation. *Perspektive Mediation – Beiträge zur Konfliktforschung 1*, 32-40.

Kreuser, K. (2015b). Ungleiche Schwestern – Kompetenzen von Coaching und Mediation. *OSC Organisationsberatung, Supervision, Coaching 3*, 341-353.

Kreuser, K., Heyse, V. & Robrecht, Th. (2011). *Mediationskompetenz.* Münster: Waxmann.

Kreuser, K. & Robrecht, Th. (2016). *Wo liegt das Problem?* Berlin: Metzner.

Kreuser, K., Robrecht, Th. & Erpenbeck, J. (2012). *Konfliktkompetenz: eine strukturtheoretische Betrachtung.* Wiesbaden: Springer VS.

Kriegel-Schmidt, K. (2012). *Interkulturelle Mediation – Ein Plädoyer für ein Perspektiven-reflexives Modell.* Berlin: LIT.

Montada, L. (2000). Gerechtigkeit und Rechtsgefühl in der Mediation. In A. Dieter, L. Montada, & A. Schulze (Hrsg.), *Gerechtigkeit im Konfliktmanagement und in der Mediation* (S. 37-62). Frankfurt a. M.: Campus.

Oevermann, U. (1996). Theoretische Skizze einer revidierten Theorie professionellen Handelns. In A. Combe & W. Helsper (Hrsg.), *Pädagogische Professionalität* (S. 70-182). Frankfurt a. M.: Suhrkamp.

Piaget, J. (1976). *Die Äquilibration kognitiver Strukturen.* Stuttgart: Klett-Cotta.

Rogers, C. R. (1959). A Theory of Therapy, Personality, and Interpersonal Relationships, as Developed in the Client-Centered Framework. In S. Koch (Hrsg.), *Psychology: A Study of a Science,* Band 3 (S. 184-256). New York, McGraw-Hill.
Rogers, C. R. (1975). Empathic – an Unappreciated Way of Being. *The Counseling Psychologist 5* (2), 2-10.
Schlippe, A. von & Schweitzer, J. (2003). *Lehrbuch der systemischen Therapie und Beratung.* Göttingen: Vandenhoeck & Ruprecht.
Varga von Kibéd, M. & Sparrer, I. (2009). *Ganz im Gegenteil.* Heidelberg: Carl Auer.
Wittgenstein, L. (2003a). *Philosophische Untersuchungen*. Frankfurt a. M.: Suhrkamp.
Wittgenstein, L. (2003b). *Tractatus logicus-philosophicus.* Frankfurt a. M.: Suhrkamp.

Mediation – nicht einfach nur ein Verfahren!

3

Jakob Tröndle

Wenn die Mediation im Mediationsdiskurs[1] beschrieben wird, wird sie in aller Regel als ‚Verfahren' gefasst: Mediation ist ein Verfahren zur einvernehmlichen Beilegung von Konflikten. Je nach Ausrichtung und Schwerpunktsetzung wird das Verfahren mit Adjektiven spezifiziert: im Mediationsgesetz ‚vertraulich' und ‚strukturiert' (MediationsG, § 1, Abs. 1), beim Bundesverband Mediation ‚erfolgreich'[2], ‚außergerichtlich' und ‚konstruktiv'.[3] Dass Mediation aber in erster Linie als Verfahren aufzufassen sei, gilt – bei allen theoretischen Differenzen – in der Mediationspraxis ebenso wie in der großen Mehrheit der wissenschaftlichen Beiträge zur Mediation als unumstrittene und hinreichende Grundlage.

In diesem Artikel soll dagegen die These entwickelt werden, dass ein solches Begriffsverständnis als Grundlage für eine eigenständige Mediationswissenschaft zu kurz greift. Eine wissenschaftliche Vorgehensweise sollte die Entstehungsbedingungen und die über das Verfahren hinausweisenden Aspekte der Mediation mit in ihr Gegenstandsverständnis aufnehmen, um sie angemessen reflektieren zu können. In der Reflexion darauf, welche Geschichte dieses ‚neue Verfahren' mitbringt und wie es sich als Versprechen stabilisiert, stellt sich die Distanz her,

1 Für den Kontext dieses Artikels kann man den Mediationsdiskurs definieren als die Gesamtheit der Aussagen zur Mediation, die als legitim anerkannt werden und damit für das weitere Sprechen von Mediation relevant sind. Diese sollten sich grob umrissen in der Gesamtheit der Beiträge der Zeitschriften „Spektrum der Mediation", „Zeitschrift für Konfliktmanagement", „Spektrum der Mediation", „KonfliktDynamik" und „Der Mediator" zusammen mit den 30 oder 50 Büchern, auf die von dort aus am häufigsten verwiesen wird, auffinden lassen. Mit der Diskursperspektive ist der Fokus auf ein von Autorenschaft und referentiellem Wahrheitsanspruch entkoppeltes Nachverfolgen der sich im Diskurs vollziehenden Konstruktion der Mediation gelegt.

2 http://www.bmev.de/; 16.9.2016.

3 http://www.bmev.de/mediation/definition-mediation0.html; 16.9.2016.

mit der die Mediationswissenschaft sicherstellt, dass sie diesen ‚Überschuss' nicht ignoriert oder einfach mitträgt. Im Folgenden wird somit dafür argumentiert, der mediationswissenschaftlichen Forschung – so wie der Konflikt in der Mediation als ‚Sache + Beziehung' gilt – eine Gegenstandsauffassung von Mediation als ‚Verfahren + Faszination' zugrunde zu legen.

3.1 Mediation als Projekt

Wird Mediation nicht mehr ausschließlich als ein anwendbares Verfahren – wobei es gleichgültig ist, ob dieses Verfahren als „Produktivitätstool" (Lenglachner 2009) oder als „Kunst der Verständigung" (Besemer 2009) aufgefasst wird –, sondern auch als ein *erklärungsbedürftiges historisches und soziales Ereignis* zum Gegenstand der Untersuchung, fällt zunächst auf, dass Mediation als Projekt vorangetrieben wird: Jeder der zahlreichen Mediationsverbände will Mediation verbreiten, bekannt machen und implementieren. Auch das Mediationsgesetz ist Teil des „Gesetzes zur Förderung der Mediation und anderer Verfahren der außergerichtlichen Konfliktbeilegung".[4] Dass Mediation zu fördern ist, ist nicht nur in der Mediationsszene Konsens, sondern auch „rechtspolitische[r] ‚Mainstrea[m]'" (Busemann 2009). Mediation bekommt so den Charakter des Zukünftigen, Kommenden, dessen „Siegeszug erst noch bevorsteht" (Weckert und Oboth 2011, S. 33). Die Anstrengungen zur Förderung der Mediation verbinden sich mit der unaufhörlich wiederholten Versicherung, dass diese Früchte tragen und Mediation tatsächlich im Begriff steht sich durchzusetzen.[5] Es entsteht so eine Blase der Selbstbestätigung: Mediation kommt; ein breiter Durchbruch steht bevor; spätestens das Mediationsgesetz ist ein sicheres Zeichen. Fragwürdig werden diese Prognosen jedoch dadurch, dass sie im Mediationsdiskurs seit Jahren gestellt werden, ungeachtet der Tatsache, dass der „Siegeszug" bislang ausgeblieben ist.

Für die wissenschaftliche Thematisierung der Mediation in der hier vorgeschlagenen Art und Weise sind zwei Fallstricke zu vermeiden. Es kann nicht darum gehen, in der Blase der Förderung und Versicherung mitzuschwimmen: In diese Richtung kann der Vorschlag einer ‚schonenden Mediationswissenschaft' verstan-

---

4 http://dipbt.bundestag.de/extrakt/ba/WP17/330/33050.html; 29.9.2016.

5 Diese Bekräftigung, dass Mediation ‚im Kommen' sei, findet sich etwa regelmäßig in den Editorials von Mediationszeitschriften, besonders im „Spektrum der Mediation" und der „Perspektive Mediation"; auch in der „Zeitschrift für Konfliktmanagement" und – weniger häufig – im „MEDIATOR".

den werden, die „um die Besonderheiten von Mediation und den erforderlichen behutsamen Umgang mit ihnen weiß und zugleich in der Lage ist, eine zukunftsorientierte Erforschung von Mediation anzuleiten" (Mayer und Busch 2011, S. 24). Doch auch das bloße Gegenteil, eine vernichtende „Entzauberung" der Mediation, ihre Bloßstellung als ‚Hype' soll hier vermieden werden.[6] Eine wissenschaftliche Beschäftigung mit Mediation sollte vielmehr den erstaunlich widerstandsfähigen Glauben an die Mediation als interessanten und erklärungsbedürftigen Teil ihres Gegenstandes reflektieren.

3.2 Mediation als Versprechen

Wie aber entsteht und erhält sich dieser Glaube an die Mediation? Es ist faszinierend, aus welch unterschiedlichen Richtungen die Mediation mit verschiedenen „Versprechen" aufgeladen wird: Mediation soll die Rationalität von Verhandlungen steigern (bspw. Eidenmüller 2004), Lösungen statt Probleme sichtbar machen (Weckert und Oboth 2011), aber auch die Demokratie fördern (Mehta 2003), „Pfade zum Frieden" eröffnen (Montada 2009) und die Chance bieten, sich selbst und den anderen authentischer zu verstehen (Friedman und Himmelstein 2008). Andere sehen in der Mediation mehr einen Lebensstil und eine Art der effizienten und authentischen Lebensführung (in diesem Sinne Ihde 2012; Klappenbach 2012).[7] Mediation kann aber auch in die ganz großen Narrative von Rationalität und Moderne eingetragen werden, wie dies auch in dem Buch der Fall ist, das die Wendung vom „Versprechen der Mediation" prägte (Bush und Folger 2005; auch Dukes 1996). Mediation wird hier einerseits als konsequente Weiterführung der aufklärerischen und rationalen Moderne angeführt, die einen Fortschritt von der Macht zum Recht zum Konsens darstelle (Mähler 2005; vgl. auch die anderen Beiträge im Sammelband). Oder aber das vermittelnde Handeln der Mediatoren wird andererseits umgekehrt als das notwendige irrationale Korrektiv zur selbstzerstörerischen Rationalität einer Geschichte gesetzt, die ohne „diesen Menschenschlag (…) lange vor dem 21. Jahrhundert zu Ende gewesen" wäre (Duss-von Werdt 2005, S. 142). In diese ganz

6 In diese Richtung argumentiert Röhl in http://www.rsozblog.de/die-invisibilisierung-des-zweiten-mediationsparadoxes/; 29.9.2016

7 Interessanterweise findet sich diese Generalisierung vom Verfahren auf einen Lebensstil aber auch schon in einer Ausgabe des für die Mediation enorm einflussreichen „Getting to Yes", wo es auf dem Klappentext heißt: „Negotiating is a way of life for the majority of us" (Fisher et al. 1999). Auch die in der Mediation stark vertretene „gewaltfreie Kommunikation" zeigt diesen Zug sehr deutlich.

großen Versprechen der Mediation reiht sich auch Friedrich Glasl ein, wenn er die Haltung des Konfliktmanagers[8] zum entscheidenden Punkt im Widerstreit der Kräfte des Guten und Bösen zuspitzt, in denen sich die Betroffenen zwischen ihren „geistigen Begleitwesen" und ihrer „Schattenpersönlichkeit", dem „Doppelgänger", entscheiden müssen (Glasl 2004, S. 306–309, auch S. 30 und Glasl 2007). Die Bandbreite der Bezüge auf Mediation ist enorm; einig sind sich alle diese „Versprechen" jedoch darin, dass sie die Mediation zu mehr als einem Verfahren aufladen. Selbst die zurückhaltende Verhandlungsmediation weist der Mediation den Status einer „Vision" zu (Schlieffen 2008) und erkennt ihre maximale Verbreitungsfähigkeit und Faszination an (Haft und Schlieffen 2016, S. X).

Diesen beständigen und erstaunlich vielfältigen (normativen, narrativen …) ‚Überschuss der Mediation' sollte ein wissenschaftlicher Zugriff nun nicht einfach mittragen: Diese Gefahr besteht, wenn in der Relevanzbestimmung des Gegenstandes eine Version der hier skizzierten Versprechen der Mediation mitgetragen wird oder die Forschung selbst aus dieser Faszination heraus motiviert ist und keine reflexive Distanz zu ihr einnimmt. Gleichzeitig sollten diese vielfältigen Bezüge jedoch auch nicht abgeschnitten und stillgestellt werden, etwa weil sie der wissenschaftlichen/mediatorischen Professionalität nicht zu vermitteln wären.[9] Stattdessen sollten die Versprechen in ihrer eigenwilligen Zusammensetzung als ein prägender und zu erklärender Aspekt des Gegenstandes Mediation aufgenommen und reflektiert werden.

3.3 Mediation als Ausbildungsphänomen

Betrachtet man Mediation nun als das von vielen Seiten stark aufgeladene Projekt, als das es hier skizziert wurde, wird der enorme Ausbildungsboom der Mediation nachvollziehbar. Die Programmatik setzt sich entkoppelt von der Nachfrage nach Mediationsverfahren erfolgreich in Mediationsausbildungen um. Die Versprechen der Mediation, die Faszination ihrer Möglichkeiten sind attraktiv, auch wenn – wie sich mittlerweile herumgesprochen hat (Klappenbach 2012, S. 23–24) – mit einer Mediationsausbildung keine unmittelbare Berufsperspektive als Mediator_in

8 Auch wenn Friedrich Glasl an dieser Stelle nicht von Mediation spricht, sind seine Arbeiten aufgrund der intensiven Rezeption zweifellos zum Mediationsdiskurs zu zählen.

9 Ersteres scheint mir für das Vorgehen von bspw. Leo Montada der Fall zu sein; letzteres lässt sich durchgängig in Bezug auf den religiösen Aspekt von Friedrich Glasls Beiträgen zur Mediation beobachten.

verbunden ist. Im Mediationsdiskurs wird dieses unbalancierte Verhältnis von Ausbildung und Anwendungsfällen oft als „Mediationsdefizit" beschrieben.[10] Auch dieses Problem ist keinesfalls neu, es scheint sich vielmehr um eine Folge der Art und Weise, wie Mediation im Diskurs gefasst wird, zu handeln: Schon in ihrem klassischen Artikel beschreiben McEwen und Milburn das ‚Mediationsparadox' als die Problematik, dass es höchst unwahrscheinlich ist, dass die Parteien selbst die Initiative und Bereitschaft aufbringen, sich ohne Druck auf eine Mediation einzulassen: „The paradox of mediation, consequently, is that it offers disputing parties precisely what they do not want when they most need it" (McEwen und Milburn 1993, S. 31). Und genau darin sehen die Autoren die Ursache für die geringen Fallzahlen: „In fact, although mediation ideology emphasizes voluntariness as a defining characteristic of the process, it is surprisingly difficult to find unpressured use of mediation" (ebd., S. 23–24). Ungeachtet dieser Problematik hat sich eine ‚idealtypische' Fassung der Mediation in Ausbildung und Diskurs stabilisiert: zwei Parteien, die aus freiem Entschluss, aus eigener Initiative und optimalerweise auf geteilte Rechnung eine Mediator_in aufsuchen, um ihren Konflikt zu lösen. Trotz aller theoretischen Unterschiede hat sich damit eine überraschend homogene Fassung der Mediation herausgebildet (Kriegel-Schmidt 2012, S. 35 ff.; Tröndle 2015). Diese ‚idealtypische Mediation' ist stabil verankert und institutionalisiert: Sie ist in die Richtlinien der Verbände eingegangen, sie wird in den Mediationsausbildungen simuliert (vgl. Busch et al. 2010 oder die einschlägigen Lehrvideos) und in der Lehrbuchliteratur in zahllosen Beispielen ausgeführt (exemplarisch für das kanonisierte Wissen: Schäffer 2004, hier: S. 18–19). Zugleich scheinen jedoch Zweifel angebracht, inwieweit die Inanspruchnahme der Mediation in dieser ‚reinen Form' ins Gewicht fällt.[11]

Durch den hier vorgeschlagenen Perspektivwechsel wird ‚Mediation' nicht mehr unmittelbar an ihre Anwendung als das ‚idealtypische Verfahren' gekoppelt, wie sie im Fachdiskurs diskutiert, in der Ausbildung gelehrt und simuliert und in der Forschung allzu oft auch unhinterfragt als Gegenstand vorausgesetzt wird. Die anhaltende Attraktivität von Mediationsausbildungen unabhängig von den unmittelbaren Anwendungsmöglichkeiten muss nicht als Defizit aufgefasst werden. Vielmehr kann hier unvoreingenommen gefragt werden, wie die anhaltende

10 So etwa auf dem Konfliktmanagement-Kongress 2015. Die Beiträge, darunter ein dem hier entwickelten Gedanken verwandter Beitrag des Autors, sind online verfügbar unter http://www.km-kongress.de/nano.cms/2015-kongress-foren?XA=event&XID=83; 23.9.2016.

11 Da keine Zahlen vorliegen, können hier keine definitiven Aussagen getroffen werden. Dass die Marktlage für Mediator_innen problematisch ist, lässt sich dem Diskurs jedoch klar entnehmen (bspw. Wacker 2009, Filler 2014).

Attraktivität der Mediation zu erklären ist; ebenso können die Prozesse in den Ausbildungen und der Transfer in andere Handlungsfelder untersucht werden, ohne dies auf die ‚idealtypische Mediation' beschränken zu müssen.[12]

3.4 Mediationspraxis

Damit ist es nun möglich, die Frage nach den Formen der Mediationspraxis im hier skizzierten Gegenstandsverständnis aufzuwerfen. Zunächst ist festzuhalten, dass die Praxis, die die Mediation in der Form, in der sie herangewachsen ist, zu bestimmen scheint, die Ausbildungspraxis ist. Die Ausbildungen zur Mediation in den zahlreichen Instituten[13] und die Zertifizierung der Ausbilder_innen und Mediator_innen durch die zahlreichen Verbände ist letztlich die Struktur, die auf die Ausgestaltung dessen, was als Mediation gilt, den entscheidenden Einfluss hat. Diese ‚Ausbildungsökonomie' scheint auch aktuell die größten ökonomischen Chancen für freiberufliche Mediatoren zu bieten (Tögel und Rohlff 2010). Über die tatsächliche – nicht die zu Ausbildungszwecken simulierte – Anwendung von Mediation hier Aussagen zu treffen, ist problematisch, da einerseits die Anwendung von Mediation nicht vollumfänglich erfasst wird und andererseits die Frage zu stellen ist, was überhaupt gemessen werden sollte.

Denn einerseits hat die Mediation eine Reihe von innovativen Programmen zum Umgang mit Konflikten inspiriert, die nicht mehr zwangsläufig als Mediation bezeichnet werden. Programme wie der Täter-Opfer-Ausgleich, die Güterichter-Verfahren oder Konfliktlotsen an Schulen verdeutlichen ihre Distanz zur idealtypischen Mediation schon in der Namensgebung. Die zentrale Abweichung ist wohl jeweils, dass die Mediator_in nicht unabhängig, sondern in den institutionellen Kontext eingebunden ist; Mediation findet nicht mehr im freischwebenden Setting von voll selbstverantwortlichen Parteien statt, sondern wird in einen institutionellen

12 In diesem Zusammenhang können die von Schmidt und Kriegel-Schmidt (2015) sowie auch von Bröckling (2015) sowie von Weigel in diesem Band formulierten Überlegungen als Ansatzpunkte dienen, die Mediation in kulturellen Wandlungsprozessen verorten. Ich werde mit meiner Dissertation (Arbeitstitel: Konfliktauflösung durch Selbstveränderung) 2017 einen Beitrag in diese Richtung vorlegen, der Mediation auf Grundlage einer ausführlichen Analyse des Mediationsdiskurses als Subjektivationsprozess deutet und in den kulturellen Wandel der Subjektformen (Reckwitz 2006) einträgt.

13 Die Stiftung Warentest stellte in ihrer Marktübersicht unlängst 145 Institute zusammen, es haben jedoch keinesfalls alle Ausbildungsinstitute an der Umfrage teilgenommen (Stiftung Warentest 2014).

Zusammenhang eingebunden. Diese Programme können, etwa in den Mediationsprogrammen der Rechtsschutzversicherer oder bei In-House-Mediation in Großunternehmen, große Fallzahlen erreichen.

Andererseits ist auch der entgegengesetzte Fall zu beobachten: Verfahren zur Konfliktbearbeitung werden Mediation genannt, ohne dass klar ist, wie weit diese tatsächlich von dem, was im Mediationsdiskurs als Mediation beschrieben wird, durchdrungen sind. So ist etwa im juristischen Feld eine wachsende Anzahl von Mediation genannten Verfahren zu beobachten. Eine Studie (Kilian und Hoffmann 2015) schätzt deren Anzahl auf 80–100.000 von Anwälten durchgeführte Verfahren (wozu noch eine geringere Anzahl von Notaren oder pensionierten Richtern kommen sollte). In diesem Bereich scheint insbesondere fraglich zu sein, wie weit die Verfahrensrealität mit dem, was im Mediationsdiskurs beschrieben wird, übereinstimmt oder nicht doch habitualisierte feldspezifische Vorgehensweisen (hierzu Sobota 1990) die dünne Schicht der Mediationsausbildung überlagern.

Eine mediationswissenschaftliche Beforschung der Anwendungskontexte von Mediation sollte sich über diese Spannungen im Klaren sein. Keinesfalls sollte hier die idealtypische Mediation als Standard angelegt werden (wie dies von den Verbänden als Qualitätsmanagement – ‚wo Mediation drauf steht, muss auch Mediation drin sein' – verfolgt wird). Stattdessen wären die kreativen, angepassten, obskuren oder auch manipulativen (Bröckling 2015) Anwendungsmöglichkeiten von Mediation nachzuzeichnen. Denn wie Mediation sich als ‚neues Verfahren der Konfliktbearbeitung' zu ihren jeweiligen Kontexten positioniert, fällt sehr unterschiedlich aus. Wie also passen sich die ‚Mediation' genannten Praktiken der Konfliktbearbeitung an ihre Anwendungsfelder und deren Erfordernisse an? Wie setzen sie sich von den im Anwendungsfeld tradierten Formen ab? (Es macht einen Unterschied, ob sich die Mediation als etwas Neues von der Vergleichsverhandlung oder vom Schulverweis absetzt.) Und zugleich: Wie gestaltet sich das Verhältnis dieser Praktiken zur idealtypischen Mediation? Was wird übernommen und an welchen Punkten weicht die Praxis ab? Dabei ist der oben genannte Punkt der Freiwilligkeit der Parteien ein zentraler Punkt, aber nicht die einzige Dimension, auf der von der ‚idealtypischen Mediation' abgewichen wird.

Angesichts der Anzahl von ausgebildeten Mediator_innen scheint es zudem angebracht, den Transfer in die angestammten Handlungsfelder zu untersuchen, also die Fragestellung, welche Techniken, Haltungselemente, Sensibilisierungen, Problematisierungsweisen etc. aus den Mediationsausbildungen mitgenommen und wie sie dann jeweils eingesetzt werden, auch ohne dass diese Anwendungen die Form einer erkennbaren Konfliktintervention annehmen (siehe hierzu kritisch Fittje in diesem Band, Kapitel 39).

3.5 Schlussfolgerung

Mediation wurde in diesem Beitrag als spannungsvolles Phänomen umrissen, das als Gegenstand der Wissenschaft nicht einfach als ein ‚neues Verfahren der Konfliktbearbeitung' gesetzt, sondern auch in seinen über das Verfahren hinausweisenden Aspekten reflektiert werden sollte. Mediation lässt sich der hier vorgeschlagenen Perspektive zufolge aus einer konstitutiven Spannung heraus verstehen: Einerseits ist ‚Mediation' ein mit vielfältigen Versprechen und Visionen aufgeladenes Projekt, das von einer ‚Mediationsbewegung' getragen wird und die Form einer ‚idealtypischen Mediation' hervorbringt. Diese wird in einem im Mediationsdiskurs hergestellten kanonischen Wissen beschrieben und setzt sich überwiegend in die simulierende Praxis in Mediationsausbildungen um. Als die eine Seite des ‚Phänomens Mediation' verdient dieser Pol eigenständige und unabhängige Aufmerksamkeit der Forschung: Seine Faszination, sein anhaltender Erfolg ist erklärungsbedürftig. Auf der anderen Seite ist zu fragen, welchen Einfluss diese so hergestellte idealtypische Mediation auf die Konfliktbearbeitungspraktiken unserer Gesellschaft hat. Dieser Einfluss scheint sich abseits der im Diskurs imaginierten breiten Umsetzung der idealtypischen Mediation in einem Spektrum von neuartigen, aber durchaus unterschiedlichen Konfliktbearbeitungsweisen niederzuschlagen. Diese können sich in institutionell eingebetteten Konfliktmanagementsystemen ebenso äußern wie in diffusen Verhaltensänderungen außerhalb definierter Konfliktinterventionen. Um dieser Spannung gerecht zu werden, sollte die Forschung beide Pole des Phänomens als ihren Gegenstand anerkennen, und diese sowohl einzeln als auch in ihrer Abhängigkeit voneinander beforschen. Der Mediation wissenschaftlich gerecht zu werden, erfordert, ihre über das Verfahren hinausweisende Faszination als einen wesentlichen Teil des Gegenstandes anzuerkennen und zugleich eine angemessene Distanz zu ihr zu wahren.

Literatur

Besemer, Ch. (2009). *Mediation. Die Kunst der Vermittlung in Konflikten*. 1. Aufl., überarb. und erg. Fassung des 1993 erschienenen Buches „Mediation – Vermittlung in Konflikten" von Ch. Besemer. Karlsruhe: Gewaltfrei Leben Lernen.

Bröckling, U. (2015). Gute Hirten führen sanft. *Mittelweg 36* 24 (12), 171-186.

Busch, M. & Witte, M. (2010). *Mediation. Ein Rollenspielbuch*. Schwalbach/Ts.: Wochenschau-Verl. (Wochenschau Politik).

Busemann, A. (2009). Keine gerichtsinterne Mediation vor den Arbeitsgerichten! *Zeitschrift für Konfliktmanagement 12* (1), 29-32.

Bush, R. A. B. & Folger, J. P. (2005). *The Promise of Mediation. The Transformative Approach to Conflict*. San Francisco: Jossey-Bass.

Dukes, E. F. (1996). *Resolving Public Conflict. Transforming Community and Governance*. 1. Aufl. Manchester et al.: Manchester Univ. Press (Political analyses).

Duss-von Werdt, J. (2005). *Homo mediator. Geschichte und Menschenbild der Mediation*. Stuttgart: Klett-Cotta.

Eidenmüller, H. (2004). Verhandlungsmanagement durch Mediation. In M. Henssler (Hrsg.), *Mediation in der Anwaltspraxis* (S. 49-98). 2. Aufl. Bonn: Dt. Anwaltverl. (Anwaltspraxis).

Filler, E. (2014). „Quo vadis, Mediation" in good old Europe? *Perspektive Mediation 1*, 55-61.

Fisher, R., Ury, W. & Patton, B. (1999). *Getting to Yes. Negotiating an Agreement without Giving in*. 2. akt. Aufl. London: Random House (Business Books).

Friedman, G. J. & Himmelstein, J. (2008). *Challenging Conflict. Mediation Through Understanding*. 1. Aufl. Chicago: American Bar Association.

Glasl, F. (2004). *Konfliktmanagement. Ein Handbuch für Führungskräfte, Beraterinnen und Berater*. 8., aktualisierte und erg. Aufl. Bern, Stuttgart: P. Haupt; Verlag Freies Geistesleben (Organisationsentwicklung in der Praxis, Bd. 2).

Glasl, F. (2007). *Konflikt, Krise, Katharsis und die Verwandlung des Doppelgängers*. 1. Aufl. Stuttgart: Verl. Freies Geistesleben.

Haft, F. & Schlieffen, K. (Hrsg.) (2016). *Handbuch Mediation*. 3., vollständig neubearbeitete Auflage. München: C.H. Beck.

Ihde, K. (2012). *Mediation*. 1. Aufl. München: Haufe-Lexware GmbH & Co. KG (Taschenguide).

Kilian, M. & Hoffmann, H. (2015). Das Gesetz zur Förderung der Mediation – nomen est omen? *Zeitschrift für Konfliktmanagement 18* (6), 176-178.

Klappenbach, D. (2012). *Perspektiven mediativer Kompetenzentwicklung. Eine explorative Studie zur retrospektiven Evaluation einer Mediationsausbildung durch interkulturell arbeitende Kräfte aus sozialen und pädagogischen Handlungsfeldern*. Frankfurt a. M.: Lang.

Kriegel-Schmidt, K. (2012). *Interkulturelle Mediation. Plädoyer für ein Perspektiven-reflexives Modell*. 1. Aufl. Münster, Westf: Lit (Kommunikation und Kulturen/Cultures and Communication, 9).

Lenglachner, M. (2009). Der lösungsfokussiert systemische Ansatz in der Wirtschaftsmediation. *Zeitschrift für Konfliktmanagement 12* (2), 52-55.

Mähler, H.-G. (2005). Macht – Recht – Konsens. In F. Gerhard, P. Heintel & E. E. Krainz (Hrsg.), *Handbuch Mediation und Konfliktmanagement* (S. 95-104). Wiesbaden: VS Verl. für Sozialwiss.

Mayer, C.-H. & Busch, D. (2011). Mediation erforschen – oder lieber doch nicht? *Spektrum der Mediation 44*, 22-24.

McEwen, C. A. & Milburn, Th. W. (1993). Explaining a Paradox of Mediation. *Negotiation Journal* 9 (1), 23-36. DOI: 10.1111/j.1571-9979.1993.tb00687.x.

Mehta, G. (Hrsg.) (2003). *Mediation und Demokratie. Neue Wege des Konfliktmanagements in größeren Systemen*. 1. Aufl. Heidelberg: Carl-Auer-Systeme-Verl.

Montada, L. (2009). Mediation – Pfade zum Frieden. *Erwägen Wissen Ethik 4*, 549-560.

Reckwitz, A. (2006). *Das hybride Subjekt. Eine Theorie der Subjektkulturen von der bürgerlichen Moderne zur Postmoderne*. 1. Aufl. Weilerswist: Velbrück.

Schäffer, H. (2004). *Mediation. Die Grundlagen: erfolgreiche Vermittlung zwischen Konfliktparteien*. Würzburg: Stephans-Buchhandlung Mittelstädt.

Schlieffen, K. (2008). Der Mediationsstaat. In D. Gosewinkel (Hrsg.), *Politische Kultur im Wandel von Staatlichkeit* (S. 181-204). Berlin: Ed. Sigma.
Schmidt, K. & Kriegel-Schmidt, K. (2015). Kulturwissenschaften und Mediation. Umrisse eines interdisziplinären Forschungsprogramms. *Perspektive Mediation 12* (1), 20-26.
Sobota, K. (1990). *Sachlichkeit, rhetorische Kunst der Juristen.* Frankfurt a. M., Bern, New York, Paris: Lang (Europäische Hochschulschriften Reihe 2, 930).
Stiftung Warentest (2014). *Mediation: 145 Ausbildungen zum Mediator im Vergleich.* Online verfügbar unter https://www.test.de/Mediation-145-Ausbildungen-zum-Mediator-im-Vergleich-4492356-0/. Zugegriffen: 22.05.2015.
Tögel, R. & Rohlff, D. (2010). Die Umsetzung der EU-Mediationsrichtlinie. *Zeitschrift für Konfliktmanagement 13* (3), 86-89.
Tröndle, J. (2015). Die Elemente der Mediation. *Konfliktdynamik 4* (3), 210-218.
Wacker, U. (2009). Zertifizierungskuchen, Verbände, Autonomie. *Zeitschrift für Konfliktmanagement 12* (4), 126-127.
Weckert, A. & Oboth, M. (2011). *Mediation für Dummies.* Weinheim: Wiley VCH.

Mediation von der Mitte her denken – work(s) in progress

4

Gerd Schmitt

Beim Lesen des ersten Teils dieser Überschrift kann zunächst der Eindruck entstehen, dass ihm durchaus ein tautologischer Charakter anzuhaften scheint, da das Verfahren der Mediation selbst häufig als eine Mitte verstanden wird. Denn der Bezug auf ein solches Verfahren ruft ein Bild auf, das oft so arrangiert ist, dass die Mediator*innen, die das Verfahren leiten, zwischen den Konfliktparteien stehen und sie dabei unterstützen, die konfliktgenerierenden Differenzen zu überbrücken, indem sie ihnen gleichermaßen zugewandt sind. Da jedoch in meinem Verständnis die Konzepte einer Mediation und einer Mitte noch in einem anderen Sinne aufgefasst werden können, möchte ich mit diesem Artikel zu einem Gedankenexperiment einladen, um eine solch alternative Perspektive zu skizzieren. Hierzu werde ich es drei weiteren Konzepten ermöglichen – und hier kommt der zweite Teil der Überschrift ins Spiel –, ihre jeweilige Arbeit zu entfalten, die ich sowohl für das Verständnis der konkreten Praxis einer Mediation als auch für deren wissenschaftliche Erforschung für besonders relevant erachte. Auch wenn eigentlich noch auf eine Vielzahl von weiteren Konzepten einzugehen wäre, mit denen diese drei verbunden sind und mit denen sie ihr Tun gerade in und durch diese Verbindungen entwickeln, werden sich meine Ausführungen dennoch – aufgrund des begrenzten Umfangs dieses Artikels – auf die drei Konzepte einer ‚*Transversalität*', eines ‚*Dividuellen*' und einer ‚*Intraaktivität*' beschränken. Hiervon verspreche ich mir, einzelne und hoffentlich auch anregende Gedankenanstöße für die sich gegenwärtig in Entwicklung und Etablierung befindende Mediationsforschung anbieten zu können. Bevor ich mich nun zunächst einem transversalen Denken von der Mitte her zuwende, um im Anschluss daran eine dividuelle Perspektive auf Mediation und deren Denken als ein intraaktives Gefüge vorzustellen, seien noch zwei Anmerkungen gestattet. Zum einen soll der Titelzusatz ‚work(s) in progress' ebenfalls darauf verweisen, dass angesichts der experimentellen Verfasstheit dieses Beitrags meinen Überlegungen vorrangig ein vorläufiger Charakter beigemessen werden sollte. Zum anderen soll mein theoretischer Bezug auf Konzepte nicht zu der Auffassung führen, dass sie von Praktiker*innen oder Forscher*innen einfach nur angewandt zu werden brauchen, um so als eine Art präexistente theoretische Rahmung zu fungieren, in die Daten und Interpretationen lediglich eingepasst werden müssen. Demgegenüber weisen Konzepte in meinem Verständnis eine eigene Aktivität und Arbeit auf, durch die sie zugleich einer fortwährenden Transformation unterliegen, die sich auch auf die Komponenten bezieht, mit denen sie in einem relationalen Verhältnis stehen – seien es weitere Konzepte, seien es empirische Daten oder seien es die Forscher*innen selbst. Bereits an dieser Stelle zeichnet sich somit ein relationales Gewebe ab, das von dem Prozess eines kontinuierlichen Werdens gekennzeichnet zu sein scheint (vgl. Coleman & Ringrose 2013, S. 8), womit wir auch bereits mitten drin wären …

4.1 Mediation transversal und von der Mitte her denken

Um sich nun weiterhin in dieses konzeptuelle Getümmel zu begeben, möchte ich hierzu eine spezifische und zunächst abstrakt bleibende These formulieren: Durch die Arbeit der drei besagten Konzepte vermag sich sowohl das theoriegenerierende als auch das praxisanleitende Potenzial abzuzeichnen, ein soziales Phänomen – wie das der Mediation – gerade „von der Mitte her wahrzunehmen und zu verstehen" (Deleuze 1988: 159). Da hiermit sicherlich die Frage aufkommen kann, wie ein solches Denken von der Mitte her, auf das sich diese Annahme zentral bezieht, verstanden werden kann, wird es mir mit dem folgenden Abschnitt darum gehen, genau dieser Frage gezielt nachzugehen. Für mich lassen sich nun anhand dieses Zugangs vor allem zwei gedankliche Bewegungen thematisieren, die für ein Nachdenken über Mediation interessant sein können. Zum einen scheint eine mediative Konstellation nicht „schlicht [als eine] ‚Vermittlung'" betrachtet werden zu müssen, in der die Mediator*innen – gemäß der in der Mediationsliteratur häufig anzutreffenden Begriffsbestimmung – „‚in medias' zwischen [den] Streitparteien" stehen und in diesem Sinne als Vermittler*innen agieren (McDonald 2009, S. 13). Vielmehr vermag ein Denken von der Mitte her den Gedankengang anzustoßen, dass die Mediator*innen – wie u. a. auch die Konfliktparteien – in ein situatives Gefüge von unterschiedlichen Relationen eingewoben sind, aus denen sich ein konkretes Mediationssetting überhaupt erst zusammensetzt. Von daher kann zum anderen sowohl für die mediative Praxis als auch für deren Erforschung deutlich werden, dass ein solches Denken weniger auf die vermeintlich innenliegenden Eigenschaften der als abgeschlossen gedachten Körper abzielt als eben vielmehr auf deren mannigfaltigen und ineinander verschränkten Relationen, die sich in einem permanenten Prozess des Werdens befinden. Somit münden diese abstrakt anmutenden Überlegungen auch nicht zuletzt darin, dass die einem mediativen Nachdenken oft zugrunde liegende Konzeptionsweise, durch die sowohl die Mediator*innen als auch die Mediand*innen als autonome Individuen angesehen werden, notwendigerweise in ein Stocken gerät.[1] Insgesamt scheint ein Denken von der Mitte her somit in einem engen Zusammenhang mit einem relationalen Gefüge, einem Prozess des Werdens und einer Abkehr von der Vorstellung zu stehen, dass die an einer Mediation beteiligten Personen als autonome und individuelle Entitäten zu verstehen sind.

Um nun jedoch dieses Denken etwas konkreter konturieren zu können, versuche ich einen weiteren Ansatzpunkt mit dem folgenden Zitat zu finden, dem vorerst ein nicht minder abstrakter Charakter anzuhaften scheint: „Ein Werden ist immer in

---

1 Anhand eines kursorischen Durchgangs durch die allgemeine Mediationsliteratur kann offensichtlich werden, dass das Menschenbild eines vermeintlich einzigartigen und autonomen Individuums, das über einen inneren Kern verfügen soll, konstitutiv für ein Nachdenken über Mediation zu sein scheint. Als ein Paradebeispiel hierfür kann das ‚Harvard-Modell' (vgl. Fisher et al. 2004) herangezogen werden; zumal es für die Mediation als ein grundlegendes Verhandlungsmodell angesehen wird und zugleich auf einem ökonomisch-individualistischen Verfahren der Nutzenmaximierung beruht (vgl. Montada 2009, S. 501 f.). Dementsprechend wird auch das Ziel dieses Modells darin verortet, die Konfliktparteien „wirklich in ihrer Individualität zu verstehen und [ihre] Interessenprofile […] möglichst präzise […] zu erfassen", wodurch ein „authentische[r] Kontakt" zwischen ihnen wieder hergestellt werden soll (Gläßer 2009, S. 533). Aber auch gemäß des personenzentrierten Ansatzes der Humanistischen Psychologie sollen die Konfliktparteien, die nach Verwirklichung ihres inneren Potenzials zu streben scheinen, von den Mediator*innen „als eigenständige, selbstverantwortliche, mündige und entwicklungsfähige Person betrachte[t]" werden (Klappenbach 2006, S. 71). Gerade im Anschluss an ein solch humanistisches Subjektverständnis wird einer Mediation auch das Potenzial zugeschrieben, für eine Verständigung dienlich zu sein, indem sie es in ihrem Prozess zu vermögen scheint, die vermeintliche Innerlichkeit der Mediand*innen nach außen zu kehren. Durch diesen Vorgang sollen die relevanten Emotionen und Bedürfnisse der Konfliktparteien einer expliziten Analyse und Steuerung zugänglich werden, so dass auch die mit ihnen scheinbar verbundenen negativen Effekte in positive transformiert werden können (vgl. z. B. Montada & Kals 2007, S. 144 ff.). Für die Konzeption der sogenannten Interkulturellen Mediation wird diese Vorstellung nun dahingehend gewendet, dass die Mediand*innen als Träger*innen ihrer inhärenten kulturellen Wertorientierungen erscheinen, aus denen kulturelle „Missverständnisse" und nicht zuletzt „interkulturelle Konflikte" resultieren sollen (Schwarz 2013, S. 24). Aber auch der Ansatz einer transformativen Mediation, der eine „neue *relationale Auffassung*" für sich beansprucht (Bush & Folger 2009, S. 36, Herv. im Original), scheint nicht darum herum zu kommen, von einem „Kern unserer Identität als menschliche Wesen" auszugehen, der „sowohl auf individuelle Autonomie wie auch soziale Bindung ausgerichtet" sein soll (ebd., S. 69 f.).

der Mitte, man kann es nur in der Mitte erfassen. Ein Werden ist weder eins noch zwei, noch die Beziehung zwischen beiden, sondern es ist dazwischen“ (Deleuze und Guattari 1992, S. 400). In diesem Zitat verdichten und überlagern sich für mich viele der theoretischen Fragmente eines Denkens nach Gilles Deleuze und Félix Guattari, von dem meine Überlegungen hinsichtlich einer Mediation und deren Erforschung kontinuierlich inspiriert werden. Die Begriffe Werden und Differenz markieren in diesem Denken u. a. eine Auseinandersetzung mit einer westlichen Philosophietradition, in der ein Werden vor allem als ein linearer Prozess sowie eine Differenz als die Abweichung von einer vermeintlich gleichbleibenden und stabilen Identität aufgefasst werden. Um die Differenz aus diesen theoretischen und dichotomisierenden Fängen zu befreien, durch die sie lediglich als die differenzierende Beziehung zwischen zwei individuellen und klar umrissenen Entitäten dargestellt wird – wie z. B. die konfliktgenerierende Differenz zwischen zwei Mediand*innen –, wird hier ein alternatives Verständnis der Prozesse von Werden und Differenz bemüht. Demnach erscheint ein Werden gerade nicht als der lineare Prozess zwischen zwei Punkten und eine Differenz gerade nicht als der Unterschied gegenüber einem Gleichen, das vermeintlich eine stabile und kohärente Identität zum Ausdruck bringt. Denn selbst wenn ein Werden direktional ausgerichtet ist – und zwar weg von einer identitären Gleichheit –, so wird hier davon ausgegangen, dass es weder über einen Anfangs- noch einen Endpunkt verfügt, zwischen denen es verläuft. Vielmehr bewegt sich ein Werden durch die Mitte hindurch, um kontinuierlich Differenz und etwas partikular Neues in der Welt zu erzeugen (vgl. Jackson & Mazzei 2012, S. 87). Mit anderen Worten: Der Prozess des Werdens beschreibt die Erzeugung von Differenz oder – weniger abstrakt formuliert – die Veränderung eines Dings, Körpers oder Ereignisses gegenüber sich selbst.

Diese Veränderung ist dabei in eine Mitte oder ein Dazwischen eingebettet. Mit einem solchen Dazwischen-Sein in der Mitte lässt sich nun jedoch auch das erfassen, was Deleuze unter dem Begriff der Immanenz versteht, nämlich schlicht und ergreifend ein Leben und nichts anderes: „It is not immanence to life, but the immanent that is in nothing is itself a life“ (Deleuze 2001, S. 27). Hieran kann deutlich werden, dass diese Immanenz somit weder einem Subjekt oder einem Objekt inhärent ist, noch solch einer abgrenzbaren Einheit an sich angehört. Die Immanenz ergibt sich vielmehr immer wieder aufs Neue aus den Strömungen und Entwicklungen eines Lebens sowie bedingt ihrerseits dessen Werden konstitutiv mit. Ein Leben ist dabei jedoch gerade nicht als das Leben eines Individuums zu verstehen, sondern erweist sich im Denken von Deleuze vielmehr als die unhintergehbare Verwiesenheit, Verbundenheit und Relationalität eines Zusammenhangs oder Gefüges, aus dem sich eine spezifische Person, Situation oder ein Ding unaufhörlich (neu) zusammensetzt (vgl. ebd., S. 26 ff.). Ein solches Gefüge ist demzufolge nicht ein Ding an sich oder ein starres Arrangement von disparaten Bestandteilen, sondern gerade der „*process* of making and unmaking the thing. It is the process of arranging, organizing, fitting together“ (Jackson & Mazzei 2012, S. 1, Herv. im Original). Aufgrund dieser mitunter fließenden Qualität vermag dieser Prozess des Werdens auch gerade nicht in ein dichotomisierendes Denken von individuellen Entitäten eingefangen zu werden.

Mit Blick auf die Praxis und die Erforschung der Mediation lese ich von daher gerade den zweiten Satz des weiter oben stehenden Zitats von Deleuze und Guattari so, dass ein Werden weder aus einer Konfliktpartei noch aus zwei Mediand*innen sowie weder aus der interaktiven und intersubjektiven Beziehung zwischen ihnen noch aus der Beziehung zwischen ihnen und den Mediator*innen hervorgeht. Es emergiert vielmehr aus der Mitte, die sich im Dazwischen befindet und u. a. alle involvierten Personen umfasst. Von daher scheint eine mediative Konstellation grundlegend von einer Relationalität gekennzeichnet zu sein, für die nun eben nicht die einzelnen Elemente der Verbindungen zentral sind, sondern gerade das was sich zwischen ihnen ereignet; also das Dazwischen oder das Gefüge von Relationen und Linien, die sich immer in Bewegung und im Werden befinden (vgl. Coleman und Ringrose 2013, S. 9).

Doch wie kann ein solches Denken von der Mitte her, das sich grundlegend auf ein relationales Gefüge, auf den unaufhörlichen Prozess des Werdens und auf die Produktion von Differenz bezieht – sowie daraus auch erst hervorgeht –, für die Erforschung von Mediation methodologisch gewendet werden? Damit nun das eingangs in Aussicht gestellte Konzept der ‚*Transversalität*‘ sein Wirken zu entfalten vermag, kann hierzu Folgendes festgehalten werden: Indem sich die Mitte als der Ort erweist, an dem sich Dinge verändern und ggf. neue Verbindungen eingehen, scheint sich eine analytische Auseinandersetzung mit einem zu erforschenden Phänomen auch eher „von der Mitte ausgehend, durch die Mitte hindurch“ zu ereignen, anstatt von oben, von unten oder von der Seite her zu erfolgen. Damit ist gemeint, dass eine Analyse weder von einem bestimmten Forschungssubjekt aufbricht – wie z. B. die distanzierte und von außen auf einen Forschungsgegenstand reflektierende Forscher*in –, noch kommt sie bei dem Kern eines empirischen Objekts an. Gleichzeitig markiert sie im Sinne eines „*Zwischen* den Dingen [jedoch] keine lokalisierbare Beziehung, die von einem zum anderen geht […], sondern eine Pendelbewegung, eine transversale Bewegung“ (vgl. Deleuze & Guattari 1992, S. 39 ff., Herv. im Original). Oder anders formuliert: Eine Forscher*in steht der zu untersuchenden Situation weder vertikal als *das* wissende und interpretationsbefähigte Subjekt noch horizontal als das sich mit den Daten reflektierend arrangierende Subjekt gegenüber (vgl. Guattari 1976, S. 48). Vielmehr ist die Forscher*in unweigerlich mit dem Phänomen und den erhobenen Daten verbunden, so dass sie zu einer mitgestaltenden und sich verändernden Komponente in diesem Forschungsgefüge wird – wie auch die Mediator*innen dies hinsichtlich eines konkreten Mediationsgefüges werden. Somit ruft eine Analyse weder eine von außen kommende (Reflexion oder Interpretation der Forscher*in) noch eine von innen hervorgehende Bewegung (Freilegung des Bedeutungskerns einer Situation) auf, sondern sie durchdringt und verbindet alle Komponenten miteinander, so dass sie eine transversale Bewegung darstellt. Eine solche Transversalität ermöglicht es somit gerade, dass „das Heterogene und dessen Verbindungslinien aufgespürt werden [können], ohne sie [dabei] in ein identitäres Raster ein[zu]pressen". Von daher kann eine Transversalität vor allem als die „Suche nach Verbindungen" in der Mannigfaltigkeit verstanden werden, die zugleich „im Kontext von Herrschaftsverhältnissen zu betrachten" ist (Gutiérrez Rodríguez 2011, S. 214 f.). Gleichzeitig vermag sich hierdurch auch „eine postmetaphysische Figur des Subjekts ihren Weg" zu bahnen, die als der „Alternativanwärter für den leeren Ort des großen, individuellen Subjekts" zu fungieren scheint und die im Sinne eines „Subjekt[s] im Werden" vor allem als „relational und ereignishaft" umschrieben werden kann (Manchev 2011, S. 197).

Durch einen solchen „move away from seeing individuals as clearly bounded subjects and towards a mapping of the relations in which researchers [also] are always involved" kann eine ‚*erfinderische und relationale Methodologie*' denkbar werden, die darauf abzielt, Räume „of and for difference" zu eröffnen (vgl. Coleman und Ringrose 2013, S. 6 f.). Mit anderen Worten: Es scheint weder in einer konkreten Mediation noch in deren Forschung um das Herausarbeiten eines identifizierbaren Seins oder Sinns zu gehen, sondern eher darum, wie die Komponenten einer Situation spezifische Verbindungen eingehen – oder auch gerade nicht – und wie sie sich dadurch verändern sowie Variationen eingehen. Von daher verortet Deleuze die Aufgabe von Philosoph*innen – und in einem gewissen Sinne auch die von Mediator*innen – gerade nicht darin, auf die Suche nach einer „Einheit, [einem] Ganzen [oder] nach Ursprüngen" zu gehen. Vielmehr spricht er sich dafür aus, immer schon „gemischte Zustände zu analysieren", wie z. B. die eines konkreten Mediationsgefüges, und die „Dinge dort an[zu]packen, wo sie sprießen [und immer wieder aufs Neue entstehen], in der Mitte" (Deleuze 1993, S. 125 f.). Dieser Gedankengang eines transversalen Denkens von der Mitte her wird durch die nun anstehende Beschäftigung mit den Konzepten eines ‚*Dividuellen*' und einer ‚*Intraaktivität*' noch deutlicher werden.

4.2 Mediation aus einer individuellen Perspektive denken

Gerald Raunig beginnt sein Buch ‚Dividuum' mit den folgenden Worten: „Aller Anfang ist dividuell [...], nie Individuum allein, so beginnt alles in der reißenden Mitte des Dividuellen" (2015, S. 11). Über die Mitte, aus der ein relationales Gefüge immer wieder aufs Neue hervorgeht, habe ich ja bereits etwas geschrieben, aber was hat es nun mit dem Dividuellen auf sich? Auch wenn das Konzept Dividuum nicht dem eines Individuums dichotom gegenübersteht, so ergibt sich dennoch ein möglicher Zugang zu seinem Verständnis gerade aus der konstitutiven Abwendung von diesem letztgenannten Konzept. Denn während das *In*dividuum sich als ein Ungeteiltes, Unverwechselbares und isoliert Einzigartiges gibt, liegt der Fokus beim Dividuum gerade auf seiner „‚Geteiltheit' [und] ‚Teilbarkeit' – und zwar eigentümlicherweise nicht in Bezug auf ein Ganzes". Zugleich stehen die einzelnen Komponenten oder Teile eines Dividuums in transversalen Verbindungen und Verhältnissen zu den Komponenten eines weiteren Dividuums, so dass sich letztendlich eine spezifische Situation, ein Mensch oder ein Ding aus diesen Relationen zusammensetzt und gleichzeitig durch sie unterteilt wird. Von daher lässt sich diese Simultaneität zwischen sich durchdringenden Beziehungen und einer Geteiltheit auch als eine „konjunktive Disjunktion" umschreiben, „die die konkreten Einzeldinge durchquert und [miteinander] verkettet" (Raunig 2015, S. 80 f.). Oder anders formuliert: Während das *In*dividuum vor allem seit der europäischen Aufklärung im 18. Jh. auf Einzelpersonen übertragen wurde und seitdem für die Behauptung ihrer Gleichheit, Autonomie und Unverwechselbarkeit herangezogen wird (vgl. Ott 2015, S. 80 ff.), so kann die „Begriffsgeschichte des Individuums [auch als] der verzweifelte Versuch" gelesen werden, genau das „als [eine] unveränderliche Letzteinheit zu behaupten, was nur in dynamischen und vielfältigen Gefügen zum Leben gelangt" (vgl. ebd., S. 23). In diesem Sinne sahen und sehen sich die „alten Logiken der Identität [eines] sich selbst genügenden, sich entwickelnden und entfaltenden" *In*dividuums zunehmend mit „vielfältigen Erschütterungen und Störungen" konfrontiert, so dass die „Moderne [auch selbst] als Problem" erscheint, das es zu dezentrieren gilt (Hall 1994, S. 66 ff.). In Abkehr von der Vorstellung eines autonomen, ganzheitlichen und in sich zentrierten *In*dividuums betont Stuart Hall somit weiterhin, dass ein Subjekt vielmehr „als fragmentiert und unvollendet [sowie als] zusammengesetzt aus vielen ‚Selbsten' oder Identitäten konzeptualisiert" werden sollte. Von daher schreibt er auch von den „Unbeständigkeiten des ‚Subjekts'", das sich im Bewohnen von „verschiedenen Welten" kontinuierlich „im Prozess des Werdens" befindet (vgl. 2000, S. 82).

Aus einer auf das Dividuelle sich fokussierenden Perspektive lässt sich somit konstatieren, dass Menschen „schon immer und in der Moderne vermehrt" mit verschiedenen (nicht)menschlichen Elementen gerade nicht in wechselseitigen, sondern in sich jeweils durchdringenden dividuellen Verbindungen stehen.[2] Zugespitzt formuliert legt dies nahe, dass nicht nur die Annahme der „Unverwechselbarkeit" von Personen einer Modifikation bedarf, sondern auch die der „Abgrenzbarkeit von Nationen und Kulturen" (Ott 2015, S. 161). Darüber hinaus hebt eine Perspektive auf das Dividuum gegenüber einem *In*dividuum, das nach den Prinzipien der Untrennbarkeit und Unähnlichkeit funktioniert, hervor, dass es durch mannigfaltige Komponenten „als [ein] Teilbares" zusammengesetzt wird, wobei einige dieser Komponenten gleichzeitig in einer konstitutiven Verbindung zu anderen Einzeldingen stehen. Von daher zeichnet sich ein Dividuum auch eher durch das Prinzip der „Ähnlichkeit und Mit-Förmigkeit" aus, womit zum Ausdruck kommen soll, dass zwischen den miteinander verbundenen Komponenten sowohl eine Ähnlichkeit besteht, als auch dass sie miteinander erst im gemeinsamen Entstehen begriffen sind. Von daher lässt sich eine dividuelle Perspektive auf ein soziales Phänomen auch mit den folgenden Worten umschreiben: „Nicht ganz, nicht gleich, nicht einheitlich, sondern geteilt, ähnlich, mitförmig" (Raunig 2015, S. 82 f.). Auf den Konzeptpunkt gebracht lässt sich somit insgesamt festhalten, dass „die Vorstellung von Individuen eine erkenntnistheoretisch nicht mehr angemessene Perspektivierung der Welt" darstellt (Ott 2015, S.42 f.), wohingegen die Perspektive des Dividuellen gerade die „Freilegung [der sich abzeichnenden] Querstrebigkeit und Vieldeutigkeit" zu ermöglichen scheint (ebd., S. 23 f.).

Um nun jedoch wieder konkreter auf die Mediation zurückzukommen, werde ich im Anschluss an diese abstrakten Überlegungen zu einer dividuellen Perspektive auf das Konzept einer ‚Intraaktivität' eingehen, um die hieraus für mich erwachsenden Anregungen für den Bereich der Mediationsforschung zu verdeutlichen.

---

2 Als ein Beispiel für diese gleichzeitige Unterteilt- und Verbundenheit, die aus dividuellen Verhältnissen resultieren, können u. a. die gegenwärtigen Erkenntnisse von Mikrobiologie und Genomik herangezogen werden. Denn hier wird der menschliche Körper als ein „komplexes Ökosystem und biosoziales Netzwerk mit Billionen" von Mikroorganismen aufgefasst, mit denen er dermaßen in durchdringenden Abhängigkeitsverhältnissen steht, dass er nicht mehr als ein individueller und isoliert lebensfähiger Organismus betrachtet werden kann. Als weitere Beispiele für die dividuelle Verschränkung des Menschen mit Biotechnologien lassen sich auch die Organtransplantation, die Nanotechnologie und die Stammzellenforschung verstehen. Aber auch die zunehmende Digitalisierung der Informationstechnologien führt dazu, dass sie „aufs Engste mit sozialen Organisationsformen" verflochten werden, so dass die „Generierung und Übertragung von Informationen zur fundamentalen [gesellschaftlichen] Ressource" wird, die sowohl ermächtigend wirken kann, als auch einer zunehmenden Kapitalisierung offen steht, wie z. B. in Form von Facebook und Google (vgl. Ott 2015, S. 185 ff., 253 ff.).

4.3 Mediation als ein intraaktives Gefüge

Für mich durchziehen die bisher wirksam gewordenen Konzeptlinien einer Mitte, eines Werdens, eines transversalen und dividuellen Gefüges sowie eines posthumanistischen Subjektverständnisses auch das Konzept einer ‚Intraaktivität'. So verweist eine Intraaktivität laut Karen Barad ebenfalls grundsätzlich auf die konstitutive Verwobenheit von Dingen und Körpern, die in einer situativen Konstellation etwas miteinander zu tun haben. Daran anknüpfend ist es ihr jedoch wichtig zu betonen: „[t]o be entangled is not simply to be intertwined with another, as in the joining of separate entities, but to lack an independent, self-contained existence. Existence is not an individual affair. Individuals do not preexist their interactions; rather, individuals emerge through and as part of their entangled intra-relating" (2007, S. ix). Hier werden somit gleich zwei zentrale Überlegungen markiert, die für das Konzept der Intraaktivität kennzeichnend sind. Zum einen wird deutlich, dass eine Intraaktion als ein spezifisches Gefüge von ineinander verschlungenen Relationen zu verstehen ist, die gerade durch ihr Tun ein z. B. soziales Phänomen erzeugen. Zugleich erfolgt neben der bereits bekannten Abwendung von dem gewöhnlichen Verständnis eines *In*dividuums auch eine Problematisierung der Vorstellung einer Interaktion. Anders als in einer Interaktion begegnen sich in einer Intraaktion somit nicht voneinander getrennte *In*dividuen, die dadurch in eine Beziehung miteinander eintreten und dabei dieser Verbindung jedoch als bereits geformte Subjekte vorausgehen. Vielmehr werden sie durch diese Intraaktion überhaupt erst mit einer je unterschiedlichen Handlungsfähigkeit erzeugt und zusammengesetzt, indem einzelne Komponenten von ihnen intraaktive Relationen eingehen (vgl. ebd., S. 33). Diese konstitutive Verwobenheit, die auch an das Prinzip der Ähnlichkeit und Mit-Förmigkeit erinnert, bedeutet zugleich, dass die häufig anzutreffenden Dichotomien zwischen einem Subjekt und einem Objekt, einer Intention und einer Handlung oder zwischen einem subjektiven Innen und einem sozialen Außen einer profunden Überarbeitung bedürfen (vgl. ebd., S. 23). Denn indem ein *„Tätigsein [...] auf entscheidende Weise eine Sache der Intraaktion"* ist, kann sie auch nicht „als ein Attribut von Subjekten oder Objekten bezeichnet werden [...]. *Tätigsein ist ‚tun' oder ‚sein' in seiner Intraaktivität"* (Barad 2012, S. 88, Herv. im Original).

Auf die Erforschung eines sozialen Phänomens gewendet, impliziert dies, dass ein „Erkennen [ebenfalls als] eine Sache des Intraagierens" zu verstehen ist (ebd., S. 37); d. h. eine Erkenntnis kann nicht dadurch erzielt werden, dass Forscher*innen distanziert und von außen ein Phänomen – bzw. Mediator*innen eine konkrete Konfliktdynamik – analysieren. Vielmehr gehören sie aufgrund ihrer situativen Verwobenheit dem Phänomen selbst an, mit dem und durch das sie intraagieren, so dass sie immer auch als „Teil der Welt in ihrem je unterschiedlichen Werden" zu betrachten sind und sich dementsprechend auch schrittweise mit-verändern (ebd., S. 100). Von daher kann eine solch posthumanistische Perspektive auf Forschung auch dahingehend verstanden werden, dass sich das analytische Lesen und Denken der Begegnungen zwischen Daten, Konzepten und Forscher*innen – oder im Kontext einer Konfliktsituation auch der Begegnungen zwischen Mediator*innen und Mediand*innen – nicht vorrangig auf die einzelnen Forschungssubjekte konzentrieren sollte, die lediglich als *In*dividuen aufgefasst werden. Denn das Tun der Forscher*innen ist gerade durch ihr In-Verbindung-Treten mit dem sozialen Phänomen unmittelbar mit dem Tun der Forschungssubjekte sowie mit der Arbeit der Daten und Konzepte intraaktiv verwoben, so dass sich die Handlungsfähigkeiten der betreffenden Komponenten auch erst jeweils ko-konstitutiv herstellen und verändern (vgl. Jackson und Mazzei 2012, S. 118). Vor diesem Hintergrund kann somit auch deutlich werden, dass eine Intraaktion fortwährend das, „was möglich und was unmöglich ist", rekonfiguriert; d. h. Möglichkeiten für neue Verbindungen eröffnen sich genauso, wie sich andere verschließen oder entscheidende Dissonanzen sich abzuzeichnen beginnen (Barad 2012, S. 86). Gerade der letzte Aspekt erinnert daran, dass in diese intraaktiven Verhältnisse nicht zuletzt auch gesellschaftliche Machtkonstellationen eingewoben sind, die ihr Tun – z. B. in wirksam werdenden Dissonanzen und Blockaden – zum Ausdruck bringen können und die somit für eine singuläre Situation als mit-förmige Komponenten explizit mit zu berücksichtigen sind.

Wird nun eine Mediation als ein intraaktives Gefüge verstanden, in dem u. a. die Mediator*innen mit den Konfliktparteien intraagieren, dann vermag sich diese Einsicht als gewinnbringend erweisen: „different intra-actions produce different phenomena" (Barad 2007, S. 58). Sowohl für die Analyse als auch für die konkrete Bearbeitung von Konflikten ergibt sich in meinem Verständnis daraus, dass die eine Mediation leitenden und voranbringenden Fragen nicht vorrangig auf ein ‚Was' abzielen sollten – also Fragen, mit denen sich darum bemüht wird, Eigenschaften, Anliegen, Emotionen oder Bedürfnisse der Konfliktparteien exakt zu identifizieren und herauszuarbeiten. Vielmehr sollten sie sich eher damit beschäftigen, wie die situative Intraaktion funktioniert, wie sich spezifische Komponenten, aus denen sich die an einer Mediation beteiligten Personen fragmentiert zusammensetzen, miteinander verbinden – oder auch eben nicht – und wie sich die ereignende Intraaktion letztendlich verändern kann. Demnach erachte ich gemäß der oben stehenden Einsicht gerade nicht die Differenzen zwischen den Mediand*innen, die in einem vermeintlich Inneren der *In*dividuen verortet werden und die bisweilen bereits im

Vorfeld einer Mediation festzustehen scheinen[3], als ausschlaggebend dafür, wie sich eine konkrete Mediation entfaltet. Denn meine bisherigen Überlegungen legen es insgesamt nahe, dass vor allem die unterschiedlichen Intraaktionen verantwortlich dafür zu sein scheinen, wie sich ein (soziales) Phänomen – und somit auch eine konkrete Mediation – herausbildet und wie dadurch spezifische Möglichkeiten eröffnet sowie verschlossen werden.

Wird nun diesen Gedankengängen bis hierhin gefolgt, so bleibt auch die Konzeption einer Mediationsforschung davon nicht unberührt. Anstelle eines diesbezüglichen Fazits – dafür aber ganz im Sinne eines Gedankenexperiments – möchte ich diesen Artikel nun mit einem Set von offen bleibenden Fragen beenden, die für ein weiteres Nachdenken über eine Mediationsforschung ggf. anregend sein können:

- Wie lässt sich vor dem Hintergrund dieser Ausführungen Differenz an sich und somit auch die konstitutive Annahme von Differenzen zwischen den Konfliktparteien entsprechend rekonzeptualisieren?
- Wie können Emotionen und Bedürfnisse anders theoretisiert werden, so dass sie nicht auf die humanistischen Gefilde einer vermeintlichen Innerlichkeit beschränkt bleiben?
- Wie sollten die Intention, die Anliegen und die Interessen der Konfliktparteien sowie die sich daraus vermeintlich ergebende Kausalität überdacht werden, so dass sie nicht mehr im Besitz eines *In*dividuums zu stehen scheinen, sondern sich retrospektiv eher als der Effekt eines intraaktiven Gefüges erweisen?
- Angesichts der intraaktiven Verwobenheit der Mediand*innen, die nicht zuletzt durch gesellschaftliche Machtverhältnisse abläuft und die dadurch jeweils unterschiedliche Möglichkeiten eröffnet oder verschließt, kann auch gefragt werden, wie die mediativen Grundannahmen einer Neutralität oder Allparteilichkeit der Mediator*innen, die häufig auf das Postulat einer Gleichbehandlung hinauslaufen, ggf. rekonfiguriert werden müssen?
- Und schließlich: Wie kann das Tun und die Arbeit der hier bemühten Konzepte für die praktische Modellierung und methodologische Theoretisierung von konkreten Forschungsansätzen im Bereich der Mediationswissenschaften richtungsweisend sein?

3 Ein prägnantes Beispiel hierfür stellt sicherlich die Annahme von kulturellen Differenzen und deren Theoretisierung dar, die für viele Ansätze einer Interkulturellen Mediation als konstitutiv anzusehen ist und die eher fixierende und machtgestützte Kulturalisierungen evoziert, anstatt einem tieferen Verständnis zuträglich zu sein (vgl. etwa Mayer 2006).

Literatur

Barad, K. (2007). *Meeting the Universe Halfway. Quantum Physics and the Entanglement of Matter and Meaning*. Durham: Duke University Press.

Barad, K. (2012). *Agentieller Realismus*. Berlin: Suhrkamp.

Bush, R. A. B. & Folger, J. P. (2009). *Konflikt – Mediation und Transformation*. Weinheim: Wiley VCH.

Coleman, R. & Ringrose, J. (2013). Introduction: Deleuze and Research Methodologies. In Dies. (Hrsg.), *Deleuze and Research Methodologies* (S. 1-22). Edinburgh: Edinburgh University Press.

Deleuze, G. (1988). *Spinoza: Praktische Philosophie*. Berlin: Merve.

Deleuze, G. (1993). *Unterhandlungen, 1972–1990*. Frankfurt a. M.: Suhrkamp.

Deleuze, G. (2001). *Pure Immanence. Essays on A Life*. New York: Zone Books.

Deleuze, G. & Guattari, F. (1992). *Tausend Plateaus. Kapitalismus und Schizophrenie*. Berlin: Merve.

Fisher, R., Ury, W. & Patton, B. M. (Hrsg.) (2004). *Das Harvard-Konzept. Der Klassiker der Verhandlungstechnik*. 22. durchgesehene Auflage. Frankfurt a. M.: Campus.

Gläßer, U. (2009). Plädoyer für ein interessenorientiertes Mediationsmodell. *Erwägen Wissen Ethik 20* (4), 532-534.

Guattari, F. (1976). Transversalität. In Ders., *Psychotherapie, Politik und die Aufgaben der institutionellen Analyse* (S. 39-55). Frankfurt a. M.: Suhrkamp.

Gutiérrez R. & Encarnación (2011). Politiken der Affekte. Transversale Konvivialität. In I. Lorey, R. Nigro & G. Raunig (Hrsg.), *Inventionen* (S. 214-229). Zürich: Diaphanes.

Hall, S. (1994). *Rassismus und kulturelle Identität. Ausgewählte Schriften 2*. Hamburg: Argument.

Hall, S. (2000). *Cultural Studies. Ein politisches Theorieprojekt. Ausgewählte Schriften 3*. Hamburg: Argument.

Jackson, A. Y. & Mazzei, L. A. (2012). *Thinking with Theory in Qualitative Research. Viewing Data across multiple Perspectives*. Abingdon, New York: Routledge.

Klappenbach, D. (2006). *Mediative Kommunikation. Mit Rogers, Rosenberg & Co. konfliktfähig für den Alltag werden*. Paderborn: Junfermann.

Manchev, B. (2011). Vermögen, Ausbeutung und Widerstand der Subjekt-Körper. Für eine transversale Veränderung. In I. Lorey, R. Nigro & G. Raunig (Hrsg.), *Inventionen* (S. 197-213). Zürich: Diaphanes.

Mayer, C.-H. (2006). *Trainingshandbuch interkulturelle Mediation und Konfliktlösung. Didaktische Materialien zum Kompetenzerwerb*. Münster: Waxmann.

McDonald, D. (2009). *Interkulturelle Mediation. Möglichkeiten und Grenzen eines Konzepts*. Jena: IKS.

Montada, L. (2009). Mediation – Pfade zum Frieden. *Erwägen Wissen Ethik 20* (4), 501-511.

Montada, L. & Kals, E. (2007). *Mediation. Ein Lehrbuch auf psychologischer Grundlage*. 2. vollständig überarbeitete Auflage. Weinheim: Beltz.

Ott, M. (2015). *Dividuationen. Theorien der Teilhabe*. Berlin: b-books.

Raunig, G. (2015). *Dividuum. Maschinischer Kapitalismus und molekulare Revolution*. Band 1. Wien: transversal.at.

Schwarz, K. (2013). *Interkulturelle Konflikte und ihre nachhaltige Lösung unter besonderer Berücksichtigung der Sozialen Arbeit sowie der Interkulturellen Mediation*. Linz: edition pro mente.

Teil II

Forschungsansätze verschiedener Disziplinen: Mit welchen Zugriffen können wir Mediation untersuchen, beschreiben und erklären?

5 Programmatische Achsen einer kulturwissenschaftlichen Erforschung von Mediation

Katharina Kriegel-Schmidt und Klaus Schmidt

5.1 Anliegen einer kulturwissenschaftlich motivierten Mediationsforschung

„Mediation als Kultur", „Kultur der Mediation", „Kulturelle Spielarten von Mediation", „Transkulturelle Mediation", „Interkulturelle Mediation", „Mediation mit Flüchtlingen", „Mediation und Diversity" – Auch Leser*Innen, die nicht aus einer einschlägigen Richtung kommen, werden diesen Stichworten immer wieder begegnen, sei es in Fachpublikationen, auf Kongressen oder innerhalb spezieller Fort- oder Ausbildungseinheiten.

Was sich im Einzelfall dahinter verbirgt, ist weniger vielfältig als vorhersehbar und trägt leider selten Spuren einer kulturwissenschaftlichen Auseinandersetzung mit den benannten Phänomenen[1]: Dementsprechend darf man erwarten, dass es um Vermittlung in Fallen geht, in denen ‚Kulturen aufeinanderprallen' und sich Konflikte an diesem Aufprall entzünden. Dabei erscheint dann Interkulturelle Mediation als relativ neuer und spezifischer ‚Anwendungsbereich' neben Wirtschaftsmediation, Familienmediation, Schulmediation usw.

In mediationsspezifischen Fachzeitschriften nähren Beiträge, in denen es dem Titel nach um ‚Interkulturelle Kompetenz' geht, nicht selten Vorstellungen, dass Kultur A auf Kultur B trifft. Dabei werden kulturelle Eigenschaften als „zentrale Charakteristika von Völkern" (Geitner 2017, S. 46) ausgewiesen. Erhebliche „kulturelle Störungen" seien aufgrund kaum überwindbarer, sich diametral zueinander

1 Ungeachtet aller Theorieentwicklung innerhalb der Kulturwissenschaften steht landläufig ein substantialistisches Kulturverständnis im Vordergrund, wird von der Homogenität aller Mitglieder einer ‚Kultur' ausgegangen und ‚Kultur' häufig mit Nation gleichgesetzt. Aufschlussreich zu dieser Entwicklung und Hartnäckigkeit eines homogenen wie statischen Kulturverständnisses: Breidenbach und Nyiri (2008).

verhaltender Unterschiede und, gemäß ihrer Einprogrammierung, sich ausnahmslos identisch verhaltender Volksrepräsentant*Innen zwangsläufig, bspw. wenn „High-Kontext-Chinesen" auf „uns Deutsche" treffen (ebd).

Darlegungen und Fortbildungen ohne kulturwissenschaftlichen Background besetzen jedoch auch die Gegenposition: Die behaupteten kulturellen Unterschiede gäbe es nicht und überdies sei jede Mediation eine Interkulturelle Mediation. Wenn auch die Mediand*Innen sich durch verschiedene Herkünfte fremd sein sollten, so könne man doch davon ausgehen, dass in der Mediation nichts Neues auf uns zukäme.

Kennzeichnend für die kulturelle wie interkulturelle Thematik ist sicher, dass Konzepte verhandelt werden, die in verschiedenen gesellschaftlichen Bereichen Konjunktur besitzen und in denen Wissen aus Alltags- wie Wissenschaftsdiskursen miteinander verschmilzt.[2]

Kulturwissenschaftlich tragen die meisten inter- und transkulturellen Vorstellungen nicht. Wegen ihrer Lebensferne erscheint sehr zweifelhaft, ob diese Konzeptualisierungen wirklich in der Vermittlungsarbeit prozessunterstützend eingesetzt werden können. Wahrscheinlich erscheint hingegen, dass sie im einzelnen Fall und vor allem im Hinblick auf die Entwicklung von (interkulturell verstandener) Mediation einigen Schaden anrichten.[3]

Eine ernsthafte Konfrontation von Mediation mit dem Thema Kultur verspricht wichtige Erträge, nur müssten dazu Kulturwissenschaftler*Innen oder kulturwissenschaftlich arbeitende Geistes- und Sozialwissenschaftler*Innen auf den Plan treten. Nicht nur für Inter- und Trans-Themen der Kultur in der Mediation, sondern auch zum Verständnis von Methode und Techniken der Mediation selbst kann die kulturwissenschaftliche Perspektivierung Grundlegendes beisteuern.

Die Konfrontation von Mediation mit kulturwissenschaftlichen Perspektiven könnte zielen:

1. auf das Verstehen dessen, was sich unter der Überschrift ‚Mediation' in der Vermittlung, im Diskurs und in Ausbildungen ereignet,

---

2 Wobei sich ein Paradigmenwechsel (oder Trend) abzuzeichnen scheint – von Interkultureller Kompetenz zu Diversity-Kompetenz. Der Etikettenwechsel täuscht über die Kontinuität der Erscheinungen hinweg: Interkulturelle und Diversity-Kompetenz besitzen oft verblüffende Übereinstimmungen und leiden an den gleichen Inkohärenzen (vgl. Bolten 2014).

3 Versuche, dem entgegenzuwirken, existieren (vgl. bei den eigenen Beiträgen u. a. Kriegel-Schmidt 2012, 2013, 2014; Kriegel-Schmidt und Schmidt 2016, Kriegel-Schmidt et al. 2017).

2. auf das Verstehen von für die Mediation zentralen Begriffen wie ‚Konflikt' und ‚Kommunikation',
3. auf den Zusammenhang zwischen dem ‚Wissen' der Mediation und unserer (und anderen) Gesellschaft(en) und ihrer Mediation,
4. auf den Vergleich von verschiedenen Spielarten von Mediation, die an Kollektive rückgebunden werden können,
5. auf die systematische Ausgestaltung (Operationalisierung) als ‚interkulturell' verstandener Mediation, und zwar auf struktureller, inhaltlicher wie methodisch-technischer Ebene; und damit schließlich (1-5 umfassend)
6. auf die Entwicklung von Zugängen zu einer gelingenden Lebensführung in einer Gesellschaft unter postmodernen Vielfaltsbedingungen (Kleve 2016).[4]

5.2 Die Bandbreite kulturwissenschaftlicher Ansätze und das Beispiel praxeologisch ausgerichteter Mediationsforschung

Die Mediationsforschung tritt in eine neue Etappe, indem sie sich nun nach den Anfängen innerhalb weniger Spezialgebiete beginnt zu vervielfältigen und auszufächern und gleichzeitig schon Züge einer multi- bis interdisziplinären Forschungslandschaft annimmt. Innerhalb des Bereichs der Kulturwissenschaften wäre Mediationsforschung von Anfang an *interdisziplinär* strukturiert und würde mit sehr unterschiedlichen Zugängen aufwarten:

Die kulturelle Perspektive ist kein Eigentum einer bestimmten Forschungsrichtung, auch wenn es selbstverständlich kulturwissenschaftliche Fachbereiche gibt. Die kulturelle Perspektive ist viel mehr seit kurzem wieder „zu einer allgemeinen Betrachtungsweise des Sozialen avanciert" (Moebius 2009, S. 8), die in Geistes – und Sozialwissenschaften mit fruchtbaren Ergebnissen eingesetzt wird. Die breite Semantik des Begriffs Kultur (vgl. Boldt und Soeffner 2014; Soeffner 2007; Knoblauch 2007) darf nicht verwundern. Sie ist eine Grundtatsache für an Kultur interessierte Forscher*Innen, von der auch bei der Untersuchung von Mediation ausgegangen werden muss. Sie ergibt sich aus der begrifflichen Spezifizierung und den damit

4 Für eine Mediationsforschung aus kulturwissenschaftlicher Perspektive interessant: Formate eines „methodologischen Kosmopolitismus" (Soeffner 2007).

einhergehenden Konzeptualisierungen von Kultur in Geschichte und Gegenwart[5] (vgl. Levold 2013; insbesondere auch Straub 2007).

Der kulturwissenschaftliche Zugang zur Erforschung von Mediation wird – mit einer gewissen ‚kontingenten' Notwendigkeit, die unter anderen Ausgangsbedingungen auch immer anders aussehen könnte – unter der Entwicklung bestimmter Blickpunkte starten müssen. Deutlich werden soll das an einem Beispiel, in dem die Bedingungen genannt und die Folgen, die sich ergeben, gekennzeichnet werden: wie eine (a) bestimmte Kulturtheorie (b) für die Untersuchung von Mediation (c) gewinnbringend genutzt werden kann:

a. Eine *praxeologisch* angelegte Kulturtheorie, wie sie in den neueren kultursoziologischen Beiträgen seit 2000 immer differenzierter ausformuliert wird (vgl. u. a. Schatzki et al. 2001; Reckwitz 2005), untersucht mit dem Begriff Kultur in der einschlägigen Forschung recht treffend als solche bezeichnete *Praxis-Wissens-Komplexe*: „Die Wissensordnung der Kultur zeigt sich hier auf der Ebene körperlich verankerter, sozialer Praktiken im Umgang mit Objekten und Artefakten" (Levold 2013, S. 11). Mit der Lesart von Kultur als soziale Praktiken und praktisches Wissen von Menschen, untersuchen praxeologische Kulturanalysen das ‚Knowing How' oder in anderen Worten: den implizit (und somit von den Einzelnen nicht ohne Weiteres explizierbar) und sinnhaft organisierten Komplex *routinisierter* Verhaltensweisen. „Das Wissen der Kultur stellt sich hier als ein inkorporierter[6] Komplex von *Kompetenzen*, von *Alltagstechniken* und alltäglichen *Verstehensformen*, als ein gekonnt eingesetztes *‚tool kit'* (Ann Swidler) dar" (Reckwitz 2005, S. 8).
b. Würde *Mediation* in solch einem praxeologischen Zugriff *interdisziplinär*, d. h. im Zusammenspiel unterschiedlicher sozial- und geisteswissenschaftlicher Disziplinen, untersucht werden (vgl. auch Kriegel-Schmidt und Schmidt 2015), öffnet dies den Zugang zu einem ganz anderen Verständnis des Verfahrens und den an ihm Beteiligten.

5 Seit dem 18. Jahrhundert, beginnend mit Herder, entwickelt sich der moderne Kulturbegriff in mindestens vier Konzeptualisierungen: in einer normativen, holistischen, differenz(ierungs)theoretischen und bedeutungsorientierten Fassung (vgl. Reckwitz 2004). In der Gegenwart lässt sich schematisch eine Unterscheidung zwischen mentalistischen, textualistischen sowie praxeologischen Strömungen treffen (vgl. Reckwitz 2005, S. 95 ff.).

6 In den Körper eingeschrieben.

c. Ziel dieser Mediationsforschung wäre es nicht, Diskurse oder mentale Kategorien[7], sondern *soziale Praktiken*, die intersubjektiv geteilt und trainiert werden, zu erforschen.

In diesem Sinne wären

- kulturelle Formungen der Mediation zu untersuchen,
- kulturell differente Mediationsmodi zu unterscheiden,
- Ansätze zu einer als interkulturell verstandenen Mediationspraxis zu entwickeln.

Wie Schwerpunktsetzungen praxeologischer Kulturtheorien aussehen können, soll im Folgenden, bei der Entwicklung möglicher Focus-Areas[8] kulturwissenschaftlicher Mediationsforschung, skizziert werden.

5.3 Research Focus-Area I: Untersuchungen zur kulturellen Formung von Mediation

Leitend wäre für die in diesem Bereich arbeitenden Forscher*Innen die Frage: Was ist in einem räumlichen und zeitlichen Zusammenhang für die Subjekte überhaupt denkbar und machbar? Was wird in dem betrachteten Rahmen der Mediation als normal und möglich erlebt, ‚was macht Sinn'? Hier geht es um die „basalen Sinnmuster, welche nicht nur das Denken und Meinen, sondern das praktische Wissen und damit die Verhaltensakte und Subjekte strukturieren, somit einen Möglichkeitsraum des Denkbaren und Praktizierbaren aufspannen" (Reckwitz 2006, S. 30). Diese basalen Sinnmuster existieren nie losgelöst von einer gesellschaftlichen Umgebung. Die Konfrontation mit Kultur bindet das *Handlungskonzept* Mediation

---

7 Mentalistische Kulturtheorien gehen von einer Programmierung des Menschen aus und werden in der Rezeption häufig kulturalistisch verwendet: Der Franzose ist anders programmiert als der Deutsche – er folgt einem anderen mentalen Programm.

8 ‚Focus-Areas' ist ein Begriff, der in universitären Zusammenhängen oft benutzt wird, um kollaboratives, interdisziplinäres Arbeiten zu kennzeichnen: Als Focus-Areas werden Zusammenschlüsse unterschiedlicher Forscher*Innen bezeichnet, die sich einem bestimmten, inhaltlich definierten Schwerpunkt innerhalb eines Forschungsfeldes widmen und dieses gemeinsam bearbeiten. Im Unterschied also zu den im Titel benannten ‚Achsen' einer kulturwissenschaftlich ausgerichteten Mediationsforschung, impliziert die ‚Focus Area' nicht allein eine inhaltliche Ausrichtung, sondern vor allem den Zusammenschluss verschiedener, thematisch miteinander vernetzter Akteure.

wieder an den (oft unsichtbar gemachten und dann vergessenen) gesellschaftlichen Kontext an, in dem es praktiziert wird und in dem es sich entwickelt.

Das Wissen der Mediation rückt in das Zentrum einer kulturwissenschaftlichen Analyse: Dabei ist nicht nur explizites Wissen (Knowing That: ‚So funktioniert Mediation'), sondern implizites Wissen (Knowing How: und damit die Scripts, nach denen in der Mediation die Beteiligten ein aus ihrer Perspektive angemessenes und gekonntes Verhalten zeigen) zu erforschen: Woran knüpfen die (bekannten, unterrichteten, für wichtig gehaltenen) Elemente der Mediation an? Hierbei werden sich routinisierte und inkorporierte Verstehens- und Verhaltensweisen in den Bereichen Kommunikation und Konflikt als zentral für basale Sinnmuster der Mediation erweisen (vgl. Schmidt 2016).

In das Zentrum rücken Praktiken als (durch verschiedene Formen des Trainings) verinnerlichtes Handlungswissen von Mediator*Innen: Dieses Können, ein habituelles Wissen, wird in Mediationsausbildungen erworben, baut jedoch, so scheinen praxeologische Untersuchungen nahezulegen, grundsätzlich auf Routinen auf, die in einem Kommunikation prämierenden, postmodernen Alltag eintrainiert werden (vgl. Kriegel-Schmidt und Schmidt 2015, S. 21).

Gleichzeitig würde es darum gehen, Praktiken als (durch verschiedene Formen des Trainings) verinnerlichtes Handlungswissen von potenziellen Klient*Innen zu erforschen: So könnte die Frage interessieren, inwiefern Mediation tatsächlich ein Angebot für *alle* ist, wie die Praktikerliteratur manchmal zu unterstellen scheint. Und ob es nicht eher so ist, dass die Adressat*Innen der Mediation, von einem Leidensdruck abgesehen, selbst bestimmte Sinnmuster und an diese geknüpfte Praktiken verinnerlicht haben müssen, bevor ihnen ein Konfliktbearbeitungsangebot plausibel erscheint, das höchst persönliche Bedürfnisse kommunikativ sichtbar macht und Kontrolle über zwischenmenschliche Interaktionen durch ein Mehr an Selbststeuerung verspricht?

Mit diesen Fragen gerät man an einen Zusammenhang von Subjektform und Mediation. Und hiermit könnten auch bisher in der Literatur kaum diskutierte Potenziale der Mediation für die Gestaltung von Paarbeziehungen in einem ersten Schritt theoretisch erschlossen werden. Die Frage würde hier lauten: Ist kommunikatives Handeln von Subjekten zumindest bei einigen Formen des Zusammenlebens im Paar gleichsam mediationsförmig geworden, so dass mit dem Angebot der Mediation an kommunikative Praktiken von Paaren unkompliziert angeschlossen werden und die Gestaltung ihrer Beziehung ins Werk gesetzt werden könnte?[9]

---

9 Familienmediation hat sich im Praxisfeld zunächst als Trennungs-und Scheidungsmediation versucht zu etablieren. Kulturwissenschaftliche Untersuchungen zu Paarbeziehungen und Liebesimaginärs legen jedoch nahe, dass sich Mediation an Praktiken und

Somit wären auch die mit den Praktiken kulturell eng verknüpften affektiven und motivationalen Aspekte zu erforschen, die Mediation – ihr Erlernen, Ausüben oder ihre Inanspruchnahme – als (nicht) relevant/interessant/möglich/erstrebenswert erscheinen lassen.[10]

Des Weiteren kann Mediation unter dieser kulturwissenschaftlichen Lesart losgelöst von ihrem engen Beschreibungs- (und Verwertungs-) Zusammenhang als Konfliktbearbeitungsverfahren erforscht werden. Falls sich das Phänomen Mediation in den kulturellen Praxis-Wissens-Komplex moderner Gesellschaften einfügt, ergeben sich interessante Fragen und Ansätze: Inwiefern kann Mediation auch als „Sozialtechnologie" (vgl. Bröckling 2015, S. 171) und Herrschaftsinstrument kritisch beschrieben werden? Inwiefern könnten Mediator*Innen zu Sozialfiguren der Gegenwart avancieren (vgl. Moebius und Schroer 2010)? Lässt sich Mediation als „Subjektivationsagentur" (Kriegel-Schmidt 2012, S. 261) konzeptualisieren mit der Folge, dass sie als Instrument zur Steigerung, aber auch zur Einschränkung von Autonomie verstanden werden muss?

Alles in allem würde in der ersten Focus-Area das Entwickeln einer (praxeologisch orientierten) Kulturtheorie der Mediation einen wichtigen Beitrag zur grundlagentheoretischen Mediationsforschung leisten.

5.4 Research Focus-Area II: Untersuchungen zu kulturell differenten Mediationsmodi

An die Frage nach dem Handlungskonzept Mediation und seinen kulturspezifischen Mustern schließt sich die Frage nach Vergleichen an: Welche anderen kulturellen Formen von Vermittlungsverfahren, d. h. triadisch strukturierten, angeleiteten, außergerichtlichen Formen der Einigung, existieren? Wie prägen kulturell differente

---

Wissensbestände in hegemonialen subjektkulturellen Paarformationen der Postmoderne eher als Gestaltungs-, denn als Trennungstool anschließen könnte (vgl. Schmidt 2017)

10 Die auf dem Niedersächsischen Konfliktmanagement-Kongress 2017 in Hannover im Forum 5 (Wissenschaft) präsentierte und von der Deutschen Stiftung Mediation finanzierte psychologische Studie von Elisabeth Kals zu Motivationen und Hemmnissen bei der Inanspruchnahme von Mediation bietet interessante Anschlussstellen für kulturwissenschaftliche Überlegungen zu subjektkulturellen Praktiken: Inwiefern fügt sich das Angebot der Mediation besonders gut ein in Praxis-Wissen-Komplexe sogenannter „postmoderner Kreativsubjekt-Milieus" und zieht dort stärker Aufmerksamkeit auf sich als bspw. in Subjektformationen der sogenannten Angestellten-Subjektkultur (vgl. zu den Subjekt-Konzepten: Reckwitz 2013)?

Praktiken und andere Wissensformen die Vermittlung und Vermittlungsverfahren im Streit? Insbesondere im Hinblick auf die sich ihrer Heterogenität zunehmend bewusster werdende und die Diversität gestalten müssende Gesellschaft (vgl. u. a. Schulz und Kiefer, Weigel, Barth und Mayr, Galvanek und Planta in diesem Band) sind diese Fragen von steigendem Interesse.

Bewusst sollte für die Focus-Area, die sich Vergleichsstudien widmet, darauf verzichtet werden, davon zu sprechen, dass kulturell unterschiedliche ‚*Mediations*'-Verfahren miteinander verglichen werden. Im Grunde ist auch der Begriff kulturell differente ‚Mediationsmodi' in der Überschrift bereits problematisch: ‚Mediation', wie sie in der Focus-Area I kulturwissenschaftlich erforscht werden soll, ist ein kulturell distinktes Handlungskonzept. Ob es sich bei anderen Vermittlungsverfahren insofern um Mediation handelt, ist fraglich. Eine Lösung für den Ausgangspunkt kulturvergleichender Studien wäre, von einem Minimalkonsens auszugehen, der entweder ein weites Begriffsverständnis von Mediation zugrunde legt (vgl. Kriegel-Schmidt 2012, S. 108 ff.) oder aber auf den Begriff Mediation zunächst verzichtet und noch allgemeiner von ‚Vermittlung' spricht.

Für die herausfordernden Fragen, was ein kultureller Vergleich alles beinhaltet, was überhaupt verglichen und wie verglichen werden soll, können die aus den Kulturwissenschaften stammenden grundlagentheoretischen Reflexionen wie empirischen Studien zu kultureller Differenz (vgl. u. a. Dreher und Stegmaier 2007) und kulturellen Vergleichen (vgl. Srubar et al. 2005) herangezogen werden. Kulturvergleichende Studien sind äußerst komplexe Unterfangen (vgl. Kriegel-Schmidt 2012, S. 312 ff.):

- Geklärt werden muss u. a., was den Ausgangspunkt des Vergleichs bilden soll: Sollen einzelne Elemente des Handlungskonzeptes Mediation mit denen anderer Vermittlungsformate verglichen werden? Wenn ja, welche der Elemente? Wie wird die Auswahl getroffen? Geht es um den Vergleich von Prozessen oder Strukturen? Soll kulturelles Wissen verglichen werden und welche Wissensart (explizites oder implizites Wissen)?
- Welches sind die Einheiten, in denen der Vergleich stattfindet bzw. die miteinander verglichen werden sollen? Geht es darum, traditionelle mit modernen Vermittlungsverfahren, bspw. länderübergreifend, zu vergleichen? Oder will man Vermittlungsverfahren verschiedener Länder miteinander vergleichen? Eine interessante Aufgabe wäre es außerdem, unterschiedliche Vermittlungsverfahren innerhalb eines Landes kulturell zu untersuchen.

Untersuchungsergebnisse dieser Research Focus-Area würden dazu beitragen, Wissen zu kulturell differenten Handlungskonzepten von Vermittlung aufzubauen und herauszufinden, welche Unterschiede und welche Gemeinsamkeiten existieren. Wie auch in der Focus-Area I können Untersuchungen dabei ihr Augenmerk stärker auf Kohärenz richten, d. h. auf den jeweiligen sinnhaften Zusammenhang der Elemente einzelner Handlungskonzepte oder aber auf die Brüche, durch die Mediation als „bricolage" dekonstruiert wird, als „alltägliche Bastelarbeit verstanden, in dem kulturelle Elemente aus unterschiedlichen räumlichen und zeitlichen Kontexten zugleich unter dem Druck der Handlungspraxis verarbeitet, rekombiniert werden" (Reckwitz 2005, S. 16).[11]

5.5 Research Focus-Area III: Entwicklung von Modellen einer als interkulturell verstandenen Mediationspraxis

In diesem Forschungsbereich steht die Frage im Vordergrund, was unter Interkultureller Mediation überhaupt verstanden werden kann und soll.

Hierfür eignen sich vor allem diskurstheoretisch angelegte Arbeiten, die diskursive Konstruktionen verschiedener Akteursfelder in den Blick nehmen, um zu verstehen, wie der Gegenstand Interkulturelle Mediation kommunikativ hergestellt wird und welche Konsequenzen das hat (vgl. Kriegel-Schmidt 2012).[12]

Verschiedene Systematiken, um Interkulturelle Mediation zu definieren, aber auch um das Spektrum an gängigen Definitionen abzubilden und die existierenden Angebote unter kulturwissenschaftlichem Zugang zu diskutieren, sind notwendig

11 Für die Erforschung von Mediation als *bricolage* seien folgende Beispiele angeführt: 1) „Ökonomische Alltagstechniken von japanischen Unternehmen stellen sich als komplizierte, gekonnt miteinander verschränkte Produkte von historisch tradierten Praktiken Japans und solchen des Westens dar" (Reckwitz 2005, S. 17). 2) Welche neuen Formen von Mediation entstehen durch Mediator*Innen, die kulturelle Differenzen in sich vereinen? „Was vormals als getrennt und unvermischbar wahrgenommen wird, wird plötzlich durch die Verkörperung einer gesamten Person vereint, gelebt und zusammengebracht" (Busch 2017, S. 14). 3) Zudem könnte man die Handlungspraxis von binational zusammengesetzten Mediator*Innen-Tandems, wie in der Mediation in Internationalen Kindschaftskonflikten gängig, empirisch im Hinblick auf Mischformen untersuchen: http://www.mikk-ev.de/.

12 Unter anderem auch im Fokus die hartnäckig sich haltende (und kulturwissenschaftlich als völlig unhaltbar erweisende) Formulierung von Interkultureller Mediation als spezifischem „Anwendungsfeld" der Mediation (vgl. dazu Kriegel-Schmidt 2014 und Kriegel-Schmidt et al. 2017).

(vgl. Kriegel-Schmidt 2012, 2014 und mit anderen Ergebnissen: Busch und Mayer in diesem Band).

Schließlich sollte auch der Frage nachgegangen werden, inwiefern Konzeptualisierungen von Interkultureller Mediation sich selbst als Kulturprodukte erweisen und wie damit in einer globalisierten Welt perspektivisch umgegangen werden kann.[13]

Im Vordergrund aber steht die Frage nach einer systematischen – theoretisch wie empirisch abgesicherten – Entwicklung von Modellen Interkultureller Mediation: „Aus einer theoretischen Sicht kann gefragt werden, wie Kultur, Interkulturalität, kulturelle Differenzen und nicht zuletzt die spezifischen Kontexte von Flucht und Migration so operationalisiert werden können, dass mit ihnen die bestehenden Modelle von Mediation ergänzt und modifiziert werden können, ohne dabei Einbußen an Systematik und Klarheit in Kauf nehmen zu müssen" (Busch 2017, S. 13).[14]

Als bedeutungsvoll für die Formulierung von Prämissen und Konsequenzen für als interkulturell gedachte Mediation sowie für die Modellierung möglicher Mediationsformate erweist sich die Vielfalt und Unterschiedlichkeit an kulturwissenschaftlichen Zugängen: So entwickelt bspw. Busch aus sprach- und kommunikationswissenschaftlicher Perspektive Ableitungen für eine spontane Laienmediation, da interkulturelle Konflikte als kommunikative Missverständnisse und „subtile Irritationen" im Alltag (vgl. ebd., S. 12) konzeptualisiert werden, für die spezialisierte Mediationsverfahren nicht in Frage kommen (vgl. grundlegend: Busch 2005). Kriegel-Schmidt hingegen entwickelt vor sozialkonstruktivistischem, interdisziplinärem Hintergrund die Vorstellung, dass „Interkulturelle Konflikte" de facto nicht existieren, aber „Kultur" als (erkenntnistheoretisch geleitete) Perspektive genutzt werden kann, um kollektiv verfassten Erscheinungen in Konfliktsituationen besser Rechnung tragen zu können. In dieser Lesart wäre Interkulturelle Mediation jede beliebige Mediation, in der die professionellen Vermittler*Innen trainiert sind, das Geschehen systematisch (auch) unter kulturellen (kulturtheoretischen) Perspek-

---

13 Auf einer Konferenz 2016 in Padua „Acteurs et formes de médiation pour le dialogue interculturel" sollte sich dieses unterschiedliche Verständnis von „Interkultureller Mediation" auf konnotativer wie denotativer Ebene des Begriffs in Frankreich, Italien, den USA und Deutschland als besonders eklatant herausstellen (GLAT Padova 16.-19.Mai 2016: https://conferences.telecom-bretagne.eu/glat-padova2016/index.php?lang=fr_FR. Zugegriffen am 10.1.2017). Aber auch Busch und Mayer stellen in diesem Band eine interessante Studie (Busch 2016) vor, die sich mit dem Kulturverständnis in wissenschaftlichen Beiträgen zu interkultureller Mediation in der Zeitschrift *Conflict Resolution Quarterly* auseinandersetzt, allerdings ohne dabei die unterschiedlichen kulturellen Bezugsrahmen der Debatten in ihrer Bedeutung zu diskutieren.

14 Eine Antwort auf den von Busch hier formulierten Bedarf versucht das „Perspektiven-reflexive Modell Interkultureller Mediation" zu geben (Kriegel-Schmidt et al. 2017).

tiven zu deuten (vgl. grundlegend: Kriegel-Schmidt 2012, 2014; Kriegel-Schmidt und Schmidt 2014; Kriegel-Schmidt et al. 2017).

Weniger auf das kommunikative Handeln *in* der Mediation sowie auf die Interventionen von Mediator*Innen angesichts möglicher kulturell wie interkulturell zu deutender Phänomene als auf die Ausgestaltung von Mediation als zugrundeliegendem Verfahren beziehen sich Überlegungen nach den Notwendigkeiten und Möglichkeiten von Synthesen verschiedener, kulturell differenter Mediationsformen (vgl. Mayer und Vanderheiden 2017; Kriegel-Schmidt 2012).

Schließlich wäre eine kulturwissenschaftlich orientierte Sichtung und Aufarbeitung von Studien – zu als interkulturell verstandenen – Therapie- (vgl. Zielke 2007) und Coaching-Settings (vgl. Krämer und Nazarkiewicz 2012) sinnvoll, um die Erkenntnisse auf die triadische Konfiguration der Mediation zu beziehen und für die Weiterentwicklung derselben zu diskutieren.

5.6 Research Focus-Area IV: kontrollierter Einbezug internationaler Forschung zu (Interkultureller) Mediation

Die vierte Focus-Area einer kulturwissenschaftlichen Mediationsforschung würde internationale Forschung am Gegenstand Mediation in ihren Spezifika (Schwerpunksetzungen, Fachdiskurse, Übereinstimmungen, Abweichungen usw.) sichtbar und für eine Reflexion verfügbar machen.

Internationale Forschung – zum einen das Publizieren in international bekannten Journals, zum anderen das grenzüberschreitende Kooperieren in Forschungsanträgen, Projekten und Programmen, aber auch das sich selbstverständliche Bewegen in internationalen Zusammenhängen, sei es in der Lehre, in akademischen Teams oder bei der Lektüre – gehört wohl für die meisten Wissenschaftler*Innen mittlerweile zum Alltag.

Diese Normalität im Wissenschaftsalltag bedeutet wiederum noch nicht, dass differente Perspektiven unter kulturtheoretischem Blickwinkel in ihrem Potenzial für einen Forschungsgegenstand zwangsläufig erschlossen würden. In der Forschung zu Mediation geschieht das jedenfalls bisher nur schleppend.

In dieser Fokus-Area würden auf der Basis der kulturwissenschaftlichen Reflexion des im deutschsprachigen Raum diskutierten Handlungskonzepts (welches nicht als universell existierend vorausgesetzt wird) ‚andere' Diskurse betrachtet und für die Forschung hierzulande erschlossen werden.

5.7 Resümee

Die kulturwissenschaftliche Betrachtungsweise verweist uns auf die Kontexte des Geschehens:

Sie verweist auf größere Zusammenhänge, in denen Menschen stehen; Menschen, die in der Mediation fast zwangsläufig individualisierend als Mediand*Innen adressiert werden. Sie beschäftigt sich mit einer Lesart des Menschen, die durch den Begriff Subjekt bezeichnet ist.

Sie verweist auch auf spezifische Eigenschaften der Mediation selbst, die durch diese Subjekte geprägt sind. Sie verweist darauf, dass sie eine Vermittlungspraxis spezifischer Akteure ist.

Die kulturwissenschaftliche Arbeit lässt sich als eine Arbeit verstehen, die Urteile, welche Kontexte systematisch ausblenden, erneut der Betrachtung vorlegt.

Da sie eine allgemeine Betrachtungsweise des Sozialen darstellt, ist sie eine Aufgabe, die aus jeder Disziplin heraus übernommen werden kann und aus jeder heraus ihre eigenen Perspektiven entwickeln wird.

Literatur

Boldt, T. D. & Soeffner, H.-G. (2014). Kulturverschränkungen – zur Diffusität von Kulturbegriffen. In T. D. Boldt & H.-G. Soeffner (Hrsg.), *Fragiler Pluralismus* (S. 7-22). Wiesbaden: Springer VS.

Bolten, J. (2014). „Diversität" aus der Perspektive eines offenen Interkulturalitätsbegriffs. In A. Moosmüller, J. Möller-Kiero (Hrsg.), *Interkulturalität und kulturelle Diversität. Münchener Beiträge zu Interkultureller Kommunikation* (S. 47-60). Münster: Waxmann.

Breidenbach, J. & Nyiri, P. (2008). *Maxikulti. Der Kampf der Kulturen ist das Problem – zeigt die Wirtschaft uns die Lösung?* Frankfurt a. M. & New York: Campus.

Bröckling, U. (2015). Gute Hirten führen sanft. Über Mediation. *Mittelweg 36, Zeitschrift des Hamburger Instituts für Sozialforschung 1-2*, 171-187.

Busch, D. (2005). *Interkulturelle Mediation. Eine theoretische Grundlegung triadischer Konfliktbearbeitung in interkulturell bedingten Kontexten.* Frankfurt a. M.: Peter Lang.

Busch, D. (2016). Does Conflict Mediation Research Keep Track with Cultural Theory? A Theory-Based Qualitative Content Analysis on Concepts of Culture in Conflict Management Research. *European Journal of Applied Linguistics 4* (2), 181-207.

Busch, D. (2017). Vorwort. In C.-H. Mayer & E. Vanderheiden (Hrsg.), *Mediation in Wandelzeiten. Kreative Zugänge zur interkulturellen Konfliktbearbeitung* (S. 11-15). Reihe: Studien zur interkulturellen Mediation. Frankfurt a. M.: Peter Lang.

Dreher, J. & Stegmaier, P. (Hrsg.) (2007). *Zur Unüberwindbarkeit kultureller Differenz. Grundlagentheoretische Reflexionen.* Bielefeld: transcript.

Geitner, F. Y. (2017). Klärung kommunikativer Missverständnisse in der deutsch-chinesischen Arbeitswelt. Eine Analyse interkultureller Kommunikationsstörungen mit Hilfe der Modelle Schulz von Thuns. *Konfliktdynamik. Verhandeln, Vermitteln und Führen in Organisationen. 1/2017*, 6. Jahrgang, 46-56.

Kleve, H. (2016). *Komplexität gestalten. Soziale Arbeit und Case-Management mit unsicheren Systemen.* Heidelberg: Carl-Auer.

Knoblauch, H. (2007). Kultur, die soziale Konstruktion, das Fremde und das Andere. In J. Dreher & P. Stegmaier (Hrsg.), *Zur Unüberwindbarkeit kultureller Differenz. Grundlagentheoretische Reflexionen* (S. 21-42). Bielefeld: transcript.

Krämer, G. & Nazarkiewicz, K. (2012). *Handbuch Interkulturelles Coaching. Konzepte, Methoden, Kompetenzen kulturreflexiver Begleitung.* Göttingen: Vandenhoeck & Ruprecht.

Kriegel-Schmidt, K. (2012). *Interkulturelle Mediation. Plädoyer für ein Perspektiven-reflexives Modell.* Berlin et al.: LIT.

Kriegel-Schmidt, K. (2013). Kultur als Chance für die Mediation? Das Perspektiven-reflexive Modell Interkultureller Mediation. *Mediator. Mediation für Wissenschaft und Praxis 2*, 10-16.

Kriegel-Schmidt, K. (2014). Interkulturelle Mediation. In C. Fischer & H. Unberath (Hrsg.), *Grundlagen und Methoden der Mediation* (S. 125-142). München: Beck.

Kriegel-Schmidt, K. & Schmidt, K. (2014). Kultur als Blickwinkel in interkulturell orientierten Lernsettings. Didaktische und theoretische Reflexionen am Beispiel einer Ausbildung in Interkultureller Mediation. *interculture journal 22*, 27-44.

Kriegel-Schmidt, K. & Schmidt, K. (2015). Kulturwissenschaften und Mediation. Umrisse eines interdisziplinären Forschungsprogramms. *perspektive mediation 1*, 20-25.

Kriegel-Schmidt, K. & Schmidt, K. (2016). *Interkulturelle Mediation.* Lehrbrief im Masterstudiengang Mediation der Fernuniversität in Hagen.

Kriegel-Schmidt, K., Zwania-Rößler, I. & Schmidt, K. (2017). Neuer Umgang mit Vielfalt. Kulturelle Sehweisen für Mediatoren mit dem Perspektiven-Modell. In S. Kracht, A. Niedostadek & P. E. Sensburg (Hrsg.), *Praxishandbuch Professionelle Mediation.* Springer VS (im Druck)

Levold, T. (2013). System und Kultur. Warum sich Systemiker mit Kultur beschäftigen sollten. *KONTEXT 44* (1), 6-21.

Mayer, C.-H. & Vanderheiden, E. (Hrsg.) (2017). *Mediation in Wandelzeiten. Kreative Zugänge zur interkulturellen Konfliktbearbeitung.* Reihe: Studien zur interkulturellen Mediation. München: Peter Lang.

Moebius, S. (2009). *Kultur.* Bielefeld: transcript.

Moebius, S. & Schroer, M. (Hrsg.) (2010). *Diven, Hacker, Spekulanten. Sozialfiguren der Gegenwart.* Berlin: Suhrkamp.

Reckwitz, A. (2004). Die Kontingenzperspektive der ‚Kultur'. Kulturbegriffe, Kulturtheorien und das kulturwissenschaftliche Forschungsprogramm. In F. Jäger & J. Rüsen (Hrsg.), *Handbuch der Kulturwissenschaften* (S. 1-20). Band 3: Themen und Tendenzen. Stuttgart: J.B. Metzler.

Reckwitz, A. (2005). Kulturelle Differenzen aus praxeologischer Perspektive: Kulturelle Globalisierung jenseits von Modernisierungstheorie und Kulturessentialismus. In I. Srubar, J. Renn & U. Wenzel (Hrsg.), *Kulturen vergleichen. Sozial – und kulturwissenschaftliche Grundlagen und Kontroversen* (S. 92-111). Wiesbaden: Springer VS.

Reckwitz, A. (2006). *Das hybride Subjekt. Eine Theorie der Subjektkulturen von der bürgerlichen Moderne zur Postmoderne.* Weilerswist: Velbrück Wissenschaft.

Reckwitz, A. (2013). *Subjekt*. 3. Aufl. Bielefeld: transcript.
Schatzki, T. R. et al. (Hrsg.) (2001). *The Practice Turn in Contemporary Theory*. London & New York: routledge.
Schmidt, K. (2016). Entstehung und Bearbeitung von Konflikten. In F. Haft & K. Schlieffen (Hrsg.), *Handbuch Mediation* (S.209-225). München: Beck.
Schmidt, K. (2017). *Hegemoniale Paarbeziehungen zwischen Bürgerlichkeit und Postmoderne. Das Liebesimaginär und die Praktiken von Paaren in kulturtheoretischer Perspektive.* Dissertation, Friedrich-Schiller-Universität Jena (erscheint 2018).
Soeffner, H.-G. (2007). Methodologischer Kosmopolitismus – Die Erhaltung kultureller Vielfalt trotz kultureller und wirtschaftlicher Globalisierung. In J. Dreher & P. Stegmaier (Hrsg.), *Zur Unüberwindbarkeit kultureller Differenz. Grundlagentheoretische Reflexionen* (S. 97-112). Bielefeld: transcript.
Srubar, I., Renn J. & Wenzel, U. (Hrsg.) (2005). *Kulturen vergleichen. Sozial – und kulturwissenschaftliche Grundlagen und Kontroversen*. Wiesbaden: Springer VS.
Straub, J. (2007). Kultur. In J. Straub, A. Weidemann & D. Weidemann (Hrsg.), *Handbuch Interkulturelle Kommunikation und Kompetenz. Grundbegriffe – Theorien – Anwendungsfelder* (S. 7-24). Stuttgart: Metzler.
Zielke, B. (2007). Attributionen kultureller Fremdheit in der Psychotherapie: Vom Kulturstandard zur kulturspezifischen Gegenübertragung. In J. Dreher & P. Stegmaier (Hrsg.), *Zur Unüberwindbarkeit kultureller Differenz. Grundlagentheoretische Reflexionen* (S. 153-181). Bielefeld: transcript.

Mediation als begleitete Orientierung in einer postmodernen Gesellschaft – eine bildungstheoretische Reformulierung

6

Katharina Schulz und Florian Kiefer

6.1 Einleitung

Mediation als *Handlungskonzept* zur Konfliktbewältigung hat sich in den letzten Jahren sowohl gesellschaftlich als auch im wissenschaftlichen Feld zunehmend etabliert; vor allem in der akademischen Auseinandersetzung erfährt sie eine zunehmende Ausdifferenzierung (Duss-von Werdt 2008; Besemer 2009; Trenczek et al. 2013). Aus unserer Sicht ist es verwunderlich, dass kaum Ansätze existieren, die Mediation „pädagogisch" beleuchten. Wenn es die Aufgabe der (neukantianischen) Pädagogik ist, den Umgang mit Erfahrungen fremder Welten in verschiedenen Weisen zu thematisieren (vgl. Meder 1999, S. 440), dann klafft hier eine Lücke, die wir mit diesem Beitrag aufzuarbeiten versuchen und mit dem Ansatz der *strukturalen Bildungstheorie* schließen möchten.

6.2 Vorüberlegungen

Zunächst möchten wir kurz erläutern, dass wir aus dem breiten Repertoire des pädagogischen Blickwinkels lediglich einen bestimmten Scheinwerfer aktivieren – den der Bildung. Wieso diese Beschränkung? Im *Handbuch der Erziehungswissenschaft* (vgl. Mertens et al. 2008) werden vier grundlegende Konzepte (Scheinwerfer) benannt: *Erziehung, Sozialisation, Bildung* und *Lernen*. Zwar zielen die Anstrengungen erzieherischen Handelns auf die Emanzipation und Mündigkeit des Zöglings. Diese pädagogische Situation der Erziehung ist aber (zu) eng an ein Macht- und Generationenverhältnis gebunden (vgl. Giesecke 1990, S. 70–72), so dass es ein intendiertes Wirken ausschließlich in einem Wirkungsgefälle von Alt auf Jung berücksichtigt. Sozialisation als informelles Lernen (vgl. Bauer 2016) kommt andererseits nicht in Frage. Freilich betont es, gestützt von aktuellen (konstruktivistischen) Subjekt- bzw. Lernverständnissen, das Subjekt als aktiv handelnde Instanz (Individuation) im Umgang mit den Anforderungen postmoderner Gesellschaft (Enkulturation) (vgl. Grundmann 1999). Weil Sozialisation unterstellt, das Subjekt würde – streng formuliert – Konflikte eigenmächtig *und* erfolgreich bewältigen können, scheint uns dieses Konzept dennoch ungeeignet, weil die empirische Wirklichkeit ein anderes Bild zeichnet. Es bedarf eines Konzeptes, das in gewisser Weise quer zu den vorangegangenen steht, das sowohl das Subjekt als aktiv handelnd begreift (Sozialisation), dass aber gleichzeitig eine pädagogische Situation nicht durch das Generationenverhältnis konstitutiv bestimmt (Erziehung). *Bildung* als der für diesen Beitrag ausgewählte Gegenstand scheint uns gerade diese Lücke zu füllen, weil sie losgelöst von einem generationalen Verhältnis (dennoch) ein mündiges und emanzipiertes Subjekt als konstitutiv betrachtet.

Das grundlegende Verständnis von Mediation, wie es in der Literatur gängig umschrieben wird, bleibt von unserem pädagogischen, insbesondere bildungstheoretischen Blickwinkel unberührt. Wir verstehen Mediation als einen mehrphasigen Vermittlungsprozess auf freiwilliger Basis, der von einem neutralen, nicht entscheidungsbefugten Dritten – dem Mediator – begleitet wird. Mit seiner Hilfe und unter Einhaltung der gängigen Prinzipien (Neutralität, Selbstverantwortlichkeit, Freiwilligkeit, Informiertheit und Vertraulichkeit) sollen die Konfliktparteien befähigt werden, eine für ihren Konflikt individuelle Lösung selbstständig und eigenverantwortlich zu finden (vgl. hierzu Bähner et al. 2008, S. 5; Cornelius 2010, S. 57; Flechsig et al. 2011, S. 25; Schlieffen 2011, S. 7; Kracht 2012, S. 10). Für die bildungstheoretische Reformulierung sind zudem insbesondere folgende Grundannahmen zur Mediation relevant: Im Vermittlungsgeschehen geht es darum, verschiedene *Schemata, Orientierungsweisen bzw. Wissenslagerungen* so zusammenzuführen, dass jeweils die eine Konfliktpartei einen Einblick in die Perspektive der anderen erhält, um so bestenfalls eine einvernehmliche Lösung zu finden. Davon nicht minder ausgenommen ist der Mediator selbst, der sich gleichsam beide Perspektiven aneignen, also wahrnehmen, interpretieren und bewerten muss. Allen Beteiligten ist gemein, dass von ihnen eine Leistung eingefordert wird, wonach sie ihren *gewohnten Standpunkt reflexiv verlassen* müssen, um die jeweils anderen Sichtweisen zu erfassen. Der *Umgang mit dem fremden und eigenen Wissen* ist demnach grundlegend für den Mediationsprozess.

Weil im Wesentlichen drei unterschiedliche Verständnisse von *Bildung* ausgemacht werden können, wird im nächsten Abschnitt der für diesen Beitrag zentrale Bildungsbegriff kurz entfaltet und das Verständnis, das für die Reformulierung von Mediation verwendet wird, näher vorgestellt.

6.3 Transformatorische Bildungstheorie

Der Umgang mit (dem eigenen) Wissen wird insbesondere im Bildungsdiskurs thematisiert und unter den ausdifferenzierten Konzepten jeweils unterschiedlich verhandelt. Der Erziehungswissenschaft steht hierfür eine Vielzahl von Bildungskonzepten zur Verfügung, die sich mit dem Umgang von Erfahrung befassen.

6.3.1 Drei unterschiedliche Verständnisse von Bildung

Das von uns favorisierte Bildungsverständnis ist eingebettet in ein durchaus als komplex zu bezeichnendes akademisches Feld, das mittlerweile eine interdisziplinäre Auseinandersetzung (zum Unmut einiger) erhalten hat (vgl. Kritik der Theoretischen Äquivalente von Bildung durch Hansmann 1988). In diesem Zusammenhang identifiziert Jörissen (2011) drei unterschiedliche und sich partiell ausschließende Diskurszusammenhänge von *Bildung*:

1. „standardisier- und evaluierbarer *Output* des Bildungswesens
2. […] erzielbares *Ergebnis* vorangegangener individueller Lernprozesse (Qualifikation, Kompetenz, Gebildetheit etc.)
3. […] qualitativ-empirisch rekonstruierbarer *Prozess* der Transformation von Selbst- und Weltverhältnissen“ (ebd., S. 213, H. i. O.).

Ferner stellt „die Zweiteilung von Bildungstheorie als philosophisch bzw. theoretisch entwickelter Ansatz innerhalb der Allgemeinen Pädagogik, sowie *Bildungsforschung* als empirischer – sei es in qualitativer oder quantitativer Form – Ansatz zur Erschließung von Wirklichkeit, dessen Ergebnisse in verschiedene disziplinäre Strömungen innerhalb wie außerhalb der Erziehungswissenschaft einmünden können […]“ (Garz und Blömer 2009, S. 572; H. i. O.), eine weitere Komplexitätsebene dieses Begriffes dar. Angesichts dieser Paradigmenpluralität, die sich längst nicht nur auf Bildung bezieht (vgl. Nieke 2016), scheint es kaum zu verwundern, wenn Bildung als „deutsches Container-Wort“ (Lenzen 1997, S. 949) oder „multidisziplinäre Substratkategorie“ (Tenorth 1997, S. 975) charakterisiert wird. Zu der Vielfalt von *Bildungs*verständnissen kommt es laut Tenorth, weil es auf eine mangelnde „Eindeutigkeit einer klaren und distinktiven Bestimmung des [Bildungs-; FK, KS] Begriffs zurückzuführen ist“ (ebd., S. 970). Das macht es notwendig, den hier in Anschlag gebrachten Diskurszusammenhang von *Bildung* zu skizzieren.

6.3.2 Transformatorische Bildung

Tenorth bezieht sich implizit auf ein Bildungsverständnis, das im bildungstheoretischen Diskurs seit Wilhelm von Humboldt die Idee einer möglichst umfassenden Entfaltung der menschlichen Kräfte darstellt. Charakteristisch für dieses Konzept ist, dass es Prozessqualitäten in den Mittelpunkt stellt, wonach das aktiv handelnde Subjekt immer wieder und nicht etwa bis zum (Schul-)Abschluss aktiv seine Deutungs- oder Verhaltensmuster verändern und erweitern kann, um schließlich zu sich selbst, zu anderen und zur Welt insgesamt ein vielfältiges (und letztlich reflektiertes) Verhältnis zu entwickeln. Bildung wird damit nicht an die Aneignung von oder Auseinandersetzung mit ganz bestimmten *Lern*inhalten gebunden, sondern formal als Transformation (und Flexibilisierung) von Kategorien, Mustern und Schemata bestimmt (vgl. Kokemohr und Koller 1995, S. 90–91). Davon sind also jene Instanzen tangiert, die die *Wissen*slagerungen (auch) implizit begleiten. In einer Gesellschaft, in der traditionelle soziale und kulturelle Einbindungen (durch Familie, Religion, soziales Milieu) an Orientierungskraft verlieren und somit jeder Mensch mit der Aufgabe konfrontiert ist, für das eigene Leben selbst Sinnhorizonte zu entwickeln (vgl. Marotzki 1990, S. 47), bekommen transformatorische Bildungsprozesse im skizzierten Sinne eine besondere Relevanz. Das Gebiet dieser gewendeten Bildungstheorie beschäftigt sich mit der Frage nach dem orientierenden Wert von Wissen: „Denn die Frage, ob Wissen eine orientierende Funktion hat, ist identisch mit der Frage, ob es eine bildende Funktion hat“ (Jörissen und Marotzki 2009, S. 29).

In dieser Pluralität von Bildungsverständnissen hat sich vor allem die strukturale Bildungstheorie von Winfried Marotzki (1990)[1] etablieren können, weil es u. a. dem oben noch als „Zweiteilung“ gedachten Verständnis sowohl theoretisch als auch empirisch Rechnung trägt. Dabei liegt die große Leistung Winfried Marotzkis gerade in der Reanimation eines Begriffes, „dem andere kluge Menschen nicht mehr zubilligen als den Status der leeren, allein provinziell tradierten Worthülse“ (Tenorth 1997, S. 970).

Grundlagentheoretisch wendet sich Marotzki einem formalen Bildungsverständnis zu, das zum ersten im Gegensatz zu bspw. kanonischen Bildungsverständnissen (Schwanitz 1999) darauf verzichtet zu klären, „was Bildung ein für allemal inhaltlich bedeutet, so daß jedermann einer solchen Bestimmung beipflichten müßte“ (Men-

1 Marotzkis empirisch fundierte Bildungstheorie ist sehr eng verknüpft mit der in diesem Zusammenhang etablierten Lebenslauf- bzw. Biografieforschung (vgl. Schütze 1981). Auch wenn Marotzkis Bildungstheorie nie ohne diesen konkreten Konnex zu dieser Biografieforschung und vice versa verstanden werden darf, möchten wir im Folgenden vornehmlich auf die bildungstheoretische Dimension dieses Verhältnisses eingehen, weil sie uns für die Argumentation relevanter erscheint.

ze 1983, S. 350). Es sei – so Menze weiter – lediglich eine *formale* Kennzeichnung möglich, weil dieser Prozess durch gesellschaftliche, ökonomische und institutionelle Bedingungen bestimmt sei (vgl. ebd., S. 350)[2]. Marotzki bezeichnet das „Formale" als eine *strukturale* Veränderung, also als Transformation von Mustern des Selbst- und Weltverhältnisses. „Diese Transformation ist [...] als *emergenter* Prozeß aufzufassen, d. h. als Vorgang, bei dem die neuen Kategorien des Welt- und Selbstbezugs aus den alten nicht deduzierbar sind" (Kokemohr und Koller 1995, S. 91; H. i. O.). Aufgeschichtete Erfahrungen in diesem akkommodierenden Modus werden in dieser Tradition Bildungsprozesse genannt und stellen „Lernprozesse auf höherstufigen Niveaus dar" (Marotzki 1990, S. 52). Damit wird zum zweiten eine Leitdifferenz zwischen Lernen und Bildung[3] eingeführt, die Marotzki in Anlehnung an Bateson (1985) bildungstheoretisch reformuliert (vgl. Marotzki 1990, S. 35–41). Bildungsprozesse als Transformation sind diesem Verständnis folgend ein „Reflexivwerden von Lernprozessen" (ebd., S. 134). Die Notwendigkeit von Bildungsprozessen ergibt sich notwendigerweise aus gesellschaftlichen Komplexitätsschüben, die Beck (1986) in dem Spannungsverhältnis zwischen Individualisierung und Pluralisierung von Lebenslagen konzipiert hat. Weil dieser gesellschaftlichen Diagnose folgend postmoderne Gesellschaften einer radikalen Dynamik unterworfen sind, so dass anstelle von Tradition Kontingenz tritt, nötigen diese „das Subjekt [...] in immer mehr Bereichen dazu [...], auf dauerhafte, ein ganzes Leben umfassende Planungen und Festlegungen zu verzichten" (Marotzki 1990, S. 24). Das Subjekt ist dazu aufgefordert, sich selbst „auf den Weg" zu machen und seine *eigenen* Biografieentwürfe zu reflektieren. Marotzki, das macht er deutlich, versteht diese Tendenz der Individualisierung nicht als eine, „die den Egoismus steigern würde, die letzten Endes zur Dissoziation sozialer Ordnung führen würde" (ebd., S. 28). Es geht ihm darum, dass das Individuum „ein gesteigertes Maß an Unbestimmtheit ins Kalkül einzubeziehen [hat]" (ebd., S. 24), um sich zu emanzipieren. Mit Unbestimmtheit ist eine erste Teilqualität dieses Bildungsverständnisses be-

2 Es soll an dieser Stelle lediglich um das „Formale" in der Definition gehen. Zu kritisieren ist das normativ aufgeladene Verständnis von Bildung, wenn Menze (1983) Bildung als einen komplexen Prozess begreift, der „eine als wünschenswert ausgegebene Persönlichkeitsstruktur [hervorbringt]" und dabei auf jene (gesellschaftlichen, ökonomischen und institutionellen) Bereiche verweist, „von denen her sich das Werden des *jungen* [H. i. O. KS, FK] Menschen bestimmt" (S. 350–351).

3 Allein, dass die Differenzierung zwischen Lernen und Bildung wiederum in dem hier zugrunde gelegten Verständnis von Bildung als Transformation mit reflexions-, sprach- und handlungstheoretischen Ansätzen als Grundlagentheorie untersetzt werden können (vgl. Nohl 2006, S. 13–15), macht deutlich, dass es sich hier um ein ausdifferenziertes und damit komplexes Feld handelt.

nannt, die sich auf das Fremde bzw. Unbekannte bezieht. Existenzphilosophisch betrachtet wird der „Einbruch eines ganz Andersartige[n]" (Bollnow 1962, S. 31) als potenziell jener Moment ausgelegt, worin dem Menschen etwas begegne, „das ganz anders ist, als er es in seinen bisherigen Vorstellungen [bzw. Kategorien; KS, FK] erwartet hatte, und das ihn zwingt, sich neu zu orientieren" (ebd., S. 99). Das Pendant dazu ist Bestimmtheit, also jener Rahmen, worin das Unbekannte (wenn möglich) erst einmal bewertet wird. Marotzki (1988) bringt dieses Verhältnis als bildungstheoretischen Kern zusammen und versteht unter Bildung die Herstellung von Bestimmtheit und Ermöglichung von Unbestimmtheit: Bildung ist nur in der Veränderung dieses Verhältnisses (empirisch) rekonstruierbar. Dabei gilt, dass nicht hinter einem einst erreichten Komplexitätsniveau zurückgefallen werden kann. Bildung ist hier als lebenslanger Prozess zu betrachten und unterscheidet sich bspw. hinsichtlich kanonischer Verständnisse, weil diese ergebnisorientiert sind. Weil Bildung nunmehr in einem gesellschaftlichen Wechselbezug verstanden wird, sind Gesellschaftsfragen auch Bildungsfragen und vice versa (vgl. Klafki 1994). Damit ist auch akzentuiert, wo und wie Lernen und damit auch Bildung stattfindet: „immer in (sozialen) Kontexten" (Marotzki 1990, S. 35) und „prinzipiell interaktionsgebunden" (ebd., S. 52).

Kritik wird an diesem Theorieprogramm angesichts der Vernachlässigung normativer Implikationen einerseits (Krinninger und Müller 2012; vgl. Koller 2016, S. 150) und der „Weltvergessenheit [...], nämlich die gesellschaftliche Bedingtheit des Welt- und Selbstverhältnisses" (vgl. auch Rosenberg 2011; Koller 2014, S. 220), andererseits geübt. Wir würden nicht so weit gehen und Marotzki „Weltvergessenheit" zum Vorwurf machen. Weil Bildung in den Kontext eines (subjekttheoretischen) Biografieverständnisses gestellt wird, wird „Welt" daher ausnahmslos durch das Nadelöhr des Subjektes betrachtet. Dieser subjekttheoretischen Perspektive wird methodologisch und methodisch konsequent gefolgt, indem Bildungsprozesse über autobiografisch-narrative Interviews (vgl. Schütze 1983) erhoben und auswertet werden.

6.4 Mediation als begleitetes orientierendes Verfahren

Zur Erinnerung: Bisher hatten wir Bildung als *Transformation von Selbst- und Weltverhältnissen des Subjektes* konzeptualisiert. Marotzki zufolge ist es die Aufgabe des Subjektes, sich innerhalb aller in der dynamischen Gesellschaft wandelnden Normen und Werte (Kontingenz) und angesichts von Individualisierung und Pluralisierung von Lebenslagen zu orientieren. Als Bildungsprozesse in diesem

Sinne werden nur solche betrachtet, infolge derer der Einzelne in der Lage ist, die Komplexität postmoderner Gesellschaften erfolgreich zu bearbeiten. Die in diesem Verständnis gewendeten Bildungsprozesse werden ausnahmslos an der subjektiven Biografie des Individuums angesetzt. Das Subjekt wird hier grundsätzlich in einem dreifachen Verhältnis verstanden – nämlich im Verhältnis zu sich selbst bzw. zu der (sozialen und materiellen) Welt.

In dem folgenden Abschnitt sollen nun die vorangegangenen Überlegungen zusammengezogen und die bis hierher angedeuteten Kongruenzen zwischen dieser Bildungstheorie und Mediation unter Berücksichtigung von drei ausgewählten Aspekten illustriert werden. Dazu erfolgt zunächst ein kurzer Blick auf das Subjektverständnis. Danach wird geklärt, inwiefern Mediation ein Setting für Transformationsprozesse von Selbst- und Weltverhältnissen sein kann. Zum Abschluss beziehen wir die Aspekte *Individualität* und *Pluralität/Kontingenz* – als zentrale Herausforderungen postmoderner Gesellschaften – auf Mediation.

6.4.1 Subjektverständnis

Das von uns zugrunde gelegte bildungstheoretische Subjektverständnis ist für das Mediationsverfahren anschlussfähig, weil auch Mediation zum Ziel hat, ein – bildungstheoretisch betrachtet – aufgeklärtes Verhältnis zu sich und seiner Welt zu ermöglichen. Allerdings ist dieses grundlegende Verhältnis mit einer impliziten normativen Konnotation verbunden: Als erfolgreich mediiert gilt nur jener Konflikt, der zugunsten *aller* (und nicht einer) Konfliktparteien erfolgreich (!) bearbeitet worden ist. Denn auch bei Marotzki ist die durch Individualisierungssteigerung induzierte Bildung nicht als Egoismus zu verstehen, sondern orientiert sich nach wie vor an der Komplexitätsreduzierung postmoderner Gesellschaften.

6.4.2 Reformulierungsdimension 1: Mediation als Raum zur Transformation von Selbst- und Weltverhältnissen

Diese Dimensionierung stellen wir anhand einer kontrastierenden Darstellung zum *inhaltlichen* Bildungsverständnis vor, das in Abschnitt 6.3.1 als „standardisier- und evaluierbarer *Output* des Bildungswesens" beschrieben wurde. Im Gegensatz zu unserem präferierten Verständnis von Bildung als *transformatorischem* Prozess hieße es, mit einer bildungstheoretisch, inhaltlich ausgelegten Mediation eine normative Sicht auf Probleme und Konflikte der Streitenden einzunehmen – und zwar mit dem Ziel, durch die Übertragung bereits bekannter Muster der Wahrnehmung und Deutung das Unbekannte/Fremde in Bekanntes umzuwandeln; frei nach dem Ausspruch „was nicht passt, wird passend gemacht". Im Mediationskontext ist das schwierig zu bewältigen, denn schon das Format von Mediation setzt von Vornherein daran an, dass sich mehrere (in der Vielzahl der Fälle) ausschließende normative Sichtweisen begegnen. Die Vermittlungstätigkeit nach einem inhaltlich ausgerichteten Bildungsbegriff würde sich darauf beschränken zu ermitteln, nach welchen normativen Sichtweisen und Inhalten der Konflikt letztendlich zu betrachten wäre. Aus dieser *einen* Perspektive heraus würde sich die gesamte Konfliktklärung ausrichten. Diese Konstellation ist vorstellbar. Beispielsweise dann, wenn bestimmte Muster oder Machtgefälle, die zwischen den Konfliktparteien seit Jahren gewachsen sind, auch als Maßstab für die Konfliktbewältigung in der Mediation angewendet werden sollen. Für den Mediator stellt sich hier unter Umständen die Frage, inwiefern diese Muster den Medianden gespiegelt und sie damit konfrontiert werden sollten, um auf mögliche Ungleichgewichte hinzuweisen und der ‚unterlegenen' Partei ggf. andere Entwicklungsmöglichkeiten einzuräumen.

Vor dem Hintergrund, was weiter oben zu postmodernen Anforderungen an die Gesellschaft geschrieben wurde, scheint uns deshalb das strukturale Bildungsverständnis einen für die Mediation angemesseneren bzw. breiteren Rahmen zu bieten, weil es die subjektiven und gleichzeitig pluralen Ansichten der Individuen entsprechend berücksichtigt. Eine bildungstheoretisch struktural ausgerichtete Mediation versucht nicht, *eine* gültige Perspektive auf den Konflikt anzulegen, sondern mehrere Perspektiven zu einer gemeinsam erarbeiteten „Wahrheit", oder besser Wirklichkeit, zusammenzuführen. Diese Wirklichkeit ist keine für *die* „Welt" allgemein gültige, sondern eine, die für die an der Mediation Beteiligten zu einer bestimmten Zeit ausgehandelt wurde:

> „Für die Vermittlung, gesehen als Entstehen von gemeinsamer Wirklichkeit, heißt das: Aus den anfänglich voneinander abweichenden bis diametral entgegengesetzten Wirklichkeiten gegeneinander wird, wenn es gut läuft, ‚unsere' Wirklichkeit geschaffen" (Duss-von Werdt 2008, S. 31–32).

Das Zulassen und Arbeiten mit unterschiedlichen Sichtweisen und Sinnwelten, was als Kerntätigkeit von Mediation angesehen werden kann, deckt sich mit dem strukturalen Bildungsansatz insofern, als dass Bildung nicht nur die Herstellung von Bestimmtheit umfasst, sondern auch, dass Unbestimmtheiten überhaupt erst ermöglicht werden (vgl. Marotzki 1990, S. 152). Mediation gilt demnach auch als ein Raum, in dem Unbestimmtheiten geschaffen und als Ausgangspunkt für etwas Neues gesehen werden dürfen. Neben der Orientierung an bekannten Mustern sind das Schaffen von und der Umgang mit Unbestimmtem ein wesentlicher und ergänzender Teil für die Vermittlungsarbeit in Konflikten und schafft einen

Ausgangspunkt für die an der Mediation Beteiligten, ein verändertes Verständnis in Bezug auf sich selbst und die Welt hervorzubringen. Legt man diese Gedanken als grundsätzlichen Maßstab an Mediation an, wird klar, wieso Mediation eine Arbeit an und mit (kulturellen, politischen, biografischen, geschlechts-, generationsspezifischen sowie sozialräumlichen) Unterschieden ist. Denn das, was ein Mediationsverfahren inhaltlich füllt, ist keine Konfliktbearbeitung nach ‚Schema F', sondern sind immer Unterschiede, die aus der individuellen Autonomie des Individuums entstehen:

> „Wer erwartet, die Unterschiede müssten jetzt [der Autor spricht an dieser Stelle von der Phase, in der die Hintergründe von Problemen und Konflikten bearbeitet werden, K.S., F.K.] verschwinden, greift nach den Sternen, denn gerade sie sind mit der individuellen Autonomie verbunden, die sich nicht grundlegend ändern wird. Wären sie nicht mehr da, würde der Vermittlung sogar jener Boden fehlen, auf dem Unterschiede sich als Chancen und Bereicherung anbieten. Unterschiede enthalten Energien zur innovativen und konstruktiven Kommunikation, dazu, sich gegenseitig anders kennenzulernen, durch neue Sichtweisen bezüglich der Inhalte und Probleme Ideen zu schöpferischen Lösungen auf einer anderen Ebene (Lösungen zweiten Grades) zu finden. Unterschiede und Gegensätze bedingen und ergänzen sich" (Duss-von Werdt 2008, S. 59-60).

6.4.3 Reformulierungsdimension 2: Mediation als Raum zur Reflexion krisenanfälliger Situationen

Wie im Abschnitt zum transformatorischen Bildungsbegriff herausgearbeitet wurde, ist ein wesentliches, ihn kennzeichnendes Strukturmerkmal, dass der Einzelne angehalten ist, Verantwortung für seine (Lebens-)Entscheidungen zu übernehmen, aus der Vielfalt an Möglichkeiten (in allen Lebensbereichen) zu wählen und sie zu einem für sich selbst sinnvollen Konstrukt zusammenzusetzen. Diese Entfaltung des Individuums wird möglich, weil es durch die Pluralisierungstendenz eine entsprechende Fülle an Auswahlmöglichkeiten gibt. Diese Fülle beleuchtet jedoch nur eine Seite der Medaille. Die andere Seite kann als Schattenseite postmoderner Gesellschaft angesehen werden, weil nicht jeder in gleicher Weise dazu in der Lage ist oder sein möchte, diese Fülle zur eigenverantwortlichen Gestaltung des Lebenslaufes zu nutzen. Vielmehr kann sich die Schattenseite dieser Freizügigkeit in einer Überlastung des Individuums ausdrücken:

> „Was von manchem Individualisierungstheoretiker positiv normiert als Befreiung von Zwängen aller Art beschrieben wird (vgl. Beck 1997), gibt anderen Anlass, die

> Belastungen zu thematisieren, die sich durch diese anspruchsvolle Aufgabe für den Einzelnen ergeben" (Kriegel-Schmidt 2012, S. 259-260).

Aus diesen Belastungen resultieren häufig Konflikte, weil traditionelle Selbstverständlichkeiten der Lebensführung potenziell und real zum Gegenstand von Auseinandersetzungen werden und somit auch die Krisenanfälligkeit der entstehenden Individuallagen wächst (vgl. Marotzki 1990, S. 22-23). Für diese Krisenanfälligkeit kann Mediation als geeigneter Bearbeitungs- und Reflexionsraum verstanden werden – zum Beispiel deshalb, weil Mediation dem genannten Autonomiegedanken des Individuums Rechnung trägt. Dies geschieht einerseits dadurch, dass sie rein konzeptionell auf der Anerkennung der autonomen Lebensgestaltung des Individuums beruht:

> „Wenn ein Mensch in schwierige Lebenslagen und dabei in konfliktuelle Auseinandersetzungen mit anderen Mitmenschen gerät, will sie ihn dabei unterstützen, die Gestaltung der Situation in Aushandlung mit dem Anderen selbst in die Hand zu nehmen. Dabei nimmt sie den Einzelnen in Verantwortung für die Mitteilung seiner persönlichen Anliegen und Bedürfnisse, d. h. sie ‚ent'-lastet ihn nicht von der Anforderung, *eine individuelle Konfliktlösung zu entwerfen*" (Kriegel-Schmidt 2012, S. 260; H. i. O.).

Andererseits zeigt sich dies durch die das Mediationsverfahren tragenden Prinzipien der Selbstverantwortung und Neutralität. Hinzu kommt, dass Mediation ein ergebnisoffenes Verfahren ist. Da die Lösungsideen von den Konfliktparteien selbst erarbeitet werden, beinhalten sie gleichzeitig deren eigenen Maßstäbe dazu, *wie* der konkrete Konflikt bearbeitet und gelöst werden soll. Dieses Ziel setzt voraus, dass sich die Konfliktparteien intensiv mit den Anliegen, Positionen und Interessen, also den Wissenslagerungen, Kategorien etc. des Gegenübers beschäftigen. Ohne diese Bereitschaft kann Mediation kaum gelingen. Die jeweils individuell ausgehandelten Problemlösungsideen bzw. -strategien und Gerechtigkeitsmaßstäbe werden von den Konfliktbeteiligten selbst festgelegt.

Wenn autonome, selbst gestaltete Lebenspraxis auf Mediation trifft, wird in doppelter Weise auf eine spezifische gesellschaftliche Konstellation (die Postmoderne) reagiert:

> „Wer zur Mediation geht, begibt sich in die Hände einer Subjektivationsagentur: Sie kann einerseits als Unterstützungsleistung definiert werden, die Anforderungen der modernen Gesellschaft zu erfüllen, sich jenseits vorgefertigter Entwürfe an sich selbst zu orientieren. Gleichermaßen zwingt sie den Einzelnen selbst in Krisenzeiten dazu, leistungsfähig zu bleiben, indem er die Selbststeuerung weiterhin aufrechterhalten muss.

> Mediation reagiert mit ihrem Angebot auf eine spezifische gesellschaftliche Konstellation – die der Postmoderne: Es geht um die Sicherung der gesellschaftlich eingeforderten autonomen Lebenspraxis des Einzelnen. Gesellschafts- und kulturtheoretisch argumentiert, handelt die Mediation somit nicht nur im Interesse des autonomen Individuums, sondern auch – und diesem vorgelagert – im Interesse der Gesellschaft, die auf funktionierende autonome Individuen angewiesen ist. Mediation kann als sinnhaftes Angebot verstanden werden, das sich an für sich selbst verantwortliche Individuen richtet, die ihre eigene Wirklichkeit gestalten wollen und müssen" (ebd., S. 261-262).

Das weitreichende Verständnis, in der Mediation nicht nur die reine Konfliktbearbeitung zweier (oder mehrerer) Menschen in den Mittelpunkt zu stellen, sondern sie als relevanten Rahmen zur Entwicklung des Zusammenspiels von Individuum und Gesellschaft zu sehen, ist nicht neu. Zum Abschluss wollen wir deshalb ein Beispiel dafür geben, dass sich die in diesem Beitrag beschriebenen Reformulierungsansätze in bereits beschriebenen und angewendeten Ansätzen und Konzepten andeuten, auch wenn diese ursprünglich nicht explizit auf bildungstheoretischen Grundlagen fußen.

So spiegelt sich der gerade genannte Zusammenhang von Individuum und Gesellschaft im Ansatz der *Transformation Story* nach Bush und Folger (nach Budde 2013) wider. Einem Mediator mit dieser Haltung ist daran gelegen, dass die Konfliktparteien nicht nur ihre Probleme und Ziele nach ihren eigenen Vorstellungen definieren, sondern dass im Mediationsprozess auch moralische Entwicklung ermöglicht wird (vgl. ebd., S. 27). Moralische Entwicklung verweist vor allem auf eine Handlungsdimension, die grundsätzlich Verantwortung im Umgang mit Entscheidungen beinhaltet und ist damit auch von bildungstheoretischer Relevanz, für die sich Erich Weniger (1958) eingesetzt hat: „Bildung ist der Zustand, in dem man Verantwortung übernehmen kann" (ebd., S. 138). Als übergeordnetes Ziel verfolgen Mediatoren mit dem Ansatz der Transformation Story den Einfluss auf ein gesamtgesellschaftliches Konfliktbearbeitungsvermögen (vgl. Budde 2013, S. 27). Einer von zwei möglichen Schwerpunkten der in diesem Statement beschriebenen Haltung liegt auf dem sog. *Empowerment* (Ermächtigung) der Konfliktpartner, indem sie dazu bewegt werden sollen, mehr Selbstvertrauen in sich und die eigenen Fähigkeiten zu entwickeln (vgl. ebd.). Im Mittelpunkt stehen bei diesem Ansatz demnach nicht eine Einigung oder das Abschließen von Vereinbarungen, sondern der Mediationsprozess an sich (vgl. ebd., S. 28). Der andere Schwerpunkt dieses Transformationsansatzes betrifft den Aspekt gegenseitigen Respekts (*Recognition*) und zielt darauf ab, „den Konfliktpartnern die Chance zu bieten, sich zu ‚vermenschlichen', und – trotz aller Meinungsunterschiede – die Anerkennung und Sorge füreinander als menschliche Wesen auszudrücken" (ebd., S. 27). Unseres

Erachtens bewirkt diese normativ besetzte Vorgehensweise eine Einengung dessen, was und wie in der Mediation bearbeitet und gearbeitet werden kann. Der Ansatz zeigt jedoch deutlich, dass es ein Bedürfnis zu geben scheint, nicht nur Inhalte und Lösungsorientierung in den Mittelpunkt von Mediation zu stellen, sondern darüber hinaus einen erweiterten Blick auf menschliches Zusammenleben und gesellschaftliche Entwicklung bzw. Verantwortung zu werfen. In diesem Sinne eignet sich der Transformation Story-Ansatz vor dem Hintergrund postmoderner Gesellschaftslagen zumindest als Gedankenschablone für die Ausgestaltung des Mediationsverfahrens. Aus bildungstheoretischer Sicht bestärkt er außerdem das Erfordernis, nicht nur konkrete Inhalte in der Mediation zu thematisieren, sondern darüber hinaus eine (formale) Erweiterung bestehender Deutungs- und Wahrnehmungsmuster zu berücksichtigen.

Literatur

Bähner, C., Oboth, M. & Schmidt, J. (2008). *Konfliktklärung in Teams & Gruppen. Praktische Anleitung und Methoden zur Mediation in Gruppen;* Praxisbox (Coaching fürs Leben). Paderborn: Junfermann.

Bateson, G. (1985). Ökologie des Geistes. Anthropologische, psychologische, biologische und epist*emologische Perspektiven.* Frankfurt am Main: Suhrkamp.

Bauer, U. (2016). Sozialisationstheorie und informelles Lernen. In M. Harring, M. D. Witte & T. Burger (Hrsg.), *Handbuch informelles Lernen. Interdisziplinäre und internationale Perspektiven* (S. 105-120). Weinheim: Beltz Juventa.

Beck, U. (1986). *Risikogesellschaft. Auf dem Weg in eine andere Moderne.* Frankfurt a. M.: Suhrkamp.

Beck, U. (1997). *Was ist Globalisierung.* Frankfurt a. M.: Suhrkamp.

Besemer, C. (2009). *Mediation. Die Kunst der Vermittlung in Konflikten.* Karlsruhe: Gewaltfrei Leben Lernen.

Bollnow, O. F. (1962). *Existenzphilosophie und Pädagogik. Versuch über unstetige Formen der Erziehung.* (2. Aufl.) Stuttgart: Kohlhammer.

Budde, A. (2013). *Der Umgang mit Machtgefällen in der Mediation.* Hagen: Eigenverlag.

Cornelius, J. (2010). *Mediation und systemische Therapie. Überlegungen zu einer Adaptierung des Mediationsverfahrens.* [S.l.]: Lang, Peter, Gmbh, Intern.

Duss-von Werdt, J. (2008). *Einführung in Mediation* (Compact). Heidelberg: Carl-Auer-Systeme.

Flechsig, A., Ponschab, R. & Schweizer, A. (2011). *Grundlagen der Mediation. Teil 2.* Hagen: Eigenverlag.

Garz, D. & Blömer, U. (2009). Qualitative Bildungsforschung. In R. Tippelt & B. Schmidt (Hrsg.), *Handbuch Bildungsforschung* (2., durchges. Aufl.) (S. 571-588). Wiesbaden: VS Verl. für Sozialwiss.

Giesecke, H. (1990). *Einführung in die Pädagogik* (2. Aufl). Weinheim: Juventa.
Grundmann, M. (1999). Dimensionen einer konstruktivistischen Sozialisationsforschung. In M. Grundmann (Hrsg.), *Konstruktivistische Sozialisationsforschung. Lebensweltliche Erfahrungskontexte, individuelle Handlungskompetenzen und die Konstruktion sozialer Strukturen* (Suhrkamp Taschenbuch Wissenschaft, Bd. 1429, S. 20-34). Frankfurt a. M.: Suhrkamp.
Hansmann, O. (1988). Kritik der sogenannten „theoretischen Äquivalente" von „Bildung". Zur engeren thematischen Einführung am Beispiel ausgewählter Ersatzbegriffe. In O. Hansmann & W. Marotzki (Hrsg.), *Diskurs Bildungstheorie. Rekonstruktion der Bildungstheorie unter Bedingungen der gegenwärtigen Gesellschaft* (S. 21-54). Weinheim: Deutscher Studien Verlag.
Jörissen, B. (2011). Medienbildung. Begriffsverständnisse und -reichweiten. In H. Moser, P. Grell & H. Niesyto (Hrsg.), *Medienbildung und Medienkompetenz. Beiträge zu Schlüsselbegriffen der Medienpädagogik* (S. 211-235). München: kopaed.
Jörissen, B. & Marotzki, W. (2009). *Medienbildung – Eine Einführung. Theorie – Methoden – Analysen*. Bad Heilbrunn: Klinkhardt.
Klafki, W. (1994). *Neue Studien zur Bildungstheorie und Didaktik. Zeitgemäße Allgemeinbildung und kritisch-konstruktive Didaktik*. Weinheim: Beltz.
Kokemohr, R. & Koller, H.-C. (1995). Die rhetorische Artikulation von Bildungsprozessen. Zur Methodologie erziehungswissenschaftlicher Biographieforschung. In H.-H. Krüger & W. Marotzki (Hrsg.), *Erziehungswissenschaftliche Biographieforschung* (Studien zur Erziehungswissenschaft und Bildungsforschung, Bd. 6, S. 90-102). Opladen: Leske + Budrich.
Koller, H.-C. (2014). Subjektivation und transformatorische Bildungsprozesse im Interview mit Hakan Salman. In H.-C. Koller & G. Wulftange (Hrsg.), *Lebensgeschichte als Bildungsprozess? Perspektiven bildungstheoretischer Biographieforschung* (1. Aufl.) (S. 217-237). Bielefeld: transcript (Theorie bilden, 35).
Koller, H.-C. (2016). Ist jede Transformation als Bildungsprozess zu begreifen? Zur Frage der Normativität des Konzepts transformatorischer Bildungsprozesse. In D. Verständig, J. Holze & R. Biermann (Hrsg.), *Von der Bildung zur Medienbildung. Festschrift für Winfried Marotzki* (Medienbildung und Gesellschaft, Band 31, S. 149–161). Wiesbaden: Springer VS.
Kracht, S. (2012). *Das Ethos des Mediators*. Hagen: Eigenverlag.
Kriegel-Schmidt, K. (2012). *Interkulturelle Mediation. Plädoyer für ein Perspektiven-reflexives Modell* (Kommunikation und Kulturen, Bd. 9). Münster [u. a.]: Lit.
Krinninger, D. & Müller, H.-R. (2012). Hide and Seek. Zur Sensibilisierung für den normativen Gehalt empirisch gestützter Bildungstheorie. In I. Miethe & H.-R. Müller (Hrsg.), *Qualitative Bildungsforschung und Bildungstheorie* (S. 57-75). Opladen, Berlin, Toronto: Budrich.
Lenzen, D. (1997). Lösen die Begriffe Selbstorganisation, Autopoiesis und Emergenz den Bildungsbegriff ab? Niklas Luhmann zum 70. Geburtstag. *Zeitschrift für Pädagogik 43* (6), 949-968.
Marotzki, W. (1988). Bildung als Herstellung von Bestimmtheit und Ermöglichung von Unbestimmtheit. Psychoanalytisch-lerntheoretisch geieitete Untersuchungen zum Bildungsbegriff im Kontext hochkomplexer Gesellschaften. In O. Hansmann & W. Marotzki (Hrsg.), *Diskurs Bildungstheorie. Rekonstruktion der Bildungstheorie unter Bedingungen der gegenwärtigen Gesellschaft* (S. 311-333). Weinheim: Deutscher Studien Verlag.

Marotzki, W. (1990). *Entwurf einer strukturalen Bildungstheorie. Biographietheoretische Auslegung von Bildungsprozessen in hochkomplexen Gesellschaften.* Weinheim: Deutscher Studien Verlag.

Meder, N. (1999). Über das Welthafte im Motiv der virtuellen Welten unter dem Gesichtspunkt der Bildung. Eine quasi-axiomatische Erörterung. *Vierteljahrsschrift für wissenschaftliche Pädagogik 75* (4), 440-453.

Menze, C. (1983): Bildung. In D. Lenzen & K. Mollenhauer (Hrsg.), *Enzyklopädie Erziehungswissenschaft. Handbuch und Lexikon der Erziehung in 11 Bänden und einem Registerband* (Bd. 1, S. 350-356). Stuttgart: Klett-Cotta.

Mertens, G., Frost, U., Böhm, W. & Ladenthin, V. (Hrsg.). (2008). *Handbuch der Erziehungswissenschaft. Grundlagen. Allgemeine Erziehungswissenschaft.* Paderborn: Ferdinand Schöningh.

Nieke, W. (2016). Erziehung, Bildung, Lernen. In M. Harring, M. D. Witte & T. Burger (Hrsg.), *Handbuch informelles Lernen. Interdisziplinäre und internationale Perspektiven* (S. 26-40). Weinheim: Beltz Juventa.

Nohl, A.-M. (2006). *Bildung und Spontaneität. Phasen biographischer Wandlungsprozesse in drei Lebensaltern: empirische Rekonstruktionen und pragmatistische Reflexionen.* Opladen: Barbara Budrich.

Rosenberg, F. von (2011). *Bildung und Habitustransformation. Empirische Rekonstruktionen und bildungstheoretische Reflexionen.* Bielefeld: transcript (Theorie bilden, 21).

Schlieffen, K. G. v. (2011). *Grundlagen der Mediation. Teil 1. Praktische Einführung in die Mediation.* Hagen: Eigenverlag.

Schütze, F. (1981). Prozeßstrukturen des Lebensablaufs. In J. Matthes, A. Pfeifenberger & M. Stosberg (Hrsg.), *Biographie in handlungswissenschaftlicher Perspektive.* Kolloquium am Sozialwissenschaftlichen Forschungszentrum der Universität Erlangen-Nürnberg (S. 67-156). Nürnberg: Verlag der Nürnberger Forschungsvereinigung.

Schütze, F. (1983). Biographieforschung und narratives Interview. *Neue Praxis 13* (3), 283-293.

Tenorth, H.-E. (1997). „Bildung". Thematisierungsformen und Bedeutung in der Erziehungswissenschaft. *Zeitschrift für Pädagogik 43* (6), 969-984.

Trenczek, T., Berning, D. & Lenz, C. (Hrsg.) (2013). *Mediation und Konfliktmanagement* (NomosPraxis). Baden-Baden: Nomos.

Weniger, E. (1958). *Die Eigenständigkeit der Erziehung in Theorie und Praxis* (2. Aufl.). Weinheim: Beltz.

Habitus-Struktur-Reflexivität

Ein Beitrag zur soziologischen Konflikt- und Mediationsforschung

7

Lars Schmitt

7.1 Einleitung

In einem Supermarkt kommt es zu einem Konflikt zwischen der Marktleiterin und einem Studenten, der dort als Aushilfe beschäftigt ist. Letzterer unterbreitet einen Verbesserungsvorschlag für die Raumnutzung des Lagers. Erstere will an dem Altbewährten festhalten und ärgert sich über den Vorstoß der Aushilfe.

Hier sind nicht nur zwei Subjekte miteinander im Konflikt, sondern mehrere Dominanzverhältnisse entwickeln sich, die noch dazu quer zueinander verlaufen: Chefin vs. Aushilfe, Mann vs. Frau, höherer ökonomischer Status vs. niedriger, kleinbürgerlicher vs. bildungsbürgerlicher Habitus.[1] Es hätten sich noch mehr Differenzlinien in diesen Konflikt einbauen lassen können.

Vergewissert man sich dieser Differenzlinien als Konfliktbearbeiter*in, besteht die Gefahr, diese kulturalistisch zu überhöhen und die jeweiligen Gruppenkategorien zu essenzialisieren, ihnen also einen Wesenszug zuzuschreiben. Tut man dies nicht, besteht die Gefahr, zum einen den Konflikt nicht richtig zu verstehen, weil man ‚nur' Differenzen sieht, wo aber hierarchisierte Differenzen (Dominanzverhältnisse) zu analysieren wären. Zum anderen würde man den Konfliktparteien nicht gerecht, weil zu ihrem jeweils höchst Individuellen und Subjektiven die verinnerlichten kollektiven Muster mit dazu gehören, die sie nicht zuletzt so agieren lassen, wie sie agieren. Diese machtsoziologische Perspektive auf Mediation ist also von höchst praktischer Relevanz.

Es gibt viele Möglichkeiten, sich einem noch nicht ausbuchstabierten Gegenstandskomplex ‚Mediation & Forschung' zu nähern, zumal sich weder Konflikte noch

1 Dieses Beispiel soll der Veranschaulichung dienen. Anzumerken ist, dass die Wahrscheinlichkeit, dass ein Student bildungsbürgerlicher Herkunft in einem Supermarkt arbeitet, geringer ist verglichen mit jener eines Studenten kleinbürgerlicher Herkunft.

ihre Bearbeitungen an Disziplingrenzen halten. Ich möchte mit diesem Beitrag zwar versuchen, einen soziologischen Forschungsblick auf den Gegenstand Mediation zu werfen, doch dies mit dem konkreten Konzept der *Habitus-Struktur-Reflexivität* (Schmitt 2010, 2015a) tun, so dass wiederum mindestens die Grenzen zwischen Soziologie, Pädagogik und Psychologie aufgeweicht werden. In einem ersten Teil soll dieser Ansatz vorgestellt werden. Das heißt, Habitus-Struktur-Reflexivität wird gleichsam als eine analytische Heuristik, als eine Art Brille präsentiert, mit der sich Mediation als Verfahren selbst in ihrer soziokulturellen und raum-zeitlichen Gebundenheit darstellen, aber auch zu mediierende Konflikte analysieren und zum Forschungsgegenstand machen lassen. Dies geschieht im zweiten Abschnitt. Der dritte Teil dient abschließend dazu, diese Reflexivität als Mediationshaltung und -methodologie zu thematisieren, die sich ihrerseits nicht bloß ob ihrer Wirkung beforschen ließe.

Das empirische Material, auf das ich in dem Beitrag zurückgreife, setzt sich zusammen aus eigenen Forschungen zu Habitus und ihren umgebenden Strukturen, aus meinen Beobachtungen und Ergebnissen aus Seminaren und Lehrforschungsprojekten dazu, aus eigenen Mediationsfällen und aus Erfahrungen in Hochschulseminaren bzw. -übungen speziell zu Mediation und Macht sowie aus einem studentischen Peer-Beratungs-Projekt, das mit dem Ansatz der Habitus-Struktur-Reflexivität arbeitet.

7.2 Habitus-Struktur-Reflexivität – eine soziologische Analysefolie

Die Soziologie kann als Reflexivitätswissenschaft für Mediation und ihre Konflikte dienen. Dies gilt für vermeintliche Mikrokonstellationen wie Nachbarschaftskonflikte ebenso wie für vermeintlich große politische Mediationen. Alle Konflikte spielen sich in einer oder mehreren Gesellschaften ab, mit einem oder mehreren Akteur*innen, die in wenigstens einer Gesellschaft sozialisiert wurden. Das macht die Soziologie mindestens zur Bezugsdisziplin einer Mediationswissenschaft, befasst sie sich doch mit den Verhältnissen von Akteur*innen, ihren Prägungen, Einstellungen, Denk- und Wertemustern, Handlungen und Bewertungen einerseits und umgebenden Strukturen andererseits.

Nahezu alle soziologischen Theorien, ob sie synthetisch die Rolle und (Dys-) Funktionalitäten von Konflikten in einer Gesellschaft beschreiben oder analytisch den Aufbau von Konflikten selbst zum Gegenstand machen (Imbusch 2010; Bonacker 2008; Bonacker und Schmitt 2016), liefern zwangsläufig auch Hinweise für die

Mediationsforschung. So wurden in der Mediationszeitschrift „Konfliktdynamik" in den ersten sieben Ausgaben (Troja et al. 2012, 2013) Klassiker der soziologischen Konflikttheorie diskutiert und wenigstens bei Georg Simmel, Karl Marx, Ralf Dahrendorf und Pierre Bourdieu konnte ich dies mit Seitenblick auf die Mediation tun. Der wohl wichtigste Beitrag, den diese Theorien für die Praxis und Forschung der Mediation leisten können, ist, die Einbettung von Konflikten in soziale Strukturen zu vergegenwärtigen.

Um dabei nicht zu übersehen, wie es viele wohlmeinende subjektzentrierte Ansätze tun, dass soziale Strukturen nicht nur außerhalb der Akteur*innen existieren, sondern auch eine körperliche, verinnerlichte Entsprechung finden, möchte ich im Folgenden das Konzept der Habitus-Struktur-Reflexivität vorstellen, das es auch gestattet, das Kollektive im Individuellen mitzudenken.

Anja Weiß hat bereits anschaulich dargestellt, was passiert, wenn bei der Analyse und Bearbeitung von Konflikten machtanalytische Elemente ausgeblendet werden. An dem prominent gewordenen Beispiel des Konfliktes zwischen dem (zu) spät nach Hause kommenden, afrikanisch stämmigen Ehemann und der sich darüber beschwerenden deutschen, weißen[2] Ehefrau zeigt Weiß auf, welche Rolle habituell vermittelte Dominanzverhältnisse spielen. Bei dem Konflikt handelt es sich eben nicht bloß um ein interkulturelles Missverständnis, das mit oberflächlichen, essenzialisierenden und dabei wenigstens subtil rassistischen Erklärungsversuchen einhergehen könnte, dergestalt etwa, dass es in unterschiedlichen Kulturen unterschiedliche Vorstellungen von Pünktlichkeit gäbe (Weiß 2001a, 2001b). Es handelt sich vielmehr auch um das Aushandeln einer kollektiven und verinnerlichten Geschichte von Herrschen und Beherrscht-Werden. Weiß hat bereits selbst darauf verwiesen, dass in der betreffenden Situation Repräsentant*innen der Mehrheitsgesellschaft den Konflikt aus nachvollziehbaren (und machtreproduzierenden) Gründen personalisieren bzw. auf der Beziehungsebene ansiedeln und umgekehrt in der Situation einschlägige dominierte Habitusanteile bzw. deren Träger*innen den Konflikt oft kollektivieren. Um nicht nur hierfür einen Analyserahmen zu liefern, der gleichsam sensibel dafür ist, dass ganz unterschiedliche Habitusanteile einschlägig sein können – der Konflikt wäre in vertauschten Rollen genauso denkbar, nur dass dann etwa kein Rassismus-, sondern ein Sexismus- oder Machismusvorwurf getätigt würde –, soll nun die Habitus-Struktur-Reflexivität vorgestellt werden.

Dieser Ansatz baut auf Pierre Bourdieus umfangreichen konzept- und theoriebildenden empirischen Untersuchungen zu sozialer Ungleichheit auf, die sich unter anderem in seinen Begrifflichkeiten des sozialen Raumes, der Kapitalsorten, des Habitus, des Feldes und der symbolischen Gewalt niederschlagen, aber v. a. in dem

2 Hier wird bewusst eine Markierung des Mehrheitlichen vorgenommen.

Zusammenwirken des durch diese Begriffe Bezeichneten zum Tragen kommen (vgl. etwa Bourdieu 1982, 2005).

Soziale Ungleichheit und gesellschaftliche Machtverhältnisse stehen Menschen nicht bloß als statistisch erfassbare Strukturen gegenüber. Sie werden erlebt, verinnerlicht, sind von identitätsbildender bzw. habitusformierender Bedeutung und haben damit einen verlängerten Arm in soziale Praxen, so auch Konflikte und deren Bearbeitungsversuche, hinein. Dies liegt unter anderem daran, dass soziale Ungleichheit symbolvermittelt ist. Das heißt, sie wird symbolisch repräsentiert. Anhand dieser Repräsentationen, etwa Sprache, Körperhaltungen, Kleidung, Hobbys, erkennen wir Ungleichheit und anerkennen sie ein Stückweit als normal, gerecht, verdient, frei gewählt und verkennen damit, dass wir eben nicht frei wählen können (vgl. Schmitt 2010, S. 20-25). Die scheinbar freie Wahl in einer vermeintlichen Multioptionsgesellschaft hängt vielmehr von der Ressourcen-Ausstattung, z. B. mit ökonomischem und kulturellem Kapital, ab und vor allen Dingen von unseren sozialen Dispositionen, also dem, was wir gelernt haben zu mögen, als normal und selbstverständlich zu empfinden. Diese verinnerlichten Muster bezeichnet Bourdieu als Habitus (etwa Bourdieu 1987, S. 277-354). Dieser Habitus bildet ein Produktionsmuster für Wahrnehmungen, Einstellungen, das Denken, sogar für Gefühle, für das Handeln und Bewerten. Indem er selektiert, entlastet der Habitus, gleichzeitig erschwert er Zugänge zu Dingen und Mustern, die uns weniger vertraut sind. Es macht einen Unterschied, ob wir in einem Haushalt aufwachsen, in dem mit Selbstverständlichkeit gelesen wird, oder in einem, wo Bücher nur als Wohnungsschmuck fungieren, oder einem, wo es keine Bücher gibt. Wenn wir aufwachsen, verinnerlichen wir das, was wir vorfinden und diese Dinge sind nicht neutral, sondern wirken als symbolische Repräsentationen von Ungleichheit. Sie stehen für eine bestimmte Position in der sozialen Hierarchie, im Sozialraum. Wir suchen mit unserem Habitus – sofern wir die Wahl haben – eher solche Situationen, Menschen, Orte auf, die zu dem passen, was wir bereits verinnerlicht haben. Das Sprichwort „Schuster bleib bei Deinen Leisten …“ ließe sich in meinem Vokabular ergänzen „…, sonst bekommst Du einen Habitus-Struktur-Konflikt“. Der Habitus ist etwas höchst Individuelles, aber dennoch an seine Entstehungskollektive Rückbindbares. Er ließe sich analytisch als multidimensional begreifen, weil in ihn alle gemachten Erfahrungen (etwa einer geschlechterspezifischen, einer milieuspezifischen, einer ethnisierten Sozialisation) einfließen. Bei aller Trägheit modifiziert sich der Habitus dennoch permanent an seiner Oberfläche, um seinen Kern bilden sich mit neuen Erfahrungen neue Schichten (vgl. Schmitt 2010, S. 25-30).

Mit dem Konzept des Sozialraums und jenem des Habitus lässt sich bereits gut erläutern, warum sich soziale Ungleichheit – in Relation zu der messbaren Ungleichverteilung von Ressourcen und Chancen (etwa beim Bildungserwerb) –

‚reibungsfrei' reproduziert. Zum einen wird durch die Suggestion der Wahlfreiheit der Symbole, die für ‚etwas Besseres' stehen, die Tatsache des ungleichen Zugangs verschleiert. Die Verteilung – und dies wird durch (neo-)liberale Diskurse in verschiedenen öffentlich wirksamen Feldern noch verstärkt – wird auch von negativ Betroffenen als ‚selbstgemacht' wahrgenommen, sie wird tendenziell nicht fremdattribuiert. Zum anderen gestattet ein unter weniger privilegierten Bedingungen hervorgebrachter Habitus möglicherweise seltener aufzubegehren und ggf. noch seltener, dies öffentlich zu tun, weil hier dann Schamgefühle eine Rolle spielen, das Setting also einen Habitus-Struktur-Konflikt erzeugen könnte.

Die zum Teil subtilen Ungleichheitskonflikte finden nicht im luftleeren Raum statt, sondern zumeist in speziellen Feldern, in denen die Akteur*innen zugange sind. Felder sind für Bourdieu relativ autonome Mikrokosmen mit eigenen Gewinnverteilungen und eigenen Regeln. Was in dem einen Feld an Kapital als wertvoll gilt, muss es in dem anderen Feld noch lange nicht. Alle Teilnehmer*innen teilen mehr oder weniger den Glauben an die Sinnhaftigkeit des Feldes – Bourdieu (etwa 1987, S. 122 f.) nennt diesen ‚illusio' –, auch wenn sie mit unterschiedlichen Voraussetzungen in Form von Habitus und Kapitalien ausgestattet sind, wobei anzumerken ist, dass Menschen eher solche Felder aufsuchen, zu denen ihr Habitus große Passungen aufweist.[3] Die im Feld herrschenden Fraktionen verfügen dennoch zumeist über einen Habitus, der besser an die Bedingungen des Feldes und dessen Regeln vorangepasst ist. Um die unterlegene Position sichtbar zu machen, sind die im Feld Dominierten darauf angewiesen, die Doxa, das Normale, Selbstverständliche zu hinterfragen und wirken dadurch in den Augen der Herrschenden oft intolerant, bisweilen aggressiv; dies aber, weil sie den Konflikt aus verständlichen Gründen kollektivieren, ihn seiner Singularität und konkreten Beziehungsgebundenheit entreißen (müssen), was wiederum zur Infragestellung ihrer legitimen Feldteilnahme führt. Genau wie im gesamten Sozialraum, so kommt es auch in einzelnen Feldern zu einer Verschleierung der Machtverhältnisse, weil herrschende Habitus stärker das Selbstverständliche des Feldes repräsentieren. Abweichungen hiervon – sofern sie überhaupt artikuliert werden – werden nicht als eine Alternative unter vielen möglichen wahrgenommen, sondern eben als Infragestellung des Feldes.

Diese Verschleierung von Macht über die Suggestion der freien Wählbarkeit und die Komplizenschaft von Habitus und Umgebungsstrukturen oder Feldern ist das, was Bourdieu als ‚symbolische Gewalt' bezeichnet (Bourdieu und Passeron 1973; Bourdieu 2005). Ein von mir häufig verwendetes Bild soll der Veranschaulichung

3 Ausnahmen hierzu stützen sich meist auf Unkenntnisse des Zielfeldes, auf Habitustransformationswünsche und/oder auf expliziete Zugangsberechtigungen zu dem Zielfeld, wie etwa das Erlangen des Abiturs als formale Eintrittskarte ins akademische Feld.

dienen (Schmitt 2006, S. 13 f., 2010, S. 24 f.): Wenn Kinder in die Schule kommen, ist das Kind bzw. sind die Kinder schon in die Brunnen gefallen. Je nachdem wie weit das, was ein Kind von Zuhause mitgegeben bekommen hat, von dem entfernt ist, was in der Schule verlangt wird, befinden sich die Kinder in sehr unterschiedlich tiefen Brunnen. Was die Schule macht, u. a. weil sie gerecht sein will, ist, dass sie jedem Kind ein gleich langes Seil in den Brunnen hängt, was dazu führt, dass Kinder, deren Brunnen nicht so tief ist, das Seil schnappen und herausklettern können. Ihnen wird Begabung und/oder Fleiß zugeschrieben. Andere Kinder, deren Brunnen zu tief ist, bekommen umgekehrt einen Mangel diesbezüglich unterstellt.[4] In diesem Bild wird die soziale Ungleichheit oder nach Galtung (1998a) strukturelle Gewalt durch die unterschiedlichen Brunnentiefen gekennzeichnet. Die symbolische oder bei Galtung kulturelle Gewalt besteht nun in dem Akt der Gleichbehandlung, durch den die unterschiedlichen Brunnentiefen verschleiert und zu individualisierten Begabungsunterschieden werden. Symbolische Gewalt kann als gesellschaftliches Funktionsprinzip verstanden werden, das dafür sorgt, dass potenzielle Ungleichheitskonflikte selten direkt als solche ausgetragen, sondern in unterschiedliche Formen, in interindividuelle Konkurrenzkämpfe etwa oder in personalisiertes Leiden gegossen werden; in das, was ich als Habitus-Struktur-Konflikte bezeichne, in Konflikte also zwischen verinnerlichten Mustern (Habitus) und solchen der Umgebung (Struktur).

Ein Nachdenken über diese Mechanismen der symbolischen Gewalt, die Ausdruck im Zusammenwirken der vorgestellten Bourdieuschen Konzepte finden, bezeichne ich als Habitus-Struktur-Reflexivität, die sowohl als Forschungsheuristik zum Befragen des Gegenstandes Mediation eingesetzt werden, als auch als Mediationshaltung und ‚-methodologie' zum Tragen kommen kann; ein Einsatzfeld, das seinerseits zu beforschen wäre, etwa bezüglich der Wirksamkeit dieses Ansatzes.

7.3 Habitus-Struktur-Reflexivität und Mediation

Bourdieus einzelne Konzepte jeweils für sich genommen liefern wichtige Forschungsfragen und -heuristiken für die Mediation. Es lässt sich beforschen, wo Mediation im Raum der Repräsentationen von Ungleichheit angesiedelt ist, welche Konsequenzen das für den Zugang hat, jenseits der Frage, wie kulturell gebunden

4 Dies ist freilich eine sehr vereinfachende Sichtweise, die der Komplexität und den Unterschiedlichkeiten von Schulpraxen nicht gerecht wird. Sie dient lediglich der Veranschaulichung symbolischer Gewalt.

das Verfahren ohnehin ist und welche Bedeutung dies für die Konstruktion einer Interkulturellen Mediation hat (vgl. hierzu Kriegel-Schmidt 2012). Und es lässt sich danach fragen, wie der Zugang innerhalb einer Mediation gegeben ist, da es sich um ein Verfahren handelt, bei dem z. B. Sprache eine große Rolle spielt. Es kann also ergründet werden, welche Kapitalausstattungen der Mediand*innen erfolgversprechend sind für eine Mediation. Erfolg meint hier nicht, dass eine Konfliktpartei größeren Gewinn aus der Mediation zieht als eine andere. Ebenso lassen sich angewandte Methoden und Techniken danach befragen, wo sie im Sozialraum angesiedelt und wie zugänglich sie damit sind. Es kann zum Beispiel sein, dass das Formulieren in Ich-Botschaften einem selbstbewussten, legitimen Habitus, wie es bei Bourdieu heißt, deutlich leichter fällt und ein unter weniger privilegierten Bedingungen hervorgebrachter Habitus geradezu darauf angewiesen ist, eigene Ansichten erst einmal vorsichtig hinter Allgemeinaussagen verstecken zu können (vgl. Schmitt 2015b).

Ein Beispiel: Bei einer Mediation in einer großen Organisation ging es darum, dass zwei Datenverarbeitungsabteilungen zusammengelegt werden sollten. Die größere der beiden war für die EDV der Wissenschaftler*innen zuständig, die kleinere für die EDV der Verwaltung. Die beiden Abteilungen waren an unterschiedlichen Standorten innerhalb der gleichen Stadt und hatten sehr unterschiedliche Arbeits(-zeit)kulturen. Die einen arbeiteten sehr frei und problembezogen, die anderen hatten eine feste Gleitzeit. Die eine Gruppe bestand überwiegend aus promovierten Physiker*innen und Mathematiker*innen, bei der anderen handelte es sich um Mitarbeiter*innen mit Fachhochschulabschluss oder ohne Hochschulstudium. In der ersten Gruppe kamen die Mitarbeiter*innen aus unterschiedlichen Regionen und hatten an dem Standort meist promoviert, in der zweiten Gruppe waren es Menschen aus der Region; auch die sozialen Herkünfte unterschieden sich systematisch. Viele Personen aus der kleineren Gruppe hatten nun die Befürchtung, von den anderen, „den Doktoren", als Mitarbeiter*innen zweiter Klasse wahrgenommen zu werden, noch bevor die Zusammenlegung stattfand. Der Unmut äußerte sich unter anderem in subtilen Ängsten oder in einem prospektiven Trotzverhalten: „Ich werd mich nicht unterbuttern lassen". Dieser Konflikt und seine Bearbeitung waren sehr facettenreich. Ohne ein Habitus-Struktur-sensibles Vorgehen hätte keine Kommunikation stattfinden können. Und es musste die Habitussensibilität mancher Methoden hinterfragt werden. Hier war es z. B. wichtig, zunächst keine Ich-Botschaften zu stimulieren, sondern die Kollektivierung des Konfliktes („Da wird man dann behandelt wie ein Mensch zweiter Klasse") nicht nur zuzulassen, sondern sie als stimmig anzuerkennen. Es handelt sich um einen Konflikt, bei dem – vielleicht noch offensichtlicher als bei vielen anderen – kollektive Geschichten, soziale Herkünfte, Habitus und damit gesellschaftliche – über die konkrete Situation hinausweisende – Machtverhältnisse eine sehr große Rolle spielten (vgl. ebd.).

Mit dem Habituskonzept lässt sich darüber hinaus erforschen, welche Habituskonstellationen in welcher Weise konfliktträchtig und ‚bearbeitungskompetent' sind. Selbstverständlich wäre es – allein um Mediation besser zu verstehen – hilfreich, auch Habitus von Mediator*innen zu rekonstruieren. Dass dies vor allem für die Konfliktbearbeitung selbst unabdingbar ist, soll im nächsten Abschnitt erläutert werden. Die Frage nach der habituellen Konstellation von Mediator*innen kann dementsprechend heuristisch dazu verwendet werden, die für eine Mediation eingeforderte Neutralität und Allparteilichkeit zu beforschen: Inwiefern lässt sich bei habituellen Kongruenzen bzw. Distanzen von Mediand*in und Mediator*in noch von diesen Eigenschaften normativ und empirisch ausgehen?

In diesem Kontext ließe sich mit dem Ansatz der Habitus-Struktur-Reflexivität auch beforschen, inwieweit und unter welchen Bedingungen eine explizit Interkulturelle Mediation sinnhaft konstruiert werden kann (vgl. Kriegel-Schmidt 2012). Habitus-Struktur-Konflikte lassen sich immer als Kultur-Konflikte thematisieren, weil verinnerlichte kulturelle Muster mit solchen der Umgebung (etwa Habitus anderer Personen) kollidieren. Es ließe sich also erforschen, ob und inwieweit sich etwa der im Folgenden geschilderte Konflikt des Grundschullehrer*innen-Pärchens systematisch von einem enger gefassten interkulturellen Konflikt unterscheidet.

Ein weiteres Beispiel: Die Grundschullehrerin kommt aus einer gut situierten Unternehmerfamilie und wollte in Abgrenzung zu ihren Eltern eher was Soziales studieren. Der Grundschullehrer entstammt einer Arbeiterfamilie und wollte nach seiner Lehre als Maschinenschlosser noch etwas anderes aus sich machen, hat auf dem zweiten Bildungsweg die Hochschulzugangsberechtigung erworben und dann Grundschullehramt studiert. Beide verlieben sich im Studium ineinander, gründen später eine Familie. Im Raum der sozialen Positionen unterscheiden sie sich nicht, sie haben den gleichen Beruf und verdienen exakt das Gleiche. Allerdings unterscheiden sie sich in ihren Wegen dorthin, in ihren Herkunftskulturen, in ihren Habitus. Sie geraten in Konflikt, weil sie gerne einmal wieder ins Theater gehen würde, er jedoch lieber Fußball schaut und an der gemeinsamen Wohnung herumbastelt.[5]

5 Dieser Konflikt stellt eine reale Begebenheit dar, auch wenn es statistisch nicht sehr wahrscheinlich ist, dass sich zwei unterschiedliche Habitus zusammentun, ungeachtet der Tatsache, dass im Rahmen des Lehramtsstudiums ein Stückweit gemeinsame Habitustransformation stattgefunden hat, wobei auch die ähnlichen Reize aufgrund der bestehenden Habitusunterschiede zu unterschiedlichen Wahrnehmungen und Transformationen führen. In diesem Konflikt konnte ich als Bekannter des Pärchens zwar nicht als Paartherapeut fungieren, aber eine gemeinsame Sicht auf die – beiden

Das Habituskonzept ermöglicht es zudem, bei Konfliktparteien auszuloten, ob Habitustransformationswünsche eine Vermittlung erleichtern könnten. So kommt es oft vor, dass Ratsuchende in einem Dilemma gefangen sind zwischen einerseits dem Wunsch, das vertraute eigene Selbstbild, den Habitus, zu bedienen und andererseits einen Schritt in Richtung Transformation zu wagen. Die Balance zwischen Sicherheit und Freiheit scheint hierbei eine Schlüsseldimension auszumachen.

Mit dem Feldkonzept ließe sich darüber hinaus analysieren, wie Mediation im Feld der Konfliktbearbeitung positioniert ist, bzw. begreift man Mediation selbst als Feld, wie sich verschiedene Arten der Mediation nach Gegenstandsbereichen (Schulmediation, Nachbarschaftsmediation usw.), Reichweiten (große politische Konflikte vs. kleinere), nach bestimmten Spezifika (etwa Interkulturelle Mediation) zueinander verhalten und sich so wechselseitig mit konstruieren und definieren.

Mit dem gesamten Ansatz der Habitus-Struktur-Reflexivität ließe sich v. a. *Mediationsgrenzforschung* betreiben: Inwieweit bearbeitet Mediation Machtverhältnisse oder trägt gar zu deren Verschleierung bei? Es ist bei vielen Konflikten anzunehmen, dass von allen Parteien eine Lösung als Win-Win-Lösung selbst erarbeitet und angesehen wird, obwohl oder gerade weil das vertraute und habituell verankerte Dominanzverhältnis fortgeführt wird. Daran knüpft sich eine normative Forschungsfrage an: Wie weit kann und soll Mediation Konfliktparteien oder gar gesellschaftliche Verhältnisse emanzipieren (helfen)? Eine Kritik v. a. im Bereich der politischen Mediation ist genau daran geknüpft, inwieweit manifeste Konflikte, die gegebenenfalls mit direkter Gewalt ausgetragen werden, bloß in latente Konfliktlagen überführt und strukturelle sowie symbolische Gewalt aufrecht erhalten oder gar gestärkt werden. Aus dieser Kritik haben sich Ansätze wie die *Conflict Transformation* (Miall 2004; Reimann 2004) oder Johan Galtungs (1998b) *Transcend*-Konzept entwickelt. Jenseits habitueller Grenzen bzw. der Selbstreflexivität der Mediatorin bzw. des Mediators wird mit diesem machtsensiblen Ansatz noch ein weiterer Grenzbereich ausgelotet, nämlich wie tief Mediation emotional gehen darf. Ein Vorwurf, wie er etwa von Seiten der Klärungshilfe vorgebracht wird (Thomann und Prior 2007), besteht genau darin, dass Mediation weder ein Mandat noch die Kompetenzen für das Durcharbeiten emotional tiefgehender Prozesse mitbringt. Auch hier ließe sich das Konzept der Habitus-Struktur-Reflexivität für eine Auslotung verwenden, da doch die Emotionssoziologie überzeugend ausgeführt hat, inwieweit Emotionen wie Neid, Wut und vor allem Scham sozialstrukturell bzw. habituell verankert sind (Neckel 1999, 1993, 1991).

---

natürlich bekannten – unterschiedlichen Hintergründe etablieren und Verständnis regenerieren.

Allgemeiner lässt sich in Anknüpfung an die Fragen der (habituellen) Zugänglichkeit der Mediation sowie der Mediator*innen und der verwendeten Methoden und Techniken ergründen, wie und inwieweit Mediation für die Steigerung von Partizipation geeignet ist. Die Forschungen zu Formen der politischen Beteiligung zeigen immer wieder auf, dass Partizipationsangebote auf der einen Seite noch lange keine Partizipationsnachfrage auf der anderen Seite nach sich ziehen. Sowohl die Beteiligung an Wahlen, an Volksabstimmungen als auch an weniger formalen Prozessen der politischen Teilhabe, etwa an Protesten in Form von Demonstrationen, ist stark von Kapitalien und v. a. von habituellen Formationen abhängig (vgl. Schmitt 2016). In dieser Hinsicht ließe sich fragen, unter welchen Bedingungen Mediation zu einem politischen Empowerment beitragen kann, also selbst nicht nur ein Partizipationsangebot, sondern auch eine -nachfrage und entsprechende Kompetenzen erzeugt.

7.4 Habitus-Struktur-Reflexivität als Haltung, Methode und Forschungsgegenstand

Soziologie wurde bereits mindestens in ihrer Reflexivitätsfunktion als Bezugswissenschaft der Beratung formuliert, aber auch mit eigenen, vermeintlich der Soziologie nahen, inhaltlichen Anwendungsbereichen von Beratung „versehen" (Alemann und Vogel 1996). Reflexivität bezieht sich nicht nur auf Fragen, wie Beratungsbedarfe und -angebote historisch konstruiert wurden, aus welchen gesellschaftlichen Verhältnissen und Entwicklungen dies resultiert bzw. auf welche dies verweist. Vielmehr bezieht sich Reflexivität auf die Kompetenz bzw. die Professionalität von Beratungshandelnden selbst. Diese Funktion der Soziologie mit Blick auf Beratung lässt sich ohne Weiteres auf Mediation übertragen. Dies gilt vor allem für den Ansatz der Habitus-Struktur-Reflexivität.

In Anknüpfung an das Lehrforschungsprojekt „Der Herkunft begegnen – Habitus reflexives Studium und machtsensible Beratung", das ich im Wintersemester 2012/13 und Sommersemester 2013 gemeinsam mit Regina Heimann an der Hochschule Düsseldorf durchgeführt habe, wurde eine studentische Peerberatung etabliert, die mit dem Konzept der Habitus-Struktur-Reflexivität arbeitet (vgl. Rauner 2015). Hierbei ist bedeutsam, dass vermeintliche Probleme nicht ausschließlich auf der Seite der betreffenden Akteur*innen angesiedelt sind, sondern das erfolgreiche und zufriedenstellende Studium als eine Frage der Passung von Habitus und Strukturen verstanden wird. Außerdem konnten mittlerweile über 1.000 Studierende – mit dieser Brille ausgestattet – eine soziologische Selbstanalyse durchführen. Das Feedback ist überwältigend. Die Beteiligten entwickeln dadurch mehr Verständnis für sich und andere, weil sie Erklärungen für Einstellungen und Verhaltensmuster finden und sich leichter ein Kohärenzgefühl einstellen kann. Probleme und vermeintliches Versagen werden weniger selbstattribuiert. Wie angedeutet bietet das Konzept die Möglichkeit, eine entsprechend machtsensible Mediationshaltung zu entwickeln und den eigenen Habitus nicht zu universalisieren, aber auch Konfliktparteien aus deren Habitus heraus zu verstehen und Positionen vor diesem Hintergrund zu (er-) klären. Zudem lässt es Methoden auf Habitussensibilität hin überprüfen, bzw. mit dieser ausstatten. In dem oben genannten, von Anja Weiß beschriebenen Konflikt ließen sich bspw. in die Technik des Doppelns die Hintergründe der jeweiligen Haltungen mit einbauen, so dass deutlich wird, warum die eine Partei den Konflikt auf der interpersonellen Beziehungsebene ansiedelt und die andere Konfliktpartei den Konflikt mit dem „Rassismusvorwurf“ kollektiviert.[6]

Da im Kontext von Mediationshaltung, Methodenadaption und Habitus-Struktur-Reflexivität wahrscheinlich kaum mehr als Beobachtungen vorliegen, wäre es wichtig, diesbezügliche Elemente in die Mediationsausbildung einzubauen und spätere Mediationsprozesse mit Blick auf die Wirksamkeit von Habitus-Struktur-Reflexivität zu beforschen. Die Erfahrung aus Lehre, Studierendenberatung und eigenen Mediationen ermutigen zu diesem Schritt!

Literatur

Alemann, H. von & Vogel, A. (Hrsg.) (1996). *Soziologische Beratung. Praxisfelder und Perspektiven.* IX. Tagung für Angewandte Soziologie. Opladen: Leske & Budrich.

Bonacker, T. (Hrsg.) (2008). *Sozialwissenschaftliche Konflikttheorien. Eine Einführung.* 4. Aufl., Wiesbaden: VS Verl. fur Sozialwiss.

Bonacker, T. & Schmitt, L. (2016). *Sozialwissenschaftliche Theorien der Konfliktforschung.* 3. Aufl., Hagen: FernUniversität in Hagen.

Bourdieu, P. (1982). *Die feinen Unterschiede. Kritik der gesellschaftlichen Urteilskraft.* Frankfurt a. M.: Suhrkamp.

Bourdieu, P. (1987). *Sozialer Sinn. Kritik der theoretischen Vernunft.* Frankfurt a. M.: Suhrkamp.

6 Inwieweit das Konzept der Habitus-Struktur-Reflexivität eine Möglichkeit bietet, mit dem klassischen Dilemma einerseits der Thematisierung von Gruppenzugehörigkeiten mit der Gefahr der Essenzialisierung und der Klientifizierung und andererseits der Dethematisierung mit der Gefahr der Reproduktion vorhandener Machtgefälle umzugehen, wurde an anderer Stelle ausführlicher beschrieben (vgl. Eickhoff und Schmitt 2016).

Bourdieu, P. (2005). *Die männliche Herrschaft*. Frankfurt a.M.: Suhrkamp.
Bourdieu, P. & Passeron, J.-C. (1973). *Grundlagen einer Theorie der symbolischen Gewalt. Kulturelle Reproduktion und soziale Reproduktion*. Frankfurt a. M.: Suhrkamp.
Eickhoff, V. & Schmitt. L. (2016). Herausforderungen hochschulischer Diversity-Politik. Für einen reflexiven, differenz- und ungleichheitssensiblen Umgang mit einem deutungsoffenen Phänomen. In K. Fereidooni & A. P. Zeoli (Hrsg.), *Managing Diversity. Die diversitätsbewusste Ausrichtung des Bildungs- und Kulturwesens, der Wirtschaft und Verwaltung* (S. 199-228). Wiesbaden: Springer VS.
Galtung, J. (1998a). *Frieden mit friedlichen Mitteln. Friede und Konflikt, Entwicklung und Kultur*. Opladen: Leske & Budrich.
Galtung, J. (1998b). Konflikttransformation mit friedlichen Mitteln. Die Methode der Transzendenz. *Wissenschaft & Frieden 3*, 46-51.
Imbusch, P. (2010). Sozialwissenschaftliche Konflikttheorien. Ein Überblick. In P. Imbusch & R. Zoll (Hrsg.), *Friedens- und Konfliktforschung. Eine Einführung*, 5. Aufl. (S. 143-178). Wiesbaden: VS Verl. für Sozialwiss.
Kriegel-Schmidt, K. (2012). *Interkulturelle Mediation. Plädoyer für ein Perspektiven-reflexives Modell*. Münster: LIT.
Miall, H. (2004). *Conflict Transformation: A Multi-Dimensional Task*. Berghof Handbook for Conflict Transformation. Berlin. http://www.berghof-handbook.net/documents/publications/miall_handbook.pdf. Zugegriffen: 15. August 2016.
Neckel, S. (1991). *Status und Scham. Zur symbolischen Reproduktion sozialer Ungleichheit*. Frankfurt a. M. & New York: Campus.
Neckel, S. (1993). Soziale Scham. Unterlegenheitsgefühle in der Konkurrenz von Lebensstilen. In G. Gebauer & G. Wulf (Hrsg.), *Praxis und Ästhetik. Neue Perspektiven im Denken Pierre Bourdieus* (S. 270-291). Frankfurt a. M.: Suhrkamp.
Neckel, S. (1999). Blanker Neid, blinde Wut, Sozialstruktur und kollektive Gefühle. *Leviathan, Zeitschrift für Sozialwissenschaft 27* (2), 145-165.
Rauner, M. (2015). *„Ich weiß gar nicht, ob ich hier richtig bin…". Thesen zur Konzeption einer studentischen Peer-Beratung auf der Basis eines habitus-struktur-reflexiven Ansatzes*. Düsseldorf: unveröff. Bachelor-Thesis.
Reimann, C. (2004). *Assessing the state-of-the-art in conflict transformation*. Berghof Handbook for Conflict Transformation. Berlin. http://edoc.vifapol.de/opus/volltexte/2011/2568/pdf/reimann_handbook.pdf. Zugegriffen: 16. August 2016.
Schmitt, L. (2006). Symbolische Gewalt und Habitus-Struktur-Konflikte: Entwurf einer Heuristik zur Analyse und Bearbeitung von Konflikten. *CCS Working Papers*, 2/2006.
Schmitt, L. (2010). *Bestellt und nicht abgeholt. Soziale Ungleichheit und Habitus-Struktur-Konflikte im Studium*. Wiesbaden: VS Verl. für Sozialwiss.
Schmitt, L. (2015a). Studentische Sozioanalysen und Habitus-Struktur-Reflexivität als Methode der Bottom-Up-Sensibilisierung von Lehrenden und Studierenden. In K. Rheinländer (Hrsg.), *Ungleichheitssensible Hochschullehre. Positionen, Voraussetzungen, Perspektiven* (S. 197-217). Wiesbaden: Springer VS.
Schmitt, L. (2015b). Vermitteln vermitteln. Mediation, Macht und Sozioanalyse in der Friedens- und Konfliktforschungslehre. In M. Bös, L. Schmitt & K. Zimmer (Hrsg.), *Konflikte vermitteln? Lehren und Lernen in der Friedens- und Konfliktforschung* (S. 75-97). Wiesbaden: Springer VS.
Schmitt, L. (2017). Habitus-Structure-Conflicts and Social Inequality in Protest Research. Going beyond classical variables of Social Stratification (Arbeitstitel). In J. Roose et al.

(Hrsg.), *Of Rags and Riches – On the relationship of Social Movements and Social Stratification* (Arbeitstitel), in Vorbereitung.

Habitus-Structure-Conflicts and Social Inequality in Protest Research. Going beyond classical variables of Social Stratification (Arbeitstitel). In J. Roose et al. (Hrsg.), *Of Rags and Riches – On the relationship of Social Movements and Social Stratification* (Arbeitstitel), in Vorbereitung.

Thomann, C. & Prior, C. (2007). *Klärungshilfe 3. Das Praxisbuch*. 3. Aufl., Hamburg: Rowohlt.

Troja, M., Redlich, A. & Dendorfer-Ditges, R. **(Hrsg.).** *Konfliktdynamik. Verhandeln, Vermitteln und Führen in Organisationen*, 1-2 (1-7). Stuttgart: Klett-Cotta.

Weiß, A. (2001a). *Macht und Differenz: ein erweitertes Modell der Konfliktpotentiale in interkulturellen Auseinandersetzungen*. Berlin, Report 7. http://edoc.vifapol.de/opus/volltexte/2011/2513/pdf/br7d.pdf. Zugegriffen: 15. August 2016.

Weiß, A. (2001b). *Rassismus wider Willen. Ein anderer Blick auf eine Struktur sozialer Ungleichheit*. Opladen: Westdeutscher Verlag.

Kommunikationsmacht in der Mediation

8

Ein Beitrag zur kommunikationswissenschaftlichen Grundlegung der Mediationswissenschaft

Richard Bettmann

8.1 Einleitung

Als Verfahren zur Bearbeitung interpersonaler, inter- oder auch intraorganisationaler Konflikte erfährt die Mediation (siehe dazu von Sinner 2005; 2006, Zirkler 2005) in einer zunehmend von Pluralität, Interkulturalität und Diversität geprägten Gesellschaft einen nicht zu verachtenden Bedeutungszuwachs. Das Verfahren zielt im Kern darauf ab, konfliktmildernde Perspektivwechsel anzuregen, Interessendivergenzen sichtbar zu machen und ggf. konfliktlösende Interessenkonkordanzen auszubilden, die bestenfalls zur Beilegung eines Konfliktes beitragen. Das Mittel, mit dem Mediatorinnen darum bemüht sind, entsprechende Lösungen herbeizuführen, ist Kommunikation.

In diesem Beitrag möchte ich das Verfahren der Mediation unter einer kritischen Auseinandersetzung mit dem Kommunikationsbegriff

a. als Ko-Konstruktion aller an diesem Kommunikationsprozess Beteiligten entwerfen,
b. von dort aus verdeutlichen, dass es, sofern die Mediation ihr Ziel erreichen soll, auf Seiten der Mediatorin nicht nur um den Erwerb und die Anwendung elaborierter Mediationsverfahren geht, sondern auch um die Akquise von Kommunikationsmacht (Reichertz 2009) und um die Identität der an der Mediation beteiligten Personen (siehe in ähnlicher Form auch Kriegel-Schmidt 2012), um von dort aus dann
c. zu explizieren, wie eine kommunikationswissenschaftlich akzentuierte Mediationsforschung beschaffen sein müsste und was sie fokussieren sollte.

8.2 Kommunikation als Problem des Sprechers und des Hörers

Vor allem im Rahmen der sprachwissenschaftlich konnotierten kommunikationswissenschaftlichen Forschung werden nicht selten Kommunikationsmodelle in Anschlag gebracht, die das Problem der Kommunikation entweder auf das Sprechen und Hören oder/und auf das Senden und Empfangen von Informationen im weitesten Sinne reduzieren. Prägnant und anschaulich für die zuerst genannte Perspektive auf Kommunikation ist u. a. die Mutter aller Kommunikationsmodelle von Ferdinand de Saussure, welches er in seiner 1916 erschienen Arbeit zu allgemeinen Grundfragen der Sprachwissenschaft entworfen hat (vgl. Abb. 8.1). Akzentuiert wird in diesem Modell nicht die Sprechhandlung, sondern das Sprechen, das er in einem Kreislauf abbildet. Sprechen setze, so de Saussure „[…] mindestens zwei Personen voraus" (Saussure 1967, S. 13). Diese seien als Minimum erforderlich, damit der Kreislauf als vollständig betrachtet werden könne.

Abb. 8.1 Kommunikationsmodell nach Ferdinand de Saussure (1967, S. 15)

In diesem Modell ist die Sprecherin (A) darum bemüht, ihrem inneren Erleben bzw. den inneren Repräsentationen ihres Erlebens einen sprachlichen Ausdruck zu verleihen und diesen einer Hörerin (B) mitzuteilen. Hören bzw. Zuhören ist in diesem Sinne keine aktive Handlung, sondern ein passives Geschehen, das lediglich durch das Empfangen sprachlicher Äußerungen angeregt wird. Zentral ist hierbei die Intention der Sprecherin, die sie, um sie mitteilungsfähig zu machen, in eine sprachliche Äußerung transformieren muss. Die Verantwortung des Verständlichmachens der Intention liegt hierbei auf Seiten der Sprecherin. Sie muss es schaffen, für ihre Intention entsprechend adäquate, sprachliche Ausdrucksgestalten zu formulieren. Da diese Ausdrucksgestalten kulturell codiert sind, ist es fast schon zwingend, dass die beiden Personen – angelehnt an das vorgeführte Kreislaufmodell – ihr Sprechen und Zuhören auf einen gemeinsamen kulturellen Horizont (hier verstanden als eine geteilte Kodierungs- und Dekodierungsfolie) beziehen können, damit ein Verstehen erreicht bzw. eine Decodierung vollzogen werden kann (Röhner und Schütz 2012, S. 15 f.). Allerdings bleibt dieses Verstehen bzw. die Decodierung der sprachlichen Äußerung – diesem Modell nach – grundsätzlich fallibel, weil die Sprecherin (A) nicht davon ausgehen kann, dass die Hörerin (B) die ihr mitgeteilten Ausdrucksgestalten auch tatsächlich so versteht, wie die Sprecherin (A) sie als Ausdruck ihrer inneren, mentalen Repräsentation gemeint hat. Problem der Kommunikation ist an dieser Stelle also das Verstehen und das Sich-Verständlichmachen und weniger die Verständigung und Handlungskoordination der an dem Kommunikationsprozess beteiligten Personen.

Wenn man sich nun darum bemüht, dieses Modell auf die Kommunikationsabläufe im Mediationsprozess zu beziehen, an dem ja immer mindestens drei Parteien (also die Mediatorin und zumindest zwei Konfliktparteien) beteiligt sind, wird die Applikation dieses Kommunikationsverständnisses ziemlich heikel. Erstens, weil das angeführte Kreislaufmodell schon in einer triadischen Kommunikationssituation so nicht mehr durchzuhalten ist bzw. nicht mehr hinreichend zur Aufhellung eines mindestens triadischen Kommunikationsprozesses beiträgt, und zweitens, weil sich so die Missverständnisse durch die erhöhte Varianz der Interpretation – konsequent zu Ende gedacht – kontinuierlich so hochschaukeln müssten, dass die Ausbildung von Interessenskonkordanzen schon im Ansatz ersticken müsste. Die kommunikativ erwirkte Beilegung von Konflikten wäre dann streng genommen Glückssache und eine Frage des Zufalls. Die Kommunikantinnen würden sich einander nicht annähern, sondern sie würden mittels Kommunikation lediglich ihre eigene Perspektive ausdifferenzieren, mehr nicht. So betrachtet stünden die Beteiligten in Mediationsprozessen ständig in einem Regress und wären demnach mehr mit kommunikativen Reparatur- als mit kommunikativen Lösungshandlungen beschäftigt, weil sie eben immer und fortwährend das Problem des Sich-Verständlichmachens bearbeiten müssten. Kommunikation wäre hierbei nicht als Lösungsmittel, sondern als Problemgenerator zu betrachten, weil das Problem des Verstehens und der Perspektivenübernahme allgegenwärtig wäre.

8.3 Kommunikation als ein Problem des Sendens und Empfangens von Informationen

Ein anderes, nicht weniger prominentes Kommunikationsmodell hat sowohl in der Wissenschaft als auch im Alltag eine nicht weniger beeindruckende Karriere hingelegt – und zwar das Kommunikationsmodell von Shannon und Weaver aus den 1940er Jahren (vgl. Abb. 8.2).

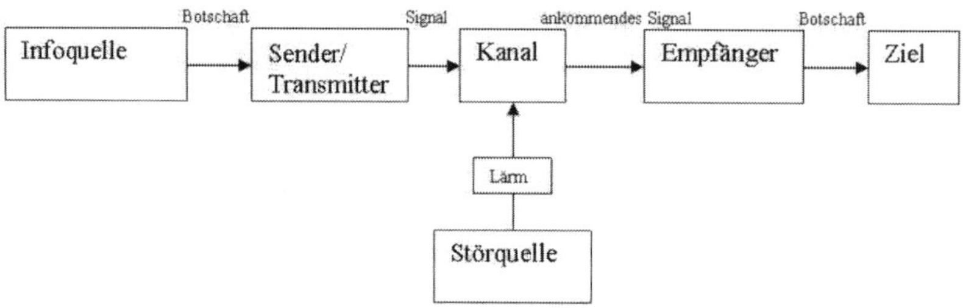

Abb. 8.2 Das informationstechnische Kommunikationsmodell nach Shannon und Weaver (1949)

Dieses Modell entstand zunächst aus der Beschäftigung mit rein technischen Fragen zur Informationsübertragung, wurde dann aber immer mehr mundanisiert und zunehmend auf interpersonale Kommunikationsprozesse übertragen. Im Kern geht es jedoch um die Übertragung von Informationen. Die Senderin muss hierbei eine Nachricht auswählen, die sie kodieren und in Form von Signalen mittels eines Mediums übermitteln muss. Die Signale werden durch einen Kanal verschickt und von der Adressatin mittels eines Dekodierers entschlüsselt. Im Kanal kann es dann zu Verzerrungen des gesendeten Signals kommen, so dass die abgesetzten Signale der Senderin so entstellt werden können, dass sie von der Empfängerin nicht entsprechend dekodiert werden. Gelingt es der Senderin nach diesem Modell aber, die Signale möglichst störungsfrei zu übermitteln, und greifen Kodiererin und Dekodiererin auf einen gemeinsamen Bedeutungshorizont bzw. auf gemeinsame Wissensbestände zurück, dann steht dem Erfolg der Kommunikation nichts mehr im Wege.

8.4 Vom Verstehens- zum Wirkungsproblem

Dass die hier kritisch angeführten Modelle für Kommunikationsprozesse im Alltag nicht hinreichend genügend Erklärungen liefern dürften und für eine belastbare Aufhellung des Kommunikationsprozesses nicht wirklich zuträglich sind, außer in Bezug auf das Problem des Verstehens und des Sich-Verständlichmachens im Kommunikationsprozess, liegt auf der Hand. Zwar liefern sie durchaus aufhellende Einsichten dahingehend, welche Probleme die Übermittlung von sprachlichen Botschaften/Signalen mit sich bringt und inwiefern Interpretationsleistungen und Medien daran beteiligt sind. Aber eine Antwort auf die Frage, unter welchen Umständen Kommunikation wie wirkt, beinhalten diese Modelle nicht. Sie kreisen um das Problem des Verstehens und des Übermittelns und blenden dabei aus, dass das Problem der Kommunikation nicht nur das Verstehen des Verstehens ist, sondern mindestens ebenso ein Verstehen der Wirkung kommunikativer Handlungen. Denn Kommunikation bewirkt immer etwas, und das fast schon auf wundersame Weise: Kommunikation entfaltet, ob gewollt oder nicht, immer Wirkung. Ob uns jemand anbrüllt, beschwichtigend auf uns einredet, uns ignoriert, kurzum – sich uns gegenüber auf irgendeine Art und Weise verhält –, immer hinterlässt dieses Verhalten eine Wirkung. Fraglich ist also nicht nur, wie ich es fertigstellen kann, das mich jemand anderes auch möglichst so versteht, wie ich es gemeint habe, indem ich ihm das Missverstehen möglichst schwer mache, sondern warum Kommunikation unter welchen Bedingungen dazu in der Lage ist, Wirkung zu entfalten?

8.5 Der Kommunikationsbegriff des kommunikativen Konstruktivismus

Zurzeit wird eine konstruktivistische Spielart entwickelt, die sich ‚kommunikativer Konstruktivismus' nennt (Keller et al. 2012; Reichertz 2009; Knoblauch 1995). Diese beschäftigt sich u. a. mit einer handlungstheoretischen Akzentuierung des Kommunikationsbegriffs – auch, um diesen aus seinem engen sprachwissenschaftlichen Korsett zu lösen.

Das Wort Kommunikation kommt vom lat. *communicare, communicatio, communio* und bedeutet so viel wie etwas gemeinsam machen, etwas teilen, etwas verbinden, sich austauschen. Kommunizieren kann man also nicht alleine (Simon 2006, S. 88). In diesem althergebrachten Sinne des Wortes wäre es also auch falsch, unter Kommunikation lediglich das Senden, Empfangen und Übermitteln von sprachlichen Zeichen und Botschaften zu verstehen. Vielmehr handelt es sich dabei um eine Sozialhandlung zur Lösung eines sozialen Handlungsproblems. Ausgangspunkt für Kommunikation ist demzufolge immer ein Handlungsproblem, das gelöst werden muss. Die Kommunikation ist dann an ihrem (vorläufigen) Ende, wenn dieses gelöst wurde. Kommunikation in diesem Sinne findet also immer dann statt, wenn Menschen versuchen, ihr gemeinsames Handeln zur Lösung eines Handlungsproblems zu koordinieren, sich dabei aneinander koorientieren oder miteinander kooperieren (Reichertz 2009, S. 127). Demnach versteht man in der handlungstheoretisch informierten Kommunikationswissenschaft unter Kommunikation einen Prozess bzw. ein Ereignis der wechselseitigen Handlungskooperation, Koordination und Ko-Orientierung und ein Mittel zur Vermittlung sozialer Identität und zur Herstellung sozialer Ordnung (ebd.).

An diesem Ereignis beteiligt sich der Mensch nicht als Blankofolie, sondern als identitäts- und kulturhabendes und identitäts- und kulturschaffendes Subjekt, d. h. als Mensch mit spezifischen Interessen, Vorlieben und Persönlichkeitsdispositionen und mit unterschiedlichen Orientierungsverhältnissen zu sich selbst, die sich wiederum an unterschiedlichen Relevanzfestlegungen im subjektiven Wissensvorrat orientieren und ihre jeweils eigene Perspektive konstituieren. Damit ist der Mensch auch im Mediationsprozess – frei nach Kierkegaard – ein Verhältnis, das sich zu sich selbst verhält, und – in Verlängerung dieses Statements – ein Verhältnis, das sich zu anderen verhält. Untersucht werden muss in diesem Sinne also weniger, wie Menschen miteinander sprechen, sondern wie sie sich *zu-*, *für-* und *gegen*einander aufstellen. Kommunikation muss, ähnlich wie Kultur (vgl. Wimmer 2005) vom Prozess aus gedacht werden[1].

Als Sozialhandlung betrachtet kann es Kommunikation *an sich* nicht geben, denn jede Sozialhandlung ist eingebettet in eine komplexe soziale Situation. Damit ist jeder Mediationsprozess, bestehend aus mindestens zwei Konfliktparteien und der Mediatorin, eingebettet in eine komplexe, jedoch äußerst konkrete Kommunikationssituation, die sowohl Kooperations- als auch Koordinations- und Ko-Orientierungsprozesse beinhaltet, die wiederum von Fragen zur wechselseitigen Identitätsarbeit und Machtverteilung begleitet werden (siehe dazu auch Duss-von Werdt 2000). *Wer* sagt beispielsweise *was wie* zu *wem*, *wer* ist autorisiert, etwas auf eine bestimmte Weise zu sagen, und *wer* lässt sich von *wem wie* zu einer bestimmten Handlung bewegen?

1 Untersucht man beides, also sowohl Kultur als auch Kommunikation auf der Grundlage von statischen und entitär orientierten Kommunikations- und Kulturmodellen, ist dies ggf. zwar gut gemeint, schießt aber rechts und links am Ziel vorbei.

8.6 Kommunikationsmacht

Um sich den zuletzt aufgeworfenen Fragen zu nähern, lohnt – wie so oft – ein Blick in die Alltagsempirie. Im Alltag gibt es Menschen, die über andere Menschen Macht haben und sie mittels Kommunikation zu einem bestimmten Handeln bewegen können.

Beispiele: Ordnungskräfte, wie z. B. Polizistinnen, haben Macht, weil sie als Teil der Exekutive über legitimierte Mittel der Gewaltausübung verfügen und diese im Einklang mit den juristischen Mitteln, die diese Gewalt legimitieren, auch zum Einsatz bringen können. Oder die Gangsterin, die die Touristin in einem südafrikanischen Township mit einem Messer überfällt, hat in der Überfallsituation Macht über diese, weil sie ihr grundsätzlich das Leben nehmen kann. Oder auch eine Vorgesetzte hat Macht über Beschäftigte mittels Herrschaft, weil sie ihren Status pflegen und auch nehmen kann. Oder, um noch ein weiteres Beispiel zu nennen, auch Psychotherapeutinnen und Ärztinnen haben Macht über ihre Klientinnen/Patientinnen, weil sie über Sonderwissensbestände und Praktiken verfügen, die die Therapeutin oder Ärztin in die Lage versetzen, Leid zu lindern.

Status, Waffen und Wissen machen also durchaus mächtig und sind als kommunikative Mittel nicht zu unterschätzen. Aber es gibt auch diese Macht, die ohne Herrschaft und ohne Gewalt und ohne die Anwendung von bestimmten Wissensbeständen im engeren Sinne auskommt (und deshalb für die Mediationswissenschaft interessanter sein dürfte als die Macht einer geladenen Pistole). Diese dürfte deshalb fundierter und vor allem nachhaltiger sein als die vorangestellten Machtmittel, die immer wieder aktualisiert werden müssen, um Wirkung entfalten zu können.

So stehen z. B. viele Menschen mitten in der Nacht auf, wenn ihr Kind schreit, um es zu füttern und in den Schlaf zu wiegen. Oder sie pflegen ihre Eltern am Ende des Lebens, ohne dass sie sich davon ein üppiges Erbe versprechen könnten. Und wieder andere Menschen vermögen es, anderen Motive für ihr Handeln zu unterlegen, ohne dass sie jemals mit den konkreten Menschen, die ziemlich konkret in ihrem Sinne handeln, in Kontakt getreten sind, wie z. B. Mahatma Gandhi oder auch Nelson Mandela, um nur einige sehr prägnante Persönlichkeiten zu benennen.

Hier wirkt eine Macht, die ohne Herrschaft und Gewalt im engeren Sinne auskommt und sich deshalb auf eine andere Quelle beziehen muss. Quelle dieser Macht ist die Beziehung, die die Kommunikantinnen untereinander aufgebaut haben. Erst wenn man diese Macht qua Beziehungsarbeit erhalten hat, die Reichertz (2009) pointiert als Kommunikationsmacht konzeptualisiert hat, besteht die Möglichkeit, dass sich Menschen den an sie herangetragenen Zumutungen beugen. Für den Mediationsprozess würde das bedeuten, dass es einer Mediatorin erst dann überhaupt gelingen kann, konfliktlösende Interessenskonkordanzen auszubilden, wenn es ihr gelingt, eine tragfähige und zuweilen auch belastbare Beziehung zu und unter den Konfliktparteien zu etablieren.

In der Suche nach Antworten darauf, wie man diese Kommunikationsmacht erhalten kann, transformiert die Kommunikationssituation, in der Mediation stattfindet, von einer reinen, durch Techniken abgestützten Konversation zur reflexiven Hintergehung der eigenen und fremden Perspektive zu einer Situation der Ko-Konstruktion von Machtverteilung und Identität.

8.7 Inwiefern kann die Kommunikationswissenschaft die Grundlegung der Mediationsforschung bereichern?

Die Mediationswissenschaft kann von der Kommunikationswissenschaft abschließend drei Dinge lernen:

- Erstens kann die Mediationsforschung von der Kommunikationswissenschaft lernen, dass Kommunikation – und damit auch die Mediation – immer in bestimmten Situationen stattfindet, in denen über Identitäts- und Machtarbeit eine soziale Ordnung etabliert wird, die als Boden dient, auf dem die Ausbildung von Konfliktlösungen gedeihen kann oder auch nicht. Diese soziale Ordnung im Mediationsprozess ist aus Sicht des kommunikativen Konstruktivismus kommunikativ konstruiert, also fundiert in Kooperations-, Koordinations- und Koorientierungsprozessen.
- Zweitens geht es bei der wissenschaftlichen Aufhellung des Mediationsprozesses weniger um die Frage nach der Macht der Worte oder nur um die Analyse bestimmter Verfahren und deren Applikation, sondern es geht auch darum, Antworten zu finden auf die Fragen, wie es der Mediatorin gelingen kann, unter den situativen Dynamiken unterstützende Kommunikationsmacht zur Ausbildung von Interessenskonkordanzen und bestenfalls auch zur Beilegung von Konflikten zu gewinnen. Die Wirksamkeit von Kommunikation im Mediationsprozess hängt also maßgeblich davon ab, welche sozialen Beziehungen die Kommunikanten mittels Kommunikation untereinander aufgebaut haben und unterhalten. Möchte man so betrachtet erfolgreiche Konfliktlösung betreiben, ist es für die Mediatorin zwingend notwendig, diese Kommunikationsmacht zu gewinnen. Diese Macht besitzt man dann, wenn die angesprochenen Parteien a) akzeptieren, was von ihnen erwartet wird und dieses b) in die Tat umsetzen. Besitzt die Mediatorin diese Kommunikationsmacht nicht, wird es ihr voraus-

sichtlich nicht gelingen, Interessenskonkordanzen und/oder Konfliktlösungen zu kreieren.

- Drittens: Um Einsichten in die kommunikativen Dynamiken zum Erwerb von Kommunikationsmacht zu gewinnen, muss der Mediationsprozess als eine situativ-prozessuale, kommunikative Konstruktion (Keller et al. 2013) gesehen werden. Dies wäre dann mit der Konsequenz verbunden, die eigentliche Kompetenz der Mediatorin nicht in der Akquise und Anwendung von Techniken zu sehen, sondern in der prozessualen und lösungsorientierten kommunikativen Gestaltung von Situationen, in denen die Konfliktparteien aufeinandertreffen und die den Rahmen bilden für eine mögliche Konfliktlösung. Ein gemeinsamer kultureller Horizont – wie bei den beiden exemplarisch eingeführten Kommunikationsmodellen – wäre dann nicht mehr Bedingung für Verständigung, sondern Ergebnis der Kommunikation.

Um Einblicke in diesen komplexen Konstruktionsprozess zu gewinnen (vgl. dazu auch Gergen 2015), lohnt es sich, von rein psychologischen oder sprachwissenschaftlichen Betrachtungen des Mediationsprozesses abzusehen und stattdessen deutlich nuancierter das Dazwischen, im Sinne von Martin Buber (1992), die Wechselwirkungen zwischen den Kommunikanten im Anschluss an Georg Simmel (1992) und die kommunikative Konstruktion des Mediationsprozesses im Sinne von Erving Goffman (z. B. 1994) und Anselm Strauss (1993), seine Gelingens- als auch seine Scheitertrajektorien, zu fokussieren. Insofern plädiere ich aus kommunikationswissenschaftlicher Perspektive dafür, den Mediationsprozess als eine prozessuale, kommunikative Konstruktion aller an der Mediation beteiligten Parteien aufzufassen, zu betrachten und unter dem Aspekt der Akquise von Kommunikationsmacht seitens der Mediatorin zu untersuchen.

Literatur

Buber, M. (1992). *Ich und Du.* Werke I. München: Kösel.

Duss-von Werdt, J. (2000). Mediation und Macht. *Zeitschrift für Konfliktmanagement (ZKM) 1*, 4-15.

Gergen, K.J. (2015). *An Invitation to Social Construction.* London u. a.: SAGE.

Goffman, E. (1994). *Interaktionsrituale: Über Verhalten in direkter Kommunikation.* Frankfurt a.M.: Suhrkamp.

Keller, R., Knoblauch, H. & Reichertz, J. (Hrsg.) (2012). *Kommunikativer Konstruktivismus: Theoretische und Empirische Arbeiten zu einem neuen Wissenssoziologischen Ansatz*. Wiesbaden: Springer VS.

Knoblauch, H. (1995). *Kommunikationskultur. Die kommunikative Konstruktion kultureller Kontexte*. Berlin/New York: Walter de Gruyter.

Kriegel-Schmidt, K. (2012). *Interkulturelle Mediation: Plädoyer für ein Perspektiven-reflexives Modell*. Münster: LIT.

Reichertz, J. (2009). *Kommunikationsmacht. Was ist Kommunikation und was vermag sie? Und weshalb vermag sie das?* Wiesbaden: Springer VS.

Röhner, J. & Schütz, A. (2012). *Psychologie der Kommunikation*. Wiesbaden: Springer VS.

Saussure, F. de (1967 – 1. Auflage 1916). *Grundfragen der allgemeinen Sprachwissenschaft*. Berlin: de Gruyter.

Shannon C.E. & Weaver, W. (1949). *The Mathematical Theory of Communication*. University of Illinois Press.

Simmel, G. (1992). *Soziologie. Untersuchungen über die Formen der Vergesellschaftung*, Band 11. Frankfurt a.M.: Suhrkamp.

Simon, F.B. (2006). *Einführung in die Systemtheorie und Konstruktivismus*. Heidelberg: Carl-Auer.

Sinner, A. von (2005). Was ist Mediation? Versuch einer Annäherung. In A. von Sinner & M. Zirkler (Hrsg.), *Hinter den Kulissen der Mediation. Kontexte, Perspektiven und Praxis der Konfliktbearbeitung* (S. 18-49). Bern: Haupt.

Sinner, A. von (2006). Über den antiken Ursprung der Bezeichnung Mediation. Perspektive Mediation. *Beiträge zur KonfliktKultur 4*, 197-202.

Strauss, A.L. (1993). *Continual Permutations of Action*. New York: Aldine de Gruyter.

Wimmer, Andreas (2005). *Kultur als Prozess. Zur Dynamik des Aushandelns von Bedeutungen*. Wiesbaden: Springer VS

Zirkler, M. (2005). In A. von Sinner & M. Zirkler (Hrsg.), *Hinter den Kulissen der Mediation. Kontexte, Perspektiven und Praxis der Konfliktbearbeitung* (S. 11-17). Bern: Haupt.

9 Der Beitrag der (angewandten) Gesprächslinguistik zur Erforschung von Mediation

Ina Pick

9.1 (Angewandte) Gesprächslinguistik – Bestimmung, Ziele und Arbeitsweisen

Dieser Beitrag stellt die angewandte Gesprächslinguistik vor und skizziert ihre Ziele und Arbeitsweisen, indem das Vorgehen an entsprechender Stelle beispielhaft an möglicher Forschung zur Mediation illustriert wird. Es wird ein Überblick über Ergebnisse zur Mediation aus gesprächslinguistischer Perspektive gegeben, die bisher überwiegend aus dem englischsprachigen Raum stammen. Dabei wird auch ein aktuelles gesprächslinguistisches Forschungsprojekt in deutsch-amerikanischer Kooperation vorgestellt. Weiter wird der Appell an die Praxis zu einer engeren Zusammenarbeit begründet. Der Beitrag richtet sich sowohl an Wissenschaftler anderer Disziplinen als auch an Mediatoren, die sich über die angewandte Gesprächsforschung informieren möchten.

9.1.1 Die Disziplin (angewandte) Gesprächslinguistik

Zunächst zur Bestimmung der Disziplin ‚Angewandte Gesprächslinguistik'. Die Gesprächslinguistik (auch: Gesprächsforschung) ist disziplinär in der Linguistik verortet, ihr zentraler Untersuchungsfokus sind sprachlich-kommunikative Interaktionen in den verschiedensten Situationen und gesellschaftlichen Handlungsfeldern. Ihre Wurzeln haben die verschiedenen Strömungen der deutschsprachigen Gesprächsforschung in der sich in den späten 1960er Jahren in den USA entwickelnden *Conversation Analysis* (CA), die ihrerseits aus der Garfinkel'schen soziologischen Ethnomethodologie hervorgeht (Hutchby und Wooffitt 2008; Kallmeyer 2005; Sacks 1966; Sacks et al. 1974). Hier wurde die damals revolutionäre Idee, gesprochene Sprache zum Forschungsgegenstand zu machen, postuliert und etabliert, was den

Beginn einer Herausbildung der Gesprächslinguistik markiert. Dennoch muss betont werden, dass sich die deutschsprachige Gesprächslinguistik seither fundamental weiterentwickelt hat. Einige Strömungen im deutschsprachigen Raum haben grundlegend neue theoretische Fundamente gelegt und sich dabei verschiedenster theoretischer Überlegungen bedient. Die m. E. heute in Deutschland relevanten und theoretisch-methodisch zu unterscheidenden Ausrichtungen sind die Gesprächsanalyse (Kallmeyer und Schütze 1976), die funktionale Pragmatik (Ehlich und Rehbein 1986) und die Gattungsanalyse (Günthner und Knoblauch 1997). Es kann nicht Ziel dieses Beitrages sein, die verschiedenen Strömungen zu bestimmen und zu verorten (vgl. dazu Hausendorf 2001; Pick im Druck), vielmehr verwende ich den Terminus ‚Gesprächslinguistik' in einem Strömungen-übergreifenden Sinne und beziehe mich in diesem Beitrag auf die übergeordneten Gemeinsamkeiten, die alle genannten Ausrichtungen teilen. Dies scheint vor allem auch vor dem Hintergrund legitim, dass sich inzwischen der Schulenstreit etwas gelegt zu haben scheint und in der aktuelleren Forschung stärker integrative Ansätze eine Rolle spielen. Ist also in der Folge von *Gesprächslinguistik* oder *Gesprächsforschung* die Rede, bezieht sich dies in einem inklusiven Verständnis auf alle genannten Strömungen. Die ‚Anwendung' kam erst im Laufe der 1980er Jahre in den Blick und wurde erst in den 1990er Jahren als Teil der Disziplin bestimmt (Brünner et al. 2002; Knapp et al. 2011).[1] Grundsätzlich geht es bei der Anwendung aus gesprächslinguistischer Perspektive darum, der Praxis, deren Gespräche Gegenstand von Forschungsprojekten sind oder waren, analytisch fundierte Rückmeldungen zu ihren jeweiligen Gesprächen zu geben. Diese können in Form von Ergebnisdarstellungen, Trainings, Gesprächscoachings etc. erfolgen, beinhalten aber immer eine vorgängige, detaillierte Untersuchung der jeweiligen kommunikativen Praxis (Meer und Spiegel 2009). Die angewandte Gesprächsforschung ist dabei nicht als von der Gesprächsforschung eigenständig zu unterscheidende Disziplin zu bestimmen, vielmehr richtet sich der Fokus hierbei darauf, meist im Anschluss an gesprächslinguistische Analysen die gewonnenen Ergebnisse in das jeweils untersuchte Praxisfeld zurückzutragen.

Der Gegenstand der angewandten Gesprächsforschung sind kommunikativ-interaktive Formen menschlicher Sprache, die auch unabhängig von einem Forschungsprojekt stattfinden würden, im Gegensatz z. B. zu anderen qualitativen Forschungsrichtungen, die auf Interviews oder experimentellen Settings beruhen und diese Interaktionen zum Zwecke der Forschung initiieren. Im Zentrum der

1 Bis dahin galt als ‚Angewandte Linguistik' hauptsächlich der Fremdsprachenunterricht bzw. das entsprechende Forschungsfeld. Dies ist in der englischsprachigen Gesprächsforschung unter ‚Applied Linguistics' bis heute noch immer vielfach der Fall, aber auch hier finden Öffnungen statt.

Gesprächsforschung stehen Gesprächssituationen (verstanden in einem weiteren Sinne als ein Spektrum von Alltagsgesprächen, institutionellen Gesprächen bis hin zu neuerdings technisch-medial vermittelter Kommunikation), die in verschiedenen Formen und zu verschiedenen Zwecken täglich stattfinden. Hier zeigen sich unmittelbar die ethnomethodologischen Wurzeln der Disziplin.

9.1.2 Die Arbeitsweise der (angewandten) Gesprächslinguistik

Untersucht werden die Gespräche als Audio- oder Videoaufnahmen, die nach Möglichkeit in Situationen erstellt werden, die unter möglichst geringem Einfluss des Forschungsprojektes stehen. Aufnahmen werden immer und ausschließlich unter vorheriger Aufklärung und expliziter, meist schriftlicher, Zustimmung aller Beteiligten gemacht und verwendet. Es wird mit den jeweils aufzunehmenden Personen genau besprochen, welches Aufnahmesetting das jeweils günstigste, das heißt, unbeeinflussendste sein kann. Dies kann von Feld zu Feld stark variieren, teils auch innerhalb eines Feldes von einzelnen Akteuren verschieden bewertet werden. Würde man also beispielsweise Mediationen untersuchen, würde man die Bedingungen mit den einzelnen Beteiligten so absprechen, dass sie den individuellen Arbeitsweisen entsprechen. So könnte man etwa einen Mediator mit einem Aufnahmegerät ausstatten und ihn bitten, es bei seiner nächsten Mediation mit der Zustimmung aller Beteiligten einzuschalten. Es wird nie mit nur einer einzigen Gesprächsaufnahme gearbeitet, sondern es wird ein sogenanntes Korpus erstellt, das eine Vielzahl von Gesprächen (je nach Untersuchungsinteresse) aus dem gleichen Feld, mit dem gleichen Thema etc. beinhaltet. Wann ein Korpus ausreichend groß ist, hängt mit der zu untersuchenden Fragestellung und dem Material selbst zusammen und kann auch erst im Laufe der Analysen abschließend bestimmt werden. Ein Korpus ist in der Regel dann ausreichend, wenn sich bezogen auf die jeweils fokussierte Fragestellung mit der Sichtung neuer Daten keine neuen Erkenntnisse hinzufügen lassen. Liegen die Gesprächsaufnahmen vor, werden sie nach – für gesprächslinguistische Zwecke entwickelten – Transkriptionssystemen (Rehbein et al. 2004; Selting et al. 2009) detailliert transkribiert. Diese Transkriptionssysteme beinhalten graphemische Zeichen für typische Merkmale gesprochen-sprachlicher Äußerungen (Fiehler 2009), seien es Reparaturen, Äußerungsabbrüche, tonale Verläufe von Hörerrückmeldungen, Dehnungen, überlappendes Sprechen mehrerer Sprecher oder Pausenmessungen, um nur einige verbal-sprachliche Beispiele zu nennen. Meist wird bereits im Schritt der ersten Rohtranskription die Anonymisierung der Daten durchgeführt, die für die weitere Verwendung ohnehin notwendig ist und so weit geht, dass keine Rückschlüsse auf Beteiligte mehr möglich sind. Für Transkripte bezieht sich die Anonymisierung auf Namen, Berufe, Alter, Orte etc., diese Informationen werden auch in den Aufnahmen durch „Auspiepsen" und eine Veränderung der Tonhöhen vorgenommen. Ergänzt werden kann (und wird häufig) die Untersuchung des Gesprächsmaterials – je nach Fokus der Analyse – mit Interviews mit den Beteiligten, Fragenbögen, teilnehmender Beobachtung und weiteren Erhebungen aus dem Spektrum der qualitativ empirischen Sozialforschung.

Die Analysen der Gesprächsdaten stützen sich sowohl auf die Aufnahmen als auf die Transkripte und folgen der sequenziellen Ordnung der Gespräche. Basismethodisch wird also so vorgegangen, dass das Gespräch sowie alle weiteren Gespräche eines Gesamtkorpus Äußerung für Äußerung rekonstruiert werden und so allmählich analytisch eine systematische Beschreibung möglich wird. Diese abstrahierenden und kategorisierenden Beschreibungen werden je nach Strömung in der Gesprächslinguistik mit verschiedenen außersprachlichen Faktoren weiter qualitativ in Verbindung gebracht, hier kommen institutionelle Zwecke, mentale Prozesse oder die Verortung innerhalb des kommunikativen Haushalts einer Gesellschaft zum Tragen. Zentral für das Verständnis des analytischen Vorgehens ist weiter, dass nicht im Vordergrund steht, was besprochen wird, sondern was *getan* wird (fokussiert wird das sprachliche Handeln) und *wie* und *mit welchen sprachlichen Mitteln* dies geschieht. Grundannahme ist, dass ein Gespräch immer ein Gemeinschaftswerk aller Beteiligter ist, es wird also nie nur ein Akteur separat untersucht. Am Beispiel der Mediationsforschung würde eine gesprächslinguistische Untersuchung also bei den Analysen der Äußerungen des Mediators immer das vorhergehende sprachliche Handeln der Medianten als Einflussgröße im Blick behalten – und umgekehrt. Da nicht das *Was*, sondern das *Wie* im Vordergrund steht, lassen sich aus gesprächslinguistischer Perspektive beispielsweise für einzelne kommunikative Praktiken Regelmäßigkeiten feststellen, auch wenn sie in sehr verschiedenen gesellschaftlichen Kontexten (wie juristischen, medizinischen, schulischen etc.) durchgeführt werden (so lässt sich z. B. für das Beraten in verschiedenen Handlungsfeldern ein gemeinsames Handlungsschema rekonstruieren, vgl. Kallmeyer 2000; Nothdurft et al. 1994). Je nach gesprächslinguistischem Forschungsstand kann der Untersuchungsgegenstand stärker eingegrenzt werden. In einem Feld wie der Mediation, in der bisher nur wenige gesprächslinguistische Studien vorliegen, könnte ein gesprächslinguistisches Forschungsvorhaben daher zunächst relativ breit ansetzen und agnostisch Mediationen aus verschiedenen Feldern (Familienmediation, Baurechtsmediation, Umweltmediation etc.) in ein Korpus zusammenstellen. Eine Forschungsfrage könnte dann beispielsweise sein, inwiefern sich die Mediationen anhand sprachlich-kommunikativer Kriterien unterscheiden und zu verschiedenen Typen bündeln lassen würden. Ebenso könnten auch bestimmte, thematisch fokussierte Typen von Mediation untersucht werden (z. B. Umweltmediationen) und hier gezielt darauf zugeschnittene Fragestellungen bearbeitet werden.

Gesprächslinguistische Untersuchungen können verschiedenste Fragestellungen fokussieren. Diese werden maßgeblich durch das Material selbst bestimmt, das auch den theoretisch-methodischen Zugriff innerhalb der Gesprächslinguistik sowie die thematische Ausrichtung der Analysen bestimmt. Insofern kann eine gesprächslinguistische Forschung (zumindest, wenn sie nicht ausschließlich die erhobenen Daten fokussiert, wie es in der CA häufig der Fall ist) als ein *abduktiver Forschungsprozess* beschrieben werden (ein auf Charles S. Peirce zurückgehender Begriff, vgl. Kelle und Kluge 2010; Reichertz 2009). Gesucht wird also nach Regelmäßigkeiten und deren Erklärungen sowie damit in Zusammenhang stehenden Abweichungen. Das grundlegende Ziel gesprächslinguistischer Untersuchungen könnte man mit Antaki et al. (2003) wie folgt formulieren: „the illumination of their [texts and transcripts, I.P.] meaning and significance". In der Mediation könnte es beispielsweise interessant sein, Veränderungsprozesse in der Sicht auf die Konflikte bei den Beteiligten zu dokumentieren und deren Zustandekommen systematisch zu dokumentieren. Es könnte auch dem in der Mediation zentralen Begriff der „Haltung" des Mediators analytisch auf die Spur gegangen werden, denn diese muss sich – auch wenn eine Haltung als etwas Mentales bestimmt werden muss – kommunikativ manifestieren, um wirksam zu werden. Hier spielt ‚das Wie', das der zentrale Fokus gesprächslinguistischer Studien ist, die entscheidende Rolle. Viele weitere Fragestellungen, auch auf der Grundlage verschiedenster Vergleiche, sind hier denkbar. Angereichert werden die Analysen des Gesprächsmaterials in vielen Fällen durch Daten- und Methodentriangulation. Das bedeutet, dass häufig teilnehmende Beobachtungen durchgeführt werden, Beteiligte interviewt werden oder das Feedback der Beteiligten zu ersten Analysen in die Gesamtanalyse einfließt (vgl. Pick 2015a).

Besonderen Mehrwert liefern die Analysen authentischer Gesprächsdaten deshalb, weil sie unmittelbar und systematisch den Blick auf die jeweilige kommunikative Praxis mit ihren typischen Formen und Problemen eröffnen. So kann das tatsächliche sprachliche Handeln direkt untersucht werden. Vielfach unterscheiden sich analytische Ergebnisse von Bestimmungen, die auf Erfahrung oder Praxiswissen beruhen, sowohl in den Beobachtungen des sprachlichen Handelns selbst als auch in der Interpretation des Zustandekommens bestimmter wiederkehrender kommunikativer Muster oder kommunikativer Probleme (vgl. Müller-Jacquier und Thije 2000). Wählt man basierend auf diesen gesprächslinguistischen Analysen einen angewandten Fokus, kann so gezielt eine bessere Transparenz und eine Veränderung der tatsächlich vorhandenen Praxis in Angriff genommen werden.

9.2 Gesprächslinguistische Ergebnisse zur Mediation und Skizze eines aktuellen gesprächslinguistischen Projekts in der Mediation

Zu vielen Handlungsfeldern und kommunikativen Praktiken liegen inzwischen umfassende gesprächslinguistische Studien vor (z. B. der medizinischen Kommunikation: Busch und Spranz-Fogasy 2015, der Wirtschaftskommunikation: Brünner 2000; Hundt und Biadala 2015 oder dem Beraten: Nothdurft et al. 1994; Pick in Vorb., um nur einige exemplarisch zu nennen), die Mediation hingegen ist gesprächslinguistisch noch nicht sehr gut erforscht.

Es gibt m. W. kaum deutschsprachige Studien, die sich auf Grundlage von authentischen Gesprächsdaten der Mediation nähern (vgl. neuerdings aber Nenoff (Kapitel 3 in diesem Band), der ein umfassendes Projekt mit deutschsprachigem Korpus durchführt). Selbst im Sammelband von Busch (2006), der sprachwissenschaftliche Ergebnisse im Titel ankündigt, finden sich zwar Ergebnisse zur Mediation auf Basis narrativer Interviews, die beiden Beiträge aber, die Aufzeichnungen von Gesprächen selbst auswerten, beziehen sich auf das Dolmetschen (als ‚mediation') (Baraldi 2006) und auf die Untersuchung eines Bewerbungsgesprächs (Emmerling 2006). Untersucht aber sind Mediationen im Täter-Opfer-Ausgleich (Tränkle 2007), die sich der „Restorative Justice" zuordnen lassen. Anhand deutscher und französischer Daten stellt Tränkle vor allem die Determiniertheit dieser Situationen durch ihre Unterordnung unter strafrechtliche Verfahren heraus.

Im englischsprachigen Raum ist die Mediation seit den 1990er Jahren bis heute immer wieder Gegenstand gesprächslinguistischer Forschung. Da ich diese Forschung als richtungsweisend auch für gesprächslinguistische Bemühungen in Deutschland ansehe, gebe ich in der Folge einen knappen, chronologischen Überblick über die Felder und Fragestellungen der englischsprachigen gesprächslinguistischen Mediationsforschung. Neuere Arbeiten in UK untersuchen die ersten telefonischen Kontakte zu Mediationsangeboten mit verschiedenen Fragestellungen: mit Fokus auf Schilderungen von Konflikten mit rassistischen Beleidigungen (Stokoe und Edwards 2007), auf die Darstellung von Lärm in Nachbarschaftsmediationen (Stokoe und Hepburn 2005) und auf Einwilligungsschwierigkeiten einiger Medianten zur Mediation (Sikveland und Stokoe 2016). Smithson et al. (2015) untersuchen Argumentationsstrukturen der Beteiligten in Familienmediationen. Mediation in China mit Fokus auf sprachliche Strategien zur Lösungsfindung untersuchen Deng & Xu (2014), Reparaturmechanismen in Interkulturellen Mediationen vergleicht Garcia (2013). Stilistische Unterschiede zwischen Mediatoren und Mediationsstilen werden in zwei Studien auf Basis von Simulationen herausgearbeitet (Kressel et al. 2012; Tracy und Spradlin 1994). Mit welchen kommunikativen Mitteln Neutralität vermittelt wird, untersuchen Heisterkamp (2000, 2006) und Jacobs (2002). Die erste Untersuchung authentischer US-amerikanischer gerichtlicher Mediation (Med-Arb) legt Garcia (1995) vor und untersucht hier die Selbstdarstellungen der Beteiligten. Die gemeinsame Herstellung von Lösungen, auch unter der Beteiligung des Mediators, zeichnet Garcia (2000) in gerichtlich angeordneten Mediationen in Mediationsservices außerhalb eines Gerichts nach, Scheidungsmediationen untersucht Garcia in (2012). In einer ihrer Studien bestimmt sie die Leistung linguistischer Analysen wie folgt: „I have shown how, in small claims mediation, bargaining and negotiation is done in the talk itself." (Garcia 2000, S. 338). Genau darin besteht eine der wichtigsten Leistungen der Gesprächsforschung.

Da das sprachliche Handeln in der Mediation bislang wenig erforscht ist, dieses aber der für die Mediation grundlegende Wirkfaktor ist, scheinen Analysen lohnenswert. Eine explorative Untersuchung von Mediation dies- und jenseits des Atlantiks hat sich ein Forschungsprojekt zum Ziel gemacht, das – gefördert vom DAAD – in deutsch-amerikanischer Kooperation Mediationsprozesse unter die linguistische Lupe legt (Pick 2015b). Hier wurde zunächst eine Vielzahl relativ diverser Daten in den Feldern gesammelt, um ein möglichst breites Spektrum dessen abzubilden, was unter Mediation verstanden und durchgeführt wird: Es wurden Aufzeichnungen von Mediationen und, wo eine Aufzeichnung nicht möglich war, detaillierte Wortprotokolle aus Mediationsbeobachtungen angefertigt. Die Daten umfassen außergerichtliche Mediationsgespräche in Deutschland und den USA, simulierte Mediationsgespräche aus Trainingssituationen sowie gerichtliche und außergerichtliche Mediationen in den USA. Die Daten der amerikanischen Gerichtsmediation sind vor allem vor dem Hintergrund der aktuell in Deutschland eingeführten gerichtlichen Mediation interessant, die in den USA eine sehr viel längere Tradition hat (vgl. Barrett und Barrett 2004). Die genannten Daten für dieses Forschungsprojekt sind aktuell erhoben und für die Analysen aufbereitet, erste Projektpublikationen sind im Entstehen. Das relativ breite Material macht eine erste qualitative Exploration vielfältiger Fragestellungen möglich. So wird es zum einen möglich, nicht nur international verschiedene (USA – Deutschland), sondern auch verschieden institutionalisierte Formen (gerichtlich – außergerichtlich) von Mediation nebeneinander zu untersuchen und explorativ herauszuarbeiten, wo größere Projekte ansetzen müssten, die systematisch Vergleiche auf den genannten Ebenen anstreben. Als besonders relevant und interessant stellt sich zum jetzigen Zeitpunkt der Untersuchung die Frage heraus, ob und inwiefern man davon ausgehen kann, dass es sich bei „Mediation" um einen relativ einheitlichen Typ von Gesprächen handelt, oder inwiefern hier eine Differenzierung entlang der kommunikativen Prozesse herausgearbeitet werden kann. Diese Differenzierung scheint sich sowohl interinstitutionell, also z. B. zwischen gerichtlicher und außergerichtlicher Mediation, als auch international, also zwischen deutschen und amerikanischen Mediationen, analytisch herauszukristallisieren. Es scheint also momentan bereits auf Grundlage der ersten Analysen mehr als lohnenswert, hier Forschungen auch auf weit umfangreicherer Datengrundlage anzuschließen. Beschreibungen dieser verschiedenen Formen der Mediation hätten nicht nur wissenschaftlich wichtige Erkenntnisse zu liefern, zum Beispiel bei der Erforschung eines relativ unerforschten Gesprächstyp oder der Erforschung kommunikativer Konfliktbearbeitung, sondern sie würden auch für die Praxis einen Mehrwert bieten. So könnten aus vielen Jahrzehnten der amerikanischen Mediationspraxis (gerichtlich wie außergerichtlich) kommunikative Spezifika dieser Gesprächstypen systematisch beschrieben und für die deutsche, noch in der Entstehung und Entwicklung befindliche Mediationswissenschaft wie -praxis in ihren verschiedenen Feldern adaptiert und nutzbar gemacht werden. Ebenfalls könnten systematische Beschreibungen von Gemeinsamkeiten und Unterschieden der unter dem Oberbegriff ‚Mediation' beschriebenen Gesprächstypen die Verständigung der verschiedenen an der Erforschung beteiligten Disziplinen und Nationen über den Gegenstand erleichtern. Hier ist noch viel zu tun, für einen Überblick sowie laufende Arbeiten und Ergebnisse des beschriebenen Projekts vgl. Pick (2016).

9.3 Fazit und Ausblick – das Feld der Mediationsforschung aus Sicht der angewandten Gesprächsforschung

Die gesprächslinguistische Forschung zur Mediation steckt, wie die Praxis der Mediation, in Deutschland noch weitgehend in den Kinderschuhen. Dies ist ein großer Gewinn für Bemühungen aus Sicht der angewandten Gesprächslinguistik. Denn so können parallel und gemeinsam mit der Professionalisierung des Feldes Untersuchungen durchgeführt werden, die unmittelbar in das Feld einfließen können. Dazu ist die Zusammenarbeit mit der Praxis – und zwar eine Zusammenarbeit auf Augenhöhe – eine unmittelbare Voraussetzung. Es müssen Ergebnisse in ihrer Entstehung mit der Praxis diskutiert werden und Ausschnitte authentischer Gespräche und deren Analysen in die Aus- und Weiterbildung der Mediatoren einfließen. Nur so kann eine wirkliche Verzahnung zwischen Wissenschaft und Praxis erreicht werden. Das Feld der Mediation scheint dazu geradezu prädestiniert, und dies ist der zweite große Gewinn, denn es findet sich hier eine sehr große Bewusstheit bei allen Beteiligten darüber, dass Mediation in erster Linie eine kommunikative Tätigkeit ist und dass genau hier angesetzt werden sollte, wenn es um die Ausbildung und die Verbesserung der Praxis geht. Es bestehen also sehr gute Voraussetzungen für Bemühungen einer angewandten Wissenschaft und damit auch für Praxisentwicklungen auf wissenschaftlicher Grundlage. Die Erfahrung zeigt, dass dazu viel Toleranz und Geduld nötig ist. Die Mediation ist ein vielversprechendes und lohnenswertes Feld, um diese Herausforderung anzugehen.

Literatur

Antaki, C., Billig, M., Edwards, D. & Potter, J. (2003). Discourse Analysis Means Doing Analysis: A Critique Of Six Analytic Shortcomings. *Discourse Analysis Online 1* (1), 23 S. http://www.shu.ac.uk/daol/previous/v1/n1/index.htm.

Baraldi, C. (2006). Diversity and Adaption in Intercultural Mediation. In D. Busch (Hrsg.), *Interkulturelle Mediation in der Grenzregion. Sprach- und kulturwissenschaftliche Analysen triadischer Interaktionsformen im interkulturellen Kontakt* (S. 225-250). Frankfurt a. M.: Lang.

Barrett, J. T. & Barrett, J. P. (2004). *A History of Alternative Dispute Resolution. The Story of a Political, Cultural, and Social Movement.* San Francisco: Jossey-Bass.

Brünner, G. (2000). *Wirtschaftskommunikation. Linguistische Analyse ihrer mündlichen Formen.* Tübingen: Niemeyer.

Brünner, G., Fiehler, R. & Kindt, W. (Hrsg.). (2002). *Angewandte Diskursforschung* (2 Bände). Radolfzell: Verlag für Gesprächsforschung.

Busch, A. & Spranz-Fogasy, T. (Hrsg.). (2015). *Handbuch Sprache in der Medizin.* Berlin: de Gruyter.

Busch, D. (Hrsg.) (2006). *Interkulturelle Mediation in der Grenzregion. Sprach- und kulturwissenschaftliche Analysen triadischer Interaktionsformen im interkulturellen Kontakt.* Frankfurt a. M.: Lang.

Deng, Y. & Xu, K. (2014). Strategy to Motivate and Facilitate Compromise in Chinese Mediation. *International Journal of Conflict Management 25* (1), 4-20.

Ehlich, K. & Rehbein, J. (1986). *Muster und Institution. Untersuchungen zur schulischen Kommunikation.* Tübingen: Narr.

Emmerling, T. (2006). Mediation im intrapersonellen Rollenkonflikt bei der Überbrückung mangelnder Sprachkompetenz. Ein exemplarisches Bewerbungsgespräch zwischen Brasilianer und Spanier. In D. Busch (Hrsg.), *Interkulturelle Mediation in der Grenzregion. Sprach- und kulturwissenschaftliche Analysen triadischer Interaktionsformen im interkulturellen Kontakt* (S. 359-381). Frankfurt a. M.: Lang.

Fiehler, R. (2009). Gesprochene Sprache. In Dudenredaktion (Hrsg.), *Duden. Die Grammatik* (8. Aufl., S. 1165-1244). Mannheim: Bibliographisches Institut AG.

Garcia, A. (1995). The Problematics of Representation in Community Mediation Hearings: Implications for Mediation Practice. *Journal of Sociology and Social Welfare 22*, 23-46.

Garcia, A. (2000). Negotiating Negotiation: The Collaborative Production of Resolution in Small Claims Mediation Hearings. *Discourse & Society 11* (3), 315-343.

Garcia, A. (2012). Advice-Giving and Disputant Empowerment in Divorce Mediation Sessions. *Language and Dialogue 2* (3), 398-426.

Garcia, A. (2013). Mediation Talk in Cross Cultural Perspective: The Contribution of Conversation Analysis. *China Media Research 9* (4), 85-101.
Günthner, S. & Knoblauch, H. A. (1997). Gattungsanalyse. In R. Hitzler & A. Honer (Hrsg.), *Sozialwissenschaftliche Hermeneutik. Eine Einführung* (S. 281-307). Opladen: Leske+Budrich.
Hausendorf, H. (2001). Gesprächsanalyse im deutschsprachigen Raum. In K. Brinker, G. Antos, W. Heinemann & S. F. Sager (Hrsg.), *Text- und Gesprächslinguistik. Ein internationales Handbuch zeitgenössischer Forschung.* (Handbücher zur Sprach- und Kommunikationswissenschaft, 16/2, S. 971-979). Berlin: de Gruyter.
Heisterkamp, B. (2000). *Neutrality as an Interactive Phenomenon in Community Mediation.* Arizona State University: Dissertation.
Heisterkamp, B. (2006). Conversational Displays of Mediator Neutrality in a Court-Based Program. *Journal of Pragmatics 38*, 2051-2064.
Hundt, M. & Biadala, D. (Hrsg.) (2015). *Handbuch Sprache in der Wirtschaft.* Berlin: de Gruyter.
Hutchby, I. & Wooffitt, R. (2008). *Conversation Analysis* (2. Aufl.). Cambridge: Polity.
Jacobs, S. (2002). Maintaining Neutrality in Dispute Mediation: Managing Disagreement while Managing not to Disagree. *Journal of Pragmatics 34*, 1403-1426.
Kallmeyer, W. (2000). Beraten und Betreuen. Zur gesprächsanalytischen Untersuchung von helfenden Interaktionen. *Zeitschrift für qualitative Sozialforschung 2*, 227-252.
Kallmeyer, W. (2005). Konversationsanalytische Beschreibung/Conversational Analysis. In U. Ammon, N. Dittmar, K. J. Mattheier & P. Trudgill (Hrsg.), *Sociolinguistics / Soziolinguistik.* (HSK, 3/2, 2. Aufl., S. 1212-1225). Berlin, New York: de Gruyter.
Kallmeyer, W. & Schütze, F. (1976). Konversationsanalyse. *Studium Linguistik 1*, 1-28.
Kelle, U. & Kluge, S. (2010). *Vom Einzelfall zum Typus. Fallvergleich und Fallkontrastierung in der qualitativen Sozialforschung* (2. Aufl.). Wiesbaden: VS Verl. für Sozialwiss. (Originalarbeit erschienen 1999).
Knapp, K., Antos, G., Becker-Mrotzek, M., Deppermann, A., Göpferich, S., Grabowski, J. et al. (Hrsg.) (2011). *Angewandte Linguistik. Ein Lehrbuch* (3. Aufl.). Tübingen: Narr.
Kressel, K., Henderson, T., Reich, W. & Cohen, C. (2012). Multidimensional Analysis of Conflict Mediator Style. *Conflict Resolution Quarterly 20* (3), 135-171.
Meer, D. & Spiegel, C. (Hrsg.) (2009). *Kommunikationstrainings im Beruf. Erfahrungen mit gesprächsanalytisch fundierten Fortbildungskonzepten.* Mannheim: Verlag für Gesprächsforschung.
Müller-Jacquier, B. & Thije, J. ten. (2000). Interkulturelle Kommunikation: interkulturelles Training und Mediation. In M. Becker-Mrotzek, G. Brünner & H. Cölfen (Hrsg.), *Linguistische Berufe. Ein Ratgeber zu aktuellen linguistischen Berufsfeldern* (S. 39-59). Frankfurt a. M.: Lang.
Nothdurft, W., Reitemeier, U. & Schröder, P. (Hrsg.). (1994). *Beratungsgespräche. Analyse asymmetrischer Dialoge* (Forschungsberichte des Instituts für Deutsche Sprache, Bd. 61). Tübingen: Narr.
Pick, I. (2015a). *Das anwaltliche Mandantengespräch. Linguistische Ergebnisse zum sprachlichen Handeln von Anwalt und Mandant* (Arbeiten zur Sprachanalyse, Bd. 59). Frankfurt a. M.: Peter Lang.
Pick, I. (2015b). *Mediation and Dispute Resolution in the US and Germany – A Linguistic Approximation.* DAAD Forschungsprojekt.
Pick, I. (2016). *Das sprachliche Handeln in der Mediation.* http://www.inapick.de/forschung/das-sprachliche-handeln-in-der-mediation/.

Pick, I. (2017). Gesprächslinguistik. In E. Felder & F. Vogel (Hrsg.), *Handbuch Sprache und Recht* (S. 251-270). Berlin: de Gruyter.

Pick, I. (Hrsg.). (In Vorb.). *Beraten in Interaktion.* Frankfurt a. M.: Lang.

Rehbein, J., Schmidt, T., Meyer, B., Watzke, F. & Kerkenrath, A. (2004). *Handbuch für das computergestützte Transkribieren nach HIAT* (Bd. 56). Hamburg: Arbeiten zur Mehrsprachigkeit.

Reichertz, J. (2009). Abduktion, Deduktion und Induktion in der qualitativen Forschung. In U. Flick, E. von Kardorff & I. Steinke (Hrsg.), *Qualitative Forschung. Ein Handbuch* (7. Aufl., S. 276-286). Reinbek: Rowohlt.

Sacks, H. (1966). *The Search for Help: No One to Turn to.* University of California: PhD.

Sacks, H., Schegloff, E. & Jefferson, G. (1974). A simplest systematics for the organisation of turn-taking for conversation. *Language 50,* 696-735.

Selting, M., Auer, P., Barth-Weingarten, D., Bergmann, J., Bergmann, P., Birkner, K., Couper-Kuhlen, E., Deppermann, A., Gilles, P., Günthner, S., Hartung, M., Kern, F., Mertzlufft, C., Meyer, C., Morek, M., Oberzaucher, F., Peters, J., Quasthoff, U., Schütte, W., Stukenbrock, A. & Uhmann, S. (2009). Gesprächsanalytisches Transkriptionssystem 2 (GAT 2). *Gesprächsforschung Online-Zeitschrift zur verbalen Interaktion 10,* 353-402.

Sikveland, R. & Stokoe, E. (2016). Dealing with Resistance in Initial Intake and Inquiry Calls to Mediation: The Power of "Willing". *Conflict Resolution Quarterly 33* (3), 235-254.

Smithson, J., Barlow, A., Hunter, R. & Ewing, J. (2015). The ‚child's best interest' as an argumentative resource in family mediation sessions. *Discourse Studies 17* (5), 609-623.

Stokoe, E. & Edwards, D. (2007). 'Black this, black that': racial insults and reported speech in neighbour complaints and police interrogations. *Discourse & Society 18* (3), 337-372.

Stokoe, E. & Hepburn, A. (2005). 'You can hear a lot through the walls': Noise formulations in neighbour complaints. *Discourse & Society 16* (5), 647-673.

Tracy, K. & Spradlin, A. (1994). Talking like a mediator: conversational moves of experienced divorce mediators. In J. Folger & T. Jones (Hrsg.), *New Directions in Mediation: Communication Research and Perspectives.* (S. 110-132). Thousand Oaks, CA: Sage.

Tränkle, S. (2007). *Im Schatten des Strafrechts. Eine Untersuchung der Mediation in Strafsachen am Beispiel des deutschen Täter-Opfer-Ausgleichs und der französischen „médiation pénale" auf der Grundlage von Interaktions- und Kontextanalysen.* Berlin: Duncker&Humblot.

Ideen über Ideen
Mediation unter Berücksichtigung der angewandten Kreativitätsforschung

Kristina Reitz

10

10.1 Einführung

In der einschlägigen Mediationsliteratur finden sich zahlreiche Beiträge, die sich mit Inhalten, Zielen und Methoden zur *kreativen Ideenentwicklung* befassen. Was allerdings häufig fehlt, ist eine Auseinandersetzung mit der Frage, inwieweit sich das Vorgehen in der Mediation mit Grundannahmen der Forschung zur angewandten Kreativität deckt und ob sich deren Erkenntnisse auf das Mediationsverfahren übertragen lassen.

Unter „angewandter Kreativität" wird eine spezielle, eigenständige Erscheinungsform von Kreativität bezeichnet, die sich der bewussten und absichtlichen Lösung von Problemen, dem Schaffen von Innovationen und der Gestaltung von Veränderungen widmet (vgl. Luther 2013, S. 32).[1] Die Forschung dazu befasst sich damit, wie günstige Voraussetzungen für schöpferische Entfaltung und Ideenkompetenz geschaffen werden können (vgl. ebd., S. 34). Auf die Möglichkeit der Ausschöpfung des kreativen Potenzials haben danach mehrere Faktoren Einfluss: der Ablauf des kreativen Prozesses, die persönlichen Eigenschaften der „kreativen" Person sowie die Rahmenbedingungen, die nötig sind, damit Kreativität entstehen kann.[2] Im Folgenden werden die einzelnen Komponenten erörtert und es wird untersucht, ob eine Übertragung auf das Mediationsverfahren möglich ist.

Der sprachliche Ursprung von Kreativität liegt im lateinischen Wort ‚*creare*', was ‚erschaffen, hervorbringen, gebären' bedeutet. In den 1950er-Jahren befasste sich

1 Vgl. zur Geschichte der angewandten Kreativität Luther (2013, S. 38 ff.).

2 Vgl. Funke (2000), S. 291 f., der zudem noch das ‚kreative Produkt' nennt; Luther (2013, S. 34).

die Psychologie als erste Wissenschaft mit ‚Kreativität'.[3] Inzwischen liefern unter anderem Neurologie/Neurowissenschaften, Soziologie und soziale Neurowissenschaften, Pädagogik und Philosophie wichtige Beiträge zur Kreativitätsforschung (vgl. ebd., S. 25). Aufgrund der unterschiedlichen wissenschaftlichen Zugänge gibt es keine einheitliche Definition des Begriffes ‚Kreativität' (vgl. Holm-Hadulla 2010, S. 10).[4] Allen Definitionsansätzen ist jedoch gemeinsam, dass am Ende eines kreativen Prozesses immer etwas überraschend Neues in der Welt des kreativen Menschen oder gar in der Welt der Menschheit insgesamt entsteht (vgl. dazu ebd., S. 11).

Zu klären ist vorweg, ob die Bewältigung eines Konfliktes mithilfe des Mediationsverfahrens überhaupt als ‚kreativ' bezeichnet werden kann. Dies ist zu bejahen: Die persönliche kreative Leistung von Medianden liegt darin, dass sie im Laufe der einzelnen Phasen des Mediationsverfahrens und mithilfe des Mediators neue Zugänge zum Konfliktgeschehen zu sich selbst und den Beteiligten ‚entdecken', – sich und die anderen also quasi ‚neu erfinden'. Erst diese Neu-Konstruktion der (Konflikt-)Wirklichkeiten und der damit einhergehende neue Blick auf den anderen, sich selbst und das Geschehen ermöglicht es, Ideen für ‚neue' Handlungsoptionen zu kreieren, entsprechende Vereinbarungen zu treffen und umzusetzen. Kreativität durchdringt das Mediationsverfahren insofern insgesamt und spezifisch in der Phase der Ideenentwicklung. Es kann also von dem *Mediationsverfahren als kreativem Prozess im weiteren Sinne* und der *Phase der Ideenentwicklung als kreativem Prozess der Mediation im engeren Sinne* gesprochen werden. Diese Unterscheidung wird bislang noch nicht vorgenommen. Mit ihr soll deutlich werden, dass Beteiligte eben nicht unvorbereitet ‚aus heiterem Himmel' kreativ Ideen sammeln, sondern die Basis dafür in den vorherigen Stufen des Mediationsverfahrens gelegt wird.

Die Kreativitätsforschung spricht von ‚Ausprägungshöhen' der kreativen menschlichen Begabung. Als ‚historische Kreativität' wird die Form von Kreativität bezeichnet, die zu historischen Ausnahmeerscheinungen und -ergebnissen führt. ‚Persönliche Kreativität' meint hingegen die Form von Kreativität, die für eine einzelne Person ‚neu' ist und sich in ihrem alltäglichen Leben zeigt (vgl. Luther 2013, S. 27). Medianden, die auf für sie neue – zunächst nicht vorstellbare – Lösungen kommen, zeigen insofern ‚persönliche Kreativität'. Wenn im Folgenden von ‚Kreativität' gesprochen wird, ist daher ausschließlich ‚persönliche Kreativität' gemeint.

3 Die psychologische Kreativitätsforschung geht über die Forschung zur angewandten Kreativität hinaus. Vgl. dazu Funke (2000, S. 283).

4 Vgl. zu einzelnen Definition z. B. Luther (2013, S. 25 ff.; Schlicksupp 1989, S. 34).

10.2 Ablauf des kreativen Prozesses

Das erste Modell zum stufenartigen Ablauf eines schöpferischen Prozesses hat der Soziologe Graham Wallas in den 1930er-Jahren entwickelt – dieses dient auch heute noch als Grundlage (vgl. dazu Luther 2013, S. 99; Funke 2000, S. 288 f.). Ausgangspunkt des kreativen Prozesses stellt dabei ein zu lösendes Problem oder eine Frage dar, die beantwortet werden soll.

In der ersten Phase, der sogenannten ‚Vorbereitungsphase' (vgl. Funke 2000, S. 288) wird das Problem zunächst erfasst und analysiert. Fakten, Daten, Hintergründe, Motive und anderes mehr werden gesammelt und es findet – insbesondere bei ‚größeren' Problemen – eine Zerlegung in Teilfragen statt. Diese Phase wird mit der Formulierung eines (vorläufigen) Ziels abgeschlossen.

In dieser ersten Phase können sich insbesondere systematisch-analytische Kreativitätsmethoden als hilfreich erweisen, um das Problem zu erfassen. Unter Kreativitätsmethoden werden systematische Vorgehensweisen zur Förderung der Kreativität verstanden (vgl. Winkelhofer 2006, S. 28). Sie haben allgemein zum Ziel, neue Ideen und Lösungen zu entwickeln (vgl. Schlicksupp 1989, S. 60 f.) – also den eigenen blinden Fleck zu überwinden (vgl. Kapitel 2 in diesem Werk) und damit dem schöpferischen Prozess auf die Sprünge zu helfen. Systematisch-analytische Methoden bieten sich an, um – wie der Name es sagt – Probleme auf unterschiedliche Weise systematisch zu untersuchen. Das Problem wird nach einem im Vorhinein festgelegten Verfahren durchleuchtet.

Im Mediationsverfahren erfolgt die Analyse des Konfliktgeschehens in mehreren Schritten. Zunächst werden die äußeren Bedingungen des Konfliktgeschehens unter der Überschrift ‚Schilderung der Sichtweisen' oder ‚Bestandsaufnahme' besprochen. Nachfolgend wird eine Themenliste angelegt, die (auch) dazu dient, das Konfliktgeschehen in einzelne Teilfragen zu zerlegen. Eine vertiefte Analyse der ‚Konfliktstruktur' findet in der Phase der Interessenklärung statt. Um das Konfliktgeschehen zu analysieren, können systematisch-analytische Kreativitätsmethoden eingesetzt werden.

Nächster Schritt des kreativen Prozesses ist aus Sicht der Kreativitätsforschung die sogenannte ‚Inkubationsphase' (Funke 2000, S. 288). Inkubation hat seinen sprachlichen Ursprung im lateinischen Wort *incubare*, was ‚auf etwas liegen' oder ‚brüten' bedeutet. Diese Phase zeichnet sich nach außen hin durch Nichtbeschäftigung mit dem Problem aus. Das Gehirn ‚verdaut' und es setzt eine intuitive Informationsverarbeitung im Sinne einer „schöpferischen Pause" ein (Luther 2013, S. 164). Neue Verknüpfungen können sich aus vorhandenen Erfahrungen, Informationen, Eindrücken – manchmal im Schlaf oder beim Spazierengehen – bilden. In dieser Phase wird die Aufmerksamkeit eher nach innen gelenkt (vgl. auch Lehrer 2014, S. 44

f.). Unterschiedliche Wissensbereiche, Erfahrungen, Konzepte und anderes mehr werden ‚unbewusst' und ohne ‚rationale' Einschränkungen vermischt, verschoben und verwoben (vgl. auch Lehrer 2014, S. 51). Auch die neurowissenschaftliche Forschung konnte bestätigen, dass Assoziationen dann am besten „entstehen", wenn der Mensch in Ruhe und „ungerichtet" denken darf (Holm-Hadulla 2010, S. 58).

Hier zeigen sich die größten Unterschiede zum Mediationsverfahren. Das Mediationsverfahren in seiner herkömmlichen Ausgestaltung bietet kaum Möglichkeiten der Nichtbeschäftigung mit dem Konflikt. Konfliktbeteiligte und Mediatoren neigen eher dazu, den ‚flow' (Schaffensrausch), der sich einstellt, wenn Beteiligte die Phase der Interessensklärung als hilfreich und gewinnbringend erleben, sofort zu nutzen, um nun – ohne Unterbrechung – Lösungsideen zu entwickeln. Eine ‚schöpferische Pause' kann sich – dann meist eher zufällig – ergeben, wenn die Phase der Interessensklärung zeitlich von der Phase der Ideenentwicklung getrennt wird.

Zurück zu den Phasen des kreativen Prozesses: Nach der scheinbaren Ruhe durchdringt nun – wie aus dem Nichts – eine „rekombinierte Assoziation" die Schwelle zum Bewusstsein (Funke 2000, S. 288). Trivial wird diese Phase auch als „Geistesblitz" beschrieben, die Kreativitätsforschung spricht von der „Illuminations- oder Erleuchtungsphase" (vgl. dazu Funke 2000, S. 288; Holm-Hadulla 2010, S. 55.). In diesem Stadium zeigen sich erste Vorstellungen einer Lösung – allerdings selten als plötzliche Eingebung, sondern meist schrittweise in Form einer „komplexen Wahrnehmungsgestalt" (Holm-Hadulla 2010, S. 55).

Der Erleuchtung kann insbesondere mithilfe von sogenannten intuitiven Kreativitätsmethoden auf die Sprünge geholfen werden.[5] Sie werden auch als Kreativitätstechniken im engeren Sinne bezeichnet (Schlicksupp 1989, S. 60 f.). Die Beteiligten sollen mithilfe dieser Techniken zum Querdenken angeregt werden, neue Ideen können sich z. B. über Assoziationsketten bilden.[6] Die bekannteste intuitive Kreativitätstechnik ist wohl das – inzwischen in seiner positiven Wirkung auf kreative Prozesse durchaus umstrittene – Brainstorming.[7]

In der Mediation wird meist nur die Phase der Ideenentwicklung mit ‚kreativer' Arbeit verbunden – wohl weil sie das ‚kreative Herzstück' darstellt. Insbesondere Fragestellungen, die Inhaltsaspekte des Konfliktes betreffen, lassen sich in dieser Phase mit intuitiven Kreativitätstechniken bearbeiten. Voraussetzung für neue Ideen, die die Inhaltsaspekte des Konfliktes lösen könnten, ist jedoch meist, dass eine ‚Einsicht' der Beteiligten im Bereich der Beziehungsaspekte des Konfliktge-

5 Vgl. dazu Schlicksupp (1989, S. 60); zu einzelnen intuitiven Techniken in der Mediation siehe auch Rauschenbach (2015, S. 22 ff.).

6 Vgl. dazu im Einzelnen Winkelhofer (2006, S. 72 ff.).

7 Vgl. zur Kritik am Brainstoming Lehrer (2014, S. 167 ff.); Montada und Kals (2013, S. 206).

schehens stattgefunden hat. Fragt man sich, wie eine solche Eingebung im Hinblick auf den Beziehungsaspekt des Konfliktes aussehen könnte, so ist dieser wohl in erster Linie geprägt von der mehr oder weniger ‚plötzlichen' Erkenntnis in Bezug auf den eigenen Anteil am Konfliktgeschehen und von Empathie in Bezug auf das Verhalten des anderen.[8] Diese Einsicht findet meist – eher leise und im Verborgenen – während und nach der Arbeit an den Interessen statt.

In der vierten Phase des kreativen Prozesses, der sogenannten Optimierungsphase (Luther 2013, S. 201)[9], werden die neuen Ideen ausgearbeitet, analysiert und daraufhin überprüft, ob sie brauchbar sind (vgl. dazu Holm-Hadulla (2010, S. 56); Luther (2013, S. 103); Winkelhofer (2006, S. 27 f.). In dieser Phase stehen vornehmlich systematisch-analytische Kreativitätstechniken zur Verfügung, die das Auswählen der Ideen, das Optimieren und Konzeptionieren zum Ziel haben.[10] Auch in der Mediation folgt der Ideenentwicklung die Bewertung, Prüfung und Auswahl der Ideen. Anders als im kreativen Prozess zeichnet sich dieser Schritt in der Mediation auch durch Verhandlungen zwischen den Beteiligten aus (Kessen und Troja (2016, Rz. 67 ff.) und wird häufig durch eine schriftliche Vereinbarung beendet. Der Einsatz von kreativen Methoden ist auch in dieser Phase möglich.

Die fünfte und letzte Phase des kreativen Prozesses wird als Implementierungsphase[11] bezeichnet. Ergebnisse liegen vor, die Lösung wird in die Tat umgesetzt und kritisch begleitet. Ebenso wird das Mediationsverfahren im Idealfall mit einer „Kontrolle der Lösungsimplementation" (Montada und Kals 2013, S. 308) abgeschlossen. Auch in dieser letzten Phase können Kreativitätstechniken eingesetzt werden.[12]

---

8 Siehe dazu auch Berkel, der in diesem Zusammenhang von Mut, Demut und Großmut spricht (2010, S. 87).

9 Holm-Hadulla spricht von Realisierungsphase (2010, S. 57). Funke verwendet den Begriff „Bewertung" (2000, S. 289).

10 Vgl. dazu entsprechenden Techniken im Einzelnen Luther (2013, S. 284 ff.); Winkelhofer mit einem Überblick (2006, S. 82, 124, 160).

11 Luther (2013, S. 103) mit dem Hinweis, dass diese Phase dem ursprünglichen Modell von Walla hinzugefügt wurde. Holm-Hadulla nennt diese Phase „Verifikation" (2010, S. 57). Funke spricht von „Ausarbeitung" (2000, S. 289).

12 Vgl. zu Techniken speziell für diese Phase Luther (2013, S. 317 ff.).

10.3 Die kreative Person

Kreativität setzt aus Sicht der Angewandten Kreativität des Weiteren voraus, dass der Mensch über eine sogenannte ‚kreative Persönlichkeit' verfügt.[13] Neben Intelligenz werden als emotionale Faktoren Neugier, Interesse und Ehrgeiz angeführt, die einen Menschen zu einer ‚kreativen Person' werden lassen können. Die Persönlichkeitsforschung zählt überdies Unabhängigkeit, Nonkonformismus, weit gespannte Interessen, Offenheit für neue Erfahrungen sowie Risikobereitschaft zu den Eigenschaften, über die eine kreative Person verfügt (Vgl. dazu im Einzelnen Holm-Hadulla 2010, S. 35 f.; Funke 2000, S. 291; Luther 2013, S. 61). Zudem spielt es eine große Rolle, ob eine intrinsische Motivation zur Lösung des Problems oder der Fragestellung vorhanden ist (Funke 2000, S. 295 f.; Montada und Kals 2013, S. 203; Rauschenbach 2015, S. 12).

Bezogen auf das Mediationsverfahren ist nochmals zu betonen, dass im Rahmen der gewählten Fragestellung ausdrücklich nur auf die oben genannte ‚persönliche Kreativität' Bezug genommen wird. Unter diesem Gesichtspunkt zeigen viele Medianden, die sich zum ersten Mal auf eine Mediation einlassen, durchaus Offenheit für neue Erfahrungen, Risikobereitschaft und Nonkonformismus, weil sie das ihnen unbekannte Verfahren wählen. Aufgabe des Mediators ist es, sie dabei zu unterstützen, ihre persönliche Kreativität in das Mediationsverfahren einzubringen. Mediatoren sollen Medianden bei der Entwicklung intrinsischer Motivation zur Entwicklung von kreativen Lösungen unterstützen und ihre Offenheit für neue Erfahrungen mit sich selbst und den anderen Konfliktbeteiligten stärken (vgl. dazu auch Montada und Kals (2013, S. 199 und 203)). Dazu muss sich der Mediator selbst als ‚kreative Person' zeigen, Vorbildfunktion einnehmen und das kreative Potenzial der Beteiligten erkennen und hervorlocken. In diesem Zusammenhang ist allerdings auch zu bedenken, dass Medianden (und manchmal auch Mediatoren) zumeist unter Zeit- und Erwartungsdruck in Bezug auf eine Konfliktlösung stehen. Diese Faktoren werden in der Kreativitätsforschung als Kreativitätsblockaden bezeichnet (vgl. im Einzelnen Schlicksupp 1989, S. 50 ff.).

---

13 Vgl. zur Forschung mit Blick auf die kreative Persönlichkeit Luther (2013, S. 60).

10.4 Das kreative Umfeld – Konfliktsysteme als kreatives Umfeld?

Im Rahmen der Kreativitätsforschung wird auch die Frage erörtert, inwieweit die kreative Person durch ein Umfeld geprägt wird, dass Kreativität ermöglicht. Es werden z. B. biografische, familiäre oder soziokulturelle Einflüsse und deren Wirkung auf die Entwicklung von Kreativität untersucht (vgl. dazu z. B. Funke 2000, S. 292; Holm-Hadulla 2010, S. 43 ff.).

Für die Mediation als kreativen Prozess im weiteren Sinne ist besonders die Frage von entscheidender Bedeutung, wieviel Kreativität die sozialen Systeme ‚erlauben', in denen sich die Konfliktbeteiligten gemeinsam oder individuell bewegen. Dieser Punkt wird im Rahmen der Forschung zur Kreativität meist unter der Überschrift „Faktoren, die Kreativität (z. B. im Team, im Unternehmen) hemmen oder fördern", thematisiert (vgl. Schlicksupp 1989, S. 45 ff.; Winkelhofer 2006, S. 219 ff.). Aspekte, die die Wirkung von sozialen Systemen in den Blick nehmen, werden dabei eher selten als solche benannt. Sollen sich Konfliktbeteiligte kreativ zeigen, setzt dies voraus, dass soziale ‚Konfliktsysteme' zu Systemen werden können, die die Entwicklung der Beteiligten hin zu kreativen Personen und so die Entwicklung von – für dieses System – ungewöhnlichen Ideen erlauben und sogar unterstützen.

10.5 Insbesondere – kreative Methoden und Ihre Anwendung in der Mediation

Schließlich ist zu erörtern, ob das Mediationsverfahren Besonderheiten in Bezug auf die Anwendung von kreativen Methoden mit sich bringt. Grundsätzlich gilt, dass kreative Methoden in jeder Phase des Mediationsverfahrens angewendet werden können (vgl. Montada und Kals 2013, S. 202), wobei allerdings bestimmte Faktoren zu berücksichtigen sind. So sollte der Mediator über entsprechende Fachkenntnis in Bezug auf unterschiedliche Methoden, deren jeweilige Ziele, den Ablauf und die Dauer verfügen sowie die Beteiligten in die Durchführung der Methode einführen können (vgl. auch Montada und Kals 2013, S. 203).

Selbst wenn der Mediator über einen großen ‚methodischen Werkzeugkoffer' verfügt,[14] muss insbesondere die Passgenauigkeit einzelner Kreativitätstechniken

14 Vgl. dazu die empirische Betrachtung von Rauschenbach (2016, S. 5 ff.) und im vorliegenden Band Kapitel 3, die nahelegt, dass bei Mediatoren durchaus Nachholbedarf besteht, was die Kenntnis um die Vielfalt kreativer Methoden angeht.

sorgfältig anhand mehrerer Kriterien bedacht werden. Die Wahl der geeigneten Methode hängt unter anderem von den jeweiligen Konfliktinhalten und -themen ab. Konflikte, die vornehmlich einen Bezug zu Beziehungsaspekten aufweisen, werden sich möglicherweise nur schwer mit systematisch-analytischen Methoden bewältigen lassen. Des Weiteren gilt, bei der Wahl einer geeigneten Methode, Inhalte und Ziele der einzelnen Phasen der Mediation zu berücksichtigen. Im Rahmen der Konfliktanalyse greifen intuitive Methoden womöglich weniger gut. Wichtig erscheint auch, die Persönlichkeit der Beteiligten bei der Wahl der geeigneten Methode einzubeziehen. Hier ist beispielsweise zu überlegen, ob spielerische, intuitive Methoden für Menschen, die sich im Rahmen der Mediation eher rational zeigen, nicht oder eben gerade geeignet sind. Auch das Umfeld des Konfliktes spielt insofern eine nicht zu unterschätzende Rolle. In einem technischen Umfeld werden systematisch-analytische Methoden wohl eher akzeptiert als die Arbeit mit Symbolen. Zuletzt ist auch zu bedenken, welche Methode zur Anzahl der Medianden passt.

10.6 Zusammenfassung und Ausblick

Mit Blick auf die Ausgangsfrage ist festzuhalten, dass das Mediationsverfahren in seiner Ausgestaltung den Phasen des kreativen Prozesses weitestgehend folgt. Es bietet sich daher an, das *Mediationsverfahren* als *kreativen Prozess im weiteren Sinne* und die *Phase der Ideenentwicklung* als *kreativen Prozess der Mediation im engeren Sinne* zu bezeichnen. So wird deutlich, dass das Verfahren an sich – und eben nicht nur die Phase der Ideenentwicklung – schöpferische Elemente aufweist. Die Beteiligten eines Mediationsverfahrens zeigen zudem Merkmale der ‚kreative Personen': Medianden entwickeln mit Hilfe des Mediators Lösungen, die ihre alltägliche Welt neu gestalten, und wachsen insofern über sich hinaus. Inwieweit Medianden ‚persönliche Kreativität' entwickeln können, hängt allerdings auch von den sozialen Systemen ab, in denen sie sich bewegen.

Die Auseinandersetzung mit der Frage, was Mediatoren von Kreativitätsforschern lernen könnten, hat erst begonnen. Eine vertiefte Beschäftigung mit dieser Thematik könnte zu einer weiteren Optimierung des Mediationsverfahrens führen. Differenzierte Untersuchungen dazu, welche – bislang auch noch wenig bekannten bzw. genutzten – Kreativitätstechniken in den einzelnen Phasen des Mediationsverfahrens besonders geeignet sind, fehlen und könnten den erfolgreichen Einsatz dieser Methoden in der Praxis unterstützen.

Literatur

Berkel, K. (2010). *Konflikttraining.* 10. Aufl., Hamburg: Windmühle.

Funke, J. (2000). Psychologie der Kreativität. In K. Brodersen, R. Holm-Hadulla & J. Assmann (Hrsg.), *Kreativität* (S. 283-300). Heidelberg: Springer. http://digi.ub.uni-heidelberg.de/diglit/hdjb2000/0290. Zugegriffen: 30.07.2016.

Holm-Hadulla, R. (2010). *Kreativität.* 3. Aufl., Göttingen: Vandenhoeck & Ruprecht.

Kessen, S. & Troja, M. (2016). Ablauf und Phasen einer Mediation. In F. Haft & K. Gräfin von Schlieffen (Hrsg.), *Handbuch Mediation* (S. 329-355). 3. Aufl., München: Beck.

Lehrer, J. (2014). *Imagine! Wie das kreative Gehirn funktioniert.* München: Beck.

Luther, M. (2013). *Das große Handbuch der Kreativitätsmethoden.* Bonn: managerSeminare.

Montada, L. & Kals, E. (2013). *Mediation. Psychologische Grundlagen und Perspektiven.* 3. Aufl., Weinheim: Beltz.

Rauschenbach, A. (2015). *Wenn Brainstorming versagt – Kreativitätstechniken in der Mediation.* Frankfurt a. M.: Wolfgang Metzner.

Rauschenbach, A. (2016). Mehr als Brainstorming – Kreativitätstechniken in der Mediation. *Spektrum der Mediation 63,* 51-54.

Schlicksupp, H. (1989). *Ideenfindung.* 3. Aufl., Würzburg: Vogel.

Simon, F. (2010). *Einführung in die Systemtheorie des Konflikts.* Heidelberg: Carl-Auer.

Winkelhofer, G. (2006). *Kreativ managen.* Berlin, Heidelberg &New York: Springer.

Von Aristoteles über Kohlbergs Stufenlehre zum Harvard-Modell 11

Zur rechtsphilosophischen Begründung des Mediationsverfahrens

Matthias Wendland

11.1 Einführung

Der Beginn der ADR-Bewegung Mitte der 1970er Jahre markiert eine epochale Wende: Die wachsende Bedeutung der Mediation hat das Angebot institutioneller Streitbeilegungsverfahren wie auch die Konfliktkultur in den westlichen Gesellschaften grundlegend verändert.[1] Heute ist die Mediation aus weiten Bereichen des gesellschaftlichen Lebens nicht mehr wegzudenken. Sie ist selbstverständlicher Teil staatlicher wie privater Konfliktmanagementsysteme in Unternehmen, Justiz, Schulen und der öffentlichen Verwaltung. Umso erstaunlicher ist das weitgehende Schweigen der *Philosophie* zum Phänomen der Mediation, das nicht weniger als einen gesellschaftlichen Paradigmenwechsel historischen Ausmaßes eingeleitet hat.[2] Dies gilt umso mehr, als die Mediation angetreten ist, ein Urthema der Philosophie grundlegend neu zu denken: die Verwirklichung materieller Gerechtigkeit. Der Schleier, der die philosophischen Wurzeln der Mediation als *terra incognita* bedeckt, erscheint nicht zuletzt auch deshalb rätselhaft, weil uns mit den konsensualen Verfahren ein Modus der Streitbeilegung gegenübertritt, der seit jeher zu den klassischen Formen rechtlicher Konfliktbehandlung gehört.

---

1 Vgl. etwa zur geografischen Verbreitung der Mediation in den USA die empirische Untersuchung zum *Mediation Receptivity Index (MRI)* Prause (2008) und Sander (2007).

2 Zu Ansätzen einer rechtsphilosophischen Begründung des Mediationsverfahrens vgl. näher Wendland (2016, § 4 II. 2.) m. w. N.

11.2 Mediation als New Equity

Mit der Anknüpfung an das Recht ergibt sich jedoch bereits ein erster Anhaltspunkt, der eine vorläufige Einordnung der Mediation in das Gefüge von *Recht* und *Gerechtigkeit* erlaubt.[3] Maßgebliches Instrument zur Verwirklichung materieller Gerechtigkeit in einer Gesellschaft ist das Recht, das indes seit jeher zwischen den beiden Polen formaler Strenge und informaler Billigkeit[4] oszilliert (Pound 1906, S. 397 f.; Hager 2001, S. 40; hierzu eingehend Wendland 2016, § 4). Die Strenge des formalen Gesetzesrechts bedarf der Korrektur durch informales Billigkeitsrecht, das Einzelfallgerechtigkeit gewährleistet. *Formalität* und *Informalität*, *informal-materielle* und *formal-rationale Rationalität* im Sinne *Max Webers* (Weber 1976, S. 512) bilden die beiden elementaren Dimensionen des Rechts, die als Kehrseite der jeweils anderen untrennbar miteinander verwoben sind. Die Dichotomie zwischen *Formalität* und *Informalität* hat im Lauf der Geschichte eigene, ihrer jeweiligen Zeit entsprechende Gestalt angenommen. Sie begegnet uns in der Antinomie von *ius honorarium* und *ius civile*, *equity* und *common law*, strengem und billigem Recht, prozessual im Gegenüber von römischer *transactio* und *sententia*, von *Minne* und *Recht* des Mittelalters und von *Vergleich* und *Urteil* des modernen Rechts (eingehend Wendland 2016, § 1 III. 1. a). Vor diesem Hintergrund erweist sich die Mediation als Ausprägung des dem *formalen Recht* komplementär gegenüberstehenden informalen Billigkeitsrechts, als moderne Erscheinungsform des Prinzips des Informalen, als „*New Equity*" (so Main 2005, S. 329) und damit als integraler Bestandteil der Rechtsordnung selbst. Sie ist damit kein ‚Exot', kein Fremdkörper im Gefüge des Rechts, sondern vielmehr Ausprägung jenes Prinzips informaler Billigkeit, die seit jeher konstitutiver Teil jeder Ordnung des Rechts ist.

---

3 Der Beitrag vermag lediglich einen holzschnittartigen Überblick über die Thematik zu geben und bildet eine Zusammenfassung der grundlegenden Untersuchung in Wendland (2016, § 4).

4 Der Begriff der *informalen Billigkeit* als spiegelbildliches Gegenstück zu *formaler Gesetzesgerechtigkeit* meint die flexible, dem Einzelfall gerecht werdende Anwendung starrer Gesetzesnormen. Dadurch soll die Strenge des abstrakt-generellen Gesetzesrechts durch konkret-individuelle Anwendung ausgeglichen und so tatsächlich Einzelfallgerechtigkeit hergestellt werden.

11.3 Was ist Gerechtigkeit?

Wenn die Mediation darauf ausgerichtet ist, die Gerechtigkeitsdefizite des formalen Gesetzesrechts durch ein informales Verfahren der Billigkeit zu korrigieren und sie damit der Herstellung materieller Gerechtigkeit dient, dann stellt sich die Frage nach dem Inhalt ebenjener Gerechtigkeit und den sich daraus ergebenden Anforderungen an die Struktur des Mediationsverfahrens.

11.3.1 Der Grundsatz des *suum cuique tribuere* als Ausgangspunkt

Zur Klärung bietet sich ein Rückgriff auf das römische Recht sowie die klassische aristotelisch-thomasische Gerechtigkeitstheorie an (eingehend Wendland 2016, § 4). Das wirkungsmächtigste Rechtslehrbuch der westlichen Hemisphäre, der *corpus* der *Institutiones Iustiniani* (Behrends et al. 2007)[5], beginnt mit einem Zitat des römischen Juristen Ulpian, der die Frage nach dem Inhalt materieller Gerechtigkeit mit einer mittlerweile klassisch gewordenen Formel beantwortet: *iustitia est constans et perpetua voluntas ius suum cuique tribuens* (Inst. 1, 1. pr.) – Gerechtigkeit ist der beständige und andauernde Wille, jedem *das Seine* zukommen zu lassen. Ein Grundsatz, den Thomas von Aquin aufgreift und von einem bloßen Willensakt zu einer Grundhaltung (*habitus*) weiterentwickelt (1953, II^{a}-II^{ae} q. 58 a. 11 co.). Wie aber lässt sich der Inhalt dessen konkretisieren, das man dem anderem zukommen lassen muss? Was ist das *suum*? Thomas zieht hierzu die Kategorie der Gleichheit heran, die im Begriff der *aequalitas* selbst zum Synonym der Gerechtigkeit wird. Gerechtigkeit besteht aus dieser Perspektive darin, dem Einzelnen das zu geben, was ihm aufgrund der *Gleichheit* der *Verhältnisse* geschuldet ist (Aquin 1953, II^{a}-II^{ae} q. 58 a. 11 co.). Aber auch dieser Grundsatz ist noch zu abstrakt und bedarf zu seiner Operationalisierbarkeit der Konkretisierung.

11.3.2 Die *regula aurea* als Kern des Harvard-Modells

Die Suche nach einer praktisch handhabbaren Gerechtigkeitsregel als universellem Maßstab richtigen Handelns führt zur *regula aurea*, der Goldenen Regel. Mit ihr tritt uns ein Kulturen und Epochen überschreitendes, allgemeinverbindliches Gerech-

5 Veröffentlicht 533 n. Chr. auf der Grundlage der *Institutionen des Gaius* (Mitte des 2. Jh. n. Chr.).

tigkeitsprinzip gegenüber, das als „sittliche Grundformel der Menschheit" (Reiner 1948, S. 74) und als „das elementare Gesetz allen Rechts schlechthin" (Fechner 1962, S. 101) qualifiziert und so eine konkrete und praktisch handhabbare Bestimmung des Inhalts materieller Gerechtigkeit ermöglicht. Indem die Regel vom Einzelnen fordert, sich anderen gegenüber so zu verhalten, wie man selbst behandelt werden möchte (Tob. 4, 15; Mt. 7, 12; Luk 6, 31), wird der Maßstab an das Verhalten anderer zur Richtschnur des eigenen Handelns. Indem die Parteien ihre Erwartungen an die Verwirklichung der eigenen Bedürfnisse spiegelbildlich auf ihren jeweiligen Verhandlungspartner übertragen und das eigene Verhalten daran ausrichten, ermöglichen sie diesem die Verwirklichung seiner Interessen. Das setzt das Gedankenexperiment eines *multilateralen Rollentauschs* voraus, der es den Parteien überhaupt erst ermöglicht, die Interessen des jeweils anderen zu erfassen. Dieser Perspektivwechsel, dieses Hineinschlüpfen in die Situation des jeweils anderen (*putting oneself into the other persons shoes*), ist auch in der Mediation von fundamentaler Bedeutung. Er ist Kernelement der interessenorientierten Verhandlung nach dem *Harvard-Modell* (Fisher et al. 1991, S. 23; vgl. auch Fisher et al. 2015), die eine gemeinsame Problemlösung und damit wertschöpfende, pareto-optimale Kooperationsgewinne überhaupt erst ermöglicht. Die Mediation erweist sich damit als nichts weniger als ein strukturiertes, praktisch handhabbares Verfahren zur Umsetzung der *Goldenen Regel* und ist damit unmittelbare Konkretisierung eines universalen Gerechtigkeitsprinzips (Wendland 2016, § 4. IV. 6., § 4 V.). Die Goldene Regel bildet den Kern des Mediationsverfahrens und ist aus rechtsphilosophischer Perspektive ‚Geheimnis' seines Erfolges. Ihre transformierende Wirkungsmacht liegt damit in dem gleichsam genialen Mechanismus begründet, der den Egoismus des Einzelnen dadurch überwindet, dass sie ihn mithilfe des Reziprozitätsprinzips zum Maßstab des Handelns eines Einzelnen gegenüber dem jeweils anderen macht und auf diese Weise umfunktioniert, neutralisiert, läutert und so zur Verwirklichung materieller Gerechtigkeit in den Dienst nimmt (Wendland 2016, § 4. IV. 6. c) bb)).

11.3.3 Kohlbergs Stufentheorie

Die strukturellen Parallelen zwischen dem *Harvard-Modell* und der *Goldenen Regel* sind jedoch nicht nur aus rechtsphilosophischer Perspektive relevant. Nach der vom US-amerikanischen Psychologen *Lawrence Kohlberg* entwickelten Stufenlehre entspricht die Fähigkeit zum multilateralen Rollentausch und damit zur Anwendung der Goldenen Regel der höchsten Stufe moralischer Urteilsfähigkeit als Schlusspunkt der moralischen Entwicklung des Menschen (Kohlberg 1981, S. 204; näher Wendland 2016, § 4 IV. 6. d). Damit spricht auch aus entwicklungspsychologischer Sicht einiges dafür, dass uns mit der Mediation ein dem Wesen des Menschen eigenes, ihm entsprechendes Verfahren der Konfliktlösung gegenübertritt, dem Vorrang vor strittigen Formen der Konfliktbeilegung zukommt (Primat der Mediation).[6]

11.3.4 Die klassische aristotelische Gerechtigkeitstheorie und das Harvard-Modell

Aus der Anwendung der Goldenen Regel auf spezifische Lebensbereiche ergeben sich als typisierbare Handlungsgebote die drei klassischen Erscheinungsformen der Gerechtigkeit: Verfahrens- (*iustitia legalis*), Austausch- (*iustitia commutativa*) und Verteilungsgerechtigkeit (*iustitia distributiva*). Sie werden in der Mediation auf spezifische Weise wirksam:

- Die *Verfahrensgerechtigkeit* in der partizipativen, auf den Ausgleich von Machtungleichgewichten ausgerichteten Verfahrensgestaltung, die mit Blick auf den Befund der *Procedural Justice-Forschung* nicht nur für die Verfahrens-, sondern auch für die Ergebniszufriedenheit relevant ist (Lind und Tyler 1988, S. 64 ff., 67 ff.).
- Die *Austauschgerechtigkeit* und der dem Äquivalenzprinzip zu Grunde liegende objektive Marktwert in den von *Fisher, Ury* und *Patton* als Kernelement des *Harvard-Modells* vorausgesetzten objektiven Kriterien (Fisher et al. 1991, S. 81 ff., 85).
- Schließlich die *Verteilungsgerechtigkeit*, die mit dem Rückgriff auf die Bedürfnisse und damit auf die Interessen des Einzelnen jenen Schritt von den Positionen zu den Parteiinteressen vollzieht, die für die Mediation konstitutiv ist (Wendland 2016, § 4 IV. 4. b)).

Weitere Parallelen zwischen klassischer Gerechtigkeitstheorie und moderner Mediation finden sich an vielen weiteren Stellen: etwa in dem Verhältnis zwischen wertschöpfenden *Kooperationsgewinnen* und *Thomas von Aquins utilitas*, der Interessenorientierung und entsprechenden Ansätzen bei *Aristoteles* (χρεία), *Augustinus, Albertus Magnus, Thomas von Aquin (indigentia)* und *John Finnis* sowie den objektiven Kriterien und dem Institut der *laesio enormis* mit der Diskussion um das *iustum pretium* (hierzu im Einzelnen m. w. N. Wendland 2016, § 4 I. 1.).

6 Eingehend zum Mediationsprimat Wendland (2016, § 7 IV. 5. b).

11.4 Zusammenfassung

Die *Gerechtigkeitsfrage* ist das große, im Kern hinter der Mediation stehende Thema. Vor diesem Hintergrund lässt sich das Mediationsverfahren unter Rückgriff auf die klassische Gerechtigkeitstheorie *rechtsphilosophisch*, mit Blick auf die Goldene Regel auch *theologisch*, erschließen. Die Mediation ist eine der vielfältigen Ausprägungen informaler Billigkeit im Sinne einer „New Equity" (Main 2005, S. 329, 343 ff.). Das ihr zu Grunde liegende *Harvard-Modell* interessenorientierter Verhandlung bildet ein strukturiertes, praktisch handhabbares Verfahren zur Umsetzung der Goldenen Regel als universalem Gerechtigkeitsgrundsatz. Der Perspektivwechsel des multilateralen Rollentauschs entspricht dem Reziprozitätsprinzip der Goldenen Regel und damit zugleich der höchsten Stufe moralischer Urteilsfähigkeit nach *Kohlbergs Stufenmodell*. Die für die Mediation charakteristische Orientierung an den *Parteiinteressen* erlaubt eine strukturierte Konkretisierung des klassischen Gerechtigkeitsgrundsatzes des *„suum cuique tribuere"*. Aus rechtsphilosophischer Perspektive ist die Mediation kein Fremdkörper im Gefüge von Recht und Gerechtigkeit, sondern prozedurale Umsetzung eines fundamentalen Grundsatzes materieller Gerechtigkeit.

Literatur

Aquin, T. von (1953). *Summa theologica: Die deutsche Thomas-Ausgabe, deutsch-lateinische Ausgabe* (editiert von P. Heinrich, M. Christmann, kommentiert von A. F. Utz), Band 18: Recht und Gerechtigkeit. Salzburg: Pustet.

Behrends, O., Knütel, R., Kupisch, B. & Seiler, H. H. (Hrsg.) (2007). *Corpus iuris civilis: Die Institutionen* (Text und Übersetzung) (3. Aufl.). Heidelberg: Müller.

Fechner, E. (1962). *Rechtsphilosophie: Soziologie und Metaphysik des Rechts* (2. Aufl.). Tübingen: Mohr Siebeck.

Fisher, R., Ury, W. & Patton, B. (1991). *Getting to Yes: Negotiating Agreement without Giving In* (2. Aufl.). Boston: Houghton Mifflin.

Fisher, R., Ury, W. & Patton, B. (2015). *Das Harvard-Konzept* (25. Aufl.). Frankfurt a. M.: Campus.

Hager, G. (2001). *Konflikt und Konsens: Überlegungen zu Sinn, Erscheinung und Ordnung der alternativen Streitschlichtung*. Tübingen: Mohr Siebeck.

Kohlberg, L. (1981). *The Philosophy of Moral Development: Moral Stages and the Idea of Justice*. San Francisco: Harper & Row.

Lind, E. A. & Tyler, T. R. (1988). *The Social Psychology of Procedural Justice*. Boston: Springer.

Main, T. O. (2005). ADR: The New Equity. *U. Cin. L. Rev. 74*, 329.

Pound, R. (1906). The Causes of Popular Dissatisfaction with the Administration of Justice. *A. B. A. Rep. 29*, 395.

Prause, M. (2008). The Oxymoron of Measuring the Immeasurable: Potential and Challenges of Determining Mediation Developments in the U.S. *Harv. Negot. L. Rev. 13*, 131.

Reiner, H. (1948). Die „Goldene Regel": Die Bedeutung einer sittlichen Grundformel der Menschheit. *ZphF 3*, 74.

Sander, F. E. A. (2007). Developing the MRI (Mediation Receptivity Index). *Ohio St. J. On Disp. Resol. 22*, 599.

Weber, M. (1976). *Wirtschaft und Gesellschaft: Grundriss der verstehenden Soziologie*, 2. Halbband (5. Aufl.). Köln: Kiepenheuer & Witsch.

Wendland, M. (2016). *Mediation und Zivilprozess: Dogmatische Grundlagen einer allgemeinen Konfliktbehandlungslehre*. Tübingen: Mohr Siebeck.

Teil III

Problemgeleitete Reflexionsangebote und *empirische Forschungsergebnisse* – Theoriegeleitete, qualitative und quantitative Mediationsstudien

Teil III.1
Mediation als zeitgenössisches Phänomen

Warum jetzt Mediation?!

Eine interdisziplinäre Erörterung eines zeitgeschichtlichen Phänomens

12

Sascha Weigel

12.1 Einleitung und Forschungsfrage

In der Literatur zur Mediation beherrschen Leitfragen die Diskussion, die vor allem darauf abzielen, *wie* (gute oder erfolgreiche) Mediation durchgeführt wird und *wie* sie in das individuelle und gesellschaftliche Konfliktmanagement-Repertoire passt.

Der folgende Text soll eine Anregung und erste Antwort darauf sein, *warum* Mediation jetzt aufkommt – und geradezu eine *moderne Mediation*[1] entsteht. Welche Umstände führen dazu, dass in unseren Tagen eine moderne Mediation in Wissenschaft, Lehre und Praxis, wenn auch unterschiedlich intensiv, so doch gesellschaftsweit ausgreift. Für welches Problem ist diese moderne Mediation die Lösung?

Dabei wird der These nachgegangen, dass die bisher gesellschaftlich bewährten Konfliktbearbeitungsverfahren, allen voran das staatlich organisierte Rechtssystem, nicht die Verfahrenslösung bieten, die die Beteiligten aufgrund gewandelter gesellschaftlicher Umstände (zusätzlich) benötigen. Es bedarf Verfahren – so die These weiter –, die intensivere Mitsprache- und Mitgestaltungsmöglichkeiten aufweisen, um den „Megatrends"[2] der *Individualisierung* (Eigenverantwortlichkeit) und *Konnektivität* (Verbindung) Rechnung zu tragen.

1 Im Folgenden wird von der *modernen Mediation* als einer eigenständigen Bewegung gesprochen, womit verdeutlicht werden soll, dass sie keine direkten, gesellschaftlichen Vorläufer aufweist. Es mag historische Bezugspunkte und philosophische Anknüpfungspunkte geben, aber keine entsprechenden Vorläufer, aus denen die gesellschaftliche Bewegung erwachsen ist. Muster und Grenzen freilich, müssen allerdings noch weiter erforscht und definiert werden. Das ist im vorliegenden Rahmen nicht möglich.

2 Der Begriff geht auf Naisbitt (1982) zurück, soll hier aber nicht weiter thematisiert werden; siehe auch Horx (2011, S. 64 ff.).

Die Forschungsfrage ist einfach, aber nicht leicht: Warum Mediation? Warum jetzt? Warum nicht schon früher? Warum nicht noch ein wenig damit warten und „bewährte" Konfliktlösungsmethoden nutzen? Mediation ist anspruchsvoll, erfordert ein hohes Maß an sozialen Kompetenzen, ist emotional aufwändig und dabei ohne Gewähr, dass eine gemeinsame Lösung gefunden wird. Es ließe sich durchaus das Bonmot auf das Mediationsangebot münzen: „Bitte nicht helfen, es ist schon so schwer genug!"

Aber nein, Mediation bietet sich in Konfliktsituationen geradezu an, beansprucht auch gesellschaftlich stetig mehr Aufmerksamkeit (implizite These) und setzt sich im Allgemeinwissen und allgemeinen Handlungsrepertoire durch (explizite Hoffnung).

Kernthema des Beitrags ist die Frage, wieso taucht Mediation „jetzt" als Konfliktlösungsmethode auf, lässt national und übernationale Gesetzes- und Regelwerke entstehen und kommt geradezu als Fahnenträgerin der außergerichtlichen Streitbeilegungsmethoden daher:

- einerseits die Gerichtspraxis der Staaten implizit kritisierend (Stichwort: Eigenverantwortlichkeit),
- andererseits all die kommunikativen Lehr- und Erfahrungswerte aus der (Tiefen-, Verhaltens- und humanistischen) Psychologie, der Soziologie und den übrigen Sozialwissenschaften für Jeden und Alle praktisch umsetzend und damit implizit konkurrierend?

12.2 Implizite These

Die Frage nach dem Grund für das Aufkommen von Mediation impliziert die Annahme, dass Mediation tatsächlich aufkommt und nicht schon, wenn auch unauffällig, vorhanden war. Oder anders gewendet: Taucht Mediation tatsächlich jetzt erst auf und wird vermehrt angewendet und reflektiert oder handelt es sich um ein längst existentes Phänomen, dass erst jetzt und warum auch immer gesellschaftliche, mediale Aufmerksamkeit erfährt? Diese These ist aktuell nur unzureichend belegt, da entsprechendes Datenmaterial weder vorliegt, noch ausgewertet ist. Folgende Punkte können aber bereits festgehalten werden:

12.2.1 „Mediation" ist ein uraltes Verfahren – und keine neue Erfindung

Selbstverständlich lassen sich frühe Zeugnisse finden, in denen der Gedanke, einen neutralen Dritten zur Konfliktbearbeitung hinzuzuziehen, angedeutet und entsprechende Geschehnisse beschrieben sind. Wir finden solche Zeugnisse sowohl in der westeuropäischen Tradition, z. B. in den diplomatischen Bemühungen, in antiken Zeiten (Duss-von Werdt 2005, 24 ff.; Besemer 2005, S. 46; Proksch 1999, Lehrbrief 2, 171; Klammer 1999, S. 12), wobei hier die besondere Rolle der Götter[3] betont werden muss (was nicht selten unterbleibt), als auch in den – häufig erwähnten – neuzeitlichen Bemühungen z. B. des Mediators Contarini (Hehn 2016, Rn. 13) um des Westfälischen Frieden Willens. Noch klarer finden wir Zeugnisse, die eine „mediative Haltung", Ethik und Philosophie beschreiben, in anderen Kulturen, z. B. in China und Japan, deren Religion und Philosophie stärker auf Harmonie und Konsens ausgerichtet zu sein scheinen und wo Verfahren ähnlich der modernen Mediation eine lange Tradition aufweisen (vgl. Lubman 1967, S. 1286; Potsch-Ringeisen 2012, S. 4; ebenso, aber ohne weitere Nachweise Besemer 2005, S. 46).

Doch hierbei sollten die Entwicklungslinien nicht verwischt oder als Parallelen dargestellt werden. Zum Aufkommen der modernen Mediation zunächst in Nordamerika, sodann in Westeuropa, mögen die hier angedeuteten asiatischen Quellen beigetragen haben. Allerdings fehlt es – soweit ersichtlich – noch an einer belegenden Wirkungsforschung der wechselseitigen Beziehungen und Bezugnahmen.

Für die hier vertretene These, dass die moderne Mediation wenn schon nicht eigenständig, so doch neuartig aufgekommen ist, wird ein anderer Umstand als relevant angesehen. Es waren im 19. und 20. Jahrhundert die westeuropäisch-geprägten Staaten, die mit ihren Staats- und Rechtsverfassungen weltweit Modell standen. Gerade China und Japan waren bemüht und erfolgreich, die großen zivil-, aber auch strafrechtlichen Kodifikationen sowie die staatsrechtlichen Modelle Westeuropas (einschl. der USA) zu rezipieren und praktisch zu übertragen. Gerade solche Staaten, deren kulturprägende Philosophien als mediationsaffin gelten, waren besonders darum bemüht, westeuropäische Gesetzeswerke, insbesondere zum Privatrecht, zu übernehmen und für sich (zum Teil unverändert!) zu nutzen, v. a.

3 Dazu Dalheim (2002, S. 97 ff., insbes. 98.): Dritte Stadtstaaten hatten weniger Einfluss auf die Kriegsparteien als die Götter, denen allein zugeschrieben wurde, dass sie den vertraglichen Absprachen zwischen verfeindeten Stadtstaaten Wirkungsmacht verleihen konnten.

um individuelle Rechte zu sichern und zu schützen.[4] Denn das war es vor allem, was eine „bürgerlich organisierte" Gesellschaft offenbar benötigte.

Auch lassen sich Elemente, die in der Ethik der Mediation wichtig sind und von der Mediationsbewegung mehr oder weniger dem westeuropäischen Rechtssystem abgesprochen werden (z. B. Eigenverantwortlichkeit der Beteiligten), in anderen nicht normativ geprägten Rechtssystemen finden. So ist z. B. das oberste Ziel der sog. „Kadi-Justiz"[5], die Eigenverantwortlichkeit zu fördern und die Beteiligten zu befähigen, ihre Beziehungen eigenständig zu regeln. Eine Wiederholung des Richterspruchs in einem ähnlich gelagerten Fall ist ausgeschlossen, weil der Richterspruch nicht von den beteiligten Personen abstrahiert wird, während im westeuropäisch geprägten, normativen Rechtssystem gerade diese Abstraktion im Namen der Gerechtigkeit angestrebt wird. Die Ethik der Mediation entspricht hier dem Rechtsgedanken der „Kadijustiz". Das ist also keineswegs ein neuer Gedanke, den die Mediation in die Konfliktbearbeitung eingeführt hat.

Es ließen sich noch einige Beispiele aufzeigen, dass die mediative Methode und die ihr zugrunde liegenden ethischen und handlungsleitenden Ideen keineswegs neu sind oder originär der modernen Mediation zugeschrieben werden können.

Dennoch handelt es sich nicht bloß um ein kommerzielles Label oder eine Auffrischung längst vergangener Traditionen, sondern um eine originäre (Mediations-) Bewegung, die die gesellschaftliche Konfliktbearbeitung in den westeuropäischen Gesellschaften (einschl. USA) erfasst hat. Aktuelle und internationale Tendenzen sind zu vielschichtig und umfassend, als dass sie allein aus Ähnlichkeiten mit Aspekten anderer Kulturen heraus erklärt werden könnten.

12.2.2 Aufkommen der modernen Mediation

Im Folgenden wird knapp dargelegt, dass in den westeuropäisch geprägten Staaten eine originäre moderne Mediationsbewegung seit ca. 50 Jahren aufgekommen ist, die den Status einer Mode längst verlassen hat und dabei ist, den gesellschaftlichen Umgang mit Konflikten maßgeblich zu erweitern. Der Konflikt wird infolgedessen nicht mehr als Makel verstanden, sondern als Möglichkeit, stimmige Veränderungen herbeizuführen.

---

4 So ist Chinas Zivilgesetzbuch von 1929 inhaltlich und formal maßgeblich am Bürgerlichen Gesetzbuch von 1896/1900 orientiert, dazu auch knapp Potsch-Ringeisen (2012, S. 4 f.); ähnlich war der Einfluss auf das japanische Privatrecht.

5 Dazu schon Weigel (2012, S. 205 ff. m. w. N.).

Ausgangspunkt dürfte die *ADR-Bewegung* in den USA gewesen sein, die eine Reaktion auf die unzureichende juristische Behandlung sozialer Konflikte, vor allem im öffentlichen Bau- und Planungsrecht, darstellte.[6] Ein Ziel war bereits hier die Vorstellung eines *Multi-Door-Court-Houses*, sozusagen als Verteilerstation für unterschiedliche, wählbare Konfliktbearbeitungsverfahren. Auch wenn das nicht allerorts erreicht wurde, lässt sich doch von einer „stillen Revolution in Sachen Konfliktlösung … und der wohl radikalste[n] Umwälzung des Zivilrechts unserer Zeit" (Yarn 2016, Rn. 1) sprechen.

Markante Änderungen lassen sich an den erst kürzlich erlassenen Kodifizierungen und Gesetzeswerken ablesen, zu denen die moderne Mediationsbewegung geführt hat. Diese haben auf unterschiedliche Weise Staaten, Organisationen und Mediatorinnen beeinflusst und in ihrer mediativen Ausrichtung gefördert, wobei die Entwicklungen der internationalen Schiedsgerichtsbarkeit hinzuzählen sind, hier aber des Umfangs wegen außen vor bleiben.

- 2004 wurde der Europäische Verhaltenskodex[7] für Mediatoren erarbeitet und verabschiedet, der auf eine Initiative der Europäischen Kommission zurückgeht.
- Verbindliche Regelwerke der Europäischen Union sind 2008 und 2013 ergangen, zum einen die sog. Mediationsrichtlinie (Richtlinie 2008/521/EG des Europäischen Parlaments und des Rates vom 21. Mai 2008 über bestimmte Aspekte der Mediation in Zivil- und Handelssachen), zum anderen die sog. Verbraucherstreitrichtlinie (Richtlinie 2013/11/EU des Europäischen Parlaments und des Rates vom 21. Mai 2013 über die alternative Beilegung verbraucherrechtlicher Streitigkeiten und zur Änderung der Verordnung (EG) Nr. 2006/2004 und der Richtlinie 2009/22/EG).
- Entsprechend den europäischen Vorgaben haben die Mitgliedsstaaten früher oder später die Richtlinien in nationale Gesetze umgewandelt und machen seither ihre Erfahrungen mit Mediation und mediativen Elementen bei der Konfliktbearbeitung.[8]

Das Aufkommen von Mediation lässt sich auch mittelbar am Aufkommen von Ausbildungen und ausgebildeten Mediatoren ablesen. Dabei ist aber nicht ohne

6 Einführend dazu Hehn (2016, Rn. 38 ff.); ausfrl. Yarn (2016); Breidenbach (1995).

7 Originalabdruck in der ZKM 4/2004, http://www.centrale-fuer-mediation.de/media/zkm_2_2004_148_172.pdf, zuletzt geöffnet am 15.08.2016.

8 Ein Überblick über die nationalen Umsetzungswerke und die Mediationsbewegungen in den einzelnen Ländern findet sich im Handbuch Mediation von Haft und Schlieffen (2016, 9. Kapitel).

Weiteres auf ein entsprechendes Ansteigen von mediativ bearbeiteten Konfliktfällen zu schließen. Zwar ist durchaus denkbar, dass es auch für die Mediation zu einem ähnlichen ‚Psychotherapeuten-Effekt' kommt – mehr Psychotherapeuten führen zu einer Erhöhung der Diagnosefälle. Aber für Mediation ist ein entsprechender Effekt aktuell weder belegt, noch in signifikanter Weise zu vermuten. Ganz im Gegenteil, lässt sich doch auch umgekehrt ‚logisch', aber beweisarm argumentieren, dass das Aufkommen von Mediationsausbildungen gerade nicht aus einem erhöhten Bedarf an Mediatoren herrührt, sondern ein marktwirtschaftlicher Effekt ist, weil es gerade an entsprechender Nachfrage zu Konfliktklärungen fehlt. Ausgebildete Mediatoren weichen auf den Fortbildungssektor aus.[9]

Einhergehend mit der eben beschriebenen Entwicklung lässt sich das Aufkommen von Mediation auch an der Einführung wissenschaftlicher Studiengänge an verschiedenen Universitäten und Hochschulen ablesen. Für Deutschland gibt es überdies insgesamt über 300 ausbildende private Institute (Burchardt und Johnston 2016, Rn. 23 ff.), die freilich nicht alle als wissenschaftlich fundiert gelten können.

Ohne weiter darauf einzugehen, sei hier noch auf die Veränderungen in der Juristenausbildung eingegangen, einerseits die zunehmende Erweiterung auf mediative Kompetenzen in nahezu allen Bundesländern (Schlüsselqualifikation), andererseits z. B. die Einrichtung von Universitätsprofessuren für Mediation und Konfliktmanagement an der Viadrina-Universität in Frankfurt a. d. Oder (Prof. Ulla Gläßer). Ähnliche Professuren, in denen modernes Konfliktmanagement inkludiert ist, gehören ebenfalls hierher.

---

9 Wie dem auch sei, so ist Ironie oder gar Zynismus in dieser Hinsicht unangebracht. Denn nicht alle Ausbildungskandidaten möchten auch als (selbstständige) Mediatoren arbeiten, sondern nutzen ihre Mediationskompetenzen im Rahmen ihrer beruflichen Tätigkeit als Führungskräfte, Personalmitarbeiter, Vorgesetzte oder Vorstände, Berater und Coaches, ohne dass dies irgendwie zu beanstanden wäre. Allein durch das erhöhte Aufkommen von professionalisierten Mediationskompetenzen ließe sich die These vertreten, dass sich die Konfliktkulturen in den Unternehmen und Organisationen positiv ändern (werden). Zu entsprechenden qualitativen Forschungen sei hier ausdrücklich angeregt, wobei ein Zugang maßgeblich die Frage wäre, wer sich aus welcher organisationalen Rolle heraus in Mediation ausbilden lässt und an welcher Stelle die Mediationskompetenzen anschließend eingebracht werden.

12.3 Mediation – warum jetzt?

Um eine befriedigende Antwort darauf zu finden, warum Mediation jetzt in dieser Art und Weise auftaucht, ist ein möglicher „Zugang“, dass man sich Klarheit über das Aufkommen und die Vorgehensweise des Rechtssystems verschafft. Das erfordert eine systemtheoretische und historische Betrachtung.

12.3.1 Eine systemtheoretische Annäherung

Systemtheoretisch ist das Rechtssystem kein Ideensystem, sondern ein Objektsystem. Es geht nicht um Gerechtigkeit, sondern um Kommunikation, denn Recht wird nicht kommuniziert, sondern ist systemtheoretisch ausschließlich binär codierte Kommunikation über recht/unrecht. Es gibt keine kommunizierenden Akteure in der soziologischen Systemtheorie. Jedwede Kommunikation, die binär nach recht/unrecht codiert ist, gehört zum funktionalen Teilsystem Recht (dazu ausfrl. Luhmann 1993; Huber 2007). Diese binäre Codierung hilft, die Komplexität sozialer Kommunikation zu reduzieren und – für die Gesamtgesellschaft (!) – angemessene Ergebnisse im Kontext von Konflikten zu erzielen.

Was angemessen ist, ist systemtheoretisch allerdings nicht von der Intention Einzelner abhängig, sondern von der Funktion, die das Recht für die Gesamtgesellschaft hat. Für *Niklas Luhmann* ist die Funktion des Rechts eine Stabilisierung von normativen Verhaltenserwartungen (vgl. Luhmann 1993, S. 451; dazu ausfrl. Huber 2007, S. 99 ff.) (der Gesamtgesellschaft). Luhmann betont dabei aber konsequent, dass Recht *„keineswegs nur Mittel der Lösung sozialer Konflikte … [ist], sondern zunächst und primär ein Mittel der Erzeugung sozialer Konflikte: eine Stütze für Zumutungen, Forderungen, Ablehnungen auch und gerade dort, wo Widerstand erwartet wird“*. Und tatsächlich zeigen sich beide Funktionsweisen in der Rechtspraxis: Recht ermutigt einerseits zu Konflikten (Luhmann 2011, S. 327, mit Verweis auf 1991, S. 509 ff. – Recht als stabilisierendes Immunsystem); so laden die Gesellschaftsmitglieder zum kommunikativen ‚Nein‘ ein, wo sie ihr Recht verteidigen können oder auch nur vermuten, es zu müssen. Konflikte werden in der Sprache des Rechts (‚recht/unrecht‘) verbalisiert, statt in der Sprache der Gewalt ausgetragen. Andererseits absorbiert das Recht Konflikte, indem es sie dem physischen Kampf entzieht und einer friedliche(re)n Entscheidung zuführt. Wie diese Entscheidung rechtspraktisch herbeigeführt wird, lässt das Rechtsfindungsverfahren in den Mittelpunkt der Konfliktbearbeitung treten. Es muss legitim sein und legitimierend wirken, um Anerkennung und Stabilisierung zu finden. Das geschieht über Partizipation, indem das Verfahren die Konfliktparteien zu Verfahrensbeteiligten macht, sie dazu veranlasst, an der Regulierung des Konflikt mitzuwirken, Anträge zu stellen, ihre Gesichtspunkte vorzutragen, sich einzubringen – ohne zu wissen, wie die Sache ausgehen wird. Wird das Verfahren dann (im Instanzenzug) entschieden, haben die Beteiligten bereits ‚so viel investiert', dass sie Teil des Systems geworden sind und dagegen regelmäßig nicht mehr (gewaltsam) rebellieren (ausführlich Luhmann 1989).

Beide Funktionsweisen, die ermutigende wie auch die absorbierende, erfüllen gesamtgesellschaftliche Funktionen. Sie lassen strukturell unterlegene Gesellschaftsmitglieder Widerspruch formulieren, führen zur Ausweitung der Rechte von bisher ‚Rechtlosen' zu ‚Rechtsanerkannten' – und zwar im Rahmen und durch die Verfahren des Rechtssystems. Pinker z. B. hat zu Recht darauf hingewiesen, dass die Menschenrechte für Sklaven, Frauen und Kinder erst in rechtsorientierten Konflikten gegen die etablierten Gesellschaftsmitglieder ausgeweitet wurden (Pinker 2011, S. 562 ff. m. w. N.). Die Konflikte wurden im Namen der Gerechtigkeit geführt, bei denen ‚das Recht' argumentativ zur Unterfütterung der eigenen Positionen stets herangezogen wurde. Bemerkenswert daran ist, dass niemand mehr gegen das Recht als solches agieren kann, sondern stets behaupten muss, es stünde auf seiner Seite.[10]

Bedeutsam wird nun eine Paradoxie in unserem Zusammenhang: Die Konfliktaustragung wird in einem gewaltfreien Rechtssystem komplexer, also ungewisser, weil mehr Möglichkeiten bestehen als in weniger rechtsdurchdrungenen Systemen. Dort geht es um mehr, wenn nicht gar um alles, Leben oder Tod, Recht oder Unrecht. Das Risiko ist in derart binär differenzierten Umgebungen zwar materiell absolut höher, aber relativ ungewisser. In (nahezu) gewaltfreien, rechtsdurchdrungenen Gesellschaften wird der Ausgang von Konflikten weniger bestimmbar. Deshalb bedarf eine vermittelnde Konfliktaustragung mehr als nur der beiden stabilisierenden Funktionen des Rechts.

12.3.2 Konfliktevolutionäre Betrachtung – vom richtenden und schlichtenden zum vermittelnden Dritten

Der Dritte im Konflikt

Vorliegend ist wichtig, wie die Rolle des Dritten definiert wird. Der Richter ist funktional dazu da, die Gewalt in der Konfliktbearbeitung zu unterbinden und eine kreative Lösung des herausgefilterten Rechtsproblems zu finden, die den Konfliktparteien hilft, entsprechend zu handeln. Deshalb lohnt es für das Rechts-

10 Zur Entwicklung des Rechts als eigenständige Quelle von Autorität und als allseits zu beachtende Argumentationsquelle, was seinen Ausgangspunkt im 12. Jahrhundert genommen hat, siehe Berman 1995; Weigel 2012, S. 180 ff.

system, dass das Urteil gerecht erscheint.[11] In einer befriedeten Gesellschaft treten im Konfliktfall die Funktionen des Rechts in den Hintergrund und es bedarf einer ‚neuen Art' Dritte im Konflikt, die nunmehr unterstützend und befähigend agiert.

Dass die Staatsgewalt einst angetreten war und sich des Rechts bemächtigt hat, um gesellschaftlich für Frieden zu sorgen, und dass das erstaunlicherweise gelungen ist, führt – und das ist die zweite Paradoxie – dazu, dass die Bearbeitung von Konflikten mit Richtern zunehmend unbefriedigend wirkt und Mediatoren – bei aller Ungewohnheit – einen gewissen Aufschwung erleben. Aus heutiger, historisch vergesslicher Perspektive mag das erläuterungswürdig sein. Dafür sind allerdings historische Verläufe mehrerer hundert Jahre in den Blick zu nehmen, was hier nur angedeutet werden kann.

Die werdende Staatsgewalt und das verstaatlichte Recht

Historisch lassen sich die Entwicklungslinien moderner Staatsgewalten mit dem Aufbau moderner Rechtssysteme verbinden. Dieser Entwicklungsprozess verdeutlicht, dass nicht nur der werdende Staat andere Widersacher bzw. ‚Mitbewerber' bezwang, etwa die Kirche, die Städte oder die Universitäten, die er sich mehr oder weniger alle (juristisch) ‚einverleibte' (dazu ausfrl. Reinhard 1999, 291 ff.; Nautz 2001), sondern auch, dass er sich dazu des Rechtssystems bemächtigte. Denn ohne das Recht und allein mit reiner Gewalt war Herrschaft schon nicht mehr legitim begründbar (dazu Reinhard 1999, S. 281 ff.; Kaufmann 2005; Schulze 1999, S. 29 ff.). Denn „das Recht auf das Recht war das Recht des Stärkeren" (Spengler 1999) geworden.

Bei alledem war die Staatsgewalt nicht reiner Selbstzweck, sondern etablierte sich aufgrund des ‚Versprechens', die innergesellschaftlichen Kriege zu beenden und das Leben als ‚Bürger' sicherer zu machen. Dass das – vor allem mit Hilfe des legitimierenden Rechts und der Ausweitung der Rechte – gelungen ist, führt sozusagen nicht nur zur Erfüllung der selbstgesteckten Aufgabe, sondern auch zur Notwendigkeit der Lösung, was mit sozialen Konflikten geschieht, die in einer großteils befriedeten Gesellschaft aufkommen.[12]

Und um es kurz zu halten: Der westeuropäisch geprägte Staat hat sein Versprechen eingehalten! Die Gewalt ging für seine Untertanen stetig zurück – und ist bis

11 Zur Frage der Gerechtigkeit im Rechtssystem siehe den Beitrag von Kohlhage in diesem Band, Kapitel 18; Weigel (2012, S. 175 m. w. N.).

12 Hierbei wird keineswegs verkannt, dass Mediation auch für Konflikte herangezogen wird, die kriegerisch ausgetragen werden. Ob in diesen Fällen Mediation allerdings erfolgreich sein kann oder unter welchen Bedingungen das überhaupt möglich erscheint (Stichwort: Waffenruhe, Stopp aller Gewalt), muss hier offen bleiben. Jedenfalls ist Mediation kein Allheilmittel und immer die beste Methode der Konfliktaustragung.

heute regelrecht dramatisch gesunken. *Steven Pinker* hat in seinem Opus Magnum (Pinker 2011) die historischen Zahlen und Fakten zusammengetragen und eine beeindruckende Studie vorgelegt, in der er den umfassenden Rückgang der Gewalt in nahezu allen Lebens- und Gesellschaftsbereichen belegt. Trotz aller Kriege und Gewalt, die die allermeisten heute allenfalls medial wahrnehmen, von denen sie hören und sehen, und trotz der individuellen und gesellschaftlichen Faszination für das existenzielle Thema Gewalt, kann festgehalten werden, dass die Zeiten für einen natürlichen Tod für die meisten Menschen auf Erden noch nie so gut waren wie heute – und noch nie so lang auf sich warten ließen wie heute.

Prozentual und relativ leben die Menschen auf dieser Erde in der gewaltfreiesten und friedlichsten Zeit überhaupt. Das gilt trotz des Terrors heutzutage und der Kriege, über die (in Echtzeit) berichtet wird. Davon profitiert nicht jeder einzelne Mensch auf Erden und es ist unklar, ob diese Tendenz zukünftig so bleibt, aber bis heute betrachtet stimmen die Fakten positiv – auch wenn sie es für viele (gerade in den befriedeten Ländern (dazu Horx 2013, 36 ff.) nicht tun.

Maßgebendes Instrument zur Befriedung war für die Staatsgewalt weniger die Tatsache des beanspruchten Gewaltmonopols, sondern das Recht und sein Bemühen, die rechte Ordnung zu etablieren.[13, 14] Entsprechend hat das Rechtssystem bzw. die rechtliche Methode (in den Händen der Staatsgewalt) das Problem gelöst, wie mit gewaltbereiten und -erprobten Konfliktparteien verfahren werden kann, um ihren Konflikt gewaltfrei, wenn auch nicht friedfertig zu bearbeiten: Im Rahmen des Rechtsverfahrens wird ein Verbalkrieg ermöglicht, in dem die Beteiligten agieren müssen (Anträge stellen und begründen), wenn auch gegebenenfalls mittels Stellvertreter (Rechtsbeistände). Das gesamte Verfahren dient der Gewaltfreiheit und damit der Legitimität der Staatsgewalt.

---

13 Von dieser Warte aus war es zwingend notwendig, dass die werdende Staatsgewalt ein Rechtsstaat wurde. Das ist historisch bedeutsamer als die Frage, ob die Staatsgewalt in eine Demokratie münden würde oder nicht, was noch die maßgebende Frage antiker Staatsmodelle gewesen war.

14 Recht war freilich nicht die einzige Komponente für den Rückgang der Gewalt, Pinker (2011, S. 117 ff.) zählt etwa die europaweite Anhebung der Hygienestandards offensichtlich und mit guten Gründen für ein viel wesentlicheres Kriterium auf.

12.3.3 Problemorientierung – auf welches Problem ist die Mediation die Lösung?

Der Richter hat Gewalt zu unterbinden, wofür ihm die Staatsgewalt ebenso zur Seite steht wie die Möglichkeit, ein gerechtes Urteil zu fällen. Gesellschaftliche Sicherheit und Ordnung sind die Leitziele seines Tuns. Dem Mediator stellt sich hingegen das Problem, dass Konflikte auch in gewaltfreien Räumen aufkommen und, ohne sie gleich existenziell zu bedrohen, nach einer ‚Lösung' verlangen, die auch bloße Kommunikation sein kann („Gut, dass wir darüber gesprochen haben, auch wenn wir noch keine Lösung haben."). Die Konfliktparteien müssen mit ihren konfligierenden Sichtweisen klarkommen und sich kommunikativ klären, um wieder *gemeinsame* Arbeits- oder Lebensziele zu erreichen.

Mediation ist die angemessene Antwort auf das Problem, dass von Rechts wegen Gleichberechtigte in Streit geraten, ohne dabei zunächst ihren rechtlichen Status in den Blick zu nehmen und um Recht(e) zu kämpfen. Erst dieser ‚rechtsklare und -anerkannte' Raum gleicher und ausreichender Rechte lässt ‚rechtsfreie' Konfliktthemen zur Sprache kommen. Die Frage ist nur: Welche Themen?! In welcher Sprache?! Das begründet den Suchprozess einer Mediation. Wem das zu viel oder zu ungewiss ist, der kann sich auch thematisch begrenzen und über Recht und Unrecht streiten oder noch enger machen und um Macht kämpfen.

Oder klarer gewendet: Konfliktthemen zu kommunizieren, um gemeinsame Ziele zu erreichen, dies aber nicht im binären Code des Rechts (recht/unrecht) zu tun, lässt Klärung nötig werden – in jeder Hinsicht. Wohl dem, der das von Beginn an allein kann und jemandem im Streit ‚findet', der die gleiche Sprache im Konflikt zu sprechen bereit ist.

Das erscheint ein Merkmal der modernen Mediation zu sein: gemeinsam private Rechte neu zu definieren und zu vereinbaren, ohne zugleich ‚gesellschaftliches Recht'[15] zu kreieren – wobei Mediation die Kommunikation nicht am Recht ansetzt, sondern am Gesellschaftlichen. Vielmehr entscheiden die Beteiligten, welche kommunikativen Modi sie verwenden und welche binäre Codierung sie wählen. Bereits das ist eine Frage des gemeinsamen Aushandlungsprozesses. Und hier wird deutlich, was Luhmann meinte, als er konstatierte, dass allgemeinhin der Konsens überschätzt und der kommunikative Prozess unterschätzt wird (1980, S. 108). Zur Klärung von Konflikten unter Gleichberechtigten, die gemeinsam Ziele verfolgen, bedarf es nicht in erster Linie des Konsens, der Regelungen und klaren Vereinbarungen, sondern einer angemessenen Kommunikation, eines gemein-

15 Zum dogmatischen Problem des sog. ‚gesellschaftlichen Rechts' im Vergleich zum staatlichen Recht siehe Weigel (2012, S. 218 f.).

sam kreierten Prozesses der Klärung und Aufklärung, aus dem dann seinerseits Klarheit, Einigkeit und – bei Bedarf – auch ein greifbarer Konsens in Form einer vertraglichen Absprache erwachsen mögen.

Recht und Rechtsdurchsetzung stellen das historisch gewachsene Gewaltverhinderungssystem in der Hand der staatlichen Gewalt dar. Ein Preis dieser normativ geprägten Vorgehensweise im Konflikt ist mangelnde Innovation und Kreativität bei der Konfliktaustragung: Recht ist seinem Wesen nach konservierend, d.h. normativ geprägte Konfliktbehandlung per se konservativ.[16] Das liegt schlicht darin begründet, dass der richtende Dritte die Zukunft allein daran entscheidet, was in der Vergangenheit geschehen ist bzw. unterlassen wurde. Die Entscheidung wird zudem an einem Gesetz ausgerichtet, das vor dem Entstehen des Konflikts erlassen wurde. All dies hat seine Berechtigung im Namen der Gerechtigkeit, der guten Ordnung halber und weil Konflikte von dieser Warte aus ein Fehler im System sind, ein Makel, der beendet werden muss, um wieder Rechtsfrieden in der Gesellschaft herzustellen.

Die These ist nun, dass in unserer rechtlich ausdifferenzierten, komplexen Welt Konflikte auftauchen, die im Lösungsansatz anders angegangen werden müssen als mit der juristischen Methode, einen richtenden Dritten zu (be-)rufen.

12.3.4 Soziokulturelle Betrachtung – Wandel des Konfliktbegriffes

Deutlich sollte bisher geworden sein, dass es in Konflikten nicht mehr in der gleichen Intensität und ausschließlich um Gewaltverhinderung geht, obschon es ein gewisses Maß an Gewaltaufkommen auch in unserer Gesellschaft gibt. Dennoch – Gewalt ist auch nicht mehr das, was es mal war! Schauen Sie sich z. B. die Rechtsprechung zum Nötigungstatbestand des § 240 StGB an![17] Da musste verfassungsrechtlich die Frage geklärt werden, ob bloße körperliche Anwesenheit (Sitzen auf der Straße) Gewalt ist, wie es die obersten Strafgerichtshöfe bejaht hatten.

Warum bedarf es aber anderer Instrumente als des Rechts, wenn dieses sich bewährt hat? Warum sollten alte Lösungswege verlassen und andere Lösungsin-

16 Dazu Weigel (2012, S. 204.); das schließt freilich nicht aus, dass mit Recht nicht auch Revolutionen angezettelt und revolutionär agiert werden kann, aber die Impulse entstammen nicht dem Rechtssystem.

17 Einführend und m. w. N.: https://dejure.org/dienste/vernetzung/rechtsprechung?Gericht=BVerfG&Datum=10.01.1995&Aktenzeichen= 1%20BvR%20718%2F89 zuletzt geöffnet am 16.08.2016.

strumente genutzt werden, wenn die Ziele bisher erreicht wurden? Ganz einfach, weil Konfliktaustragung heute in anderem Gelände stattfindet. Ob sich tatsächlich ‚nur' die Landkarten geändert haben und nicht auch die Wege und die Landschaften an sich auch, mag hier offen bleiben. Jedenfalls, so wusste schon Heraklit, steigt niemand zweimal in den gleichen Fluss: Beide haben sich beim zweiten Mal verändert. Das gilt auch für historisch bewusste, entwicklungsfähige Lebewesen wie den Menschen im Umgang mit (gesellschaftlichen) Konflikten.

Folgende These möchte ich für den weiteren, abschließenden Verlauf aufstellen: Zwei der großen ‚Megatrends' unserer Zeit, *Individualisierung* und *Konnektivität*, führen in ausdifferenzierten (und großteils befriedeten) Gesellschaften dazu, dass eine Konfliktbearbeitung erforderlich wird, die die Beteiligten vor allem inhaltlich einbindet und in ihrer Individualität sowohl während des Bearbeitungsprozesses als auch am Ergebnis umfassend mitwirken lässt – und dies geradezu einfordert. Konfliktbeteiligte sind die Bestimmer ihres Lebens, erst recht, wenn es nicht mehr um den Tod geht.

12.3.5 Individualisierung

Im 20. Jahrhundert prägte die Moderne, wie van der Loo und van Reijen feststellten (1997), u. a. die Tendenz zur *Individualisierung*, also die „wachsende Bedeutung des Individuums, das sich aus der Kollektivität seiner unmittelbaren Umgebung herauslöst" (zitiert nach Rödder 2015, S. 97) – und man mag hinzufügen, auch und vor allem gegen Widerstände. Diese Tendenz fußt freilich auf Bewegungen, die mitunter zweihundert Jahre vorher begonnen haben; zunächst sich aus ständischen Formen zu lösen und familiäre Bindungen zu ändern, sie anders zu begründen oder ganz zu verlassen.

Bereits die humanistische Psychologie (s. Weigel 2012, S. 105 m. w. N.) hob in Anlehnung an die existenzialistische Philosophie (Sartre, Kierkegaard, Jaspers u. a.) die Autonomie und Selbstgesetzlichkeit des einzelnen, in die Welt geworfenen Menschen hervor und das Individuum in den Rang des höchsten Gutes der Menschheit und des Menschseins schlechthin. Das schien konsequent, wenn er sich – wie Kant forderte – seines Verstandes bedienen würde. Dies stand ganz im Einklang mit den Kämpfen um individuelle Freiheit, Gleichheit und Brüderlichkeit und den entsprechenden aufklärerischen Tendenzen, eben sich und damit seinem potenziellen, zukünftigen Ich zu folgen und nicht ungeprüft den fremden Mächten. Es ist kein Zufall, dass diese philosophischen und humanistischen Grundlagen die ideologischen Geburtshelfer der modernen Mediation sind. Sie bilden den Bezugsrahmen der modernen Mediation (Weigel 2012, S. 104 ff.).

Selten geschieht in der (Sozial-)Geschichte etwas ohne Grund und aus heiterem Himmel. Und so stand auch kein Mensch früh morgens auf, um sich allein zu machen. Denn darum geht es bei der Individualisierung nicht; vielmehr geht es um den Zweifel, ob das Leben nicht auch anders geht und um die Tatkraft, die Frage praktisch umsetzend zu beantworten: Wer können wir noch sein? Was können wir Unmögliches schaffen? Es war eben diese hervorbrechende *Kultur des Zweifels*, sozusagen als Konsequenz der Verstandesbedienung, die in Selbstbefragung und in Selbstwerdung und Selbsterfahrung mündet. Sie begründet geistesgeschichtlich die Wohlstandsgesellschaft des 20. Jahrhunderts ebenso wie die – und das ist nicht nur paradox, sondern geradezu markant evident – Kultur der Wahl (vgl. Horx 2011, S. 115 ff.). Wir müssen wählen, um frei zu sein, wir zahlen den Preis der Freiheit, den Zwang zum Zweifel: seine Wahl zu treffen, vor allem dadurch, viele Alternativen abzuwählen und sie buchstäblich der Realität vorzuenthalten. So wie der gebundene Mensch von einst, der Neues will, Abschiednehmen lernen muss, so muss der, der selbst entscheiden will, Verzicht lernen. Beides ist nicht leicht, wie jeder weiß. Aber eins ist heute ganz sicher: Es könnte auch ganz anders (gekommen) sein.

12.3.6 Verbundenheit

Der andere, für Mediation relevante Megatrend ist die zunehmende Erfahrung von *Konnektivität*, der Vernetztheit aller mit allen, und das hervorstechende Merkmal der Infosphäre (Floridi 2015), die das Informationszeitalter ausreifen lässt. Konnektivität ist die Konsequenz der ökonomischen Globalisierung, die alle Regionen und Wirtschaften der Erde miteinander verbindet und in erfahrbare, allzeit aktivierbare, jederzeit spürbare Beziehungen bringt. Konnektivität zeigt sich im weiteren Ausbau unserer technologischen Kommunikationsinstrumente, vom Telegrafenmast bist zum Internet, vom Empfang weltweiter Informationen bis zum jederzeitigen Senden von überall her. All das ist schon hinreichend und aus verschiedenen Perspektiven beschrieben.[18]

Vorliegend bedeutsam ist, dass Konflikte in einer solchen vernetzten Umgebung und unter selbstbestimmungswilligen und eigenverantwortlichen Menschen nicht mehr länger als Makel und Systemfehler begriffen werden können, sondern zum Leben selbstverständlich und um unser Selbst Willen dazugehören. Sie sind wohl unsere wichtigsten Messinstrumente für die nächste anstehende Entscheidung.

---

18 Immer noch maßgebend zur Konnektivtät sozialer Netzwerke Christakis und Fowler (2010); für das Informationszeitalter und das Aufkommen der Infosphäre bahnbrechend Floridi (2015), zu den Vernetzungen im Industriezeitalter Osterhammel (2009, S. 1010 ff.).

Konflikte sind in einer Welt des ‚Ich will (über meins bestimmen)!' und ‚Wir müssen reden!' wichtige Gradmesser dafür, welche Kommunikation inhaltlich ansteht, und fordern Zeit-Räume, in denen gemeinsam dazu reflektiert und entschieden werden muss.

Konflikte sind Reflexionsangebote – nicht viel mehr als der kommunikative Anlass zu weiterer Kommunikation –, bis gemeinsam die Erledigung kommuniziert werden kann, um inhaltlich neue Kommunikationsinhalte zu ermöglichen. Das ist keineswegs neu, wird aber in unserer neuen, gewandelten Welt evident und unausweichlich. Wer im Überflutungsgebiet nicht untergehen will, muss Schwimmen lernen: Konflikte fordern die Räume zur Reflexion, die kreiert werden müssen, in denen das möglich ist. Gerichtssäle sind dazu nicht geeignet. Es bedarf vielmehr eines Raumes innerhalb des rechtlich geschützten Raumes. Das – so die hier formulierte These – ist der Raum von Mediation.

Mediation bietet derartige Kommunikationsräume für Konfliktparteien an, um ein kommunikatives Verfahren anzuregen, in dem die Eigenverantwortlichkeit und die Verbundenheit angemessen prozessiert werden können, die anstehenden Fragen herauszufinden und die Antworten konsequent zu formulieren.

12.4 Schlussbetrachtung

Moderne Mediation bedarf des Rechts. Ohne Gewaltfreiheit und diese sichernden Umstände gibt es keine moderne Mediation. Das ist die Lehre aus dem Werden der Staatsgewalt. Ab einem bestimmten Stadium der Ausdifferenzierung des Rechts sowie dem Entwicklungsstand der Megatrends der Individualisierung und Konnektivität der Beteiligten bedarf es zudem einer Konfliktlösungsmethode, die diesen Umständen Rechnung trägt.

Es dürfte deshalb kein Zufall sein, dass Mediation bisher aus den zivilen und nichtstaatlichen Bereichen erwachsen ist, sowie zunehmend für das staatliche Konfliktmanagementsystem eine hohe Attraktivität genießt und sich gerade jetzt in dieser Form entwickelt – und um Bewährung bemüht ist.

Literatur

Berman, H. J. (1995). *Recht und Revolution. Die Bildung der westlichen Rechtstradition.* Frankfurt a. M.: Suhrkamp.

Besemer, C. (2005). *Mediation – Vermittlung in Konflikten.* 11. Aufl. Baden: Stiftung Gewaltfreies Leben.

Breidenbach, St. (1995). *Mediation – Struktur, Chancen, Risiken von Vermittlung im Konflikt.* Köln: Otto Schmidt.

Burchardt, J. & Johnston, L. (2016). Aus- und Fortbildung. In F. Haft & K. Gräfin von Schlieffen (Hrsg.), *Handbuch Mediation*, 3. Aufl. (§ 53, S. 1225-1242). München: Beck.

Christakis, N. A. & Fowler, J. H. (2010). *Connected! Die Macht sozialer Netzwerke und warum Glück ansteckend ist.* Frankfurt a. M.: S. Fischer.

Dahlheim, W. (2002). *Die Antike. Griechenland und Rom.* 6. Aufl., Paderborn, München, Wien & Zürich: Schöningh.

Duss-von Werdt, J. (2005). *Homo Mediator. Geschichte und Menschenbild der Mediation*, Stuttgart: Klett.

Floridi, L. (2015). *Die 4. Revolution. Wie die Infosphäre unser Leben verändert.* Frankfurt a. M.: Suhrkamp.

Hehn, M. (2016). Entwicklung und Stand der Mediation – ein historischer Überblick. In F. von Haft & K. Gräfin von Schlieffen (Hrsg.), *Handbuch Mediation*, 3. Aufl. (§ 2, S. 77-97). München: Beck.

Horx, M. (2011). *Das Megatrend-Prinzip. Wie die Welt von Morgen entsteht.* München: Deutsche Verlags-Anstalt.

Horx, M. (2013). *Zukunft wagen. Über den klugen Umgang mit dem Unvorhersehbaren.* München: Deutsche Verlags-Anstalt.

Huber, T. (2007). *Systemtheorie des Rechts. Die Rechtstheorie Niklas Luhmanns.* Baden-Baden: Nomos.

Kaufmann, F.-X. (2005). Zur historischen und aktuellen Entwicklung des europäischen Staates. In B. von Blanke, St. von Bandemer, F. Nullmeier & G. Wewer (Hrsg.), *Handbuch zur Verwaltungsreform*, 3. Aufl. (S. 3-10). Wiesbaden: Springer VS.

Klammer, G. (1999). Was ist Mediation. In G. von Klammer & P. Geißler (Hrsg.), *Mediation. Einblicke in Theorie und Praxis professioneller Konfliktregelung* (S. 9-23). Wien: Falter.

Loo, H. van der & Reijen, W. van (1997). *Modernisierung. Projekt und Paradox.* München: Dtv.

Lubman, S. (1967). Mao and Mediation. Politics and Dispute Resolution in Communist China. *Cal. L. Rev. 55*, 1284-1359.

Luhmann, N. (1980). Kommunikation über Recht in Interaktionssystemen. In E. von Blankenburg, E. Klausa & H. Rottleuthner (Hrsg.), unter Mitarbeit von R. Rogowski, *Alternative Rechtsformen und Alternativen zum Recht* (Jahrbuch für Rechtssoziologie und Rechtstheorie, Band 6) (S. 99-116). Opladen: WV.

Luhmann, N. (1989). *Legitimation durch Verfahren*, 2. Aufl., Frankfurt a. M.: Suhrkamp.

Luhmann, N. (1991). *Soziale Systeme. Grundriß einer allgemeinen Theorie.* 4. Aufl., Frankfurt a. M.: Suhrkamp.

Luhmann, N. (1993). *Das Recht der Gesellschaft.* Frankfurt a. M.: Suhrkamp.

Luhmann, N. (2011). Einführung in die Systemtheorie. D. Baecker (Hrsg.), 6. Aufl., Heidelberg: Carl Auer.

Naisbitt, J. (1982). *Megatrends, Ten New Directions Transforming Our Lives.* New York: Grand Central Publishing.

Nautz, J. (2001). Die Entwicklung des staatlichen Rechtsetzungsmonopols in Europa. In J. von Nautz, E. Brix & G. Luf (Hrsg.), *Das Rechtssystem zwischen Staat und Zivilgesellschaft. Zur Rolle gesellschaftlicher Selbstregulierung und vorstaatlicher Schlichtung* (S. 21-38). Wien: Passagen.

Osterhammel, J. (2009). *Die Verwandlung der Welt. Eine Geschichte des 19. Jahrhunderts.* München: C.H.Beck.

Pinker, S. (2011). *Gewalt. Eine neue Geschichte der Menschheit.* Frankfurt a. M.: S. Fischer.

Potsch-Ringeisen, S. (2012). *Die Rolle des Mediators in deutschen und chinesischen Konfliktgesprächen. Ein Vergleich der Interventionsstrategien.* Diss. Kathol. Universität Eichstätt-Ingolstadt, Tübingen.

Proksch, R. (1999). Curriculum einer Mediationsausbildung – Lehrbrief 2. *Kon:sens – Zeitschrift für Mediation*, 41-45, 105-111, 171-177, 229-236.

Reinhard, W. (1999). *Geschichte der Staatsgewalt. Eine vergleichende Verfassungsgeschichte Europas von den Anfängen bis zur Gegenwart.* München: C.H.Beck.

Rödder, A. (2015). *21.0, Eine kurze Geschichte der Gegenwart*, München: C.H.Beck.

Schulze, H. (1999). *Staat und Nation in der europäischen Geschichte*, München: C.H.Beck.

Spengler, O. (1999). *Der Untergang des Abendlandes. Umrisse einer Morphologie der Weltgeschichte*, 14. Aufl. (Originalausgabe von 1918–1923), München: DTV.

Weigel, S. (2012). *Konfliktmanagement in der öffentlichen Verwaltung des aktivierenden Staates mit Transaktionsanalyse und transaktionsanalytisch fundierter Mediation. Auch ein vergleichender Beitrag zur Behandlung sozialer Konflikte mittels des Rechts und der Mediation.* Dissertation 2011, Berlin.

Yarn, D. h. (2016). Mediation in den USA. In F. von Haft & K. Gräfin von Schlieffen (Hrsg.), *Handbuch Mediation*, 3. Aufl. (§ 59, S. 1335-1346). München: Beck.

Der Mediator als Übersetzer? 13

Mediation als eine gesellschaftliche Strategie der Differenzbearbeitung

Niklas Barth und Katharina Mayr

Einen Bedarf für Mediation – und das klingt zunächst fast banal – gibt es nur im Horizont von Konflikten. Dort, wo die Dinge harmonisch laufen, muss auch nichts vermittelt werden. Dort aber, wo heute Konflikte aufbrechen, ziehen sie Formen der Mediation geradezu an. Als *Sozialtechnologie zur Domestizierung von Konflikten* haben sich Mediationsverfahren in den verschiedensten Kontexten der modernen Gesellschaft fest etabliert: Ausgehend von der Familienmediation im Zuge von Trennung und Scheidung, über die Umweltmediation öffentlich-rechtlicher Bauvorhaben, bis hin zur Mediation von Nachbarschaftsstreitigkeiten und Konflikten in und zwischen Organisationen, setzt die moderne Gesellschaft vermehrt auf diese Form der außergerichtlichen Streitbeilegung. Mediationsverfahren finden ihre Anwendung aber auch im Bereich der Schulpädagogik, im Rahmen des Arzt-Patienten-Verhältnisses, oder sie dienen gar der Beilegung internationaler Konflikte (vgl. Troja 2001; Wörner 2003; Abels und Bora 2004; Maiwald 2004; Geis 2005; Hattemer 2012). Die bestechende Erfolgsgeschichte der Mediation wird aber ganz besonders an einem letzten Beispiel deutlich: Selbst im punitiven Strafrecht finden sich über den Täter-Opfer-Ausgleich nach § 46s StGB kooperationsbasierte Formen der Streitbeilegung. Was bedeutet es nun aber, wenn eine Gesellschaft in ihrer gängigen Kommunikationspraxis vermehrt darauf setzt, dass Konflikte in freiwilligen Verfahren unter Hinzuziehung allparteilicher Dritter einvernehmlich gelöst werden sollen?

Es ist ja nun nicht so, als hätte die moderne Gesellschaft mit dem bürgerlichen Rechtsstreit nicht bereits ein effizientes Verfahren der Streitbeilegung gefunden. Max Weber (1988 [1924]) hat in seinen gesammelten Aufsätzen zur Sozial- und Wirtschaftsgeschichte die Verrechtlichung von Sozialbeziehungen – neben der Verwissenschaftlichung, Spezialisierung und Technisierung – gar als einen der bedeutendsten Aspekte des „abendländischen Rationalisierungsprozesses" bezeichnet. Aus der Sicht der Mediation – und zumindest legen das die Selbstbeschreibungen beinahe jedes Einführungshandbuchs nahe – erscheint die Sozialfigur des rationalen Richters heute aber geradezu als ein dezisionistischer Autokrat. Der hoheitlich eingesetzte Richter, der qua Urteil entscheidet, steht dabei in direktem Gegensatz zum kommunikativen Mediator, der Konflikte konsensuell und kooperativ zu versöhnen sucht. Welcher Rationalisierungsprozess lässt sich dann an einer Gesellschaft beobachten, die vermehrt von der Konfrontativität des Rechtsstreits auf die Konsensualität mediativer Verfahren umstellt? Dabei kommt es uns weniger auf die intraspezifischen Differenzen bestimmter Mediationsverfahren, -stile und -philosophien an, noch auf die interspezifischen Unterschieden zu alternativen (historischen) Verfahren zur zivilrechtlichen Streitbeilegung, wie etwa dem Schieds- und Ombudsverfahren, der Verhandlung oder der Schlichtung (vgl. Haft und v. Schlieffen 2008). Es geht uns eher um die Frage danach, auf welche gesellschaftliche Problemlage die Geburt der Figur des Mediators verweist. Wenn die Mediation heute für diese vielen disparaten Anwendungsfälle als eine Lösung erscheint, dann fragt dieser Beitrag mit einer funktionalistischen Heuristik danach, was eigentlich das Problem ist, auf das sie reagiert. Vor dem Hintergrund der Diagnose einer differenzierten Gesellschaft, die sich strukturell durch widerstrebende Logiken und unvereinbare Perspektiven auszeichnet (vgl. Nassehi 2015), wollen wir argumentieren, dass sich Mediation als eine Form der Differenzbearbeitung beschreiben lässt, die Perspektivendifferenzen durch Kommunikation auf Augenhöhe handhabbar machen will. Die Sozialfigur des Mediators etabliert sich als zentraler Angelpunkt in einem Prozess der wechselseitigen Übersetzung, wodurch zwischen unterschiedlichen Perspektiven vermittelt werden soll.

13.1 Soziologische Zugänge – Mediation als Asymmetriekritik

Eine dezidierte Auseinandersetzung der Soziologie mit Mediation als Forschungsgegenstand hat in den vergangenen Jahren an Fahrt aufgenommen. Die Soziologie nähert sich der Mediation vor allem rechts- (von Schlieffen 2000) und professionssoziologisch (Maiwald 2004) sowie gouvernementalitätstheoretisch (Bröckling 2015). Mit dem Ausgang des 20. Jahrhunderts, so setzt etwa der Strafrechtler Jung (1999) seine Überlegungen zur Mediation als „Entrechtlichung sozialer Beziehungen" ein, werde ein Personal- und Paradigmenwechsel im Bereich der Konfliktregelungen vollzogen, der vom konfrontativen Muster des Rechtsstreits auf konsensuale Modelle der Mediation umstelle. Blickt man auf die sich innerhalb dieses Problemaufrisses breit aufspannende Debatte, finden sich vor allem rechts- und verfahrenssoziologische Überlegungen, die einerseits Tendenzen der Informalisierung des Rechts sowie andererseits Tendenzen der Ausdifferenzierung mediativer Verfahren aus dem Rechtssystem diagnostizieren (vgl. von Schlieffen 2000). Diese Entwicklung von Mediationsverfahren speist sich seitdem stark aus dem Geist der Bürokratie- und der juristischen Verfahrenskritik. Im Selbstverständnis der Mediation etabliert diese sich in Abgrenzung zum Formalismus, zur Ineffizienz, zur Staatsfixierung, zu Formen der Entmündigung und der Reproduktion sozialer Ungleichheit durch das Gerichtsverfahren – und damit stets als Alternativ- und Kritikfolie etablierter Konfliktregelungsverfahren.

Im Vordergrund professionssoziologischer Analysen der Mediation steht die Frage nach den „Strukturen des mediatorischen Handelns" (Maiwald 2004, S. 16), welches sich als eine neue Form des „Berufshandelns" (ebd.) ausdifferenziert hat. Am Beispiel der Familienmediation arbeitet Maiwald heraus, wie sich im Umgang mit Konflikten ein neues professionelles Wissen entwickelt hat, das durchaus auch in Konkurrenz zu bereits etablierten Berufsgruppen wie Psychotherapeuten, Seelsorgern, Sozialarbeitern, aber auch Anwälten und Richtern getreten ist. Dabei attestiert er der Mediation jedoch eine „paradoxe Professionalisierungsstrategie": Die Mediation suche sich in der Außendarstellung, wie auch im Binnenraum ihrer Praxis, als ein Expertenberuf zu etablieren, der die „Kritik an den Expertenberufen gewissermaßen verinnerlicht hat." (ebd., S. 298). Alles, was nicht eigentätig durch die Konfliktparteien selbst erarbeitet würde, gerate in mediativen Verfahren in den Sog der Kritik an der Heteronomie des Experten. Die Mediation erscheint in diesem Sinne selbst als eine Form institutionalisierter Herrschaftskritik, die jede Intervention des Mediators als Bevormundung fasst und stattdessen auf die eigendynamischen Kräfte des kooperativen Handelns setzt. Womöglich differenziert sich also mit dem Professionstypus des Mediators eine Figur aus, deren selbstbezügliche Kritik an professioneller Expertise selbst schon der Ausweis ihrer professionellen Expertise ist (vgl. ebd., S. 314).

Die Gouvernementalitätsforschung wiederum adressiert die Mediation als eine Kunst des Führens. Im Anschluss an Foucaults Diagnose eines Umschaltens der Regierungstechniken von Fremd- auf Selbstzwang wird die Mediation in dieser Perspektive als eine Anleitung zum „Sich-Selbst-Regieren" (vgl. Bröckling 2015, S. 171) gelesen. Anstatt auf den asymmetrischen Befehl und das Kommando setzen gouvernementale Strategien der Lenkung darauf, symmetrische Anreizsysteme zu installieren, die bei ihrem Publikum Motive der Selbstlenkung erzeugen. Die Praktiken der Mediation leisten jedoch nicht nur eine neue Form des rationalen Interessensausgleichs, sondern sie etablieren auch ein gesellschaftliches „Affektregime" (ebd., S. 171). In ihrer Leistung, sogar emotional kochende Konflikte vernünftig temperieren zu können, zeichnet sich die Mediation für Bröckling als eine „Schlüsseltechnologie in der Gouvernementalität der Gegenwart" (ebd., S. 173) aus. Sie verpflichtet ihre Teilnehmer darauf, autonome Subjekte sein zu wollen, die selbst ein starkes Eigeninteresse an der Streitbeilegung entwickeln. Das Rollenmodell des Mediators, so führt Bröckling seine Überlegungen in einem Bild zusammen, ist deshalb nicht so sehr das des Souveräns, sondern eher das des „sanft führenden Hirten" (ebd., S 186). Die Disziplinierung erfolgt geradezu unter der Hand, nicht durch asymmetrische Ansprache, sondern durch die Zugzwänge eines spezifischen kommunikativen Stils: „Die Fokussierung auf Face-to-Face Kommunikation und das durch einen unabhängigen Dritten angeleitete Emotionsmanagement nähren die Suggestion, dass Streitfälle sich beilegen lassen, wenn man nur lang genug und in geeigneter Form miteinander redet. Ein Verfahren, das im Wesentlichen aus einem Arrangement klarer Gesprächsregeln und -schritte besteht, tendiert dazu Konflikte als kommunikative Dysfunktion zu traktieren. Darin liegt nicht nur die Verheißung, Kommunikationsstörungen kommunikativ entstören zu können, sondern auch eine Schuldzuschreibung: Kommt es nicht zu einer Einigung, so die Botschaft, dann liegt das nicht an unüberbrückbaren Interessengegensätzen oder unversöhnlichem Widerstreit, sondern an mangelnder Kommunikationskompetenz" (ebd., S. 185). In dieser Feier der Mündlichkeit offenbart sich ein fast unbändiges Vertrauen in die Macht des gesprochenen Wortes. Während in der asymmetrischen Logik des Rechtsstreits der Richter *sein Urteil spricht*, sollen in mediativen Verfahren die Parteien gerade dazu gebracht werden, als konkrete Personen *miteinander zu sprechen*. Das Rechtssystem muss sich geradezu blind machen für den individuellen Rechtsträger, die Mediation hingegen setzt vielmehr darauf, die Kommunikation selbst zu personalisieren. Armin Nassehi (2015) hat den systematischen Sinn dieser Kommunikation von persönlicher Achtung als „Minimalmoral der interaktionsförmigen Kommunikation" (ebd., S. 252) bezeichnet und der Eigenlogik der Interaktionssituation selbst zugeschrieben. Im Horizont einer mediativen Interaktionssituation scheint also einerseits immer das Ideal symmetrischer Verständigung auf, andererseits produzieren die inneren Zugzwänge der Interaktion, also die Einbeziehung der Achtung des Anderen als ganze Person in den Fortlauf der Kommunikation, dieses Ideal selbst mit.

Aus der Lektüre soziologischer Perspektiven auf mediative Verfahren lässt sich zunächst also festhalten, dass die Mediation hier vor allem als Kritik an zu starken Asymmetrien verhandelt wird. Die normative Selbstbeschreibung der Moderne, so hat es insbesondere Irmhild Saake (2015a, 2015b, 2016) herausgearbeitet, formuliert den Anspruch auf symmetrische Verhältnisse: auf demokratisierte politische Entscheidungen oder zumindest die Legitimität der Verfahren, auf freie Märkte mit selbstverantwortlichen Entscheidungen und gleichen Chancen oder auf die kulturelle Gleichwertigkeit unterschiedlicher Lebensformen. Und sie stößt empirisch immer wieder auf soziale Asymmetrien, auf Hierarchien, Fremdbestimmung und soziale Ungleichheiten (vgl. Nassehi 2006). So konnte das Postulat nach mehr Symmetrie überhaupt erst zum zentralen normativen Narrativ werden, gerade weil es sich eigentlich immer schon an der faktischen Asymmetrie abarbeiten musste, ja sie geradezu voraussetzt. Vor diesem Hintergrund möchten wir nun in gesellschaftstheoretischer Absicht argumentieren, dass die Mediation als symmetrisch angelegtes, dialogisches Verfahren ihre spezifische Plausibilität erst vor dem strukturellen Hintergrund einer funktional differenzierten Gesellschaft gewinnt.

13.2 Übersetzungskonflikte und Mediation

Wir leben heute in einer Gesellschaft, in der die Pluralität von Perspektiven eine basale Erfahrung ist (vgl. Nassehi 2015). Jede Thematik kann beispielsweise sowohl aus ökonomischer, juristischer, politischer oder medizinischer Perspektive betrachtet werden – mit jeweils ganz unterschiedlichen Problemgesichtspunkten und Schlussfolgerungen. Systemtheoretisch wird diese Erfahrung in der Diagnose der funktional differenzierten Gesellschaft auf den Begriff gebracht. Demnach ist die moderne Gesellschaft Ergebnis eines evolutionären Prozesses, in dem sich Logiken voneinander entkoppelt haben und so überhaupt erst als Unterschiedliches sichtbar und verhandelbar wurden. Mediative Verfahren reagieren somit auf eine funktional differenzierte Gesellschaft, die von ihren eigenen Perspektivendifferenzen eingeholt wird.

Gemeinhin wird unter funktionaler Differenzierung die Ausdifferenzierung unterschiedlicher systemischer Zuständigkeitsbereiche verstanden, die gemäß ihrer eigenen Logik operieren. Durch die Verwendung binär codierter Leitunterscheidungen wie ‚wahr/unwahr' in der Wissenschaft oder ‚Recht/Unrecht' im Recht, sowie durch die Etablierung symbolischer Kommunikationsmedien wie ‚Macht in der Politik' oder ‚Geld in der Wirtschaft' entstehen Räume verdichteter kommunikativer Anschlussfähigkeit (vgl. Luhmann 1997; Nassehi 2011). Funktionssysteme wie Politik, Wissenschaft, Wirtschaft oder Religion gehorchen dabei alle unterschiedlichen Logiken, die füreinander inkommensurabel sind. Das mag zunächst abstrakt klingen, empirisch lässt sich diese Theorie jedoch ganz einfach daran verdeutlichen, dass in unterschiedlichen Kontexten unterschiedliche praktische Zugzwänge walten.

Wir möchten die vielfältigen Perspektivenkonflikte der modernen Gesellschaft kurz an einem *Beispiel* aus unserer eigenen Forschung darstellen: Aus politischer Perspektive wurde im Kontext von Entscheidungen am Lebensende der Bedarf kollektiv bindender Entscheidungen als ein Problem identifiziert, das über die rechtliche Implementierung der Patientenverfügung gelöst werden sollte. Patienten können nun schriftlich für bestimmte medizinische Konstellationen einen Behandlungsabbruch festlegen. Die Unsicherheit palliativmedizinischer Praxis, etwa in Situationen der Nicht-Zustimmungsfähigkeit des Patienten (z. B. im Wachkoma), sollte somit über die Möglichkeit einer schriftlich vor-verbürgten Willensbekundung in rechtliche Erwartungssicherheit übersetzt werden. Ein Mediziner aber hat möglicherweise Probleme, die schriftlich verbürgte medizinische Situation mit den tatsächlichen Parametern der Entscheidungssituation zur Deckung zu bringen, eine medizinische Perspektive kann in diesem Fall fast gar nicht anders, als den Patienten weiter zu behandeln. Ein Jurist hingegen wird nun im Konfliktfall darauf beharren, dass in der Verfügung tatsächlich der Wille des Patienten verbürgt ist und dieser unbedingt zu achten sei. Und die Angehörigen des Patienten mögen den so verbürgten Willen wiederum mit dem Verweis auf einen authentischen Willen anzweifeln, der sich ihnen aus intimer Kenntnis seiner *ganzen Person* erschließt. Im Medium der Schrift wird deshalb auch der Verdacht mitproduziert, dass der verbürgte Wille nun doch nicht mehr mit dem tatsächlichen Willen des Patienten identisch ist. Die Integrationsfähigkeit der schriftlichen Verfügung wird also letztlich durch die unvermeidbare Perspektivendifferenz der Situation eingeholt.

An diesem Beispiel sollte zunächst nur deutlich geworden sein, dass unsere Welt nicht mehr im Singular, sondern nur mehr im Plural denkbar ist: Wir leben gleichzeitig in vielen disparaten Welten. Diese Komplexität wird jedoch oft als Unübersichtlichkeit und Widersprüchlichkeit und damit als ein Mangel der Kommunikation erfahren. Die unterschiedlichen Kontexte der modernen Gesellschaft existieren nicht friedlich nebeneinander, sie widersprechen sich vielmehr gleichzeitig und müssen an ihren Kontaktzonen unterschiedliche Übersetzungslei*stungen* aushalten. Diese Übersetzungsleistungen dürfen jedoch nicht in dem Sinne verstanden werden, dass man nun für mehr Übersetzungskompetenz plädieren könnte, um die unhintergehbare Perspektivität der modernen Gesellschaft zu versöhnen. Übersetzungskonflikte sind kein Problem mangelnder Reflexivität, das durch mehr Wissen und Expertise oder durch die Promotion guter, ja *besserer Gründe* zu lösen wäre. Übersetzungen sind vielmehr prozess- statt konsensorientiert. Dabei ist es vor allem in institutionellen Settings wie Organisationen unvermeidbar, dass unterschiedliche Perspektiven in ihrer ganzen Unterschiedlichkeit aufeinanderprallen. Hier müssen sie in konkreten Praxen aufeinander bezogen und mitunter auf Entscheidungen hin koordiniert werden. Gerade weil diese Perspektiven aber nicht aus dem eigenen Sinnverweisungszusammenhang ausbrechen können, geraten sie unvermeidlich in offenen Konflikt miteinander und ziehen Übersetzungsstrategien der Mediation geradezu an (vgl. Nassehi 2011). Theorien der Übersetzung suchen üblicherweise nach Möglichkeiten der Vermittlung von Perspektivendifferenzen (vgl. Wolf und Fukari 2007). Uns geht es aber um weit mehr als nur kulturelle oder sprachliche Übersetzungen. Es geht uns um eine Suche nach den gesellschaftlichen Strategien der Differenzbearbeitung[1]. Mediation kann vor diesem Hintergrund als *Handlungsstrategie im Umgang mit den Perspektivendifferenzen der modernen Gesellschaft* beobachtet werden, die sich gerade nicht versöhnen lassen, deshalb aber stets übersetzt werden müssen (vgl. Nassehi und Atzeni 2015).

Auch die Professionalisierung der Figur des Mediators, der bestimmte Techniken der Vermittlung und einen reflexiven Habitus einübt (vgl. Kriegel-Schmidt 2014), kann dabei selbst als ein Hinweis darauf gelesen werden, wie sich die moderne Gesellschaft auf ihre unhintergehbare Perspektivendifferenz einzustellen versucht. So lassen sich heute ähnliche Figuren wie die des Mediators auch in anderen Bereichen der Gesellschaft finden, etwa in Gestalt des politischen Beraters, der unterschiedliche, teilweise widersprüchliche Anforderungen in Hinblick auf wissenschaftliche Redlichkeit und politische Machbarkeit zwar nicht synchronisieren, aber im Ausbalancieren der Widersprüchlichkeiten und Oszillieren zwischen unterschiedlichen Erwartungsstilen dennoch seine Professionalität festmachen kann (Mayr und Siri 2015; für den modernen Arzt: Nassehi und Atzeni 2015). Empirisch sichtbar werden so insbesondere neue Formen der Figur des Professionellen sowie kommunikative Verfahren, die Transfers und Übersetzungen initiieren, ja die Rolle eines „Vermittlers" in einem bestimmten Kommunikationskontext einnehmen und somit spezifische Plausibilitäten dafür mit erzeugen, wie unterschiedliche Perspektiven empirisch überhaupt aufeinander Bezug nehmen können.

Verfahrensmäßige Mediation reagiert also offenbar auf das Problem der Multiperspektivität einer modernen Gesellschaft, in der das Sichtbarwerden von Perspektiven *als* Perspektiven bestimmter Formen der Konfliktlösung plausibler werden und die den freiwilligen, selbstbestimmten Interessenausgleich attraktiver als das asymmetrische, heteronome Urteil des Richters erscheinen lässt. Dafür spricht ein gesellschaftlicher Trend zur Institutionalisierung symmetrischer Kommunikationsformen. Verschiedenste Formen von „runden Tischen" als „Technologien zur Herstellung von Übereinkunft" (Werber 2009) weisen in diese Richtung. Diese Diskursveranstaltungen der runden Tische statten sich mit einer Konsensfiktion aus, so dass zumindest in der Sozialdimension die symbolische Möglichkeit der

1 Im Rahmen des DFG-Forschungsprojektes „Übersetzungskonflikte" (2015–2018; NA 307/11-1, SA 1016/1-1), geleitet von Armin Nassehi und Irmhild Saake, gehen wir der Frage nach, wie sich die moderne Gesellschaft auf Perspektivendifferenzen einstellt. Anhand empirischer Fallstudien untersuchen wir im Kontext der Organspende, der Beschneidungsdebatte sowie der Palliativmedizin, wie sich Konfliktlagen und deren Lösungsentwürfe praktisch herstellen.

gleichberechtigten Einigung auftaucht – auch wenn damit Konflikte in der Sachdimension noch gar nicht berührt worden sind. Oder: *berührt werden müssen*. Die Möglichkeit dieser Entscheidungs*vermeidung* über „runde Tische" wird in der Organisation dann als *Ethik-Komitees* auf Dauer gestellt.

Die fortschreitende Einrichtung von klinischen Ethikkomitees in großen Krankenhäusern ist somit ein weiteres Beispiel für die Bearbeitung von Perspektivendifferenzen. Medizinische Entscheidungen müssen sich zunehmend vor einem nicht-medizinischen Publikum bewähren. Klinische Ethikkomitees als Gremien der Beratung in ethisch schwierigen Fällen bilden in ihrer Zusammensetzung aus Ärzten, Pflegern, Seelsorgern, Patientenvertretern, Verwaltungsmitgliedern etc. prinzipiell gleichberechtigte Perspektiven ab. Ebenso wie in der Mediation werden hier Perspektiven als Perspektiven stark gemacht und darin in ihrem Anspruch sowohl geschwächt als auch gestärkt (vgl. Mayr 2007). In klinischen Ethikkomitees etabliert sich eine Form der Kommunikation, die Augenhöhe einfordert, in der Konsequenz aber professionsgebundene Sachargumente nachgerade entwertet (Saake und Kunz 2006; Nassehi et al. 2008, 2014). Um nicht missverstanden zu werden: Solche Formen symmetrischer Kommunikation ersetzen andere Formen asymmetrischer Regulierung von Konflikten und Herstellung von Eindeutigkeit keineswegs. Nur vor dem Hintergrund funktionierender und verlässlicher hierarchischer Entscheidungs- und Sanktionsmöglichkeiten sind überhaupt die Freiheitsgrade für freiwillige, symmetrische und demokratischere Formen der Konfliktbearbeitung denkbar: Weil zum Beispiel der Konflikt auch im Rahmen eines juristischen Verfahrens entschieden werden könnte, entwickeln mediative Verfahren hinreichend Bindungskraft und können so überhaupt für normative Erwartungssicherheit[2] sorgen. Vielmehr könnte man mutmaßen, dass durch das Einrichten von Bereichen symmetrischer Kommunikation Organisationen auch von den Zumutungen der Erwartung an Kommunikation auf gleicher Augenhöhe entlastet werden: Medizinische Entscheidungen auf Station werden entdramatisiert, indem Entscheidungen vertagt werden, alle beteiligten Perspektiven zu Wort kommen – und gerade aus diesem zeitlich entzerrten Verfahren die Legitimität einer guten Entscheidung erzeugen. Mit Verweis auf den „runden Tisch" kann dann an anderer Stelle unter Rückgriff auf Hierarchien unbehelligt einfach entschieden werden.

Mediation wie auch andere dialogische Formen bearbeiten also die prinzipielle Unvereinbarkeit von Perspektiven, die sich in Konflikten zwischen Personen oder Organisationen niederschlägt. Solche Verfahren der Konfliktbearbeitung lösen die Differenzen keineswegs auf, finden aber einen Modus, in dem die Differenz gebän-

---

2 Zur Funktion des Rechts, normative Erwartungssicherheit herzustellen, siehe Luhmann (1993).

digt und so zumindest weitergemacht werden kann. Was es für eine Gesellschaft bedeutet, dass solche Formen erwartbarer werden, und welche konkreten Modi der Übersetzung in einer Mediationspraxis zum Zuge kommen, erfordert weitere empirische Forschung und kann hier nur in Aussicht gestellt werden. Dies wäre jedoch für die Soziologie, wie auch für die Mediationsforschung gleichermaßen eine lohnende Perspektive. Denn auch die Mediation wird ja auf das konkrete Übersetzungsproblem zurückgeworfen, die symmetrische Kommunikationssituation nicht ewig fortführen zu können. Sie unterliegt selbst der Zeitrestriktion, sich am Ende eine asymmetrische Form geben zu müssen und damit die kommunikative Verflüssigung des Konflikts wieder in die Schriftlichkeit einer bindenden Mediationsvereinbarung zu übersetzen. Wie dies konkret gelingt, ist eine empirische Frage.

Literatur

Abels, G. & Bora, A. (2004). *Demokratische Technikbewertung*. Bielefeld: transcript.

Bröckling, U. (2015). Gute Hirten führen sanft. Über Mediation. *Mittelweg 36*, 173-186.

Geis, A. (2005). *Regieren mit Mediation. Das Beteiligungsverfahren zur zukünftigen Entwicklung des Frankfurter Flughafens*. Wiesbaden: Springer VS.

Haft, F. & von Schlieffen, K. (Hrsg.) (2008). *Handbuch Mediation*. München: C.H.Beck.

Hattemer, S. (2012). *Mediation bei Störung des Arzt-Patient-Verhältnisses*. Kölner Schriften zum Medizinrecht. Berlin & Heidelberg: Springer.

Jung, H. (1999). Mediation – ein Ansatz zur „Entrechtlichung sozialer Beziehungen"? In H. Jung & U. Neumann (Hrsg.), *Rechtsbegründung – Rechtsbegründungen. Günter Ellscheid zum 65. Geburtstag* (S. 68-75). Baden-Baden: Nomos.

Kriegel-Schmidt, K. (2014). Kultur als Blickwinkel in interkulturell orientierten Lernsettings. Didaktische und theoretische Reflexionen am Beispiel einer Ausbildung in interkultureller Mediation. *Interculture Journal 13* (22), 27-44.

Luhmann, N. (1993). *Das Recht der Gesellschaft*. Frankfurt a. M.: Suhrkamp.

Luhmann, N. (1997). *Die Gesellschaft der Gesellschaft*. 2 Bd. Frankfurt a. M.: Suhrkamp.

Maiwald, K.-O. (2004). *Professionalisierung im modernen Berufssystem. Das Beispiel der Familienmediation*. Wiesbaden: Springer VS.

Mayr, K. (2007). Rationalität und Plausibilität in klinischen Ethikkomitees. Die Echtzeitlichkeit von Kommunikation als Empirie der Systemtheorie. *Soziale Welt 58*, 323-344.

Mayr, K. & Siri, J. (2015). Politische Beratung: Ein Spiel mit Formalität und Informalität. In V. v. Groddeck & S. M. Wilz (Hrsg.), *Formalität und Informalität in Organisationen* (S. 299-318). Wiesbaden: Springer VS.

Nassehi, A. (2006). Differenzierungseliten in einer „Gesellschaft der Gegenwarten". In H. Münkler, G. Straßenberger & M. Bohlender (Hrsg.), *Deutschlands Eliten im Wandel* (S. 255-274). Frankfurt a. M.: Campus.

Nassehi, A. (2011). *Gesellschaft der Gegenwarten. Studien zur Theorie der modernen Gesellschaft II.* Frankfurt a. M.: Suhrkamp.
Nassehi, A. (2015). Übersetzungskonflikte. Die Geburt der Kritik aus dem Geist der Perspektivendifferenz. In ders.: *Die letzte Stunde der Wahrheit* (S. 256-294). Hamburg: Murmann.
Nassehi, A. & Atzeni, G. (2015). Professionelle Übersetzungselite? Soziologische Überlegungen zur Struktur von Wertkonflikten in der modernen Gesellschaft. *Zeitschrift für medizinische Ethik 61(4)*, 302-313.
Nassehi, A., Saake, I. & Mayr, K. (2008). Healthcare Ethics Comitees without Function? Locations and Forms of Ethical Speech in a 'Society of Presents'. In B. K. Rothman, E. Armstrong, R. Tiger (Hrsg.), *Bioethical Issues, Sociological Perspectives* (Advances of Medical Sociology Vol. 9) (S. 131-158). Emerald Group Publishing Limited.
Nassehi, A., Saake, I. & Mayr, K. (2014). The Multiplication and Realization of Speakers as Polyphony. In M. Knudsen & W. Vogd (Hrsg.), *Unfolding Observation – A New Sociology of Medical Treatment* (S. 173-194). London: Routledge.
Saake, I. (2015a). Soziologie der Ethik. Semantiken symmetrischer Kommunikation. In dies., A. Nassehi & J. Siri (Hrsg.), *Ethik – Normen – Werte. Studien zu einer Gesellschaft der Gegenwarten* (S. 43-67). Wiesbaden: Springer VS.
Saake, I. (2015b). Immer auf Augenhöhe. *Süddeutsche Zeitung vom 04.06.2015*
Saake, I. (2016). Zum Umgang mit Asymmetrien und Unterschieden. *Aus Politik und Zeitgeschichte 66* (9), 49-54.
Saake, I. & Kunz, D. (2006). Von Kommunikation über Ethik zu ‚ethischer Sensibilisierung': Symmetrisierungsprozesse in diskursiven Verfahren. *Zeitschrift für Soziologie 35* (1), 41-56.
Schlieffen, K. von (2000). Mediation – Renaissance der Laienjustiz oder Ausdifferenzierung des Rechts? *Zeitschrift für Rechtssoziologie – The German Journal of Law and Society 21* (2), 450-460.
Troja, M. (2001). *Umweltkonfliktmanagement und Demokratie. Zur Legitimation kooperativer Konfliktregelungsverfahren in der Umweltpolitik.* Köln: Centrale für Mediation.
Weber, M. (1988). *Gesammelte Aufsätze zur Sozial- und Wirtschaftsgeschichte* [1924]. Tübingen: Mohr Siebeck
Werber, N. (2009). Runde Tische & eckige Tische. Technologien zur Herstellung von Übereinkunft. In H. Blumenrath et al. (Hrsg), *Techniken der Übereinkunft. Zur Medialität des Politischen* (S. 113-133). Berlin: Kadmos.
Wolf, M. & Fukari, A. (Hrsg.) (2007). *Constructing a Sociology of Translation.* Amsterdam, Philadelphia: John Benjamins.
Wörner, J.-D. (Hrsg.) (2003). *Das Beispiel Frankfurt Flughafen. Mediation und Dialog als institutionelle Chance.* Dettelbach: J.H. Röll.

Das Modell einer allgemeinen Konfliktbehandlungslehre als Ausgangspunkt einer zukünftigen ADR-Dogmatik

14

Matthias Wendland

14.1 Einführung

Als Ergebnis einer über 40-jährigen Entwicklung ist die moderne ADR-Bewegung, ausgehend von ihren ersten Anfängen den USA, in Deutschland mittlerweile fest etabliert. Nach einer ersten Phase der *Innovation*, auf die eine Zeit der – in Deutschland noch sehr zaghaften[1] – wissenschaftlichen *Durchdringung* folgte, hat nun ein Prozess der *Institutionalisierung* eingesetzt, der die Mediation schrittweise als selbstverständlichen Teil staatlicher und privater Streitbeilegung in das bestehende System der Konfliktbehandlung integriert.[2] Trotz der Fortschritte auf diesem Weg, der wachsenden praktischen Bedeutung der Mediation und vielfältiger wissenschaftlicher Ansätze steckt die interdisziplinäre ‚Mediationsforschung' in Deutschland als eigenständige Wissenschaftsdisziplin noch in den Kinderschuhen.

---

1 Eine Ausnahme bilden einzelne, vergleichsweise gut untersuchte praxisrelevante Bereiche, wie etwa die sog. ‚Güterichter-Modelle'. Vgl. zur empirischen Begleitforschung gerichtsverbundener Mediationsprojekte zusammenfassend Greger und Gottwald (2016) sowie im Einzelnen Greger und Unberath (2012); Bierbrauer und Klinger (2008); Greger (2007); Warwel (2007); Zenk et al. (2007); Spindler (2006).

2 Die drei klassischen Phasen der modernen Mediationsentwicklung gehen zurück auf Sander (2007, S. 599).

14.2 Notwendigkeit einer Dogmatik der alternativen Streitbeilegung

Erst recht gilt dies für die dogmatische Durchdringung der alternativen Streitbeilegung, die angesichts der Vielfalt unterschiedlicher Verfahren und der erheblichen Bandbreite ihrer Rechtsbindung notwendiger erscheint denn je. Vor allem mit Blick auf die Rezeption durch die Prozessualistik, die gerade die Dogmenferne nicht rechtsorientierter Verfahren beklagt und entsprechende dogmatische Bemühungen anregt (Stürner 2014, S. 322 f.), ist der Versuch einer *Dogmatik der alternativen Streitbelegung* längst überfällig. Aber auch für die weitere wissenschaftliche Erschließung der Mediation erscheint die gemeinsame Sprache einer ADR-Dogmatik unerlässlich. Wie die Wirren um das im April 2016 in Kraft getretene Verbraucherstreitbeilegungsgesetz (VSBG) zeigen (vgl. zur Kritik Wendland 2016a m. w. N.), das unter dem Deckmantel der alternativen Streitbeilegung letztlich ein schriftliches, privatrichterliches Verfahren mit freiwilliger Spruchbindung einführt und damit weitgehend unter ‚falscher ADR-Flagge' segelt, ist eine verlässliche ADR-Dogmatik nicht zuletzt für den Gesetzgeber unabdingbare Voraussetzung gelungener Rechtssetzung.

14.3 Anforderungen an eine ADR-Dogmatik

Das Spektrum der ADR-Instrumente umfasst Verfahren mit ganz unterschiedlicher Rechtsbindung. Aber auch innerhalb einer Verfahrensart kann die Orientierung am materiellen Recht je nach Spielart des Verfahrens stark variieren.[3] Das Nebeneinander von rechts- und interessenorientierten Verfahren stellt damit besondere Anforderungen an die dogmatische Systematisierung und erfordert letztlich eine Dogmatik, die den Rahmen des rein Rechtlichen übersteigt. Der Ansatz einer solchen „interdisziplinären Dogmatik" kann zwar nur auf Kosten einer eingeschränkten Kompatibilität zur zivilprozessualen Binnendogmatik gelingen. Gleichwohl ist ein umfassender Ansatz – der auch dem interdisziplinären Charakter der ADR-Forschung als Querschnittsmaterie entspricht – alternativlos, will man tatsächlich die gesamte Bandbreite der ADR-Verfahren erfassen.

---

3 Zum sog. *Riskin-Grid* vgl. Riskin (2003, 1996) sowie eingehend Wendland (2016b, § 5 III. 1.).

14.4 Grundzüge einer ADR-Dogmatik

Für den Ausgangspunkt einer allgemeinen Konfliktbehandlungslehre als Versuch einer ADR-Dogmatik[4] bietet sich die Institutionen- und Verfahrenslehre des US-amerikanischen Rechtsphilosophen Lon L. Fuller an, der bereits in den 1970er Jahren Struktur und Wesen der ADR-Verfahren systematisch untersucht hat.

14.4.1 Lon L. Fullers Institutionenlehre als Ausgangspunkt

Fullers bemerkenswerter Ansatz eines prozeduralen Naturrechts geht im Anschluss an Überlegungen *Harts* (1960, S. 189 ff.) von einem in jeder entwickelten Gesellschaft verfügbaren Satz idealtypischer Verfahren sozialer Steuerung aus (*Prinzip des Verfahrenspluralismus*), deren Struktur durch die natürlichen Bedingungen der Gesellschaft bestimmt wird: Gesetzgebung (*legislation*), Gerichtsverfahren (*adjudication*), exekutives Verwaltungshandeln (*administrative direction*), Mediation (*mediation*), Vertrag (*contractual agreement*) (Fuller 1971, S. 337).[5] Jedes dieser fünf Primärverfahren verfügt über eine eigene, unverwechselbare innere Struktur (*design*) und ein eigenes Wesen (*morality*). Es folgt jeweils ganz spezifischen Zielen, deren Verwirklichung durch eigene, darauf zugeschnittene Verfahrensgrundsätze und eine hierauf ausgerichtete Verfahrensstruktur gewährleistet wird. Aus diesem Grund ist zur Sicherung der inneren Integrität des Verfahrens eine Kombination unterschiedlicher Strukturprinzipien verschiedener Verfahrensarten ebenso ausgeschlossen (*Prinzip der Verfahrensintegrität*) wie eine Vermischung der Rollen des neutralen Dritten (*Prinzip der Rollentrennung*) (Fuller 1978, S. 381, 405 ff.). Damit ist es etwa dem Richter verwehrt, in der gleichen Sache als Mediator vermittelnd tätig zu werden.[6]

Das Wesen der Mediation sieht *Fuller* in der Transformation der Beziehung zwischen den Parteien, um sie durch die Vermittlung einer neuen, gemeinsamen Perspektive ihrer Beziehung wieder aufeinander hin auszurichten: „… the central quality of mediation, namely, its capacity to reorient the parties toward each other, not by imposing rules on them, but by helping them to achieve a new and shared perception of their relationship, a perception that will redirect their attitudes and dispositions toward one another." (1971, S. 325). Das Wesen der heteronomen

---

4 Der Beitrag fasst die wesentlichen Ergebnisse zusammen, die der Autor in einer umfassenderen Untersuchung vorgelegt hat, vgl. Wendland (2016b, §§ 2, 7).

5 Zur variierenden Anzahl der *processes* Wendland (2016b, § 3 II. 1. b).

6 Zum Ganzen Wendland (2016b, § 3 II. 1.) m. w. N.

Drittentscheidung – *Fuller* stellte hier auf das Schiedsverfahren ab – liegt dagegen in einer Entscheidung nach den Maßgaben des Vertragsrechts: „The morality of arbitration lies in a decision according to the law of the contract" (Fuller 1963, 23 f.).

14.4.2 Die Trias der drei Primärverfahren

Die fünf Primärverfahren *Fullers* lassen sich mit Blick auf ihre Eignung zur Konfliktbeilegung auf die drei idealtypischen Primärverfahren der *Verhandlung*, der *Mediation* und der *autoritativen Drittentscheidung* bzw. auf das *Verhandeln*, das *Vermitteln* und das *Richten* zurückführen.[7] Aus der Kombination dieser drei Primärverfahren lassen sich alle ADR-Verfahren einschließlich der kaum noch überschaubaren Vielfalt der Hybridverfahren wie Med-Arb, Arb-Med, Neg-Arb, Mini Trial, ODR und Schlichtung ableiten (Wendland 2016b, § 2 I). Ideengeschichtlich ist diese Trias seit der Antike bekannt: Sie findet sich bereits in der sog. *Gemeinderegel Jesu* im Matthäusevangelium (Mt. 18,15 ff.), der ältesten Beschreibung eines abgestuften „Konfliktmanagementsystems" (1. Stufe: Verhandlung, 2. Stufe: Mediation, 3. Stufe: autoritative Entscheidung) und begegnet uns später bei den Naturrechtlern *Grotius* und *Pufendorf* in der *Trias* von Freundschaftsgespräch (*colloquium*), Vergleich (*compromissum*) und Losentscheidung (*fors*) (Wendland 2016b, § 2 I., m. w. N.): „Tres autem sunt modi quibus vitari potest, ne controversiae in bellum erumpant: Primum est *colloquium* … alterum est *compromissum* … tertia ratio est per *fortem*." (Grotius 1995, S. 395; lib. 2, cap. 23, § 6-9).[8]

14.4.3 Das Prinzip hierarchischer Differenzierung

Für die Bestimmung des hierarchischen Verhältnisses der einzelnen Verfahren zueinander als Kern einer allgemeinen Konfliktbehandlungslehre ergeben sich drei Ansätze:[9] Nach dem Prinzip *funktionaler Differenzierung* bestimmt sich dieses Verhältnis auf der Grundlage der Funktion, die dem Verfahren mit Blick auf die vier Kategorien *Rechtsordnung*, *Gesellschaft*, *Konflikt* und *Parteien* zukommt. Nach dem *Prinzip qualitativer Differenzierung*, dem auch *Frank E.A. Sanders* Konzept

7 Zum Ganzen (Wendland, 2016b, § 2 I.).

8 Ähnlich, wenngleich mit abweichenden Begriffen v. Pufendorf (1995, S. 563; lib. 5, cap. 13, § 3). Hervorhebungen durch den Verfasser.

9 Zum Folgenden eingehend Wendland (2016b, § 7 IV., m. w. N.).

eines *Multi-Door-Courthouse* (Sander 1976, S. 131)[10] zugrunde liegt, erfolgt die Konfliktzuweisung am Maßstab der Eignung der jeweiligen Verfahren zur Beilegung bestimmter Konfliktarten. Mit Blick auf die Praktikabilität und den Befund der interdisziplinären Forschung vorzugswürdig ist dagegen das *Prinzip hierarchischer Qualifizierung*, das von einem Vorrang konsensualer Verfahren und hier insbesondere der Mediation vor Drittentscheidungsverfahren wie dem Zivilprozess ausgeht. Da die Parteien – bedingt durch Wahrnehmungsverzerrungen und intuitives Konfliktverhalten – zur effektiven Umsetzung konsensualer Strategien regelmäßig der Unterstützung eines Streitmittlers bedürfen, kommt der Mediation auch gegenüber der Verhandlung grundsätzlich Vorrang zu (*Mediationsprimat*).

14.5 Ausblick

Die Diskussion um die Entwicklung einer tragfähigen ADR-Dogmatik hat gerade erst begonnen. Die Gedanken zu möglichen Grundzügen einer allgemeinen Konfliktbehandlungslehre, die hier nur holzschnittartig skizziert werden können, sollen eine erste Anregung geben, diesen notwendigen Weg zu beschreiten.

Literatur

Bierbrauer, G. & Klinger, E. (2008). *Gerichtliche Mediation in Mecklenburg-Vorpommern: Ergebnisse der sozialwissenschaftlichen Begleitforschung.* Osnabrück: Institut für angewandte sozial- und wirtschaftswissenschaftliche Forschung und Konfliktmanagement.

Birner, M. (2003). *Das Multi-Door Courthouse: Ein Ansatz zur multi-dimensionalen Konfliktbehandlung.* Köln: Centrale für Mediation.

Fuller, L. L. (1963). Collective Bargaining and the Arbitrator. *Wis. L. Rev.*, 3.

Fuller, L. L. (1971). Mediation: Its Forms and Functions. *S. Cal. L. Rev. 44*, 305.

Fuller, L. L. (1978). The Forms and Limits of Adjudication. *Harv. L. Rev. 92*, 353.

Greger, R. (2007). *Abschlussbericht zur Evaluation des Modellversuchs Güterichter.* Erlangen: o. V.

Greger, R. & Gottwald, P. (2016). Alternative Konfliktbehandlung im Zivilprozess: Ausgangsidee, Umsetzung, Ergebnis und Ausblick. *ZKM*, 84.

Greger, R. & Unberath, H. (2012). *Thüringer Projekt: Güterichter.* o. O.: o. V.

10 Vgl. für empirische Studien bestehender und umgesetzter Multi-Door Courthouse Projekte Kessler und Finkelstein (1988), Birner (2003), Meyer (2005).

Grotius, H. (1995). *Hugonis Grotii: De jure belli ac pacis libri tres, in quibus jus naturae & gentium, item juris publici praecipua explicantur.* Editio nova. Band 1. Buffalo: William S. Hein.

Hart, H. L. A. (1960). *The Concept of Law.* Oxford: Clarendon Press.

Kessler, G. & Finkelstein, L. J. (1988). The Evolution of a Multi-Door Courthouse. *Cath. U. L. Rev. 37,* 577.

Meyer, V. (2005). *Court-connected Alternative Dispute Resolution: Amerikanische Erfahrungen und Schweizer Perspektiven.* Zürich: Schulthess.

Riskin, L. L. (1996). Understanding Mediators' Orientations, Strategies, and Techniques: A Grid for the Perplexed. *Harv. Negot. L. Rev. 1,* 7.

Riskin, L. L. (2003). Decisionmaking in Mediation: The New Old Grid and the New New Grid System. *Notre Dame L. Rev. 1,* 1.

Sander, F. E. A. (1976). Varieties of Dispute Processing,. *F.R.D. 70,* 111.

Sander, F. E. A. (2007). Developing the MRI (Mediation Receptivity Index). *Ohio St. J. On Disp. Resol. 22,* 599.

Spindler, G. (2006). *Gerichtsnahe Mediation in Niedersachsen: Eine juristisch-rechtsökonomische Analyse. Abschlussbericht im Auftrag des Niedersächsischen Ministeriums für Justiz und des Niedersächsischen Ministeriums für Wissenschaft und Kultur.* Göttingen: Niedersächsische Staats- und Universitätsbibliothek.

Stürner, R. (2014). Die Rolle des dogmatischen Denkens im Zivilprozessrecht. *ZZP 127,* 271.

Pufendorf, S. von (1995). *De jure naturae et gentium libri octo.* Band 1. Buffalo: William S. Hein.

Warwel, D. (2007). *Gerichtsnahe Mediation: Empirische Untersuchung der Verhaltens- und Vorgehensweisen von Richtermediatoren in gerichtsnahen Mediationsverfahren.* Berlin: Lit.

Wendland, M. (2016a). Abschied von der Privatautonomie durch Verbraucherschlichtung? Zur Kritik des neuen Verbraucherstreitbeilegungsgesetzes (VSBG) aus der Perspektive der interdisziplinären ADR-Forschung. *KritV 4/2016.*

Wendland, M. (2016b). *Mediation und Zivilprozess: Dogmatische Grundlagen einer allgemeinen Konfliktbehandlungslehre.* Tübingen: Mohr Siebeck.

Zenk, K., Strobl, R., Hupfeld, J. & Böttger, A. (2007). *Gerichtsnahe Mediation in Niedersachsen: Die Evaluation eines Modellversuchs.* Baden-Baden: Nomos.

Teil III.2

Interkulturelle, kulturvergleichende und internationale Fragestellungen

Interkulturelle Mediation 15

Forschungsstand und offene Fragestellungen innerhalb einer Mediationswissenschaft

Dominic Busch und Claude-Hélène Mayer

Befürworter von Mediation betonen häufig die hohe Flexibilität dieses Verfahrens sowie seine Anpassungsfähigkeit an persönliche Interessen und Bedürfnisse von Individuen. Bereits aus einem Alltagsverständnis heraus scheint daher die Annahme besonders nahe zu liegen, dass sich Mediation auch für eine konstruktive Bearbeitung von Konflikten zwischen Menschen aus verschiedenen Kulturen sehr gut eignet. Werte- und Identitätskonflikte scheinen sich mit rechtsbasierten Verfahren nicht hinreichend greifen zu lassen. Interkulturellem Kontakt werden häufig kommunikationsbasierte Herausforderungen zugeschrieben, denen die gesprächsorientierte Mediation mit dem passenden Handwerkszeug entgegenzutreten scheint.

Um das Anliegen des Arbeitsfelds Interkulturelle Mediation an eine zu etablierende Mediationsforschung ausloten zu können, erscheint zunächst eine zumindest kurze Sichtung sinnvoller Programmatiken für eine solche Mediationsforschung erforderlich. Wird häufig vordergründig von einer Unterscheidung zwischen normativen Herangehensweisen an den Gegenstand (hier: „Wie sehen gute Mediationen aus?") gegenüber deskriptiven Ansätzen (hier: „Was machen Menschen in einer Mediation eigentlich?", bzw. allgemeiner: „Wie tragen Menschen Konflikte aus?") ausgegangen, so muss eine diskurskritische Sichtweise auf die Forschungspraxis zu dem Schluss kommen, dass letztlich jede wissenschaftliche Betrachtung sozialer Phänomene eine (sozial-)politische Dimension und Motivation haben muss. Diese gilt es in ihrer großen potenziellen Bandbreite bei der Begründung einer Mediationswissenschaft im Allgemeinen grundsätzlich zu reflektieren.

15.1 Systematisierungen – Was ist Interkulturelle Mediation?

Die Frage, in welchen Kontexten von Interkultureller Mediation gesprochen werden soll, wird in der Literatur überaus unterschiedlich beantwortet. So wird teilweise davon ausgegangen, dass Interkulturelle Mediationen solche Mediationen sind, in denen die Medianden aus unterschiedlichen Kulturen stammen (vgl. z. B. Mayer 2008; Bierbrauer 2009; Kriegel-Schmidt 2013). Andere gehen davon aus, dass der Mediator aus einer anderen Kultur stammt als die Medianden (vgl. z. B. Irving et al. 1999). Alternativ geht es Autoren um die Überprüfung der Übertragbarkeit von westlichen Formen der Mediation auf nicht-westliche Kontexte (vgl. z. B. Davidheiser 2006). Weitere Studien untersuchen nicht-westliche Formen der Konfliktbearbeitung (vgl. z. B. Ting-Toomey 2010), teilweise auch im Kontrast zum (als westlich empfundenen) Konzept der Mediation (vgl. z. B. Augsburger 1992). Wiederum andere Studien vergleichen westliche mit nicht-westlichen Mediationskonzepten (vgl. z. B. Mayer 2005) und erforschen kulturspezifische Mediationskonzepte (vgl. Mayer et al. 2010).

Diese unterschiedlichen Konzeptualisierungen werden in der Literatur häufig nicht explizit benannt, sondern als selbstverständlich angenommen (Busch und Mayer 2012). Zugleich muss ein kultursemiotisches-interpretatives Kulturverständnis immer zwingend zu dem Schluss kommen, dass jedes gedankliche Konstrukt, jede (kommunikative) Handlung und jedes Artefakt immer kulturbedingt sein müssen. Dieses vielschichtige Zusammenspiel zwischen Mediation und Kultur zeichnen beispielsweise Herrman et al. (2006) systematisierend und Kriegel-Schmidt (2012) synthetisierend nach. Aus dieser Omnipräsenz von Kulturalität ergibt sich für die Kulturforschung ein Dilemma, das zuvor bereits beispielsweise in den Übersetzungswissenschaften diskutiert worden war, die sich in ihrer Praxis mit ähnlichen Herausforderungen konfrontiert sahen. Auch hier schwankten vorliegende Ansätze zwischen der Anerkennung einer vollständigen Vereinnahmung von Allem durch Kultur gegenüber einer für Forschungszwecke alternativen, theorien- und methodengeleiteten (und dabei möglichst offenen) Operationalisierung von Kultur. Conway (2012, S. 21) zufolge muss jedoch die Annahme einer vollständigen Vereinnahmung durch Kultur dazu führen, dass ein Untersuchungsgegenstand (hier: Mediation im Hinblick auf Kultur) mit dem kontextuellen Hintergrund, vor dem er eingeschätzt und interpretiert werden soll, deckungsgleich zusammenfallen muss, so dass eine Beschreibungsperspektive, die bestenfalls auch noch um De-Ethnozentrierung zumindest bemüht ist, nicht mehr eingenommen werden kann. Conway empfiehlt daher, eine Trennung zwischen Untersuchungsgegenstand und kulturellen Kontexten zumindest operational aufrechtzuerhalten. Für die Kulturforschung im Allgemeinen hatten entsprechend beispielsweise Breidenbach und Nyíri (2009) stark illustrierend dargestellt, dass sich mit einem alles inkludierenden Kulturverständnis letztlich wiederum nichts erklären lässt. Aus ähnlichen Argumentationsketten folgern in der Mediationsforschung einzelne Autoren gelegentlich implizit, dass man konsequenterweise auf die Berücksichtigung von Kulturbegriffen als Variablen auch verzichten könnte (vgl. Breidenbach 1995).

Dennoch liegen auch eine Reihe von Systematisierungsversuchen vor, die sich an unterschiedlichen und ausgewählten Einzelkriterien orientieren. LeBaron et al. (1998) unterscheiden beispielsweise primär die zu erwartenden Ziele und Ergebnisse der jeweils genannten Maßnahmen. Stärker auf den Prozess und die darin angewendete Praxis geht die von Mayer vorgeschlagene Unterscheidung von drei Grundverständnissen Interkultureller Mediation ein, wobei eine Kritik an den ersten beiden, häufig praktizierten Modellen zur Empfehlung einer vermehrten Verwendung einer dritten Variante führt. Der ersten Variante liegt zunächst ein westliches Mediationsmodell zugrunde, das sich an den normativen Phasen, Rollenbeschreibungen, Praktiken orientiert und den kulturellen Aspekt der Mediation in der kulturellen Herkunft der Mediatoren und/oder Medianden verankert. Eine zweite Variante, auch oftmals als Ethnomediation bezeichnet, legt ein nicht-westliches Modell der Mediation zu Grunde. Die dritte Variante stellt für Mayer (2008) ein kultursynergetisches Modell von Mediation dar, das auf einer komplexen Vermischung kultureller Aspekte auf Mikro-, Meso- und Makro-Ebene basiert. Struktur, Prozess und Beziehungsgestaltung werden – soziokulturell gestützt – konstruiert.

Busch (2005) weitet den Gegenstandsbereich Interkultureller Mediation darüber hinaus auf das Konzept spontaner interkultureller Laien-Mediation aus. Diesem Konzept liegt die Annahme zugrunde, dass gegenwärtige Verständnisse Interkultureller Mediation häufig auf einer mehr oder weniger schlichten Übertragung des Mediationsgedankens aus der Konfliktbearbeitung auf ein anderes Praxisfeld, das der interkulturellen Kommunikation, beruhen. Dabei wird jedoch häufig ausgeblendet, dass es dem Forschungsfeld interkultureller Kommunikation zentral über lange Zeit hinweg um die Untersuchung subtiler Aspekte interpersonaler Interaktion und weniger um die Betrachtung eskalierter Streithandlungen ging. Ersterer Bereich gerät jedoch durch eine einfache Übertragung des Mediationsgedankens aus der Streitbehandlung gar nicht erst in den Blick. Interpersonale Irritationen in Alltagskontexten werden demgegenüber wahrscheinlich deutlich häufiger von spontan anwesenden und nicht professionell ausgebildeten Drittpersonen unterstützend konstruktiv bearbeitet werden können, woraus sich ein erweitertes Forschungsfeld ergibt.

Mit sechs unterschiedlichen Kategorien vereinen zuletzt Heinemann und Zurth (2013, S. 25) ein vergleichsweise breites und differenziertes Spektrum an Auffassungen über Interkulturelle Mediation in einem einzigen Modell, dessen Kategorisierungen Busch (2016) später mit einer Unterscheidung von vier verschiedenen Auffassungen von Kultur kombiniert und auf diese Weise aufzeigen kann, wie AutorInnen implizit die Kulturverständnisse für ihre eigenen Studien hinzuziehen, die ihr eigenes Verständnis von Interkultureller Mediation stützen. Daher laufen viele Studien Gefahr, auf die Bestätigung existierender Vermutungen eingeschränkt zu bleiben. So nennen Heinemann und Zurth (2013, S. 25) folgende Kategorien:

1. „Interkulturelle Mediation liegt vor, wenn die Teilnehmer einer Mediation aus verschiedenen (National-)Kulturen stammen.
2. Interkulturelle Mediation liegt vor, wenn der Mediator aus einer anderen Kultur stammt als die Teilnehmer.
3. Interkulturelle Mediation liegt dann vor, wenn die Konfliktursache des zu vermittelnden Konflikts sich aus kulturellen Differenzen zwischen den Kulturen der Konfliktparteien ergibt.
4. Interkulturelle Mediationen sind all jene triadischen Vermittlungsverfahren von Konflikten, die sich nicht aus dem westlichen Modell der ADR ableiten.
5. Interkulturelle Mediation liegt dann vor, wenn versucht wird, die ADR in interkulturellen Kontexten anzuwenden, im Sinne deduktiver Konzepte Interkultureller Mediation (vgl. Busch 2005, S. 253).
6. Interkulturelle Mediation liegt vor, wenn versucht wird, die ADR in anderen Kulturen anzuwenden, wo sie nicht verbreitet ist."

15.2 Theoriebasierte Konzepte des Zusammenspiels von Kultur und Mediation

Hat man sich schließlich für eines dieser strukturellen Grundverständnisse von Interkultureller Mediation entschieden und ist man bereit, für die Praxis einen Zusammenhang zwischen Kultur und Mediation anzunehmen, dann bleibt weiterhin die Frage offen, in welcher Form sich Kultur in der Mediation manifestiert. Antworten auf diese Frage können sehr unterschiedlich ausfallen, und diese Diversität ist in der Regel bereits darauf zurückzuführen, dass aus der Kulturforschung zwischenzeitlich eine Unzahl verschiedener Konzepte und Definitionen von Kultur zur Verfügung steht.

Welches Kulturkonzept hier einer Annäherung an das Phänomen interkultureller Kommunikation zugrunde gelegt wird, bestimmen am Ende maßgeblich Einschätzungen dazu, welche Handlungsoptionen Mediatoren und Medianden in einer Situation überhaupt zur Verfügung stehen (Sozialisation, Normen etc.) und welche Handlungsoptionen ethisch geboten oder aber verboten erscheinen.

Kulturmodelle werden von vielen Autoren auf einer ersten Ebene beispielsweise in essentialistische und konstruktivistische Ansätze unterschieden (Busch 2012, S. 17). Essentialistische Sichtweisen nehmen in ihrer Forscherperspektive Kultur zunächst als etwas Gegebenes, Existierendes an. Dabei geht es weniger darum, das Entstehen und Sich-Verändern von Kultur zu beschreiben, als vielmehr eine möglichst präzise Beschaffenheit und Beschreibung von Kultur und kulturellen Merkmalen abzugeben. Da Wandelmöglichkeiten ausgeblendet werden, erscheint Kultur hier primär als etwas Statisches, das – wenn es in einem Konflikt und in einer Mediation denn als hinderlich wahrgenommen werden sollte – auch nicht so einfach verändert werden kann: Mediatoren und Medianden bleibt wenig Handlungsspielraum (vgl. Väyrynen 1998, S. 61). Konstruktivistische Sichtweisen auf Kultur gehen demgegenüber davon aus, dass Kultur nicht *a priori* existiert, ohne dass Menschen handeln. Erst in der menschlichen Interaktion manifestiert sich Kultur, die entsprechend auch permanentem Wandel unterliegt, bzw. immer wieder neu verhandelt werden muss. Entsprechend größere Aussichten auf Handlungsspielräume eröffnen diese Ansätze auch für die Deutung von Mediationskontexten. Avruch (1998) weist darauf hin, dass diese unterschiedlichen Manifestationsformen von Kultur in der mediatorischen Praxis sehr unterschiedliche, teils gegenläufige mediatorische Strategien erfordern können.

In einer weiteren Dimension lassen sich Kulturmodelle danach unterscheiden, ob sie unter Kulturen eine besondere Form von Wissen oder Werten verstehen (vgl. Bierbrauer 2009; Busch 2012, S. 17). Formen des Wissens können Individuen von Anderen vorenthalten oder vermittelt werden; abgesehen von Fragen des Zugangs müssen sie zudem erworben und (tief) verinnerlicht werden. Werte unterliegen demgegenüber im Besonderen einer Bewertung ihrer Einhaltung durch Andere: Ob eine Person vorgegebenen Werthaltungen gerecht wird oder nicht, unterliegt primär dem Urteil Anderer. Bezogen auf die Verhandlung von Konflikten erscheint aus dieser Sicht eine Verständigung über Werte leichter veränderbar zu sein als das tiefe Vorhandensein von Wissen (Goldberg 2009).

Schließlich lassen sich Kulturmodelle danach unterscheiden, ob das Untersuchungsfeld aus einer etischen oder einer emischen Forscherperspektive betrachtet wird (Busch 2012, S. 17): Etische Ansätze beschreiben Kulturen nach vorgegebenen und übergeordneten Kategorien, die eine hohe Vergleichbarkeit unter mehreren Kulturen ermöglichen, in der Präzision und Angemessenheit der Beschreibung jedoch ungenau sein können. Emische Ansätze versuchen demgegenüber, Kulturen aus sich heraus und mit den in ihnen selbst zur Verfügung stehenden Begrifflichkeiten zu beschreiben, was die Beschreibungsadäquatheit erhöht, aber die Vergleichsmöglichkeiten zwischen Kulturen einschränkt (Gudykunst und Ting-Toomey 1996). Alle drei Unterscheidungsdimensionen zur Beschreibung von Kulturmodellen in Buschs (2012, S. 17) Modell zeichnen sich dabei dadurch aus, dass sie qualitative Aussagen über (seitens eines theoretischen Modells angenommene) Auswirkungen von Kultur auf soziales Handeln ermöglichen.

15.3 Forschungspraxis – welche Kulturkonzepte verwenden AutorInnen bei der Konzeption Interkultureller Mediation tatsächlich?

Eine theoriebasierte qualitative Inhaltsanalyse (Busch 2016) von wissenschaftlichen Beiträgen aus dem Bereich Interkultureller Mediation, die im Zeitraum zwischen 1989 und 2014 in der Zeitschrift *Conflict Resolution Quarterly* erschienen sind, deckt auf, wie sich die Verwendung und die Kombination unterschiedlicher Beschreibungskriterien Interkultureller Mediation im Zeitverlauf gewandelt haben.

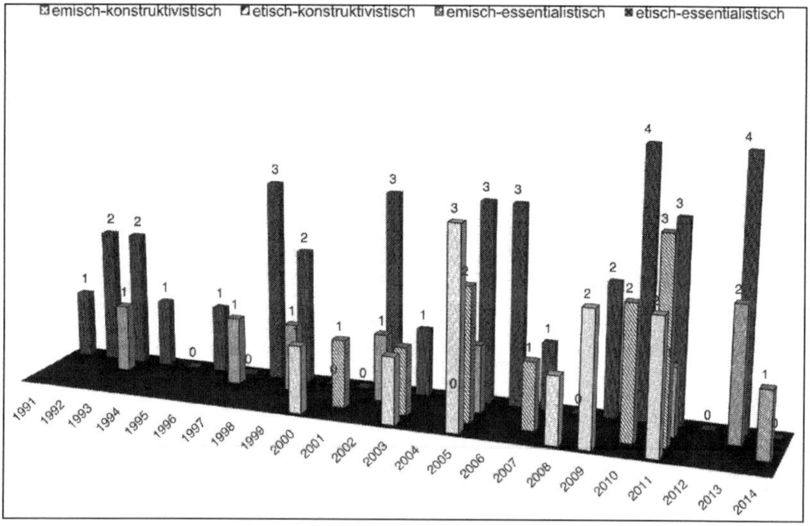

Abb. 15.1 Verwendungen essentialistischer vs. konstruktivistischer sowie ethischer vs. emischer Kulturverständnisse im Zeitverlauf (Quelle: nach Busch 2016, S. 201).

Abb. 15.1 veranschaulicht, dass die Anzahl wissenschaftlicher Beiträge jedweden Kulturverständnisses im Untersuchungszeitraum zugenommen hat, woraus zunächst auf eine ansteigende zugeschriebene Relevanz der Thematik Interkultureller Mediation im Allgemeinen geschlossen werden kann. Beiträge mit konstruktivistischen Kulturverständnissen treten zu Beginn des Untersuchungszeitraums gar nicht auf, so dass zusätzlich von einer zunehmenden Diversifizierung und Ausdifferenzierung verwendeter Kulturverständnisse in der Forschung zur Interkulturellen Mediation gesprochen werden kann. Ungebrochen ist dennoch während des gesamten Untersuchungszeitraums der quantitative Primat von Studien mit etisch-essentialistischen Kulturverständnissen, die in der zeitgenössischen Kultur- und Sozialtheorie zum einen als überholt gelten und die zum anderen in der mediatorischen Praxis aus theoretischer Sicht die geringsten Handlungsmöglichkeiten für Mediatoren eröffnen. Letztlich zementieren etisch-essentialistische Kulturverständnisse die Inkommensurabilität der Kulturen (vgl. Holliday 2010). Die Forschung zur Interkulturellen Mediation scheint demnach gegenwärtig von kulturtheoretischer Seite nicht das volle Potenzial auszuschöpfen, das einen größtmöglichen mediatorischen Handlungsspielraum eröffnen könnte.

Eine Betrachtung der Verwendung von Kulturverständnissen im Sinne von Wissen vs. Werte im Zeitverlauf bestätigt diese Annahme. Während ein Verständnis von Kulturen als Werte schon von theoretischer Seite größere Handlungsoptionen offenhalten würde, bleibt die Proportion aus Beiträgen, die wissensbasierte vs. wertebasierte Kulturverständnisse bemühen, im Zeitverlauf ungefähr gleich, wenngleich quantitativ etwas mehr Arbeiten vorliegen, die Kulturen als Werte verstehen, wie Abb. 15.2 zeigt.

Bringt man die Verwendung unterschiedlicher Kulturverständnisse in der Forschung zur Interkulturellen Mediation mit den ebenfalls darin vorzufindenden unterschiedlichen Begriffsverständnissen von Interkultureller Mediation nach Heinemann und Zurth (2013) zusammen (vgl. Abb. 15.3), dann zeigt sich, dass innerhalb der Kategorisierungen nach Kulturverständnissen die Repräsentationen unterschiedlicher Verständnisse von Interkultureller Mediation sehr ungleich verteilt sind.

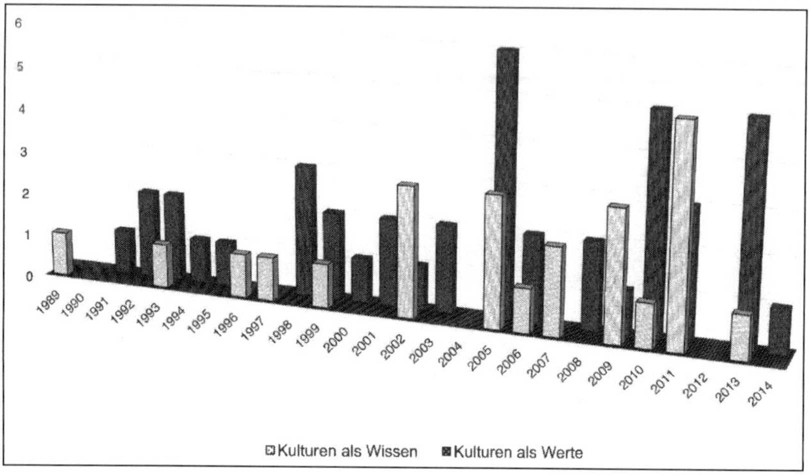

Abb. 15.2 Verständnisse von Kulturen als Wissen vs. Verständnisse von Kulturen als Werten im Zeitverlauf (Quelle: Busch 2016, S. 202).

Abb. 15.3 lässt erkennen, dass Autoren zur Interkulturellen Mediation häufig dazu tendieren, den Kulturbegriff zu verwenden, der ihre strukturelle Vorstellung von dem Gegenstand ‚Interkulturelle Mediation' am besten unterstützt sowie dessen Funktionalität und Relevanz herausstellt. So zeigt Punkt 6 in Abb. 15.3 im obersten Diagrammbalken (emisch-konstruktivistische Kulturverständnisse), dass Studien, die eine Übertragung westlicher Konzepte von Mediation auf nicht-westliche Kontexte erproben, ihre Überlegungen vergleichsweise häufig auf emisch-konstruktivistischen Kulturverständnissen aufbauen. Mag eine Übertragung westlicher Konzepte auf nicht-westliche Konzepte angesichts kulturrelativistischer und postkolonialer Bedenken häufig grundsätzlich problematisch erscheinen, so wird diese Herausforderung durch ein emisch-konstruktivistisches Kulturverständnis, das eine größtmögliche Verhandelbarkeit und Wandelbarkeit von Kulturkonzepten in Aussicht stellt, relativiert – die Übertragung erscheint somit gangbarer und vertretbarer.

Im dritten Diagrammbalken (emisch-essentialistische Kulturverständnisse) erscheint ein vergleichsweise hoher Anteil (Punkt 4), der zeigt, dass sich eine emisch-essentialistische Herangehensweise bestens für eine Beschreibung fremdkultureller Praktiken eignet: Die emische Sichtweise ermöglicht eine präzise Beschreibung, während der essentialistische Ansatz dafür sorgt, dass die grundsätzliche Existenz kultureller Differenz nicht in Frage gestellt wird.

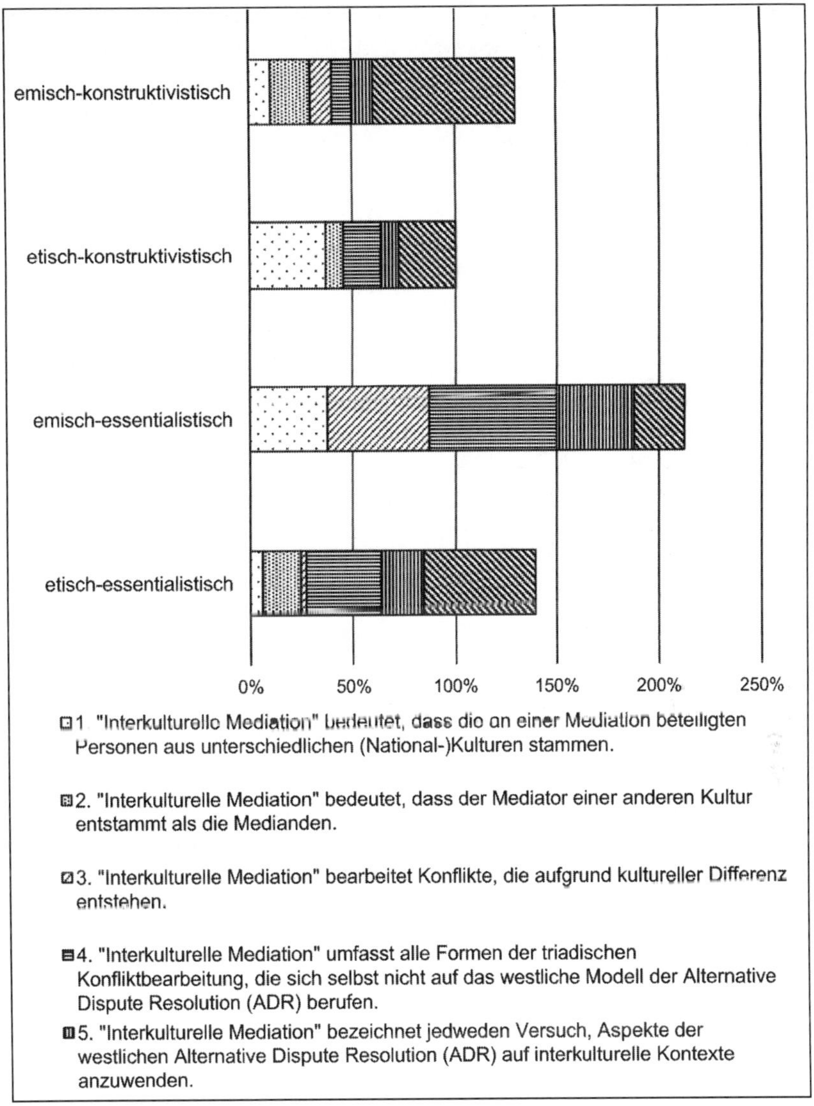

Abb. 15.3 Proportionen von Beiträgen mit unterschiedlichen Begriffsverständnissen von Interkultureller Mediation innerhalb einer ersten Sortierung der Beiträge nach verwendeten Kulturverständnissen. Summen über 100 % kommen zustande, wenn die Verständnisse von Interkultureller Mediation mehr als einer Kategorie zugeordnet werden können (Quelle: Busch 2016, S. 197).

Für diese und weitere Beispiele aus der Studie lässt sich dabei zeigen und fortführen, dass die jeweilige Anwendung auch aller anderen Kulturkonzepte auf einen gegebenen Kontext und Fall wesentlich dazu beitragen könnten, in einem wissenschaftlichen Sinn die Potenziale und die Grenzen eines Ansatzes präzise zu identifizieren und nachzuzeichnen. Erst auf diese Weise können überhaupt Grenzen und Chancen Interkultureller Mediation genauer in den Blick genommen werden.

Die Studie nach Busch (2016) zeigt zudem, dass sich das Forschungsfeld Interkultureller Mediation häufig durch die singulare und vereinzelte Veröffentlichung von Fokussierungen auf partikulare Interessen von Autoren und Praktikern auszeichnet und eine systematische Erforschung des Gegenstands Interkultureller Mediation unter Berücksichtigung aller seitens der Theorie vorrätigen Potenziale für die Praxis noch einer Vielzahl weiterer Studien bedarf. Interkulturelle Mediation stellt sich damit als ein Forschungs- und Praxisfeld dar, das für die Zukunft noch ein erhebliches Wachstumspotenzial auch im Hinblick auf die Effektivität Interkultureller Mediation in der Praxis bereithält.

Literatur

Augsburger, D. W. (1992). *Conflict Mediation Across Cultures: Pathways and Patterns* (1. Aufl.). Louisville, KY: Westminster John Knox Press.

Avruch, K. (1998). *Culture and Conflict Resolution*. Washington, DC: United States Institute of Peace Press.

Bierbrauer, G. (2009). Interkulturelles Verhandeln. In F. Haft & K. Gräfin von Schlieffen (Hrsg.), *Handbuch Mediation*. 2. Auflage (S. 433-453). München: C.H. Beck.

Breidenbach, J. & Nyíri, P. (2009). *Seeing Culture Everywhere. From Genocide to Consumer Habits*. Seattle/London: University of Washington Press.

Breidenbach, S. (1995). *Mediation. Struktur, Chancen und Risiken von Vermittlung im Konflikt*. Köln: Schmidt.

Busch, D. (2005). *Interkulturelle Mediation. Eine theoretische Grundlegung triadischer Konfliktbearbeitung in interkulturell bedingten Kontexten*. Frankfurt a. M. et al.: Peter Lang.

Busch, D. (2012). Cultural theory and conflict management in organizations: How does theory shape our notion of the problem and its solutions? *International Journal of Cross-Cultural Management 12* (1), 9-24. doi: 10.1177/1470595811413106

Busch, D. (2016). Does conflict mediation research keep track with cultural theory? A theory-based qualitative content analysis on concepts of culture in conflict management research. *European Journal of Applied Linguistics 4* (2), 181-207. doi:10.1515/eujal-2015-0037

Busch, D. & Mayer, C.-H. (Hrsg.). (2012). *Mediation erforschen. Fragen – Forschungsmethoden – Ziele*. Wiesbaden: VS Verl. für Sozialwiss. doi: 10.1007/978-3-531-18685-6

Conway, K. (2012). Cultural translation. In Y. Gambier & L. v. Doorslaer (Hrsg.), *Handbook of Translation Studies* (S. 21-25). Amsterdam: John Benjamins.

Davidheiser, M. (2006). Harmony, peacemaking, and power: Controlling processes and African mediation. *Conflict Resolution Quarterly 23* (3), 281-299. doi:10.1002/crq.138

Goldberg, R. (2009). How our worldviews shape our practice. *Conflict Resolution Quarterly 26* (4), 405-431. doi:10.1002/crq.241

Gudykunst, W. B. & Ting-Toomey, S. (1996). Communication in Personal Relationships Across Cultures: An Introduction. In W. B. Gudykunst, S. Ting-Toomey & T. Nishida (Hrsg.), *Communication in Personal Relationships Across Cultures* (S. 3-16). Thousand Oaks, London, New Delhi: Sage.

Heinemann, F. & Zurth, E. (2013). *Welche Rolle spielt das Verständnis von Kultur in Konzepten interkultureller Mediation im Rahmen der Mediations- und Konfliktforschung*? Neubiberg: Universität der Bundeswehr München: Unveröffentlichtes Lehrforschungsprojekt.

Herrman, M. S., Hollett, N. & Gale, J. (2006). Mediation from beginning to end: A testable model. In M. Herrmann (Hrsg.), *The Blackwell Handbook of Mediation. Bridging Theory, Research, and Practice* (S. 19-78). Malden MA, Oxford, Victoria: Blackwell.

Holliday, A. (2010). Cultural descriptions as political cultural acts: an exploration. *Language and Intercultural Communication 10* (3), 259-272. doi:10.1080/14708470903348572

Irving, H. H., Benjamin, M. & San Pedro, J. (1999). Family mediation and cultural diversity: Mediating with Latino families. *Mediation Quarterly 16* (4), 325-339. doi:10.1002/crq.3900160403

Kriegel-Schmidt, K. (2012). *Interkulturelle Mediation. Plädoyer für ein Perspektiven-reflexives Modell.* Münster: LIT.

Kriegel-Schmidt, K. (2013). Kultur als Chance für die Mediation?! Das perspektiven-reflexive Modell interkultureller Mediation. *Mediator 1* (2), 10-15.

LeBaron, M., McCandless, E. & Garon, S. (1998). *Conflict and Culture. A Literature Review and Bibliography. 1992–1998 Update.* Fairfax VA: George Mason University, Institute for Conflict Analysis and Resolution.

Mayer, C.-H. (2005). Interkulturelle Mediation im Spannungsfeld westlicher und afrikanischer Perspektiven. In D. Busch & H. Schröder (Hrsg.), *Perspektiven interkultureller Mediation. Grundlagentexte zur kommunikationswissenschaftlichen Analyse triadischer Verständigung.* Studien zur Interkulturellen Mediation, Volume 1 (S. 245-267). Frankfurt a. M.: Peter Lang.

Mayer, C.-H. (2008). *Trainingshandbuch Interkulturelle Mediation und Konfliktlösung. Didaktische Materialien zum Kompetenzerwerb.* 2. Auflage. Münster: Waxmann.

Mayer, C.-H., Boness, C.M. & Kussaga, S.T. (2010). Usuluhishi. Terms and concepts of intercultural mediation and conflict management from Tanzanian perspectives. In D. Busch, C.-H. Mayer & C.M. Boness (Hrsg.), *International and Regional Perspectives on Cross-cultural Mediation*, Studien zur Interkulturellen Mediation, Volume 5 (S. 53-80). Frankfurt a. M.: Peter Lang.

Ting-Toomey, S. (2010). Intercultural Mediation: Asian and Western conflict lens. In D. Busch, C.-H. Mayer & C.M. Boness (Hrsg.), *International and Regional Perspectives on Cross-cultural Mediation.* Studien zur Interkulturellen Mediation, Volume 5 (S. 79-98). Frankfurt a. M.: Peter Lang.

Väyrynen, T. (1998). Ethnic communality and conflict resolution. *Cooperation and Conflict 33* (1), 59-80. doi:10.1177/0010836798033001003

Mediation – gemeinsamer Nenner im Spannungsfeld ‚traditioneller' und ‚nicht-traditioneller' Konfliktbearbeitungsmechanismen?

16

Ergebnisse eines vergleichenden Forschungsprojekts mit Fallbeispielen aus Kolumbien und Liberia[1]

Janel B. Galvanek und Katrin Planta

16.1 Forschungskontext – die Wechselwirkungen von ‚traditionellen' und ‚nicht-traditionellen' Konfliktbearbeitungsmechanismen

In den letzten zwei Jahrzehnten haben sich internationale Maßnahmen zur Friedenssicherung und dem Aufbau staatlicher Strukturen zunehmend dem Konzept des „liberalen Friedens" (Richmond 2010) verschrieben, welches Demokratisierung, Rechtsstaatlichkeit, Marktliberalisierung sowie die Unterstützung der Zivilgesellschaft und den Schutz von Menschenrechten beinhaltet. Gleichzeitig hat sich aufgrund der Unzulänglichkeiten der von externen Akteuren implementierten Maßnahmen zum Friedensaufbau (siehe Chojnacki und Menzel 2011; Zürcher 2010) ein Gegentrend hin zu einem Interesse an lokalen Akteuren und Strukturen entwickelt. In diesem Kontext ist auch die neuere Forschung zu traditionellen Kon-

1 Dieser Beitrag beruht auf Forschungsergebnissen des von der Berghof-Stiftung durchgeführten Projekts „Friedliche Koexistenz? – ‚Traditionelle' und ‚moderne' Mechanismen der Konfliktbearbeitung". Dieses von der Deutschen Stiftung Friedensforschung finanzierte Forschungsprojekt befasste sich praxisorientiert und auf der Basis empirischer Befunde mit der Interaktion von traditionellen und nicht-traditionellen Ansätzen der Konfliktbearbeitung. Dabei stand im Mittelpunkt des Forschungsinteresses die Frage, wie sich die unterschiedlichen Ansätze im Sinne der Konflikttransformation und des Friedensaufbau sinnvoll verknüpfen lassen. Dazu wurden vom Projektteam der Berghof-Stiftung im Sommer 2015 Fallstudien zu ausgewählten Regionen in Kolumbien (La Guajira Department) und Liberia (Bong County und Monrovia) angefertigt. Die einzelnen Fallstudien (Planta 2016, Galvanek 2016) können online abgerufen werden.

fliktbearbeitungsmechanismen zu verorten, die im Rahmen der kulturellen Wende in den späten 1980er und frühen 1990er Jahren ihren Anfang nahm (Avruch 1991; Zartmann 2000). Als traditionell werden hier solche Mechanismen verstanden, die über eine zeitliche Beständigkeit, eine lokal-historische Verwurzelung und einen informellen Charakter verfügen und unabhängig von staatlicher Kontrolle angewandt werden.[2] Während traditionelle Verfahren mit einer oftmals ausgleichend-mediativen (statt bestrafenden) und gemeinde-orientierten (statt individuellen) Ausrichtung zunächst Beachtung im Rahmen der Förderung von Nachkriegsversöhnung und Vergangenheitsbewältigung fanden, führten die zunehmende Bedeutung von Konzepten wie ‚local ownership' und die Kritik an importierten, liberalen Peacebuilding-Modellen schließlich zu einer regelrechten Renaissance des Interesses am Potenzial traditioneller Methoden der Konfliktbearbeitung (siehe Huyse 2008, S. 1; Huyse und Salter 2008; Mac Ginty und Richmond 2013, S. 777).

Dabei wird der vermeintliche Gegensatz von traditionell und nicht-traditionell (oder ‚modern') kontrovers diskutiert. Wie von Mac Ginty (2008, S. 151) hervorgehoben, gibt es in der Realität kaum klar zu trennende reine Beispiele der einen oder anderen Form. Im Gegenteil, es überwiegen Überlappungen, gegenseitige Beeinflussung und hybride Formen (Van Cott 2000, S. 218). Zweitens verändern sich sowohl traditionelle als auch nicht-traditionelle Ansätze mit der Zeit, passen sich neuen sozialen Gegebenheiten und Kontexten an und sind damit alles andere als statisch (siehe Graham et al. 2011, S. 75; Huyse 2008, S. 7). Zuletzt sind beide Ansätze mit ihren eigenen Vor- und Nachteilen ausgerüstet. Während moderne, staatszentrierte Ansätze der Konfliktbearbeitung, einschließlich formeller Justizsysteme, Ansätze alternativer Konfliktlösung (Alternative Dispute Resolution, ADR), aber auch neu geschaffene Institutionen zur Bearbeitung von Konflikten (Friedensministerien etc.) in vielen Ländern nur unzulänglich funktionieren, sind auch traditionelle Ansätze der Konfliktbearbeitung nicht ohne Herausforderungen. So verdeckt die Romantisierung dieser vermeintlich ‚authentischeren' und ‚effektiveren' Ansätze der Konfliktbearbeitung (siehe Huyse 2008, S. 6) deren Schattenseiten, einschließlich der Verfestigung patriarchalischer Machtstrukturen oder der Ausgrenzung bestimmter Bevölkerungsgruppen, z. B. Jugendliche oder Frauen.

Schließlich gibt es Nachholbedarf im praktischen und wissenschaftlichen Verständnis der Wechselwirkungen und des Zusammenwirkens von traditionellen und nicht-traditionellen Ansätzen der Konfliktbearbeitung. Während es bereits eine beachtliche akademische Debatte zu den Besonderheiten traditioneller Konfliktbearbeitungsverfahren an sich gibt, wurde bisher vernachlässigt, inwiefern

2 Eine ausführliche Diskussion der Begrifflichkeiten ‚traditionell' und ‚nicht-traditionell' findet sich in Galvanek und Planta (2017).

diese Mechanismen mit modernen Formen der Konfliktbearbeitung interagieren und welche Möglichkeiten und Grenzen es gibt, die unterschiedlichen Systeme zu integrieren. Wenig beachtet wird insbesondere, dass von außen eingebrachte Ansätze in Konkurrenz oder sogar im Widerspruch zu traditionellen Formen der Konfliktbearbeitung stehen könnten, die in vielen Gesellschaften eine hohe Legitimität in Teilen der lokalen Bevölkerung genießen. Aufbauend auf den Ergebnissen eines komparativen Forschungsprojekts (siehe Fußnote 1) diskutiert dieser Beitrag die Möglichkeiten und Herausforderungen von Mediation als möglichem gemeinsamem Nenner im Spannungsfeld unterschiedlicher Konfliktbearbeitungsansätze und gibt Empfehlungen für eine friedliche Koexistenz der unterschiedlichen Ansätze.

16.2 Mediation – gemeinsamer Nenner im Spannungsfeld von traditionellen und nicht-traditionellen Konfliktbearbeitungsansätzen?

Wie von Kriegel-Schmidt (2012) ausführlich dargelegt, unterscheidet sich das Verständnis von Mediation in der Literatur und abhängig von der räumlichen und zeitlichen Verortung des Phänomens und einem zugrunde liegenden engen oder weiten Mediationsbegriff. Untersucht man die Wechselwirkungen zwischen traditionellen und nicht-traditionellen Konfliktbearbeitungsmechanismen fällt auf, dass Mediation in beiden Feldern der Konfliktbearbeitung ihren Platz hat, auch wenn sie im Einzelnen nicht immer gleich verstanden wird bzw. auf unterschiedliche Weise ausgeübt wird. So weist z. B. Walker (2004) darauf hin, dass sich lokale Vorstellungen von Mediation zum Teil von ‚westlichen' Praktiken stark unterscheiden. Die Betonung eines ‚neutralen' oder ‚externen' Mediators wird zum Beispiel in vielen traditionellen Mediationsansätzen nicht umgesetzt. Im Gegenteil, indigene Mediationsprozesse bevorzugen oft Vermittler, die einen persönlichen Bezug zu den Konfliktparteien haben und mit der Geschichte der Parteien gut vertraut sind (Walker 2004, S. 537). Dies lässt sich auch am Beispiel indigener Konfliktbearbeitungssysteme in Kolumbien beobachten.

16.2.1 Mediation als integraler Bestandteil traditioneller Formen der Konfliktbearbeitung in Kolumbien und Liberia

Die über 80 indigenen Völker in Kolumbien unterscheiden sich nicht nur stark hinsichtlich ihrer historisch-geografischen Verortung, Kultur, Sprache oder demografischen Entwicklung, sondern auch im Hinblick auf ihre politische Organisation und ihre Konfliktbearbeitungssysteme. Daher kann an dieser Stelle keine allgemeingültige Aussage über die Gesamtheit der indigenen Völker getroffen werden, sondern nur ein Fallbeispiel – hier die Wayuu-Gemeinde, die den äußersten Nordosten Kolumbiens bewohnt und mit rund 200.000 Personen das mitgliederstärkste indigene Volk des Landes repräsentiert – angeführt werden.[3] Auf den Prinzipien der kollektiven Verantwortung, der Gegenseitigkeit und der Verteilung aufbauend, beruht der Konfliktbearbeitungsansatz der Wayuu auf einem System von Ausgleichszahlungen. Diese werden mit Hilfe eines so genannten *Palabrero*, eines respektierten und in der Mythologie des Volkes fest verankerten ‚Wortträgers', ausgehandelt. Die Aufgabe des palabrero besteht darin, die Konfliktparteien aufgrund seiner langjährigen Erfahrung in der Konfliktvermittlung, seiner Kenntnisse der familiären Umstände und der Geschichte der jeweiligen Konfliktparteien sowie durch sein rhetorisches Geschick zu einer gütlichen Einigung zu führen.[4]

Die traditionelle Konfliktbearbeitung in Liberia erfolgt im Gegenzug recht einheitlich über die Arbeit der Chiefs und Gemeindeältesten und beruht auf den Prinzipien der sozialen Versöhnung und der Wiederherstellung der Harmonie in der Gemeinde.[5] Sie unterscheidet sich damit sehr stark von der formellen Justiz, die einen bestrafenden und individualisierten Ansatz verfolgt. Traditionelle Konfliktbearbeitung in Liberia besteht aus einem Mix aus Schlichtung und Mediation, deren Ausprägung stark von den einzelnen Chiefs und der jeweiligen Konfliktlage abhängt.

---

3 Der Konfliktbearbeitungsansatz der Wayuu-Gemeinschaft wurde 2004 vom kolumbianischen Kulturministerium zum ‚Gegenstand nationalen kulturellen Interesses' ernannt und 2010 auf die UNESCO-Liste des immateriellen Weltkulturerbes aufgenommen.

4 Für mehr Informationen zum Konfliktlösungsansatz der Wayuu-Gemeinde siehe Planta (2016) und Guerra Curvelo (2002).

5 Für mehr Informationen zu den Strukturen und der Wertorientierung des traditionellen Regierungs- und Konfliktbearbeitungssystems in Liberia siehe Galvanek (2016, S. 16-21) und Isser et al. (2009, S. 25-38).

16.2.2 Zunehmende Bedeutung und Stellenwert staatlicher Mediationsangebote

Während Mediation ein integraler Bestandteil traditioneller Konfliktbearbeitungsmechanismen ist, lässt sich auch von staatlicher Seite ein steigendes Interesse an der komplementären Umsetzung von Mediationsanboten beobachten. Tatsächlich ist Mediation als ein Bestandteil von alternativen Konfliktbearbeitungsmethoden (ADR) heute in vielen Ländern als Ergänzung zur formellen Justiz fest etabliert, so auch in Kolumbien und Liberia.

Kolumbien versteht sich seit der Verfassung von 1991 als multi-kultureller, pluri-ethnischer Staat und wendet das Prinzip des ‚legalen Pluralismus' an. So gibt es seit 1991 eine ‚besondere Jurisdiktion', die den über 80 indigenen Völkern in Kolumbien das Recht zur Selbstadministration ihrer Konflikte verleiht. Darüber hinaus bildet sie den legalen Rahmen für die Arbeit sogenannter ‚Friedensrichter'[6] – lokal gewählter Vertrauenspersonen, die nach dem Durchlaufen einer Schulung Mediationsverfahren auf der Gemeindeebene durchführen dürfen. Gleichzeitig hat der Staat seine ADR-Angebote gestärkt. So sind Mediationsverfahren ein integraler Bestandteil der Justizhäuser, einer zentralen Einrichtung, die der Bevölkerung einen schnelleren Zugang zu Ansprechpartnern aus Staatsanwaltschaft, Polizei, aber eben auch zu Mediationsexperten ermöglichen soll. Ursprünglich war die Einführung dieser Maßnahmen hauptsächlich dazu gedacht, ein schlecht funktionierendes und überlastetes staatliches Justizwesen zu entlasten. Heute besteht der Hauptpluspunkt dieser neuen, alternativen Angebote aber darin, dass sie den Zugang zum Justizwesen für oft marginalisierte Bevölkerungssegmente – wie eben die indigene Bevölkerung, aber auch rurale Gemeinden mit einem allgemein schlechten Zugang zu staatlichen Leistungen – signifikant vereinfacht haben (Ministerio de Justicia y del Derecho 2012, S. 5). In Liberia wurden 2009 sogenannte ‚Land Coordination Centers' der staatlichen, aber autonom agierenden Landkommission eingeführt. Aufgrund des erfolgreichen Mediationsangebots dieser Zentren wird zur Zeit eine offizielle Mediationspolitik ausgearbeitet. Das Mediationsangebot der Land Coordination Centers ist kostenfrei und weit weniger zeitintensiv als formelle Justizprozesse. Außerdem werden Entscheidungen nur per Konsens gefällt, was dazu beiträgt, dass es eine höhere Bereitschaft der Konfliktparteien gibt, diese auch zu respektieren. Da sich das Mediationsangebot als sehr beliebt erwies, sieht die neue Mediationspolitik nun vor, Mediation standardmäßig im Vorfeld von Justizverfahren anzubieten. Zusätzlich sind im urbanen Raum, in dem liberianische Bürger keinen Zugang zu den traditionellen Akteuren der Konfliktbearbeitung, den Chiefs,

6 Interview, Justizministerium, 17.07.2015, Bogotá.

haben, einige gemeindebasierte Mediationszentren etabliert worden. Diese noch recht neue Entwicklung birgt ein großes Potenzial, denn die Mediationszentren bieten der urbanen Bevölkerung eine realistische Alternative zur bis dato einzigen Anlaufstelle für Konfliktlösung in der Stadt – der Polizei – und tragen damit auch zur Entlastung des staatlichen Justizwesens bei.

16.2.3 Mediation als gemeinsamer Nenner – Chancen und Herausforderungen

Gerade das liberianische Beispiel legt nahe, dass Mediation als Konzept und Praxis eine einzigartige Position in der Gesamtschau der unterschiedlichen Konfliktbearbeitungsansätze bietet, da sich alle Akteure und Institutionen – traditionelle und nicht-traditionelle – darin einig sind, dass Mediationsverfahren ein angemessenes und erfolgreiches Konfliktbearbeitungsinstrument darstellen. Darüber hinaus sind viele Liberianer der Ansicht, dass Mediationsangebote die traditionellen Konfliktbearbeitungsmethoden, mit denen die Bevölkerung bereits vertraut ist und die sie gut annehmen, imitieren. Das Potenzial von Mediation als gemeinsamem Nenner im Zusammenspiel unterschiedlicher Konfliktbearbeitungsmechnismen war auch in Kolumbien im Rahmen der institutionellen Integration von traditionellen und nicht-traditionellen Ansätzen sichtbar. So werden traditionelle *Palabreros* im Rahmen von staatlich geförderten Mediationsangeboten zum Beispiel als Ansprechpartner für die Konfliktangelegenheiten der indigenen Bevölkerung eingesetzt. Gerade in urbanen Räumen, in denen die indigene Bevölkerung von ihren traditionellen Ansprechpartnern ‚abgeschnitten' ist, kann dies eine große Hilfe darstellen und den Zugang zu Konfliktbearbeitung erleichtern. Andererseits führt es auch zu Abweichungen in der Durchführung der Konfliktbearbeitung. So kommt es zum Beispiel zu einer geringeren Beteiligung der Großfamilie/Gemeinde im Konfliktbeilegungsverfahren und traditionelle Ausgleichzahlungen, die neben dem materiellen auch einen hohen symbolischen Wert aufweisen, werden durch Geld ersetzt. So kritisiert die Junta Mayor Autónoma de Palabreros Wayuu – ein Zusammenschluss verschiedener *Palabreros* –, dass die Einbindung von *Palabreros* in das Angebot der Justizhäuser dazu dient, den Konfliktbearbeitungsansatz der indigenen Bevölkerung in eine ‚westliche Justizlogik' zu überführen, anstatt ihn in seiner Einzigartigkeit und Besonderheit zu schützen und zu unterstützen (Junta Mayor Autónoma de Palabreros Wayuu 2009, S. 59). Hier stellt sich auch die Frage, inwieweit die Integration von traditionellen und nicht-traditionellen Konfliktbearbeitungsverfahren eine ‚Einbahnstraße' darstellt, wobei traditionelle Akteure zwar in staatliche Angebote eingegliedert werden, es aber umgekehrt keinen Wissenstransfer in die andere Richtung gibt. Eine weitere Gefahr besteht zudem in der Instrumentalisierung der *Palabreros* durch öffentliche Institutionen. So werden diese gerne als ‚kulturelle Mediatoren' eingesetzt, die staatlichen Konfliktinterventionen mit ihrem ‚kulturellen Gewicht' eine stärkere Akzeptanz und Legitimität in der Bevölkerung sichern sollen. Dieses Vorgehen hat jedoch auch seine Schattenseiten, da es dazu führen kann, dass die *Palabreros* von den Gemeindemitgliedern als ‚Funktionäre' staatlicher Behörden und nicht mehr als im Dienst der Gemeinde stehende Konfliktvermittler wahrgenommen werden, was langfristig ihre Legitimität gefährdet.

16.3 Fazit und Empfehlungen

Die aufgeführten Beispiele legen nahe, dass Mediation ein wichtiges Verbindungsglied zwischen traditionellen und nicht-traditionellen Konfliktbearbeitungssystemen sein kann. Mediationsangebote entlasten den formellen Justizsektor, erweitern den Zugang zur Justiz und bieten den Bürgern kulturell angepasste und daher leichter verständliche und akzeptierte Konfliktbearbeitungsverfahren. Andererseits birgt die Integration traditioneller und nicht-traditioneller Konfliktbearbeitungssysteme auch Risiken, wenn sie im Sinne einer Instrumentalisierung traditioneller Mediationsakteure betrieben wird. Damit Mediation ein tragfähiger ‚gemeinsamer Nenner' in der Interaktion traditioneller und nicht-traditioneller Institutionen der Konfliktbearbeitung werden kann, bedarf es daher einiger Voraussetzungen.

Zunächst muss sichergestellt sein, dass die lokale Bevölkerung über ein ausreichendes Maß an ‚Konfliktbearbeitungswissen' verfügt. Das beinhaltet zum Beispiel Informationen über die verschiedenen Angebote und Optionen der Konfliktbearbeitung und ihre Unterschiede. Zweitens ist es wichtig, die Kapazitäten der verantwortlichen Akteure im Bereich Mediation zu stärken. In Liberia haben zum Beispiel viele traditionelle Chiefs ihr Wissen über Mediationsverfahren durch Trainingsangebote und Unterstützung durch Nichtregierungsorganisationen (NROs)[7] erweitern können. Diese NROs spielten gleichzeitig auch eine Schlüsselrolle in der Lobbyarbeit für die verstärkte Umsetzung von Mediationsangeboten auf staatlicher Ebene, sie schulten auch staatliche Funktionäre in Mediationsfertigkeiten und nahmen damit eine wichtige ‚Vermittlerrolle' zwischen traditionellen und nicht-traditionellen Akteuren und Institutionen ein. Um Kompetenzkonflikte zwischen

7 Wichtige NROs, die in diesem Bereich arbeiten, sind das Carter Center, Norwegian Refugee Council und die Catholic Justice and Peace Commission.

den unterschiedlichen Angeboten zu vermeiden, bedarf es drittens verlässlicher Interaktionsregeln und -praktiken, die durch formelle Gesetze, institutionelle Rahmenbedingungen, aber auch durch eine Kultur des gegenseitigen Respekts hergestellt werden können. Schließlich – wie am Beispiel Liberia eindrucksvoll gezeigt – ist es hilfreich, über ‚Brückenbilder' oder ‚Vermittler' zwischen den Ansätzen zu verfügen. Dies können NROs sein, die sowohl mit traditionellen als auch mit nicht-traditionellen Akteuren kooperieren, aber auch unterschiedliche, von den Akteuren selbst geschaffene Gremien. So fungieren zum Beispiel der Nationale Rat der Chiefs und Älteren (National Council of Chiefs and Elders) in Liberia oder lokale *Palabreros*-Organisationen in Kolumbien als Ansprech- und Koordinationspartner für staatliche Institutionen.

Während die Möglichkeiten von Mediation, als Bindeglied zwischen traditionellen und nicht-traditionellen Konfliktbearbeitungsmechanismen zu dienen, in den hier vorgestellten Fallbeispielen positiv zu bewerten ist, gilt es natürlich im Einzelfall den jeweiligen Kontext zu berücksichtigen. Es wäre daher wünschenswert, wenn sich zukünftige Forschung stärker mit dem Zusammenspiel traditioneller und nicht-traditioneller Mediationsangebote in unterschiedlichen Länderkontexten befassen würde. Dabei sollten insbesondere Optionen für die Stärkung von Mediation in Staaten mit schwachen Justizstrukturen, die Möglichkeiten für den wechselseitigen Wissenstransfer, aber auch mögliche Herausforderungen und Risiken bei der Integration von Mediationsangeboten untersucht werden.

Literatur

Avruch, K. (1991). Introduction: Culture and Conflict Resolution. In K. Avruch, P. Black & J. A. Scimecca (Hrsg.), *Conflict Resolution: Cross-Cultural Perspectives* (S. 1-17). Westport: Greenwood Press.

Chojnacki, S. & Menzel, A. (2011). Peacebuilding: am Scheideweg – oder in der Sackgasse? *Politische Vierteljahresschrift 52* (3), 504-536.

Galvanek, J. B. (2016). *Pragmatism and Mistrust: The Interaction of Dispute Resolution Mechanisms in Liberia. Berghof Foundation.* http://www.berghof-foundation.org/fileadmin/redaktion/Publications/Papers/Liberia_CaseStudy_BF_Report_DSF.pdf.

Galvanek, J. B. & Planta, K. (2017). *Peaceful Coexistence? 'Traditional' and 'Non-traditional' Conflict Resolution Mechanisms.* Berlin: Berghof Foundation Operations.

Graham, M., Brigg, M. & Walker, P.O. (2011). Conflict Murri Way: Managing through Place and Relatedness. In M. Brigg & R. Bleiker (Hrsg.), *Mediating Across Difference. Oceanic and Asian Approaches to Conflict Resolution* (S. 73-138). Hawaii: University of Hawai'i Press.

Guerra Curvelo, W. (2002). *La disputa y la palabra. La ley en la sociedad wayuu.* Ministerio de Cultura.

Huyse, L. (2008). Introduction: Tradition-Based Approaches in Peacemaking, Transitional Justice and Reconciliation Policies. In L. Huyse & M. Salter (Hrsg.), *Traditional Justice and Reconciliation after Violent Conflict. Learning from African Experiences* (S. 1-22). Stockholm: International IDEA.

Huyse, L. & Salter, M. (Hrsg.) (2008). *Traditional Justice and Reconciliation after Violent Conflict. Learning from African Experiences* (S. 1-22). Stockholm: International IDEA.

Isser, D. h., Lubkemann, S. C. & N'Tow, S. (2009). *Looking for Justice: Liberian Experiences With and Perceptions of Local Justice Options.* Washington DC: United States Institute of Peace.

Junta Mayor Autónoma de Palabreros Wayuu (2009). *Plan Especial de Salvaguardia (PES) del Sistema Normativo Wayuu aplicado por el palabrero.* Ministerio de Cultura.

Kriegel-Schmidt, K. (2012). *Interkulturelle Mediation. Plädoyer für ein Perspektiven-reflexives Modell.* Berlin: LIT.

Mac Ginty, R. (2008). Indigenous Peace-Making Versus the Liberal Peace. *Cooperation and Conflict 43* (2), 139-63.

Mac Ginty, R. & Richmond, O. (2013). The Local Turn in Peace Building: a Critical Agenda for Peace. *Third World Quarterly, 34,* 5, 763-783.

Ministerio de Justicia y del Derecho, Dirección de Métodos Alternativos de Solución de Conflictos (2012). *Programa Nacional Casas de Justicia. La justicia entra por casa.* Bogotá. Available at http://www.casasdejusticia.gov.co/Portals/0/Documentos%20CJ/CARTILLA.PDF

Planta, K. (2016). *Interdependency and Interference. The Wayuu's Normative System and State-based Conflict Resolution in Colombia.* Berghof Foundation. http://www.berghof-foundation.org/fileadmin/redaktion/Publications/Papers/Colombia_CaseStudy_BF_Report_DSF.pdf

Richmond, O. P. (2010). Resistance and the Post-Liberal Peace. *Millennium: Journal of International Studies 38* (3), 665-692.

Van Cott, D. L. (2000). A Political Analysis of Legal Pluralism in Bolivia and Colombia. *Journal of Latin American Studies 32,* 207-234.

Walker, P. O. (2004). Decolonizing conflict resolution: Addressing the Ontological Violence of Westernization. *The American Indian Quarterly, 28* (3 & 4), 527-549.

Zartman, W. I. (Hrsg.) (2000). *Traditional Cures for Modern Conflicts: African Conflict "Medicine".* Boulder : Lynne Rienner Publishers.

Zürcher, C. (2010). Der verhandelte Frieden. Interventionskultur und Interaktion in Nachkriegsgesellschaften. In T. Bonacker, M. Daxner, J. Free & Christoph Zürcher (Hrsg.), *Interventionskultur. Zur Soziologie von Interventionsgesellschaften* (S. 19-30). Wiesbaden: VS Verl. für Sozialwiss.

17 Chancen und Grenzen interessenorientierter, fazilitativer Mediation im Kontext internationaler politischer Konflikte[1]

Mario Clemens

Im Kontext der alternativen Streitbeilegung (*Alternative Dispute Resolution*, ADR) dominiert ein Verständnis von Mediation, wonach die Mediationspartei unparteilich bzw. ‚allparteilich' zu sein hat und die Verfahrensverantwortung übernimmt, während die Inhaltsverantwortung bei den Konfliktparteien verbleibt und wonach die Konfliktparteien von ersterer in einem freiwilligen und ergebnisoffenen Prozess bei der Suche nach interessengerechten Lösungen unterstützt werden.

Im Kontext *internationaler politischer Mediation* ist dieses Modell zwar nicht abwesend, doch es erscheint hier in der Regel lediglich als eine besondere Variante. Daneben stehen Modelle, bei denen die Mediationspartei z. B. eigene Vorschläge einbringt oder die Konfliktparteien durch den Einsatz von Macht zu einem Ergebnis bewegt.

Derzeit professionalisiert sich das Feld der internationalen politischen Mediation, wobei auch das ADR-Modell interessenbasierter, fazilitativer Mediation an Bedeutung gewinnt. Vor diesem Hintergrund fragt der Beitrag nach den Chancen und Grenzen dieses im ADR-Feld erfolgreichen Ansatzes von Mediation im Kontext internationaler politischer Konflikte.

1 Ich danke Julia von Dobeneck, Christian Hochmuth, Imke Kerber, Lars Kirchhoff, Felix Wendenburg und Jasper Hoppenbrock vom Institut für Konfliktmanagement (IKM), denen ich erste Ideen zu diesem Text präsentieren durfte, für wertvolle Hinweise und Anregungen, die mich vor mancher Sackgasse bewahrt haben. Für den Inhalt des Textes, inklusive seiner möglichen Fehler und strittigen Positionen, bin ich selbstverständlich allein verantwortlich.

17.1 Einleitung

Wer in Deutschland eine Mediationsausbildung absolviert, wird mit hoher Wahrscheinlichkeit in ein Mediationsverständnis hineinsozialisiert, für welches ‚Allparteilichkeit', eine klare Trennung von Verfahrens- und Inhaltsverantwortung[2], die Freiwilligkeit der Teilnahme am Mediationsprozess sowie die Ergebnisoffenheit desselben zentrale Definitionsmerkmale darstellen[3]. Ebenfalls mit hoher Wahrscheinlichkeit wird sie oder er das Herausarbeiten von hinter Positionen liegenden Interessen[4] als ein wichtiges Instrument (einer dominanten Schule) der Mediation kennenlernen. Ein solches Mediationsverständnis deckt sich mit Klassikern der deutschen und angloamerikanischen Mediationsliteratur[5], soweit sich diese mit Mediation im Kontext der alternativen Streitbeilegung (ADR) (Menkel-Meadow 2005, S. 19), also mit Mediation innerhalb von Rechtsstaaten befasst.

Wer solchermaßen geprägt das erste Mal mit Texten zur internationalen politischen Mediation in Berührung kommt, wird leicht empört oder jedenfalls verwirrt sein. Ganz unbefangen – ja schamlos, wie es scheint – wird hier nach den Vor- und Nachteilen von Parteilichkeit seitens der Mediationspartei gefragt (Svensson 2009), es werden Mediationsstile erörtert, bei denen die Mediationspartei Lösungsvorschläge macht, also Inhaltsverantwortung übernimmt[6], es werden ungeniert die Stärken und Schwächen von Mediatoren diskutiert, die, wie etwa mächtige Staaten, Druck und Zwang auf die Konfliktparteien ausüben können (Siniver 2006, S. 811f). Und wer

2 Die Mediationspartei steuert den Prozess, die Konfliktparteien bestimmen, welche Inhalte Gegenstand der Mediation werden.

3 Vgl. stellvertretend für viele Ausbildungsinstitute die Definitionskriterien des Bundesverbands für Mediation: http://www.bmev.de/mediation/definition-mediation0.html.

4 Fisher et al. (2012, S. 43) definieren Interessen inhaltlich als „desires and concerns" und grenzen diese von Positionen ab. Gläßer und Kirchhoff (2005, S. 131) definieren Interessen anhand ihrer Funktion in der Mediation „als die im Einzelfall relevanten Kriterien, die in einer Konfliktlösung berücksichtigt werden müssen, damit diese im Ergebnis für die Parteien umfassend befriedigend ist". Innerhalb der ADR-Bewegung gelten Interessen als zentral, wie dieses Zitat von Carrie Menkel-Meadow, einer ihrer Gründungsfiguren, belegt: „One of the most important contributions of modern conflict resolution theory has been the move from ‚positions', ‚offers', or ‚demands' to ‚interests'" (Menkel-Meadow 2003, S. 342). Vgl. zur zentralen Bedeutung des interessenbasierten Mediationsmodells in Deutschland Gläßer und Kirchhoff (2005, S. 130).

5 Vgl. für den deutschen Kontext z. B. Besemer (2013, S. 14f) und für den angloamerikanischen Kontext Moore (2014, S. 8f).

6 Vgl. stellvertretend für viele andere Bercovitch (2002, S. 259), der meint, Mediationsparteien „with stronger content skills (e.g. the ability to shape an outcome) may be more effective in [...] international conflict."

sich im internationalen Kontext nach dem vertrauten Modell der interessenbasierten Mediation umsieht, wird es erst nach einigem Suchen finden und feststellen, dass es dort eher ein Nischendasein fristet[7]. Die angeführten Beispiele aus der wissenschaftlichen Literatur zu internationaler Mediation stehen dabei durchaus nicht im Gegensatz zum noch immer dominanten Mediationsverständnis derjenigen Akteure, die im internationalen Kontext als Mediatoren in Erscheinung treten[8].

Gleichzeitig lässt sich eine Tendenz beobachten, die den Unterschieden im Mediationsverständnis – die in dem vielleicht zugespitzten, sicher aber nicht falschen Bild zweier Mediationssphären zutage treten – entgegenwirkt. Der Professionalisierungsvorsprung, den das ADR-Feld gegenüber der internationalen Mediation über die Jahre gewonnen hat (Menkel-Meadow 2003, S. 336), hat dazu geführt, dass ADR-Konzepte über Beratungen[9], Trainings[10] und z. T. sogar direkte Anwendung durch die ADR-geprägten Akteure im Feld der internationalen Mediation an Bedeutung gewinnen.

Vor diesem Hintergrund ergeben sich zwei Fragen:

---

7 Im Unterschied zum ADR-Kontext fehlt das Interessenkonzept im internationalen Kontext in zentralen Publikationen – z. B. bei Greig und Diehl (2012) – und, wo von interessenbasierter (und/oder fazilitativer) Mediation die Rede ist, dort wird sie als ein Ansatz neben anderen vorgestellt. So etwa bei Connie Peck, die innerhalb der UN neben einem ‚power based' und einem ‚rights-based' auch einen interessenbasierten Ansatz identifiziert, den sie durch den Generalsekretär und seine Sondergesandten verkörpert sieht (Peck 2009, S. 416).

8 Dies ist nicht weiter verwunderlich, da den angeführten Forschungsbeiträgen daran gelegen ist, jenes Phänomen zu untersuchen, das im internationalen Kontext unter „Mediation" firmiert, und die großen Mediatoren umgekehrt kaum Notiz von der stärker präskriptiv geprägten (ADR-)Mediationsliteratur nehmen. In Bezug auf Berichte, in denen Mediatoren wie Jimmy Carter oder George Mitchell, ihre Mediationserfahrungen reflektieren, bemerkt Menkel-Meadow (2003, S. 347) in diesem Zusammenhang „I'm always startled by how little attention is paid or thought given to all of the theories, models, structures, and concepts of conflict resolution."

9 So berät z. B. die Initiative Mediation Support Deutschland (IMSD), ein Zusammenschluss von fünf deutschen Organisationen, deren Mitglieder jedenfalls z. T. Verbindungen zur ADR-Bewegung haben und/oder eine entsprechend geprägte Ausbildung durchlaufen haben, das Auswärtige Amt. Zur IMSD vgl. deren Website: http://www.friedensmediation-deutschland.de/imsd.html.

10 „Training und Coaching in Mediation ist inzwischen vielerorts integraler Bestandteil der Aus- und Fortbildungen für Diplomaten und Missionsmitglieder, zB bei den Vereinten Nationen, beim Europäischen Auswärtigen Dienst und beim Auswärtigen Amt." (Kirchhoff und Kraus 2013, S. 622, FN).

- Wie lassen sich die Unterschiede im Mediationsverständnis erklären? Sind sie aus kontingenten historischen Entwicklungen der internationalen Mediation einerseits und des ADR-Feldes andererseits entstanden oder müssen sie als ein Reflex von unterschiedlichen Kontextfaktoren aufgefasst werden? Wie ich zeigen werde, lassen sich neben ebenfalls vorhandenen entwicklungsgeschichtlichen Unterschieden in der Tat auch strukturelle Unterschiede ausmachen, die zumindest teilweise erklären können, warum Mediation im Kontext der internationalen Politik anders verstanden bzw. angewendet wird als im ADR-Kontext.
- Und wie ist die absehbare Ausbreitung des Modells der interessenbasierten, fazilitativen Mediation im Kontext der internationalen Mediation zu bewerten? Ist sie uneingeschränkt zu begrüßen oder sind Grenzen der Anwendbarkeit zu berücksichtigen?

Beiden Fragen kann ich hier nur kursorisch nachgehen. Nach einer kurzen Vorstellung und Abgrenzung des interessenorientierten, fazilitativen Modells (Abschn. 17.2) greife ich zwei herausragende Strukturmerkmale des internationalen Feldes heraus[11], durch die sich dieses vom ADR-Kontext unterscheidet, und erörtere jeweils, inwiefern diese sich auf Möglichkeit und Nutzen einer Anwendung des Modells interessenorientierter, fazilitativer Mediation auswirken (Abschn. 17.3). Wo Strukturmerkmale des internationalen Feldes den Einsatz des Modells erschweren, kann dies als Teil der Erklärung für die gegenüber dem ADR-Kontext geringere Verbreitung gesehen werden. Ein solcher Befund würde aber noch nichts über den Mehrwert aussagen, den man – auch in einem herausfordernden Umfeld – haben kann, das interessenorientierte, fazilitative Mediationsmodell anzuwenden. Wo die Strukturen des internationalen Kontexts hingegen an der Nützlichkeit von interessenbasierter, fazilitativer Mediation zweifeln lassen, wird die zweite Frage nach der Bewertung einer Ausbreitung des Modells berührt.

---

11 Einige Besonderheiten internationaler politischer Mediation ergeben sich eben daraus, dass es sich um *politische* Mediation handelt; z. B. die Spannung zwischen dem demokratischen Gebot, die Öffentlichkeit in Entscheidungsprozesse einzubinden einerseits und dem Mediationsprinzip der Vertraulichkeit andererseits. Da politische Mediation als Mediation im Rahmen öffentlicher Beteiligungsverfahren aber auch im ADR-Kontext vorkommt und damit quer liegt zu der hier gewählten Unterscheidung zwischen ADR-Feld und internationalem Feld, werde ich auf die sich aus dem allgemeinen politischen Charakter der Mediation ergebenden Besonderheiten an dieser Stelle nicht eingehen. Siehe zu politischer Mediation im ADR Kontext Besemer et al. (2014) sowie Kessen (2013) und für eine kontextübergreifende Betrachtung Kirchhoff (2015).

17.2 Das Modell der interessenorientierten, fazilitativen Mediation

Sowohl im ADR-Kontext als auch im internationalen Kontext firmiert eine Vielzahl von Ansätzen unter dem Label Mediation und eine noch größere Anzahl von Taxonomien versucht Orientierung zu bieten[12]. Obwohl es also in beiden Feldern eine gewisse Heterogenität in den Ansätzen gibt, zeigt das ADR-Feld doch eine deutliche Präferenz für den interessenbasierten, fazilitativen Ansatz. Bei Bolger et al. (2010, S. 3), die für den ADR-Kontext drei verschiedene Ansätze unterscheiden, finden sich dazu zwei bezeichnende Kommentare: „Facilitative mediation is the original and first identified mediation style". Und: „Facilitative mediation is what is commonly understood to be mediation." Im Unterschied dazu lässt sich für Bercovitch (2009, S. 348), der für das Feld der internationalen Mediation ebenfalls drei Mediationsstile unterscheidet, nicht pauschal ein Stil als der beste herausstellen, da sich der Wert eines Stils nur empirisch und in Bezug auf konkrete Fälle bewerten lasse.

Wie Kirchhoff (2007, S. 10–13) darstellt, zeichnet sich interessenbasierte, fazilitative Mediation insbesondere aus durch das gründliche Herausarbeiten von Interessen, durch die Betonung kreativer Techniken zur Erarbeitung interessengerechter Lösungen und durch die Abstinenz der Mediationspartei in Bezug auf das Einspeisen eigener Interessen in den Mediationsprozess. Letzteres ist wichtig, da sich die Mediationspartei so das Vertrauen der Parteien in die eigene Unparteilichkeit bewahrt. Der fazilitative Aspekt spiegelt sich in dem Verzicht der Mediationspartei auf den Einsatz von Macht sowie auf jegliche Bewertungen auf der Grundlage eigener Standards. Schließlich hat die Mediationspartei die Verfahrenshoheit inne, belässt die Kontrolle der Inhalte jedoch bei den Konfliktparteien.

12 Vgl. für den ADR-Kontext statt vieler anderer Riskin (1996, 2003) und für den internationalen Kontext Bercovitch (2007, S. 177), Zartman und Touval (2008, S. 446f) sowie Lanz et al. (2008, S. 10).

17.3 Drei strukturelle Besonderheiten des internationalen Systems und deren Implikationen für die Möglichkeiten interessenbasierter, fazilitativer Mediation

17.3.1 Fehlender rechtlicher Rahmen

Das Fehlen eines dem nationalen Recht vergleichbaren Rechtsrahmens im internationalen Kontext hat weitreichende und disparate Folgen für die Anwendung interessenbasierter, fazilitativer Mediation. Zum einen macht es einen Unterschied für die Konfliktparteien, ob sie Mediation als Alternative zu einem Gerichtsverfahren oder zu einer gewaltsamen Auseinandersetzung wahrnehmen (Menkel-Meadow 2003, S. 348); dabei kann die Möglichkeit der gewaltsamen Auseinandersetzung für starke Parteien eine sehr attraktive Alternative darstellen. Davon berührt ist die Herausforderung, die Parteien an den Verhandlungstisch zu bekommen, sie also davon zu überzeugen, dass ihren Interessen mit einem Mediationsverfahren besser gedient ist als durch andere zur Verfügung stehende Mittel der Konfliktaustragung (dazu mehr unter Abschn. 17.3.2).

Im Rahmen liberaler Rechtsstaaten stellt das Justizsystem weiterhin eine Garantie für die Implementierung von Mediationsabkommen dar (jedenfalls, wenn diese vertraglich festgehalten wurden). Das Fehlen einer solchen Garantie im internationalen Kontext, lässt die Teilnahme an einer Mediation aus Sicht der Parteien deutlich riskanter erscheinen. Wenn umgekehrt eine mächtige Drittpartei die Einhaltung eines Abkommens garantiert, tut sie dies häufig nicht aus (rein) altruistischen Gründen, was zur Komplexität der Interessenlage beiträgt und Zielkollisionen zwischen verschiedenen Ansprüchen der Mediation, z. B. zwischen Konfliktautonomie[13] und Frieden[14], zur Folge haben kann (dazu auch Abschn. 17.3.3).

Schließlich bleibt Mediation im rechtsstaatlichen Rahmen auf einen Bereich beschränkt, in dem die Voraussetzungen für eine Anwendung interessenbasierter, fazilitativer Verfahren günstig sind. Da im Kontext internationaler politischer Konflikte rechtliche Wege der Konfliktregelung weitestgehend fehlen, sind die einer Mediation zugeführten Fälle schon deshalb weit heterogener, d. h. hier dann z. B. weit öfter hoch eskaliert.

13 Mit Konfliktautonomie ist hier der für das interessenbasierte, fazilitative Modell zentrale methodische Anspruch gemeint, dass die Konfliktparteien gemeinsam und ohne Einmischung von außen eine Lösung zur beiderseitigen Zufriedenheit finden sollen.

14 Siehe zur Verpflichtung der Mediation auf den Wert des Friedens Abschn. 17.3.2.

17.3.2 Mediation im Kontext von Gewaltkonflikten

Internationale politische Mediation findet nahezu ausschließlich im Kontext internationaler Gewaltkonflikte statt (Zartman und Touval 2008, S. 445). Dies liegt von der einen Seite betrachtet am Fehlen juristischer Zwangsmaßnahmen, die im ADR-Kontext im Falle rechtlicher Überschreitungen (wie der Anwendung von Gewalt) greifen und durch deren Abwesenheit der Zuständigkeitsbereich von Mediation im internationalen Bereich breiter angelegt ist. Dies scheint mir auch die Erklärung dafür zu sein, dass „power mediation" bzw. „mediation with muscles"[15] im internationalen Kontext überhaupt unter Mediation firmieren – der Mediationsbegriff ist schlicht deshalb breiter, weil das Recht als machtbasiertes Verfahren an seiner Seite fehlt.

Von der anderen Seite besehen, erklärt sich die Abwesenheit von Mediation in Konflikten mit niedrigem Eskalationsniveau einerseits aus dem starken Bedürfnis von Staaten, ihre Angelegenheiten nach Möglichkeit ohne äußere Einmischung zu klären, und andererseits aus der Anreizstruktur für Anbieter internationaler Mediation, die anders als im ADR-Kontext nicht auf finanzieller Entlohnung, sondern auf substanziellen Interessen von Drittparteien basiert, die regelmäßig berührt sind, wenn ein Konflikt zum Gewaltkonflikt eskaliert. So erklärt z. B. das Motiv, ein Übergreifen der Gewalt auf den eigenen Staat zu verhindern, den statistischen Befund, demzufolge die Wahrscheinlichkeit, als Mediator in Erscheinung zu treten für einen Nachbarstaat gegenüber anderen Staaten um ein 14-Faches höher liegen (Greig und Regan 2008, S. 473).

Die Anwendung von Mediation im Gewaltkontext führt aus Sicht der Mediationspartei, die – unabhängig von der Verpflichtung auf einen spezifischen Ansatz – dem Ziel des Friedens verpflichtet ist,[16] nicht selten zu Dilemmata; wie etwa zu verfahren ist, wenn Maßnahmen zur Entwicklung eines gerechten Friedensabkommens dem Ziel, möglichst schnell einen Friedensvertrag zu erreichen, um weiteres Blutvergießen zu verhindern, entgegenstehen?

Quantitative Studien zu internationaler Mediation hatten manipulativen Mediationsstilen die höchsten Erfolgsquoten bescheinigt (Bercovitch 2007, S. 185). Wie

15 Unter „power mediation" oder „mediation with muscles" wird eine Form der Mediation verstanden, bei der eine entsprechend mächtige Drittpartei ihre Ressourcen dazu nutzt, die Parteien durch den Einsatz positiver (z. B. Entwicklungshilfe) und/oder negativer (z. B. Entzug von Geldern oder gar Bombardements) Anreize zu einem Ergebnis zu bewegen, an dem sie selbst ein substanzielles Interesse hat (Greig und Diehl 2012, S. 9).

16 Denn wie Webb (1988, S. 16) schreibt: „mediators in general tend to believe that the ending of behavioural violence and its consequences for quality of human life is preferable to its continuance".

spätere Studien feststellten, ist dieser Befund aber nur dann zutreffend, wenn ‚Erfolg' mit dem Zustandekommen eines Friedensabkommens gleichgesetzt wird. Bei einer längerfristigen Perspektive zeigen sich dagegen die Stärken von Ansätzen, die darauf setzen, Konfliktparteien bei der Erarbeitung eines interessengerechten Friedensabkommens zu unterstützen (Duursma 2014, S. 92). Dies scheint zunächst für die generelle Überlegenheit eines Ansatzes zu sprechen, der das Gebot der freiwilligen Teilnahme am Mediationsprozess sowie die Wahrung von Konfliktautonomie und Ergebnisoffenheit als definitorische Normen festschreibt. Die pauschale Präferenz für den interessenbasierten, fazilitativen Ansatz, die vor diesem Hintergrund nahe zu liegen scheint, übersieht allerdings die Notwendigkeit, zunächst einmal die akute Gewalt zu stoppen – was nutzt die Überlegenheit eines Mediationsansatzes, wenn dieser auf Grund akuter Kampfhandlungen nicht zum Einsatz kommen kann, da er per Definition den Einsatz von Macht ausschließt? Bleibt also nur die Alternative zwischen einem machtvollen Eingriff, der in einem negativen und instabilen Frieden mündet, oder einem Warten auf bessere Ausgangsbedingungen für interessenbasierte, fazilitative Mediation, wodurch dann aber in Kauf genommen wird, dass viele weitere Menschen dem gewaltsamen Konflikt zum Opfer fallen?

17.4 Implikationen der bisherigen Ausführungen für Forschung und Praxis

Was folgt nun aus all dem für die Chancen und Grenzen einer Anwendung fazilitativ-interessenbasierter Mediation? Ich beschränke mich wiederum auf zwei, wie mir scheint besonders zentrale Implikationen:

In der internationalen Politik stellt es in der Regel eine Herausforderung dar, Konfliktparteien davon zu überzeugen, die Option der kriegerischen Auseinandersetzung gegen Verhandlungen einzutauschen. Vor diesem Hintergrund kann es notwendig sein, Druck auf die Parteien auszuüben, was für den Einsatz eines „manipulativen" (Zartman und Touval 2008, S. 446 f.) Stils bzw. Ansatzes spricht. Dies muss aber nicht als ein grundsätzliches Argument gegen einen interessenbasierten, fazilitativen Mediationsansatz verstanden werden. Vielmehr kann es sinnvoll sein, diesen zum Einsatz zu bringen, um nach dem Abschluss eines Waffenstillstands die dem Konflikt zugrunde liegenden Anliegen aufzuarbeiten[17].

17 Carment et al. (2009) bringen ein ähnliches Argument, wobei sie dem „manipulativen" allerdings den „formulativen" Stil entgegensetzen (Carmen et al. in Duursma 2014, S. 92).

Für die wissenschaftliche Debatte ist damit auch der Appell verbunden, sich nicht in unfruchtbaren Entweder-oder-Debatten zu verlieren, sondern genau herauszuarbeiten, in welchen Settings und an welchen Punkten eines Prozesses ein Ansatz einem anderen vorzuziehen ist.

Die vorherrschende Anreizstruktur, die das Mediationsangebot im internationalen Kontext reguliert, stellt ein Problem dar. Zum einen erfolgt Mediation meist erst dann, wenn ein Konflikt bereits viele Opfer gefordert hat und sich die Positionen verhärtet haben. Zum anderen bringen die Akteure, die dann in den hoch eskalierten Konflikt eingreifen, meist eigene inhaltliche Interessen mit, wodurch interessengerechte, als fair empfundene und damit nachhaltige Lösungen unwahrscheinlicher werden. Fazilitativ-interessenbasierte Mediation kann und sollte früher zum Einsatz kommen – die Schulung von Diplomaten, wie sie z. B. das Center for Peace Mediation (CPM)[18] durchführt, ist vor diesem Hintergrund zu begrüßen. Interessenbasierte Mediation braucht außerdem Mediationsakteure, die nicht gezwungen sind, (meist staatliche) Partikularinteressen zu vertreten. Der Aufbau von so genannten Rostern, also von Pools mit externen Experten, durch die UN ist in diesem Zusammenhang ein begrüßenswerter Schritt[19].

Grenzen und Chancen interessenbasierter, fazilitativer Mediation weiter zu erforschen, scheint die Voraussetzung dafür zu sein, einerseits ihre Potenziale besser zu nutzen und sie andererseits reflektiert und gezielt mit anderen Mediationsansätzen sowie weiteren Ansätzen der Konfliktbearbeitung zu kombinieren.

Literatur

Besemer, C. (2013). *Mediation. Die Kunst der Vermittlung in Konflikten*. Karlsruhe: Werkstatt für Gewaltfreie Aktion.

Besemer, C. et al. (2014). *Politische Mediation. Prinzipien und Bedingungen gelingender Vermittlung in öffentlichen Konflikten*. Bonn: Stiftung Mitarbeit.

Bercovitch, J. (2002). *Studies in International Mediation*. Basingstoke, UK: Palgrave Macmillan.

Bercovitch, J. (2007). Mediation in International Conflicts. Theory, Practice, and Development. In I.W. Zartman (Hrsg.), *Peacemaking in International Conflict* (S. 163-194). Washington, D.C.: U.S. Institute of Peace Press.

Bercovitch, J. (2009). Mediation and Conflict Resolution. In J. Bercovitch, V. Kremenyuk, W. Zartman (Hrsg.), *The Sage Handbook of Conflict Resolution* (S. 340-357). California: Sage Publications.

18 Vgl. zu den Aktivitäten des CPM deren Website: http://www.peacemediation.de.

19 Vgl. zum Roster der UN: http://peacemaker.un.org/mediationroster.

Bolger, S., Daly, B. & Higgins, N. (2010). International Peace Mediators and Codes of Conduct: An Analysis. *The Journal of Humanitarian Assistance*. Online verfügbar unter: https://sites-stage.tufts.edu/jha/archives/756 (letzter Aufruf 26.08.16).

Carment, D., Samy, Y. & El Achkar, S. (2009). Protracted Conflict and Crisis Mediation: A Contingency Approach. In J. Bercovitch, S. Gartner (Hrsg.), *International Conflict Mediation: New Approaches and Findings*. New York: Routledge.

Duursma, A. (2014). A Current Literature Review of International Mediation. *International Journal of Conflict Management 25*, 8198.

Fisher, R., Ury, W. & Patton, B. (2012). *Getting to Yes. Negotiating an Agreement without giving in*. London: Random House.

Fisher, S., Abdi, D.I., Ludin, J., Smith, R., Williams, D. & Williams, S. (2011). *Working with Conflict. Skills and Strategies for Action*. New York: Palgrave Macmillan.

Gläßer, U. & Kirchhoff, L. (2005). Lehrmodul 2: Interessenermittlung. Spannungsfeld zwischen Emotion und Präzision. *ZKM – Zeitschrift für Konfliktmanagement 4*, 130-133.

Greig, J.M. & Diehl, P.F. (2012). *International Mediation*. Cambridge: Polity Press.

Greig, J.M. & Regan, P.M. (2008). When Do They Say Yes? An Analysis of the Willingness to Offer and Accept Mediation in Civil Wars. *International Studies Quarterly 52* (4), 759-781.

Kessen, S. (2013). Mediation im öffentlichen Raum. In T. Trenczek, T. Berning & C. Lenz (Hrsg.), *Mediation und Konfliktmanagement* (S. 573-577). Baden-Baden: Nomos.

Kirchhoff, L. (2007). *Linking Mediation and Transitional Justice. Studie „Workshop 1 – From Mediation to Sustainable Peace"*. Konferenzbericht. Online verfügbar unter: https://www.ikm.europa-uni.de/de/publikationen/Linking_Mediation_Transitional_Justice.pdf

Kirchhoff, L. (2015). Politische Mediation: Triadische Aushandlungsprozesse in und zwischen Gesellschaften. *Kontext 46* (4), 404-411.

Kirchhoff, L. & Kraus, A. I. (2013). Mediation in internationalen Friedensprozessen. In T. Trenczek, T. Berning & C. Lenz (Hrsg.), *Mediation und Konfliktmanagement* (S. 620-626). Baden-Baden: Nomos.

Lanz, D., Wählisch, M., Kirchhoff, L. & Siegfried, M. (2008). *Evaluating Peace Mediation. Studie für das Mediation Cluster der Initiative for Peace Building*. Brüssel: Initiative for Peace Building.

Menkel-Meadow, C. (2003). Correspondences and Contradictions in International and Domestic Conflict Resolution: Lessons from General Theory in Varied Contexts. *Journal of Dispute Resolution 2*, 319-352.

Menkel-Meadow, C. (2005). Roots and Inspirations: A Brief History of the Foundations of Dispute Resolution. In M.L. Moffitt & C. Bordone (Hrsg.), *The Handbook of Dispute Resolution* (S. 13-31). San Francisco: Jossey-Bass.

Moore, C.W. (2014). *The Mediation Process. Practical Strategies for Resolving Conflict*. San Francisco: Jossey-Bass.

Peck, C. (2009). United Nations Mediation Experience: Practical Lessons for Conflict Resolution. In J. Bercovitch, V. Kremenyuk, & W. Zartman (Hrsg.), *The Sage Handbook of Conflict Resolution* (S. 413-434). California: Sage Publications.

Riskin, L. (1996). Understanding Mediators' Orientations, Strategies, and Techniques: A Grid for the Perplexed. *Harvard Negotiation Law Review 1* (7), 7-51.

Riskin, L. (2003). Decisionmaking in Mediation: The New Old Grid and the New New Grid System. *Notre Dame Law Review 79* (1), 3-54.

Siniver, A. (2006). Power, Impartiality and Timing: Three Hypotheses on Third Party Mediation in the Middle East. *Political Studies 54*, 806-826.

Svensson, I. (2009). Who Brings Which Peace? Neutral versus Biased Mediation and Institutional Peace Arragements in Civil Wars. *Journal of Conflict Resolution 3*, 446-469.

Webb, K. (1988). The Morality of Mediation. In C. R. Mitchell & K. Webb (Hrsg.), *New Approaches to International Mediation* (S. 16-28). New York u. a.: Greenwood Press.

Zartman, I.W. & Touval, S. (2008). International Mediation. In C.A. Crocker, F.O. Hampson & P. Aall (Hrsg.), *Leashing the Dogs of War. Conflict Management in a Divided World* (S. 437-454). Washington, D.C.: U.S. Institute of Peace Press.

Teil III.3

Reflexion von Grundpositionen und Wertsetzungen der Mediation

Die Erforschung von Gerechtigkeit (in) der Mediation

18

Eine kritische Hinterfragung dessen, was häufig als selbstverständlich vorausgesetzt wird

Gisela Kohlhage

Gerechtigkeit ist ein wichtiges Thema für die Mediation. Betrachtet man näher, wie sie sich in der Mediation verwirklicht, kann man verschiedene Elemente identifizieren, die Gerechtigkeit herstellen und sichern. Andere Konfliktbearbeitungsverfahren handhaben diese Elemente anders und es stellt sich die Frage nach ihrem Zusammenspiel. Kritische Fragen zu den einzelnen, Gerechtigkeit stiftenden Elementen verdeutlichen die Notwendigkeit eines Gerechtigkeitskonzeptes für die Mediation und geben Hinweise auf weiteren Forschungsbedarf.

18.1 Gerechtigkeit in der Mediationsliteratur

In der Literatur sind diverse Positionen zur Gerechtigkeit zu finden, die teils in unterschiedlichen Kombinationen (z. B. Mähler und Mähler 2000; Streicher 2010; Seehausen 2009), teils einzeln vertreten werden. Seit im Jahr 2000 das Buch Gerechtigkeit im Konfliktmanagement und in der Mediation (Dieter et al. 2000) veröffentlicht wurde, sind mehr als 110 Beiträge unter dem Stichwort Gerechtigkeit allein in der Zeitschrift für Konfliktmanagement erschienen. Das zeigt die große Bedeutung, welche die Gerechtigkeitsfrage für die Mediation hat. Dabei entzieht sich der Begriff Gerechtigkeit einer Definition, weil es keinen objektiven Standpunkt geben kann, um die objektive Gerechtigkeit (des Ergebnisses) zu beurteilen. Die Gerechtigkeit zerfällt in eine *Mehrzahl von Gerechtigkeitsempfindungen* und wird subjektiv.

Es werden in der Literatur vier Dimensionen der Gerechtigkeit unterschieden, die *Austausch-*, *Verfahrens-*, *Verteilungs-* und *Vergeltungsgerechtigkeit* (z. B. Montada und Kals 2007). Bei der Verteilungsgerechtigkeit werden drei Prinzipien unterschieden, *Equity*, *Equality* und *Need* (z. B. ebd.; Streicher 2010). Die Kunst der Mediation liegt darin, sich auf ein anzuwendendes Prinzip bzw. auf das Verhältnis mehrerer Prinzipien zueinander zu einigen, die Kriterien des Prinzips näher zu bestimmen und sich über deren Ausmaß zu einigen, in dem die Kriterien verwirklicht werden (Montada und Kals 2007). In der Dimension distributiver Gerechtigkeit liegt die Gerechtigkeit im Ergebnis, bei der Verfahrensgerechtigkeit in dem Weg zum Ergebnis.

In der Diskussion, ob eine Gerechtigkeitskontrolle des Mediationsergebnisses erfolgen soll, stellt sich einerseits die Frage, wer die Gerechtigkeit kontrolliert, und andererseits, anhand von welchen Kriterien sie kontrolliert werden soll. Die externe ‚Endkontrolle' kollidiert mit dem Autonomieprinzip und schränkt die Selbstverantwortung der Parteien ein. Praktiker wie Hannelore Diez (2005) arbeiten deshalb in der Mediation mit Fairnesskriterien, anhand derer die Parteien das Ergebnis überprüfen können.

Es lassen sich mindestens zwei Ansätze für die Gerechtigkeit in der deutschsprachigen Mediationsliteratur seit 2000 identifizieren:

1. Gerechtigkeit in ihrem Verhältnis zum Rechtssystem
2. die Verfahrensgerechtigkeit, in welche die Erkenntnisse der Gerechtigkeitspsychologie einfließen und in welcher die Prinzipien der Mediation eine wichtige Rolle spielen

18.2 Das Verhältnis zum Recht

Das Rechtssystem an sich sei darauf ausgerichtet, Gerechtigkeit zu stiften, es ist aber mitunter überfordert, wenn es um jeden Einzelfall geht. Hier kann die Mediation als das individuellere Verfahren gerechter sein: „Mediation ist, so verstanden, maßgeschneiderte, auf den Einzelfall ausgerichtete, insofern gerechte Rechtsschöpfung" (Mähler und Mähler 2000, S. 32). Mediation ist rechtlich gewollt[1] und mit dem Recht vereinbar. Recht und Mediation ergänzen sich (Schlieffen 2009).

Dabei kann Mediation einerseits die Alternative zum Recht sein. Wie bei Mähler und Mähler (2000) speist sich auch bei Bamberger (2016) die Gerechtigkeit der Mediation u. a. aus der Unzulänglichkeit der Justiz. „Wer auf Kontinuität und Konstanz der Rechtsprechung vertraut, hat, wie die Erfahrung lehrt, nicht selten auf Sand gebaut. Selbst auf vermeintlich sicherem Terrain kann eine plötzliche und von keinem nur erahnte Änderung der Rechtsprechung – manchmal auf einen

1 Dies zeigt sich u. a. darin, dass es ein Gesetz zur Förderung der Mediation und anderer Verfahren der außergerichtlichen Konfliktbeilegung gibt.

Schlag zu mehreren Fragen, und dann bisweilen gewaltsam, rigide und verletzend wirkend, alle vorher gewesene und berechtigte Erwartung enttäuschen und begründetes Vertrauen zerstören." (ebd., RN 41.) Diese Schwäche des Rechtssystems ist nur ein schwaches Argument für Gerechtigkeit in der Mediation. Aber wenn das Recht den individuellen Konflikt nicht dem subjektiven Gerechtigkeitsempfinden beider Parteien entsprechend bearbeiten kann, kann Mediation der bessere (= gerechtere) Weg sein.

Andererseits kann das Recht eine Alternative zur Mediation sein. Die zentralen Aussagen in der Literatur dazu sind: Mediation ist gerecht, weil sie im ‚Schatten des Rechts' stattfindet und dies als Notausstieg oder Korrektiv zur Verfügung steht (u.a. Mähler und Mähler 2000). Immer wenn das Recht einer Partei eine ihrem Gerechtigkeitsempfinden passendere Lösung bietet, kann sie aus der Mediation aus- und auf den gerichtlichen Weg umsteigen. Für diese Möglichkeit und für die Verbindlichkeit der Ergebnisse bedarf die Mediation eines funktionierenden Rechtssystems. Es geht nicht darum, die Rechtsprechung durch Mediation zu ersetzen, sondern nur darum, wo nötig, ihre Schwächen auszugleichen. Recht und Mediation ergänzen sich: „...die äußere Rechtsordnung ist eine Bedingung für die Realisierbarkeit der Ergebnisse (weshalb sie nicht ignoriert werden kann), aber kein Primärmaßstab." (Schlieffen 2009, S. 213).

In der Ausstiegsmöglichkeit dürfte zusammen mit dem Prinzip der Freiwilligkeit einer der stärksten Garanten für die Gerechtigkeit in der Mediation liegen. Entscheidend ist, dass nicht die Freiwilligkeit (in Form der Ausstiegsmöglichkeit) allein und auch nicht das Recht allein die Gerechtigkeit in der Mediation zu sichern vermögen, sondern erst ihr Zusammenspiel. Löhnig (2012) weist kritisch darauf hin, dass sozialer Druck die Inanspruchnahme des Rechtsweges verhindern kann. Soziale Erwünschtheit und Macht sind wesentliche Faktoren, welche die Freiwilligkeit beeinflussen. Dies ist im Bezug auf ‚freiwillig' eingegangene hohe Bürgschaften im engen familiären Umfeld von der Rechtsprechung bereits erkannt worden. Aber auch in Bezug auf die Gerechtigkeit in der Mediation müssen Macht und subtile Einflussnahme, u. a. in Form von sozialer Erwünschtheit, als Faktoren gesehen werden, welche die Freiwilligkeit in Frage stellen. Soziale Erwünschtheit ist kulturell gebunden und einem zeitlichen und räumlichen Wandel unterworfen. Sie kann daher kein Maßstab für (objektive) Gerechtigkeit sein.[2]

Fraglich ist zudem, wie weit die Vorstellungen von Gerechtigkeit in der Mediation und im Recht übereinstimmen.

2 Soziale Erwünschtheit bezüglich des familiären Zusammenhalts kann verhindern, dass häusliche Gewalt offengelegt und Hilfe in Anspruch genommen wird.

„Gerechtigkeit [in der Mediation] muss sich nicht immer mit der positivierten Rechtslage decken. Andererseits darf man nicht jede ungute Gefühlsregung des Mediators als Verletzung seines Gerechtigkeitsgefühls ansehen. Das Ergebnis einer Mediation muss nicht dem Wunsch des Mediators entsprechen. Aber irgendwann ist eine Grenze überschritten und das Ergebnis so unerträglich, dass es der Mediator einfach nicht mehr mit seinem Gewissen vereinbaren kann." (Kracht 2016, RN 59). In diesem Zitat zeigt sich die Spannung von kollektiver Gesetzes-Gerechtigkeit, die vermeintlich objektiv ist und dem Gesetz und Rechtssystem als gegeben unterstellt wird, und dem subjektiven Gerechtigkeitsempfinden. Es fehlen klare Kriterien, um zu ermessen, wie viel Abweichung der individuellen Gerechtigkeit von der Gesetzesgerechtigkeit noch gerecht ist, um dem Mediator Handlungssicherheit zu bietet. Freiwilligkeit, ausgewogene Machtverhältnisse und die Kenntnis von Alternativen (z. B. dem Rechtsweg) müssten in den Kriterien mindestens zu finden sein.

18.3 Verfahrensgerechtigkeit

Aussagen zur Verfahrensgerechtigkeit stammen überwiegend aus der Gerechtigkeitspsychologie. Sie bilden einen Schwerpunkt in der Mediationsliteratur. Häufig werden die Untersuchungen und Zusammenfassungen von Klinger und Bierbrauer (z. B. 2002), Bierhoff (1992; 2000), Thibaut und Walker (z. B. 1975) oder Lind und Tyler (1988) zitiert.[3] Ihre jeweilige zentrale Aussage ist, dass unter bestimmten Umständen Verfahren als gerecht erlebt werden und dass als gerecht erlebte Verfahren die Akzeptanz der Ergebnisse vergrößern. Es zeigt sich, dass neben dem distributiven Aspekt auch die von den Verhandlungsparteien wahrgenommene prozedurale Fairness ein Maß für ihre Zufriedenheit ist. „Die Akzeptanz einer unzureichenden Ressourcenzuteilung kann in der Regel nicht allein durch den Einsatz eines als fair wahrgenommenen Verfahrens erreicht werden. Allerdings lässt sich die Akzeptanz einer vom Ergebnis her als unvorteilhaft, ja in Grenzen sogar als unfair empfundenen Entscheidung durch den Einsatz eines als fair empfundenen Verfahrens steigern. Man spricht hier auch vom Mehrwert des Verfahrens." (Klinger und Bierbrauer 2016, RN 57f).

Wesentliche Elemente der Verfahrensgerechtigkeit sind *Voice*, Wertschätzung der Person und der Gruppe, der sie sich zugehörig fühlt, Genauigkeit, Unvoreingenommenheit, Korrigierbarkeit der Entscheidung, Konsistenz, Legitimität in Bezug

3 Kulturelle Unterschiede, in dem, was als gerechtes Verfahren erlebt wird, berücksichtigen u. a. Jodelbauer und Streicher (2013).

auf moralisches Empfinden, Authentizität des Entscheiders. Am Letztgenannten erkennt man, dass diese Elemente nicht aus der Mediationsforschung, sondern aus Untersuchungen anderer Konfliktbearbeitungsverfahren stammen.

Die Ergebnisse der Gerechtigkeitsforschung wurden aus der Analyse anderer Verfahren oder experimentell gewonnen und auf die Mediation übertragen. Dies ist zwar naheliegend, aber die Übertragbarkeit ist bisher so gut wie nie empirisch überprüft worden. Die Untersuchungen von Epp (1998) dagegen legen nahe, dass eine differenzierte Betrachtung sinnvoll ist. Obwohl Epps Untersuchung inzwischen fast 18 Jahre vorliegt, scheint sie keinen Eingang in die Mediationsliteratur und -forschung gefunden zu haben.

Vorstellbar, aber undiskutiert ist auch der manipulative Einsatz der Erkenntnisse der Gerechtigkeitspsychologie, um das Gefühl, an einem gerechten Verfahren teilzunehmen, hervorzurufen. Dann fühlt sich zwar durch die Anwendung der oben genannten Elemente ein Ergebnis (subjektiv) gerechter an, muss es aber (objektiv) nicht sein. Im als gerecht empfundenen Verfahren entsteht so ein Raum, in dem ungerechte Ergebnisse akzeptiert werden. Daher darf man fragen, für wen ergibt sich im Verfahren der von Klinger und Bierbrauer (2016) angesprochene Mehrwert?

Ebenfalls auf der Verfahrensebene sollen die Mediationsprinzipien Neutralität, Freiwilligkeit, Selbstverantwortung und Informiertheit die Gerechtigkeit sichern.

Es ist unbestritten, dass die Neutralität für die Mediation essentiell ist. Die Meinungen darüber, was Neutralität bedeutet, gehen aber auseinander.[4] Sie ist konstituierend, weil sie im Mediationsgesetz verlangt wird (Kloweit und Gläßer 2014, §§ 1 II, 3 I); sie ist für die Funktion unerlässlich, weil sich Medianden sonst

4 a) Neutralität als unwidersprochene Behauptung; b) Neutralität als statisches Rollenkonfliktmodell (ZPO, Mediationsgesetz) umfasst auch die Unabhängigkeit des Mediators; c) Neutralität als Unparteilichkeit im Sinne innerpsychischer Voreingenommenheit; d) Neutralität bedeutet Vermeidung von Bias bei indifferenten Gefühlen und Werten. Bias wird in diesem Sinne negativ gesehen. → Supervision wird als Gegenmittel empfohlen; e) Neutralität als Equidistanz, beziehungsfokussierte Machtbalance, Bias wird positiv gesehen, als temporäre Parteilichkeit, die in der Summe zur Allparteilichkeit führen soll. Dies verlangt von der Mediationspraxis ungleiche Behandlung, um sicherzustellen, dass alle Interessen von allen Parteien in dem Mediationsprozess repräsentiert werden; f) Neutralität als Interaktion, die verletzt und wiederhergestellt werden kann; g) Neutralität ist das, was im Mediationskontrakt vereinbart wird. In der islamischen Konfliktbearbeitung, im Sulh-Verfahren, erfährt Neutralität eine weitere Bedeutung: Sie hat zu garantieren, dass keine Seite ihr Gesicht verliert. Eine besondere Nähe des „neutralen Dritten“ zu einer Seite wird dagegen als unterstützend für den Prozess angesehen, weil er auf die Partei besser Einfluss nehmen kann, um sie für die Teilnahme am Prozess zu gewinnen (Steinigen 2009, S. 15).

nicht auf das Verfahren einlassen werden, und sie wird als zudem als Voraussetzung für die Gerechtigkeit gesehen.

Kritisch zur Neutralität äußern sich Cobb und Rifkin (1991). Sie beklagen, dass es zu wenige empirische Studien gibt, welche die Neutralität in der Praxis der Mediation belegen. Mit ihren Analysen haben sie gezeigt, dass Mediatoren hinter ihren eigenen Neutralitätsversprechen zurück bleiben. Ihre Kritik hat wenig Eingang in die neuere Mediationsliteratur gefunden.

Für die Freiwilligkeit gilt wie für die Neutralität, sie ist konstituierend, funktional und für die Gerechtigkeit unentbehrlich. Montada schreibt unter Berufung auf Notzik (1974) dazu: „… daß jeder freiwillige und ohne Zwang eingegangene Austausch gerecht sei, denn ex ante (im Vorhinein) muß er den Beteiligten ausgewogen erscheinen, sonst würden sie ihn freiwillig nicht eingehen." (Montada 2000, S. 47).

Die Forderung nach Freiwilligkeit, ursprünglich strikt verteidigt, lockert sich jetzt bei einigen Autoren. Dies wird damit begründet, dass die Autonomie in belastenden Konflikten stark eingeschränkt ist und unter Stress bevorzugt auf bewährte Verhaltensstrategien zurückgegriffen wird. Mediation ist zu wenig bekannt und kann daher gerade dann, wenn sie benötigt wird, nicht gewählt werden. Es kann nach Kriegel-Schmidt (2007) deshalb durchaus sinnvoll sein, ein erstes Gespräch von dem Postulat der Freiwilligkeit zu befreien. Nicht der Beginn einer Mediation muss danach freiwillig sein, sondern ihre Fortsetzung. Freiwilligkeit wird als im Prozess herstellbar betrachtet. Fraglich bleibt, ob die Entscheidung zur Mediation forciert werden darf, indem die Alternativen verschlechtert oder der Zugang zum Gericht erschwert werden, oder ob (im Rahmen des Täter-Opfer-Ausgleichs) die Aussichten für den Täter bei einer strafrechtlichen Mediation verbessert werden dürfen, mit der Absicht, die Parteien zur Mediation zu bewegen. Wie Freiwilligkeit und Neutralität in anderen europäischen Ländern gehandhabt wird, fasst zurzeit Carle zusammen (im Entstehen).

Schlichtungsverfahren sind bei manchen Konflikten obligatorisch einer Klage vorgeschaltet. Im islamischen Sulh-Verfahren ist Freiwilligkeit nur für die Aufnahme des Verfahrens und in unterschiedlichem Ausmaß erforderlich: Die Täterfamilie muss ein Sulh-Verfahren aktiv anstrengen, es unter Umständen mehrfach unter Anerkennung der Täterrolle erbitten. Die Opferfamilie wird davon überzeugt, dass es besser für sie ist, der Aufnahme des Verfahrens zuzustimmen. Für sie ist die Zustimmung mit der Aufgabe des Selbsthilferechts verbunden. Da aber eine Zustimmung erforderlich ist, kann trotz des sozialen Drucks von Freiwilligkeit gesprochen werden. Ein begonnenes Sulh-Verfahren können die Parteien jedoch nicht abbrechen (Steinigen 2009). Juristische Verfahren kommen ohne Freiwilligkeit aus, ohne dass es dem Glauben an ihr Gerechtigkeitspotenzial schadet. Dies dürfte daran liegen, dass sie auf eine andere Legitimationsgrundlage als Mediation bauen können.

Freiwilligkeit ist ein unscharfer Begriff. Es fehlt an einer Definition. Sie ist immer relativ und wird immer von sozialer Einflussnahme begrenzt, sie ist daher stets im Zusammenspiel mit eigener und fremder Macht zu sehen. Unklar bleibt, wie Freiwilligkeit hergestellt werden kann und in welchem Verhältnis die ‚Tricks', mit der Freiwilligkeit hergestellt wird, zur Autonomie der Parteien stehen.

Unhinterfragt scheint auch die zugrunde liegende Annahme, Freiwilligkeit sei stets besser geeignet, Gerechtigkeit zu garantieren, als Machtanwendung (von sozialer Einflussnahme bis Zwang). Die Forderung nach Freiwilligkeit korrespondiert möglicherweise mit der schwachen Legitimation des Mediationsverfahrens und des Mediators und der Scheu vor der Verantwortung für das Ergebnis seitens der Mediatoren.

Ebenso soll der gleiche Informationsstand der Parteien die Gerechtigkeit in der Mediation gewährleisten. Erst dann soll eine eigenverantwortliche (und in der Logik der Mediation damit gerechte) Vereinbarung zum Konflikt möglich sein. Das ungleiche Wissen kann nur ausgeglichen werden, wenn es thematisiert wird. Das Prinzip der Informiertheit steht in einem Spannungsverhältnis zur Neutralität.

Wenn sichergestellt ist, dass die Parteien in der Lage sind, die Informationen kognitiv zu verarbeiten, zu bewerten und angemessen einzusetzen, gilt gleicher Informationsstand über den Konfliktgegenstand und ausreichende Information über die eigenen Rechte als notwendige, aber nicht hinreichende Bedingung für ein gerechtes Ergebnis. Das bedeutet, dass die Informationen auf den Horizont der Parteien und ihre aktuelle Situation abgestimmt sein müssen. Unklar ist, wer über was informieren darf und ob mehrere Berater die Mediation begleiten müssen.

Das Prinzip der Selbstbestimmung der Parteien enthebt den Mediator, sofern das Verfahren korrekt geleitet wurde, der Verantwortung für das Ergebnis und damit auch der Verantwortung für die Ergebnisgerechtigkeit (Kracht 2016, RN 63). Dahinter stecken zwei Annahmen:

1. Ein korrektes und damit gerechtes Verfahren schafft ein gerechtes Ergebnis und
2. jede Partei ist frei und selbstbestimmt und ihre Zustimmung zum Ergebnis signalisiert, dass das Ergebnis ihren subjektiven Gerechtigkeitsvorstellungen entspricht.

Selbstbestimmung kann aber nicht ohne Blick auf den sozialen Einfluss bzw. Macht und Machtausgleich diskutiert werden.

Nach Mähler und Mähler (2000) wird im Rechtssystem die ungleiche Macht zwischen den Kontrahenten durch die vierfache Delegation an das Recht ausgeglichen:

Gesetz, neutraler Entscheider, Verfahrensordnung und Fürsprecherprinzip. Was mit der Macht bei der Rücknahme der vierfachen Delegation im Falle der Mediation geschieht, bleibt offen. Das Thema Macht und Mediation fasst Budde (2009) übersichtlich zusammen. Sie weist darauf hin, dass in der Mediationstheorie und -praxis von dem Ideal des symmetrischen Machtverhältnisses zwischen den Parteien ausgegangen wird. Obwohl es zahlreiche asymmetrische Konfliktkonstellationen gibt, z. B. Mieter/Vermieter, Arbeitnehmer/-geber, Migrant/Einheimischer, Mann/Frau usw., gehen von der „Fiktion des ‚Normalbürgers' […] auch der große Teil der heute aktuellen Mediationsliteratur und -praxis aus" (ebd., S. 21).

Das Rechtssystem selbst ist strukturelle Macht und nimmt für sich in Anspruch, während des Verfahrens die Machtverhältnisse der Parteien auszugleichen. Sowohl das System als auch der Entscheider üben (legale, weil legitimierte) Macht aus. Im Sulh-Verfahren wird die Macht der Familien in dieser Angelegenheit an die *Yaha* abgetreten. Diese übt sozialen Druck und damit Macht auf die Parteien aus.

Vom Mediator wird vor Beginn der Mediation eine Einschätzung der Machtverhältnisse gefordert, wobei offen bleibt: „Wer beurteilt ‚objektiv', was ein Machtgefälle mit einer ‚unfairen' Benachteiligung für eine Seite ist?" (ebd., S. 22). Diese unbefriedigende, weil unscharfe Analysebedingung wirkt sich auch auf die vorgeschlagenen Instrumente für den Ausgleich des Machtgefälles aus. Wer mächtig ist, aus welchem Grund auch immer, hat mehr Alternativen und weniger Konsensbereitschaft. Mehr als in der offenen Machtausübung bis hin zur (verbalen) Gewalt liegt das Problem in der subtilen, für Dritte schwer erkennbaren Machtausübung, welche Menschen verbal und nonverbal beeinflusst (vgl. Cobb und Rifkin 1991). Macht kann durch Anspielungen und Wehleidigkeit ausgeübt werden, ohne dass es Dritten auffällt. Gerade unter gut eingespielten Parteien werden in der Kommunikation u. U. alte Muster von Macht und Unterwerfung aktiviert.

Die Macht des Mediators wird in der Literatur tabuisiert. Er soll keine Macht haben, da er ja nur für das Verfahren zuständig ist und das Ergebnis in der Eigenverantwortung der Medianden liegt. Cobb und Rifkin (ebd.) weisen darauf hin, dass auch in der Gestaltung des Verfahrensablaufs Macht ausgeübt wird.

Fraglich ist zudem, ob der konkrete Mediand in der jeweiligen Mediation wirklich dem Bild des autonomen Menschen entspricht. Das Phänomen des stressbedingten Tunnelblicks kann Medianden in ihrer freien Selbstbestimmung einschränken. Die neuere Mediationsliteratur geht, trotz begründeter Kritik von außen, zu wenig auf die subtilen Formen der sozialen Einflussnahme ein.

In Bezug auf die Legitimation der Verfahren und des Dritten unterscheiden sich die Konfliktbearbeitungsverfahren: Gerichtliche Verfahren sind durch parlamentarisch beschlossene Gesetze und gesetzlich geregelte Verfahren, sowie den hohen Ausbildungsstand der Entscheider und Parteianwälte und die Unabhängigkeit des

Rechtssystems legitimiert. Mediation ist durch das Mediationsgesetz, den Auftrag durch die Medianden und ein Mindestmaß an Ausbildung des Mediators legitimiert. Das Mediationsgesetz nimmt eine (vage) Begriffsbestimmung vor und legt Mindeststandards für das Verfahren fest (Mediationsgesetz Kloweit und Gläßer 2014, §§ 1 und 2). Schlichtung ist in bestimmten Fällen gesetzlich vorgeschrieben und der Schlichter durch Wahl legitimiert. Das Sulh-Verfahren ist ein religiös und juristisch anerkanntes, Harmonie förderndes Verfahren, das wegen seines Potenzials zur Aussöhnung gerichtlichen Verfahren vorgezogen wird. Die Mitglieder der *Yaha* – die Ermittler, Schlichter und Entscheider sind – sind durch hohes Ansehen und durch moralische Makellosigkeit legitimiert (Steinigen 2009).

Der Bedeutung der Legitimation von Mediation und Mediator für die Gerechtigkeit wird in der Literatur wenig nachgegangen.

Verbunden mit der Frage der Macht ist die Transparenz des Verfahrens. Klinger und Bierbrauer (2016) zeigen Verhandlungstaktiken auf, die einen geschulten Verhandler gegenüber einem intuitiven Verhandler besserstellen.[5] Dabei gilt: „Die Verfahrensgerechtigkeit wird durch die Beachtung der Mediationsprinzipien, insbesondere die *transparente* Einhaltung des Gedankens der Selbstbestimmung, der Freiwilligkeit, der Neutralität des Dritten und der Informiertheit garantiert." (Schlieffen 2009, RN 29, Hervorhebung von GK) Dennoch lässt sich feststellen, dass Parteien wie Mediator mit psychologischen Effekten arbeiten[6], deren Wirkung darauf beruht, dass der Andere sie gerade nicht durchschaut. Offen bleibt bisher, ob und wie ein solches Vorgehen mit dem Prinzip der Selbstverantwortung vereinbar ist, bzw. wie weit die „psychologischen Tricks" gehen dürfen, um noch ethisch vertretbar zu sein. Die Kritik Cooleys (1998) zu diesem Punkt ist bisher wenig in der Mediationsliteratur berücksichtigt worden.

5 Der Ankereffekt wird beschrieben bei Klinger und Bierbrauer (2016, RN 70-74).

6 Ein Beispiel: In der Zusammenfassung werden Vorwürfe entschärft, die Generalisierung weggelassen und die Needs des Sprechers rücken in den Vordergrund. Dieser Zusammenfassung kann der Sprecher zustimmen, die andere Partei aber auch, da sie keine Vorwürfe mehr enthält. Den Parteien ist nicht bewusst, was passiert ist, trotzdem stimmen sie zu. Mit Autonomie hat das wenig zu tun.

18.4 Welche Ansatzpunkte für die weitere Forschung werden sichtbar?

In der Mediationswissenschaft ist bisher nicht abschließend geklärt, wie Gerechtigkeit in der Mediation tatsächlich hergestellt und gesichert werden kann. Überwiegend wird deduktiv aus den Ergebnissen der Gerechtigkeitsforschung gefolgert, dass Mediation als Verfahren gerecht sei, und es wird vorausgesetzt, dass ein gerechtes Verfahren gerechte Ergebnisse verwirklicht. Es scheint notwendig, dies differenzierter zu betrachten und zu überprüfen. Zentrale Aspekte wie Freiwilligkeit, Autonomie, Neutralität, Verfahrensgerechtigkeit etc. werden erkannt und diskutiert. Der bewusste Umgang mit Macht und Transparenz ist ebenfalls ein wichtiges Element der Gerechtigkeit, das dagegen zurzeit wenig thematisiert wird. Die Auseinandersetzung mit der von außen herangetragenen (feministischen) Kritik scheint um die Jahrtausendwende ergebnislos abzubrechen.

Vor allem scheint es bisher an einem Konzept, welches die Synergien und Wechselwirkungen aller Elemente der Gerechtigkeit in der Mediation berücksichtigt, zu fehlen. Es fehlen ausreichende Kriterien, an denen die Gerechtigkeit außerhalb des ‚Gefühlten' bewertet werden kann, und unklar ist, wie diese Kriterien legitimiert werden können. Feministen und kritische Rechtswissenschaftler vermuten, dass das Fehlen einer substanziellen Basis von Gerechtigkeit in der Mediation privilegierte Positionen stützt, die Unterdrückung von Frauen und Minderheiten legitimiert oder erhält und Konflikte neutralisiert, die zu sozialem Wandel führen könnten (vgl. Cobb und Rifkin 1991, S. 48). Mediation braucht ein Konzept der Gerechtigkeit, welches den komplexen Wechselwirkungen der einzelnen Gerechtigkeit stiftenden Elementen gerecht wird.

Literatur

Bamberger, H. G. (2016). Mediation und Justiz. In F. Haft und K. Gräfin von Schlieffen (Hrsg.), *Handbuch Mediation* (S. 225-251), 3. Aufl. München: Beck.

Bierhoff, H.-W. (1992). Prozedurale Gerechtigkeit: Das wie und warum der Fairness. *Zeitschrift für Sozialpsychologie 23*, 163-178.

Bierhoff H.-W. (2000). *Sozialpsychologie. Ein Lehrbuch*, 5. Aufl. Stuttgart: Kohlhammer.

Budde, A. (2009). *Modul 4, Herausforderungen für Mediatoren, Der Umgang mit Macht.* FernUniversität in Hagen.

Carle, D. (im Entstehen). *Die Entwicklung der Mediation in Europa unter dem Einfluss der EU-Mediationsrichtlinie – Rückblick und Ausblick.* Dissertation, FernUniversität in Hagen.

Cobb, S. & Rifkin, J. (1991). *Practice and Paradox: Deconstructing Neutrality in Mediation.* Content downloaded/printed from HeinOnline (http://heinonline.org). Zugriff: 31.01.2014.

Cooley, J. W. (1998). *Mediation Magic: Its Use and Abuse.* Content downloaded/printed from HeinOnline (http://heinonline.org). Zugriff: 28.12.2012.

Dieter, A., Montada, L. & Schulze, A. (Hrsg.) (2000). *Gerechtigkeit im Konfliktmanagement und in der Mediation.* Frankfurt a. M.: Campus.

Diez, H. (2005). *Werkstattbuch Mediation.* Köln: Centrale für Mediation.

Epp, A. (1998). *Divergierende Konzepte der Verfahrensgerechtigkeit: Eine Kritik der Prozedural Justice-Forschung.* http://hdl.handle.net/10419/48961. Zugegriffen: 19.06.2016.

Jodelbauer, S. & Streicher, B. (2013). Interkulturelle Aspekte von Gerechtigkeit. In M. Gollwitzer et al. (Hrsg.), *Soziale Gerechtigkeit* (S. 175-197). Göttingen: Hogrefe.

Klinger, E. & Bierbrauer, G. (2002). Sozialpsychologie des Verhandelns. In F. Haft & K. Gräfin von Schlieffen (Hrsg.), *Handbuch Mediation* (S. 236-263), 1. Aufl. München: Beck.

Klinger, E. & Bierbrauer, G. (2016). Verhaltenswissenschaftliche Grundlagen. In F. Haft & K. Gräfin von Schlieffen (Hrsg.), *Handbuch Mediation* (S. 109-138), 3. Aufl. München: Beck.

Klowait J. & Gläßer, U. (Hrsg.) (2014). *Mediationsgesetz Handbuch. Baden Baden: Nomos.*

Kracht, S. (2016). Rolle und Aufgaben des Mediators – Prinzipien der Mediation I In F. Haft & K. Gräfin von Schlieffen (Hrsg.), *Handbuch Mediation* (S. 301-327), 3. Aufl. München: Beck.

Kriegel-Schmidt, K. (2007). „Blind vor Wut“: Ratlosigkeit und Routine. Das Problem der Freiwilligkeit der Mediation bei Trennung und Scheidung. Skizze zu einer hochbrisanten Diskussion um Autonomie, Freiwilligkeit und Zwang. Nachrichtenteil der BAFM, *Zeitschrift für Kindschaftsrecht und Jugendhilfe 4*, 169.

Lind, E. A. & Tyler, T. R. (1988). *The social psychology of procedural justice.* New York: Plenum Press.

Lohning, M. (2012). Über schariatische „Friedensrichter“, „Schülergerichte“ und die Strukturmerkmale des Rechtsstaats. In C. Althammer, J. Eisele, H. Ittner & M. Löhnig (Hrsg.), *Grundfragen und Grenzen der Mediation* (S. 65-76), Band 1. Frankfurt a. M.: Metzner.

Mähler, G. & Mähler, H.-G. (2000). Kriterien für Gerechtigkeit in der Mediation. In A. Dieter, L. Montada & A. Schulze (Hrsg.), *Gerechtigkeit im Konfliktmanagement und in der Mediation* (S. 9-36). Frankfurt a. M.: Campus.

Montada, L. (2000). Gerechtigkeit und Rechtsgefühl in der Mediation. In A. Dieter, L. Montada & A. Schulze (Hrsg.), *Gerechtigkeit im Konfliktmanagement und in der Mediation* (S. 37-62). Frankfurt a. M.: Campus.

Montada, L. & Kals, E. (2007). *Mediation. Ein Lehrbuch auf psychologischer Grundlage.* Weinheim: Beltz.

Notzik, R. (1974). *Anarchy, state and utopia.* New York: Basic Books.

Schlieffen, K. Gräfin von (2009). Perspektiven der Mediation In F. Haft & K. Gräfin von Schlieffen (Hrsg.), *Handbuch Mediation* (S. 197-216), 2. Aufl. München: Beck.

Seehausen, M. (2009). Das Gerechtigkeitsversprechen der Mediation. *Zeitschrift für Konfliktmanagement 4*, 110-114.

Steinigen, C. (2009). *Konflikte und Konfliktlösungen im Islam.* München: Grin.

Streicher, B. (2010). Gerechtigkeit in Konfliktsituationen und in der Mediation. *Zeitschrift für Konfliktmanagement 4*, 100-103.

Thibault, J. & L. Walker (1975). *Procedural Justice: A psychological analysis.* New York: Lawrence Erlbaum.

Mediation und (christliche) Verantwortung

19

Ein Beitrag zu einer *Sinn*-vollen Bearbeitung von Konflikten

Wiebke-Lena Laufer

19.1 Mediationsforschung aus theologischer Perspektive?

Wie und warum funktioniert Mediation? Sowohl in mediationstheoretischer als auch in durchführungspraktischer Hinsicht ist das Wissen um Wirkfaktoren in der Mediation von besonderem Interesse: „Praktiker wollen wissen, was sie tun (und lassen) müssen, um erfolgreich zu arbeiten, die Wissenschaftler, wie der Erfolg der Mediation erklärt werden kann. Beide brauchen dieses Wissen, um die Wirksamkeit der Mediation weiter zu verbessern, ihre Einsatzmöglichkeiten genauer zu umgrenzen und Erfolge besser prognostizieren zu können" (Bastine 2004, S. 43). Einer Analyse der Wirksamkeit von Mediation kann es dienlich sein, ihre Grundlagen aus einer systematisch-theologischen Perspektive heraus zu untersuchen. Die Theologie kann deswegen einen bedeutsamen Beitrag zu diesem wesentlichen Aspekt mediativen Erkenntnisinteresses leisten, weil sie einen Zugang dafür bietet, die transzendente Dimension, die in der Mediation aufscheint, zu durchdenken und zu beschreiben.

In der Literatur zu Mediation und Konfliktmanagement selbst lassen sich immer wieder Anklänge an einen religiösen Sprachduktus finden, durch den das zu benennen versucht wird, was Marshall B. Rosenberg als die „göttliche Energie" bezeichnet, „die Menschen verbinden kann" (Rosenberg 2011, S. 57). Eine solchermaßen kontextbezogene Verwendung religiöser Symboliken setzt einen Gottesglauben ausdrücklich nicht voraus. Vielmehr zeugt sie von dem Anliegen, die „Grunderfahrungen des Menschseins zwischen Leid und Freude, Ablehnung und Zugewandtheit, Resignation und Hoffnung, Schuld und Versöhnung, in denen Kräfte wirksam werden, die außerhalb menschlicher Verfügbarkeit liegen" (Laufer 2016, S. 170), greifbarer zu machen.[1] Eine von diesen Anknüpfungspunkten ausgehende

1 Zur Vertiefung der religiösen Bezüge in der Mediationsforschung vgl. Laufer (2016, S. 173-188).

Analyse der Wirkfaktoren von Mediation aus Sicht der Theologie weist dann einen konkreten mediationstheoretischen Nutzen auf, wenn das Konfliktregulationsverfahren dabei nicht für religiöse Zwecke instrumentalisiert wird. Demgemäß gilt es, zu Grundannahmen zu gelangen, die sich auch abseits von Religiosität bewähren (ebd., S. 18).[2] Dieser Beitrag konzentriert sich auf denjenigen Ertrag einer theologisch geprägten Untersuchung von Mediation, der von konkreter interdiziplinärer und mediationswissenschaftlicher Relevanz ist.

19.2 Zur Korrespondenz von Mediation und persönlicher Lebensdeutung

Konfliktsituationen fordern Menschen dazu heraus, konkrete Handlungsentscheidungen zu treffen. Weil der Mensch dazu fähig ist, sein Verhalten bewusst zu steuern[3], kann er sich in seinem Konflikterleben entweder dem destruktiven Zerstörungspotenzial hingeben oder Konflikte als eine Chance erkennen, um Innovationspotenziale für konkrete Veränderungen im eigenen Leben zu nutzen. Entscheidet sich eine Person dafür, auf den Chancenreichtum zu fokussieren, kann es zu einer neuen „Selbstaneignung von Lebenswelt" (Hanschitz 2005, S. 66) kommen. Um einen solchen Selbstaneignungsprozess zielgerichtet zu initiieren, mag es dienlich sein, auf eine konkrete *situative Maßnahme* (Laufer 2016, S. 14) zuzugreifen, mit deren Unterstützung sich ein aktuelles Geschehen bewältigen lässt. Mediation ist eine solche Maßnahme, die im Konfliktfall hinzugezogen werden kann, um die Destruktivität eines Konflikts konstruktiv zu wenden. Entscheidend bei derartigen Maßnahmen ist es, dass sie dem Menschen dienlich sind und nicht andersherum. Das beinhaltet, dass sich nicht der Mensch der Maßnahme anpasst, sondern sich der Einsatz der Maßnahme am konkreten Menschen orientiert. Dabei werden Verfahrensvorgaben, die die Prozesse der Konfliktregulation strukturieren, einzelfallbezogen angewendet. Dieses Vorgehen lässt sich unter den Begriff der „konzeptimmanenten Adaptivität" (ebd., S. 89) zusammenfassen.

---

2 Als Grundlage und Vertiefung der hier dargelegten Erkenntnisse steht die Monografie „Mediation und christliche Verantwortung" (Laufer 2016) ein. Als weiterführende Literatur zum Dialog zwischen Mediation und Theologie unter dem Aspekt der Versöhnung vgl. auch van de Loo (2009).

3 Zum Aspekt der Willensfreiheit des Menschen vgl. Laufer (2016, S. 197 Fn. 555); s. a. Bayertz (1995, S. 12).

Der Einzigartigkeit des Menschen und seines Konflikterlebens wird also in angemessener Weise Rechnung getragen, wenn allgemeine Grundsätze der Mediation im Rahmen eines professionellen Vorgehens individualisiert werden. Was dabei „angemessen" ist und was nicht, entscheidet die betroffene Einzelperson selbst. Der Beurteilungsmaßstab, den sie dafür anlegt – ob bewusst oder unbewusst –, gründet in ihrer *persönlichen Lebensdeutung* (ebd., S. 14). Die persönliche Lebensdeutung eines Menschen ist seine Individualantwort auf den grundsätzlichen Deutungsbedarf des Lebens. Es gibt vielfältige Möglichkeiten, sein eigenes Leben zu interpretieren. Der Gottesglaube ist eine dieser Deutungsmöglichkeiten. Ist er vorhanden, bietet er dem Menschen eine grundlegende Orientierung an, die es ihm erlaubt, dem eigenen Leben aus der Perspektive des Glaubens heraus Sinn zuzuschreiben.

Die persönliche Lebensdeutung – ob religiös geprägt oder nicht – samt dem individuell ausgeformten Wertehorizont eines Menschen bildet die Basis für seine Selbstklärungsprozesse (ebd., S. 14). Dieser Aspekt ist wiederum für die oben angeführte Wirksamkeitsfrage relevant, weil die Selbstklärung des einzelnen Menschen in die klärende Interaktion zwischen Menschen hineinwirkt. Für die Mediationsforschung und -praxis ist es aufschlussreich, sich die Korrelation zwischen Mediation als einer konkreten situativen Maßnahme und der persönlichen Lebensdeutung des Menschen zu vergegenwärtigen und zwar aus folgendem Grund: *Wenn es gelingt, ein Mediationsverfahren solchermaßen durchzuführen, dass die Konfliktpartner zu einem Verhandlungsergebnis kommen, das ihrer jeweiligen persönlichen Lebensdeutung entspricht, dann erhöht sich die Tragfähigkeit der vereinbarten Lösung.* Was bedeutet das konkret?

19.3 Verantwortungsübernahme als Konsequenz von Sinnhaftigkeit

Um einer vertiefenden Erläuterung dieser These willen ist es sinnvoll, die Vermittlungsstrategie ‚Mediation' substanziell zu durchdenken. Das beinhaltet, das Konfliktregulationsverfahren auf seine *anthropologischen* und *ethischen Implikationen* hin zu überprüfen. Im Kern geht es um die Frage: „Was leuchtet in der Mediation auf?" (Schlag 2004). Die Spuren, die auf die Grundannahmen der Mediation hinweisen, kulminieren in einer sozialethischen Kategorie, der *Verantwortung.* Dieser Aussage würden Mediationsforscher wie -praktiker wohl kaum einen nennenswerten Neuwert attestieren, denn es scheint selbstverständlich zu sein, dass Mediation nur durch die Übernahme von Verantwortung möglich und sinnvoll ist. Die Medianten übernehmen ihre Inhaltsverantwortung, wenn sie auf inhaltskompetente

Weise unter Berücksichtigung ihrer Interessen und Bedürfnisse über eine Lösung verhandeln. Der Mediator entspricht seiner Verfahrensverantwortung, wenn er den Klärungsprozess sachkompetent und personorientiert durchführt. Diese spezifischen Verantwortlichkeiten, die sich als Verfahrensgrundsätze auf den konkreten Durchführungsrahmen der Mediation beziehen, speisen sich allerdings von einer größeren Verantwortungsdimension her. Jede spezifische Verantwortung, so auch diejenige innerhalb einer Mediation, gründet nämlich auf der unübertragbaren Selbstverantwortung, die jeder Mensch für sein Leben als Ganzes innehat. Deshalb ist es von Interesse, die spezifischen mediativen Verantwortlichkeiten vor dem Hintergrund des verantwortlichen Menschseins schlechthin zu erhellen. Schließlich ist es nämlich eine Frage der konsistenten Verantwortungsübernahme, den Sinn, den der Konflikt im Selbsterleben der Beteiligten erfüllt, nachhaltig konstruktiv zu wenden. Es gilt, die Konfliktbeteiligten solchermaßen durch ihr Selbsterleben zu begleiten, dass sich diese *negative Sinnstiftung* (Laufer 2016, S. 62) des Konflikts zugunsten einer *positiven Gegensinnstiftung* (ebd., S. 84) auflöst. Eine positive Gegensinnstiftung kann dann erfolgen, wenn situationsbezogener Sinn für die subjektiv konstruierte Wirklichkeit tatsächlich vorhanden ist bzw. hergestellt werden kann. Diese Umdeutung von einer negativen in eine positive Sinnbezogenheit gelingt also nur soweit, wie die Sinnhaftigkeit des Individuallebens, also die persönliche Lebensdeutung, mit einbezogen wird. Das bedeutet: *Je deutlicher Menschen einen persönlich relevanten Sinn in bestimmten Vorgehensweisen erkennen können, desto eher übernehmen sie Verantwortung für ein dementsprechendes Handeln.*

19.4 Mediation als Inszenierung einer reflexiven Welt

Bevor sich Menschen zu konkreten Handlungen verpflichten, die auf einer Bewusstheit hinsichtlich der sinnhaften Deutung ihres Lebens basieren, bedarf es einer situations- und persönlichkeitsbezogenen Reflexion. Dazu wird in der Mediation ein Rahmen geschaffen, der der Eigendynamik des Konflikts etwas von ihrer Zwangsläufigkeit nimmt und Reflexionsmöglichkeiten eröffnet, um einen sinnhaften Weg aus der Konfliktsituation heraus erkennen und beschreiten zu können. Ganz in diesem Sinne ist Mediation *„die Inszenierung einer reflexiven Welt“* (ebd., S. 281).

Das Besondere an einer mediativen Reflexion besteht darin, sowohl Selbstbestimmtheit als auch wechselseitige Akzeptanz miteinander zu vereinen. Als „Selbstverantworteter Konsensweg“ (Mähler und Mähler 2000, S. 18) obliegt es der Mediation, Verstehensprozesse zwischen Personen zu initiieren, die auf der Fähigkeit des Menschen basiert, sich über sich selbst aufzuklären. Je konsistenter es den Beteiligten deshalb gelingt, die Parameter ihrer Selbstbestimmtheit zu reflektieren, desto eher wird es ihnen auch möglich sein, eine konkrete mediative Lösung in ihre persönliche Lebensdeutung einzubetten. Durch diese Korrespondenz wiederum gewinnt die Mediationslösung im Selbsterleben der Einzelperson an Bedeutung und die Bereitschaft zur Verantwortungsübernahme steigt. Dies geschieht durch das effektive Zusammenspiel von Intrapersonalität und Interpersonalität, das sowohl im Konfliktfall als auch in der Konfliktlösung wirksam ist. Dieser Sachverhalt erschließt sich, wenn die Auswirkungen von intrapersonaler Destabilität und Stabilität auf soziale Zusammenhänge erkannt und auf Mediation übertragen werden:

Bei Konflikten lässt sich feststellen, dass sich die Konfliktträchtigkeit im Personinneren auf die soziale Konfliktanfälligkeit auswirkt (Geißler 2000, S. 55; Lückert 1957, S. 493; Laufer 2016, S. 57-63). Interpersonale Konflikte haben also immer eine intrapersonale Entsprechung. Im Konfliktregulationsfall besteht eine ähnliche Korrespondenz zwischen Intrapersonalität und Interpersonalität. Eine Lösung, die die Konfliktbeteiligten miteinander, also interpersonal, gefunden haben, wird umso tragfähiger sein, je stimmiger sich das Mediationsergebnis in die persönliche Lebensdeutung der jeweiligen Konfliktbeteiligten einfügen lässt. Wenn ein Mediationsergebnis also intrapersonal relevant ist, und zwar noch über den Bereich der Interessen und Bedürfnisse hinaus, dann verpflichtet sich der Mensch nicht mehr ‚nur' noch dem Ergebnis und den anderen Mediationsbeteiligten gegenüber, sondern geht eine Selbstverpflichtung gegenüber seinem eigenen höchsten Lebenssinn sein. Mechanismen der Fremdbestimmtheit, die dazu beitragen können, das Ergebnis nur eingeschränkt motiviert umzusetzen, werden durch eine Selbstbestimmtheit ersetzt, die einen zusätzlichen Motivator für Verantwortungsübernahme generiert (Laufer 2016, S. 404f.). *Mediation kann also ein umso wirksameres Mittel zu einem selbstbestimmten und akzeptanzgeleiteten Umgang mit Konflikten sein, je konsistenter sich die Lösung in die Stimmigkeit des individuellen Selbstseins der Beteiligten einfügen lässt.* Im Folgenden wird dieser Zusammenhang anhand unterschiedlicher Sinnebenen veranschaulicht.

19.5 Zur Korrelation von Sinnebenen

Verhandlungsergebnisse werden innerhalb des schützenden Kommunikationsrahmens der Mediation entwickelt. Sie haben sich aber außerhalb dieses Rahmens zu bewähren, damit es zu dauerhaften Veränderungen kommt. Dort sind die Konfliktbeteiligten weitgehend auf sich allein gestellt. Weder können sie in jedem Falle

Rückfragen an die anderen Situationsbeteiligten stellen, noch wird das Verhandlungsergebnis selbst auf alle Herausforderungen, die sich während der Umsetzung ergeben, adäquate Antworten geben. Es ist also eine persönliche intrapersonale Stabilität der Konfliktbeteiligten erforderlich, um auch mit unvorhergesehenen Ereignissen konsistent umgehen zu können. Anders ausgedrückt: Die mediative Vorbereitung und die individuelle Handlungsverpflichtung kulminieren in der Selbstverantwortung des Menschen. Inwieweit das Handeln der Konfliktbeteiligten also tatsächlich mit der Vereinbarung übereinstimmt, hängt zu einem großen Teil von der intrapersonalen Stabilität und der Verlässlichkeit des Verantwortungsträgers ab. Stabilität und Verlässlichkeit stehen wiederum in einem engen Zusammenhang mit persönlicher Sinngenerierung.

Exakt hier findet sich eine der größten Herausforderungen erfolgreichen mediativen Handelns: Es muss neuer Sinn erschaffen werden, der den vorhandenen Konfliktsinn nicht nur ersetzt, sondern ihn in seiner Gewichtigkeit noch übersteigt. Je offenkundiger deshalb die Sinnhaftigkeit eines Vorgehens vor dem Hintergrund der individuell bedeutsamen Deutungsprämissen, desto stärker die Neigung, entsprechende Vereinbarungen zu beschließen und sie konsequent eigenverantwortlich zu vertreten. Weil sich diese Kohärenz wesentlich auf die Bereitschaft zur Verantwortungsübernahme auswirkt, ist sie von hoher mediativer Relevanz. Ob sich durch Mediation ein messbarer Mehrwert für die Konfliktpartner ergibt, hängt nämlich davon ab, wie *Sinn*-voll ihnen die Vereinbarungen erscheinen. Sinnhaftigkeit ist wiederum das Ergebnis einer subjektiv vorgenommenen Zuschreibung auf der Grundlage von personbezogenen Wertvorstellungen. Mit dieser individuellen Sicht, die sich von der persönlichen Lebensdeutung her speist, hängt zusammen, wie hoch die lebenspraktische Relevanz eines Mediationsergebnisses für den Einzelnen ist. Dazu lassen sich drei Ebenen von Sinn unterscheiden: *Mikrosinn*, *Mesosinn* und *Metasinn* (Laufer 2016, S. 403ff.). Die jeweiligen Präfixe beziehen sich auf den Grad an Bedeutsamkeit des jeweiligen Sinns. Wie bedeutsam etwas ist, bemisst sich an der sinnhaften Selbstbestimmung von Personen. Abbildung 19.1 zeigt, wie sich diese Sinnhaftigkeit anhand unterschiedlicher Sinnebenen differenzieren lässt.

Der *Mikrosinn* ist die basalste Sinnebene. Er bezieht sich auf die *Plausibilität* einer Vereinbarung. Ein Verhandlungsergebnis hat dann Mikrosinn, wenn es hinsichtlich seiner Voraussetzungen als schlüssig und in Bezug auf seine Realisierbarkeit als glaubwürdig erscheint. Eine tragfähige Lösung muss über die rein sachliche Plausibilität hinaus aber auch mit den individuellen Interessen und Bedürfnissen der Konfliktpartner übereinstimmen. Der *Mesosinn* bezieht sich dementsprechend auf die *Kompatibilität* von Verhandlungsergebnis und persönlicher Disposition. Mediative Lösungsfindung zielt darauf ab, Mikrosinn und Mesosinn sicherzustellen. Nur dann ist davon auszugehen, dass sich die Konfliktpartner konsequent

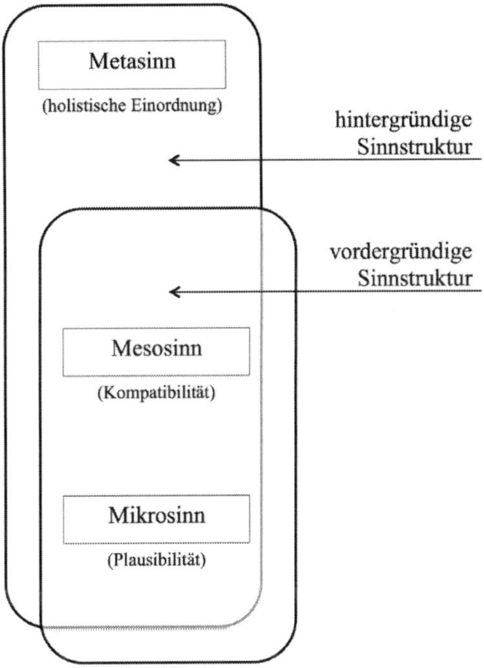

Abb. 19.1 Konzept der Sinnebenen (Quelle: Laufer 2016, S. 406)

an die Vereinbarung halten. Der Mikrosinn und der Mesosinn lassen sich einer gemeinsamen Ebene zuordnen, der *vordergründigen Sinnstruktur*. Diese ist von der *hintergründigen Sinnstruktur* zu unterscheiden, die sich auf das Lebensganze eines Menschen bezieht. Ihr ist der Metasinn zuzuordnen. Der *Metasinn* gibt Aufschluss darüber, inwieweit sich eine Lösung auch in die persönliche Lebensdeutung eines Menschen einordnen lässt. Dieser Vorgang ist eine Art *holistische Einordnung*. Der Metasinn ist nicht nur übergeordnet, sondern er durchwirkt das Lebensganze von Personen. Aufgrund ebendieser Ganzheitlichkeit geht von der hintergründigen Sinnstruktur eine tiefgreifende Verbindlichkeit aus, die die höchste Form von Selbstverpflichtung generiert. Wenn es also gelingt, eine Lösung zu „erfinden", die für die Konfliktpartner jeweiligen Metasinn hat, wird das Mediationsergebnis umso belastbarer sein, weil der Metasinn mit der authentischen Selbstverpflichtung des Menschen korrespondiert.

Damit ist die Tiefenstruktur der Inhaltsverantwortung der Medianten freigelegt. Intrinsisch motiviert übernehmen sie dann Selbstverantwortung, wenn sie erkennen, dass sich ihr Handeln positiv auf die innere Stimmigkeit ihres eigenen Lebens auswirkt. Für die Theorie und Praxis der Mediation lässt sich schlussfolgern: *Die Wirksamkeit einer Mediation erhöht sich, wenn im Ergebnis die vordergründige Sinnstruktur mit der hintergründigen Sinnstruktur in Einklang ist.*

Literatur

Bastine, R. H. E. (2004). Konflikte klären, Probleme lösen. Die Psychologie der Mediation. In J. Haynes, A. Mecke, R. H. E. Bastine & L. Fong (Hrsg.), *Mediation. Vom Konflikt zur Lösung* (S. 11-45). Stuttgart: Klett-Cotta.

Bayertz, K. (1995). Eine kurze Geschichte der Herkunft der Verantwortung. In K. Bayertz (Hrsg.), *Verantwortung. Prinzip oder Problem?* (S. 3-71). Darmstadt: Wissenschaftliche Buchgesellschaft.

Geißler, P. (2000). Mögliche Schnittstellen zwischen Mediation und Psychotherapie. In P. Geißler & K. Rückert (Hrsg.), *Mediation – die neue Streitkultur. Kooperatives Konfliktmanagement in der Praxis* (S. 51-63). Gießen: Psychosozial.

Hanschitz, R.-C. (2005). Konflikte und Konfliktbegriffe. In G. Falk, P. Heintel & E. E. Krainz (Hrsg.), *Handbuch Mediation und Konfliktmanagement* (S. 63-82). Wiesbaden: VS Verl. für Sozialwiss.

Laufer, W.-L. (2016). *Mediation und christliche Verantwortung. Eine mediationstheoretische und systematisch-theologische Untersuchung.* Göttingen: V&R unipress.

Lückert, H.-R. (1957). *Konflikt-Psychologie. Einführung und Grundlegung.* München: Reinhardt.

Loo, S. Van de (2009). *Versöhnungsarbeit. Kriterien, theologischer Rahmen, Praxisperspektiven*, Stuttgart: W. Kohlhammer.

Mähler, G. & Mähler, H.-G. (2000). Gerechtigkeit in der Mediation. In A. Dieter, L. Montada & A. Schulze (Hrsg.), *Gerechtigkeit im Konfliktmanagement und in der Mediation*, (S. 9-36). Frankfurt [u. a.]: Campus.

Rosenberg, M. B. (2011). *Konflikte lösen durch Gewaltfreie Kommunikation. Ein Gespräch mit Gabriele Seils.* Freiburg im Breisgau: Herder.

Schlag, T. (2004). Was leuchtet in der Mediation auf? Ethisch-theologische und pädagogische Überlegungen zur nachhaltigen Etablierung einer neuen Konflikt-Kultur. In T. Schlag (Hrsg.), *Mediation in Schule und Jugendarbeit. Grundlagen – Konkretionen – Praxisbeispiele* (S. 177-190). Münster: Lit.

Teil III.4

Die Macht von Sozialstruktur, Narrativ und Situation

Diskursive Positionierung, Artikulation und Handlungsfähigkeit 20

Ein Beitrag zur machtkritischen Analyse der Mediation

Laila Lucas

20.1 Einleitung

Mediation wird in diesem Beitrag nicht nur als *zeitlich und räumlich bedingte Praktik* und damit menschengemachtes Produkt begriffen, sondern auch die Konfliktbearbeitung selbst als besonderer *Ort der Bedeutungsaushandlung* konstruiert. Dem vorangestellt gilt die Annahme, dass sprachliche Äußerungen, aber auch soziale Praktiken als Träger von Bedeutungen anzusehen sind und somit wirklichkeitsformenden Charakter bergen. Angelehnt an die *Cultural Studies* impliziert eine solche Perspektive überdies, dass Bedeutungsnetze auch immer an hegemoniale Zustände geknüpft sind. Die Verbreitung und Zirkulation von bestimmten Symboliken ist somit abhängig von ihrer jeweiligen (Dominanz-)Stellung in der Gesellschaft.

Ziel dieses Beitrags ist es, ein theoretisches Gerüst für die *machtkritische Analyse* eben dieser Prozesse der ‚Deutungsarbeit' der Mediand_innen einzuführen. Denn auch wenn die Ausbalancierung von Machtunterschieden als Aufgabe von Mediator_innen benannt wird (vgl. Bundesverband e.V. 2016), steht eine Konkretisierung, was unter diesen im Mediationskontext zu verstehen ist und wie ein konstruktiver Umgang damit gefunden werden kann, noch aus. Ich argumentiere, dass ein *diskursiv-narrativer Zugang*, der einerseits den Einbezug des sozialen Kontextes für die Ursachen des Konflikts, aber auch dessen Bearbeitung innerhalb der Mediation als stets abhängig von Diskursen und gesellschaftlichen Strukturen begreift, hier neue theoretische Impulse geben kann.

In einem ersten Schritt werde ich daher bestehende Ansätze skizzieren, um dann die Argumentation, die Mediationstheorie würde der diskursiven Bedeutungsaushandlung immanenter Machtverhältnisse wenig Beachtung zollen, mit neuem kulturtheoretischen Theorieinventar zu bekräftigen. Konkret wird hier das Konzept der *Artikulation* des Kulturtheoretikers Stuart Hall als mögliche theoretische Folie für die Wirkmächtigkeit von Diskursen bezüglich der Positionierung von (Mediations-)Subjekten vorgestellt.

In Abgrenzung zu anderen Werken, die sich auf Subjektivierungsprozesse stützen, bietet Stuart Halls Theorieentwurf den Vorzug, dass er nicht nur den Fokus auf die Kraft gesellschaftlicher Diskurse für die Verortung von Subjekten lenkt, sondern auch immer Fragen der Handlungsmacht mitdenkt und somit Anschlussfähigkeit an eine auf Selbstermächtigung beruhende Mediation besitzt.

20.2 Machtkritik an Theorie und Praxis der Mediation

Der universale Charakter von Mediation wird aus verschiedenen Richtungen zunehmend hinterfragt (Avruch 2012; Kriegel-Schmidt 2012; Lederach 1995). Verstärkt wird erörtert, inwiefern ein Standardmodell der Mediation allen Lebensrealitäten Rechnung tragen kann und welche strukturell benachteiligten Personengruppen mitunter Nachteile durch ein Mediationsverfahren erfahren. Unter der Lesart der „Oppression-Story" (Bush und Folger 2009, S. 27) sammeln sich Kritiken, die Mediation anlasten, Machtungleichheiten zu verstärken, indem sie Personen ein geregeltes Gerichtsverfahren vorenthalte und stattdessen in einer unreglementierten Arena die Interessen der stärkeren, begünstigten Parteien ‚durchwinke'. Das informelle Setting fördere Intransparenz und führe durch den Ausschluss der Öffentlichkeit zur „Privatisierung von Problemen des öffentlichen Interesses" (ebd., S. 28). Parallel zur zunehmenden Entwicklung der Mediationspraxis wurden schon frühzeitig für einzelne Ungleichheitsstrukturen wie beispielsweise Gender (Grillo 1991) und Rassismus (Delgado et al. 1985) auf mögliche Benachteiligungen hingewiesen. Ähnliches lässt sich auch für den Bereich der Interkulturellen Mediation finden, wo sich Beiträge häufen, die sogenannte interkulturelle Konflikte weniger auf verschiedene Werte und Normvorstellungen, als auf ungleiche Machtverhältnisse zwischen Angehörigen von Minderheiten und Mehrheiten beziehen (Fechler 2008; Weiß 2001). Fragen über Macht in der Mediation werden in der Literatur auch unter dem Stichwort ‚Neutralität'[1] geführt (Astor 2007; Cobb und Rifkin 1991; Cobb et al. 1991; Wing 2009). Während Neutralität einerseits als Ga-

1 Im Gegensatz zu dem Begriff ‚Neutrality', der den Aspekt der absoluten Distanznahme verstärkt, weist die im deutschen Kontext eher gebräuchliche Verwendung von ‚Allparteilichkeit' auf eine aktivere Konnotation hin. Dennoch können die hier verhandelten kritischen Annahmen zur Rolle partiell auch für den deutschsprachigen Fachdiskurs geltend gemacht werden.

rant eines fairen Mediationsprozesses gilt und insbesondere vor dem Hintergrund des Ausschlusses von Öffentlichkeit als wesentliche Legitimation für die Integrität des Verfahrens einsteht (vgl. Astor 2007, S. 224), wird andererseits argumentiert, Neutralität fungiere als diskursive Praxis, welche Machtexistenzen verschleiere und Mediator_innen dazu bringe, ihre Rolle in der Konflikttransformation zu negligieren (vgl. Cobb und Rifkin 1991, S. 41). Wenn Neutralität die konstant symmetrische Gleichbehandlung der Mediand_innen fordere, resultiere dies – bei ungleichen Ausgangsvoraussetzungen – im unfairen Ausgang der Mediation, so der Vorwurf. Gerade die Abwesenheit von Bewertung und aktivem Eingreifen würde somit die Stimmen marginalisierter Personen unsichtbar werden lassen, während gleichzeitig Privilegien der Mehrheit gesichert werden (vgl. Wing 2012, S. 49).

Trotz ihrer Unterschiedlichkeit eint die Ansätze damit die Perspektive, dass gesellschaftliche Ungleichheitsstrukturen existieren, die Personen unterschiedliche Zugänge zu symbolischer, materieller als auch politischer Teilhabe gewähren und dass diese Strukturen folglich nicht nur Konflikte beeinflussen, sondern auch deren Bearbeitungsprozess. Der Beitrag greift diese Kritiken auf, schlägt jedoch vor, den Mediationsprozess selbst als (machtvolle) Verhandlung von Deutungen zu konzipieren. Damit richtet sich der Blick auf die Prozesse der Herstellung (Mediand_innen) sowie Organisation von Bedeutungen (Mediator_innen) und vermag sowohl für das Verfahren als auch für die Rolle der Mediator_innen neue analytische Erkenntnisse bieten.

20.3 Stuart Hall – Artikulation

Als einer der wesentlichen Mitbegründer der *Cultural Studies* zielt der britische Kulturtheoretiker Stuart Hall nicht nur auf die reine Analyse unterschiedlicher, stets umkämpfter kultureller Formationen, sondern auch auf dessen Transformation (vgl. Hörning und Winter 1999, S. 10). Dabei richtet sich das Augenmerk nicht ausschließlich auf kulturelle Artefakte, sondern auch auf die Frage, „wie soziale Praktiken der Macht mittels kultureller Sinnproduktion zur Konstitution der Subjekte beitragen" (Mecheril und Witsch 2006, S. 9). So ist es vor allem die theoretische Auseinandersetzung mit der Subjektwerdung, in Halls Worten, der (kulturellen) Identität, die seine Arbeiten prägen.

Identitäten und soziale Differenzkategorien sind dieser Lesart nach weniger biologischer Art, sondern Ausdruck gesellschaftlicher Unterscheidungspraxen, die auf Diskursen im Sinne von kontrollierter, für einen spezifischen Zeitraum gültiger Form des Sagbaren (vgl. Foucault 1981, S. 58) beruhen. Identität definiert sich weniger über ihre einende Funktion als über das *konstitutive Außen* (vgl. Hall 1996, S. 4 f.). So treten Identitäten „innerhalb des Spiels von bestimmten Machtformen hervor" (Hall 2004a, S. 171) und entwickeln sich in Prozessen der hierarchisierenden Grenzziehung und Differenzmarkierung (vgl. Hall 1996, S. 4). Obgleich die Ordnungen der Differenz keinen endgültigen, fixierten Zustand darstellen, haben sie jedoch ihre ganz „realen, materiellen und symbolischen Effekte" (Hall 2016a, S. 30).

Das Konzept von Identität ist nach Hall mit einer „Nahtstelle" (Hall 2004a, S. 173) vergleichbar. Subjektivierende Diskurse, die Subjekte anrufen,[2] konstruieren somit einerseits auf gesellschaftlicher Seite ‚Punkte', bzw. Subjektpositionen, an die angeknüpft werden kann. Gleichzeitig beinhaltet der Prozess der Verzahnung oder des „Vernähens" (ebd.) immer auch, dass das Subjekt in die Position investiert (vgl. Hall 1996, S. 6). Es benötigt ein gewisses Maß an Identifikation (vgl. ebd.). Das Einfügen in eine Position ist niemals vollständig abgeschlossen und auf alle Zeiten determiniert, dennoch muss das Subjekt – wie kurzfristig auch immer – eine Position ergreifen, um von dieser überhaupt sprechen zu können (vgl. Hall 2016b, S. 76). In kritischer Auseinandersetzung mit Foucault (vgl. Hall 1996, S. 13 f.) schlägt Hall vor, die Verbindung zwischen den diskursiven Formationen und dem Subjekt als *Artikulation* zu denken (vgl. ebd., S. 14), um so theoretisch die Spanne aufzuzeigen, in der Individuen ihre Positionierungen jeweils performativ auslegen, weiterverarbeiten oder auch zurückweisen.

Das Konzept der Artikulation findet sich in Halls Arbeiten auf vielerlei Weise wider (vgl. Clarke 2015, S. 276) und bezeichnet grundsätzlich eine mögliche, aber nicht unerlässliche Verknüpfung zwischen verschiedenen einzelnen Elementen, die eine Einheit bilden (vgl. Hall 2004b, S. 65). Hall greift in diesem Zusammenhang auf die Vieldeutigkeit des Begriffes im Englischen zurück, wo auch von einem verkoppelten (*articulated*) Lastwagen gesprochen wird (vgl. ebd.). Der Lastwagen kann mit dem Führerhaus über eine spezifische Verbindung verkoppelt sein, muss dies jedoch nicht zwingend. Damit eröffnet Artikulation eine kulturwissenschaftliche Perspektive, die die Kontingenz der jeweils vorliegenden diskursiv verknüpften Elemente aufzeigt und – trotz der Abhängigkeit der Positionierungsmöglichkeiten von den jeweiligen historischen Bedingungen (vgl. Hall 2016a, S. 29) – die potenziell subversive Widerständigkeit von Subjekten fokussiert.

2 Hall bezieht sich hier auf das Konzept der *Anrufung* bei Althusser (1977), der den Prozess, durch den ein Individuum qua Bezeichnung oder Anrede zum Subjekt wird, rekonstruiert.

30.4 Wie kann Stuart Hall für den Mediationskontext fruchtbar gemacht werden?

Stuart Halls Arbeiten bieten eine mögliche Antwort auf die Frage, wie Individuen durch machtvolle soziale Konstruktionsprozesse positioniert werden und vor dem Hintergrund spezifischer kultureller Ordnungen erst zu einem Subjekt ‚gemacht' werden (vgl. Reckwitz 2008, S. 10). Für den Mediationskontext hieße dies, dass die zu verhandelnden Interessen in der Mediation weniger inneren, „natürlichen" Bedürfnissen entspringen, als dass wir es mit (machtvoll) hervorgebrachten Subjekten zu tun haben, deren Interessen entsprechend gesellschaftlich vermittelt sind (vgl. Winslade 2006, S. 505). Dieser Perspektive folgend, würde Mediation nicht nur die Herausarbeitung des diskursiven Kontextes der Konflikte beinhalten, sondern auch die Kenntnisnahme, dass der Akt der Konflikterzählung selbst abhängig von diskursiven Strukturen ist und somit wirklichkeitsstiftendes Potenzial in sich trägt.

Wird ein Mediationsgespräch als Ort der Wirklichkeitsdeutung und Herstellung von sozialer Realität gedacht, bedeutet dies, den Prozess zu beobachten, in dem der Konflikt von den jeweiligen Mediand_innen ‚bedeutsam' gemacht wird. Dieser Prozess, in dem einzelne Konfliktelemente verknüpft werden und ihnen in spezifischer Form Sinn zugeschrieben wird, um damit eine neue Einheit (stabile Konfliktgeschichte) zu formen, könnte schließlich im Sinne von Hall auch als *Artikulation* gefasst werden. In Anlehnung an Cobb lassen sich drei narrative Charakteristika (Kohärenz, Schließung, Interdependenz) identifizieren, die in den Konflikterzählungen der Mediand_innen Eingang finden, um die Bedeutungsinterpretation der eigenen Geschichte zu stabilisieren (vgl. Cobb 1994, S. 49). Während Kohärenz auf die generelle Stimmigkeit (z. B. temporal-sequenzielle Abfolge) der erzählten Elemente – sowohl innerhalb eines Narrativs als auch zwischen Narrativen – hindeutet (vgl. ebd., S. 52), zielt Schließung auf die Prozesse ab, wie mögliche Alternativinterpretationen ausgeschlossen werden (vgl. ebd., S. 54). Interdependenz wiederum zeigt auf, wie die zugeschriebenen Charakterrollen innerhalb einer Konflikterzählung stets in relationaler Weise zu denken sind (vgl. ebd., S. 56). In ihren narrativen Untersuchungen zeigen Cobb und Rifkin (1991) zudem, wie in ca. 80 % der Fälle die erste Konfliktdarstellung den weiteren Verlauf der Mediation dominiert, wohingegen der zweiten Person eine davon unabhängige Erzählung verwehrt bleibt.

Darüber hinaus kann angenommen werden, dass jede Äußerung in der Mediation nicht allein für sich steht, sondern eingebettet ist in einen größeren diskursiven Zusammenhang, um überhaupt funktionieren zu können (vgl. Winslade 2006, S. 505). Der Rückgriff auf bereits normalisierte Handlungsrepertoires, Wertekanons und Subjektpositionen kann dabei eine hervorgehobene bedeutungsstabilisierende

Funktion haben. Das, was sagbar ist (und gehört wird!) in der Mediation, kann somit hochgradig davon abhängen, von welcher Position gesprochen wird und inwieweit die Konflikterzählung aus dem Vorrat dominanter kultureller Vorstellungen schöpfen kann (vgl. Cobb 1994, S. 56). So werden beispielsweise die ‚Bedürfnisse des Kindes' in einer Trennungsmediation sicherlich auch von gesellschaftlichen Normen von Kinderwohl und Erziehung geprägt sein (vgl. Winslade 2006, S. 507). Ist ein Elternteil nun z. B. als Neuerung in einer gleichgeschlechtlichen Beziehung, vermag dies mitunter weitere Auswirkungen auf die Rückkopplung der Sichtweisen- und Konfliktschilderung mit gängigen Bildern und Diskursen haben und damit darauf, wie viel Mehraufwand die Platzierung der eigenen Geschichte womöglich erfordern mag. Die Abhängigkeit des Konfliktnarrativs von der „kulturellen Resonanz" (Cobb 1993, S. 252, Übers. d. Verf.) kann somit beeinflussen, wie wohl sich die Mediand_innen mit der Offenlegung ihrer Konfliktsicht fühlen und in welcher Weise diese von den Mediator_innen verstanden und aufgenommen wird. Der Hinweis einiger Autor_innen (vgl. Fechler 2008, S. 196; Wing 2009, S. 399), Mediator_innen zählten überwiegend zu den Angehörigen einer gesellschaftlichen Mehrheitsgruppe kann vor diesem Hintergrund als besonders beachtenswert gelten.

Gleichzeitig bleiben diese Aussagen noch durch fundierte Studien zu der Zusammensetzung von Mediator_innen-Gruppen sowie den Kontexten der Produktion von (hegemonialem) Mediationswissen zu überprüfen. In diesem Zusammenhang kann auch die Frage, inwiefern Mediation durch ihre spezifischen Prämissen bereits von Anfang an bei bestimmten Subjekten mehr Anklang findet als bei anderen, diskutiert werden.

Halls theoretischer Hinweis auf die notwendige Abgrenzung zu dem ‚Anderen' für die Formung von Identitäten (vgl. Hall 1996, S. 4 f.) erweist sich im Mediationskontext ebenfalls als fruchtbar. So zeigen Sara Cobbs Untersuchungen, dass die Fremd- und Selbstpositionierungen innerhalb von Mediationen in der Regel entlang des Musters ‚Beschuldigung' (negative Fremdzuschreibung) und ‚Rechtfertigung' (positive Selbstbeschreibung) verlaufen. Konfliktgeschichten benötigen somit das ‚Andere', das was nicht ist, um den Bedeutungskontext aufrecht zu erhalten. Die Opferrolle funktioniert nur, wenn es auch Täter_innen gibt: Die Anderen werden mittels negativer Diskursposition konstruiert, während man selbst mittels positiver Zuschreibung eine positive Rolle erhält (vgl. Cobb 1994, S. 57).

In Rückgriff auf Stuart Hall würde das bedeuten, dass sich die Mediand_innen (aber auch Mediator_innen) durch sprachliche Äußerungen ihre spezifischen Subjektpositionen zuweisen. Diese können an lokale-situative Konfliktnarrative gekoppelt und von makrosozialen Diskursen abhängig sein und auch bereits verfestigte Subjektivierungsprozesse vertiefen. Bei Fechler (2008) und Weiß (2001) finden sich speziell für den „interkulturellen Kontext" herausgearbeitete Strategien, auf die die

Mediand_innen im Falle von marginalisierten oder privilegierten Positionierungen entsprechend zurückgreifen. An dieser Stelle erlangt der Vorwurf der potenziellen Reproduktion von Machtkonstellationen seine Deutlichkeit, wird sich vor Augen gehalten, in welcher Form bspw. rassistische Diskriminierung auf immer widerkehrenden Erfahrungen der Ausgrenzung und hierarchisierenden Zuschreibungspraxis beruht. Wird der Akt des Erzählens selbst als wirklichkeitskonstruierend behandelt, bedeutet das in einem weiteren Schritt auch, dass die traditionell scharfe Grenze zwischen Prozess und Inhalt in der Mediation möglicherweise aufgeweicht und die Frage, inwieweit Mediator_innen für die Regulation des narrativen Gehalts verantwortlich sind, neu in den Blick gerückt wird (vgl. Cobb 1994, S. 60). Für die Mediator_innen gilt dann zu fragen: Wie wird Bedeutung hergestellt und geordnet? Welche diskursiven Praktiken existieren, die bestimmte Geschichten anderen vorziehen, die Aussagen einer bestimmten Konfliktpartei mehr Legitimation geben? Welche Praktiken sind verantwortlich dafür, dass jemand mitunter weniger Zugang zum *Storytelling*-Prozess hat?

Neutralität als kultureller Code in der Mediation würde sich entsprechend von einer ausschließlich inneren Haltung weg und hin zu der Frage verschieben, welche Praktiken, d. h. Methoden, Interaktionen und Interventionen, einen gleichwertigen Zugang zur Darstellung der Konfliktерzählung unterstützen (vgl. Cobb und Rifkin 1991, S. 50; Cobb et al. 1991, S. 161). Im Sinne von „doing identity" (Hörning und Reuter 2004, S. 10) würde das Augenmerk ferner auf den praktischen Vollzug der Konstruktionsprozesse der Identitätsbeschreibung bzw. der Differenzmachung abzielen. Demnach würde eine theoretische Beschreibung der Mediator_innenrolle ihre Funktion eher in der im ersten Schritt vollzogenen *Destabilisierung* der zuvor gemachten ‚Deutungsarbeit' der Mediand_innen (vgl. Cobb 1994, S. 60) sowie der anschließenden Ermöglichung einer *Neuartikulation* der gemeinsamen Konfliktgeschichte sehen. Denn wenn die Konflikterzählung als Artikulation gedacht wird, hieße dies folglich auch, dass die Verbindung einzelner Konfliktelemente den Mediand_innen zwar als eindeutig sinnhafte Einheit erscheinen, jedoch prinzipiell kontingent sind. Es würde dann vielmehr darum gehen, einerseits zu beleuchten, welche Narrative und Diskurselemente für die Entscheidungen, Handlungen und Beziehungsgefüge der Mediand_innen potenziell verantwortlich sind (vgl. Winslade 2006, S. 502), und andererseits die Mediand_innen zu unterstützen, sich der Positionierungen bewusst zu werden und ggf. für oder gegen eine Positionierung zu entscheiden. Halls Konzept betont dabei, dass eine Person nicht nur in einer einzigen Subjektposition aufgeht, sondern die Positionierung immer temporär und auch querstehend zu anderen Positionierungen verlaufen kann (vgl. Hall 1996, S. 5).

Mediation, so möchte ich argumentieren, bietet als interaktives und sprachfixiertes Verfahren den Vorzug, genau diese Konstruktionsprozesse unterschiedlicher, sich überlappender, teils widersprüchlicher Subjektpositionen im Mediationsprozess aufzudecken. Konkret hieße dies beispielsweise durch Fragetechniken herauszuarbeiten, von welcher Position aus die Mediand_innen jeweils sprechen. „Aus welcher Perspektive beschreiben Sie das?", „Wie sehen Sie sich gerade?" (vgl. Fechler 2008, S. 193). Halls theoretische Vorlage könnte hier Anlass geben, eine Perspektive methodisch aufzugreifen, die – Essentialisierungen vermeidend – die potenzielle Wahlmöglichkeit unendlich vieler Positionierungen macht- und dominanzkritisch hinterfragt und gleichzeitig die relationale Zuschreibungspraxis, d. h. die Abhängigkeit der Neu-Positionierung durch eine Änderung im Beziehungsgefüge (vgl. Winslade 2006, S. 507), mitdenkt.

20.5 Schlussbemerkung

Ausgangspunkt des Beitrags war der an die Mediation herangetragene Vorwurf, sie würde in ihrer momentanen Verfasstheit Konflikte de-kontextualisieren, de-historisieren sowie individualisieren (vgl. Wing 2012, S. 49) und damit potenziell gesellschaftliche Machtverhältnisse reproduzieren. Mithilfe der kulturtheoretischen Arbeiten Stuart Halls wurde versucht aufzuzeigen, wie Bedeutungsaushandlung – hier im konkreten Kontext Mediation – stets in umkämpften, mit Macht durchzogenen Arenen vollzogen wird und diese wiederum die ‚Plätze' prägen, die den Subjekten angeboten werden. Die Rolle der Mediator_innen – auch wenn hier nur skizzenhaft dargestellt – könnte sich dann hin zu der Frage entwickeln, inwieweit die Abhängigkeit der präsentierten Konflikterzählungen der Mediand_innen von Diskursen transparent gemacht wird, als auch, welche Praktiken und Interventionen einen gleichwertigen Erzählprozess begünstigen. Zukünftig scheint es daher sinnvoll, die kulturelle Praktik des Mediierens, speziell die Teilpraktiken der narrativen Bedeutungsverhandlung und Steuerung seitens der Mediator_innen, in empirischen Mikroanalysen weiter zu verfolgen.

Literatur

Althusser, L. (1977). *Ideologie und ideologische Staatsapparate.* Hamburg: VSA.

Astor, H. (2007). Mediator Neutrality. Making Sense of Theory and Practice. *Social & Legal Studies 16* (2), 221-239.

Avruch, K. (2012). *Context and pretext in conflict resolution. Culture, identity, power, and practice.* Boulder: Paradigm Publishers.

Bundesverband Mediation e.V. (2016). *Ethisches Selbstverständnis.* http://www.bmev.de/uploads/media/bm_ethisches_grundverstaendnis.pdf. Zugegriffen: 27.07.2016.

Bush, R. A. B. & Folger, J. P. (2009). *Konflikt – Mediation und Transformation.* Weinheim: Wiley-VCH.

Clarke, J. (2015). Stuart Hall and the theory and practice of articulation. *Discourse: Studies in the Cultural Politics of Education 36* (2), 275-286.

Cobb, S. (1993). Empowerment and Mediation. A Narrative Perspective. *Negotiation Journal 9* (3), 245-259.

Cobb, S. (1994). A narrative perspective on mediation: Towards the materialization of the "storytelling" metaphor. In J. Folger & T. Jones. (Hrsg.), *New Directions in Mediation: Communication Research and Perspectives* (S. 48-66). Newbury Park: Sage.

Cobb, S. & Rifkin, J. (1991). Practice and Paradox: Deconstructing Neutrality in Mediation. *Law & Social Inquiry 16* (1), 35-62.

Cobb, S., Rifkin, J. & Millen, J. (1991). Toward a new discourse for mediation. A critique of neutrality. *Conflict Resolution Quarterly 9* (2), 151-164.

Delgado, R., Dunn, C., Brown, P. & Lee, H. (1985). Fairness and Formality: Minimizing the Risk of Prejudice in Alternative Dispute Resolution. *Wisconsin Law Review 6*, 1359-1404.

Fechler, B. (2008). Interkulturelle Mediationskompetenz. Umrisse einer differenz-, dominanz- und kontextsensiblen Mediation. In G. Auernheimer (Hrsg.), *Interkulturelle Kompetenz und pädagogische Professionalität* (2. Aufl., S. 173-200). Wiesbaden: Springer VS.

Foucault, M. (1981). *Archäologie des Wissens.* Frankfurt a. M.: Suhrkamp.

Grillo, T. (1991). The mediation alternative: Process dangers for women. *Yale Law Journal 100*, 1545-1610.

Hall, S. (1996). Introduction. Who Needs 'Identity? In P. Du Gay & S. Hall (Hrsg.), *Questions of cultural identity* (S. 1-17). London: Sage.

Hall, S. (2004a). Wer braucht ‚Identität'? In S. Hall (Hrsg.), *Ideologie, Identität, Repräsentation* (Bd. 4, S. 167-188). Hamburg: Argument.

Hall, S. (2004b). Postmoderne und Artikulation. Ein Interview mit Stuart Hall. Zusammengestellt von Lawrence Grossberg. In S. Hall (Hrsg.), *Cultural Studies. Ein politisches Theorieprojekt* (Bd. 3, 3. Aufl., S. 52-77). Hamburg: Argument.

Hall, S. (2016a). Kulturelle Identität und Diaspora. In S. Hall (Hrsg.), *Rassismus und kulturelle Identität* (Bd. 2, 6. Aufl., S. 26-42). Hamburg: Argument.

Hall, S. (2016b). Alte und neue Identitäten, alte und neue Ethnizitäten. In S. Hall (Hrsg.), *Rassismus und kulturelle Identität* (Bd. 2, 6. Aufl., S. 66-87). Hamburg: Argument.

Hörning, K. H. & Reuter, J. (2004). Doing culture. Kultur als Praxis. In K. H. Hörning & J. Reuter (Hrsg.), *Doing culture. Neue Positionen zum Verhältnis von Kultur und sozialer Praxis* (S. 7-13). Bielefeld: transcript.

Hörning, K. H. & Winter, R. (1999). Widerspenstige Kulturen. Cultural Studies als Herausforderung. In K. H. Hörning & R. Winter (Hrsg.), *Widerspenstige Kulturen. Cultural Studies als Herausforderung* (S. 7-12). Frankfurt a. M.: Suhrkamp.

Kriegel-Schmidt, K. (2012). *Interkulturelle Mediation. Plädoyer für ein Perspektiven-reflexives Modell*. Münster: LIT.

Lederach, J. (1995). *Preparing for Peace: Conflict Transformation Across Cultures*. Syracuse: Syracuse University Press.

Mecheril, P. & Witsch, M. (2006). Cultural Studies, Pädagogik, Artikulationen. Einführung in einen Zusammenhang. In P. Mecheril & M. Witsch (Hrsg.), *Cultural Studies und Pädagogik. Kritische Artikulationen* (S. 7-19). Bielefeld: transcript.

Reckwitz, A. (2008). *Subjekt*. Bielefeld: transcript.

Weiß, A. (2001). Was macht interkulturelle Konflikte aus? Kulturelle Differenzen, ethnische Identitäten und die Frage der Macht. *Journal of Conflict and Violence Research 3* (2), 87-110.

Wing, L. (2009). Mediation and inequality reconsidered. Bringing the discussion to the table. *Conflict Resolution Quarterly 26* (4), 383-404.

Wing, L. (2012). Conflict Resolution Education and Intersectionality. In S. Pliner & C. A. Banks (Hrsg.), *Teaching, learning and intersecting identities in higher education* (S. 49-68). New York: Peter Lang.

Winslade, J. (2006). Mediation with a focus on discursive positioning. *Conflict Resolution Quarterly 23* (4), 501-515.

„Mediation" als TV-Format

Der verallgemeinerte Andere und die Macht der Situation am Beispiel China

21

Yumeng Kang

Unter Mediation versteht man ein Verfahren, in dem alle Konfliktparteien unter Begleitung eines neutralen Dritten konstruktiv eine für alle Parteien zufriedenstellende Lösung zu einem bestimmten Konflikt suchen. In den letzten Jahren tauchte in vielen Ländern eine neue Form der Mediation auf – *die Mediationsshow*. In China wird beispielsweise die Mediation direkt in einem Fernsehstudio unter Anwesenheit eines Publikums aufgezeichnet. Dabei stellt sich die Frage, ob dieses neue Format dieselbe Funktion übernimmt bzw. demselben Zweck folgt und folgen kann wie eine herkömmliche Mediation, wenn die Räumlichkeit von einem Schonraum zum Fernsehstudio gewechselt wird und sich die Akteure dort unter Präsenz des Publikums mit Konflikten auseinandersetzen müssen. Der Suche nach der Antwort auf diese Frage ist diese Arbeit gewidmet: Es lässt sich aufgrund der Kontextverschiebung eine große Macht der Situation bestimmen.

„Nach all' den Gerichtsshows ist es Zeit für eine Mediationsshow" (Brodehl 2008, Absatz 1). Mittlerweile können Fernsehzuschauer weltweit verschiedene Mediationsshows konsumieren: Die Fernsehserie „Paul Kemp – Alles kein Problem" in Deutschland und die amerikanische Fernsehserie „Fairly Legal" haben beispielsweise das riesige Interesse von Zuschauern geweckt. In China erntet eine andere Art vom Mediationsshow[1] große Aufmerksamkeit: Die Mediation wird direkt in einem Fernsehstudio unter Anwesenheit des Publikums aufgezeichnet. In solcher Mediation sind die Konfliktparteien keine Schauspieler wie jene in einer Fernsehserie. Die realen Konflikte werden unmittelbar präsentiert. Trotz der weiten Verbreitung bzw. dem dokumentarischen Charakter werden die Mediationsshows mit großer Skepsis betrachtet, weil sich solche Shows stark von der Mediation in

1 Es gibt in China viele Mediationsshows. Eine der berühmten Shows heißt „Wer spricht" (auf Chinesisch: 谁在说) von Beijing Television, die sich unter http://btv.btime.com/qingnian/szs.html finden lässt.

einem geschützten Raum unterscheiden und daraus folgend das Ziel der Mediation in Shows nicht gewährleistet werden kann. Die folgende Auseinandersetzung wird sich auf die Mediationsshows in einem Fernsehstudio beschränken und auf die Rolle des Publikums im Studio fokussieren.

Nach Christoph Besemer versteht man unter dem Begriff Mediation „die Vermittlung in Streitfällen durch unparteiische Dritte, die von allen Seiten akzeptiert“ wird (1998, S. 14). Der Mediator soll im Prozess der Mediation neutral als „Ersatzbrücke der Kommunikation“ (Besemer 1998, S. 39) dabei helfen, Konflikte konstruktiv auszutragen. Das heißt, in der Mediation sollen die Interessen, Gefühle und Hintergründe aller Seiten mithilfe des neutralen Mediators herausgearbeitet werden. Auf dieser Grundlage werden weiterhin alle Konfliktbeteiligten gemeinsam die Verantwortung tragen und suchen eine Lösung des Konflikts, die im allseitigen Interesse liegt (vgl. Besemer 1998).

Mit der Erklärung im letzten Abschnitt wird zuerst verdeutlicht, dass die an der Mediation beteiligten Akteure der Mediator bzw. die Konfliktparteien sind (zur Vereinfachung wird im Folgenden von zwei Konfliktparteien bzw. einem Mediator ausgegangen ‚*Situation A*‘. Darüber hinaus wird die Ausgangssituation aus der Perspektive der beiden Konfliktparteien dargestellt: Der Konflikt, der die beiden Parteien zur Mediation motiviert, ist das *Thema*. Die Suche nach der Lösung, die „im allseitigen Interesse“ (Besemer 1998, S. 25) liegt, ist das auf dieses Thema bezogene *Ziel*. Einen konkreten *Handlungsplan* haben die beiden Parteien, indem sie zu einer unparteiischen dritten Person gehen, die die Rolle als Mediator übernimmt. Der Mediator soll als Experte die Konfliktparteien durch den Einsatz geeigneter Methoden „wirksam auf die Pfade der konstruktiven Konfliktaustragung führen“ (ebd., S. 38). Dies stellt den *normativen Rahmen* dar. Die Handlungssituation ist *zeitlich* je nach unterschiedlichen Mediationskontexten und *räumlich* durch eine standardisierte Sitzordnung – und zwar in einer dreieckigen Form – in einem geschützten Raum definiert. Die Situationsdefinition, die die oben genannten Faktoren beinhaltet, bildet den Hintergrund einer kommunikativen Äußerung (vgl. Habermas 1987).

Oberflächlich betrachtet scheinen alle Situationsfaktoren eindeutig, jedoch ergibt sich die Notwendigkeit herauszufinden, woraus genauer die ‚allseitigen Interessen‘ bestehen. Umfasst dieser Begriff ‚allseitige Interessen‘ nur die Interessen der beiden Konfliktparteien?

Die Interessen der Kontrahenten spielen in der Mediation die wichtigste Rolle: Im Aushandlungsprozess entsteht ein konkretes Verhaltensmuster (was machen wir und wie machen wir etwas) in Bezug auf den Konflikt, das mindestens zwischen den Konfliktparteien gültig ist. Außerdem wird aber eine wichtige Voraussetzung oft vernachlässigt, unter der die Interessen der Individuen überhaupt erst befriedigt werden können: Die Kommunikation bzw. der Aushandlungsprozess unter Akteuren „setzen die normative Geltung von Werten und Handlungsregeln voraus" (Habermas 1989, S. 320). In diesem Sinne lassen sich die Interessen letztlich nicht nur auf private Bedürfnisse zurückführen, sondern diese sind erst dann berechtigt, wenn sie die für diese Situation notwendigen normativen Verhaltenserwartungen von jeweiligen Gemeinschaften, zu denen sie gehören, nicht verletzen.

Zur Erörterung der Beziehung zwischen Individuen und normativer Geltung hat Mead in seinem Buch ‚Geist, Identität und Gesellschaft' den Begriff „das verallgemeinerte Andere" (1991, S. 196) eingeführt, unter dem man „die organisierte Gemeinschaft oder gesellschaftliche Gruppe, die dem Einzelnen seine einheitliche Identität gibt" (ebd.) versteht. Das verallgemeinerte Andere wird in diesem Sinne im Ganzen bzw. abstrakt aufgefasst. Das heißt die konkrete Haltung aller Mitglieder einer bestimmten Gemeinschaft wird als Ganzes zur Haltung des verallgemeinerten Anderen generalisiert und sie koordiniert das Verhalten ihrer einzelnen Mitglieder, denn „in dieser Form tritt der gesellschaftliche Prozess oder die Gemeinschaft als bestimmender Faktor in das Denken des Einzelnen ein" (ebd., S. 198). Im Kontext der Mediation genügt es daher nicht, dass die zwei Konfliktparteien im Kommunikationsprozess die Haltungen gegenseitig einnehmen, sondern auch die „organisierten gesellschaftlichen Haltungen der jeweiligen gesellschaftlichen Gruppe oder Gemeinschaft gegenüber den gesellschaftlichen Problemen" (ebd., S. 199). Nur wenn sich die beiden Konfliktbeteiligten an die Stelle des verallgemeinerten Anderen versetzen, können sie überhaupt Mitglieder dieser Gemeinschaft sein, damit die Kontrahenten ihre eigenen Rechte realisieren können (vgl. ebd.).

Jetzt wird die Frage über die konkrete Bedeutung der ‚allseitigen Interessen' in *Situation A* beantwortet: Die allseitigen Interessen beziehen sich neben den Bedürfnissen der Kontrahenten auch auf die Interessen der jeweiligen Gemeinschaften, zu denen die Konfliktparteien gehören, da sie die normativen Haltungen der Gemeinschaften in sich haben. Die Interessen der Gemeinschaften gelten hierbei als die Rahmenbedingung bzw. die Voraussetzung für die Befriedigung der individuellen Interessen der beiden Konfliktparteien.

Welche Unterschiede werden sich ergeben, wenn nun Variablen, *das Publikum* in einem Fernsehstudio, zur Mediation hinzugefügt wird ‚*Situation B*'? Um diese Frage zu klären, ist es vor allem notwendig herauszufinden, welche Rolle das Publikum in der Mediation spielt.

Das Wort ‚Publikum' beschreibt dem Duden zufolge die öffentliche Gesamtheit von Menschen, die etwas zuhört oder zuschaut (vgl. Dudenredaktion 2011). Aus dieser Definition lassen sich drei Merkmale des Begriffs ableiten:

- Erstens beinhaltet dieses Wort die etymologische Bedeutung von Öffentlichkeit, was die situative Umwelt verdeutlicht, die durch die Anwesenheit des Publikums entsteht.
- Zweitens handelt es sich beim Publikum um eine abstrakte Gesamtheit, in der „das Individuum anonymer Teil einer Zuschauermasse wird“ (Tedeschi et al. 1998, S. 94).
- Diese im gewissen Sinne Vernachlässigung der konkreten Personen im Publikum ignoriert drittens die Heterogenität der Individuen, beispielsweise im Hinblick auf die Merkmale wie das Geschlecht bzw. die Erwerbstätigkeit.

Je nach der konkreten Situation, in der sich das Publikum befindet, tritt das kontextspezifische Merkmal dieser Gesamtheit in den Vordergrund. Beispielsweise wird im Fall der Mediationsshows vorausgesetzt, dass die konkreten Personen aus dem Publikum einerseits den Inhalt der Mediation sprachlich verstehen und andererseits die Haltungen des verallgemeinerten Anderen in sich haben, wenn sie die Mediation freiwillig schauen möchten. Das signalisiert wiederum Homogenität des Publikums in einer Mediation.

Zur Erklärung der Rolle des Publikums wird im Folgenden auf die oben erklärten einzelnen Merkmale eingegangen. Die durch die Anwesenheit des Publikums entstandene Öffentlichkeit (*Situation B*), bedeutet im Vergleich zur Mediation in einem geschützten Raum (*Situation A*) eine Verschiebung des Horizonts der Situation. Folglich muss jene von den Akteuren in der Mediation umdefiniert werden, um die Handlungsmöglichkeiten entsprechend zu aktualisieren (vgl. Habermas 1987). Das heißt, die Situation muss aufgrund der Präsenz des Publikums erneut ausgelegt werden: Während es in der *Situation A* mehr oder weniger um den privaten Bereich geht, findet jetzt die Kommunikation in der *Situation B* wegen der Anwesenheit des Publikums in der Öffentlichkeit statt. Die Öffentlichkeit schafft in der Regel eine Ausgangssituation, in der sich die Konfliktparteien eher kontrolliert verhalten und unbeherrschte, gegenseitige emotionale Attacken bzw. Beleidigungen unterlassen.

Die Kontrolle des Verhaltens der Kommunikationsakteure in der Mediation hängt wieder eng mit dem zweiten Merkmal zusammen, demnach sich das Publikum nicht auf das Individuum, sondern auf eine generalisierte bzw. anonyme Gesamtheit von Menschen bezieht. Wenn das Individuum Teil einer Zuschauermasse ist, wird die Salienz sozialer Identität gefördert und das Verhalten vom Publikum basiert hauptsächlich auf den dominanten sozialen bzw. kulturellen Verhaltensnormen (vgl. Tedeschi et al. 1998). Auf diese Weise übernimmt das Publikum die Rolle des verallgemeinerten Anderen oder genauer gesagt einen Teil „des totalen verallgemeinerten Anderen“ (Mead 1991, S. 196) der jeweiligen gesellschaftlichen

Gruppen oder Gemeinschaft, die für diese Situation „die Sollgeltung von Normen begründet“ (Habermas 1987, S. 63).

Die frühere Diskussion dieses Textes lässt den Schluss zu, dass in der *Situation A* ohne Publikum das verallgemeinerte Andere auch anwesend ist, indem die Mediationsteilnehmer die Normen bzw. die Haltungen des verallgemeinerten Anderen verinnerlichen. Worin besteht dann der Unterschied zwischen der Anwesenheit des Publikums als das verallgemeinerte Andere und dem in der *Situation A*?

Dabei kann man sich über eine anschaulichere Frage Gedanken machen: Worin besteht der Unterschied zwischen einer Verkehrsregel, die den Mitgliedern verbietet, bei Rot über die Straße zu gehen, und einem Polizisten im Straßenverkehr? Die Schlussfolgerung aus dieser Frage eignet sich vermutlich auch zur Beantwortung der Frage am Anfang dieses Abschnitts: Den Angelpunkt bildet möglicherweise die Anwesenheit der Individuen des verallgemeinerten Anderen.

Das Publikum besteht aus Individuen, die als „Element des verallgemeinerten Anderen“ (Mead 1991, S. 196) nicht wie ein passiver Beobachter anwesend sind, sondern sich tatsächlich an der Kommunikation beteiligen und dem Mediator bzw. den Konfliktparteien ständig die Rückmeldung zu deren Verhalten geben können. Dieses Merkmal des Publikums unterscheidet sich von einer Regel, die nur als eine abstrakte Vorgabe fungiert. In dem Moment, in dem beispielsweise das Publikum auf das Verhalten der Konfliktparteien gesellschaftlich reagiert, rückt das zweite Merkmal des Publikums (als die Gesamtheit) in den Hintergrund. Stattdessen wird hier das dritte Merkmal (als konkrete Person) betont. In dieser Hinsicht existiert das Publikum nicht mehr wie eine Regel als ein abstrakter Begriff, sondern es nimmt in der Form von konkreten Personen wirklich an der Kommunikation der Mediation teil. Nach Tedeschi et al. (1998) werden bei der Salienz der sozialen Identität relevante Schemata aktiviert und die Individuen im Publikum werden dann besonders für soziale Normen bzw. Konformität mit den Gruppenerwartungen sensibel. Diese Haltungen bzw. die Erwartungen mit dem Normativitätscharakter der konkreten Personen (wie die Haltungen von Polizisten), die der Mediator und die Konfliktparteien in sich haben müssen, werden verbal oder durch Körpersprache vermittelt. Falls die Regeln als kontrafaktisch wahrgenommen werden, denen der Mediator und die Kontrahenten in der Kommunikation folgen, hat das Publikum die Möglichkeit, verbal oder non-verbal das regelgeleitete Verhalten unverzüglich negativ zu bewerten.

Für eine Zwischenbilanz lässt sich feststellen, dass das Publikum über drei Funktionen verfügt:

1. Es kennzeichnet vor allem *eine Verschiebung des Horizonts der Situation* in der Mediation und weist darauf hin, dass es in der Mediation nicht mehr nur

um den privaten Bereich der zwei Konfliktbeteiligten, sondern auch um die Öffentlichkeit geht.

2. Überdies koordiniert das anwesende *Publikum als das verallgemeinerte Andere* das Verhalten von Mediator bzw. Konfliktparteien.
3. Nicht zuletzt wird die Koordination dadurch verstärkt, dass sich *die Individuen des Publikums als konkrete Personen* an der Kommunikation mit dem Mediator bzw. den Konfliktparteien beteiligen, indem sie den Akteuren unmittelbar Feedback bezüglich deren Verhaltens geben.

In einem weiteren Schritt wird jetzt als zusätzliche Rahmenbedingung das Fernsehstudio in die Diskussion einbezogen. Was für eine Rolle spielt das Publikum in einem ‚Fernsehstudio'? Als eine Art von Produktionsstätte für Fernsehsendungen als Massenmedium (vgl. Dudenredaktion 2011) zielt es darauf ab, das Publikum über Geschehnisse oder Meinungen zu informieren oder es zu unterhalten. Hierzu wird die Zweckmäßigkeit der Fernsehsendungen aufgedeckt: Laut McQuail steht das Publikum im Zentrum des Interesses der Massenmedien (vgl. 2005)[2]. Daher ist zu vermuten, dass nicht die Lösung für den Konflikt der beiden Beteiligten, sondern vielmehr die Erfüllung der Erwartungen bzw. der Interessen des Publikums als der Endzweck angesehen wird, wenn eine Mediation in einem Fernsehstudio stattfindet.

Die Erwartungen des Publikums in einem Fernsehstudio sind in dreierlei Art zu unterscheiden.

- Erstens vertritt es die Haltungen des totalen verallgemeinerten Anderen und zwar der ganzen sozialen Gemeinschaft, zu der der Mediator und die Konfliktbeteiligten gehören.
- Zweitens hat es darüber hinaus auch konkretere normative Erwartungen im Rahmen eines Massenmediums: „Audiences expect media to conform to certain norms of good tastes and morality" (McQuail 2005, S. 441), die je nach Formen der Fernsehsendungen variieren.

Diese zwei Arten von Erwartungen müssen als Grundlage erfüllt werden, damit Fernsehsendungen Menschen anziehen können. Dementsprechend sollen die Mediationsteilnehmer im Fernsehprogramm die Regeln selbstverständlich auch einhalten.

2 In seinem Buch ‚Mass Communication Theory' hat McQuail in Bezug auf die Beziehung zwischen Massenmedien und Publikum erläutert: „Either people stimulate an appropriate supply of content, or the media attract people to the content they offen."

- Die dritte Art der Erwartung lässt sich durch das dritte Merkmal vom Publikum erklären: Der einzelne Zuschauer des Publikums hat auch sein konkretes, individuelles Interesse, weshalb er überhaupt die Mediation in einem Fernsehstudio besuchen möchte. Neben den Interessen an den Inhalten der Mediation besitzt der einzelne Zuschauer Tedeschi et al. (1998) zufolge auch viele andere Motive wie das Motiv der Selbstpräsentation. Obwohl das Publikum nicht im Zentrum der Mediation steht, beschäftigen sich die Individuen damit, sich vor anderen zu präsentieren bzw. die Aufmerksamkeit der anderen zu gewinnen. Das gilt nicht nur in der Interaktion zwischen Publikum und Mediationsakteuren, sondern auch in der Interaktion zwischen einzelnen Zuschauern (vgl. ebd.). Besonders wenn im Fernsehstudio manchen Zuschauern die Gelegenheit geboten wird, ihre eigene Meinung zum Ausdruck zu bringen, ist es für die Selbstdarstellung des Publikums besonders günstig. Die Interessen, die hinter der Selbstpräsentation stecken, lassen sich laut Tedeschi et al. (ebd.) besonders auf Anbindungs- bzw. Machtmotive zurückführen. Während es sich bei Anbindungsmotiven um die Gewinnung der Zustimmung und des „Gemochtwerdens" von anderen Menschen handelt, versucht man mit dem Machtmotiv die Effektivität seines Einflusses zu steigern, indem der einzelne Zuschauer Identitäten einnimmt, die zu den Machtgrundlagen gehören (vgl. ebd.).

Daraus folgend verändert sich wieder die Antwort auf die Frage über die Bestandteile von ‚allseitigen Interessen' in *Situation B*: Neben den Interessen von zwei Konfliktbeteiligten bzw. von den Gemeinschaften, zu denen die Mediationsteilnehmer jeweils gehören, spielen jetzt die Interessen des Publikums (sowohl das Publikum als Gesamtheit als auch die Individuen im Publikum) eine wichtige Rolle, sogar die wichtigste Rolle im Rahmen eines Massenmediums, da ein Massenmedium hauptsächlich dem Publikum dient.

Wenn die Mediation im Rahmen einer Fernsehsendung zur Befriedigung der Interessen des Publikums dient, ist es zu befürchten, dass der Konflikt zwischen zwei Kontrahenten so gelöst wird, dass die Erwartungen des Publikums erfüllt werden. Die normative Rahmenbedingung in der *Situation A* wird auf diese Weise gebrochen: Ein Machtunterschied taucht auf, das Publikum verfügt nun über die größte Macht. Bei der Verwirklichung dieser Macht fungiert das Publikum als eine abstrakte gesellschaftliche Untergruppe, in der „die einzelnen Mitglieder nur mehr oder weniger indirekt miteinander verbunden sind, die aber unbegrenzte Möglichkeiten eröffnen, die gesellschaftlichen Beziehungen zwischen allen Mitgliedern der jeweiligen Gesellschaft als ein[es] organisierte[n]s und einheitliche[n]s Ganze[n]s zu erweitern" (Mead 1991, S. 200). Das heißt, die Individuen des Publikums können als konkrete Personen durch Kommunikation untereinander Beziehungen aufbauen und als eine Einheit funktionieren. In diesem Fall wird das Publikum wieder als das verallgemeinerte Andere die Mediation steuern, falls alle Individuen mithilfe von Kommunikation eine Vereinbarung für die Lösung treffen.

Folgenschwerer wäre möglicherweise die Situation am Anfang der Mediation, wenn sich die Konfliktbeteiligten in der „destruktiver Konfliktaustragung“ (Besemer 1998, S. 24) befinden, in der die Streitenden weniger Kontakt untereinander haben bzw. mehr mit Menschen, die mit ihnen übereinstimmen (vgl. ebd.). In dieser Phase werden die Konfliktparteien voneinander als Problem angesehen und der Konflikt eskaliert oft in einen aufreibenden Machtkampf (ebd.). Das Ergebnis der Mediation könnte sich dann ohne sorgfältige Steuerung des Mediators leicht in einen Kampf um die Anerkennung des Publikums verwandeln, da die Bewahrung individuellen Eigentums die Anerkennung als Mitglied der Gemeinschaft der Individuen voraussetzt (vgl. Mead 1991). Wenn in der Mediation eine Konfliktpartei die Anerkennung des Publikums gewinnt, werden ihre bestimmten Forderungen vom Publikum als das verallgemeinerte Andere auch respektiert bzw. erfüllt.

Aus den oben erörterten Veränderungen, die aufgrund der Teilnahme des Publikums in einem Fernsehstudio festzustellen sind, wird jetzt die *Situation B* aus der Perspektive der beiden Konfliktparteien erneut definiert: Der Konflikt, der zwischen Kontrahenten passiert, ist das *Thema*. Die Lösung des Konfliktes im ‚allseitigen Interesse‘ ist ein auf dieses Thema bezogenes *Ziel*. Die Mediationsteilnehmer fassen den *Plan*, sich so verhalten, um die Erwartungen der verallgemeinerten Anderen zu erfüllen bzw. gegebenenfalls um die Anerkennung des Publikums zu kämpfen, damit die beiden ihre Rechte bewahren können. Die Regeln, denen man in der Öffentlichkeit folgen muss, stellen den *normativen Rahmen* dar. Die Handlungssituation ist *zeitlich* je nach unterschiedlichen Mediationskontexten, *räumlich* durch die Öffentlichkeit aufgrund der Anwesenheit des Publikums definiert.

Mit der Definition der *Situation A* verglichen, ist die *Situation B* durch die Verschiebung des Schwerpunkts gekennzeichnet, nämlich durch die Lösung des Konfliktes im Interesse des Publikums. In diesem „allseitigen Interesse“ spielt das Interesse der Konfliktparteien nicht mehr die wichtigste Rolle, sondern das Interesse des Publikums, das in der Mediation im Fernsehstudio anwesend ist. Nach dieser Kontextverschiebung ist diskussionswürdig, inwieweit diese Mediation noch sinnvoll ist, wenn sich die Mediationsteilnehmer der Macht der Situation beugen.

Literatur

Besemer, C. (1998). *Mediation. Vermittlung in Konflikten* (5. Aufl.). Königsfeld: Stiftung Gewaltfreies Leben / Heidelberg, Freiburg: Werkstatt für Gewaltfreie Aktion.

Brodehl, A. (2008). *Reality Show Mediation.* https://mediationsolutions.wordpress.com/2008/07/03/reality-show-mediation (zuletzt abgerufen 03.07.2008)

Dudenredaktion (Hrsg.) (2011). *Duden. Deutsches Universalwörterbuch* (7. Aufl.). Mannheim, Zürich: Duden.

Habermas, J. (1987). *Theorie des kommunikativen Handelns* (zweiter Band). Frankfurt a. M.: Suhrkamp.

Habermas, J. (1989). *Vorstudien und Ergänzungen zur Theorie des kommunikativen Handelns* (3. Aufl.). Frankfurt a. M.: Suhrkamp.

McQuail, D. (2005). *Mass Communication Theory* (5. Aufl.). London, Thousand Oaks, New Delhi: SAGE Publications.

Mead, G. H. (1991). Geist, Identität und Gesellschaft (8. Aufl.). Frankfurt a. M.: Suhrkamp.

Tedeschi, J. T., Madi, N. & Lyakhovitzky, D. (1998). Die Darstellung von Zuschauern. In B. Strauß (Hrsg.), *Zuschauer* (S. 93-110). Göttingen: Hogrefe. Verlag für Psychologie.

Teil III.5

Der Einfluss von Organisationen und Institutionen auf die Entwicklung von Konfliktmanagementsystemen

Konfliktbearbeitung an Universitäten 22

Mediation jenseits des Kanonischen

Wolfgang Hiltscher

22.1 Einleitung und Problemstellung

An Hochschulen werden Konflikte und ihre Bearbeitung nach wie vor als ein Thema von eher geringer Bedeutung wahrgenommen (Hoormann und Matheis 2014, S. 4). Dies steht im Gegensatz zu Bemühungen der Wirtschaft, die seit längerem in planvoller Weise nach Möglichkeiten der Konfliktbearbeitung jenseits des Rechts sucht und sich dabei wissenschaftlicher Expertise bedient (PwC 2005, 2007; PwC und EUV 2011, 2013).

Eine derart zielgeleitete Herangehensweise existiert im Hochschulbereich bislang nicht. Die Zaghaftigkeit der Hochschulen im Umgang mit ihren Konflikten verwundert insofern, als dass das dortige Konfliktpotenzial nicht zuletzt wegen der seit Jahren anhaltenden Umbruchsituation groß ist (Hanft 2000; Müller-Böling und Buch 2006). Zwar existieren auch an Hochschulen im Allgemeinen alternative Regelungen zum rechtsförmigen Umgang mit Konflikten, häufig aber fehlt die systematische Verknüpfung der mit der Konfliktbearbeitung befassten Institutionen. Damit liegen deren Bemühungen weit hinter denen angloamerikanischer Hochschulen zurück, die den systemischen Charakter von Konflikten in den Vordergrund stellen (Lynch 2001). Eine Fülle einschlägiger Publikationen und Handreichungen weist aus, dass im dortigen Hochschulmanagement alternative Formate der Konfliktbearbeitung in Theorie und Praxis angekommen sind (Warters 1999).

Einen Überblick über Konflikte und Konfliktbearbeitung an deutschen Hochschulen geben Hoormann und Matheis (2014) sowie Hochmuth (2014, S. 94). Die wenigen Publikationen haben überwiegend einen zustandserfassenden und orientierenden Charakter. In Sachen Mediation stellen sie üblicherweise das Kanonische des Verfahrens in den Vordergrund, ohne eine kritische Auseinandersetzung mit den organisationalen Eigenheiten einer Universität zu leisten. Hier sollen Möglichkeiten und Grenzen des Verfahrens der Mediation im Konfliktmanagement einer

Universität aus der emischen Sicht des Verfassers expliziert und Forschungsdesiderate aufgezeigt werden (hierzu auch Hiltscher 2015).

22.2 Die Universität als Expertenorganisation – der Gedanke der Freiheit

Konflikte und Konfliktmanagement an Hochschulen scheinen sich in erster Näherung nicht von denen anderer Organisationen zu unterscheiden – „Konflikte sind auch in Hochschulen menschlich, nicht akademisch" (Hoormann und Matheis 2014, S. 5). Hingegen werden universitäre Akteure das Besondere einer Universität im Hinblick auf ihre Konflikte und ihre Konfliktbearbeitung bejahen.

Als Organisation und Konfliktaustragungsraum mit hoher Komplexität ist die Universität nicht einfach zu verstehen (Weick 1976; Barsky 2002). Gemeinhin wird sie als Expertenorganisation (Mintzberg 1980), „organized anarchy" (Cohen et al. 1972) oder lose Kopplung wissenschaftlicher Disziplinen (Kern 2000) bezeichnet, in der dem Wissenschaftler eine struktur- und kulturgebende Rolle zukommt. Seine Aufgabe ist die Erbringung von Forschungs- und Lehrleistungen, die Grundlage der Reputation einer Universität sind. Ausgestattet mit starken, weil grundrechtlich bewehrten akademischen Freiheiten sind Wissenschaftler weitgehend selbstbestimmt in ihrem Tun und Lassen (siehe aber auch Klecha und Krumbein 2008). Diese Autonomie liegt im Wesen ihrer Arbeit begründet; sie mag sich aber nicht immer auf eben jene beschränken (Paris 2001). Die Arbeit des Wissenschaftlers benötigt Freiräume im Denken und Handeln und schließt dabei den Irrtum prinzipiell mit ein. Damit entzieht sie sich einer trivialen administrativen Normierung und Sanktionierung (Pasternack 2003, S. 140 f.). Es sind die Freiheiten des Mitarbeiters im Ausleben je individueller Verhaltensweisen, die nach Ansicht des Verfassers wirkmächtigster Aspekt bei der Bearbeitung von Konflikten in Universitäten sind.

Bezugspunkt des Wissenschaftlers und seiner Arbeit ist die eigene Fachdisziplin mit ihrer Fachkultur und je spezifischen Sicht auf die Dinge (Huber 1990; Arnold 2004). Ein disziplinärer Habitus mit entsprechender Symbolik gibt ähnlich dem ‚Stallgeruch' den Insider zu erkennen. Er wirkt nach innen identitätsstiftend und nach außen ausgrenzend und konfliktfördernd. Während das Implizite und Explizite der eigenen wissenschaftlichen Community akzeptiert und bespielt wird, stehen Wissenschaftler aller Einflussnahme von außen eher aversiv gegenüber. Dies gilt selbst für unterstützende universitäre Einrichtungen wie die der Zentralverwaltung. Sie ist bürokratisch organisiert und steht der stark vom Informalen geprägten

Expertenorganisation (Symanski 2013) disparat gegenüber. Ihre Beziehung ist „typically viewed as one of conflict" (Hall 1967, S. 462).

22.3 Konfliktbearbeitung in Universitäten – die Sache mit der Mediation

Von zentraler Bedeutung für das Funktionieren einer Organisation ist ihre Fähigkeit, auftretenden Konflikten durch Überführung in Gradualkonflikte das Dysfunktionale zu nehmen und idealerweise auf das Wohl der Organisation auszurichten (Hirschman 1994, S. 301 ff.). Dahinter stehen die Prinzipien des sachgerechten Verhandelns, für die konsensual ausgerichtete Formate der Konfliktbearbeitung grundgelegt sind (Fisher und Ury 1991). Anstelle einer Win-Loose-Strategie mit rechtsförmig herbeigeführten Entweder-Oder-Lösungen soll günstigenfalls ein „joint gain" (Menkel-Meadow 2009, S. 416), eine beiderseitig als gut empfundene Lösung, treten.

In methodischer Hinsicht erfordert die Unmittelbarkeit im Ausleben der Persönlichkeit im universitären Alltag Ansätze der Konfliktbearbeitung, die in der humanistischen Psychologie grundgelegt sind. Mit ihrem Verständnis vom Menschen als einem nach Selbstverwirklichung strebenden und zu kritischer Reflexion seiner selbst fähigen Wesen (Montada und Kals 2007, S. 189) scheinen diese Ansätze noch am ehesten geeignet, mit den skizzierten Freiheiten in produktiver Weise umgehen zu können. Es sind Ansätze, die alle auf das Handlungskonzept des *Empowerment* abheben, das auf Autonomie, Selbstbestimmung und das Prinzip der Selbsthilfe setzt. Nach Ansicht des Verfassers verkörpert kein anderes Verfahren der Konfliktbearbeitung diesen Gedanken radikaler als das der Mediation.

22.3.1 Interne und externe Mediation und der Graubereich des Informalen

In Organisationen wird Mediation als formalisiertes – will heißen institutionalisiertes – Verfahren der Konfliktbearbeitung entweder mit internen oder externen Mediatoren durchgeführt. Die Entscheidungskalküle hierzu ergeben sich aus der spezifischen Konfliktsituation heraus; üblicherweise sind es Neutralitätsaspekte, die auf externe Mediatoren zugreifen lassen. In Universitäten mit der Wirkmächtigkeit des Informalen im Umgang mit Konflikten sind *Macht* und *Meidung*, nicht aber formalisierte Verfahrensformate die bevorzugten Modi der Konfliktaustragung.

Im Informalen, im Graubereich der Organisation, sind es aber auch Formen der konsensualen Konfliktaustragung, über die ein Teil des Konfliktpotenzials so bearbeitet wird, dass es die Ebene des Formalsystems erst gar nicht erreicht (Sheppard et al. 1989, S. 166). Der Verfasser vermutet, dass ihnen in Universitäten aufgrund der dortigen Eigentümlichkeiten eine größere Wirkmächtigkeit zukommt, als sie in anderen Organisationen wie Verwaltungen und Wirtschaftsunternehmungen zugelassen werden kann (Volpe und Chandler 2001, S. 252). Akteure dieses fluiden, schwer fassbaren Wirkens sind Mitarbeiter, die als graue Eminenzen und Kummerkasten geschätzt oder als Hobbypsychologen belächelt werden, manchmal hochqualifiziert in Sachen konsensualer Konfliktbearbeitung, immer aber stark intrinsisch motiviert sind. Der Unterschied dieser „informal approaches" (Warters 2000, S. 9) zur Institution einer Vertrauens- und Ombudsperson ist das Fehlen einer offiziellen Bestellung. Hinsichtlich der Verfahrenstechnik sind es häufig keine Mediationen im puristischen Sinne, eher Konfliktbearbeitungen mit mediativen Elementen und fließenden Übergängen in die eine oder andere Verfahrensrichtung. Immer zeichnet das Verfahrensmäßige eine hohe Kompetenz im situativen Eingehen auf die Konfliktwirklichkeit aus. In der Mediationsforschung finden diese im Sinne eines vorläufigen Arbeitsbegriffs als ‚informale Mediationen' bezeichneten Formate bislang keine Beachtung, obgleich über eine Betrachtung ihres unmittelbaren Wirkens an der Konfliktrealität das überwunden werden könnte, was Bendersky als „difference between the ‚explicit' conflict resolution system, or what people say they do, and the ‚implicit' system, or what they actually do" so treffend bezeichnet und als ursächlich für das Scheitern von institutionalisierten Konfliktmanagementsystemen ansieht (1998, S. 309).

22.3.2 Informale, interne und externe Mediation – eine Abgrenzung

Informale und interne Mediation sind beide eingebettet in das sozio-kulturelle System einer Organisation. Bei einer externen Mediation ist die Konfliktbearbeitung hingegen aus den Bezügen der Organisation herausgehoben und findet in einem anderen System, dem des externen Mediators, statt. Alle drei Mediationsformen unterscheiden sich charakteristisch hinsichtlich der drei antipodischen Paare ‚Empowerment, Reconciliation – Settlement', ‚Fairness – Neutralität', ‚Therapeutische Integration – Verhandeln'. In Abb. 22.1 sind sie in Beziehung zueinander gesetzt und auf der Folie des Eisberg-Modells verortet.

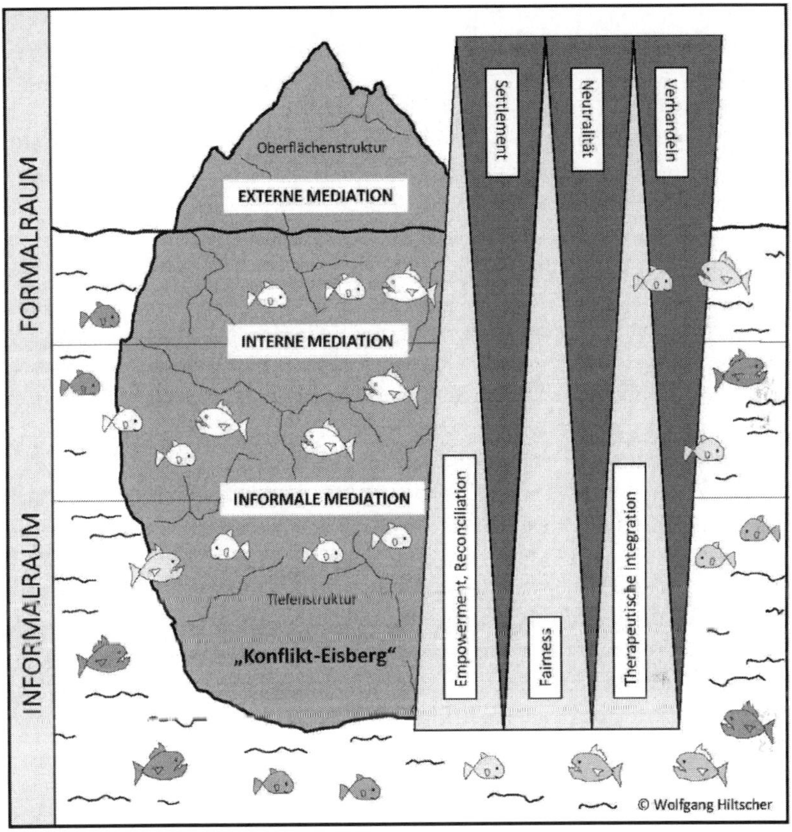

Abb. 22.1 Informale, interne und externe Mediation auf der Folie des Eisberg-Modells (nach Alexander 2008; Amadei und Lehrburger 1996; Bush und Folger 1994; Gabel 2003; Gaynier 2005; Gewurz 2001; Jarrett 2009; Kressel 2006; Mareschal 2003; Riskin 1996; Sheppard et al. 1989; Silbey und Merry 1986; Stempel 2000; Warters 2000; Zumeta 2000).

Der im Informalen wirkende Mediator steht je nach Situation in eher dichter Beziehung zu den Konfliktparteien, ist gegebenenfalls auch selbst Bestandteil des Konfliktsystems und hierdurch beeinflusst. Mit seiner emisch geprägten Sicht auf die Dinge findet er in mancherlei Hinsicht eine Entsprechung im ‚Pracademic' US-amerikanischer Colleges und Universitäten (Volpe und Chandler 2001), verbleibt aber in seinem Wirken in der *Informalität.* Beide verfügen über intime Kenntnis der Organisation und können hierüber an Konflikten ohne formale Akte arbeiten. Die Informalität ihres Tuns sichert idealerweise die Vertraulichkeit gegenüber dem Formalsystem der Organisation. Andererseits steht bei informalen Verfahren die Gewährleistung von Vertraulichkeit nicht unter dem Schutz der Regeln eines institutionalisierten Konfliktmanagements. Vertrauen in die Vertraubarkeit des im Informalen wirkenden Mediators wird vorausgesetzt und unterliegt damit allein den Kräften der sozialen Bindungen.

Die Tätigkeit eines im Informalen wirkenden Mediators bezieht sich aus Haltung und Motivation heraus und methodisch auf das Individual-Autonomy-Projekt (hierzu Breidenbach 1995, S. 123 ff.) mit den Zielen von Empowerment und Reconciliation. Der Mediator nimmt hier eine aktive Rolle ein, die über die Sicherung des Verfahrens gegebenenfalls weit hinausgehen kann. Zielt das Verfahren auch auf Versöhnung ab, kann dies zulasten der Einhaltung der Neutralität gehen.

Ein Konflikt, der über die informalen Konfliktbearbeitungsstrukturen nicht erfolgreich einer Vereinbarung zugeführt werden kann und eine für die Organisation nachteilige Innen- und Außenwirkung entfaltet, wird letztlich über die Formate des formalen Konfliktmanagementsystems bearbeitet werden müssen – sei es im Rahmen einer internen oder einer externen Mediation. Bei diesen Formaten wird der Konflikt durch formale Beauftragung der Informalität enthoben – er wird offiziell.

Die Ausbettung des Konflikts aus den soziokulturellen Bezügen der Organisation und die Einbettung in das System der externen Mediation geht mit einem Verlust an Information auf Seiten des Mediators wie der Konfliktparteien einher: Der externe Mediator ist ausschließlich in Kenntnis der Informationen, die ihm die Konfliktparteien und gegebenenfalls deren Vorgesetzter vermitteln. Die Konfliktparteien wiederum kennen zwar ihren Konflikt, nicht aber das Subtile des Verfahrens – es bleiben auf beiden Seiten Unsicherheitszonen (hierzu Crozier und Friedberg 1979), die dem externen Mediator eine gewisse Machtstellung verleihen (Shapira 2009, S. 12 ff.). In universitären Kontexten ist es für die Konfliktparteien prinzipiell leicht, sich durch Rückbezug auf das Prinzip der Freiheit einer formalisierten Konfliktbearbeitung zu entziehen. Haben die Konfliktparteien in eine solche aber eingewilligt, ist trotz des Prinzips der Freiwilligkeit ein Ausstieg ohne Gesichtsverlust schwierig. Durch die institutionalisierte Rollenübernahme und Rollenentlastung werden die Konfliktparteien an eine Verfahrensprozedur gebunden (Luhmann 1983, S. 82 ff., 91 ff.), die Bindungskräfte entfaltet, denen sie sich nur schwerlich zu entziehen vermögen.

Ein externer Mediator wird nicht zuletzt aus wirtschaftlichen Gründen auf die effiziente Beilegung eines Konflikts durch Herbeiführung einer Vereinbarung ausgerichtet sein (McDermott und Obar 2004; Wall und Chan-Serafin 2010; zusammenfassend Mareschal 2003, S. 427). Ob über die Einigung hinaus bei den

Konfliktparteien persönliches Wachstum stattfindet und Akzeptanz den Interessen des Anderen gegenüber entwickelt wird, liegt nicht in seinem zuvordersten Interesse. Stärker als in einer informalen oder internen Mediation wird bei einer externen Mediation das Verfahren von Verfahrenselementen des Service-Delivery-Projekts (hierzu Breidenbach 1995, S. 120 f.) gekennzeichnet sein und der Mediator selbst eine eher passive Haltung einnehmen. Es mag sein, dass insbesondere bei Machtungleichgewichten das Prinzip der Neutralität in einer Rigorosität gewahrt wird, die zulasten des Prinzips der Fairness gehen kann.

22.3.3 Machtungleichgewichte und Neutralität

Machtungleichgewichte und ihre Ausnutzung sind häufige Ursache für Konflikte an Universitäten. Sie sind üblicherweise hierarchisch bedingt, typischerweise im Rahmen eines Vorgesetztenverhältnisses. Hiltscher gibt ein typisches Beispiel (2015, S. 26).

Zum Umgang mit Machtungleichgewichten während einer Mediation existieren eine Reihe von Handreichungen (u. a. Davis und Salem 1984; Mayer 1987; Ippolito und Pruitt 1990; Eliades 1999). Die Empfehlungen sind hilfreich für einen gelungenen Ablauf der Mediationssitzung; in der Tat spielen sich Machtungleichgewichte aber nicht nur während des Mediationsprozesses ab, sondern sind davor, während und danach gegeben. Ein externer Mediator wird lediglich während des Mediationsprozesses mit derartigen Situationen konfrontiert sein. Der interne Mediator und mehr noch der im Informalen wirkende Mediator ist dies gegebenenfalls bereits vor und auch nach der Mediation. Je nach Dichte zum Konfliktsystem ist er mehr oder minder in Kenntnis intimer Informationen über das herrschende Beziehungsgefüge. Beide kennen die Verteilung der Machtressourcen innerhalb der Organisation und können einschätzen, welche Folgen eine Mediation für die jeweilige Konfliktpartei nach sich ziehen wird. Sowohl der im Informalen wirkende als auch der interne Mediator wissen um die subtil daherkommenden Folgen im Alltag der Konfliktparteien, wenn beispielsweise im Nachgang zu einer ‚erfolgreichen' Konfliktbearbeitung das befristete Beschäftigungsverhältnis eines wissenschaftlichen Mitarbeiters – formal einwandfrei – doch nicht verlängert wird. Eine solche Unmittelbarkeit des Erlebens auch der Folgen verschließt sich dem externen Mediator.

Während der im Informalen wirkende Mediator gegebenenfalls zwischen den verschiedenen Rollen als Mediator, Berater oder auch Kummerkasten switchen kann (Sheppard et al. 1989, S. 167), ist dies dem Mediator eines formalen Konfliktmanagementsystems verwehrt – er ist an Regeln gebunden und würde sich dem Vorwurf mangelnder Professionalität aussetzen. Ist eine Mediation eher unangebracht, wird der im Informalen wirkende Mediator bereits vorher oder während des Verfahrens zusammen mit der oder den Konfliktparteien einen Möglichkeitsraum erarbeiten, um jenseits einer Mediation den Konflikt wenn nicht zu lösen, so doch in seinen Auswirkungen abzumildern. Über diese Flexibilität verfügt der an Formalia gebundene interne und externe Mediator nicht (hierzu Alcover 2009, S. 280 f.).

Durch die Nähe zum Konflikt und das unmittelbare Erleben der Folgen seines Tuns ist der interne Mediator in besonderer Weise herausgefordert, Theorie und Praxis im Rahmen der Regeln des Formalsystems miteinander abzugleichen. Das Prinzip der Neutralität ist dabei eine ständige Herausforderung und eine mitunter schwierige Gratwanderung kurz vor dem Absturz in die personenbezogene Einflussnahme. So mag der Balanceakt schwerfallen, wenn er mit einem Konflikt konfrontiert ist, von dem sich während des Verfahrens herausstellt, dass einer der Konfliktparteien nicht hinnehmbare Nachteile erwachsen, und es angeraten ist, einen möglichst schadlosen Rückzug anzutreten. Der interne Mediator wird sich ganz unmittelbar nach der Verantwortbarkeit seines Handelns fragen müssen – agiert er entlang des Kanonischen der Mediation oder erweitert er seinen Handlungsraum in Anpassung an die gegebene Situation, indem er im Sinne der „brauchbaren Illegalität" Luhmanns (1964, S. 304 ff.) oder gegebenenfalls auch darüber hinaus Regeln überschreitet, um Schaden von einer der Konfliktparteien abzuwenden. Damit sieht er sich in ganz besonderer Weise, weil unmittelbar und praktisch, mit einem Dilemma um den Neutralitätsbegriff der Mediation konfrontiert, das von Field als „practice/theory dichotomy" bezeichnet wird (2003, S. 89; auch Mulcahy 2001).

22.4 Der Ausblick – einige Forschungsdesiderate

Modi der Konfliktbearbeitung entwickeln sich quasi evolutiv aus einem wechselseitigen Strukturierungsprozess zwischen Organisation und ihren Akteuren heraus und sie weisen insofern eine hohe Stabilität und Verlässlichkeit auf (hierzu Eckert 2004, S. 7). Konfliktmanagement als planvoller, institutionell geregelter Umgang mit Konflikten und ihren Potenzialen verstanden, erfordert folglich eine systemische Betrachtung, die von den bestehenden Strukturen ausgeht, um das zu entwickeln, „was sein könnte" (Constantino und Merchant 1996; Warters 2000; SPIDR 2001).

Diese, in gewisser Weise neoinstitutionalistische Sichtweise schreibt dem Informalen eine existentielle Wirkungsmacht auf die Formalstruktur einer Organisation zu (North 1990, S. 36 f.). Wenn dem so ist, gilt dies umso mehr für Universitäten. Mit Akteuren, deren Verhalten auf dem Prinzip der Freiheit gründet, und der

Dominanz des Informalen im Alltagsgeschehen stellen sich Fragen im Kontext mit der Institutionalisierung von Strukturen des Konfliktmanagements sowie der Praxis der Konfliktbearbeitung selbst (siehe Abb. 22.2).

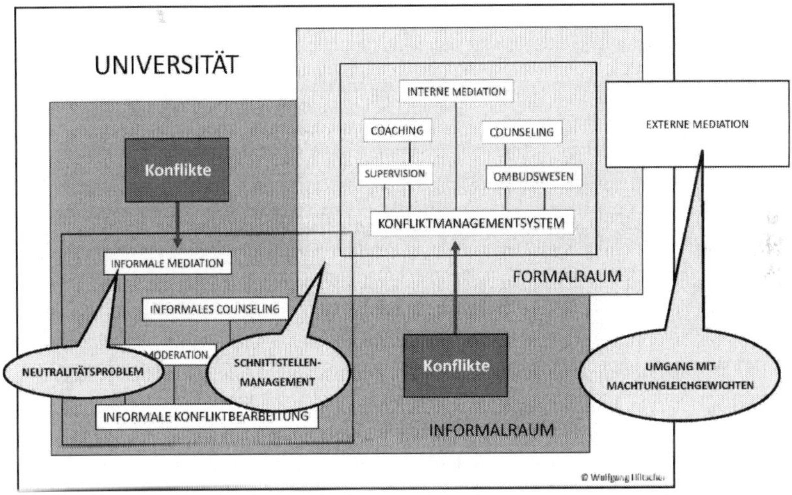

Abb. 22.2 Forschungsdesiderate im Konfliktmanagement einer Universität (Quelle: eigene Darstellung)

Strukturell sind es Fragen, die sich auf die Schnittstelle zwischen Informal- und Formalsystem beziehen. Wie ist mit den bestehenden informalen Strukturen der Konfliktbearbeitung im Rahmen der Institutionalisierung eines Konfliktmanagements umzugehen? Sollte dieses Tun aus der Informalität herausgeholt werden und eine Funktion im Formalsystem einnehmen? Immerhin scheint es so zu sein, als sei die Figur des ‚Pracademic' in mancherlei Hinsicht Anstoß für die Implementierung formaler Konfliktmanagementstrukturen gewesen (Volpe und Chandler 2001, S. 247). Können aber informale Akteure ohne Verwerfungen im sozialen Beziehungsgefüge einer Organisation in ein formales System übernommen werden? Kann in einer auf dem Prinzip der Freiheit gründenden Organisation durch die Übernahme bislang informal wirkender Akteure das Akzeptanzproblem eines formalen Konfliktmanagementsystems gelöst werden oder sind sie quasi verbrannt, sobald sie die Bühne des Formalen betreten? Wann und wie wechselt ein Konflikt vom Informal- in das Formalsystem?

Die Praxis der Konfliktbearbeitung betreffend geht es um eine ethisch vertretbare Qualität im Umgang mit Machtungleichgewichten und dem Prinzip der Neutralität. Konkrete Fragen entwickeln sich um das nicht selten antipodische Verhältnis der beiden fundamentalen Prinzipien Neutralität und Fairness, den ihnen zugrunde liegenden Menschenbildern und dem Dilemma, dem sich darüber insbesondere interne Mediatoren ausgesetzt sehen. Sie sind über die Nähe zum Konfliktgeschehen bei gleichzeitiger Regelgebundenheit in besonderer Weise mit der Moralität ihres Handelns konfrontiert.

Die Institutionalisierung eines Konfliktmanagementsystems in Universitäten sucht die Möglichkeiten konsensualer Konfliktbearbeitung an die dortigen organisationalen Spezifika anzupassen. Dabei wird sie sich einer Bearbeitung der Schnittstellenproblematik zwischen Informal- und Formalsystem und dem Ausgleich von Machtungleichgewichten stellen müssen.

Literatur

Alcover, C.M. (2009). Ombudsing in higher education: a contingent model for mediation in university dispute resolution processes. *The Spanish Journal of Psychology 12*, 275-287.

Alexander, N. (2008). The Mediation Metamodel: Understanding Practice. *Conflict Resolution Quarterly 26*, 97-123.

Amadei, R.N. & Lehrburger, L.S. (1996). The world of mediation: a spectrum of styles. *Dispute Resolution Journal 51*, 62-86.

Arnold, M. (2004). Disziplin & Initiation: Die kulturellen Praktiken der Wissenschaft. In M. Arnold & R. Fischer (Hrsg.), *Disziplinierungen: Kulturen der Wissenschaft im Vergleich* (S. 18-52). Wien: Turia + Kant.

Barsky, A.E. (2002): Structural sources of conflict in a university context. *Conflict Resolution Quarterly 20*, 161-176.

Bendersky, C. (1998). Culture: the missing link in dispute systems design. *Negotiation Journal 14*, 307-311.

Breidenbach, S. (1995). *Mediation: Struktur, Chancen und Risiken von Vermittlung im Konflikt*. Köln: Dr. Otto Schmidt.

Bush, R.B.A. & Folger, J.P. (1994). *The promise of mediation: responding to conflict through empowerment and recognition*. San Francisco: Jossey-Bass.

Cohen, M.D., March, J.G. & Olsen, J.P. (1972). A garbage can model of organizational choice. *Administrative Science Quarterly 17*, 1-25.

Constantino, C. & Merchant, C. (1996). *Designing conflict management systems: a guide to creating productive and healthy organizations*. San Francisco: Jossey-Bass.

Crozier, M. & Friedberg, E. (1979). *Macht und Organisation. Die Zwänge kollektiven Handelns*. Königstein/Taunus: Athenäum.

Davis, A.M. & Salem, R.A. (1984). Dealing with power imbalances in the mediation of interpersonal disputes. *Mediation Quarterly 6*, 17-26.
Eckert, J.M. (2004). Gewalt, Meidung und Verfahren: Zur Konflikttheorie Georg Elwerts. In J.M. Eckert (Hrsg.), *Anthropologie der Konflikte: Georg Elwerts konflikttheoretische Thesen in der Diskussion* (S. 7-25). Bielefeld: transcript.
Eliades, D. (1999). Power in mediation – some reflections. *ADR Bulletin 2*, 1-4.
Field, R. (2003). The theory and practice of neutrality in mediation. *The Arbitrator & Mediator 22*, 79-89.
Fisher, R. & Ury, W. (1991). *Getting to yes: negotiating agreement without giving in*. Boston MA: Houghton Mifflin & Co.
Gabel, S. (2003). Mediation and psychotherapy: two sides of the same coin? *Negotiation Journal 19*, 315-328.
Gaynier, L.P. (2005). Transformative mediation: in search of a theory of practice. *Conflict Resolution Quarterly 22*, 397-408.
Gewurz, I.G. (2001). (Re)Designing mediation to address the nuances of power imbalance. *Conflict Resolution Quarterly 19*, 135-162.
Hall, R.H. (1967). Some organizational considerations in the professional-organizational relationship. *Administrative Science Quarterly 12*, 461-478.
Hanft, A. (2000). Einleitung. In ders. (Hrsg), *Hochschulen managen? Zur Reformierbarkeit der Hochschulen nach Managementprinzipien* (S. VII-X). Neuwied: Luchterhand.
Hiltscher, W. (2015). Die Universität: ihre Konflikte und ihr Management. *Mediator 3*, 23-29.
Hirschman, A.O. (1994). Wieviel Gemeinsinn braucht die liberale Gesellschaft? *Leviathan 22*, 293-304.
Hochmuth, C. (2014). Eine Analyse des Konfliktumfeldes Hochschule. *Das Hochschulwesen 62*, 93-101.
Hoormann, J. & Matheis, A. (2014). *Konfliktmanagement in Hochschulen: Aspekte systematischer Konfliktbearbeitung in ausgewählten Hochschulen der Bundesrepublik Deutschland*. Frankfurt a. M.: Detlev Reymann.
Huber L. (1990). Disciplinary cultures and social reproduction. *European Journal of Education 25*, 241-261.
Ippolito, C.A. & Pruitt, D.G. (1990). Power balancing in mediation: outcomes and implications of mediator intervention. *International Journal of Conflict Management 1*, 341-355.
Jarrett, B. (2009). The future of mediation: a sociological perspective. *The Journal of Dispute Resolution*, 49-75.
Kern, H. (2000). Rückgekoppelte Autonomie. Steuerungselemente in lose gekoppelten Systemen. In A. Hanft (Hrsg), *Hochschule managen? Zur Reformierbarkeit der Hochschulen nach Managementprinzipien* (S. 25-38). Neuwied: Luchterhand.
Klecha, S. & Krumbein, W. (Hrsg.) (2008). *Die Beschäftigungssituation von wissenschaftlichem Nachwuchs*. Wiesbaden: VS Verl. für Sozialwiss.
Kressel, K. (2006). Mediation revisited. In M. Deutsch, P.T. Coleman & E.C. Marcus (Hrsg.), *The handbook of conflict resolution: theory and practice* (S. 726-756). San Francisco: Josey-Bass.
Luhmann, N. (1964). *Funktionen und Folgen formaler Organisation*. Berlin: Duncker & Humblot.
Luhmann, N. (1983). *Legitimation durch Verfahren*. Frankfurt a. M.: Suhrkamp.
Lynch, J.F. (2001). Beyond ADR: a systems approach to conflict management. *Negotiation Journal 17*, 207-216.

Mareschal, P.M. (2003). Solving problems and transforming relationships: the bifocal approach to mediation. *The American Review of Public Administration 33*, 423-448.
Mayer, B. (1987). The dynamics of power in mediation and negotiation. *Mediation Quarterly 16*, 75-86.
McDermott, E.P. & Obar, R. (2004). What's going on in mediation: an empirical analysis of the influence of mediator's style in party satisfaction and monetary benefit. *Harvard Negotiation Law Review 9*, 75-114.
Menkel-Meadow, C. (2009). Chronicling the complexification of negotiation theory and practice. *Negotiation Journal 25*, 415-429.
Mintzberg, H. (1980). Structure in 5's: a synthesis of the research on organization design. *Management Science 26*, 322-341.
Montada, L. & Kals, E. (2007). *Mediation: Ein Lehrbuch auf psychologischer Grundlage.* Weinheim: Beltz.
Müller-Böling, D. & Buch, F. (2006). Hochschulentwicklung in Zeiten der Entgrenzung – Implikationen aktueller Makrotrends für die Hochschule als Lernort. *Zeitschrift für Hochschulentwicklung 1*, 47-61.
Mulcahy, L. (2001). The possibilities and desirability of mediator neutrality – towards an ethic of partiality? *Social & Legal Studies 10*, 505-527.
North, D.C. (1990). *Institutions, institutional change and economic performance.* Cambridge: Cambridge University Press.
Paris, R. (2001). Machtfreiheit als negative Utopie: Die Hochschule als Idee und Betrieb. In E. Stölting & W. Schimank (Hrsg.), *Die Krise der Universitäten* (S. 194-222). Wiesbaden: Westdeutscher Verlag.
Pasternack, P. (2003). Hochschulverträge und Zielvereinbarungen: Grundlagen, Modellreferenzen und Berliner Erfahrungen. *Die Hochschule 1*, 136-159.
PwC (PricewaterhouseCoopers) (Hrsg.) (2005). *Commercial Dispute Resolution: Konfliktbearbeitungsverfahren im Vergleich.* Frankfurt a. M.: PricewaterhouseCoopers.
PwC (PricewaterhouseCoopers) (Hrsg.) (2007). *Praxis des Konfliktmanagements deutscher Unternehmen: Ergebnisse einer qualitativen Folgestudie zu „Commercial Dispute Resolution – Konfliktbearbeitungsverfahren im Vergleich".* Frankfurt a. M.: PricewaterhouseCoopers.
PwC (PricewaterhouseCoopers) & EUV (Europa-Universität Viadrina) (Hrsg.) (2011). *Konfliktmanagement – Von den Elementen zum System.* Frankfurt a. M.: PricewaterhouseCoopers.
PwC (PricewaterhouseCoopers) & EUV (Europa-Universität Viadrina) (Hrsg.) (2013). *Konfliktmanagement als Instrument werteorientierter Unternehmensführung.* Frankfurt a. M.: PricewaterhouseCoopers.
Riskin, L.L. (1996). Understanding mediators' orientations, strageties, and techniques: a grid for the perplexed. *Harvard Negotiation Law Review 1*, 7-51.
Shapira, O. (2009). Exploring the concept of power in mediation: mediators' sources of power and influence tactics. *Ohio State Journal on Dispute Resolution 24*, 1-35.
Sheppard, B.H., Blumenfeld-Jones, K. & Roth, J. (1989). Informal third partyship: studies of everyday conflict intervention. In K. Kressel & D.G. Pruitt (Hrsg.), *Mediation research: the process and effectiveness of third-party intervention* (S. 166-189). San Francisco: Jossey-Bass.
Silbey, S.S. & Merry, S.E. (1986). Mediator settlement strategies. *Law & Policy 8*, 7-32.
SPIDR (Society of professionals in dispute resolution and institute of conflict resolution) (2001). *Designing integrated conflict management systems.* Ithaca, NY: Cornell University Press.

Stempel, J.W. (2000). The inevitability of the eclectic: liberating ADR from ideology. *Journal of Dispute Resolution 2000*, 247-293.
Symanski, U. (2013). *Uni, wie tickst Du? Eine exemplarische Erhebung von organisationskulturellen Merkmalen an Universitäten im Zeitalter der Hochschulreform*. München: Rainer Hampp.
Volpe, M.R. & Chandler, D. (2001). Resolving and managing conflicts in academic communities: the emerging role of the "pracademic". *Negotiation Journal 17*, 245-255.
Wall, J.A. & Chan-Serafin, S. (2010). Do mediators walk their talk in civil cases? *Conflict Resolution Quarterly 28*, 3-21.
Warters, W.C. (1999). *The history of campus mediation systems: research and practice*. CNCR-Hewlett Foundation Seed Grant White Papers. Paper 10.
Warters, W.C. (2000). *Mediation in the campus community: designing and managing effective programs*. San Francisco: Jossey-Bass.
Weick, K.E. (1976). Educational organizations as loosely coupled systems. *Administrative Science Quarterly 21*, 1-19.
Zumeta, Z. (2000). A facilitative mediator responds. *Journal of Dispute Resolution 1*, 335-341.

Täter-Opfer-Ausgleich im Justizvollzug 23

Forschungsberichte zum Potenzial der Mediation bei schweren Straftaten

Wolfgang Schlupp-Hauck, Arthur Hartmann, Stefanie Mayer und Michael Kilchling

23.1 Entwicklung der Mediation im Strafverfahren

Mediation im Strafverfahren wurde in Deutschland unter dem Begriff Täter-Opfer-Ausgleich (TOA) implementiert; zunächst 1990 im Jugendstrafrecht, dann 1999 im allgemeinen Strafrecht. Im Zusammenhang mit den Bemühungen, eine Opferorientierung im Strafvollzug zu entwickeln, wird der TOA aktuell in den Justizvollzugsgesetzbüchern der Länder mehr oder weniger deutlich benannt. Hierin spiegelt sich eine Entwicklung wider: Der TOA wurde zunächst als Erziehungsinstrument für jugendliche Delinquenten bei leichten Straftaten eingesetzt. Die Verankerung in der StPO eröffnet die Anwendung im allgemeinen Strafrecht und damit auch für von Erwachsenen begangene Straftaten. Der § 46a StPO macht den vom Gesetzgeber weitgesteckten Anwendungsbereich deutlich: Haftstrafen von bis zu einem Jahr können bei entsprechenden Wiedergutmachungsbemühungen des Täters erlassen werden. Die Entwicklung von Angeboten zu TOA im Justizvollzug weitet das Mediationsangebot auf schwerste Straftaten aus.

Täter-Opfer Ausgleich ist die in Deutschland bekannteste Form von Wiedergutmachungsverfahren, die international unter dem Begriff „Restorative Justice" firmieren (Trenczek 2014). Eine weitere Entwicklung ist zu beobachten: Neben das Setting eines Mediators mit den direkt Betroffenen, der klassischen triadischen Form des TOA, treten *Kreisverfahren*, verschiedene Formen von *Circles* oder *Conferencing*. Hierbei werden in verschiedenen Settings die Familie und das soziale Umfeld in die Konfliktbearbeitung und Wiedergutmachungsbemühungen einbezogen. Es gibt hierfür unterschiedliche methodische Ansätze und verschiedene Bezeichnungen:

- *Gemeinschaftskonferenz* (Hagemann 2009)
  Unterstützer für Täter und Opfer sowie ein Polizeibeamter als Vertreter der Gemeinschaft werden in den Mediationsprozess einbezogen.

- *Wiedergutmachungskonferenz*, international auch *Restorative Justice Conferencing* (Bruhn et al. 2013)
  Ein Skriptverfahren, bei dem das Kernelement von fünf Fragen den Kommunikationsprozess zwischen in dem erweiterten Teilnehmerkreis strukturiert.[1]
- *Friedenszirkel* (Ehret 2013)
  Rituale, wie das eines Redegegenstandes, schaffen ein Gemeinschaftsgefühl und gewährleisten die gleichberechtigte Teilnahme am Dialog und respektvolles Zuhören.
- *Familienrat*, international auch *Family Group Conferencing* (Hilbert et al. 2011). Ein Koordinator bereitet das Treffen vor. Eine auf die Zukunft gerichtete Frage beschreibt das Thema. Die Familie erarbeitet ohne Koordinator und Fachkräfte in einer privaten Phase einen Plan. Hierbei handelt es sich im strengen Sinn nicht um eine Mediationsform zwischen Parteien.[2]

In diesem Beitrag zum Sammelband für die Mediationsforschung wird der Blick auf Forschungen zu diesen aktuellen Entwicklungen im Bereich des Justizvollzugs gerichtet. Drei für die Praxis in Auftrag gegebene Forschungsberichte werden vorgestellt.

23.2 Forschungsbericht 1 – Bewertung von Täter-Opfer-Ausgleich und *Restorative Justice* durch Mitarbeiter im Strafvollzug[3]

Die Europäische Union förderte im Zeitraum von 2009–2012 ein Forschungsprojekt „Mediation and Restorative Justice in Prison Setting“ (MEREPS – Mediation und Restorative Justice im Strafvollzug). In diesem Rahmen wurde am Institut für Polizei- und Sicherheitsforschung (IPoS) der Hochschule für Öffentliche Verwaltung Bremen (HfÖV Bremen) die Bekanntheit von TOA, *Family Group Conferencing* und

1 Die fünf Fragen werden reihum allen Konferenzteilnehmern gestellt und von ihnen beantwortet. Sie lauten: 1. „Was ist passiert?“ an die bei der Tat Anwesenden, bzw. „Wie haben Sie davon erfahren?“ an die Unterstützer. 2. Was haben Sie dabei gefühlt und gedacht? 3. Was waren die Folgen für Sie und andere? 4. Was ist für Sie das Schlimmste/Schwerste? 5. Was ist für Sie der Kern der Sache?

2 Familienräte werden in Deutschland vor allem im Bereich der Hilfe zur Erziehung angeboten. In Neuseeland finden sie im Bereich des Jugendstrafrechts Anwendung und in Österreich im Zusammenhang mit der Entlassungsvorbereitung von Gefangenen.

3 Die vollständigen Studien sind zu finden in Hartmann et al. (2012 und 2013)

Circles bei den Beschäftigten im deutschen Strafvollzug und deren Meinungen und Einstellungen hierzu untersucht. Dies geschah insbesondere zu dem Zweck, besser einschätzen zu können, mit welcher Unterstützung und welchen Hindernissen bei einer breiten Einführung von Instrumenten aus dem Bereich *Restorative Justice* gerechnet werden muss.

Die Befragung selbst wurde als Online-Befragung mit 26 geschlossenen und acht offenen Fragen konzipiert. Im November 2010 wurden sämtliche Justizvollzugsanstalten in Deutschland kontaktiert und gebeten, sich an der Befragung zu beteiligen. Die Zielgruppe der Befragung umfasste alle Personen, die eine Tätigkeit in einer JVA ausüben, die sie in regelmäßigen Kontakt mit den Inhaftierten bringt. Befragt werden sollten insbesondere

- alle Fachdienste, insbesondere die mit intensiven Gefangenenkontakten (Seelsorge, psychologischer, sozialer, medizinischer und pädagogischer Dienst)
- Vollzugsabteilungsleitungen
- Werkdienste
- Leiter des Allgemeinen Vollzugsdienstes und Stellvertreter
- Abteilungshelfer

459 Personen haben an der Befragung teilgenommen. Die Teilnehmenden stellen allerdings keine echte Zufallsstichprobe der Gesamtheit aller Beschäftigen der Justizvollzugsanstalten dar, da nicht alle in Frage kommenden Personen den gleichen Zugriff auf die Befragung hatten. Es kann aber davon ausgegangen werden, dass die Ergebnisse tendenziell das Meinungsspektrum der JVA-Beschäftigten in Bezug auf TOA und *Restorative Justice* im Strafvollzug abbilden.

Folgende, für die Implementierung von *Restorative-Justice*-(RJ-)Maßnahmen in den Justizvollzugsanstalten bedeutende Ergebnisse wurden aus der Auswertung der 459 Fragebögen von Beschäftigten ermittelt:

- Der TOA ist unter den Mitarbeitern im deutschen Strafvollzug auf breiter Basis bekannt. *Family Group Conferencing* und *Circles* sind dies jedoch nur in geringem Umfang.
- Vertraut mit dem TOA sind allerdings nur etwa ein Viertel der Mitarbeiter. Mit Family Group Conferencing sind 80 Prozent, mit Circles sogar 90 Prozent gar nicht vertraut.
- Kontakte zum Opfer und Wiedergutmachungsbemühungen der Inhaftierten erachten 80 Prozent der Befragten als sinnvoll. TOA und andere RJ-Maßnahmen finden damit grundsätzlich eine breite Akzeptanz bei den Bediensteten des

Strafvollzugs. Allerdings hegt rund die Hälfte der Befragten Zweifel hinsichtlich der Realisierbarkeit.
- Kenntnisse über den TOA beruhen nur in geringem Umfang auf Informationen, die den Mitarbeitern/innen im Rahmen der Aus- und Fortbildung vermittelt wurden.

Auf der Grundlage der Erkenntnisse aus dem Ausland, der deutschen Rechtslage und der grundsätzlich breiten Akzeptanz unter den Mitarbeitern/innen sprechen gute Gründe dafür, den TOA, aber auch andere RJ-Maßnahmen im deutschen Strafvollzug auf breiter Basis zu erproben. Die Skepsis der Beschäftigten über die Realisierbarkeit sollte ernst genommen werden. Die für *Restorative-Justice*-Maßnahmen erforderlichen Rahmenbedingungen sind nicht in allen Strafvollzugseinrichtungen ohne Weiteres gegeben und sollten deshalb im Rahmen von Modellversuchen aufgebaut werden. Außerdem können die Beschäftigten im Rahmen von Modellversuchen im Umgang mit Inhaftierten und Opfern spezifische Erfahrungen machen.

Zur Implementierung von Modellversuchen bedarf es deshalb einer intensiven Vorbereitung. Insbesondere sind Kenntnisstand von und Vertrautheit mit diesen Maßnahmen bei den Mitarbeitern zunächst durch Fortbildungsmaßnahmen deutlich zu verbessern. Dies gilt insbesondere für *Family Group Conferencing* und *Circles*. Es spricht aufgrund internationaler Erfahrungen viel dafür, sich mit diesen in Deutschland bislang generell wenig beachteten Maßnahmen intensiv auseinander zu setzen.

Zusammenfassend kann auf der Grundlage der vorliegenden Befunde dafür plädiert werden, den TOA, aber insbesondere auch Kreisverfahren im Strafvollzug in gut vorbereiteten Modellprojekten zu erproben.

23.3 Forschungsbericht 2 – erste Erfahrungen mit „TOA im bayerischen Strafvollzug"[4]

Anlässlich der gesetzlichen Regelung des TOA im Strafvollzug in Art. 78 Abs. 2 S. 3 BayStVollzG sollte im Rahmen eines Projekts in Bayern von 2013 bis 2016 ein Eindruck von dessen Akzeptanz bei Tätern und Opfern gewonnen und insbesondere die Möglichkeit einer dauerhaften Etablierung des TOA im Strafvollzug überprüft werden. Dies geschah in Kooperation des Bayerischen Justizministeriums, der JVA

4 Eine ausführlichere Darstellung des Projekts und ein Vergleich mit anderen Bundesländern findet sich in Kaspar und Mayer (2015).

Landsberg am Lech und dem Münchener Verein „Ausgleich e. V." und in Zusammenarbeit mit dem Kriminologischen Dienst. Das Projekt konzentrierte sich auf die JVA Landsberg am Lech. Vom Verein „Ausgleich e. V." wird dort TOA seit Oktober 2013 angeboten. Bei den Gefangenen handelt es sich um männliche Gefangene im Erstvollzug[5], die zu einer Freiheitsstrafe von bis zu sechs Jahren verurteilt wurden.

Im Rahmen der Zugangsgespräche der Gefangenen wurde zunächst deren Geeignetheit für einen TOA festgestellt. Als ungeeignet galten schwerste Gewalt- und Sexualdelikte, wobei jedoch stets eine Einzelfallbetrachtung vorgenommen wurde. Ferner wurden Gefangene mit unzureichenden Deutschkenntnissen ebenso wie Täter, die bereits einen TOA durchgeführt haben, psychische Probleme hatten oder die Tat leugneten, von dem Projekt ausgeschlossen. Gleiches galt für Taten, die kein namentlich identifizierbares Opfer aufwiesen.

23.3.1 Fallzahlen des Projekts

Geeignete Fälle

Bis November 2015 wurden ausweislich des Berichts der Justizvollzugsanstalt Landsberg am Lech 799 Gefangene auf deren Geeignetheit geprüft. Aufgrund der genannten Ausschlussgründe wurde die Möglichkeit eines TOA bei über 400 Inhaftierten verneint.

Neben 184 Gefangenen, bei denen ein TOA mangels ausreichender Deutschkenntnisse nicht in Betracht kam, basierte der Ausschluss weit überwiegend (n = 319) auf den zugrunde liegenden Delikten: In 260 Fällen war kein namentlich identifizierbares Opfer vorhanden, 52 Täter waren aufgrund eines Sexualdelikts inhaftiert, bei den restlichen Fällen (n = 7) handelte es sich um äußerst schwere Gewalttaten wie Mord und Totschlag.

Insgesamt wurden im Rahmen der Überprüfung 128 Gefangene als geeignet eingestuft, wovon sich 86 (67,2 %) gegen einen TOA entschieden.

Anzahl der Schlichtungsfälle

Bis Juni 2016 wurden 38 Schlichtungen eingeleitet. In einigen Fällen handelte es sich um Straftaten, von denen mehrere Opfer betroffen waren. Insgesamt lässt sich anhand der Unterlagen feststellen, dass zwar lediglich 38 Täter beteiligt waren, die Opferzahl jedoch bei über 120 liegt.

5 Drei der insgesamt 38 eingeleiteten Schlichtungen wurden im Laufe des Projekts von anderen Justizvollzugsanstalten an den Ausgleich e. V. herangetragen. Bei einem der Täter handelt es sich zudem um einen Jugendlichen.

Deliktstruktur

Der überwiegenden Zahl der 38 Schlichtungsverfahren lagen Vermögensdelikte (n = 18, 47,4 %) zugrunde, gefolgt von zehn Körperverletzungsdelikten. In vier Fällen handelte es sich um Tötungsdelikte. Drei Fällen lagen schwere Gewaltdelikte zugrunde. Bei den Übrigen handelte es sich um ein Sexualdelikt und einen Fall von Verletzung der Unterhaltsverpflichtung.

Abgeschlossene Fälle

Von den 38 eingeleiteten Schlichtungsverfahren sind noch acht Verfahren offen; zwölf Fälle (31,6 %) konnten bereits positiv beendet werden. In 18 Verfahren (47,4 %) blieb es weitestgehend aufgrund mangelnden Interesses oder ausbleibender Rückmeldung der Opfer bei einem Schlichtungsversuch.

Es erfolgte ausschließlich eine indirekte Vermittlung durch die Schlichter. Von insgesamt zwölf positiv abgeschlossenen Verfahren wurde in elf Fällen eine Schadenswiedergutmachung vereinbart. Lediglich in einem Verfahren wurde keine Ausgleichsleistung des Täters vereinbart.

23.3.2 Erkenntnisse der wissenschaftlichen Begleitung des Projekts

Unabhängig von der geringen Fallzahl haben sich im Laufe des Projekts auch Hürden der Umsetzung herauskristallisiert, die mit Blick auf eine dauerhafte Etablierung des TOA einer Lösung bedürfen:

So konnten einzelne Schlichtungen aufgrund der schwierigen finanziellen Lage der Gefangenen (vgl. Kaspar 2005, S. 86) nicht erfolgreich abgeschlossen werden. Selbst in den erfolgreichen Fällen wurden stets Ratenzahlungen vereinbart, die während der Haft maximal 40 € betrugen. Vereinzelt wurde die Zahlung deshalb sogar auf den Zeitpunkt der Entlassung gestundet.

Neben der angespannten finanziellen Situation der Gefangenen stellten vor allem unzureichende Informationen über die Beteiligten und die Tat die Schlichter vor enorme Schwierigkeiten. Mangels Akteneinsichtsrechts war man oftmals auf die Auskunft der Täter angewiesen. Dies führte in einigen Fällen dazu, dass das Opfer nicht einmal aufgefunden werden konnte und der TOA bereits an dieser Stelle scheiterte.

Zusammenfassend hat das Projekt dennoch – trotz der erwähnten Probleme – gezeigt, dass durchaus Bedarf für einen TOA im Strafvollzug besteht und dieser zu Recht in den Strafvollzugsgesetzen vieler Länder Eingang gefunden hat.

23.4 Forschungsbericht 3 – Modellprojekt Baden-Württemberg[6]

An dem Modellprojekt Baden-Württemberg von 2013 bis 2015 waren vier Vollzugsanstalten beteiligt: die JVA Adelsheim (Jugendvollzug), die JVA Heimsheim (mit der Außenstelle Pforzheim), die JVA Rottenburg und die JVA Schwäbisch Gmünd (Frauenvollzug). Diese Auswahl bildet das Gesamtspektrum des Justizvollzugs in Baden-Württemberg ab. Im bundesweiten Vergleich war das Projekt das erste systematische Angebot im Justizvollzug.

Projektträger waren die Landesarbeitsgemeinschaft TOA[7] und ihre regionalen Mitgliedsvereine. Das Modellprojekt wurde vom Max-Planck-Institut für ausländisches und internationales Strafrecht in Freiburg wissenschaftlich begleitet. Die Begleitforschung konzentrierte sich auf die Analyse der in der Projektphase bearbeiteten Fälle, des Ablaufs dieser Verfahren und der Perzeption von Verfahrensverlauf und -ergebnissen durch die Beteiligten. Die Untersuchung basiert auf drei verschiedenen Zugängen und Datenquellen:

1. objektive Verfahrensdaten, projektbegleitend erhoben und gesammelt von den verantwortlichen Mediatoren[8],
2. Informationen zu Erfahrungen, Einstellungen und Motiven der Parteien, ex post generiert durch Befragungen von Gefangenen und Opfern,
3. Einschätzungen und Bewertungen der beteiligten Praktiker, gesammelt auf einem moderierten Auswertungsworkshop mit den relevanten Akteuren.

Die Befragung der Gefangenen war quantitativ angelegt. Basis der Erhebung waren standardisierte Fragebögen mit einer beschränkten Anzahl von offenen Antwortkategorien. Die Opfer wurden, da es sich um eine sehr kleine Personengruppe handelt, telefonisch befragt und die Transkripte anschließend qualitativ

---

6 Der Bericht zur wissenschaftlichen Begleitung des Modellprojekts, verf. v. Michael Kilchling, ist 2017als Band K 175 der Forschungsreihe des Max-Planck-Instituts für ausländisches und internationales Strafrecht im Verlag Duncker & Humblot Berlin erschienen (Kilchling 2017).

7 Auf der Homepage der LAG Täter-Opfer-Ausgleich finden sich die beiden Projektberichte des Koordinators und ein Kurzfilm über gelungene Mediatonen im Justizvollzug, www.toa-bw.de

8 Drei Mediatoren und eine Mediatorin. Diese werden hier und in dem ausführlichen Forschungsbericht in männlicher Sprachform wiedergegeben; dies soll gewährleisten, dass konkrete Fälle, die durch die Mediatorin bearbeitet wurden, ex post nicht reidentifiziert werden können.

ausgewertet. Von den insgesamt sechs Geschädigten, die an einem direkten TOA teilgenommen hatten, waren drei zu einem Gespräch bereit.

In dem Projektzeitraum wurden von den Gefangenen insgesamt 91 Verfahren initiiert. Basierend auf der Teilnahmequote der Gefangenen ergibt sich, hochgerechnet auf alle Strafgefangenen im Land, als aktuelle Momentaufnahme ein mittleres Potenzial von etwa 305 Fällen (stichtagsbezogen) bzw. ein Maximalpotenzial von etwa 446 Fällen (bezogen auf den modifizierten Durchlauf) pro Jahr.

Sämtliche Ausgleichsinitiativen gingen während der Modellphase von den Gefangenen aus. Ziel des Konzeptes der opferbezogenen Vollzugsgestaltung sollte es freilich sein, auch das Interesse der Opfer an dem neuen Angebot zu fördern. Die Erfahrungen aus Belgien (vgl. Aertsen 2012) zeigen, dass es dort zahlreiche Anfragen von Opferseite gibt; bei dem Pilotprojekt im englischen Thames Valley (vgl. Emerson et al. 2015a, 2015b) sind sie sogar häufiger als diejenigen von Gefangenen.

Der TOA im Justizvollzug ist auch durch einen höheren Betreuungsaufwand gekennzeichnet. Im Durchschnitt fanden 2,7 Vor- bzw. Nachgespräche mit einem Opfer und 3,3 Gespräche je Gefangenem statt. In dem betreuungsintensivsten Fall, einem versuchten Mord, fanden u. a. sechs (Vor-)Gespräche mit dem Opfer und zehn mit dem Täter statt. Der Fall konnte erfolgreich abgeschlossen werden.

Der vollzugsbegleitende TOA unterscheidet sich ferner im Hinblick auf die zeitliche Perspektive. Die Bezugsstraftaten lagen im Durchschnitt 41 Monate zurück. In den erfolgreich abgeschlossenen Fällen war der zeitliche Abstand sogar noch etwas größer (47 Monate), während die Distanz in den Fällen, die ohne TOA beendet wurden, ein Jahr kürzer war (35 Monate). Dies lässt erkennen, dass ein längerer Zeitablauf seit der Tat sich bei diesen schwerwiegenden Fällen jedenfalls nicht negativ, sondern tendenziell eher positiv auf die Erfolgsaussichten niederzuschlagen scheint. Hierzu kann beim Täter die längere Reflexionszeit, beim Opfer der Fortschritt in dem Tatbewältigungsprozess beitragen.

Auf der Erfolgsseite sind zunächst die 16 erfolgreich abgeschlossenen TOA-Verfahren zu verzeichnen (vgl. Tabelle 23.1). Das ist eine Erfolgsquote von 17,6 %.

Tab. 23.1 Ausgleichsinhalt (Quelle: eigene Darstellung)

Konkreter Inhalt des Ausgleichs	**N**
Persönliches Gespräch (eines oder mehrere)	5
Entschuldigungsbrief	4
Briefverkehr	1
Vermittlung persönlicher Begegnung im Rahmen eines externen Eltern-Kind-Projekts	1
Wiedersehen mit Kindern bei weiterem Besuch	1
Übergabe von Schuldscheinen an das Opfer	1
Vereinbarung über Vorlage des Ausbildungszeugnisses an Opfer nach Haftentlassung als ‚Demonstration' des Besserungswillens	1
Vereinbarung, nach Haftentlassung nicht an den früheren (gemeinsamen) Wohnort zurückzukehren	1
Vereinbarung, sich künftig aus dem Sozialraum des Opfers fernzuhalten	1
Insgesamt	**16**

Auch der Ausgleichsinhalt und damit die restorative Substanz der erfolgreich abgeschlossenen Fälle unterscheiden sich vom herkömmlichen TOA. Die Ausgleichsinhalte sind vielfältig und reflektieren die jeweilige individuelle Situation und die daraus abgeleiteten persönlichen Bedürfnisse der Beteiligten. Anders als in den Pionierjahren des TOA, als der konzeptionelle Fokus vor allem auf der Wiedergutmachung in Form des (materiellen und immateriellen) Schadensausgleichs lag, liegt der Schwerpunkt hier ganz überwiegend auf dem Aspekt des Tatfolgenausgleichs im weiteren Sinne. Materielle Wiedergutmachungsleistungen spielen in den im Modellprojekt erledigten Fällen nahezu keine Rolle.

Perspektive der Opfer

In den Opferinterviews wurde zunächst die Bedeutung des professionell begleiteten und fachgerecht durchgeführten TOA hervorgehoben. Ein Proband kontrastierte die TOA-Erfahrung positiv mit einem vorherigen, ebenso unerwarteten wie unerwünschten Spontanbesuch eines anderen Mittäters. Positiv hervorgehoben wurden beim TOA-Setting u. a. die Vorgespräche im vertrauten persönlichen Umfeld, die Gesprächsführung und die Kontrolle der Gesprächsdynamik sowie die Nachbetreuung.

Sehr individuell gestalten sich die von Opferseite genannten Teilnahmemotive und Erwartungen. Im Zentrum zahlreicher Äußerungen steht der Wunsch nach Kommunikation und nach der Beantwortung von offen gebliebenen Fragen.

Einhellig fiel bei den Opfern wie bei den Gefangenen schließlich die Antwort auf die abschließende Frage aus: 100 % der Probanden aus beiden Gruppen geben an, sie würden die Teilnahme anderen weiterempfehlen.

Gegebenenfalls wäre über eine terminologische Anpassung nachzudenken. Das oft beklagte sprachliche Handicap, dass ein adäquates Synonym der *Restorative Justice* im Deutschen nicht existiert, schlägt beim vollzugsbegleitenden TOA besonders durch. Die Anwendung im Justizvollzug ist restorative Justizpraxis im Sinne der englischen Originalterminologie. ‚Täter-Opfer-Ausgleich' ist hier aber auch deshalb kein vollwertiges Synonym, weil der Begriff die besondere vollzugliche Dimension nicht mit erkennen lässt. Im Hinblick auf die deutlich gewordenen Unterschiede zum allgemeinen TOA könnte eine sprachliche Differenzierung daher sinnvoll sein.[9]

Das Programm hat sich bewährt und sollte landesweit und dauerhaft implementiert werden. Ohne ein entsprechendes Angebot liefe der gesetzliche Auftrag gem. § 2 Abs. 5 JVollzGB III/IV faktisch leer. Unabhängig von den unmittelbar vollzugsbezogenen Zielsetzungen sollte ein entsprechendes Angebot auch im Hinblick auf die Opferrechte verfügbar sein.

24.5 Perspektiven der Mediation im Strafverfahren

Die Entwicklung der Mediation im Strafverfahren hinkt noch immer den in sie gesetzten Erwartungen hinterher. Vor Verurteilung oder Verfahrenseinstellung werden im Erwachsenenbereich nach Schätzung der Autoren lediglich 2–3 % aller Strafverfahren im TOA bearbeitet. Bei Strafverfahren gegen Jugendliche und Heranwachsende wird immerhin in 10 % der Fälle ein TOA-Versuch durchgeführt.[10]

Die vorliegenden und hier in kurzen Auszügen dokumentierten Forschungsberichte zeigen, dass die Ausweitung von unterschiedlichen Mediationsangeboten in den Justizvollzug Schritte in die richtige Richtung sind. Allerdings ist es bis zu einer flächendeckenden Umsetzung solcher Methoden von *Restorative Justice* noch ein weiter Weg: Zum einen sind Finanzierungshürden zu überwinden, aber auch Vorurteile und Denkbarrieren.

---

9 Ein konsensfähiger konkreter Vorschlag konnte während des Auswertungsworkshops zu dem Projekt nicht erarbeitet werden. Beispiele wie das beim Seehaus Leonberg entwickelte ‚Opfer-Täter-Gespräch' oder ein daran angelehnter Begriff wie ‚Täter-Opfer-Dialog' könnten ebenso wie der in Österreich vor einigen Jahren umbenannte ‚Tatausgleich' möglicherweise in die richtige Richtung weisen.

10 Grundlage sind Zahlen aus Baden-Württemberg, die 2013 im Rahmen der Landesarbeitsgemeinschaft Täter-Opfer-Ausgleich aus den Fachstellen zusammengetragen wurden.

So wurde im Rahmen des Modellprojektes in Baden-Württemberg beispielsweise nicht nur fachliche Bedenken, sondern auch persönliche Skepsis und Vorbehalte von Therapeuten deutlich. Es wäre sicher lohnenswert, den therapeutischen Effekt von Mediationen im Justizvollzug zu erforschen, um herauszufinden, wo die Separierung von Tätern und Opfern notwendig und wo ein Kommunikationsprozess zwischen diesen heilsam ist. Die Einbeziehung des sozialen Umfeldes in den Mediationsprozess sollte hierbei beachtet werden.

Weitere Forschung in diesem Bereich kann dazu beitragen, dass die Mediation im Strafverfahren nicht durch vorgefasste Meinungen bei Juristen, Therapeuten und Sozialarbeitern, sondern aufgrund der Wünsche und Bedürfnisse der Betroffenen beurteilt, angewandt und entsprechend gefördert wird.

Literatur

Aertsen, I. (2012). Belgium – Restorative Prisons: where are we heading? In T. Barabás, B. Fellegi & S. Windt (Hrsg.), *Responsibility-Taking, Relationship-Building and Restoration in Prisons. Mediation and Restorative Justice in Prison Settings* (S. 262-276). Budapest: AduPrint.

Bruhn, A., Kramer, C. & Schlupp-Hauck, W. (2013). *Beteiligung des sozialen Umfelds im Täter-Opfer-Ausgleich*. Berlin: Lambertus.

Ehret, B. (2013). Friedenszirkel. Eine nachhaltige Methode der außergerichtlichen Konfliktschlichtung im Rahmen der Restorative Justice. In H.-J. Kerner & E. Marks (Hrsg.), *Internetdokumentation des Deutschen Präventionstages*. Hannover, www.praeventionstag.de/Dokumentation.cms/2364

Emerson, G., Hallam, M. (2015a). Thames Valley. In R. Lummer, O. Hagemann & S. Reis (Hrsg.), *Restorative justice at post-sentencing level in Europe* (S. 60-73). Schriftenreihe Soziale Strafrechtspflege, Band 3, Kiel: Schleswig-Holsteinischer Verband für soziale Strafrechtspflege.

Emerson, G., Carrington-Dye, L., Dix, G. & Grammer, D. (2015b). Restoring the balance: learning lessons from cases referred to EU pilot project that provides victim requested restorative justice in the Thames Valley, UK. *Ljetopis socijalnog rada, Vol. 22/1* (Lipanj), 81 ff., [DOI 10.3935/ljsr.v22i1.23]; http://hrcak.srce.hr/index.php?show=clanak&id_clanak_jezik=206559 [Jan. 2016].

Hagemann, O. (2009). Gemeinschaftskonferenzen – ein Elmshorner Projekt zur Reaktion auf Jugendkriminalität. *Zeitschrift für Soziale Strafrechtspflege 18* (46), 28-38.

Hagemann, O. (2016). Gemeinschaftskonferenzen und andere Restorative Conferencing-Verfahren. In N. Ochmann, H. Schmidt-Semisch & G. Temme (Hrsg.), *Healthy Justice. Überlegungen zu einem gesundheitsförderlichen Rechtswesen* (S. 229-259). Wiesbaden: Springer VS.

Hartmann, A., Haas, M., Steengrafe, F., Geyer, J., Steudel, T. & Kurucay P. (2012). Prison mediation in Germany. In T. Barabás, B. Fellegi & S. Windt (Hrsg.), *Responsibility-taking, Relationship-building and Restoration in Prisons. Mediation and Restorative Justice in Prison Settings* (S. 205-261). Budapest: AduPrint.

Hartmann, A., Haas, M. & Steengrafe F. (2013). Täter-Opfer-Ausgleich im Strafvollzug – Ergebnisse des MEREPS-Projektes. *Zeitschrift Bewährungshilfe 1*, 39-55.

Hilbert, C., Bandow, Y., Kubisch-Piesk, K. & Schlizio-Jahnke, H. (2011). *Familienrat in der Praxis – ein Leitfaden*, Berlin: Lambertus.

Kaspar, J. (2005). Wiedergutmachung im Strafvollzug – Bestandsaufnahme und Perspektiven. *Zeitschrift für Strafvollzug und Straffälligenhilfe 2*, 85-90.

Kaspar, J. & Mayer, S. (2015). Täter-Opfer-Ausgleich im Strafvollzug – Grundlagen und praktische Erfahrungen aus Modellprojekten. *Forum Strafvollzug 4*, 261-266.

Kilchling, M. (2017). *Täter-Opfer-Ausgleich im Strafvollzug. Begleitforschung zum Modellprojekt im baden-württembergischen Justizvollzug.* Berlin: Duncker & Humblot.

Trenczek, T. (2014). *Restorative Justice in der Praxis – Täter-Opfer-Ausgleich und Mediation in Deutschland.* DBH-Materialien, Band 71, Köln.

Teil III.6
Multifaktorielle Konflikt- und Interventionsanalysen in komplex strukturierten Kontexten

Öffentliche Mediationsverfahren

Zwischen gesellschaftlichem Diskurs und Politikgestaltung

24

Anatol Itten

Was sagt es über den Stand einer Gesellschaft aus, wenn führende Wissenschaftler eine Krise des deutschen parlamentarischen Systems diagnostizieren (Pünder 2015) oder von einer gebrochenen Resonanzachse zwischen Regierung und Volk sprechen (Rosa 2015)? Wenn Konflikte um den Bau von Flüchtlingsunterkünften, Proteste gegenüber der Umsetzung der Energiewende oder Bürgerentscheide für oder wider städtische Veränderungen zunehmen? Wenn sich verschiedenste soziale Gruppen nicht mehr verstehen?

Zunächst beschreibt es einen gesellschaftlichen Unruhezustand, über dessen längerfristige Konsequenzen nur gemutmaßt werden kann. Es zeigt aber auch, dass in den aktuellen gesellschaftlichen Transformationsprozessen die bisherigen Prozess- und Kommunikationsmuster nicht mehr geeignet sind, Problemlösungskompetenz gegenüber den Bürgern glaubhaft darzustellen.

Öffentliche Konfliktvermittlungsverfahren sind noch kein substanzieller Bestandteil des politischen und juristischen Systems in Deutschland (Hopt und Steffek 2012), auf die in solchen Situationen zurückgegriffen werden könnte. Trotzdem wird in der Forschung schon seit über 20 Jahren über die Vorteile von Mediation in öffentlichen, insbesondere in Umweltkonflikten geschrieben. Wenn Mediation aber eine stärkere Rolle in diesen gesellschaftlichen Umbrüchen einnehmen sollte, dann ist mehr Wissen über die Funktionsweise und die gesellschaftlichen Implikationen dieses Verfahrens notwendig. Öffentliche Mediationen sind komplexe Systeme mit vielseitigen Wechselbeziehungen und erfordern daher eine systematische Betrachtung (Bean et al. 2007, S. 455). Eine Verhaltensänderung einer zentralen Partei, eine neue Erkenntnis aus einem Gutachten oder ein anstehender Wahlkampf können zu unvorhersehbaren Dynamiken im gesamten Prozess führen, die zum Teil schwierig nachvollziehbar sind. Solche komplexen Konfliktlösungsprozesse sind in ihrer Gesamtheit deshalb nicht einfach zu studieren und stellen für die Forschung eine Herausforderung dar (Bingham 2012).

Somit ist es umso zentraler, ungelöste Fragen und Spannungsfelder nicht in Disziplinen fragmentiert zu beantworten, sondern transdisziplinär. Eine Aufgabe, die die Mediationsforschung als eigenständiger Wissenschaftszweig leisten könnte, um systematische Konfliktforschung im öffentlichen Bereich mit belastbaren Daten zu fördern und Lücken zwischen Theorie und Praxis zu schließen (Dukes 2004; Gunton und Day 2003; Wall und Dunne 2012).

24.1 Die Komplexität öffentlicher Konfliktvermittlung

Einige Denkanstöße können hierfür die Resultate eines Forschungsprojektes (Itten 2017) liefern, das Daten zu 23 öffentlichen Mediationsfällen[1] erhoben und deren Zusammenhänge systematisch analysiert hat. Das Projekt verfolgt das Ziel, Muster im Verfahrensablauf von öffentlichen Mediationen vom frühen Stadium bis zur Verhandlungsphase aufzudecken und Kausalketten von Wirkfaktoren im Kontext und Verfahren zu beschreiben. Dafür wurden für die jeweiligen Mediationsfälle eigens Daten zu kontextualen und prozessspezifischen Faktoren[2] sowie zu den jeweiligen Ergebnissen erhoben und deren Ausprägung jeweils nach einem theoretischen Maßstab kodiert. Somit wurde für jeden Mediationsfall eine Art DNA angelegt, damit sich die Fälle mit Hilfe der *Qualitative Comparative Analysis* (QCA)

1 1995–1996: Forum Innenstadt Offenburg; 1996–1997: Mediationsverfahren Detmolder Straße; 1997: Mediationsverfahren Abfallwirtschaftsprogramm Berlin; 1998–2000: Mediationsverfahren Frankfurter Flughafen; 1999: Verkehrsforum Vahrenwald-List; 1999: Mediation Gewerbegebiet Hechingen – Bodelshausen; 2000: Wiener Platz Forum; 2001: Mediation Hauptplatz Landsberg am Lech; 2005: Mediation Sporthalle Halstenbek; 2005–2006: Mediationsverfahren Stadtmitte Nieder-Olm; 2007–2013: Mediationsverfahren Landwehrkanal Berlin; 2007: Mediationsverfahren Holzkraftwerk Piesteritz; 2008–2009: Mediationsverfahren Schweinemastanlage Mockzig; 2008–2010: Mediation Kies- und Sandabbau Rheinhessen; 2010–2011: Mediationsverfahren Isar-Plan; 2011: Runder Tisch Einkaufszentrum Weiden, Köln; 2012–2013: Mediation B10 Landau und Hauenstein; 2012–2013: Mediation innerstädtische Straße Rostock; 2013: Konfliktdialog Wittnau; 2013–2014: Runder Tisch Feuerwache Freiburg; 2013–2014: Konfliktmoderation Naturraum Wutachschlucht; 2013–2015: Mediationsverfahren Repowering Hellwegbörde; 2014: Mediationsverfahren Flüchtlingsheim Köln.

2 In der Studie wurde eine theoretisch abgeleitete Auswahl von Einflussfaktoren analysiert. Sie untersucht die Komplexität des Konflikts, Eskalationsstufe, Inklusion der Teilnehmer, Maß an politischer und administrativer Offenheit, Mediationsstil, Grad an Perspektivwechsel und Diskursqualität der Teilnehmer sowie deren Einfluss auf bestimmte Outcomes wie Konsens, integrative Lösung, Kompromiss, Implementation und Teilnehmerzufriedenheit. Für mehr Information siehe Itten (2017).

(nach Ragin und Rihoux 2004; Schneider und Wagemann 2006) vergleichen und die Interaktion der Faktoren auf das Ergebnis oder Nicht-Ergebnis analysieren ließen. Einige zentrale Ergebnisse dieser Studie und deren Bedeutung sollen im Folgenden vorgestellt werden, um zu einer Debatte über die erweiterten Rollen und Aufgaben von öffentlichen Mediationen beizutragen.

Obwohl sich öffentliche Mediationsverfahren in den letzten Jahrzehnten weiterentwickelt und neue Anwendungsbereiche erschlossen haben, ist deren Kern nach wie vor die Bearbeitung eines im öffentlichen Bereich angesiedelten offenkundigen Konflikts unter der Beteiligung betroffener Interessengruppen durch einen unabhängigen externen Mediator. Sie haben das Ziel, eine Einigung der Konfliktparteien herbeizuführen, die in einen politischen oder administrativen Planungs- oder Entscheidungsprozess einfließen soll (Susskind 1981; Renn et al. 1993; Beierle 1999; Zilleßen 1998; Holzinger 2001; Meuer und Troja 2004; Higgs 2007; Besemer 2014).

Gleichwohl entstehen aus Mediationen immer öfter politische Inhalte. Es ist in der Realität durchaus üblich, bzw. durch die demokratischen Zuständigkeiten der gesetzgebenden Institutionen nicht anders erlaubt, dass Mediationsergebnisse durch politische Beschlüsse bestätigt und legitimiert werden. So wurde in der Studie festgestellt, dass die Vereinbarungen eines Großteils der Fälle mithilfe eines Rats- bzw. Parlamentsbeschlusses implementiert wurden. Mediationen haben somit auch die Funktion eines „politikentscheidenden" Gremiums. Aus der Sicht der Mediationsteilnehmer ist dies absolut wünschenswert, denn sie erkennen dadurch die Wirksamkeit ihres Handelns. Allerdings kann die Umformulierung von Mediationsvereinbarungen in politische Beschlüsse zu Implikationen führen, die über den ursprünglichen offenkundigen Konflikt hinausgehen und somit auch weitere Bevölkerungsgruppen betreffen, die zu Beginn nicht in das Verfahren einbezogen wurden. Dass das problematisch sein kann, beschreibt Politologe Armin Schäfer (2015) wie folgt: „Für die Demokratie besteht die Gefahr ungleicher Partizipation darin, dass die Politik sich an den Aktiven und Vernehmbaren orientiert, während die Passiven und Stillen übergangen werden. Dass unterschiedliche Gruppen unterschiedlich wehrhaft sind, merken Politiker an vielen Stellen. Entscheidungen, die den gut Organisierten zuwiderlaufen, stoßen auf Widerstand – von den Politikfernen werden sie hingenommen." Fördert Mediation im öffentlichen Bereich also eine Partikulardemokratie, verstärkt sie gegebenenfalls sogar die soziale Ungleichheit, wie Kritiker behaupten oder bildet sie lediglich die gesellschaftlichen Realitäten in einem informellen Vermittlungsverfahren ab?

Grundsätzlich sollte jede Person, die vom Konflikt oder von Entscheidungen, die diesen Konflikt anbelangen, betroffen ist, auch das Recht haben, am Prozess und der Entscheidungsfindung teilzunehmen (Goodin 2007). Bei genauerem Hinschauen ist dieses Prinzip bei öffentlichen Konfliktsituationen gar nicht so einfach anzuwenden (Warren und Mansbridge 2013). Sind bei Konflikten, wie um den Ausbau eines Flughafens oder dem Bau eines Flüchtlingsheimes, nur die Anwohner betroffen, alle Bürger der Gemeinde, der Region oder doch von ganz Deutschland? Vorschläge, besonders die Parteien einzubeziehen, die sich öffentlich zum Konflikt äußern oder über genügend Potenzial verfügen, ein Ergebnis oder dessen Umsetzung zu verzögern, sind insofern problematisch, als dass sie „laute" und ressourcenstarke Stakeholder und Bevölkerungsschichten bevorzugen können. In der Praxis ist es aus diesem Grund enorm wichtig, sozial benachteiligte und marginalisierte Gruppen zu aktivieren und einzubeziehen, deren Interessen ansonsten leicht übersehen werden können. Dass das nicht leicht ist, legen die Daten des Forschungsprojektes nahe. Bei sieben von 23 öffentlichen Mediationen saßen klar identifizierbare Konfliktparteien nicht mit am Tisch oder verließen die Mediation während des Verfahrens. Trotzdem zeigte sich im Vergleich, dass ein hohes Level an Inklusion förderlich für das Zustandekommen einer Vereinbarung ist.

24.2 Prozessdynamiken, Wendepunkte und Metakonsense

Weshalb das so ist, beleuchtet ein wichtiges Charakteristikum einer öffentlichen Mediation, über die noch zu wenig Wissen vorhanden ist: Prozessdynamiken oder auch mithin die „Black-Box" der Mediation genannt (Orr et al. 2008; Emerson et al. 2009). Damit sind Interaktionen und Verhaltensweisen gemeint, die über die klassischen Verhandlungen und „Package Deals", wie sie in der Politik üblich sind, hinausgehen und nicht durch spieltheoretische Annahmen verstanden werden können (Dryzek und Niemeyer 2006, S. 643). In diesen Phasen werden Fachdiskussionen auf eine übergeordnete Ebene gehoben, indem Fragen zu moralischen Verpflichtungen, zukünftigen Generationen oder zu Regeln des gesellschaftlichen Zusammenlebens gestellt werden (Putnam 2004, S. 279). Ziel ist es, dass die Konfliktparteien die Legitimität der normativen Sichtweisen der gegenüberstehen Parteien anerkennen. Dazu ist es wichtig, dass der Diskurs ein qualitatives Abstraktionslevel erhält, das intersubjektiv verständlich ist. Beispielsweise kann man den Satz „Ich will keine Mülldeponie in meiner Nachbarschaft" zurückführen auf die Sätze „Ich möchte kein Gesundheitsrisiko eingehen" und „Man hat ein Recht darauf, nicht durch die Allgemeinheit in seiner Gesundheit geschädigt werden" sowie „Mülldeponien sind gesundheitsschädlich" (Holzinger 2004, S. 216). Ein solcher Diskurs hilft den Konfliktparteien, sich von alten Kommunikationsmustern zu befreien und die Voraussetzung für konsensuale Übereinkünfte zu verbessern, besonders zu solchen mit fundamental unterschiedlichen Wertevorstellungen. Die

Resultate des Forschungsprojektes bestätigten, was bisher nur anhand von Einzelfällen (z. B. Susskind 1983; Holzinger 2001; Dryzek und Niemeyer 2006; Zariski 2010) aufgezeigt werden konnte: Für das Erreichen eines möglichst konsensualen Ergebnisses sind transformative und diskursive Elemente zentral. Ein Muster, das sich in über 80 Prozent der Fälle[3] zeigt und auch in unterschiedlichen Kontexten auftaucht, sowohl bei komplexen als auch hoch eskalierten Verfahren. Dryzek und Niemeyer (2006, S. 643) sprechen in dieser Hinsicht auch von *Meta-Konsensen*. Die Individuen stimmen dabei in der Strukturierung des Entscheidungsproblems überein, nicht jedoch notwendigerweise in der bevorzugten Lösung. Es gibt also zunächst eine gemeinsame Einigung über das, was zu tun ist, und nicht darüber, „was man tun sollte". Ein historisches Beispiel dazu sind Debatten um die Zeiträume für gesetzlich erlaubte Abtreibungen. Über diese können in einer pluralen Gesellschaft mit gegensätzlichen Wertevorstellungen nur schwer Konsense erzielt werden, insbesondere zur Frage, wann ein Leben beginnt. Ein Konsens in derselben Sache kann aber sehr wohl über die Ebenen des Schutzes der Frau, der medizinischen Versorgung oder der Rechtssicherheit gefunden werden. Die Autoren sind daher der Überzeugung, dass solche Meta-Konsense zu Resultaten führen, die weitaus besser sind als ein reiner Kompromiss der Ausgangspositionen und so Übereinkünfte zu Themen ermöglichen, die zu Beginn als nicht verhandelbar erschienen.

Die Effektivität einer Mediation im öffentlichen Bereich hängt daher, wie Stulberg (1981, S. 91) beschreibt, insbesondere von der zentralen Fähigkeit ab, die Konfliktparteien gegenüber den jeweils anderen neu zu orientieren und eine neue und gemeinsame Wahrnehmung über die bestehenden Verbindungen und Abhängigkeiten zu erlangen, welche über einen Kommunikationsverlauf zwischen Angebot und Gegenangebot hinausgeht.

3 Die zugrundeliegende Datenmessung erfolgte über die Einschätzung der Mediatoren zu den teilnehmenden Konfliktparteien (vgl. auch Nabatchi et al. 2010). Die Mediatoren gaben Auskunft, wie gut sich die Teilnehmer in die Perspektive der anderen Parteien hineinversetzen konnten und in welchem Maße sie die Interessen der anderen Teilnehmer als legitim anerkannten. Darüber hinaus wurde erfragt, inwiefern die Teilnehmer ihre eigenen Bedürfnisse zu maximieren versuchten oder ob ein Bestreben vorhanden war, ein gemeinsames Verständnis für die Probleme und deren Lösungswege zu finden.

24.3 Prozess- und Ergebnisgerechtigkeit

Das bestätigt auch, was viele erfahrene Mediatoren wissen. Es gibt keine Universallösungen für öffentliche Konflikte, auch wenn sich das manch einer der Involvierten wünscht (Jameson et al. 2014, S. 223). Eher liegen alle Konfliktvermittlungen auf einem Kontinuum zwischen kooperativen und kompetitiven Verfahren (Deutsch 1973). Distributive Herangehensweisen und Kompromisse treten eher in kompetitiven Situationen auf, während integrative Lösungen und Konsense eher in kooperativen Prozessen die Regel darstellen. Wie die untersuchten Fälle widerspiegeln, haben in der Realität viele Ergebnisse sowohl integrative als auch verteilende Elemente (Van den Hove 2004, S. 13; Zariski 2010, S. 219). Laut Steenbergen et al. (2003, S. 26) sollten in der Konfliktvermittlung konsensuale Ergebnisse zwar das Ziel sein, jedoch nicht die absolute Notwendigkeit. Aufgrund der politischen Realität sind solche Ergebnisse nicht immer einfach zu erreichen, essentiell ist jedoch, dass es sich um einen fairen Prozess mit einer fairen Aufteilung handelt, so dass letztlich alle Parteien besser dastehen, als bei einem Erhalt des Status Quo (Van Parijs 2012, S. 469).

Die Herausforderung dabei ist der Umgang mit dem Begriff der Gerechtigkeit, der in der Realität viele Formen annehmen kann. Wer definiert, was eine gerechte Verteilung ist? Jeder Beteiligte wird dazu tendieren, Gerechtigkeit in dem Sinne auszulegen, wie es für ihn am meisten von Vorteil ist (Mansbridge 2009, S. 25). Hierzu ein simples Beispiel: Wenn aufgrund einer Umgestaltung eines öffentlichen Platzes ein Fahrverbot eingerichtet werden soll, finden die Ladeneigentümer mit größeren Waren diesen Vorschlag ungerecht, denn ihre Kunden werden bei der Abholung eingeschränkt, während Gastronomen hingegen das Verbot gerecht finden, denn ihre Kundschaft wird dadurch weniger von Lärm und Abgasen gestört. Schon in diesem einfachen Beispiel lässt sich über die Definition von Gerechtigkeit streiten. Wichtig ist deshalb, verschiedene Gerechtigkeitsstandards zur Hilfe nehmen, um auch in der Auslegung von Fairness eine gegenseitige Verständigung zu erlangen. Das gemeinsame Zusammentragen von Informationen, Fakten und Begriffsdefinitionen sowie das Reflektieren über die jeweils vorhandenen Bedürfnisse, Werte und Interessen und deren Prioritäten ist dabei eine zentrale Voraussetzung, um die Wahrnehmungen und Perspektiven der Konfliktparteien zu verändern und einen Konsens zu ermöglichen (Mansbridge 2009, S. 11; Van Parijs 2012, S. 469). In der Konfliktforschung spricht man dabei auch von Wendepunkten, wenn die Parteien ein neues Verständnis ihrer Situation, derjenigen des Gegenübers und der Sachlage erfahren, das zu einer Redefinition der Konfliktursache, der Beziehungen zwischen den Parteien sowie den formulierten Interessenlagen führen kann (Putnam 2004, S. 277).

Vielfach gelingt eine Einigung auch durch die Schöpfung von „Mehrwert", damit keine der Parteien nachgeben muss. Dabei werden in der Regel neue Optionen oder innovative Alternativen gefunden, die zu Beginn der Mediation aus Sicht der Konfliktparteien noch nicht bestanden (Warren und Mansbridge 2013, S. 95). Eine wichtige Voraussetzung für die Erreichung einer sogenannten integrativen Lösung ist das Bewusstsein über die eigenen Bedürfnisse und deren Bewertung im Gegensatz zur Gegenseite. Die klassischen Anschauungsbeispiele in der Literatur sind die der Teilung einer Orange in Frucht und Schale für zwei Schwestern, des Öffnens eines Fensters im Nebenraum einer Bibliothek für frische Luft ohne Zug oder der Befriedung des Israel-Ägypten-Konflikts mit der Einrichtung einer demilitarisierten Zone. In der Realität lassen sich solche Lösungen nicht immer leicht ausfindig machen, sind aber durchaus möglich. Beispielsweise konnte die Recherche und Anwendung einer neuen Sanierungsmethode im Mediationsverfahren zum Landwehrkanal in Berlin die Interessen der Baumschützer, aber auch die des zuständigen Schifffahrtsamtes wahren, ohne dass jemand substanziell nachgeben musste. In Bezug dazu konnte die Studie aufzeigen, dass eine hohe Korrelation zwischen der Qualität eines Ergebnisses und der Teilnehmerzufriedenheit besteht, wie Poitras und Le Tareau (2009, S. 364) vermuten[4]. Mediationen mit Konsensen und integrative Lösungen wiesen höhere Zufriedenheitswerte auf als Mediationen, die zu keinem Ergebnis führten oder in einem Kompromiss endeten. Sind die Teilnehmer zufrieden, so steigt auch die Teilnahmebereitschaft für zukünftige ähnliche Verfahren (Holzinger 2001, S. 407).

24.4 Politischer Kontext als wegweisende Voraussetzung

Nun ist ein Verfahren nie unabhängig von dem Kontext oder dem Setting, in dem es stattfindet (Buckle und Thomas-Buckle 1986; Wall et al. 2001). Vielmehr sind die politischen und administrativen Bedingungen Voraussetzungen, die bereits in der Ausgangslage einen entscheidenden Einfluss auf das Gelingen eines Vermittlungsverfahren haben können (Kochan und Jick 1978; Henderson 1996). Die Wirkung von politischer Einflussnahme oder behördlicher Konditionierung auf den Mediationsprozess wurde allerdings bislang nur in Ansätzen untersucht. Genauer

4 Diese Resultate sollen andere Studien, die zum Schluss kommen, dass die Zufriedenheitswerte der Teilnehmer ebenso hoch sein können, wenn Mediationen abgebrochen werden oder zu keiner Vereinbarung führen, nicht in Frage stellen. In diesen Studien wurde insbesondere die Prozesszufriedenheit erhoben (vgl. auch Dukes 2004).

genommen geht es darum zu prüfen, inwieweit Mediationen die Zustimmung von Politik und Verwaltung erfahren, ob sie zum Beispiel in längerfristige Politik- oder Planungszyklen eingebettet sind und wie viel Kontrolle und Einfluss von Seiten der wichtigsten Stakeholder und des Auftraggebers an ein unabhängiges Mediationsteam abgegeben werden. Des Weiteren ist zu klären, ob eine Mediation durch Vorgaben oder Beschlüsse zeitlich, thematisch oder organisatorisch eingeschränkt wird und inwiefern politisch Einfluss genommen wird oder der Wille einer Fraktion besteht, ein Ergebnis im Parlament womöglich zu blockieren. Wie die QCA-Untersuchung ergeben hat, spielt die politische und administrative Unterstützung des Mediationsprozesses eine signifikante Rolle. Es ist ein Faktor, der eine hohe Konsistenz zu einem konsensualen Ergebnis aufweist. Mediatoren gaben in der Datenerhebung in acht von 23 Fällen an, dass sie eine tiefe politische Unterstützung bzw. eine hohe Einflussnahme und/oder eine behördliche Konditionierung gegenüber ihrem Mediationsprozess wahrgenommen haben. In diesen Fällen zeigte sich, dass Politik und Verwaltung vielfach nicht nur Auftraggeber einer Mediation sind, sondern auch Partei mit eigenen Interessen. Diese Doppelrolle wird oftmals selbst nicht anerkannt und wirkt sich vor allem dann problematisch auf das Verfahren aus, wenn Politik und Verwaltung ihre Interessen mit Maßnahmen außerhalb der Mediation durchsetzen wollen. Weniger eskalierte und weniger komplexe Fälle sind seltener von diesem Phänomen betroffen. Insgesamt berichteten mehrere Mediatoren davon, dass sich die übrigen Konfliktparteien häufig mit den politischen Teilnehmern schwer tun, denn sie hätten oftmals keine klar identifizierbaren und verhandelbaren Interessen im Konflikt, sondern würden lediglich Parteilinien und politischen Grundsätze vertreten.

24.5 Fazit

Dieser kurze Einblick in einige aktuellen Forschungsergebnisse zeigten, dass sich durch die Weiterentwicklung der öffentlichen Mediation einige Spannungsfelder eröffnen, wie beispielweise zwischen Auftraggeber und Konfliktparteien, zwischen partizipativen und repräsentativen Verfahren, zwischen kontextualen und prozessspezifischen Einflüssen sowie zwischen Konfliktbetroffenen und Lösungsbetroffenen. Diese Spannungsfelder bieten reichlich Forschungspotenzial, das die klassische Konfliktforschung bisher nicht genügend – oder in Disziplinen fragmentiert – beantwortet hat. Es bietet sich in dieser Hinsicht sowohl eine stärkere normativ-philosophische Betrachtung von öffentlicher Mediation als auch eine intensivere Verbindung von datenbasierten Vergleichen und Einzelfallanalysen an.

Diese neuen Betrachtungsweisen helfen uns, in öffentlichen Konflikte auch vermehrt das Potenzial für gesellschaftliche Entwicklungs- und Diskursprozesse zu sehen und anzuwenden. Gleichwohl, so die These dieses Beitrags, führt der Einsatz von Mediation immer mehr zu neuen Formen der Politikgestaltung im öffentlichen Raum, zu einer Art Governance des Zusammenlebens. Mit der Konsequenz, dass wir uns mehr mit den spezifischen Kontextbedingungen und Prozessdynamiken auseinandersetzen müssen, denn deren Ausprägung entscheiden vehement über die Wirksamkeit, aber auch über die Legitimation dieser Verfahren.

Literatur

Bean, M., Fisher, L. & Eng, M. (2007). Assessment in Environmental and Public Policy Conflict Resolution: Emerging Theory, Patterns of Practice, and a Conceptual Framework. *Conflict Resolution Quarterly 24*, 447-468.

Beierle, T. C. (1999). Using Social Goals to Evaluate Public Participation in Environmental Decisions. *Review of Policy Research 16*, 75-103.

Besemer, C. (2014). *Politische Mediation – Prinzipien und Bedingungen gelingender Vermittlung in öffentlichen Konflikten*. Bonn: Verlag Stiftung Mitarbeit.

Bingham, L. B. (2012). Transformative Mediation at the United States Postal Service. *Negotiation and Conflict Management Research 5*, 354-366.

Buckle, L. G. & Thomas-Buckle, S. R. (1986). Placing Environmental Mediation in Context: Lessons from 'Failed' Mediations. *Environmental Impact Assessment Review 6*, 55-60.

Deutsch, M. (1973). *The Resolution of Conflict: Constructive and Destructive Processes*. NewHaven: Yale University Press.

Dryzek, J. S. & Niemeyer, S. (2006). Reconciling Pluralism and Consensus as Political Ideals. *American Journal of Political Science 50*, 634-649.

Dukes, E. F. (2004). What We Know About Environmental Conflict Resolution: An Analysis Based on Research. *Conflict Resolution Quarterly 22*, 191 221.

Emerson, K., Orr, P. J., Keyes, D. L. & McKnight, K. M. (2009). Environmental Conflict Resolution: Evaluating Performance Outcomes and Contributing Factors. *Conflict Resolution Quarterly 27*, 27-64.

Goodin, R. E. (2007). Enfranchising All Affected Interests and Its Alternatives. *Philosophy & Public Affairs 35*, 40-68.

Gunton, T. I. & Day, J. C. (2003). The Theory and Practice of Collaborative Planning in Resource and Environmental Management. *Environments 31*, 4-19.

Henderson, D. (1996). Mediation Success: An empirical analysis. *Ohio St. Journal on Dispute Resolution 1*, 105-147.

Higgs, S. (2007), The Potential For Mediation to Resolve Environmental And Natural Resources Disputes. *American Journal of Mediation 1*, 1-32.

Holzinger, K. (2001). Evaluating Environmental Mediation: Results from a Waste Management Conflict in Germany. *Mediation Quarterly 18*, 397-427.

Holzinger, K. (2004). Bargaining Through Arguing. An Empirical Analysis Based on Speech Act Theory. *Political Communication 21*, 195-222.
Hopt, K. J. & Steffek, F. (2012). *Mediation – Principles and Regulation in Comparative Perspective*. Oxford: Oxford University Press.
Hove, S. Van den (2004). Between Consensus and Compromise: Acknowledging the Negotiation Dimension in Participatory Approaches. *Land Use Policy 23*, 10-17.
Itten, A. (2017). *Understanding the Conditions of Success and Failure in Public Mediation*. Dissertation, University of Lucerne.
Jameson, J. K., Sohan, D. & Hodge, J. (2014). Turning Points and Conflict Transformation in Mediation. *Negotiation Journal 30*, 209-229.
Kochan, T. A. & Jick, T. (1978). The Public Sector Mediation Process. *Journal of Conflict Resolution 22*, 209-240.
Mansbridge, J. (2009). Deliberative and Non-Deliberative Negotiations. *HKS Faculty Research Working Paper Series*, 09-010, John F. Kennedy School of Government, Harvard University.
Meuer, D. & Troja, M. (2004). *Mediation im öffentlichen Bereich – Status und Erfahrungen in Deutschland 1996–2002*, Forschungsbericht des Zentrum für Konfliktmanagement und -forschung an der Carl-von-Ossietzky-Universität Oldenburg.
Nabatchi, T., Bingham, L. B. & Moon, Y. (2010). Evaluating Transformative Mediation in the U.S. Postal Service REDRESS program. *Conflict Resolution Quarterly 27*, 257-289.
Orr, P., Emerson, K. & Keyes, D. (2008). Environmental Conflict Resolution Practice and Performance: An Evaluation Framework. *Conflict Resolution Quarterly 25*, 283-301.
Parijs, P. Van (2012). What Makes a Good Compromise?. *Government and Opposition 47*, 466-480.
Poitras, J. & Le Tareau, A. (2009). Quantifying the Quality of Mediation Agreements. *Negotiation and Conflict Management Research 2*, 363-380.
Pünder, H. (2015). More Government with the People: The Crisis of Representative Democracy and Options for Reform in Germany. *The German Law Journal 16*, 171-196.
Putnam, L. L. (2004). Transformations and Critical Moments in Negotiations. *Negotiation Journal 20*, 275-295.
Ragin, C. C. & Rihoux, B. (2004). Qualitative Comparative Analysis (QCA): State of the art and prospects. *Qualitative Methods: Newsletter of the American Political Science Association Organized Section on Qualitative Methods 2*, 3-12.
Rosa, H. (2015). Empörte Bürger. Die neue Macht im Land? *SWR-Dokumentation*, 23.9.2015.
Schäfer, A. (2015). Demokratie? Mehr oder weniger. *Frankfurter Allgemeinen Zeitung*, 9.11.2015.
Schneider, C. Q. & Wagemann, C. (2006). Reducing Complexity in Qualitative Comparative Analysis (QCA): Remote and Proximate Factors and the Consolidation of Democracy. *European Journal of Political Research 45*, 751-86.
Steenbergen, M. R., Bächtiger, A., Spörndli, M. & Steiner, J. (2003). Measuring Political Deliberation: A Discourse Quality Index. *Comparative European Politics 1*, 21-48.
Susskind, L. (1981). Environmental Mediation and the Accountability Problem. *Vermont Law Review 6*, 1-48.
Susskind, L. (1983). Mediated Negotiation in the Public Sector: Mediator Accountability and Public Interest Problem. *American Behavioral Scientist 27*, 255-279.
Stulberg, J. B. (1981). Theory and Practice of Mediation: A Reply to Professor Susskind. *The Vermont Law Review 6*, 85-117.
Wall, J. A. & Dunne, T. C. (2012). Mediation Research: A Current Review. *Negotiation Journal* 28, 217-244.

Wall, J. A., Stark, J. B. & Standifer, R. L. (2001). Mediation: A Current Review and Theory Development. *Journal of Conflict Resolution 45*, 370-391.
Warren, M. & Mansbridge, J. (2013). Deliberative Negotiation. In J. Mansbridge & C. J. Martin (Hrsg.), *Negotiating Agreement in Politics*. Task Force Report (2013), Amercian Political Science Association.
Zariski, A. (2010). A Theory Matrix for Mediators. *Negotiation Journal 26*, 203-235.
Zilleßen, H. (1998). *Mediation – Kooperatives Konfliktmanagement in der Umweltpolitik*. Opladen: Westdeutscher Verlag.

Die Studienserie „Konfliktmanagement in der deutschen Wirtschaft" 25

Ein facettenreiches Langzeitprojekt handlungsorientierter Wissenschaft

Ulla Gläßer und Lars Kirchhoff

25.1 Einführung – zum Verständnis von handlungsorientierter Wissenschaft

Typische wissenschaftliche Leitfragen sind „*Was ist wie?*", „*Warum ist es so?*" und „*Unter welchen Bedingungen könnte es anders sein?*" (Kirchhoff und Schroeter 2006, S. 56). Die diesen Fragen zugrunde liegende Definition von (reiner) Wissenschaft fokussiert auf Erkenntnis, auf das adäquate Erfassen und Verstehen von Sachverhalten und ursächlichen Zusammenhängen – unabhängig von der Verwendbarkeit bzw. dem Nutzen der hervorgebrachten Erkenntnisse für die Praxis. Ein solcher nicht-utilitaristischer Wissenschaftsansatz ist von zentraler Bedeutung vor allem im Bereich der Grundlagenforschung, wo eine direkte Zweckorientierung die Gefahr bergen würde, Forschungsfragen und Denkrichtungen a priori zu limitieren. Angewandte Forschung dagegen greift – nicht selten in einem konkreten Auftragsverhältnis – Frage- und Aufgabenstellungen aus der Praxis auf und versucht, nutzenmaximierende Antworten bzw. (technische) Lösungen hervorzubringen.

Vor dem Hintergrund dieser grundlegend unterschiedlichen Ausrichtungen von Wissenschaft wird der Begriff der handlungsorientierten Wissenschaft in diesem Beitrag wie folgt verwendet: Das Attribut ‚handlungsorientiert' soll zum einen den engen Bezug zu praxisrelevanten Fragestellungen und diesen zugrunde liegenden gesellschaftlichen Bedürfnissen verdeutlichen. Zum anderen ist die wissenschaftliche Aktivität selbst als Handlung, als Eingriff in und Veränderung von Realität intendiert (Online-Lexikon für Psychologie und Pädagogik (o. J.). Eintrag: Handlungsforschung).

In methodischer Hinsicht ist handlungsorientierte Wissenschaft[1] zumeist durch die folgenden Merkmale geprägt (Stangl 1999, o. S.):

- Die Forschungsvorhaben weisen einen engen Praxisbezug auf, wobei Forscher und Untersuchte anstreben, gemeinsam gesellschaftliche Probleme zu lösen bzw. Herausforderungen zu bewältigen. Die Untersuchten werden insofern auch als Akteure verstanden.
- Das Forschungsprojekt wird als gemeinsamer Lern- und Arbeitsprozess verstanden, der sowohl die Forschenden als auch die Untersuchten einbezieht.
- Dies verlangt von den Forschenden eine zumindest vorübergehende Aufgabe der „wissenschaftlichen Distanz" zum Forschungsobjekt zugunsten einer bewusst einzunehmenden Rolle und Haltung, die von teilnehmender Beobachtung bis zur aktiven Zusammenarbeit mit allen Beteiligten reichen kann.
- Der Aktionsradius der handlungsorientierten Wissenschaft geht dabei über die bloße Produktion von praktisch nutzbaren Erkenntnissen, die dann von anderen Akteuren implementiert werden, weit hinaus, da diese Art von Wissenschaft idealerweise auch Mitverantwortung für die Umsetzung ihrer Erkenntnisse übernimmt.

Die charakteristische Vorgehensweise handlungsorientierter Wissenschaft lässt sich in folgende Abschnitte aufgliedern, die deutlich machen, dass die eingangs zitierten erkenntnisfokussierten Leitfragen nach wie vor relevant bleiben, die aber um weitere Fragestellungen ergänzt werden (Gläßer und Kirchhoff 2009):

Schritt 1: Erfassung des Status Quo („*Was ist wie?*") in Zusammenarbeit mit den Akteuren
Schritt 2: Auf- und Erklärung der Hintergründe und Ursachen für die Situation des Status Quo („*Warum ist es so?*") unter Einbeziehung des Wissens und der Erfahrungen der Akteure
Schritt 3: Unterstützung der Akteure bei der Definition eines zu erreichenden Zieles („*Was soll sich ändern? / Wie soll es (anders) sein?*")
Schritt 4: Interaktives Lokalisieren möglicher Hebel und Veränderungsstrategien (a. „*Unter welchen Bedingungen könnte es anders sein?*" / *b.* „*Wie kann das gewählte Ziel möglichst effizient erreicht werden?*")

1 Im Bereich der Sozialwissenschaften wird eher der Begriff empirische Handlungsforschung gebraucht.

Schritt 5: Begleitung und Unterstützung der Akteure im Prozess der Realisierung von Veränderung (*„Wie kann die gewählte Strategie schrittweise implementiert bzw. angepasst werden?“*)

Im Folgenden soll überblicksartig vorgestellt werden, wie in unserer auf ein Jahrzehnt hin angelegten Studienserie zum Konfliktmanagement in der deutschen Wirtschaft der Ansatz und die Arbeitsschritte handlungsorientierter Forschung[2] in einem facettenreichen Langzeitprojekt umgesetzt wurden.

25.2 Konzeption und Kontext der Studienserie

Die 2005 initiierte und von der Europa-Universität Viadrina Frankfurt a. d. Oder (EUV) gemeinsam mit der Wirtschaftsprüfungsgesellschaft PricewaterhouseCoopers (PwC) herausgegebene Studienserie hatte das Ziel, den sich anbahnenden Paradigmenwechsel der Konfliktmanagement-Praxis deutscher Unternehmen über ein Jahrzehnt hinweg zu dokumentieren und zugleich aktiv zu begleiten. Die Studienreihe besteht aus insgesamt *fünf Einzelstudien*, die inhaltlich aufeinander aufbauen, methodisch aber sehr unterschiedlich gestaltet sind.[3] In jede dieser Einzelstudien flossen unterschiedliche Forschungsperspektiven und -arbeiten ein[4]; zudem wurden auch andere empirische Studien rezipiert[5].

Die Befunde jeder Einzelstudie wurden jeweils auf einer thematisch gekoppelten Tagung an der Bucerius Law School in Hamburg vorgestellt und v. a. mit den Vertretern des untersuchten Feldes und weiteren Akteuren aus der Wirtschaft, aber auch mit externen Anbietern von Konfliktmanagement bzw. ADR-Verfahren

2 Handlungsorientierte Forschungsprojekte wurden in unserem Institut für Konfliktmanagement (IKM) an der Europa-Universität Viadrina Frankfurt a. d. Oder auch mit Blick auf Mediation/Konfliktmanagement in den Kontexten von Justiz oder internationaler Friedenssicherung durchgeführt; siehe dazu Gläßer und Kirchhoff (2009) sowie www.ikm.europa-uni.de. Zugegriffen: 22. Oktober 2016.

3 Die Studien erschienen in den Jahren 2005, 2007, 2011, 2013 und 2016; sie sind sämtlich im Volltext abrufbar unter www.ikm.europa-uni.de/de/kernbereiche/wirtschaft. Zugegriffen: 22. Oktober 2016.

4 Teilweise handelte es sich dabei um im Master-Studiengang Mediation an der EUV angefertigte Masterarbeiten, teilweise um Beiträge von Forscherkollegen.

5 Siehe dazu den Überblick über den einschlägigen internationalen Forschungskontext in PwC und EUV (2016), S. 13 ff.

sowie Wissenschaftlern diskutiert.[6] Die *parallele Tagungsreihe* diente so dazu, die Praxisrelevanz der Befunde und die Praxistauglichkeit von Schlussfolgerungen und Empfehlungen zeitnah zur Publikation einer Studie in lebendigem Austausch zu überprüfen, die Studieninhalte mit zusätzlichen Perspektiven und Aspekten anzureichern und weiterführende Impulse und Fragestellungen für die jeweils nachfolgende Studie aufzunehmen.

Dieser dialogische Ansatz wurde erheblich befördert und intensiviert durch die nach Erscheinen der zweiten Einzelstudie erfolgte Gründung des *„Round Table für Mediation und Konfliktmanagement der deutschen Wirtschaft" (RTMKM)* im Jahre 2008. Der RTMKM ist ein Zusammenschluss von inzwischen knapp 70 namhaften deutschen Unternehmen[7] mit Pionierrolle im Bereich Konfliktmanagement, die es sich zum Ziel gesetzt haben, sich offen und kooperativ-entwicklungsorientiert über die eigenen Ansätze, Strategien, Erfahrungen und Herausforderungen im Bereich Konfliktmanagement auszutauschen sowie die praktische Etablierung von Konfliktmanagement und Mediation im Unternehmenskontext zu fördern.[8] Der RTMKM treibt seine Zielsetzungen durch zahlreiche aktive Arbeitskreise voran und tagt vierteljährlich im Plenum bei einem gastgebenden Mitgliedsunternehmen. Die für die hier vorgestellte Studienserie verantwortlichen Wissenschaftler des Instituts für Konfliktmanagement (IKM) der Europa-Universität Viadrina begleiten den RTMKM von seiner Gründungssitzung an. Zusätzlich zur Moderation und Dokumentation der Plenarsitzungen des RTMKM sowie der inhaltlichen und strategischen Beratung einzelner Arbeitsgruppen entstand über die Jahre ein immer reger werdender synergetischer Austausch, der zum einen dazu führte, dass der jeweilige Diskussionsstand des RTMKM die Inhalte der Studien 3–5 stark mit prägte.[9] Zum anderen entwickelte sich auch über die Studienserie hinaus ein produktives Zusammenwirken im Rahmen von Tagungen, Publikationen[10], spezifischen Begleitforschungsprojekten, Inhouse-Trainings und universitären Lehrveranstaltungen.

---

6 Tagungsdokumentationen finden sich unter www.ikm.europa-uni.de/de/kernbereiche/wirtschaft. Zugegriffen: 22. Oktober 2016.

7 Gezählt wurden hier reguläre Mitglieder und regelmäßige Gäste des RTMKM.

8 Näheres unter www.rtmkm.de. Zugegriffen: 22. Oktober 2016.

9 Näheres dazu sogleich in Abschnitt 25.3.

10 Siehe hier nur exemplarisch die Mitwirkung zahlreicher Round-Table-Mitglieder an den Sammelwerken zu Konfliktmanagement in der Wirtschaft Gläßer, Kirchhoff und Wendenburg (2014) und zur Kommentierung des Mediationsgesetzes Klowait und Gläßer (2014).

25.3 Ansätze und Befunde der einzelnen Studien im Überblick

Den Auftakt der Studienserie bildete eine quantitative Befragung, mit der über Fragebögen der Status quo („*Was ist wie?*") dazu erhoben wurde, welche Verfahren deutsche Unternehmen zur Bearbeitung ihrer Konflikte mit anderen Unternehmen einsetzen – und wie ihre Einstellung gegenüber den verschiedenen Verfahrensarten ist. Zentraler Befund der 2005 veröffentlichten Studie „*Commercial Dispute Resolution – Konfliktbearbeitungsverfahren im Vergleich*" (PwC und EUV 2005) war die frappierende Diskrepanz zwischen der Bewertung und der tatsächlichen Nutzung der unterschiedlichen Verfahrensarten: Obwohl die befragten Unternehmen die außergerichtlichen Verfahrensformen Mediation, Schlichtung und Schiedsgutachten als sehr positiv einschätzten, gingen die meisten der befragten Unternehmen zu Gericht, ohne vorher außergerichtliche Verfahren zur Konfliktbeilegung zu nutzen. Am Ende von Studie 1 stand also das Fazit, dass deutsche Unternehmen in ihrem Umgang mit Konflikten das, was sie tun, eigentlich nicht wollen – und das, was sie eigentlich wollen, nicht tun.

Studie 2 („*Praxis des Konfliktmanagements deutscher Unternehmen*", PwC und EUV 2007) sollte im Wege einer qualitativen Nachbefragung Gründe für diese Diskrepanz zutage fördern („*Warum ist es so?*"). Die leitfadengestützten Interviews mit den Personen, die unternehmensintern über die Wahl eines Konfliktbearbeitungsverfahrens entscheiden, zeigten, dass über unzureichende theoretische Kenntnisse bzgl. der verfügbaren ADR-Verfahren und einen deutlichen Mangel an realen Praxisbeispielen hinaus auch organisationsinterne Widerstände gegen die Involvierung Dritter als Hemmschuh wirkten (siehe dazu ebd., S. 15 ff.). Nicht zuletzt wurde deutlich, dass das Prozessmanagement im Bereich der Konfliktbearbeitung häufig zentralen Managementprinzipien (Zieldefinition, systematische Steuerung, Dokumentation und Evaluation von Konfliktbearbeitungsprozessen) nicht oder nur unzureichend entsprach (siehe dazu ebd., S. 17 ff.).

Zentrales Anliegen der Studie 3 („*Konfliktmanagement – von den Elementen zum System*", PwC und EUV 2011) war es deshalb, die ja durchaus auch damals schon existierenden funktionierenden Ansätze von Konfliktmanagement und Best-Practice-Beispiele dafür so verfügbar zu machen, dass sie Orientierungshilfe und Motivation für weitere interessierte Unternehmen bieten können („*Was soll sich ändern? / Wie soll es (anders) sein?*"). Hierfür hatte die Mitarbeit des zwischenzeitlich gegründeten RTMKM tragende Bedeutung. Auf der Basis von gemeinsam mit den RTMKM-Unternehmen erarbeiteten Begriffsdefinitionen und Konfliktkategorien (siehe dazu ebd., S. 16 f.) sowie vertieften empirischen Fokusstudien u. a. zu Ombudspersonen, Mediatorenpools, Mechanismen der Verfahrenswahl und Möglichkeiten der Falldokumentation wurde in Studie 3 die verwirrende Vielzahl der einzelnen in Unternehmen vorfindbaren Konfliktmanagement-Elemente in eine übersichtliche Anzahl von sog. Komponenten als funktionsorientierten Kategorien geordnet (siehe dazu detaillierter ebd., S. 18 ff.). Letztere wurden dann zu dem Viadrina-Komponentenmodell eines vollständigen Konfliktmanagement-Systems zusammengefügt (ebd., S. 22 ff.). Dieses Komponentenmodell soll es im Sinne einer strukturellen Blaupause ermöglichen, unabhängig von Unternehmensgröße und letztlich auch unabhängig vom Organisationstyp[11] vollständige Konfliktmanagement-Systeme zu entwerfen bzw. systematisch Schritte in Richtung eines umfassenderen Konfliktmanagements zu planen. Einer zusätzlichen Fokusstudie, die unterschiedliche Pfade und Strategien der Etablierung von Konfliktmanagement-Strukturen in Unternehmen untersuchte („*Wie kann das gewählte Ziel möglichst effizient erreicht werden?*"), entsprang die wichtige Erkenntnis, dass für die Etablierung von Konfliktmanagement nicht nur Fach-, sondern auch Macht- und Prozesspromotoren eine wesentliche Rolle spielen und diese entsprechend eingebunden werden müssen (näheres dazu in PwC und EUV 2011, S. 56 ff. sowie Gläßer, Hammes und von Oertzen 2011).

Sowohl das Komponentenmodell als auch der Blick auf die unterschiedlichen Promotorentypen stießen auf breites Interesse und wurden von vielen Unternehmen und anderen Organisationen aufgegriffen und in die Praxis umgesetzt.[12] Die Auswertung dieser praktischen ‚Feldversuche' – insbesondere seitens der RTM-KM-Unternehmen – führte zur teilweisen Modifizierung von Modellen und Konzepten aus Studie 3 (siehe dazu auch Kirchhoff 2012). und zu neuen strategischen Ansatzpunkten[13] *(„Wie kann die gewählte Strategie schrittweise implementiert bzw. angepasst werden?").* Studie 4 („*Konfliktmanagement als Instrument werteorientierter Unternehmensführung*", PwC und EUV 2013) gibt einen Überblick über diese Fortentwicklungen und stellt sieben wichtige Professionalisierungsperspektiven auf Konfliktmanagement zusammen, unter denen nicht zuletzt die Ethikperspektive zukunftsrelevante Fragen aufwirft.

11 Da die einzelnen Komponenten – je nach verfügbaren Ressourcen – durch sehr unterschiedlich aufwändige Strukturen und Maßnahmen mit Leben gefüllt werden können, ist das Modell auch für Anwendungen im KMU- bzw. im Non-for-profit-Bereich geeignet.

12 In der Zeitschrift Konfliktdynamik finden sich unter der Rubrik „Aus den Organisationen und Unternehmen" zahlreiche Darstellungen von konkreten Konfliktmanagement-Programmen einzelner Unternehmen und Organisationen, u. a. von Bombardier Transportation, SAP, der Deutschen Bank, der Deutschen Bahn, Maritim und des Auswärtigen Amtes.

13 Hier ist z. B. die Verknüpfung des Konfliktmanagements mit dem Risiko- oder dem Qualitätsmanagement zu nennen, siehe dazu PwC und EUV (2013, S. 42 ff. und 57 ff.).

Die abschließende fünfte Studie („*Konfliktmanagement in der deutschen Wirtschaft – Entwicklungen eines Jahrzehnts*", PwC und EUV 2016) kommt auf den quantitativ-empirischen Ansatz der Ausgangsstudie von 2005 zurück, um tatsächliche Veränderungen in der Verfahrensnutzung und -bewertung deutscher Unternehmen messen zu können. Die Vergleichsdaten zeigen erfreuliche Entwicklungen: Die Diskrepanz zwischen der positiven Einschätzung und der tatsächlichen Nutzung von außergerichtlichen Konfliktbearbeitungsverfahren bleibt zwar in der Gesamtschau noch bestehen, ist aber deutlich kleiner geworden. Insbesondere die Mediation hat im Unternehmenskontext – vor allem bei Konflikten am Arbeitsplatz – eine größere Relevanz bekommen. Über alle Konfliktbereiche hinweg investiert inzwischen ein Großteil der befragten Unternehmen gezielt in den weiteren Auf- und Ausbau von Konfliktmanagement-Strukturen sowie in die entsprechende Qualifikation von Führungskräften und Mitarbeitern. Als Zukunftsthemen wurden vor allem die weitere Steigerung der Konfliktkompetenz von Führungskräften, der Ausbau der Konfliktmanagement-Strukturen sowie die Stärkung von Ansätzen der Konfliktprävention genannt.

Der *Gesamtblick* auf die Entwicklungen des Konfliktmanagements in der deutschen Wirtschaft im Zeitraum der Studienserie lässt sich mit dem Befund zusammenfassen, dass die – teils erhoffte, teils befürchtete – „Revolution" in Sachen ADR im Unternehmenskontext zwar (bislang) ausgeblieben ist, dafür aber eine kontinuierliche und voraussichtlich auch nachhaltige Evolution stattgefunden hat und weiterhin stattfindet. Die im RTMKM organisierten Unternehmen wirken in diesem Evolutionsprozess als Inspirationsquelle und wichtiger Entwicklungsmotor, wie sich auch durch die gesonderte Auswertung der Unterstichprobe der zahlreichen an Studie 5 teilnehmenden RTMKM-Mitgliedsunternehmen nachweisen lässt.

25.4 Rückkopplung in die Praxis

Der Einfluss der Studienserie bestand und besteht zum einen darin, dass Modelle und Empfehlungen in die Konfliktmanagement-Praxis der Unternehmen einfließen. Zum anderen entstanden aus der theoretisch fundierten Auseinandersetzung mit beobachteten Etablierungshürden im steten Austausch mit den Akteuren des RTMKM Ideen zur Setzung innovativer Etablierungsimpulse.

Ein derartiger zukunftsweisender Impuls betrifft die Initiierung eines sog. „Corporate Pledge", einer Grundsatz-Erklärung von Unternehmen, im Konfliktfall aktiv die Option eines außergerichtlichen Verfahrens zu prüfen.[14] Eine derartige Selbstverpflichtungs-Erklärung soll das klare Signal aussenden, dass der Unterzeichner die Sinnhaftigkeit von ADR-Verfahren grundsätzlich nach innen und außen anerkennt – und damit dazu beitragen, dass im konkreten Konfliktfall auch unter eskalierten Umständen häufiger tatsächlich auf ADR-Verfahren zurückgegriffen wird. In der Studie 5 hatten rund 90 % der befragten Unternehmen eine solche Erklärung grundsätzlich für sinnvoll erachtet; zugleich hielten über 50 % der Befragten die tatsächliche Verwirklichung eines Corporate Pledge für schwierig bis sehr schwierig (PwC und EUV 2016, S. 45 f.). Einfacher würde die Realisierung nur, wenn sie im Verbund mit einer ausreichenden Zahl anderer Unternehmen geschähe (ebd., S. 45 f.). Anknüpfend an diesen Befund hat der RTMKM einen Conflict Management Codex als Pledge-Formulierung erarbeitet und ermöglicht nun über seine Webseite die Kontaktaufnahme für und Beratung von Unternehmen, die eine Unterzeichnung in Betracht ziehen.[15] Auf diese Weise können Interessenbekundungen auch zunächst „hinter den Kulissen" deponiert und erst dann aktiviert werden, wenn eine kritische Masse an unterzeichnungswilligen Unternehmen erreicht ist.[16]

In Reaktion auf den ebenfalls der Studie 5 entstammenden Befund, dass die Einschaltung einer neutralen Drittpartei häufig durch die Rechtsanwälte der Konfliktparteien erschwert wird (siehe dazu PwC und EUV 2016, S. 45), haben die im RTMKM versammelten Unternehmen Anfang Oktober 2016 einen Preis ausgelobt, mit dem 2017 erstmalig diejenige Anwaltskanzlei ausgezeichnet werden soll, die auf dem Feld Mediation und Konfliktmanagement das ausgereifteste Dienstleistungsspektrum anbietet.

25.5 Fazit und Ausblick

Zusammenfassend lässt sich konstatieren, dass sich der handlungsorientierte Forschungsansatz unserer Studienserie weit über unsere anfänglichen Vorstellungen hinausgehend realisieren ließ. Die in den einzelnen Studien unserer Serie erarbeiteten Modelle und Empfehlungen wurden im Wirtschaftssektor vielfach aufgegriffen und in die Praxis umgesetzt; die in der praktischen Umsetzung gemachten Beobachtungen und entstehenden Herausforderungen und Hürden

14 Siehe zum Konzept eines Corporate Pledge Klowait (2016).

15 www.rtmkm.de. Zugegriffen: 21. Oktober 2016.

16 Erste Unternehmen haben diese Erklärung inzwischen bereits unterzeichnet.

wurden in die theoretischen und strategischen Diskussionen zurückgespeist, was wiederum zur Verbesserung und erhöhten Praxistauglichkeit von Modellen und Empfehlungen führte.

Insbesondere das intensive, dialogische Zusammenwirken zwischen Wissenschaftlern des IKM und Akteuren des RTMKM trug zu der produktiven Entfaltung und stetigen Weiterentwicklung dieser Rückkopplungsschleife bei. Der glückliche Umstand, dass die Plattform des RTMKM das innovative Segment der im Konfliktmanagement aktiven Unternehmen und zugleich hochmotivierte Pionierpersönlichkeiten zum einen als Forschungsfeld, zum anderen als Diskussions- und Umsetzungspartner gebündelt verfügbar macht, ist als Katalysator und wesentlicher Erfolgsfaktor des Forschungsprojektes zu werten. Dass die wissenschaftliche Begleitung und Beratung des RTMKM dabei nicht in einem bezahlten Auftragsverhältnis, sondern auf eigene Rechnung des Instituts für Konfliktmanagement durchgeführt wurde, trug sicherlich auch dazu bei, dass über einen so langen Zeitraum hinweg handlungsorientierte Wissenschaft im konstruktiven Dialog mit den Zielsetzungen, Interessen und Wertvorstellungen des Forschungsfeldes betrieben und dabei die Unabhängigkeit der Wissenschaft gewahrt werden konnte.

Nach Abschluss der über ein Jahrzehnt durchgeführten Studien- und Tagungsserie gilt es nun, neue Formate der handlungsorientierten Forschung zu (er)finden, mit denen die weitere Etablierung von konstruktivem Konfliktmanagement in der Wirtschaft im fruchtbaren Zusammenspiel von Forschungs- und Praxisakteuren begleitet und vorangetrieben werden kann.

Literatur

Gläßer, U. & Kirchhoff, L. (2009). Handlungsorientierte Wissenschaft. Brückenschlag zwischen ADR-Forschung und -Praxis. *Perspektive Mediation*, 20-27.

Gläßer, U., Hammes, M. & von Oertzen, J. (2011). Konfliktmanagement erfolgreich etablieren. *Personal*, 48-50.

Gläßer, U., Kirchhoff, L. & Wendenburg, F. (Hrsg.) (2014). *Konfliktmanagement in der Wirtschaft. Ansätze, Modelle, Systeme.* Baden-Baden: Nomos.

Kirchhoff, L. (2012). Konfliktmanagement(systeme) 2.0. – das Komponentenmodell in der Praxis. *Konfliktdynamik*, 4 ff.

Kirchhoff, L. & Schroeter, K. (2006). Lehrmodul 4: Mediations„wissenschaft"? Zwischen Wissenschaftstheorie und Pragmatismus. *Zeitschrift für Konfliktmanagement*, 56-59.

Klowait, J. (2016). Corporate Pledge – Unternehmensinitiative für ein differenziertes Konfliktmanagement. *Zeitschrift für Konfliktmanagement*, 154.

Klowait, J. & Gläßer, U. (Hrsg.) (2014). *Handkommentar Mediationsgesetz*. Baden-Baden: Nomos.

Online-Lexikon für Psychologie und Pädagogik (o. J.). *Eintrag: Handlungsforschung*. http://lexikon.stangl.eu/4605/handlungsforschung. Zugegriffen: 22. Oktober 2016.

PricewaterhouseCoopers (PwC) & Europa-Universität Viadrina (EUV) (Hrsg.) (2005). *Commercial Dispute Resolution – Konfliktbearbeitungsverfahren im Vergleich*. Frankfurt a. M.

PwC & EUV (Hrsg.) (2007). *Praxis des Konfliktmanagements deutscher Unternehmen. Ergebnisse einer qualitativen Folgestudie zu „Commercial Dispute Resolution – Konfliktbearbeitungsverfahren im Vergleich“* (AutorInnen: Kampherm, E., Wellmann, A. & Kraus, S.). Frankfurt a. M.

PwC & EUV (Hrsg.) (2011). *Konfliktmanagement – Von den Elementen zum System*. Frankfurt a. M.

PwC & EUV (Hrsg.) (2013). *Konfliktmanagement als Instrument werteorientierter Unternehmensführung*. Frankfurt a. M.

PwC & EUV (Hrsg.) (2016). *Konfliktmanagement in der deutschen Wirtschaft – Entwicklungen eines Jahrzehnts*. Frankfurt a. M.

Stangl, W. (1999). *Handlungsforschung*. http://arbeitsblaetter.stangl-taller.at/FORSCHUNGSMETHODEN/Handlungsforschung.shtml. Zugegriffen: 22. Oktober 2016.

26 Flüchtlingsbewegung und freiwillige Engagements in der Flüchtlingshilfe als Herausforderung für mediationsbezogene Forschung

Elisabeth Kals, Kathrin Thiel und Ina Roithmaier

Eine Aufgabe mediationsbezogener Forschung ist es, aktuelle gesellschaftspolitische Konfliktlagen aufzugreifen und sie in ihren verschiedenen Facetten empirisch zu untersuchen, um empirisch begründete Wege aufzuweisen, die Konflikte konsensual und kooperativ zu lösen. In diesem Kapitel wird zunächst ein Überblick über die mediationsbezogene Forschung aus psychologischer Perspektive gegeben. Es folgt die Vorstellung einer exemplarischen Studie zur Flüchtlingsbewegung und zu freiwilligen Engagements in der Flüchtlingshilfe, bevor im dritten Teil des Beitrags gezeigt wird, wie an diesem Beispiel weiterführende Forschungsfragen entwickelt und Befunde in die Praxis zurückgespeist werden können. Dabei spiegelt sich das Spannungsverhältnis von mediationsbezogener Wissenschaft und praktischer Mediation wider, das letztlich nach interdisziplinärer Kooperation von Wissenschaftlern und Praktikern verlangt.

26.1 Mediationsbezogene Forschung aus psychologischer Perspektive

Mediation hat sich aus den Erfordernissen der Praxis heraus entwickelt und umfasst eine Vielfalt unterschiedlicher Methoden und Ansätze. Sie wird mittlerweile in allen Feldern angewandt, in denen Menschen miteinander im sozialen Kontakt stehen und in denen es daher unvermeidlich ist, dass soziale Konflikte auftreten, von Familie, Bildung, Arbeit und Beruf bis hin zur Rechtspflege und Politik (Montada und Kals 2013). Das Mediationsverfahren gewinnt langsam, aber stetig an Bekanntheit, so dass mittlerweile 68 Prozent der Bevölkerung „schon einmal von der Möglichkeit der Mediation gehört haben" (Roland Rechtsreport 2016, S. 23). Seit das Mediationsgesetz 2012 die Mediation justiziabler Konflikte verrechtlicht hat, wird dieser Markt zunehmend umkämpft, und ein rasch expandierendes Ausbildungsangebot geht Hand in Hand mit einer wachsenden Zahl an ausgebildeten Mediatorinnen und Mediatoren. Im Vergleich hierzu ist die mediationsbezogene Forschung nach wie vor unterrepräsentiert. Aus psychologischer Perspektive sind folgende drei miteinander verästelte Forschungszweige relevant:

1. Grundlagenorientierte Forschung, deren Ergebnisse erst in einem zweiten Anwendungsschritt für die Analyse und Lösung von Konflikten nutzbar gemacht werden. Hierzu gehören beispielsweise psychologische Forschung zu Interaktionen, sozialpsychologischen Verzerrungen, etwa bei der Personenwahrnehmung, Forschung zur Entstehung und Wirkung von Emotionen, zur Bildung und Veränderung von Gerechtigkeitsurteilen etc.
2. Forschung, die auf das Verständnis von sozialen Konflikten bezogen ist, so dass diese zum Forschungsgegenstand werden: Wo und wie entstehen soziale Konflikte und unter welchen personalen, sozialen und äußeren Rahmenbedingungen entwickeln sie sich? Wie eskalieren soziale Konflikte, und wie lassen sie sich nachhaltig deeskalieren?
3. Forschung, die direkt und unmittelbar auf Mediationsverfahren bezogen ist: Wie wirksam sind Mediationsverfahren, auch im Vergleich zu gerichtlichen und anderen außergerichtlichen Verfahren? Welche Mediationsmodelle, Methoden und Interventionselemente sind in welchen Situationen und unter welchen Bedingungen wie wirksam?

In der Tendenz wird die Forschung von breiterer Grundlagenforschung hin zur einschlägigen Mediationsforschung immer schmaler (Bollen und Euwema 2013). Zudem gibt es eine Tendenz, dass auch innerhalb der drei Forschungszweige die Zahl an Studien geringer wird, je stärker sich die Forschung aus dem Labor ins Feld bewegt, etwa weg von den elaborierten spieltheoretischen, experimentellen hin zu realen Konflikten (Ernst 2008). Was sind die Gründe für diese Unterschiede im Ausmaß der Forschungsaktivitäten?

Die genannten Forschungsfragen unterscheiden sich in ihren konzeptuellen und methodischen Ansprüchen. Ein Zugewinn an interner Validität (hoch bei laborexperimentellen Ansätzen) geht hierbei jeweils zu Lasten an externer Validität (hoch bei realen politischen Konflikten) und umgekehrt. Hinzu kommt der Mangel an Theorien, so dass die Forschung nicht an starke Forschungsstränge anknüpfen kann, sondern oftmals eklektisch vorgehen muss. Standardisierte Instrumente liegen selten vor, so dass neue entwickelt und validiert werden müssen. Da soziale Konflikte ein sensibles, emotional belastetes Thema darstellen, sind besondere Ansprüche an die Methodik zu stellen, wie Schaffung von Bereitschaft, an einer wissenschaftlichen Studie teilzunehmen, Reduktion der Sorge mangelnder Vertraulichkeit und Minimierung sozial erwünschten Antwortverhaltens.

Letztlich spiegelt die abnehmende Forschung in den drei Forschungszweigen das Spannungsverhältnis von Forschung und Praxis wider. Beide denken in anderen Ziel- und Zeithorizonten: Während die Wissenschaft an verallgemeinerbaren Aussagen interessiert ist, für deren Gewinnung sie Zeit benötigt, verlangt die Praxis nach konkreten und schnellen Empfehlungen und Lösungen. Dies ist aus wissenschaftlicher Sicht oftmals schwer zu leisten, zumal Fördermittel, etwa durch die DFG, vor allem für die Grundlagen- und weniger für die komplexe Anwendungsforschung bereitstehen. Die Zahl an Mediatorinnen und Mediatoren, bei denen aktives Forschungsinteresse und praktisches Handeln zusammenfiele, ist gering. So liegt viel Potenzial brach, denn die Psychologie ist gerade durch ihre profunde Methodenausbildung im Studium prädestiniert, Forschung und Praxis zusammenzubringen, indem beispielsweise die eigene praktische Arbeit in ihrer Wirksamkeit evaluiert wird.

So brauchen Forschung und Praxis letztlich wechselseitig einander: Die Forschung benötigt ihr Anwendungsfeld und wird durch Themen aus der Praxis, hier soziale Konflikte und ihre Lösung, inspiriert. Die Praxis erwartet ihrerseits durch die Wissenschaft Hilfe zur Lösung auftauchender Probleme, so dass sie sich wechselseitig befruchten. Wie dies geschehen kann, wird anhand einer eigenen psychologischen Studie aufgezeigt.

26.2 Konflikte bei freiwilligen Engagements in der Flüchtlingshilfe als exemplarische Studie

Die Studie zählt zum zweiten Forschungszweig der Konfliktanalyse und bezieht sich inhaltlich auf die aktuelle Flüchtlingsbewegung, zu deren Umgang auf nationaler und internationaler Ebene unterschiedliche und zum Teil deutlich abwehrende Positionen bezogen werden. Dies drückt sich sprachlich bereits in der breiten Verwendung des negativ konnotierten Begriffs der „Flüchtlingskrise“ aus.

In Deutschland sind laut Pressemitteilung vom BAMF vom 06.01.2016 im Jahre 2015 über eine Million Flüchtlinge aufgenommen worden, die in Deutschland auf eine neue temporäre oder dauerhafte Heimat hoffen. Ob die Chancen dieser Herausforderung genutzt werden können, hängt von zahlreichen rechtlichen und gesellschaftspolitischen Faktoren ab. Hierzu zählen u. a. die Rechte, Ansprüche und Pflichten der neu hinzukommenden Mitglieder der Gesellschaft, Entscheidungen über die Verteilung von Ressourcen, die Bereitstellung spezifischer Integrationsangebote (Sprachkurse, Vermittlung interkultureller Kompetenzen etc.) die wechselseitige Aufklärung und Information über kulturelle Unterschiede etc. Die Migrationsforschung zeigt, dass ein erfolgreicher Integrationsprozess als beidseitiger Prozess von Migranteninnen und Migranten und aufnehmender Bevölkerung zu verstehen ist, bei dem sich beide Gruppen wechselseitig aufeinander zu bewegen und sich mit Wertschätzung begegnen, um so die Potenziale von Migration nutzbar zu machen (Thomas 2007).

Die vorliegende Studie beschäftigt sich bei diesem Prozess mit der Seite der aufnehmenden Bevölkerung und hier insbesondere mit jenen Bürgerinnen und Bürgern, die sich ehrenamtlich für die Unterstützung und Integration der Flüchtlinge engagieren. Sie fokussiert somit jene Faktoren gelingender Integration, die durch einzelne Individuen im aufnehmenden Land durch ehrenamtliche Tätigkeiten gefördert werden können. Diese ehrenamtlichen Tätigkeiten reichen von Hilfe im Alltag (z. B. bei Behördengängen) bis hin zur Vermittlung von Wissen, Fertigkeiten und Kompetenzen (z. B. Vermittlung von Sprachkenntnissen als wichtige Voraussetzung für Integration) und haben angesichts der aktuellen Flüchtlingsbewegung eine große Bedeutung. So ist die Zahl der Ehrenamtlichen in der organisierten Flüchtlingsarbeit in den letzten Jahren um 74 Prozent gestiegen (Karakayali und Kleist 2015); vier von zehn Personen wollen sich in Zukunft für Geflüchtete einsetzen (Eisnecker und Schupp 2016). Diese Engagements finden jedoch in einem konflikthaften Umfeld statt, bei dem Ehrenamtliche mit zahlreichen Konflikten bei ihrer Arbeit in den Freiwilligenorganisationen konfrontiert sind. Daher wurde in der hier exemplarisch vorgestellten Studie der Fokus auf die Wahrnehmung dieser Konflikte, die verschiedenen Konfliktstile der Engagierten, ihre Zufriedenheit mit der Tätigkeit, die wahrgenommene Gerechtigkeit in der Organisation, in der die Engagierten tätig sind, sowie die Auswirkungen dieser Variablen auf die Bleibeabsicht der Engagierten gelegt.

Auch hier konnte nicht auf eine einheitliche Theorie zurückgegriffen werden, sondern es wurde ein eklektischer Weg gewählt, der verschiedene Theorieströmungen zusammenführt:

- Forschung zur Freiwilligenarbeit, die u. a. untersucht, wie Engagements in Freiwilligenorganisationen zustande kommen (Wehner und Güntert 2015).
- Forschung zu Konflikten (Glasl 2013) und Konfliktstilen (Rahim 1992). Diese basiert auf dem *dual concern*-Modell von Blake und Mouton (1964), das in zweiseitiger Bedürfnisausrichtung („dual concern") zwischen grundsätzlicher Orientierung an eigenen Bedürfnissen und denjenigen des Konfliktpartners unterscheidet. Basierend auf diesem Modell werden fünf Konfliktstile differenziert, die sich aus unterschiedlicher Kombination der Ausprägung dieser beiden

Dimensionen ergeben (Rubin et al. 1994): Konfliktstile des Konkurrierens, Meidens, Kompromisssuchens und Nachgebens. Sind beide Dimensionen gleichzeitig hoch ausgeprägt, so ergibt sich der fünfte Konfliktstil des Problemlösens, der für die Mediation besonders hilfreich ist.

- Forschung zur organisationalen Gerechtigkeit, die neben der Differenzierung unterschiedlicher Gerechtigkeitsdomänen, wie Verteilungs-, Verfahrens- und Interaktionsgerechtigkeit (Lind und Tyler 1988), die Erhebung einer „Over-All-Gerechtigkeit" bestätigt (Ambrose und Schminke 2009).
- Forschung zur Arbeitszufriedenheit als zentrale und sehr gut untersuchte Zielvariable der Organisationspsychologie (Kals und Gallenmüller-Roschmann 2011).

Basierend auf diesen theoretischen Strömungen leiten sich drei Fragestellungen ab:

1. Welche Konflikte werden in der organisierten Freiwilligenarbeit in der Flüchtlingshilfe wahrgenommen, und in welchem Verhältnis stehen diese zur Absicht, das Engagement zu reduzieren oder gar abzubrechen?
2. Wie hängen Konflikte, Over-All-Gerechtigkeitswahrnehmung und Arbeitszufriedenheit zusammen?
3. Wie sind die verschiedenen Konfliktstile in der Gruppe der Engagierten ausgeprägt, und welche Binnenstruktur weisen sie auf?
4. Mittels welcher Variablen kann die Absicht, das Engagement in der Flüchtlingshilfe abzubrechen, vorhergesagt und erklärt werden? Und was bedeutet dies für ein Konfliktmanagement?

Zur Beantwortung dieser Fragen wurde ein Fragebogen konzipiert, bei dem nur zum Teil auf bereits validierte Messinstrumente zurückgegriffen werden konnte, da Konflikte in freiwilligen Engagements bislang noch weitestgehend unberücksichtigt blieben. Alle Variablen wurden mittels mehrerer Items mit sechsstufiger Antwortmöglichkeit erfasst. Die Qualität der Messinstrumente wurde umfänglich über Faktoren-, Skalen- und Itemanalysen überprüft und bestätigt.

Der Fragebogen wurde per Online-Erhebung von 353 Personen ausgefüllt, die sich in verschiedenen Organisationen im Rahmen der Betreuung und Integration von Flüchtlingen einsetzen (Roithmaier 2016). Sozial erwünschtem Antwortverhalten wurde präventiv begegnet (z. B. durch anonyme Online-Befragung, Appell an Ehrlichkeit, Ausgewogenheit der Konstrukte und Itemformulierungen).

Was sind die Befundlinien?

- Ad 1: Es werden vier Gruppen von Konfliktarten wahrgenommen: Konflikte aufgrund des sozialen Umgangs miteinander, der Ausführung der Tätigkeit, der

Offenheit und Bereitschaft zur Verantwortungsübernahme sowie der Leitung bzw. Organisationsstruktur. Die Wahrnehmung und das wahrgenommene Ausmaß dieser Konflikte haben Einfluss darauf, ob die Probandeninnen und Probanden mit dem Gedanken der Reduktion oder des Abbruchs ihres Engagements spielen. Dies zeigen bivariate Korrelationen, die zwischen −1.0 (perfekter negativer Zusammenhang) über 0 (kein Zusammenhang) bis 1.0 (perfekter positiver Zusammenhang) variieren können. So hängen alle Konfliktarten zwischen .31 und .45 positiv mit der Absicht zusammen, das aktuelle Engagement zu reduzieren oder abzubrechen. Daher hat ein professionelles Konfliktmanagement eine hohe Relevanz.

- Ad 2: Je mehr Konflikte erlebt werden, desto geringer ist zugleich die wahrgenommene organisationale Gerechtigkeit mit Korrelationen bis zu −.53 für Konflikte aufgrund des sozialen Umgangs miteinander und desto geringer ist auch die Zufriedenheit mit der Arbeit mit einer Korrelation von bis zu −.60 für Konflikte mit der Leitung bzw. Organisationsstruktur. Dies zeigt, wie eng das Konflikterleben, die wahrgenommene Gerechtigkeit und die Zufriedenheit zusammenhängen.
- Ad 3: Die fünf Konfliktstile von Rahim (1992) bestätigen sich und unterscheiden sich deutlich voneinander, je nachdem, ob auch die Interessen der anderen im Konflikt in den Blick genommen werden. Entsprechend besteht der engste Zusammenhang von .51 zwischen dem Konfliktstil, Kompromisse zu suchen, einerseits und dem Konfliktstil des aktiven Problemlösens andererseits. Dabei ist die Bereitschaft bei den engagierten Bürgerinnen und Bürgern grundsätzlich gegeben, sich auf einen kooperativen Konfliktlöseweg einzulassen: Die entsprechenden Konfliktstile, bei denen der Fokus auch auf die Interessen der anderen Parteien gelegt wird, sind hoch ausgeprägt. Den höchsten Mittelwert weist dabei der Konfliktstil des aktiven Problemlösens auf (AM = 5.0 mit einer Streuung von SD = 1.0), gefolgt vom Konfliktstil des Kompromisssuchens (AM = 4.4; SD = 1.2) und dem Konfliktstil des Nachgebens (AM = 4.0; SD = 1.0). Im Gegensatz dazu sind Konfliktstile mit geringem Fokus auf den Interessen der anderen niedrig ausgeprägt (Konfliktstil des Konkurrierens AM = 2.5; SD = 1.1 und des Meidens AM = 3.3; SD = 1.4).
- Ad 4: Um die Ausprägung der Absicht, das Engagement abzubrechen, vorherzusagen, wurde eine multiple Regression berechnet, die nicht nur einfache, sondern auch komplexe Zusammenhänge zwischen den Variablen berücksichtigt. Sie zeigt: Je geringer die Zufriedenheit mit der Arbeit ist, je mehr Konflikte im sozialen Umgang miteinander wahrgenommen werden und je geringer die wahrgenommene Gerechtigkeit in der Flüchtlingshilfeorganisation ist, desto stärker ist die Absicht, das eigene Engagement zu reduzieren oder abzubrechen (vgl. Abb. 26.1). Die aufgeklärte Unterschiedlichkeit in den Antworten liegt dabei bei 37 Prozent.

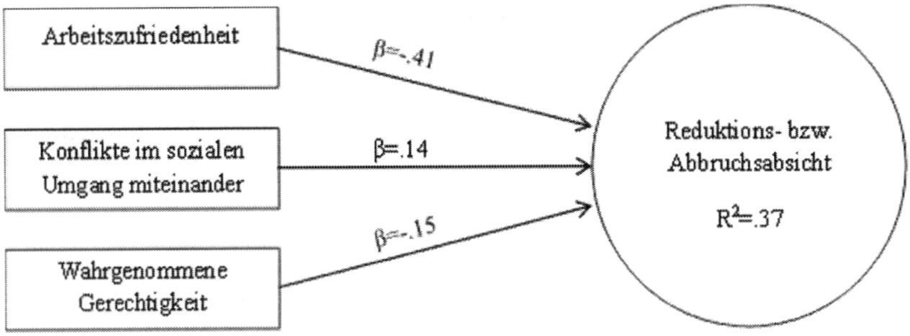

Abb. 26.1 Vorhersage der Reduktions- bzw. Abbruchsabsicht des aktuell ausgeführten Engagements (Quelle: eigene Darstellung)

Die Befunde bestätigen, wie relevant ein professioneller Umgang mit Konflikten ist, um einen Abbruch des Engagements zu vermeiden. Dabei ist wichtig, genau zu analysieren, was die Inhalte der Konflikte sind und wie sie mit Ungerechtigkeitserleben zusammenhängen. Denn das Erleben von sozialen Konflikten und von Ungerechtigkeit sind wichtige Gründe, ein Engagement aufzugeben. Zufriedenheit bei und mit der Arbeit fördern das Engagement hingegen.

Es ist stabil und über viele Handlungsfelder hinweg belegt, dass der Kern vieler sozialer Konflikte das Erleben von Ungerechtigkeit ist (vgl. Kals und Maes 2012). Bei der Analyse der Tiefenstruktur des Konflikts innerhalb von Mediationen wird dieses Ungerechtigkeitserleben herausgearbeitet, die dahinter liegenden Normen und Ansprüche werden explizit gemacht und so das Erleben von Ungerechtigkeit im Diskurs ausgehandelt (Montada und Kals 2013). Entsprechend der Zusammenhangsmuster der bei den Engagierten hoch ausgeprägten kooperativen Konfliktstile fiele ein solches professionelles Konfliktmanagement auf fruchtbaren Boden, um z. B. zu klären, welche konkreten Ansprüche dahinter stehen, dass sich ein Engagierter von der Organisation unfair behandelt fühlt. Zugleich ist Mediation ein Verfahren, bei dem Prinzipien der Verfahrensgerechtigkeit realisiert werden, indem alle Konfliktparteien gleichermaßen gehört und verstanden werden (Lind und Tyler 1988). Daher ist dieses Verfahren prädestiniert, um auch die hier angesprochenen Konflikte innerhalb der Freiwilligenorganisationen nachhaltig zu lösen. Ein Konfliktmanual, das Grundkenntnisse zu Konflikten und deren Umgang für Engagierte enthält, kann zudem die Notwendigkeit der Beachtung von Konflikten innerhalb der Organisationen und nach außen effizient und mitarbeiterwerbend kommunizieren (Freund et al. 2015).

26.3 Weiterentwicklung und Verortung zukünftiger Forschungserfordernisse

Aus den Befundlinien lassen sich exemplarisch weiterführende Forschungsfragen entwickeln. Neben der Überprüfung der Generalisierbarkeit der Befunde auf Konflikte in anderen Organisationen sollten die Befunde mittels anderer, auch qualitativer Methoden validiert werden. Dazu zählen beispielsweise halbstrukturierte Interviews, bei denen einige Fragen vorgegeben werden, die aber inhaltlichen Spielraum für Themen und Ausgestaltungen der Befragten lassen. So wäre es möglich, auf eventuell ähnliche, den Konflikten zugrunde liegende Tiefenstrukturen der jeweiligen Konfliktarten zu fokussieren (Kals et al. 2016). Eine längsschnittliche Erhebung wäre sinnvoll, um beurteilen zu können, wann ein Engagement tatsächlich abgebrochen wird und inwiefern ein professionelles Konfliktmanagement zur Mitarbeiterbindung beiträgt. Zudem könnten in die Fragestellungen aber auch weitere Akteure als Probandinnen und Probanden eingeschlossen werden, mit denen die Engagierten in direktem und indirektem Austausch stehen, wie die Flüchtlinge selbst oder andere Gruppen von Engagierten, die sich gegen die Aufnahme und Integration von Flüchtlingen einsetzen: Welche latenten und manifesten Konflikte bestehen zwischen diesen Gruppen inhaltlich entgegengesetzt ausgerichteter Engagierter? Auf welchen Gerechtigkeitsurteilen basieren die jeweiligen Positionen? Lassen sich diese mittels der Diskursmethoden verändern?

Denn die große gesellschaftspolitische Herausforderung der Flüchtlingsbewegung erfordert konfliktbezogene Forschung auf Mikro-, Meso- und Makroebene: von Konflikten zwischen einzelnen Akteuren, z. B. zwischen Flüchtlingen untereinander in Wohnheimen, über Konflikte zwischen Gruppen, z. B. zwischen unterschiedlichen ethnischen Flüchtlingsgruppen oder zwischen Befürwortern und Gegnern der Aufnahme von Flüchtlingen im Land, hin zu Konflikten zwischen Staaten, z. B. bei der Frage der Festlegung von Flüchtlingszahlkontingenten.

Ziel dieser Forschungsanstrengungen ist es, Hilfen für die Praxis abzuleiten, indem – wie oben dargestellt – empirisch basierte Empfehlungen für den Umgang mit Konflikten und deren Lösung formuliert werden. Doch die Befunde bergen auch wissenschaftlichen Erkenntnisgewinn. Im vorgestellten Beispiel sind dies Erkenntnisse über freiwillige Engagements, über Ursachen von Konflikten, Konfliktstile und die Bedeutung von Gerechtigkeit, die sich sehr oft als psychologischer Kern von Konflikten erweist (Montada und Kals 2013).

Das angeführte Beispiel bestätigt das Spannungsverhältnis von Wissenschaft und Praxis. Es bestätigt aber auch, dass es innerhalb der Forschung mehr grundlagen- als anwendungsorientierte Forschung gibt. Die Unmittelbarkeit und zeitliche Verfügbarkeit des praktischen Nutzens der Forschung sind dabei unterschiedlich, doch einander ergänzend: Je besser die Grundlagen menschlichen Erlebens, Verhaltens und Entscheidens im Konflikt untersucht und verstanden worden sind, umso leichter lassen sich relevante Variablen, wie Konfliktstile und Gerechtigkeitsüberzeugungen, zur Konfliktdeeskalation nutzen und empirisch fundierte Praxishandbücher entwickeln, die sodann zu evaluieren sind. Aus den praktischen Erfahrungen mit Mediation und ihrer Wirkung lassen sich ihrerseits Hypothesen über die Grundlagen ableiten.

Gemeinsames Dach der mediationsbezogenen Forschung, sei sie eher grundlagen- oder eher anwendungsorientiert, ist das Interesse an Mediation als alternativer Konfliktlösung und das gemeinsame Ausloten, unter welchen Bedingungen und unter Einsatz welcher Methoden sich die Chancen von Mediation optimal nutzen lassen. Zur Erfüllung dieser Aufgabe ergänzen Mediatorinnen und Mediatoren und Mediationsforscherinnen und -forscher einander und sollten Hand in Hand arbeiten und sich wechselseitig als Adressaten des Ergebnisses ihrer Arbeit verstehen. Geschieht diese Zusammenarbeit über verschiedene Disziplinen hinweg, so ist diese Arbeit besonders wirkungsvoll. Dies gilt zunächst für die Kooperation von Mediatorinnen und Mediatoren verschiedener Disziplinen, indem diese z. B. fachlich unterschiedlich zusammengesetzte Mediatorenteams bilden. Dies gilt aber auch für trans- und interdisziplinäre mediationsbezogene Forschung, indem Wissenschaftlerinnen und Wissenschaftler aus den verschiedenen Disziplinen, wie Psychologie, Rechtswissenschaften, Pädagogik, Soziologie, Kulturwissenschaften oder Wirtschaftswissenschaften, gemeinsam ein größeres und differenzierteres Bild zeichnen, als dies eine Disziplin allein vermag.

Literatur

Ambrose, M.L. & Schminke, M. (2009). The Role of Overall Justice Judgments in Organizational Justice Research: A Test of Mediation. *Journal of Applied Psychology 94* (2), 491-500.

Blake, R.R. & Mouton, J.S. (1964). *The managerial grid.* Houston: Gulf.

Bollen, E. & Euwema, M. (2013). Workplace Mediation: An Underdeveloped Research Area. *Negotiation Journal 29* (3), 329-353.

Eisnecker, P. & Schupp, J. (2016). *Flüchtlingszuwanderung: Mehrheit der Deutschen befürchtet negative Auswirkungen auf Wirtschaft und Gesellschaft.* Deutsches Institut für Wirtschaftsforschung. http://diw.de/documents/publikationen/73/diw_01.c.527676.de/16-8-4.pdf. Zugegriffen: 5. April 2016.

Ernst, A. (2008). Ökologisch-soziale Dilemmata. In E.-D. Lantermann & V. Linneweber (Hrsg.), *Grundlagen, Paradigmen und Methoden der Umweltpsychologie* (S. 377-413). Göttingen: Hogrefe.

Freund, S., Thiel, K. & Kals, E. (2015). Selbstmanagement von Konflikten in Freiwilligenorganisationen. *Konfliktdynamik 4* (4), 324-332.

Glasl, F. (2013). *Konfliktmanagement*. Stuttgart: Verlag Freies Geistesleben.

Kals, E. & Gallenmüller-Roschmann, J. (2011). *Arbeits- und Organisationspsychologie*. Weinheim: Beltz.

Kals, E. & Maes, J. (Hrsg.) (2012). *Justice and Conflicts. Theoretical and Empirical Contributions*. Berlin: Springer.

Kals, E., Thiel, K. & Freund, S. (2016). Workplace Mediation Based on the Underlying Motives of the Conflict Partners. In K. Bollen, M. Euwema & L. Munduate (Hrsg.), *Advancing Workplace Mediation: Integrating Theory and Practice* (third volume within the series Industrial Relations and Conflict Management). New York: Springer.

Karakayali, S. & Kleist, J.O. (2015). *EFA-Studie: Strukturen und Motive der ehrenamtlichen Flüchtlingsarbeit in Deutschland*, 1. Forschungsbericht: Ergebnisse einer explorativen Umfrage vom November/Dezember 2014. Berlin: Berliner Institut für empirische Integrations- und Migrationsforschung (BIM).

Lind, E.A. & Tyler, T.R. (1988). *The Social Psychology of Procedural Justice*. New York: Plenum Press.

Montada, L. & Kals, E. (2013). *Mediation. Psychologische Grundlagen und Perspektiven*. Weinheim: Beltz. (3. überarb. u. aktual. Aufl.).

Rahim, M.A. (1992). *Managing Conflict in Organizations*. Westport: Praeger.

Roithmaier, I. (2016). *Konflikte in Freiwilligenorganisationen der Flüchtlingshilfe*. Katholische Universität Eichstätt-Ingolstadt: Masterarbeit im Fach Psychologie.

Roland Rechtsreport (2016). *Einstellung der Bevölkerung zum deutschen Rechtssystem und zur Mediation*. Methodische Konzeption und Durchführung: Institut für Demoskopie Allensbach. Köln: Roland Rechtsschutz-Versicherungs-AG.

Rubin, J.Z., Pruitt, D. & Kim, S.H. (1994). *Social conflict: Escalation, Stalemate, and Settlement*. New York: McGraw-Hill.

Thomas, A. (2007). Die Zukunft liegt in den multikulturellen Potentialen. Migration und Integration in Deutschland – von einer Duldungs- und Mitleidskultur zur Wertschätzungskultur. In T. Borde & M. David (Hrsg.), *Migration und psychische Gesundheit. Belastungen und Potentiale* (S. 39-52). Frankfurt a. M.: Mabuse.

Wehner, T. & Güntert, S.T. (Hrsg.). (2015). *Psychologie der Freiwilligenarbeit*. Heidelberg: Springer.

Evaluierung sozialer Konflikte

27

Elvira Hauska und Oliver Jeschonek

Das Ziel dieses Beitrags ist es, die Bedeutung der Evaluierung sozialer Konflikte für die Qualität der Mediation sowohl als Verfahren als auch als Idee einer gesellschaftlichen Neuorientierung darzustellen. Dazu geben die Autoren einen Überblick über den aktuellen Stand und die von ihnen in dem Zusammenhang vorgenommenen Aktivitäten in Forschung und Praxis.

27.1 Mediation und Evaluierung sozialer Konflikte

Die Auseinandersetzung mit sozialen Konflikten ist eine zentrale Frage in der Mediation, wobei Konflikte jene Phänomene sind, an denen Mediatoren ihre Intervention ausrichten (vgl. Schmidt 2016, S. 209). Nachdem der Begriff ‚Konflikt' an sich einer der schillerndsten und widersprüchlichsten der Sozialwissenschaften ist (vgl. Imbusch und Zoll 2005, S. 69), erscheint eine exakte Beschreibung unumgänglich, damit nicht die Definition an sich zum Auslöser von Konflikten wird. Dabei unterstützt die Evaluierung, deren primäres Ziel der Aufbau von Kompetenzen ist (vgl. UNDP 2002, S. 5 f.). Sie unterstützt Handelnde beim Lernen aus Erfahrungen, beim Treffen fundierter Entscheidungen sowie bei verantwortungsbewusster Neupositionierung. Speziell für Mediatoren und Vermittler gilt es, vorrangig ein umfassenderes Konfliktverständnis zu erwerben, um überhaupt Einsatzbereiche für unterschiedliche Methoden und Vorgehensweisen zu erkennen. Darüber hinaus hilft die Evaluierung sozialer Konflikte, Faktoren für die Beurteilung ihrer Arbeit zu benennen (vgl. Young 2010, Band 2, S. 407):

1. das Erkennbarmachen der oftmals vertraulichen mediativen Aktivitäten – trotz häufig mangelnder messbarer Konsequenzen,

2. die Gewichtung von schwer zugänglichen, unterschiedlichen Einflüssen auf einen Mediationsprozess,
3. die Abstimmung unterschiedlicher Vorstellungen von Theoretikern und Praktikern der Mediation.

In diesem Sinne geht es hier weniger um die Bewertung eines Konflikts, ob er ‚gut' oder ‚schlecht' bzw. ‚funktional' oder ‚dysfunktional' ist. Sondern darum, anhand aussagekräftiger Indikatoren die Rahmenbedingungen einer – für die Mediation interessanten – Situation zu beschreiben und operative und messbare Größen für einen erwünschten Zielzustand zu ermitteln, um diesen nach einer bestimmten Periode zu überprüfen. Wenn der Mediator wenig Kapazität zu Konfliktanalyse und Reflexion besitzt, bietet die Implementierung systemverträglicher Heuristiken Abhilfe, die allerdings bislang in der Literatur fehlen (Schmidt 2016, S. 224). Dabei verstehen die Autoren Mediation nicht nur rein als Verfahren (vgl. BM 2016) oder Dienstleistung, sondern darüber hinaus als Grundhaltung (vgl. Drexler und Hauska 2014). Die Förderung mediativer Denkweise beinhaltet die Nutzung von Konflikten, um jene Veränderungen in die Wege zu leiten, die für alle Beteiligten von Vorteil sind. Hauska und Reményi überführen diese Überlegungen in eine Definition, die im weiteren Kontext dieses Beitrags verwendet wird: Konfliktmanagement bedeutet zielgerichtete Handlungen im Umgang mit Konflikten. Mediatives Konfliktmanagement wählt die Ziele in dem Sinne, dass möglichst alle Betroffenen gewinnen, anstatt diese in Gewinner und Verlierer aufzuteilen. Abbildung 27.1 veranschaulicht diesen Zusammenhang. Ausgehend von der Evaluierung anhand definierter Indikatoren erfolgt eine Auswahl von Maßnahmen, die nach einer bestimmten Zeit überprüft und angepasst werden.

Die Verankerung von Mediationskompetenz in einer pluralistischen, konfliktgeladenen Gesellschaft stellt demzufolge einen Paradigmenwechsel dar, den Mediation bewirken kann (vgl. Hofstetter Rogger 2014, S. 253). Gelingt dieser gesellschaftliche Wandel, können Konflikte nicht nur als normal, sondern als wünschenswert angesehen werden, weil sie dann auch mit persönlichem Wachstum in Verbindung gebracht werden können (Kriegel-Schmidt und Schmidt 2015, S. 23).

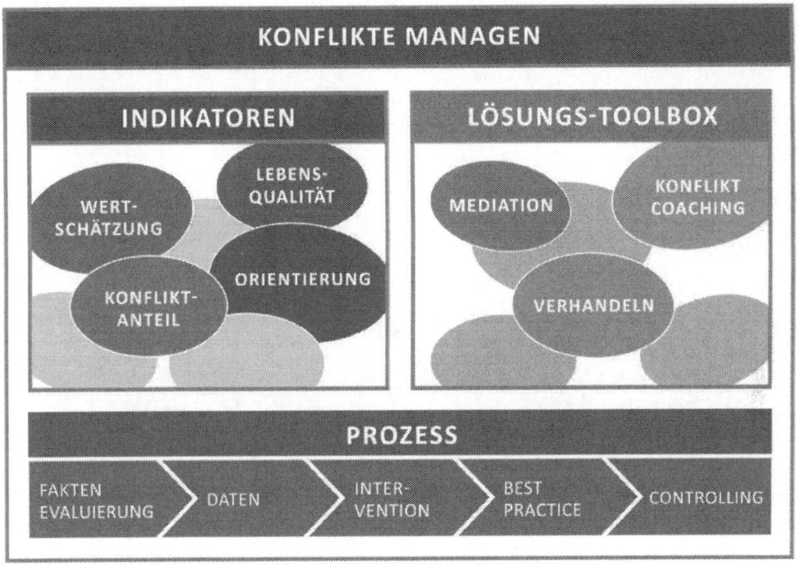

Abb. 27.1 Konflikte managen (Quelle: eigene Darstellung)

27.2 Dimensionen von Konfliktmanagement und Mediation

Der zielgerichtete Umgang mit Konflikten erfordert die Auseinandersetzung auf unterschiedlichen Ebenen. Vor allem bedeutet das ein Abwenden von der bislang gängigen Mediationspraxis, in der Mediation rein im individuellen Bereich – also bei Konflikten zwischen einzelnen Personen – angesiedelt ist. Vielmehr bedarf es auch der Einbindung einer kollektiven Dimension, die je nach Betrachtungsobjekt bestimmte Personengruppen bis hin zur Gesellschaft an sich beinhaltet. Das hier vorgestellte SKP-Prinzip von Hauska entstand anhand einer Implementierung von integriertem Konfliktmanagement in Sicherheits- und Gesundheitsmanagement. Dabei erfolgte die Anpassung des im Arbeitnehmerschutz weit verbreiteten TOP-Prinzips (vgl. Klein 2016) zur Prävention von Arbeitsunfällen an den Umgang mit Konflikten (s. Abb. 27.2). Aus dem *T*echnisch/*O*rganisatorisch/*P*ersonenbezogen wird *S*trukturell/*K*ulturell/*P*ersonenbezogen. Das SKP-Prinzip sagt aus, dass meistens zuerst die betroffenen Personen Konflikte wahrnehmen, auch wenn diese zu einem großen Teil durch Strukturen und Kultur verursacht werden. Daher greift eine Konfliktregelung auf der rein individuellen Dimension zu kurz. Diese Herangehensweise findet sich annäherungsweise auch bei den Ausführungen des Friedensforschers Johan Galtung (1998, S. 17 ff.).

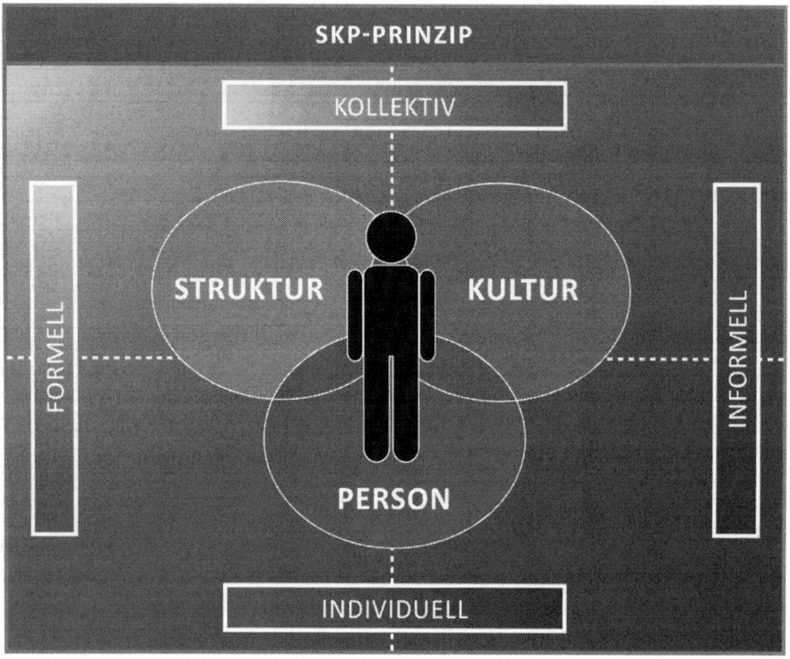

Abb. 27.2 SKP-Prinzip (Quelle: eigene Darstellung)

Während Struktur und Person über operationale Ziele direkt steuerbar sind, ist ein Kulturwandel nur indirekt über die Einbindung von Konfliktmanagement in die Strategie realisierbar (vgl. Abb. 27.3). Kultur ist das, was für die Handelnden überhaupt erst möglich ist (vgl. Kriegel-Schmidt und Schmidt 2015, S. 21). Niemand kann beispielsweise einen offeneren Umgang mit Konflikten ‚anordnen'. Dieser ergibt sich dann, wenn vorhandene Strukturen und handelnde Personen dies erlauben. Die systematische Evaluierung sozialer Konflikte auf kollektiver und individueller Ebene ist dabei ein Baustein. Vor allem hinsichtlich eines Kulturwandels bedarf es vorerst konkreter Handlungen, wie beispielsweise in Abb. 27.4 skizziert.

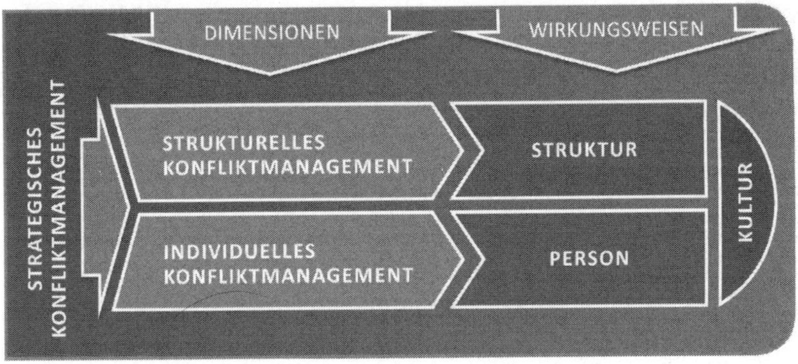

Abb. 27.3 Ebenen des Konfliktmanagements (Quelle: eigene Darstellung)

Abb. 27.4 Kulturwandel in der Konfliktregelung (Quelle: eigene Darstellung)

27.3 Indikatoren zur Evaluierung sozialer Konflikte

Indikatoren sollen über einen Sachverhalt einer Evaluierung Auskunft geben (vgl. Meyer 2004, S. 6 ff.). Sie sind somit Hilfsmittel zur frühzeitigen Identifikation von Problemen („Früherkennung"), zur Verfolgung von Veränderung im Zeitverlauf („Dauerbeobachtung") und zur Einordnung des Erreichten im Hinblick auf die eigenen Ziele („Fortschrittskontrolle") sowie im Vergleich zu alternativen Lösungswegen („Lösungsoptimierung"). Damit sie diese Funktionen erfüllen können, müssen sie zu Vergleichswerten in Bezug gesetzt werden.

Folgende Fragestellungen sind davon im Wesentlichen betroffen:

- *Relevanz:* Entsprechen die Bedürfnisse von Zielgruppen den Zielen von Interventionen?
- *Effizienz:* Entsprechen die Aufwendungen der Leistungserstellung den tatsächlich realisierten Ergebnissen?
- *Effektivität:* Entsprechen die erreichten Wirkungen den angestrebten Zielwerten?
- *Nutzen:* Entsprechen die dauerhaft erzielten Wirkungen den Bedürfnissen der Zielgruppen?

Der Formulierung von Indikatoren kommt demnach auch für die Evaluierung sozialer Konflikte eine zentrale Rolle zu. Sie müssen einerseits die nötige Aussagefähigkeit haben, um Phänomene ausreichend zu beschreiben. Andererseits sind sie so zu wählen, dass mit ihnen auch eine kontinuierliche Maßnahmenevaluierung möglich ist.

Global erhobene Indikatoren, die einen Rückschluss auf die Konfliktkultur einer Gesellschaft oder eines Landes geben, sind rar. Abgesehen von Erhebungen, die sich mit Konflikten im Zuge von Kriegsschauplätzen bzw. mit Gewalt in unterschiedlichen Lebensbereichen beschäftigen, gibt es kaum Anhaltspunkte. Üblicherweise werden soziale Themen anders besetzt. So gibt es zwar beispielsweise im Indikatorenprogramm der UN-Kommission für nachhaltige Entwicklung die Dimension ‚Soziales'. Die dazu erfassten Themenfelder reichen von Armutsbekämpfung bis hin zu Siedlungsentwicklung (Fues 1998). Die ‚sozialen' Leitindikatoren für nachhaltige Entwicklung der Europäischen Statistik Eurostat sind das Bruttoinlandsprodukt pro Kopf und seine Wachstumsrate, sowie die von Armut bzw. Ausgrenzung gefährdete Bevölkerung. Die ausgrenzungsgefährdete Bevölkerung bestimmt sich durch Einkommen, Bildung und Zugang zum Arbeitsmarkt (Eurostat 2016). Die grundsätzliche Art und Weise, wie Menschen – auch im Konfliktfall – üblicherweise miteinander umgehen bzw. wie sie ihre Beziehungen zu anderen erleben, wird durch amtliche Statistiken oder Erhebungen namhafter internationaler Organisationen aber bislang nicht abgefragt.

Besonders interessant sind in dem Zusammenhang auch jene Indikatoren, die sich mit der Güte von Konfliktregelungsformen beschäftigen. Verwendete Kennzahlen sind dabei beispielsweise Konfliktkosten (z. B. EU 2014). Das Schema der Evaluierung der European Commission for the Efficiency of Justice (CEPEJ 2015) beinhaltet neben budgetären und finanziellen Aspekten auch jene der Ausbildung von Richtern, aber auch die Anzahl von Beschwerden. Obwohl auch die Frage nach Studien über Zufriedenheit mit dem jeweiligen Rechtssystem darin enthalten ist, fehlen dabei bislang offizielle konkrete Indikatoren dazu.

27.4 Bisherige Ergebnisse mit der Evaluierung sozialer Konflikte

Konventionelle Konfliktanalysen erheben die Anzahl der Konfliktbeteiligten, die Komplexität der Themen bzw. den Grad der Eskalation des Konflikts. In der Regel umfassen sie persönliche Indikatoren von Befindlichkeiten und Einschätzungen einer Situation, die zumindest eine Person als Konflikt einstuft. Die Voraussetzung für dieses Vorgehen ist, dass Konflikte bereits artikuliert sind. Der überwiegende Anteil verdeckter Konflikte kann mit diesem Verfahren nicht analysiert werden. Einen Anhaltspunkt über einen allgemeineren Zugang zu sozialen Konflikten bietet der im Jahr 2016 erstmals in Deutschland im Wirtschaftsbereich erhobene Streitkulturindex (vgl. Haufe 2016). Eine Kernaussage dieser Studie ist, dass Aktivitäten im Umgang mit Konflikten zumeist aus akut auftretenden Problemen stammen, wobei eine abgestimmte Vorgehensweise dazu überwiegend fehlt.

Um einen allgemeineren Zugang zur Evaluierung sozialer Konflikte zu fördern, entwickelten der Soziologe Anselm Eder und Elvira Hauska die Tools Teamgeist- und Beziehungsbarometer. Das Teamgeistbarometer entstand im Rahmen der Anbahnung von zwei EU-Projekten zum Thema Konfliktmanagement (Hauska und Exenberger 2015). Ziel des entwickelten Instrumentes ist es, möglichst konkrete Erhebungen zum Status quo von sozialen Konflikten zu ermöglichen und bei Bedarf Hinweise für zielorientierte Interventionen zu liefern.

Beispiele für verwendete Indikatoren sind dabei:

- Konfliktanteil = Zeit in Konflikten / Gesamtzeit
- Orientierung = eingehaltene Vereinbarungen / getroffene Vereinbarungen
- Anerkennung = gewürdigte Leistungen / erbrachte Leistungen

Das Teamgeistbarometer fand seinen wissenschaftlichen Einsatz in drei Studien im Jahresabstand, bei denen der führende österreichische Verband für Führungskräfte (WdF) seine Mitglieder im Zeitraum von 2011 bis 2013 befragte. Darüber hinaus gab es eine Gesundheitsförderungsstudie, die auch mit einer modifizierten Version des Teamgeistbarometers evaluierte. Das Teamgeistbarometer fand auch Einsatz in der praktischen Arbeit im Konfliktmanagement. Das Spektrum reichte hier von der Selbsteinschätzung einzelner Betroffener über den Einsatz als Einstieg in Seminare zum Teambuilding oder Gruppenmediationen bis hin zur Online-Evaluierung ganzer Firmen bzw. Abteilungen. Eine Zusammenfassung der Erkenntnisse von Studien und Praxis findet sich in Hauska und Exenberger (2015). Die drei wichtigsten Ergebnisse waren:

- Das alleinige Argument ‚Konfliktkosten' ist nicht ausreichend, um eine stärkere Verankerung von Mediation bzw. Konfliktmanagement zu bewirken. Im Gegenteil, die Diskussion über Konfliktkosten erzeugte eher zusätzliche Widerstände als Zustimmung.
- Der Kernindikator ‚Konfliktanteil' stellte sich als wichtiger Kennwert heraus. Um jedoch Teamgeist bzw. die Qualität im Umgang mit Konflikten zu charakterisieren, braucht es zusätzliche Messgrößen.
- Evaluierungen in unterschiedlichen Lebensbereichen erfordern spezifische Anpassungen. Dennoch ist darauf zu achten, vergleichbare Daten zu erheben. Ein Benchmarking in relevanten Bereichen hat sich als vorteilhaft erwiesen.

2015 erfolgte die Überarbeitung des Tools. Nicht mehr allein der Konfliktanteil stand im Mittelpunkt. Dieser wird ergänzt durch den Zeitanteil in sinnvollen und frustrierenden Beziehungen sowie der Arten der Konfliktregelung. In der ersten Befragung von Führungskräften war vor allem das Ergebnis interessant, dass Beziehungen im Arbeitskontext dann besonders sinnvoll erlebt werden, wenn im Konfliktfall eine Handlungsvielfalt möglich ist. Ein Übermaß an kooperativen Verhandlungen fördert eher neutrale als sinnvolle Beziehungen (WdF 2015).

27.5 Zusammenfassung und Ausblick

Unter der Annahme, dass die Förderung sinnvoller und die Reduktion von frustrierenden Beziehungen eine allgemeinere Zielsetzung der Mediation bzw. des Konfliktmanagements wird, ergeben sich daraus einige Handlungsempfehlungen:

1. Für evidenzbasierte Informationen ist die Etablierung eines Forschungsschwerpunktes notwendig, der sich mit der Identifikation, deren Bewertung und den Wechselwirkungen von relevanten zusätzlichen Indikatoren beschäftigt.
2. Um verallgemeinerbare Handlungsempfehlungen in speziellen Lebenssituationen abzuleiten, sind zur Förderung sinnvoller und zur Reduktion frustrierender Beziehungen unterschiedliche weitere Zielsetzungen zu ermitteln.
3. Die Verankerung zentraler Indikatoren in offizielle Statistiken ermöglicht sowohl Mediationsprofessionalisten als auch Laien eine bessere Einstufung ihrer aktuellen Situation. Diese Standortbestimmung und die Prüfung von Veränderungen nach gesetzten Interventionen liefern einen Beitrag für evidenzbasierte Handlungsempfehlungen auf individueller und kollektiver Ebene.

Ein Schlagwort, das sich im Zuge der Arbeit herauskristallisiert hat, ist ‚Kooperationscontrolling'. Dieser Begriff soll darauf hinweisen, dass die Art und Weise der Beziehungen zwischen Menschen ein wichtiger Faktor in allen Lebensbereichen ist, der sowohl gesellschaftlich als auch persönlich Bedeutung hat. Gleichzeitig weist er darauf hin, dass Kooperation vor allem in einer bestimmten Bandbreite Sinn macht. Kooperative Verhandlungen sind die Basis für Win-Win-Lösungen. Wird jedoch zu viel Zeit in Kooperation investiert, so führt dies nicht notwendigerweise zu sinnvolleren Beziehungen. Nehmen jedoch gegenseitige Schuldzuweisungen und einseitige Handlungsanordnungen überhand, so gestalten sich Begegnungen überwiegend frustrierend.

Die Autoren arbeiten weiter an der Entwicklung und Verbreitung der hier geschilderten Ideen. Sie laden interessierte Forscher, Praktiker und Pädagogen herzlich zum Gedankenaustausch ein. Auch der Aufbau und die Vernetzung unterschiedlicher Projekte zu diesem Thema ist erwünscht.

Literatur

BM (2016), *Mediationsdefinition lt. Homepage des* Bundesverband Mediation e.V., Fachverband zur Förderung der Verständigung in Konflikten, http://www.bmev.de/ (abgerufen am 27.3.2016).

CEPEJ (2015). *Scheme for Evaluating Judical Systems Cycle 2014–2016*, European Commission for the efficiency of justice, Juni 2015, Strassbourg.

Drexler, H. & Hauska, E. (2014). Was ist Mediation?, *Mediation aktuell 2*, 8-10.

EU (2014), *Rebooting the Mediation Directive: Assessing the Limited Impact of its Implementation and Proposing Measures to Increase the Number of Mediations in the EU.* Europäisches Parlament, PE 493.042.
Eurostat (2016). *Leitindikatoren der EU-Nachhaltigkeitsstrategie,* http://ec.europa.eu/eurostat/web/sdi/indicators (abgerufen am 30.3.2016).
Fues, T. (1998). *Das Indikatorenprogramm der UN-Kommission für nachhaltige Entwicklung.* Bern: Peter Lang.
Galtung, J. (1998). *Frieden mit friedlichen Mitteln – Friede und Konflikt, Entwicklung und Kultur.* Opladen: Leske + Budrich.
Haufe (2016). *Gute Noten für Streitkultur.* Haufe Newsletter 2016, https://www.haufe.de/personal/hr-management/streitkulturindex-fuer-unternehmen-in-deutschland_80_342594.html (abgerufen am 23.7.2016).
Hauska, E. & Exenberger, B. (2015), The Path From Calculating the Cost of Conflicts Towards 'Cooperation Controlling'. *Niederländische Zeitschrift für Mediation und Konfliktmanagement 2,* 69-75.
Imbusch, P. & Zoll, R. (2005). *Friedens- und Konfliktforschung. Eine Einführung.* 3. Aufl. Wiesbaden: VS Verl. für Sozialwiss.
Klein, B. (2016). http://www.arbeitsschutz-kmu.de/_topprinzip.htm.
Kriegel-Schmidt, K. & Schmidt, K. (2015). Kulturwissenschaften und Mediation, *Perspektive Mediation 1,* 20-26.
Meyer, W. (2004). *Indikatorenentwicklung. Eine praxisorientierte Einführung,* 2. Aufl., Saarbrücken: Centrum für Evaluation, http://www.ceval.de/modx/fileadmin/user_upload/PDFs/workpaper10.pdf (abgerufen am 27.3.2016).
Hofstetter Rogger, Y. (2014). Kompetenzen von Mediator_innen. 2.Teil. Versuch einer anderen Beschreibung. *Perspektive Mediation 4,* 253-258.
Schmidt, K. (2016). *Entstehung und Bearbeitung von Konflikten.* In F. Haft & K. Gräfin von Schlieffen (Hrsg.), *Handbuch Mediation* (S. 209-224). 3. Aufl., München: Beck.
WdF (2015). *Teamgeist – Wunsch und Wirklichkeit,* https://www.wdf.at/Aktivitaeten/Studien-Umfragen/Teamgeistbarometer (abgerufen am 30.3.2016).
UNDP (2002). *Handbook on Monitoring and Evaluating for Results,* United Nations Development Programme, Evaluation Office, New York, http://web.undp.org/evaluation/documents/handbook/me-handbook.pdfhttp://web.undp.org/evaluation/documents/HandBook/ME-Handbook.pdf (abgerufen am 27.3.2016).
Young, N. J. (2010), *The International Encyclopedia of Peace.* Oxford: Oxford Press.

Teil III.7

Die Untersuchung von Wirkfaktoren und Wirkprozessen in der Mediation

Wirkfaktoren für Qualität und Nachhaltigkeit von Mediation

28

Ergebnisse einer Längsschnittstudie zu gerichtlicher Mediation und allgemeine Implikationen

Peter Kaiser, Andrej Marc Gabler und Insa Norden

28.1 Einführung

Effektivität und Effizienz der Mediation sind bereits verschiedentlich untersucht worden (z. B. Bastine 2000; Kline-Pruett und Johnston, 2004; Niedersächsisches Justizministerium und Konsens e. V. 2005; Weitz 2008; Bierbrauer und Klinger 2008, 2014; Becker und Friedrich 2009; Shaw 2010; Greger und Unberath 2012; Greger 2012, 2013). *Merkmale der Parteien*, ihre *Vorerfahrungen* und *Beziehungen* haben sich verschiedentlich als prägend für den Mediationsprozess erwiesen. Folberg et al. (2004) fanden z. B. in einem Forschungsüberblick bei 76 % der Frauen Gewalterfahrungen mit den Partnern. 78 % der Frauen waren Stalking-Opfer. Bierbrauer und Klinger (2008) stellten fest, dass Parteien mit Mediationserfahrung signifikant erfolgreicher waren und sich auch positiver über das Verhalten des Mediators äußerten. Parteien, die zu einer Vereinbarung kamen, waren insgesamt signifikant zufriedener mit dem Verfahren. Je nach *Konflikttyp* drohte unterschiedlich häufig der Abbruch: Dies war in 80 % der Nachbarschaftsstreitigkeiten, 48,6 % der geschäftlichen Konflikte, aber nur in 20 % der familialen Konflikte der Fall. Becker und Friedrich (2009) stellten in 121 Mediationsverfahren fest, dass die Einigungsquote in Angelegenheiten der Krankenversicherung 91,7 %, im Bereich der Pflegeversicherung hingegen nur 57,1 % betrug. Auch die Fallkomplexität hatte einen wichtigen Einfluss: Gregers Befunden bei Berliner Mediationsverfahren (2012) zufolge ließen sich Verfahren mit höherem Streitwert schwerer mediieren. Dass Art und Dauer der Beziehungen zwischen den Parteien zu unterschiedlichen Mediationsergebnissen beitragen können, hat sich unter anderem in den Studien von Becker und Friedrich (2009) und Greger und Unberath (2012), Greger (2012, 2013) gezeigt. Bierbrauer und Klinger (2008) fanden, dass sich die *Beziehungsdauer* positiv, die *Konfliktdauer* hingegen negativ auf die Wahrscheinlichkeit einer Vereinbarung auswirkte.

Als erfolgsrelevante *Mediatorenmerkmale* werden professionelle Kompetenzen bezüglich Konfliktmanagement, Problemlösungsstrategien, Selbstreflexion, Wissen über interpersonelle Konflikte und Probleme, Selbstbewusstsein, Einfühlungsvermögen, Moderationsfähigkeit, Souveränität, Abstinenz genannt (Bastine 2000, 2014; Walther 2005; Bierbrauer und Klinger 2008, 2014; Paul und Block 2008; Shaw 2010).

Weniger gut erforscht ist bislang die Erfolgsrelevanz von Persönlichkeitseigenschaften der Beteiligten für die Mediation (McCrae und Costa 1999; Kuhl 2010). Hier sind v. a. fünf Faktoren zu nennen, die sich auf Emotionen und Verhalten in Konflikten auswirken (‚Big Five'):

1. emotionale Irritierbarkeit,
2. Extraversion,
3. Kultiviertheit/Offenheit für Erfahrungen und Verfeinerung,
4. Verträglichkeit,
5. Gewissenhaftigkeit.

Diese Persönlichkeitseigenschaften entwickeln sich bis zum vierten Lebensjahr und stabilisieren sich im Lebenslauf immer mehr (Asendorpf 2005; Kuhl 2010). Mit diesen Eigenschaften korrespondieren psychosoziale Kompetenzen, die zur Bewältigung von Lebenssituationen in den relevanten Lebensbereichen erworben werden (z. B. Konfliktfähigkeit). Fehlt es an Kompetenzen (Kompetenzdefizit) oder kann das Individuum nicht auf seine Ressourcen zugreifen (Kompetenzstörung), steigt die Konfliktanfälligkeit (Kaiser 2008).

Die Einflüsse von Art und Ausmaß der *Weiterbildung* der Mediatoren auf Mediationserfolg und Langzeiteffekte sind bislang kaum untersucht. Klärungsbedarf scheint auch zu bestehen hinsichtlich der Wechselwirkungen zwischen Merkmalen und Verhalten der beteiligten Personen und Systemkontexte.

An *prospektiven Langzeitstudien* zur Überprüfung von *Wirkungszusammenhängen* und deren *Nachhaltigkeit* fehlt es weitgehend. Zudem mangelt es an einer *konsistenten psychologischen Theorie* über die Wirkungsweisen einzelner Strategien und Mechanismen von Mediation als Basis theoriegeleiteter Forschung (Montada und Kals 2013; Bastine 2014). Ansätze und empirische Ergebnisse der seit Jahrzehnten international stark entwickelten *Therapie- und Beratungsforschung* werden in der Mediationsforschung bislang wenig rezipiert (z. B. Norcross und Wampold 2011; Greenberg 2011; Lambert 2013; Bastine 2014; Kaiser 2017).

Zur Bewertung der Leistungen des amerikanischen Gesundheitswesens schlug Donabedian 1966 ein Modell der Versorgungsqualität vor, das er als „Grad der Übereinstimmung zwischen den Zielen des Gesundheitswesens und der wirklich geleisteten Versorgung" definierte (1966/1980, 80 ff.; s. Abb. 28.1). Dieses Qualitätsmodell haben wir unserer nachfolgend dargestellten Untersuchung zu Grunde gelegt, um Erfolgsbedingungen von Mediation besser zu verstehen und Optimierungsmöglichkeiten ausfindig zu machen.

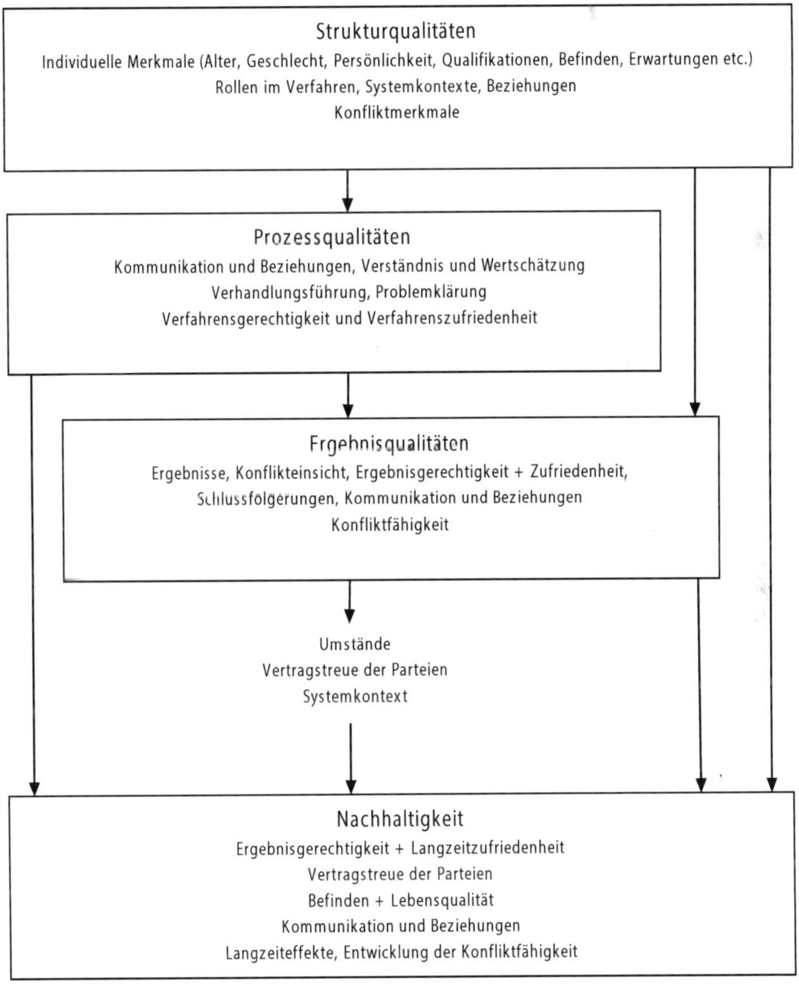

Abb. 28.1 Modell der Mediationsqualität (Quelle: Kaiser 2017; vergleiche Donabedian 1966/1980)

28.2 Befunde aus der Prospektiven Kieler Longitudinalstudie (PROKLOS)[1,2]

28.2.1 Fragestellung

Zur Differenzierung der Qualitäten von Mediation haben wir das Modell von Donabedian weiterentwickelt (siehe Abbildung 28.1). Wir unterscheiden im Folgenden

1. *Strukturqualitäten*, die sich auf stabile Merkmale von Verfahrensbeteiligten und Gegebenheiten beziehen; hierzu gehören unter anderem Persönlichkeitseigenschaften oder Kompetenzen von Personen, Systemkontext von Gerichten oder der Akteure, aber auch Beziehungsgeschichte der Parteien und Konfliktmerkmale,
2. *Prozessqualitäten*, die sich auf die Art und Weise des von den Beteiligten gestalteten Mediationsverfahrens beziehen,
3. *Ergebnisqualitäten*, die durch Parteien, Anwälte und Mediatoren beeinflusst werden,
4. *Nachhaltigkeit* bzw. Langzeitqualitäten, die sich vor allem an der Einhaltung der vereinbarten Regelungen und in Beziehung und Befinden der Parteien zeigen.

Dieses Qualitätsmodell soll uns helfen, die Erfolgsbedingungen von Mediation besser zu verstehen und Optimierungsmöglichkeiten ausfindig zu machen.

28.2.2 Vorgehen

In den Jahren 2010–2013 haben wir im Rahmen einer prospektiven Longitudinalstudie am Amtsgericht Kiel und am Landgericht Kiel 303 gerichtliche Mediationsverfahren unterschiedlicher Rechtsgebiete untersucht. Dabei wurden die beteiligten Parteien[3], Anwälte und Mediatoren vor der Mediation (T1), nach der Mediation (T2) und Parteien und Anwälte auch ein Jahr später (T3) schriftlich befragt (s. Tabelle 28.1; Kaiser 2017.

---

1 Für wichtige Beiträge und Hinweise danken wir Winfried Bach (Vechta), Hans-Peter Heekerens (München), Lisa Gutenbrunner (Marburg), Paulina Matyjas (Berlin), Tobias Arthur Müller (Heidelberg), Gert Sommer (Marburg), Reiner Bastine (Heidelberg).

2 Mit Unterstützung des Schleswig-Holsteinischen Ministers für Justiz, Kultur und Europa und der Präsidenten der beiden Gerichte sowie eines Stifters.

3 Gattungsbegriffe verstehen wir geschlechtsneutral.

Tab. 28.1 Rücksendequoten und Geschlecht der einzelnen Gruppen (Quelle: Kaiser 2017)

	Parteien	Anwälte	Mediatoren (n = 26)
Ausgegebene Fragebögen T1	1142	1142	571
Rücksendequote			
Gesamt T1	329 (28,8 %)	276 (24,3 %)	303 (53,1 %)
Gesamt T2	232 (20,3 % / 70,5 %*)	244 (21,4 % / 88,4 %*)	276 (48,3 % / 91,1 %*)
Gesamt T3	245 (21,5 % / 74,4 %*)	233 (20,4 % / 84,4 %*)	--
Rücksender			in 303 Verfahren
Weiblich	138 (42,86 %)	81 (30,22 %)	11
Männlich	184 (57,14 %)	187 (69,78 %)	14
Keine Angabe	7	8	1

28.2.3 Ergebnisse

Zusammenhänge zwischen Struktur- und Prozessqualitäten

Die stabilen Merkmale der Verfahrensbeteiligten haben als Strukturqualitäten Einfluss auf das Mediationsverfahren (siehe Abbildung 28.2).

Merkmale der Parteien und ihr Einfluss auf Prozessqualitäten

Von den Strukturqualitäten hatten vor allem[4] die Informiertheit über das Mediationsverfahren sowie das Wohlbefinden der Konfliktparteien vor der Mediation bedeutenden Einfluss auf Verfahrenszufriedenheit und wahrgenommene Verfahrensgerechtigkeit.

Ältere Parteien waren signifikant stärker auf die Klärung der Hintergründe der Probleme und eine gute Beziehung zu ihrem Anwalt bedacht.

Die *männlichen* Medianden waren signifikant weniger verträglich. Die *weiblichen* Medianden fühlten sich von der Gegenseite, vom Mediator und von ihrem Anwalt signifikant besser verstanden und wertgeschätzt, was ihnen auch wichtiger

4 In den Sozialwissenschaften gilt ein Zusammenhang als signifikant*, wenn die Irrtumswahrscheinlichkeit weniger als 5 % ($p < .05$), als hochsignifikant**, wenn diese weniger als 1 % beträgt ($p < .01$). Die Kennzahl für die Signifikanz ist der p-Wert. Statistische Werte werden hier nur bei signifikantem* oder hochsignifikantem** Ergebnis und in der Reihenfolge ihrer statistischen Bedeutsamkeit genannt (v. a. Simultane Regression, Kanonische Korrelation, Spearman-Rho-Korrelationen (r). Auf die konkreten Werte wird z. T. zugunsten der Lesbarkeit verzichtet (Details s. Kaiser 2017).

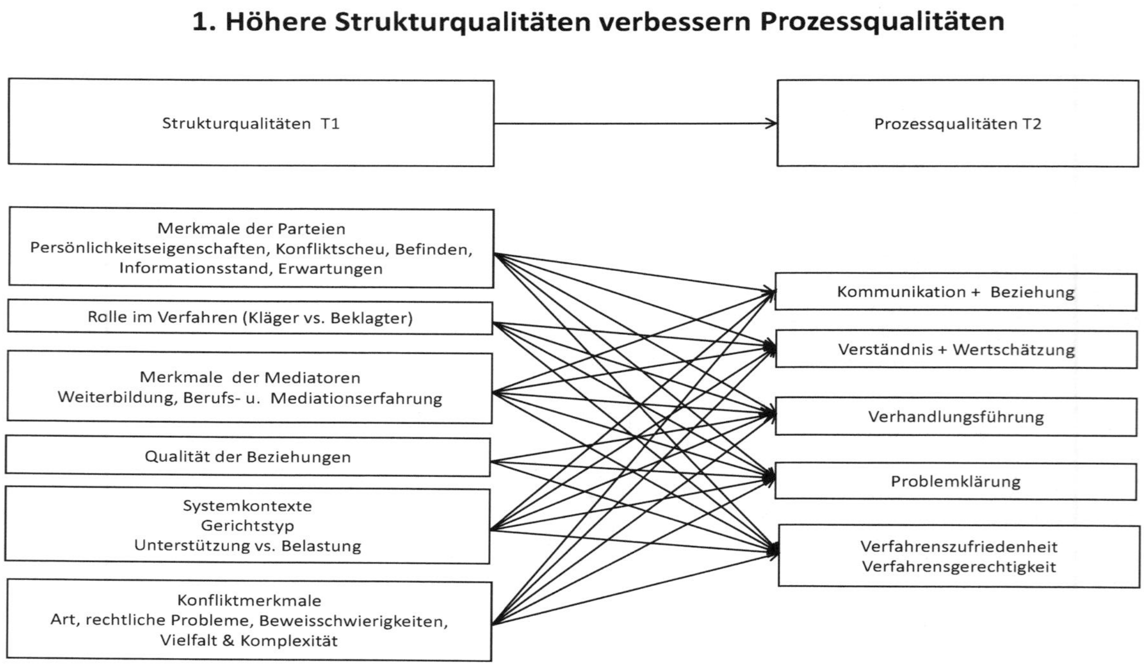

Abb. 28.2 Zusammenhänge zwischen Struktur- und Prozessqualitäten (Quelle: Kaiser 2017)

schien. Sie fühlten sich besser vor Angriffen der Gegenseite geschützt, kamen mehr zu Wort, konnten ihre Kommunikation mit der Gegenpartei stärker verbessern, Machtunterschiede zwischen den Parteien besser ausgleichen, fanden eher, dass man ihnen etwas zutraut, und fanden mehr Rücksichtnahme der Gegenpartei (jeweils signifikant höherer mittlerer Rang). Weibliche Parteien wurden im Rahmen der Mediationsverfahren dabei offenbar besser behandelt. Wegen ihrer größeren Verträglichkeit waren sie vermutlich umgänglicher und daher angenehmere Gesprächspartner.

Persönlichkeitseigenschaften der Parteien hatten insgesamt moderaten Einfluss auf das Geschehen in der Mediation („Big Five"; McCrae und Costa 1999; Gerlitz und Schupp 2005). Positiv wirkte sich vor allem die *Kultiviertheit* auf das Verfahren aus. *Kultivierte* klärten Konflikt und Beziehungen besser (simultane Regression b = 0.33; SE = .15; p = .027) und steigerten ihre Konfliktfähigkeit langfristig stärker (Pv-Pf[5]; ρ = .423**). *Emotional Irritierbare* bemühten sich stärker um eine einvernehmliche Lösung und wünschten sich mehr Einzelgespräche mit dem Mediator (Pv-Pn; ρ = .384**). Sie erreichten umfassendere und nachhaltigere Konfliktregelungen (Pv-Pn; ρ = .509*), die sie aber aufgrund ihrer Unsicherheit weniger würdigen konnten (Pv-Pn; ρ = -.420**). *Unverträgliche* Menschen fühlten sich leichter ungerecht behandelt und hatten eine wesentlich schlechtere Beziehung zum gegnerischen Anwalt (Pv-Pn; ρ = .689*). Sie erfuhren weniger Ermutigung durch den Mediator (b = 0.32; SE = .13; p = .015; b = 0.50; SE = .17; p = .006; Beta = 0.36), waren aber nachher mit der Klärung der Konflikte und Beziehungen signifikant zufriedener. Sie hatten offensichtlich mehr Klärungsbedarf und profitierten aufgrund ihrer stärkeren Konfliktanfälligkeit stärker vom Mediationsverfahren. Mediatoren und Anwälte sollten zur Vermeidung von Benachteiligung und eigenem Stress auf den professionellen Umgang mit unverträglichen Menschen in Aus- und Weiterbildung gezielt vorbereitet werden.

Waren *Gewissenhafte* eher gründlich und effektiv, waren sie auch einfallsreicher (Pv-Pn; ρ = .594**), kommunikativer, freundlicher und versöhnlicher (Pv-Pn; ρ = .537**) und hatten dann auch in der Mediation bessere Chancen. Manche Gewissenhafte konnten pedantisch auf vorgefassten Ansichten bestehen, die sie selbstgerecht und aggressiv verteidigten. Je fleißiger sie waren, umso streitlustiger (Pv-Pn; ρ = .839**), rücksichtsloser und unfreundlicher (Pv-Pn; ρ = .736**), grober

---

5 Pv = Parteien vor der Mediation, Pn = nach der Mediation, Pf = Parteien Follow-up, Mv = Mediatoren vor der Mediation, Mn = Mediatoren nach der Mediation, Rv = Rechtsanwälte vor der Mediation, Rn = Rechtsanwälte nach der Mediation, Rf = Rechtsanwälte Follow-up. Wurden zwei Dateien in Beziehung gesetzt, wurden Dateinamen mit Bindestrich verbunden

und unversöhnlicher (Pv-Pn; $\rho = .622^{**}$), gehemmter und schüchterner verhielten sie sich im Mediationsverfahren (Pv-Pn; $\rho = .620^{**}$). Gewissenhafte waren eher bereit, ihnen berechtigt erscheinende Ansprüche als Kläger geltend zu machen.

Kläger waren deutlich *gewissenhafter* (pingeliger) als Beklagte (mittlerer Rang 23.81 vs. 14.36; Mann-Whitney-Test $U = 96.00^{**}$). Kläger fühlten sich vor der Mediation von der Gegenseite deutlich weniger verstanden und wertgeschätzt, was sie dann offenbar mit der Klage zu erzwingen suchten. Beklagte waren ängstlicher und unsicherer; sie waren mehr auf die Beziehungsklärung bedacht ($U = 6.73^{*}$ vs. 7.37; $F = 4.064$) und achteten stärker darauf, dass alle Beteiligten zu Wort kamen, der Mediator abstinent blieb (Pv; Mann-Whitney-Test; $U = 4880^{**}$) und die Vertraulichkeit gewahrt wurde.

Je besser die Parteien *über Mediation informiert* waren, umso gerechter fanden sie das Verfahren ($b = 0.64$; $SE = .13$; $p = .000$), umso stärker wurden alle relevanten Themen berücksichtigt ($b = 0.59$; $SE = .14$; $p = .000$) und umso besser fühlten sie sich von Seiten des Mediators verstanden.

War das *Wohlbefinden* der Parteien vor der Mediation höher, waren sie also gelassener und ausgeglichener, konnten sie ihre Anliegen leichter in die Mediation einbringen und waren mit deren Klärung zufriedener.

Günstigen Einfluss auf die Prozessqualitäten hatten weiterhin eine bereits vor der Mediation bestehende gute *Beziehung* der Parteien zu Mediator und eigenem Anwalt.

Zwischen den Merkmalen der Parteien und ihrer Verfahrenszufriedenheit (Kanonische Korrelation 1: $Rc = .74$; Wilks $\lambda = .20$; $p = .000$) sowie der wahrgenommenen Verfahrensgerechtigkeit fand sich ein signifikanter Zusammenhang (Kanonische Korrelation: $Rc = .59$; Wilks $\lambda = .55$; $p = .000$).

Im Rahmen der Aus- und Weiterbildung sollten Mediatoren und Anwälte stärker in die Lage versetzt werden, gerade mit schwierigen Klienten verständnisvoll und effektiv umzugehen, damit diese das Mediationsverfahren aufgrund ihrer Handicaps nicht noch mehr stören und weitere Nachteile für sie und andere vermieden werden.

Merkmale der Mediatoren und ihr Einfluss auf Prozessqualitäten

Die Mediatoren waren im Durchschnitt 50 Jahre alt. Mit zunehmendem Alter berichteten sie, bestimmte Themen seien, z. T. gegen ihren Rat, unberücksichtigt geblieben.

Mit zunehmendem *Weiterbildungsstand* nahm die *Supervisionserfahrung* zu (Mv-Mn; $\rho = .926^{*}$). Offenbar erkannten die Mediatoren dabei immer mehr den Wert von Supervision. Je mehr Supervisionserfahrung sie hatten, umso mehr Streitigkeiten erledigten sie in den einzelnen Verfahren (Mv-Mn; $\rho = .310^{**}$) und umso praktikablere Regelungen fanden sie (Mv-Mn; $\rho = .229^{**}$).

Tab. 28.2 Merkmale der Mediatoren zu Beginn der Erhebung (T1; Mv; Quelle: Kaiser 2017)

	MvP-Code111	1 Alter	2 Geschlecht	4 Berufstätig als Richter	5 Berufstätig als Mediator	6 Anzahl Mediationsverfahren als Leitung	7 Anzahl Weiterbildungs-Stunden in Mediation	8 Anzahl Supervisionsstunden in Mediation	9 Stunden professionelle Selbsterfahrung
N Gültig	303	303	303	303	303	303	259	256	248
Fehlend	0	0	0	0	0	0	44	47	55
Mittelwert		44,98	1,46	14,15	3,71	111,05	125,36	30,50	1,15
Standfehler des Mittelwerts		,444	,029	,518	,127	4,406	4,558	1,822	,603
Median		42,00	1,00	12,00	4,00	100,00	130,00	30,00	,00
Standardabweichung		7,724	,499	9,021	2,211	76,695	73,337	29,157	9,501
Varianz		59,659	,249	81,379	4,889	5882,130	5378,348	850,102	90,273
Minimum		34	1	2	0	0	8	0	0
Maximum		58	2	31	17	300	300	130	140

Zu T1 hatten zwei Drittel der 25 Mediatoren mehr als 60, die Hälfte 110–300, im Durchschnitt 111 Mediationsverfahren geleitet (siehe Tabelle 28.2). Die Mediatoren hatten im Durchschnitt 14,2 Jahre als Richter und 3,7 Jahre als Mediatoren gearbeitet. Je länger sie als Mediatoren tätig waren, umso mehr Mediationsverfahren hatten sie geleitet und umso mehr Weiterbildungen hatten sie absolviert. Mit zunehmender *Mediationserfahrung* sahen sie weniger rechtliche Probleme in ihren Fällen und ließen weniger Themen unberücksichtigt.

Beziehungen und ihr Einfluss auf Prozessqualitäten

Hatten die Konfliktparteien bereits vor der Mediation eine bessere Beziehung zueinander, waren sie danach mit dem Verfahren zufriedener (kanonische Korrelation: Rc = .62; Wilks λ = .25; p = .000) und fanden dieses gerechter (Rc = .62; Wilks λ = .25; p = .000; Rc = .50; Wilks λ = .59; p = .009). War ihre Beziehung zum eigenen Anwalt vor der Mediation gut, wirkte sich dies aus Sicht der Parteien positiv auf das Verfahren aus. Hatten die Parteien vor der Mediation eine positive Beziehung zum jeweils gegnerischen Anwalt, verbesserte sich die Chance, alle relevanten Themen anzusprechen.

Konfliktmerkmale und ihr Einfluss auf Prozessqualitäten

Bei den Konfliktmerkmalen spielte die Komplexität des Falles v. a. bei Streitigkeiten um Kinder, Erbe und Beraterhaftung eine größere Rolle. In Familienstreitigkeiten fiel die Neutralität des Mediators signifikant niedriger aus. Weil Familienkonflikte jeden betreffen können, fiel den Mediatoren die Abstinenzhaltung bei diesen Themen offenbar schwerer. Je *mehr* Konfliktgegenstände in die Mediation eingebracht wurden, umso komplexer schätzten diese den Fall ein.

Je höher die Komplexität der Fälle, umso erheblicher schätzten die Mediatoren vor der Mediation die rechtlichen Probleme ein (Mv; $\rho = .697^{**}$), als umso höher stellte sich nachher die Komplexität heraus (Mv-Mn; $\rho = .684^{**}$), als umso geringer erwiesen sich die Beweisschwierigkeiten und die rechtlichen Probleme. Je komplexer der Mediator den Fall einschätzte, umso schwerer fiel es ihm, authentisch zu bleiben (b = −0.39; SE = .23; p = .084). Bei komplexeren Fällen waren die Mediatoren offenbar nervöser und achteten weniger auf die Parteien, was diese bemängelten.

Bei starken Beweisschwierigkeiten fanden die Parteien das Mediationsverfahren anschließend signifikant gerechter, wurde die Vertraulichkeit besser gewahrt und neigte der Mediator eher dazu, zu einer Vereinbarung zu drängen.

Zusammenhänge zwischen Strukturqualitäten und Ergebnisqualitäten/Nachhaltigkeit

Parteienmerkmale und ihr Einfluss auf die Ergebnisqualitäten/Nachhaltigkeit

Frauen waren nach der Mediation und auch ein Jahr später mit der getroffenen Mediationsvereinbarung signifikant zufriedener. Hier hatte auch das Geschlecht der Mediatoren Einfluss (siehe Abbildung 28.3).

Bedeutsamer als das Geschlecht waren für die Ergebnisqualität die *Persönlichkeitseigenschaften* der Parteien: *Kultivierte* Parteien beteiligten sich aktiver am Verfahren (Pv-Pf; $\rho = .423^{**}$), konnten Konflikt und Beziehungen signifikant besser klären (simultane Regression b = 0.33; SE = .15; p = .027) und vertrauten der Vertragstreue der Gegenseite stärker; sie fanden den Mediator neutraler. Ihre Lebensqualität und ihre Konfliktfähigkeit (Pv-Pf; $\rho = .394^{*}$) waren nach einem Jahr besser.

Je höher die *Emotionale Irritierbarkeit* (Neurotizismus) der Parteien war, umso nachhaltigere und umfassendere Lösungen erreichten sie (Pv-Pn; $\rho = .509^{*}$); sie bemühten sich offensichtlich stärker um eine einvernehmliche Lösung und waren nach der Mediation deutlich aufgeregter. Emotional Stabilere fühlten sich nach der Mediation wohler (Pv-Pn; $\rho = .420^{**}$), fanden ihre Lebensqualität besser und trauten eher der Vertragstreue der Gegenpartei.

Je *introvertierter* die Parteien waren, umso besser verstanden sie nach der Mediation den Konflikt und sich selbst (Pv-Pn; $\rho = .483^{**}$).

Je *unverträglicher* die Parteien waren, umso schlechter war ihre Beziehung zum gegnerischen Anwalt (Pv-Pn; $\rho = .689^{*}$), umso zufriedener waren sie nachher mit der Klärung der Konflikte und der Beziehung und umso weniger hielten sie sich langfristig an die vereinbarten Regelungen (Pv-Pf; $\rho = .422^{**}$).

Je *gewissenhafter* die Parteien waren, umso weniger Kälte und Distanz ging von ihnen aus (Pv-Pn; $\rho = .349^{**}$). Ihre „Effektivität und Effizienz" ging einher mit Einfallsreichtum (Pv-Pn; $\rho = .594^{**}$), Versöhnlichkeit (Pv-Pn; $\rho = .537^{**}$), Rücksicht und Freundlichkeit (Pv-Pn; $\rho = .515^{**}$). Manche gewissenhaften Parteien zeichneten sich jedoch auch durch Pedanterie aus: Ihr „Fleiß" ging einher mit größerer Streitlust (Pv-Pn; $\rho = .839^{**}$), Rücksichtslosigkeit und Unfreundlichkeit (Pv-Pn; $\rho = .736^{**}$) sowie Grobheit (Pv-Pn; $\rho = .718^{**}$).

Wohlbefinden und *Lebensqualität* der Konfliktparteien vor der Mediation sagten in signifikanter Weise höhere Lebensqualität (Pv-Pn; $\rho = .660^{**}$) und Zufriedenheit mit der Mediationsvereinbarung vorher.

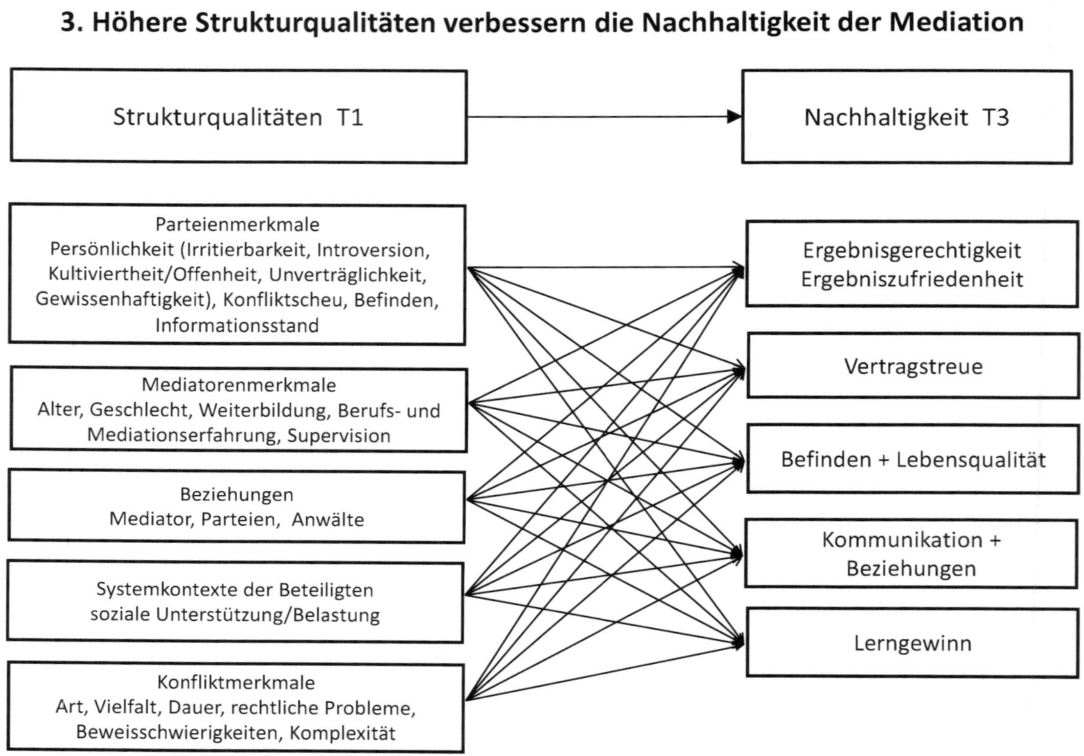

Abb. 28.3 Zusammenhänge zwischen Strukturqualitäten und nachhaltigen Ergebnisqualitäten (Quelle: Kaiser 2017)

Je besser die Parteien *über Mediation informiert* waren und je besser sie sich vor der Mediation fühlten, umso gerechter fanden sie das Ergebnis ($b = 0.64$; $SE = .13$; $p = .000$) und umso zufriedener waren sie mit der Mediationsvereinbarung. Je informierter die Parteien waren, umso eher wurden alle relevanten Themen berücksichtigt ($b = 0.59$; $SE = .14$; $p = .000$), umso besser fühlten sie sich vom Mediator verstanden, umso besser wurden Konflikte und Beziehungen geklärt.

Insgesamt erwies sich der Zusammenhang zwischen den Merkmalen der Konfliktparteien und der Ergebnisqualität der Mediation (kanonische Korrelation: $Rc = .63$; Wilks $\lambda = .55$; $p = .000$) sowie der Mediationszufriedenheit nach einem Jahr als bedeutsam ($Rc = .42$; Wilks $\lambda = .79$; $p = .046$).

Mediatorenmerkmale und ihr Einfluss auf die Ergebnisqualitäten/Nachhaltigkeit

Weibliche Mediatoren erzielten signifikant praktikablere Regelungen (Mann-Whitney-Test $U = 5082.00$; mittlerer Rang = 125.12 vs. 102.08), mit denen die Parteien zufriedener waren (nach einem Jahr $U = 212{,}00^*$ mittlerer Rang 33.20 vs. 21.28; simultane Regression $b = -2.98$; $SE = 1.23$; $p = .015$).

Je mehr *Supervisionserfahrung* die Mediatoren hatten, umso mehr Streitigkeiten erledigten sie in den einzelnen Verfahren (Mv-Mn; $\rho = .310^{**}$), umso praktikablere Regelungen fanden sie (Mv Mn; $\rho = .229^{**}$).

Je weniger *richterliche Berufserfahrung* die Mediatoren hatten, umso praktikablere Lösungen erzielten sie (Mv-Mn $\rho = .251^{**}$). Langjährig erfahrene Richter neigten in der Mediation offenbar stärker zu *wertenden* Stellungnahmen, was auf Kosten von Neutralität und Abstinenz sowie der Nachhaltigkeit der Vereinbarungen ging. Die Befunde sprechen eher gegen einen „evaluativen" Mediationsstil (s. Riskin 1996; Brown 2002; Riskin und Welsh 2008; Gabler 2016).

Insgesamt ergab sich zwischen Mediatorenmerkmalen und Ergebnisqualität ein hoch signifikanter Zusammenhang ($Rc = .70$; Wilks $\lambda = .25$; $p = .008$).

Beziehungen und ihr Einfluss auf die Ergebnisqualitäten/Nachhaltigkeit

Je besser die Beziehung zur Gegenseite war und je mehr die Parteien an deren Vertragstreue glaubten, umso besser fanden sie die Ergebnisqualität der Mediation ($Rc = .50$; Wilks $\lambda = .59$; $p = .009$). Je besser die Beziehungen der Parteien waren, umso zufriedener waren sie nach einem Jahr mit dem Mediationsergebnis ($Rc = .44$; Wilks $\lambda = .68$; $p = .001$; kanonische Korrelation 2: $Rc = .40$; Wilks $\lambda = .84$; $p = .012$). Je mehr die Konfliktparteien während des Verfahrens von ihren Positionen abrückten, desto schlechter war danach die Beziehung zu ihrem Anwalt. Sie fühlten sich dann in einer schwächeren Position, was sie ihrem Anwalt übel nahmen ($b = 0.22$; $SE = .12$; $p = .063$ [OD: $b = 0.46$; $SE = .23$; $p = .050$; Beta = 0.39]).

Je besser die Beziehung zum Mediator, umso zufriedener waren die Parteien mit der Vereinbarung (simultane Regression b = 0.31; SE = .13; p = .014; b = 0.31 [OD: SE = .19; p = .111; Beta = 0.25]), umso gerechter fanden sie nach einem Jahr das Ergebnis (b = -0.31; SE = .13; p = .016 [OD: b = -0.49; SE = .33; p = .170; Beta = -0.44]).

Zusammenhänge zwischen Konfliktmerkmalen und Ergebnisqualitäten/Nachhaltigkeit

Konfliktgegenstände wie Umgang mit Kindern, eheliches Vermögen, Erbangelegenheiten, Beraterhaftung, Bau- und Architektenverträge und Gesellschaftsrecht verursachten signifikant mehr rechtliche Probleme. Je *mehr* Konfliktgegenstände in die Mediationsverhandlung eingebracht wurden, umso komplexer schätzten die Mediatoren den Fall ein (Mv; ρ = .358**). Je *komplexer* ein Fall war, umso höher war der Zeitaufwand für den Mediator (Mn; ρ = .410**). Je geringer die *Beweisschwierigkeiten* vor der Mediation waren, umso gerechter fanden die Parteien nach einem Jahr das Mediationsergebnis.

Je größer aus Sicht der Mediatoren die *rechtlichen Probleme* vor der Mediation waren, als umso größer erwiesen sich die Komplexität und die Beweisschwierigkeiten des Falles.

Erwiesen sich die rechtlichen Probleme im Laufe der Mediation als größer, hielten die Parteien die erzielte Vereinbarung für weniger gerecht (simultane Regression b = -0.52; SE = .31; p = .097). Rechtliche Probleme waren für Laien wohl schwerer nachzuvollziehen.

Zwischen den Konfliktmerkmalen und der Ergebnisqualität der Mediation bestand insgesamt ein signifikanter Zusammenhang (kanonische Korrelation: Rc = .52; Wilks λ = .55; p = .042).

Zusammenhänge zwischen Prozessmerkmalen und Ergebnisqualitäten/Nachhaltigkeit

Die Ergebnisqualität der Mediation wurde v. a. durch Prozessqualitäten – wie die Qualität von Kommunikation und Beziehung, Verständnis und Wertschätzung, sowie ausreichende Klärung der Probleme – beeinflusst (siehe Abbildung 28.4).

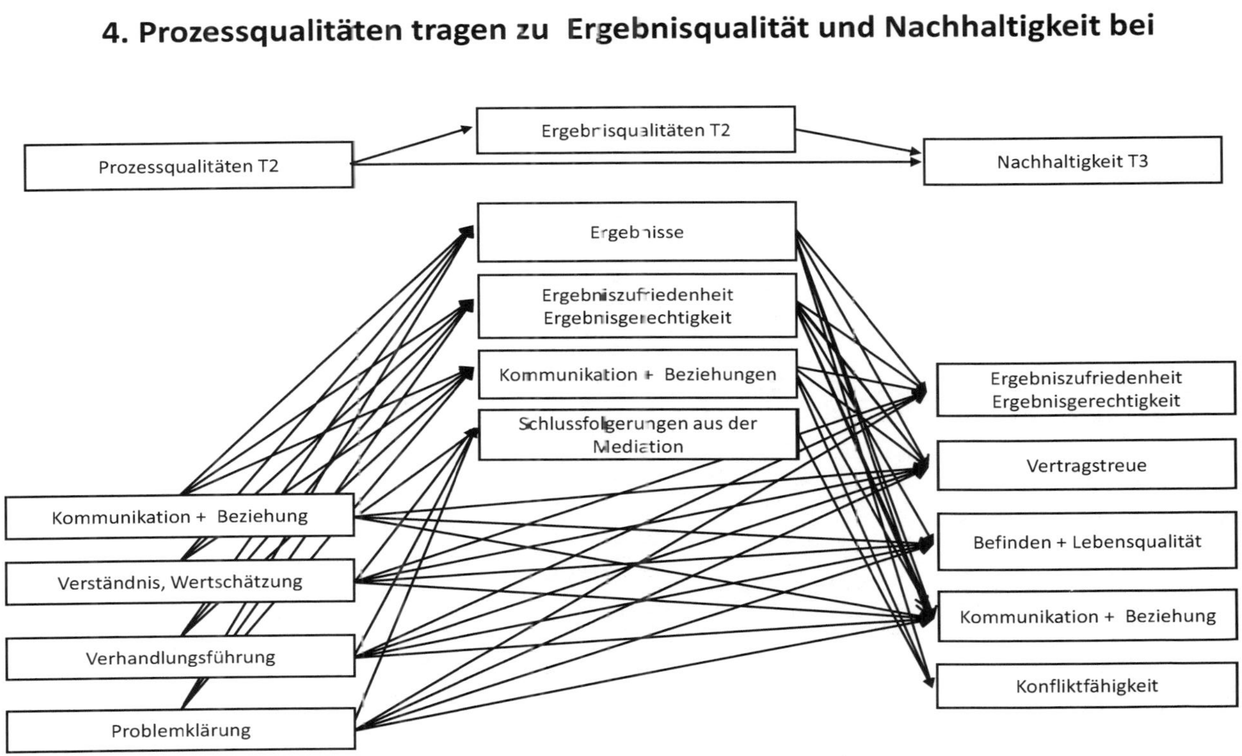

Abb. 28.4 Hypothesen zu Effekten von Prozessqualitäten für Ergebnisqualitäten und Nachhaltigkeit (Quelle: Kaiser 2017)

Kommunikation und Beziehung

Wenn alle Beteiligten *zu Wort kamen*, war die Wahrung der Vertraulichkeit durch die Beteiligten eher gewährleistet, konnte der Mediator eher beiden Parteien gerecht werden, fühlten sich Parteien stärker wertgeschätzt und bei einer einvernehmlichen Regelung ermutigt und unterstützt, in ihrem Beitrag eher gewürdigt, vom Mediator verstanden und geschützt. Zudem hielten sie den Mediator für neutraler und es wurde ihnen die unterschiedlichen Sichtweisen, Ziele und Anliegen klarer.

Je mehr *Gestaltungsspielraum* die Parteien hatten, umso gerechter fanden sie Verfahren und Ergebnis der Mediation, umso nachhaltiger und umfassender fanden sie nach einem Jahr die Lösung, umso mehr konnten sie durch die Mediation Stress vermeiden.

Je besser der *Schutz vor Angriffen* der Gegenseite funktionierte, desto besser haben die Parteien ein Jahr später ihre Ziele und Anliegen umgesetzt (Pf; ρ = .551**), umso besser fühlten sie sich mit ihrem Beitrag gewürdigt (Pf; ρ = .530**) und umso klarer wurden die Problemhintergründe.

Die Parteien konnten ihre *Beziehungen* leichter klären, wenn sie auch die unterschiedlichen Sichtweisen (Pn; ρ= .668**) sowie die Hintergründe der Probleme klärten (Pn; ρ= .646**) und sie sich von der Gegenseite verstanden fühlten (Pn; ρ= .628**), wenn die Ziele und Anliegen der Beteiligten sowie die Problemhintergründe geklärt wurden, wenn sie sich vor Angriffen geschützt und bei der Regelung der Konflikte unterstützt fühlten. Die Beziehungsklärung fiel den Parteien leichter, wenn man ihnen etwas zutraute, der Mediator beiden Seiten gerecht wurde, sie zu einer einvernehmlichen Lösung ermutigte, sie verstand und alle Beteiligten zu Wort kamen.

Die Parteien konnten ihre Beziehung umso mehr *verbessern*, je besser (Pn; ρ = .820**) und klarer sie kommunizierten (Pf; ρ = .786**), sie sich verstanden fühlten und Beziehung und Hintergründe, Bewertung und funktionale Bedeutungen der Probleme klärten. Förderlich hierfür war, wenn sie sich gewürdigt fühlten (Pf; ρ = .629**) und den Mediator unterstützend, neutral und abstinent fanden.

Zwischen der Qualität der Beziehungen während des Verfahrens und der nachhaltigen Ergebnisqualität und Wirkung der Mediation zeigte sich ein enger Zusammenhang (kanonische Korrelation: Rc = .71; Wilks λ = .38; p = .000).

Nach einem Jahr war die Beziehung zwischen den Parteien umso klarer, je besser sich die Kommunikation zwischen ihnen entwickelt hat (Pf; ρ = .761**), sie sich in ihrem Beitrag zur Problemlösung gewürdigt fanden (Pf; ρ = .629**), je klarer die unterschiedlichen Sichtweisen wurden (Pf; ρ = .612**) und je besser sie sich verstanden und bei einer einvernehmlichen Regelung unterstützt fühlten.

Je besser die *Beziehung zum Mediator* war, umso eher kam in kürzerer Zeit (Pn; ρ = .760**) eine Vereinbarung zustande (b = 0.81; SE = .33; p = .022).

Verständnis und Wertschätzung

Die Parteien fühlten sich von der Gegenseite langfristig *besser verstanden*, je klarer die Sichtweisen der einzelnen Aspekte (Pf; ρ = .716**) und Ziele und Anliegen wurden (Pf; ρ = .663**), wenn sie besser kommunizierten (Pf; ρ = .633**) und bei einer einvernehmlichen Regelung unterstützt wurden (Pf; ρ = .601**). Je besser die Parteien miteinander kommunizierten, umso klarer war nach einem Jahr ihre Beziehung (Pf; ρ = .761**), umso mehr fühlten sie sich von der Gegenseite verstanden (Pn; ρ = .751**) und umso klarer wurden die Sichtweisen (Pf; ρ = .612**) und Problemhintergründe (Pf; ρ = .595**), umso zufriedener waren sie mit der Vereinbarung, die sie umso gerechter fanden.

Je mehr Verständnis die Gegenseite zeigte, umso leichter ließen sich Ziele und Anliegen klären, umso mehr fühlten sich die Parteien gewürdigt, umso leichter konnten sie ihre Beziehungen klären (Pf; ρ= .663**) und verbessern (Pf; ρ = .628**), umso sicherer fühlten sie sich vor Angriffen, umso zufriedener waren sie langfristig mit der Mediationsvereinbarung (Pf; ρ = .508**; Simultane Regression b = 0.36; SE = .09; p = .000 [OD: b = 0.44; SE = .09; p = .000; Beta = 0.09]) und umso gerechter fanden sie diese (b = 0.34; SE = .09; p = .000 [OD: b = 0.36; SE = .09; p = .000; Beta = 0.43]), umso ermutigender fanden sie die Mediation, umso besser wurden langfristig Vertraulichkeit und Vereinbarungen eingehalten.

Die Beteiligten waren *ehrlicher* und *aufrichtiger*, wenn sie im Rahmen des Verfahrens mehr Gestaltungsspielraum hatten (Pn; ρ = .540**) und das Verfahren gerecht fanden (Pn; ρ = .539**). Waren die Beteiligten ehrlicher und aufrichtiger, erreichten sie eher ihre Ziele (Pn; ρ = .517**) und gerechtere Ergebnisse, konnten sie die Konfliktursachen besser beseitigen und hatten weniger Stress.

Je mehr *Verständnis* die Parteien vom *Mediator* erfuhren, umso mehr fanden sie sich wertgeschätzt (Pn; ρ = .717**) und bei der Regelung der Probleme unterstützt (Pn; ρ = .613**), umso neutraler sahen sie den Mediator, umso eher wurde die Vertraulichkeit gewahrt, fühlten sie sich auch von der Gegenseite besser verstanden, umso klarer wurden Stellenwert und Auswirkungen einzelner Aspekte und ihre Beziehungen und umso kompromissbereiter waren sie (simultane Regression b = 0.57; SE = .33; p = .089). Die Parteien fühlten sich vom Mediator eher verstanden, wenn er beiden Parteien gerecht wurde (Pn; ρ = .563**) und sie die unterschiedlichen Sichtweisen klären konnten.

Die Parteien fühlten sich vom Mediator umso mehr *wertgeschätzt*, je mehr Verständnis er ihnen entgegenbrachte (Pn; ρ = .717**), sich neutral verhielt (Pn; ρ = .696**), sie zu einer einvernehmlichen Lösung ermutigte (Pn; ρ = .647**), je mehr er beiden Parteien gerecht wurde, sie vor Angriffen schützte, abstinent blieb sowie Ziele und Anliegen der Beteiligten erhellt wurden.

Insgesamt korrelierten *Verständnis* und *Wertschätzung* in der Mediation signifikant mit der Ergebnisqualität (kanonische Korrelation: Rc = .78; Wilks λ = .51; p = .000) sowie mit der Nachhaltigkeit der Mediation.

Verhandlungsführung

Je k*ompromissbereiter* die Parteien waren, umso mehr vertrauten sie nach der Mediation der Vertragstreue der Gegenseite, umso vertragstreuer waren sie nach einem Jahr, umso mehr Kosten, umso mehr Zeit und Stress ersparten sie sich langfristig, umso besser schätzten sie nach einem Jahr ihr Wohlbefinden und ihre Konfliktfähigkeit ein.

Die *Durchsetzung eigener Ziele* scheint wichtigstes Kriterium für Gerechtigkeit zu sein (Pn; ρ = .702**).

Das Mediationsergebnis wurde von den Parteien für gerecht gehalten, wenn sie nachhaltige und umfassende Lösungen erzielen konnten (Pn; ρ = .622**) und größeren Gestaltungsspielraum hatten (Pn; ρ = .515**), mehr Kosten sparten (Pn; ρ = .503**) und die Beteiligten ehrlicher und aufrichtiger waren (Pn; ρ = .488**). Nach einem Jahr fanden die Parteien das Ergebnis der Mediation gerechter, wenn sie ihre Ziele erreichen konnten (Pf; ρ = .729**), je aufrichtiger und ehrlicher die Beteiligten (Pf; ρ = .665**), je umfassender und nachhaltiger die erreichte Lösung waren (Pf; ρ = .531**), je mehr Gestaltungsspielraum sie hatten (Pf; ρ = .515**) und je mehr Stress sie vermeiden konnten (Pf; ρ = .496**). Je gerechter die Parteien das Ergebnis der Mediation einschätzten, umso zufriedener waren sie nach einem Jahr mit der Mediationsvereinbarung (Pf; ρ = .571**), umso ermutigender fanden sie die Mediation auch weiterhin (Pf; ρ = .506**). Auf die Dauer spielte die Befriedigung des Bedürfnisses nach Sicherheit und Kontrolle für das Gerechtigkeitsempfinden eine große Rolle.

Verhielt sich der Mediator *neutral* und wurde beiden Seiten gerecht, fühlten sich die Parteien bei der Regelung der Konflikte besser unterstützt (Pn; ρ = .761**) und stärker zu einer einvernehmlichen Lösung ermutigt (Pn; ρ = .669**) wurden Ziele und Anliegen klarer (Pn; ρ = .614**) und die Vertraulichkeit durch die Beteiligten eher gewahrt (Pn; ρ = .608**), ihre Sicht der Konflikte besser geklärt (Pn; ρ = . 579**), fühlten sie sich geschützter (Pn; ρ = .563**), wurden Stellenwert und Auswirkungen einzelner Aspekte (Pn; ρ = .529**) sowie Beziehungen (Pn; ρ = .487**) und Kommunikation der Parteien klarer (Pn; ρ = .485 **) und besser (Pn; ρ = .454**). Neutralität und Allparteilichkeit erwiesen sich als wichtige Wirkfaktoren.

Blieb der Mediator *abstinent* und beurteilte den Streitstoff nicht rechtlich, kamen die Beteiligten eher zu Wort (Pn; ρ = .503**), wahrten eher die Vertraulichkeit, erfuhren mehr Zutrauen und konnte der Mediator leichter beiden Seiten gerecht werden.

Die Parteien fühlten sich *bei der Regelung der Konflikte* besser *unterstützt*, wenn der Mediator beiden Parteien gerecht wurde (Pn; $\rho = .761^{**}$) und sie ermutigte (Pn; $\rho = .675^{**}$), sie sich verstanden (Pn; $\rho = .653^{**}$) und wertgeschätzt fühlten (Pn; $\rho = .647^{**}$), Ziele und Anliegen der Beteiligten klarer wurden (Pn; $\rho = .651^{**}$) und ihr Beitrag zur Problemlösung gewürdigt wurde (Pn; $\rho = .630^{**}$), sie klären konnten, wie sie den Konflikt wahrnehmen (Pn; $\rho = .625^{**}$), der Mediator sie wertschätzte (Pn; $\rho = .613^{**}$), die Vertraulichkeit gewahrt wurde (Pn; $\rho = .605^{**}$), Stellenwert und Auswirkungen einzelner Aspekte für die Beteiligten klarer wurden (Pn; $\rho = .579^{**}$), alle Beteiligten zu Wort kamen (Pn; $\rho = .568^{**}$), sie vor Angriffen geschützt wurden (Pn; $\rho = .550^{**}$), ihre Kommunikation verbessern konnten (Pn; $\rho = .519^{**}$), der Mediator neutral blieb (Pn; $\rho = .519^{**}$) und sie ihre Beziehung klären (Pn; $\rho = .516^{**}$) und verbessern konnten.

Problemklärung

Problemklärung förderte die Ergebnisqualität ($R_c = .62$; Wilks $\lambda = .62$; $p = .000$) und -zufriedenheit sowie die Nachhaltigkeit der Mediation in signifikanter Weise ($R_c = .42$; Wilks $\lambda = .83$; $p = .048$). Wenn *Beziehungs- und Konfliktklärung* gelangen, waren die Konfliktparteien signifikant zufriedener mit der Vereinbarung (simultane Regression $b = 0.71$; $SE = .10$; $p = .000$) und fanden diese gerechter ($b = 0.63$, $SE = .10$; $p = .000$).

Die Parteien konnten ihre *Ziele* langfristig *umso besser durchsetzen*, je ehrlicher und aufrichtiger die Beteiligten waren (Pf; $\rho = .662^{**}$), wenn alle wesentlichen Themen in der Mediation berücksichtigt waren (Pf, $\rho = .558^{**}$) und je besser die Konfliktursachen beseitigt wurden. Je mehr die Parteien ihre Ziele durchsetzten, desto gerechter fanden sie das Ergebnis (Pf; $\rho = .729^{**}$) und das Verfahren (Pn; $\rho = .565^{**}$), umso zufriedener waren sie langfristig mit der Mediation (Pf; $\rho = .591^{**}$), umso umfassender und nachhaltiger fanden sie die getroffenen Regelungen (Pn; $\rho = .577^{**}$), umso größer fanden sie Ehrlichkeit und Aufrichtigkeit der Beteiligten, umso ermutigter waren sie nach einem Jahr.

Insgesamt korrelierte die *Qualität der Verhandlungsführung* signifikant mit der Ergebnisqualität ($R_c = .77$; Wilks $\lambda = .28$; $p = .000$) sowie der Nachhaltigkeit. Je erfolgreicher die Mediatoren das Verfahren einschätzten, desto gerechter fanden die Parteien das Ergebnis (simultane Regression $b = 0.48$; $SE = .28$; $p = .087$) und umso sicherer waren sie sich der Vertragstreue der Gegenseite ($b = 0.81$; $SE = .33$; $p = .022$).

Wurden *Ziele* und *Anliegen* der Beteiligten geklärt, so wurden die Problemhintergründe langfristig klarer (Pf; $\rho = .618^{**}$), waren die Parteien mit der Mediationsvereinbarung zufriedener (Pf; $\rho = .549^{**}$), besserte sich ihre Beziehung (Pf; $\rho = .520^{**}$), wahrten sie langfristig eher die Vertraulichkeit (Pn-Pf; $\rho = .539^{**}$), fühlten sich wohler (Pf; $\rho = .390^{**}$) und vertrauten der Vertragstreue der Gegenseite (Pf;

ρ= .381**). Nach einem Jahr waren *Ziele und Anliegen* der Beteiligten klarer, wenn geklärt war, wie die Beteiligten die einzelnen Aspekte der Konflikte wahrnehmen (Pf; ρ= .837**), wenn sie bei einer einvernehmlichen Regelung unterstützt wurden (Pf; ρ= .678**), die Gegenseite Verständnis zeigte (Pf; ρ= .663**), der Beitrag der Parteien zur Problemlösung gewürdigt wurde (Pf; ρ= .634**), wenn sie ihre Beziehung klärten (Pf; ρ= .612**), die Parteien besser kommunizierten (Pf; ρ= .556**), man ihnen etwas zutraute (Pf; ρ= .555**), alle wesentlichen Themen berücksichtigt werden konnten (Pf; ρ= .552**), sich die Parteien vor Angriffen geschützt fühlten (Pf; ρ= .551**) und Vertraulichkeit gewährleistet war (Pf; ρ= .521**).

Wurden *Stellenwert* und *Auswirkungen* einzelner Aspekte für die Beteiligten geklärt, dann wurde klarer, wie diese den Konflikt wahrnahmen (Pn; ρ = .801**). Ebenso verbesserte sich dann die Kommunikation der Parteien (Pn; ρ = .647**), wurden die Beziehungen zwischen den Parteien klarer (Pn; ρ =.633**), fühlten sich die Parteien besser verstanden (Pn; ρ =.603**) und vor Angriffen geschützt (Pn; ρ = .594**), wurden die Hintergründe der Probleme deutlicher (Pn; ρ =.585**) und die Parteien fühlten sich bei der Konfliktregelung besser unterstützt (Pn; ρ =.579**).

Die *Hintergründe der Probleme* ließen sich leichter klären, wenn sich die Parteien von der Gegenseite verstanden fühlten (Pn; ρ = .674**), wenn sie ihre Beziehung klären (Pn; ρ =.646**) und verbessern konnten (Pn; ρ =.620**), ihr Beitrag gewürdigt (Pn; ρ= .600**) und Stellenwert und Auswirkungen einzelner Aspekte erhellt wurde (Pn; ρ = .585**), wenn die unterschiedlichen Sichtweisen (Pn; ρ = .560**) sowie die Ziele und Anliegen geklärt wurden (Pn; ρ = .524**), man den Parteien etwas zutraute (Pn; ρ =.515**) und sie sich vom Mediator verstanden fühlten (Pn; ρ =.513**). Die Problemhintergründe wurden langfristig klarer, wenn die Sichtweisen der Beteiligten (Pf; ρ = .649**) sowie Ziele und Anliegen geklärt waren (Pf; ρ = .618**), die Gegenseite mehr Verständnis zeigte (Pf; ρ =.612**), die Kommunikation besser war (Pf; ρ =.595**), der Beitrag der Parteien gewürdigt wurde (Pf; ρ = .510**) und ihr Schutz vor Angriffen gewährleistet war (Pf; ρ =.503**).

28.2.4 Zusammenhänge zwischen Ergebnisqualitäten und Nachhaltigkeit

Merkmale der Ergebnisse

Mit einer *Vereinbarung* wurden nach Angaben der Parteien 91 % der Verfahren beendet. 92,1 % der Verfahren wurden den Mediatoren zufolge (Mn) in einer Sitzung abgeschlossen. 12 % der Verfahren dauerten nur eine Stunde, 30,7 % zwei Stunden und 27 % drei Stunden. Lediglich 11,6 % benötigten vier und 5.2 % fünf Stunden.

Die Mediationsergebnisse waren umso *nachhaltiger* und *umfassender*, je gerechter die Parteien die Vereinbarung fanden (Pn-Pf; $\rho = .643^{**}$), je mehr sie ihre Ziele durchsetzten (Pf; $\rho = .609^{**}$), die Problemursachen beseitigt wurden (Pf; $\rho = .562^{**}$) und je mehr Gestaltungsspielraum sie hatten. Je nachhaltiger und umfassender die Konfliktregelung ausfiel, umso gerechter fanden die Parteien das Ergebnis, desto weniger Stress und Kosten hatten sie, umso ermutigter waren sie nach einem Jahr (vgl. Abb. 28.5).

Je zufriedener die Parteien *nach einem Jahr* mit dem Mediationsergebnis waren, umso ermutigender fanden sie dies (Pf; $\rho = .616^{**}$) und umso wohler fühlten sie sich (Pf; $\rho = .480^{**}$).

Die Parteien fühlten sich nach einem Jahr *wohler*, wenn die Mediation von einer Frau durchgeführt worden war, je günstiger ihre Personenmerkmale und ihr Systemkontext waren, je kürzer der Konflikt gedauert hatte und je kompromissbereiter sie waren.

Die ausgehandelten *Regelungen* waren umso *nachhaltiger* und *umfassender*, je gerechter die Parteien das Mediationsergebnis fanden (Pn; $\rho = .662^{*}$), je mehr sie ihre Ziele durchgesetzt hatten (Pf; $\rho = .609^{**}$), je besser die Problemursachen beseitigt wurden (Pf; $\rho = .562^{**}$) und je gerechter das Verfahren war (Pn; $\rho = .559^{**}$). Je nachhaltiger und umfassender die Konfliktregelung war, umso gerechter fanden die Parteien später das Mediationsergebnis (Pf; $\rho = .643^{**}$) und umso weniger Stress hatten sie (; Pf; $\rho = .603^{**}$).

Je mehr es gelang, die *Konfliktursache* zu *beseitigen*, umso nachhaltiger und umfassender beurteilten die Parteien nach einem Jahr die erreichte Lösung (Pf; $\rho = .562^{**}$), umso geringer war nach einem Jahr ihr Stress (Pf; $\rho = .545^{**}$), umso gerechter fanden sie nach einem Jahr das Ergebnis der Mediation (Pf; $\rho = .481^{**}$).

Je stärker die Parteien ihre *Ziele durchgesetzt* hatten, umso gerechter fanden sie langfristig das Ergebnis, umso zufriedener waren sie nach einem Jahr mit der Mediationsvereinbarung (Pf; $\rho = .591^{**}$) und umso ermutigender fanden sie die Mediation.

Je *praktikabler* die Vereinbarung ausfiel, umso besser hielt sich die Gegenseite daran (simultane Regression $b = 1.13$; $SE = .55$; $p = .047$) und umso besser war nach einem Jahr die Beziehung zum gegnerischen Rechtsanwalt. Praktikable Regelungen hatten bessere Aussicht, auch eingehalten zu werden. Die Praktikabilität der Vereinbarung war ein wichtiges Kriterium für deren Qualität und zugleich Indikator für die Gründlichkeit der Verhandlungen. Eine solche ernsthafte Auseinandersetzung mit der Gegenseite wirkte sich offenbar auch beziehungsförderlich aus.

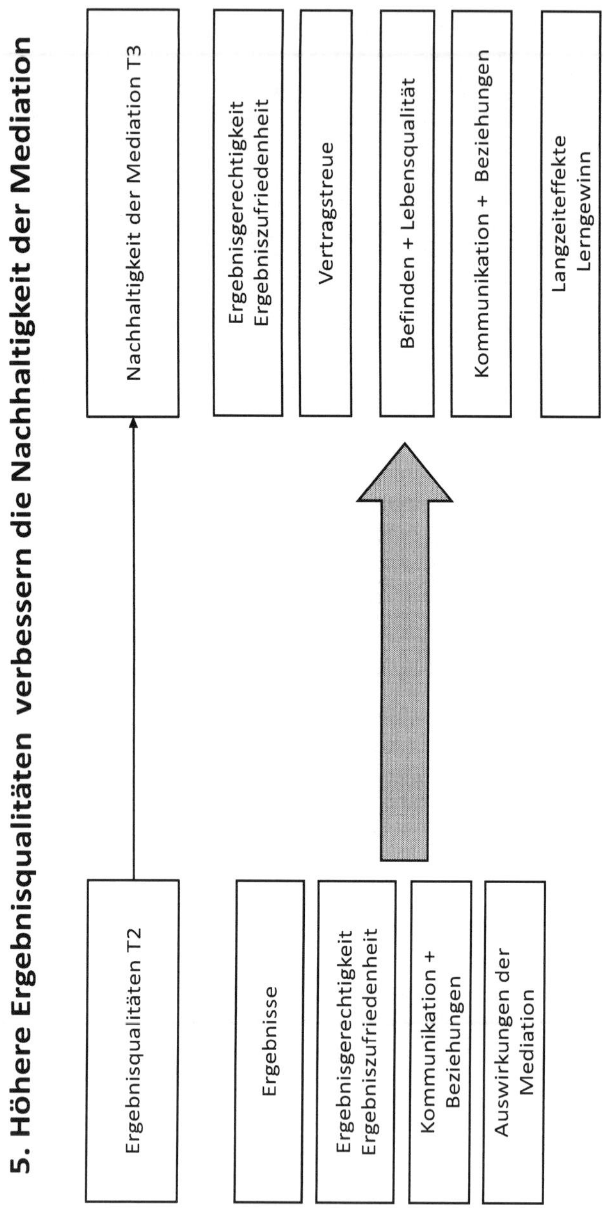

Abb. 28.5 Zusammenhänge zwischen Ergebnisqualitäten und Nachhaltigkeit (Quelle: Kaiser 2017)

Aspekte der Nachhaltigkeit

Die *Kommunikation* war nach einem Jahr umso besser, je mehr sich die Parteien verstanden fühlten (Pf; $\rho = .633^{**}$), je klarer die Sichtweisen zu einzelnen Aspekten waren (Pf; $\rho = .612^{**}$), je positiver ihr Beitrag gewürdigt wurde (Pf; $\rho = .599^{**}$), je klarer ihnen die Hintergründe der Probleme (Pf; $\rho = .595^{**}$) und Ziele und Anliegen aller Beteiligten waren (Pf; $\rho = .556^{**}$). Je besser die Parteien kommunizierten, umso besser (Pf; $\rho = .819^{**}$) und geklärter waren ihre Beziehungen nach einem Jahr (Pf; $\rho = .761^{**}$).

Je klarer die *Beziehungen nach der Mediation* waren, umso mehr verbesserten sich diese langfristig (Pf; $\rho = .786^{**}$), umso mehr fühlten sich die Parteien mit ihrem Beitrag gewürdigt (Pf; $\rho = .629^{**}$) und umso deutlicher wurden die Hintergründe der Probleme (Pf; $\rho = .577^{**}$). Nach einem Jahr war die *Beziehung zwischen den Parteien* umso klarer, je besser sich die Kommunikation zwischen ihnen entwickelt hat (Pf; $\rho = .761^{**}$), je klarer war, wie die Beteiligten die einzelnen Aspekte der Konflikte wahrnehmen (Pf; $\rho = .612^{**}$), je besser sie sich von der Gegenseite verstanden fühlten (Pf; $\rho = .608^{**}$).

Die Parteien fühlten sich *von der Gegenseite* langfristig *besser verstanden*, wenn die Sichtweisen der einzelnen Aspekte (Pf; $\rho = .716^{**}$) und der Ziele und Anliegen klarer (Pf; $\rho = .663^{**}$) und die Kommunikation besser waren (Pf; $\rho = .633^{**}$) und sie bei einer einvernehmlichen Regelung unterstützt wurden (Pf; $\rho = .601^{**}$).

Durch die Mediation *sparten* die Parteien, Anwälte und Mediatoren *Zeit*, was v. a. von den Fall- und Personenmerkmalen sowie verschiedenen Prozessqualitäten abhing.

Je *mehr Zeit* die Parteien ein Jahr nach der Mediation gespart haben, umso weniger Stress (Pf; $\rho = .716^{**}$) und Kosten hatten sie (Pf; $\rho = .608^{**}$), umso gerechter fanden sie das Ergebnis (Pf; $\rho = .497^{**}$) und umso ermutigender die Mediation (Pf; $\rho = .499^{**}$). Die Parteien konnten langfristig umso mehr Kosten sparen, je nachhaltiger und umfassender die erzielten Lösungen waren und je besser sie ihre Ziele durchsetzen konnten.

Die Parteien fanden die Mediation nach einem Jahr umso *ermutigender*, je zufriedener sie mit der Vereinbarung waren (Pn-Pf; $\rho = .630^{**}$; Pf; $\rho = .616^{**}$), je besser sie sich fühlten (Pf; $\rho = .552^{**}$) und ihre Lebensqualität war (Pn-Pf; $\rho = .535^{**}$), je weniger Stress sie hatten (Pf; $\rho = .523^{**}$) und je gerechter sie das Ergebnis fanden (Pf; $\rho = .506^{**}$).

Vertrauen in die *Vertragstreue* der Gegenpartei sagte signifikant den Erfolg des Verfahrens voraus ($b = 0.81$; $SE = .33$; $p = .022$). Je stärker die Parteien nach der Mediation von der Vertragstreue der Gegenseite überzeugt waren, umso ermutigender fanden sie die Mediation (Pn; $\rho = .572^{**}$), umso zufriedener waren sie mit dem Ergebnis (Pn; $\rho = .499$) und ihrer Lebensqualität (Pn; $\rho = .443^{**}$). Mediation war im Wesentlichen Vertrauensarbeit.

28.3 Diskussion

Die Befunde bestätigen unsere Hypothesen und decken sich weitgehend mit denen anderer Untersuchungen zu den einzelnen Fragen (siehe Abschn. 28.1).

Die Ergebnisse sind nur begrenzt zu verallgemeinern, weil unsere Untersuchungsgruppen mit ihren Konflikten und Systemkontexten nicht repräsentativ für alle Medianden, Anwälte und Mediatoren sein können. Zu berücksichtigen ist auch, dass der Konflikt bei gerichtlicher Mediation bereits gerichtsanhängig sein muss, daher einen höheren Eskalationsgrad aufweist und juristisch aufbereitet wurde. Hinzu kommt, dass gerichtliche Mediationen von spezialisierten Richtermediatoren/Güterichtern mit meist großer Mediationserfahrung durchgeführt werden. Der Indikationsbereich für gerichtliche Mediation ist daher wesentlich enger formuliert (Kaiser 2017; Gabler 2016). Die von uns untersuchten psychosozialen Aspekte und Mechanismen dürften in der außergerichtlichen Mediation bei weniger eskalierten Konflikten von ähnlicher oder sogar noch größerer Bedeutung sein. Möglicherweise sind hier die Erfolgsbedingungen noch besser, da die Einigungsbereitschaft der noch nicht bei Gericht gelandeten Parteien und die psychosozialen Beratungskompetenzen von als Mediatoren tätigen Psychologen und Sozialarbeitern professionsbedingt vielleicht höher sind. Fraglich ist allerdings, ob aussergerichtliche Mediatoren ähnlich hohe *Autorität* genießen und vergleichbare *Fallzahlen* und Mediationserfahrung erreichen, was sich ebenfalls als erfolgsrelevant herausgestellt hat.

Aus unseren Befunden, die in dieselbe Richtung weisen wie die der Mediations-, Therapie- und Beratungsforschung, lassen sich eine Reihe von Schlussfolgerungen für Praxis und Weiterbildung ziehen (vgl. Kaiser 2017):

1. Präventiv wären zur Optimierung von *Strukturqualitäten* Achtsamkeit, Dialogkultur und Konfliktfähigkeit in den unterschiedlichen Bevölkerungsgruppen im Rahmen von Bildungsmaßnahmen zu verbessern. Hier wären vor allem Einrichtungen des Bildungswesens gefragt, es wäre aber auch daran zu denken, ob sich nicht auch Gerichte als „Zentren für dialogische Konfliktkultur“ diesem Anliegen noch stärker widmen könnten.
2. Im Rahmen der Aus- und Weiterbildung von Mediatoren sollte noch mehr Wert auf Training, Selbsterfahrung und Supervision gelegt und Mediatoren auch berufsbegleitend Supervision angeboten werden.
3. Zur Optimierung der Prozessqualitäten sollten zu Beginn die relevanten Merkmale der beteiligten Personen und Systeme sowie ihre Systemkontexte, Beziehungen und Konflikte systematisch geklärt werden. Im Rahmen des Verfahrens wäre besonders zu achten auf: verständnisvolle Kommunikation und gegenseitige nicht an Bedingungen geknüpfte Wertschätzung aller Verfahrensbeteiligten,

umfassende Klärung aller mit den Konflikten zusammenhängenden Fragen sowie Neutralität/Allparteilichkeit und Abstinenz des Mediators.
4. Zur Optimierung von Ergebnisqualität und *Nachhaltigkeit* sollten Vereinbarungen genügend *operationalisiert* und die *Schritte* sowie die *Qualitätskriterien* der Umsetzung konkret festgehalten werden. Zur Förderung und Sicherung der Vertragstreue wäre an ein System zur *Qualitätssicherung* und in schwierigeren Fällen eine Art „Bewährungshilfe" zur längerfristigen Unterstützung der Parteien bei der Umsetzung der vereinbarten Regelungen zu denken. Gegebenenfalls könnten Mediatoren den Parteien Bildungsangebote zur Verbesserung ihrer Dialog- und Konfliktfähigkeit vermitteln.

Literatur

Asendorpf, J. B. (2005). Persönlichkeit: Stabilität und Veränderung. In H. Weber & T. Rammsayer (Hrsg.), *Handbuch der Persönlichkeitspsychologie und Differentiellen Psychologie* (S. 15-26). Göttingen: Hogrefe.

Bastine, R. (2000). Qualitätssicherung und -management in der Mediation: Ein Beitrag aus sozialwissenschaftlicher Sicht. *Zeitschrift für Konfliktmanagement 3*, 37-41.

Bastine, R. (2014). Konflikte klären, Probleme lösen – die Psychologie der Mediation. In L. M. Haynes, A. Mecke, R. Bastine & L. Fong (Hrsg.), *Mediation – Vom Konflikt zur Lösung* (S. 11-45). Stuttgart: Klett-Cotta.

Becker, U. & Friedrich, N. (2009). *Mediation in der bayerischen Sozialgerichtsbarkeit. Abschlussbericht zur Evaluation eines Modellprojekts.* München: Max-Planck-Institut für ausländisches und internationales Sozialrecht.

Bierbrauer, G. & Klinger, E. (2008). *Gerichtliche Mediation in Mecklenburg-Vorpommern. Ergebnisse der sozialwissenschaftlichen Begleitforschung.* Osnabrück: Institut für angewandte sozial- und wirtschaftswissenschaftliche Forschung und Konfliktmanagement.

Bierbrauer, G. & Klinger, E. (2014). *Ergebnisse des Mediationsforschungsprojekts im Bundesland Nordrhein-Westfalen.* 9. Bundesweiter Erfahrungsaustausch Gerichtsinterne Mediation. Recklinghausen, 14. November 2014.

Brown, C. J. (2002). *Facilitative Mediation: The Classic Approach Retains its Appeal.* http://www.mediate.com/pfriendly.cfm?id=1180. Zugegriffen: 7.7.2014.

Donabedian, A. (1966/1980). *Explorations in Quality Assessment and Monitoring. The Definition of Quality Approaches to its Assessment.* Ann Arbor: Health Administration Press.

Folberg, J., Milne, A. & Salem, P. (Hrsg.) (2004). *Divorce and Family Mediation. Models, Techniques, and Applications.* New York: Guilford.

Gabler, A. M. (2016). Die Stellung der gerichtlichen Mediation im Deutschen Rechtssystem. In P. Kaiser (Hrsg.).*Wirksamkeit und Nachhaltigkeit von Mediation – Ergebnisse der prospektiven Kieler Longitudinalstudie (PROKLOS). Forschungsbericht.* Vechta: Universität Vechta.

Gerlitz, J.-Y. & Schupp, J. (2005). *Zur Erhebung der Big-Five-basierten Persönlichkeitsmerkmale im SOEP.* DIW Research Notes 4.

Greenberg, L.S. (2011). *Emotionsfokussierte Therapie.* München: Reinhardt.

Greger, R. (2012). *Evaluation der Gerichtsmediation in Berlin.* http://www.reinhard-greger.de/zur-person/forschungen. Zugegriffen: 20.10.2014

Greger, R. (2013). Gerichtsinterne Mediation auf dem Prüfstand. *Zeitschrift für Konfliktmanagement,* 9.

Greger, R. & Unberath, H. (2012). *Recht der alternativen Konfliktlösung.* München: C.H. Beck.

Kaiser, P. (2008). *Mehrgenerationen-Familie und neuropsychische Schemata. Therapeutische Wirkfaktoren und Wirkdimensionen.* Göttingen: Hogrefe.

Kaiser, P. (Hrsg.) (2017). *Wirksamkeit und Nachhaltigkeit von Mediation – Ergebnisse der prospektiven Kieler Longitudinalstudie (PROKLOS). Forschungsbericht.* Vechta: Universität Vechta.

Kaiser, P. & Gabler, A. M. (2014). Prozessqualität und Langzeiteffekte in der Mediation. *Zeitschrift für Konfliktmanagement 6,* 180-184.

Kline-Pruett, M. & Johnston, J. R. (2004). Therapeutic Mediation with High Conflict Parents: Effectice models and strategies. In J. Folberg, A. L. Milne & P. Salem (Hrsg.), *Divorce and Family Mediation* (S. 92-111). New York: Guilford.

Kuhl, J. (2010). *Lehrbuch der Persönlichkeitspsychologie. Motivation, Emotion und Selbststeuerung.* Göttingen: Hogrefe.

Lambert, M. J. (Hrsg.) (2013). Bergin and Garfield's handbook of psychotherapy and behavior change. Hoboken: Wiley.

McCrae, R. R. & Costa, P. T. (1999). A Five Factor Theory of Personality. In L. Pervin & O.P. John (Hrsg.), *Handbook of personality* (S. 139-153). New York: Guilford Press.

Montada, L. & Kals, E. (2013). *Mediation. Psychologische Grundlagen und Perspektiven.* Weinheim: Beltz). Online verfügbar unter http://www.content-select.com/index.php?id=bib_view&ean=9783621281041.

Niedersächsisches Justizministerium und Konsens e. V. (2005). *Projekt-Abschlussbericht über das Projekt gerichtsnahe Mediation in Niedersachsen.* Hannover: Niedersächsisches Justizministerium.

Norcross, J. C. & Wampold, B. E. (2011). Evidence-based therapy relationships: Research conclusions and clinical practices. *Psychotherapy 48* (1), 98-102.

Paul, I. & Block, T. (2008). *Die Haltung von Rechtsanwälten zur Gerichtsmediation. Ergebnisse einer Befragung.* Unveröffentlichtes Manuskript. Kiel: Amtsgericht Kiel.

Riskin, L. L. (1996). Understanding Mediators' Orientations, Strategies, and Techniques: A Grid for the Perplexed. *Harvard Negotiation Law Review 1* (7), 7-13.

Riskin, L. L. & Welsh, N. A. (2008). Is That all There is: The Problem in Court-Oriented Mediation. *George Mason Law Review,* 863.

Shaw, L. A. (2010). Divorce Mediation Outcome Research: A Meta-Analysis. *Conflict Resolution Quarterly 27* (4), 447-467.

Walther, H. (2005). Richter als Mediatoren – Ein Modellprojekt in der hessischen Verwaltungsgerichtsbarkeit. *Deutsche Richterzeitung 127,* 1-7.

Weitz, T.T. (2008). *Gerichtsnahe Mediation in der Verwaltungs-, Sozial- und Finanzgerichtsbarkeit.* Frankfurt a. M.: Lang.

Empirische Untersuchungen über Effektivität und Wirkprozesse in der Mediation

29

Skizze der Forschungsarbeit „Mediation in Intergruppenkonflikten"

Lisa Gutenbrunner

Mediation findet zunehmend Anwendung, um zur Konfliktregelung in nahezu allen Gesellschaftsbereichen beizutragen (z. B. Wall und Dunne 2012). Während die *Effektivität* des Verfahrens in interpersonellen Konflikten, z. B. in der Schule oder in Familienbeziehungen, bereits gut belegt scheint (z. B. Bastine und Wetzel 2000; Burrell et al. 2014), steht die Erforschung von Mediation in Intergruppenkonflikten, in denen die Beteiligten in erster Linie Gruppeninteressen verfolgen, noch relativ am Anfang (z. B. Pruitt 2011).

Eine besonders große Forschungslücke betrifft den *Prozess* und die *Wirkmechanismen* von Mediation: Die Effektivität einzelner Mediationstechniken sowie die Prozesse, die durch diese bei den Streitparteien angeregt werden, sind nach wie vor weitgehend unbekannt (z. B. Wall und Dunne 2012; Wall et al. 2001).

Im Rahmen meiner sozialpsychologischen Promotion sowie darüber hinaus untersuche ich daher die Effektivität und den Wirkprozess von Mediation in Intergruppenkonflikten. Mediation wird dabei, dem weiten Begriff von Mattenschlager und Meder (2004) folgend, als Vermittlung zwischen zwei oder mehr Konfliktparteien durch eine neutrale Drittpartei verstanden.

29.1 Aufbau und Methodik des Forschungsansatzes

Um zunächst einen Überblick über bisherige Forschungsansätze zur Evaluation von Mediation in Intergruppenkonflikten zu erhalten, führe ich ein *narratives Review* (d. h. einen Literaturüberblick ohne systematische Quantifizierung der empirischen Ergebnisse) durch. Sofern die Datenlage eine Quantifizierung bisheriger Ergebnisse erlaubt, werden diese meta-analytisch zusammengefasst. Eine *Meta-Analyse* erlaubt die Integration verschiedener Ergebnisse zu einer Fragestellung. Dabei wird die Reliabilität der Ergebnisse berücksichtigt (vgl. z. B. Lipsey und Wilson 2001). Dies geschieht beispielsweise, indem die gefundenen Effekte anhand des jeweils zugrunde liegenden Stichprobenumfangs gewichtet werden. Das noch in Arbeit befindliche Review lässt bereits im jetzigen Stadium erste Schlüsse zur bisherigen Erforschung von Mediation in Intergruppenkonflikten zu:

Die weitaus größte Zahl der Studien quantifizieren Mediationserfolg anhand der *Vereinbarungsrate* der betrachteten Fälle im Feld. Somit lässt sich etwa feststellen, dass Mediation in Umweltkonflikten zu 74 % (LaPlant Turkiewicz und Allen 2014), in Tarifkonflikten zu 57–60 % (Bingham et al. 2002; Hiltrop 1989) und in internationalen Konflikten und Bürgerkriegen zu 39–63 % (Bercovitch und Fretter 2007; DeRouen et al. 2011) mit einer Vereinbarung enden. Da all diese Studien jedoch keine Vergleichsgruppen heranziehen, bleibt ungewiss, zu welchen Anteilen diese Konflikte ohne Mediation gelöst worden wären. Eine kausale Attribution der Konfliktlösung auf das Einsetzen von Mediationsverfahren ist nicht möglich.

Um diesem Mangel in der bisherigen Forschung entgegenzuwirken, führte ich im Rahmen meiner Promotion drei *experimentelle Studien* zur Effektivität von Mediation in Intergruppenkonflikten durch. Um neben der allgemeinen Wirksamkeit auch den psychologischen Wirkprozess zu beleuchten, untersuche ich die gängige Hypothese, dass die Förderung von *Perspektivenwechsel* und *Empathie* zwischen Konfliktparteien zu einer Verbesserung ihres Verhältnisses führt (vgl. z. B. Nadler und Liviatan 2006; Swart et al. 2011).

Studie 1. In einer ersten Studie (N = 164 Teilnehmer_innen) verglich ich die Wirksamkeit von Mediation mit individuellem Problemlösen im strukturellen Ressourcen-Konflikt zwischen internationalen und deutschen Studierenden. Dabei produzierten die Teilnehmer_innen Lösungsideen in Bezug auf divergierende Interessen, etwa in Bezug auf die Unterrichtssprache an der Universität. Diese Lösungsideen wurden in kleinen Gruppen von internationalen und deutschen Studierenden (ca. zwei Studierende pro Gruppe) entweder im mediierten Dialog (21 Durchführungen) oder durch individuelle Überlegungen (20 Durchführungen) generiert. Es zeigte sich, dass die Studierenden, die an einer Mediation teilgenommen hatten, signifikant geringere Vorurteile gegenüber der jeweils anderen Gruppe äußerten. Dieser Effekt ging auf ein durch die Mediation gesteigertes Maß an Empathie zurück (siehe auch Gutenbrunner et al. 2017; Gutenbrunner 2017).

Studie 2. Im Rahmen einer zweiten Studie (N = 89 Teilnehmer_innen) ging ich der Frage nach, ob sich die in Studie 1 gefundenen Effekte auf die Vermittlung durch ein_e Mediator_in oder auf die Verhandlungssituation zwischen beiden Gruppen zurückführen ließ. Zu diesem Zweck verglich ich mediierte (21 Durchführungen) mit unmediierten (24 Durchführungen) Verhandlungen in einem simulierten Intergruppenkonflikt. Die Befunde aus der ersten Studie ließen sich dabei replizieren:

Mediation verbesserte die Einstellung gegenüber der jeweils anderen Gruppe, sofern sich die Teilnehmenden auf die Simulation eines Konfliktes zwischen Wohngemeinschaften einließen. Das verbesserte Verhältnis zwischen den Gruppen wurde auch hier über erhöhte Empathie vermittelt (siehe auch Gutenbrunner et al. 2017; Gutenbrunner 2017).

Studie 3. Im Rahmen der dritten Studie ging ich auf spezifische Mediationstechniken ein (*N* = 103 Teilnehmer_innen). Ich untersuchte die Hypothese, dass Perspektivübernahmetechniken in der Mediation die wechselseitige Empathie und dadurch positive Einstellungen zwischen Gruppenmitgliedern erhöhen. Dazu führte ich 51 Mediationen mit und 52 Mediationen ohne die Techniken des *Kontrollierten Dialogs* und *Role Reversals* durch (z. B. Montada und Kals 2013; Specht und Wüstehube 2012). Durch den Vergleich der beiden Bedingungen im Interessenskonflikt zwischen geflüchteten und deutschen Teilnehmer_innen ließ sich die Hypothese bestätigen.[1] Während Empathie und Sympathie gegenüber dem individuellen Gruppenmitglied durch die Perspektivübernahmetechniken stiegen, zeigte sich jedoch kein Effekt auf die Einstellungen gegenüber der gesamten Gruppe der Geflüchteten (siehe auch Gutenbrunner und Wagner 2016).

Zusammenfassend finden sich deutliche Hinweise für die Effektivität von Mediation in Intergruppenkonflikten. Die Verbesserung der wechselseitigen Einstellung zwischen den Gruppen lassen sich aufgrund des experimentellen Designs kausal auf die Anwendung des Mediationsverfahrens zurückführen. Des Weiteren deuten die hier dargestellten Studien auf die Relevanz von wechselseitiger Empathie für die verbesserten Intergruppenbeziehungen hin. Damit sollten sich praktizierende Mediator_innen insbesondere durch die Ergebnisse von Studie 3 darin bestärkt fühlen, Perspektivübernahmetechniken in der Mediation anzuwenden.

1 Es wurden nur deutsche Teilnehmer_innen zur Studie eingeladen, die im Pretest für eine Schließung deutscher Grenzen plädierten. Diese wurden für die Durchführung der Mediation mit einem Geflüchteten konfrontiert (in Wahrheit ein konföderierter Schauspieler), der für eine vollständige Öffnung der Grenzen plädierte. Mit der Aufgabe, die Frage der Grenzöffnung zu diskutieren, entstand automatisch ein Interessenskonflikt, der mit der Zugehörigkeit zur Gruppe der Deutschen oder der Geflüchteten assoziiert war. Alle Teilnehmer_innen wurden im Anschluss an das Experiment über das Versuchsdesign aufgeklärt.

Literatur

Bastine, R. & Wetzel, A. (2000). Familienmediation: Empirische Untersuchungen und Modellprojekte in Deutschland und Österreich. In F. Petermann & K. Pietsch (Hrsg.), *Mediation als Kooperation* (S. 52-103). Salzburg: O. Müller.

Bercovitch, J. & Fretter, J. (2007). Studying International Mediation: Developing Data Sets on Mediation, Looking for Patterns, and Searching for Answers. *International Negotiation 12* (2), 145-173.

Bingham, L. B., Kim, K. & Summers, R. S. (2002). Exploring the Role of Representation in Employment Mediation at the USPS. *Ohio State Journal on Dispute Resolution 17*, 341-378.

Burrell, N., Grimes, D. & Allen, M. (2014). Using Meta-Analysis to Examine Peer Mediation: Outcomes and Effectiveness in Educational Settings. In N. Burrell, M. Allen, B. M. Gayle, & R. W. Preiss (Hrsg.), *Routledge Communication Series. Managing Interpersonal Conflict. Advances through Meta-Analysis* (S. 167-180). New York [u. a.]: Routledge.

DeRouen, K., Bercovitch, J. & Pospieszna, P. (2011). Introducing the Civil Wars Mediation (CWM) dataset. *Journal of Peace Research 48* (5), 663-672.

Gutenbrunner, L. (2017). *Mediation in Intergroup Conflict: The Role of Empathy between Conflict Parties.* Dissertation. Philipps-Universität, Marburg.

Gutenbrunner, L. & Wagner, U. (2016). Perspective Taking Techniques in the Mediation of Intergroup Conflict. Peace and Conflict. *Journal of Peace Psychology 22* (4), 298-305.

Gutenbrunner, L., Wagner, U. & Schwarz, M. (2017). *Mediation in Intergroup Conflict: The Role of Mutual Empathy.* Manuscript in preparation.

Hiltrop, J. M. (1989). Factors Associated with Successful Labor Mediation. In K. Kressel & D. G. Pruitt (Hrsg.), *Mediation Research: The Process and Effectiveness of Third-Party Intervention* (S. 241-262). San Francisco: Jossey Bass.

LaPlant Turkiewicz, K. & Allen, M. (2014). The Effectiveness of Environmental Mediation: A Meta-Analytic Approach. In N. Burrell, M. Allen, B. M. Gayle, & R. W. Preiss (Hrsg.), *Routledge Communication Series. Managing Interpersonal Conflict. Advances through Meta-Analysis* (S. 125-139). New York [u. a.]: Routledge.

Lipsey, M. W. & Wilson, D. B. (2001). *Practical meta-analysis. Applied social research methods series: Vol. 49.* Thousand Oaks: Sage Publications.

Mattenschlager, A. & Meder, G. (2004). Mediation. In G. Sommer & A. Fuchs (Hrsg.), *Krieg und Frieden* (S. 494-507). Weinheim: Beltz PVU.

Montada, L. & Kals, E. (2013). *Mediation: Psychologische Grundlagen und Perspektiven [Mediation: Psychological Basics and Perspectives]* (3rd ed.). Weinheim: Beltz.

Nadler, A. & Liviatan, I. (2006). Intergroup reconciliation: Effects of Adversary's expressions of empathy, responsibility, and Recipients' trust. *Personality and Social Psychology Bulletin 32* (4), 459-470.

Pruitt, D. G. (2011). Negotiation and mediation in intergroup conflict. In D. Bar-Tal (Hrsg.), *Frontiers of Social Psychology. Intergroup Conflicts and their Resolution: A Social Psychological Perspective* (S. 267-289). New York: Psychology Press.

Specht, H. & Wüstehube, L. (2012). Mit dem Platz die Perspektive wechseln. In P. Knapp (Hrsg.), *Praxishandbuch Beratung. Konfliktlösungs-Tools* (S. 259-264). Bonn: Manager-Seminare-Verl.-GmbH.

Swart, H., Turner, R., Hewstone, M. & Voci, A. (2011). Achieving Forgiveness and Trust in Postconflict Societies: The Importance of Self-Disclosure and Empathy. In L. R. Tropp

& R. K. Mallett (Hrsg.), *Moving Beyond Prejudice Reduction. Pathways to Positive Intergroup Relations* (1. Aufl., S. 181-200). Washington: American Psychological Association.
Wall, J. A., Jr. & Dunne, T. C. (2012). Mediation Research: A Current Review. *Negotiation Journal 28* (2), 217-244.
Wall, J. A., Jr., Stark, J. B. & Standifer, R. L. (2001). Mediation: A Current Review and Theory Development. *Journal of Conflict Resolution 45* (3), 370-391.

Zur Wirkung von problemlösender oder transformativer Konfliktberatung bei Trennung und Scheidung

30

Ergebnisse einer wissenschaftlichen Analyse sowie Ausblick für Folgeuntersuchungen

Anne Christina Mess und Robert Germund

Paare, die sich in einem Prozess der Trennung und Scheidung befinden (im Folgenden „TuS"), stoßen bei der Suche nach professioneller Unterstützung auf eine große Palette verschiedener Interventionsangebote, die sich in ihrer Methodenanwendung überschneiden (vgl. Witte et al. 1992; Moore 2003; Nestmann et al. 2004; Dietzfelbinger 2010). Diese Vielfalt zeigt sich in einem breiten Spektrum der Angebote: Partner-, Ehe-, Paarberatung, Mediation, Trennungs- und Scheidungsberatung usw. Diese Methoden der Konfliktbearbeitung werden hier unter Konfliktberatung subsumiert (im Folgenden „Kb"). Die ausführenden Berater, Mediatoren, Konfliktlotsen usw. werden als Konfliktberater bezeichnet, die vor- und außergerichtlich mit den Konfliktparteien an deren Konflikten arbeiten. Beratung wird hier nicht als einseitiges Erteilen von Ratschlägen verstanden, sondern i. S. v. gemeinsamem Besprechen, Überlegen und Planen. Der strukturkompetente Berater gibt den prozessualen Rahmen und sorgt so dafür, dass die für die Beratung relevanten Inhalte angesprochen werden.

30.1 Unterschiedliche Mediationsansätze

Eine Form der Konfliktberatung, deren Wirksamkeit in diesem Forschungsprojekt[1] untersucht wurde, ist die Scheidungsmediation. Sie findet in den USA („divorce

1 Der Beitrag beruht im Wesentlichen auf den Ergebnissen der Forschungsarbeit „Entwicklung von Messinstrumenten zur Evaluation problemlösender und transformativer Mediationspraxis: Identifikation der Mediationsorientierung in der Selbsteinschätzung der Mediatoren und Wirkungen aus Sicht der Medianden" von Dr. phil. Anne Christina Mess (2014), www.acmess.de

mediation") schon seit Jahrzehnten (vgl. Folberg und Milne 1988) zunehmende Verbreitung und gewinnt auch im deutschsprachigen Raum zusehends an Bedeutung (vgl. Haynes et al. 2002; Bastine 2005). Viele Mediatoren haben einen juristischen Grundberuf und arbeiten als Konfliktberater entsprechend problemlösungsorientiert (siehe auch die Webseiten der großen Mediationsverbände, deren Mitgliederverzeichnisse und Ausbildungsübersichten nach Grundberufen geordnet sind, bspw. bafm-mediation.de). Nach deren Ansatz ist Mediation „... ein zielgerichteter, problemlösender Prozess, in dem die Konfliktpartner eine Vereinbarung aushandeln sollen, die die Probleme in einer für alle annehmbaren Weise löst ..." (Haynes et al. 2002, S. 12 f.).

Hervorzuheben aus den unterschiedlichen Ansätzen der Mediation i. w. S. sind Bush und Folger (2005, 2009) als Initiatoren der „transformative mediation", die viele Elemente aus Konzepten der klassischen Paarberatung enthält. Sie unterteilen die vorhandenen Verfahren in „four stories of the mediation process": „satisfaction story", „social justice story", „transformation story" und „oppression story." „None of the stories is `the true story´ of the field; rather, each is probably a valid account of the practices of some number of mediators working in the field today" (2005, S. 19). Bush und Folger sowie ihre Anhänger legen den Schwerpunkt der Kb im Rahmen der „transformation story" auf die Fähigkeit zur Selbstbehauptung der Parteien („empowerment") sowie auf deren wechselseitige Wertschätzung („recognition", vgl. Bush und Pope 2004, S. 60-61). Sie grenzen ihren Ansatz explizit vom problemlösenden Ansatz ab, der eher der „satisfaction story" folgt, um eine Entscheidung oder Vereinbarung zwischen den Konfliktparteien zu erzielen, die den Konflikt und die damit verbundenen Probleme löst. Im Mittelpunkt des transformativen Ansatzes steht vielmehr die persönliche Lernerfahrung der Konfliktparteien, die dann zu einer Transformation des dysfunktional-destruktiven Konfliktsystems in ein funktional-konstruktives führt (vgl. Bush und Folger 2005, S. 69; Bush und Pope 2004, S. 60-61) und die Beteiligten befähigt, nicht nur miteinander und im aktuellen Konflikt, sondern auch mit anderen Personen in zukünftigen Konflikten fruchtbar umzugehen (vgl. Bush und Folger 2005; Folger und Bush 2010; Moen et al. 2001).

Das Forschungsprojekt nimmt diese *Gegenüberstellung problemlösender und transformativer Kb* („problem-solving" vs. „transformative mediation", vgl. Della Noce 2002) als Grundlage für die Untersuchung differentieller Wirkungen von Kb im TuS-Bereich. Erzielt die von Bush und Folger bevorzugte transformative Kb tatsächlich die versprochenen transformativen Wirkungen und die problemlösende Kb tatsächliche Problemlösungen? Erzielen beide Ansätze sogar beide Arten von Wirkungen in angemessenem Umfang? Erzielen sie überhaupt keine Wirkungen oder werden problemlösende bzw. transformative Wirkungen von anderen Aspekten der Kb erzeugt, wie z. B. vom systematischen Einsatz von Transformationsmethoden (Hausaufgaben, Beteiligung dritter Personen) oder rechtlichen Erwägungen?

Es gibt Ansätze, die transformative und problemlösende Kb miteinander verbinden. Diez (2005) hat mit einer Arbeitsgruppe von Fachleuten psychosozialer und juristischer Disziplinen die Bausteine von „Selbstbehauptung" und „Wechselseitigkeit und Gemeinsamkeit" in ein Mediationskonzept eingebaut, das zugleich auch auf eine tragfähige Problemlösung am Ende der Kb abzielt. Hösl (2008) praktiziert eine Synthese aus dem Harvard-Konzept mit dem Ziel der sachlichen Konfliktlösung einerseits und dem Transformations-Ansatz mit dem Menschen und seinen Gefühlen im Mittelpunkt der Konfliktberatungen andererseits. Redlich (2009) integriert bewährte transformative (Thomann und Prior 2010; Rothman 1997) und problemlösende Ansätze (Fisher et al. 2004; Rubin et al. 1994) für die Kb mit Gruppen. Diese integrierenden Ansätze sind in der Mediationspraxis allerdings sehr zeitaufwändig. In der zeitlich begrenzten, professionellen Praxis der Kb ist davon auszugehen, dass Konfliktberater einen Schwerpunkt setzen und entsprechend ihrer Ausbildung bzw. „Schule" auf die problemlösende oder transformative Grundorientierung entsprechend der Analyse von Bush und Folger (2009) zurückgreifen. Diese Annahme sollte im Rahmen des Projektes ebenfalls geprüft werden. Untersuchungen zur allgemeinen Wirksamkeit und den Abläufen von Mediation liegen nur vereinzelt vor (Hahn und Kleist 2000, S. 169). Mit Bastine (2005) bleibt es daher auch in Zukunft eine wichtige Aufgabe, „die Wirksamkeit des Verfahrens sowie Nutzen und Brauchbarkeit des Verfahrens weiter zu verbessern" (ebd., S. 143). Unberücksichtigt bei den bestehenden Untersuchungen und den Forderungen nach weiterer Wirksamkeitsforschung blieben zunächst differentielle Wirkungen verschiedener Ansätze der Konfliktberatung. Insbesondere die Untersuchung der differentiellen Wirkungen der beiden grundlegenden Ansätze (problemlösend und transformativ) fehlt bislang im Bereich der Kb bei TuS.

Die der Untersuchung zugrunde liegenden Definitionen problemlösender und transformativer Wirkungen und entsprechender Kb ließen sich nach diesen Überlegungen so zusammenfassen: *Problemlösende Wirkungen* sind

a. Entscheidungen und (schriftlich festgehaltene) Absprachen der Klienten während der Kb, die auf Lösungen der aktuellen Konfliktpunkte ausgerichtet sind, sowie
b. deren tatsächliche Lösungen nach der Kb.
c. *Transformative Wirkungen* zeigen sich in der Ausbildung von Fähigkeiten der Klienten, ihre zukünftigen Auseinandersetzungen unabhängig von der Lösung der aktuellen Konfliktpunkte so zu gestalten, dass eine von ihnen akzeptierte Beziehung aufgebaut und aufrechterhalten wird.

Als problemlösende Kb wurden hier solche Konfliktberatungen definiert, die von Konfliktberatern durchgeführt werden, die über eine juristische Grundausbildung verfügen und/oder sich selbst als überwiegend problemlösend einschätzen. Als transformative Kb galten solche Konfliktberatungen, die von Konfliktberatern durchgeführt werden, die über eine psychosoziale (d.h. psychologische, (sozial-) pädagogische oder sozialwissenschaftliche) Grundausbildung verfügen und/oder sich selbst als überwiegend transformativ einschätzen.

Vor dem Hintergrund dieser Überlegungen stellen sich vier zentrale Fragen:

- Wie können problemlösende und transformative Wirkungen von Kb gemessen werden?
- Wie können problemlösende und transformative Kb in der professionellen Praxis identifiziert und voneinander unterschieden werden?
- Sind problemlösende und transformative Beratungen bei Trennungs- und Scheidungskonflikten überhaupt in nennenswertem Maße wirksam?
- Unterscheiden sich die Wirkungen von problemlösender und transformativer Kb bei TuS in bedeutsamer Weise?

30.2 Grundlagen der Praxisuntersuchung

Im Rahmen des Forschungsprojekts wurden zwei Erhebungsinstrumente entwickelt, um sowohl die allgemeine als auch die differentielle Wirksamkeit von Konfliktberatungen bei TuS messen zu können. In Ermangelung eines allgemeinen Mediationsmodells baute die Arbeit auf den beiden Ansätzen der problemlösenden und der transformativen Mediation auf, denen die meisten Mediationsansätze zugeordnet werden können. Als Forschungsinstrument für den der Studie zugrunde liegenden Indikationsbereich wurde der Online-Fragebogen gewählt. Da sich in etablierten Testverfahren keine geeigneten Skalen zur Messung der Wirksamkeit von Konfliktberatungen finden ließen, mussten eigene Skalen für die beiden Erhebungsinstrumente konstruiert werden. Zur Erfassung des professionellen Vorgehens bei Konfliktberatungen wurde der Fragebogen zur Selbsteinschätzung der Orientierung in der Konfliktberatung von Konfliktberatern bei Trennungs- und Scheidungskonflikten (FSOK) in drei Schritten entwickelt: Expertenuntersuchung, Voruntersuchung und geplante Hauptuntersuchung.

30.3 Fragebogen für Konfliktberater

Der *Online-Fragebogen* für die Voruntersuchung wurde über Questback Uni-Park an 872 Konfliktberater mit juristischem oder psychosozialem Grundberuf verschickt. Von den 351 retournierten Fragebögen konnten nur 123 Datensätze verwertet werden. Die explorative Faktorenanalyse (Hauptkomponentenanalyse mit Varimax-Rotation) ergab eine Drei-Faktoren-Lösung mit 17 Items und einer erklärten Gesamtvarianz von 44 %. Die drei Faktoren ‚Lösungsorientierung', ‚Lehrorientierung' und ‚Versöhnungsorientierung' zeigten eine gute Reliabilität.

Der Fragebogen wurde sodann für die Hauptuntersuchung an die 872 Konfliktberater aus der Voruntersuchung sowie an 824 neue Adressaten verschickt. Die insgesamt 1.696 Konfliktberater sollten sowohl den Fragebogen für die Hauptuntersuchung ausfüllen als auch Konfliktparteien dafür gewinnen, bei Beginn und Abschluss der Beratung in ihrem TuS-Konflikt einen anonymen Online-Fragebogen auszufüllen. Von den Konfliktparteien gingen gar keine ausgefüllten Fragebogen ein. Die 49 verwertbaren Datensätze der Konfliktberater waren für eine Hauptkomponentenanalyse unzureichend. Sie wurden daher mit den in der Vor- und der Hauptuntersuchung identischen Variablen zu deskriptiv-statistischen und faktorenanalytischen Berechnungen mit SPSS 19 verwendet. Dabei ließen sich die drei Faktoren replizieren. Es zeigte sich, dass sich die theoretischen Konstrukte beider großen Mediationsansätze empirisch nachweisen lassen und dass lediglich zwei Klassen von Mediationen nicht ausreichend sind, um die Orientierung von Konfliktberatern in der professionellen Arbeit bei TuS-Konfliktberatungen zu beschreiben.

30.4 Fragebogen für die Teilnehmenden an einer TuS-Beratung

Zur Messung problemlösender und transformativer Wirkungen von Konfliktberatungen wurde ein *zweiter Online-Fragebogen* entwickelt: der Fragebogen zu problemlösenden und transformativen Wirkungen von Konfliktberatungen bei Trennungs- und Scheidungskonflikten (FPTW). Er wurde für die Voruntersuchung an erwachsene Personen verschickt, die sich vorstellen sollten, aufgrund einer Partnerschaftsproblematik an einer Konfliktberatung teilzunehmen. Von den 318 retournierten Fragebögen konnten 127 Datensätze verwendet werden. Der fünfteilige Fragebogen misst im ersten Teil das Selbstwertempfinden und die Selbstbehauptung der Konfliktparteien. Von vier *Skalen* aus dem *Inventar sozialer Kompetenzen* (ISK,

Kanning 2009) schienen drei geeignet zu sein, problemlösende oder transformative Wirkungen von Konfliktberatungen bei TuS-Konflikten zu messen: die Skalen zu ‚*Durchsetzungsfähigkeit*', ‚*Kompromissbereitschaft*' und ‚*Perspektivenübernahme*'. Diese drei Skalen ließen sich mit einer Hauptkomponentenanalyse mit Varimax-Rotation fast identisch replizieren. Die vierte Skala aus dem ISK, die Skala ‚Handlungsflexibilität', diente als Kontrollvariable. Der zweite Teil des FPTW beinhaltete 22 Items zur Erfassung des Konfliktverhaltens gegenüber wichtigen Personen. Faktorenanalytische Berechnungen ließen eine Drei-Faktoren-Lösung am besten geeignet erscheinen: ‚*Selbstausdruck*', ‚*Perspektivenwechsel*' und ‚*Einsatzbereitschaft*'. Die drei Faktoren erklären zusammen etwa 49 % der Gesamtvarianz und haben eine gute Reliabilität. Der dritte Teil erfragt den Umgang mit dem Konfliktpartner, ohne dass Streit vorliegt. Dieser Teil schied nach der Faktorenanalyse aus. Der vierte Teil soll den Umgang mit dem Konfliktpartner bei Streit messen können. Die 20 selbst entwickelten Items führten zu einer Drei-Faktoren-Lösung: ‚*Streitlust*', ‚*Gewalttätigkeit*', ‚*Konstruktives Streitverhalten*'. Die drei Faktoren erklären 62 % der Gesamtvarianz bei guter Reliabilität. Der fünfte Teil bestand zunächst aus der Problemliste von Hahlweg (1996) mit 23 Items sowie 13 selbst generierten konfliktspezifischen Items. Im Fragebogen für die Hauptuntersuchung wird lediglich mit freiem Antwortformat nach dem Hauptproblem im Rahmen der TuS-Konfliktberatung gefragt. Der Fragebogenteil für die Nachbefragung erfasst die Beurteilung der durchlaufenen TuS-Konfliktberatung.

30.5 Zusammenfassendes Ergebnis und Ausblick

Nachdem in der vorliegenden Studie aufgrund des geringen Rücklaufs von Online-Fragebögen oder auch fehlenden Praxisfällen nur ein Teil der geplanten Untersuchungsschritte durchgeführt werden konnte, bleiben die Fragen nach der konkreten Wirksamkeit von Konfliktberatungen an Paaren, die sich tatsächlich in einer TuS-Beratung befinden, offen. Für die Durchführung eines auf den Ergebnissen dieser Arbeit aufbauenden Forschungsprojekts sollte erwogen werden, die Teilnehmer zusätzlich mit einer finanziellen Aufwandsentschädigung zur Teilnahme zu motivieren.

In der vorliegenden Studie handelt es sich um ein item- und skalengenerierendes Vorgehen, was die Notwendigkeit einer Validierungsstudie nahelegt. Die Überprüfung der Skalen an einer zweiten, unabhängigen Stichprobe ist notwendig, um die faktorielle Validität zu bestätigen. Nachdem es bis dato keine ähnlichen Messinstrumente (wie den FSOK oder den FPTW) gibt, können solche zur Überprüfung der konvergenten Validität der beiden vorliegenden Messinstrumente auch nicht eingesetzt werden. Allerdings könnte der Einfluss der einzelnen Faktoren untereinander überprüft werden. Des Weiteren könnte eine spätere Längsschnittstudie mit Prä-Post-Vergleich und Follow-up-Untersuchung bspw. sechs Monate nach Abschluss der Konfliktberatung zutage fördern, ob sich interventionsbedingte Zunahmen in den Kriterien für eine problemlösende oder transformative Kb bei den Teilnehmern an einer solchen Konfliktberatung tatsächlich einstellen. Darüber hinaus könnte sich eine Stabilität dieser Veränderungen i. S. eines Aufbaus und Erhalts von Kompetenzen bei den Teilnehmern entwickeln. Intergruppenvergleiche könnten unterschiedliche Prozessverläufe (Prä, Post und Follow-up) und ggf. nachhaltige Wirkungen bei den Teilnehmern an einer problemlösenden oder transformativen Kb aufdecken. Allerdings ist bei Untersuchungen dieses Typus zu beachten, dass sich auch treatment-unabhängige Veränderungen einstellen können. Zu denken ist hierbei daran, dass sich die Konfliktparteien an ihre neue Lebenssituation gewöhnen, ihren Stress reduzieren können und darüber friedfertiger und/oder kooperativer werden. Möglicherweise bewirkt bereits eine Pretest-Messung, dass die Personen auf bestimmte Probleme und/oder Verhaltensweisen aufmerksam gemacht werden und selbstständig Veränderungen vornehmen. Interessant könnte es somit sein, neben den beiden Gruppen von Mediatoren (problemlösend vs. transformativ) sowie den jeweilig teilnehmenden Konfliktparteien auch Paare zu untersuchen, die keine professionelle Kb erhalten (Kontrollgruppe).

Ob sich allerdings bei einer Folgestudie ausreichend viele Versuchspersonen finden lassen, die sich günstigstenfalls per Zufall verteilen (Randomisierung), muss nach den Erfahrungen aus der vorliegenden Studie in Zweifel gezogen werden. Sofern sich in einer Follow-up-Untersuchung keine Stabilität der Ergebnisse (im Vergleich zum Zeitpunkt des Abschlusses der Konfliktberatung) finden ließe, könnte das Fehlen der Nachhaltigkeit stressbedingt sein. Ein zunächst verbessertes Problemlösungsverhalten oder eine verbesserte zwischenmenschliche Beziehung (zur anderen Konfliktpartei) könnten bspw. unter dem Stress der neuen Lebenssituation nicht nachhaltig bestehen (zur Nachscheidungsphase, vgl. bspw. Krabbe 2004).

Für den Fall, dass weitere Studien zur allgemeinen und differentiellen Wirksamkeit aufgelegt werden und dass die Ergebnisse aus Konfliktberatungen bei TuS-Konflikten (i. S. einer Lösung der Probleme oder Verbesserung der Beziehung der Konfliktparteien) sich auch nachhaltig positiv auswirken, könnten damit objektiv positive Ergebnisse aus anderen Untersuchungen bestätigt werden, wie eine Senkung der Gerichtskosten (durch Folgeprozesse) oder auch eine Entlastung der Gerichte. Bei Vorliegen solcher kostensenkenden Wirkungen durch Mediationen könnten auch Rechtsschutzversicherungen noch stärker als bisher für Mediationskosten aufkommen. Sofern sich in einer Folgestudie positive Ergebnisse hinsichtlich der (allgemeinen oder differentiellen) Wirksamkeit von Konfliktberatungen zeigen, könnten diese einen Beitrag zur Qualitätssicherung von Kb bei TuS-Konflikten liefern (vgl. bspw. Bastine 2002). Eine Qualitätssicherung ist in der Nachbardisziplin der Konfliktberatung, der Psychotherapie, schon lange eingeführt worden (siehe statt vieler: Webseiten der Bundespsychotherapeutenkammer, Landespsychotherapeutenkammern). Zu denken ist mit einem Nachweis der differentiellen Wirksamkeit von Konfliktberatungen bei TuS-Konflikten auch an die Vermittlung von profundem Wissen im Rahmen von Mediatorenausbildungen. Hiermit sind wirksame Interventionen gemeint, die in Ausbildungscurricula vermittelt und von den Teilnehmenden an solchen Ausbildungen in der Praxis angewandt werden könnten.

Ferner könnten positive Resultate aus späteren Untersuchungen als solide Basis für ein verstärktes Bekanntmachen von Mediationen bei TuS-Konflikten genommen werden. Daraus könnte eine vermehrte Inanspruchnahme von Konfliktberatungen bei TuS-Konflikten entstehen (so bereits 1995 zur hohen Akzeptanz bei freiwilligen Vermittlungsangeboten vgl. bspw. Proksch). Dies könnte einer deutlich größeren Anzahl von Paaren in ihrer vermutlich schwierigsten Phase ihres (Beziehungs-) Lebens zu professioneller Unterstützung verhelfen.

Für Folgestudien zur Differenzierung der Wirkung nach lösungsorientierten und transformativen Ansätzen wären folgende Variablen zu berücksichtigen, die das Untersuchungsdesgin beeinflussen könnten und ihrerseits aufschlussreich sind für das Verstehen dieser Beratungsansätze:

a. Persönlichkeitsmerkmale,
b. Eignung und
c. Stresserleben von Konfliktparteien.

Die Klärungshilfe ist der einzige umfassende, transformative Ansatz im deutschsprachigen Raum (vgl. Klärungshilfe 1 und 2: Thomann und Schulz von Thun 2011; Thomann 2004). Wenn die Klärungshilfe nun zu den praktizierten Ansätzen der Konfliktberatung bei TuS-Konflikten gehört, sollte das ihr zugrunde liegende Persönlichkeitsmodell aktualisiert werden. Das Persönlichkeitsmodell, auf dem der Persönlichkeitsstrukturtest (PST-R: Dieterich 1996, 2003, 2012) aufbaut, kann diese Aktualisierung leisten. Es könnte bspw. auch in der Ausbildung von Konfliktberatern vermehrt herangezogen werden. Es stellt in einzigartiger Weise praxistaugliche Möglichkeiten zur Verfügung, Veränderungen des Verhaltens und von Einstellungen bei Konfliktparteien zu initiieren. Vor dem Hintergrund dieses validierten Persönlichkeitsmodells könnten zudem in einer späteren Studie realistische Annahmen über zu erwartende Ergebnisse bei Veränderungsmessungen getroffen werden. Auf den Einfluss, den Persönlichkeitsmerkmale und Anpassungsschwierigkeiten von Konfliktparteien auf die Wirksamkeit von Mediationen haben können, weist Kelly (1996) hin. Zugleich konstatiert sie unzureichende Kenntnisse über diese Zusammenhänge. Eine differentielle Indikation von Konfliktberatungen schlagen Cardia-Vonèche und Bastard (1995) vor. Sie empfehlen eine Einteilung in einfache und schwierige Fälle auch anhand von Personenmerkmalen u. a. Für ein professionelles Vorgehen schlagen sie die Co-Mediation in der Arbeit mit schwierigen Beratungsfällen bei TuS-Konflikten vor. Insbesondere weist auch Germund (2012) auf die Vorteile co-mediativer Konfliktbearbeitung bei Trennung und Scheidung hin, bspw. gemeinsam durchgeführt von einem juristisch und einem psycho-sozial ausgebildeten Konfliktberater.

Verschiedene Autoren befassen sich mit der *Eignung von Konfliktparteien* zur Konfliktberatung (vgl. Ballreich und Glasl 2010; Horstmeier 2013; Witte et al. 1992). Ballreich und Glasl (2010) bspw. machen die Eignung von Konfliktparteien – über deren grundsätzliche Einigungsbereitschaft und -fähigkeit hinaus – auch vom Eskalationsgrad des Konflikts abhängig. Demgegenüber hält Bono-Hörler (2005) eine Lösung unabhängig vom Ausmaß der Konfliktverschärfung für erreichbar. Eine denkbare Fragestellung, die mit den entwickelten Messinstrumenten untersucht werden könnte, betrifft die Wirksamkeit problemlösender oder transformativer Konfliktberatungen in Abhängigkeit vom Eskalationsgrad des Konflikts. Dabei wäre es notwendig, Kriterien für das Ausmaß der Eskalation zu entwickeln. Möglicherweise wäre es sinnvoll, dabei sowohl eine Einschätzung seitens des Konfliktberaters als auch der Konfliktparteien vornehmen zu lassen, um diesbezügliche Übereinstimmungen bzw. Differenzen mit zu berücksichtigen.

Den negativen Einfluss von *Stresserleben bei den Konfliktparteien* diskutieren bspw. Ballreich und Glasl (2010). Demgegenüber halten Bastine und Theilmann (2004) Menschen auch in Konfliktsituationen für fähig, ihre eigenen Interessen zu vertreten, eigenverantwortlich zu handeln sowie ihre Probleme vernünftig zu lösen. Eine weitere Studie könnte untersuchen, in wieweit Konfliktparteien aufgrund ihres TuS-Konflikts unter Stress (life-event) stehen und damit den Aufbau einer Konfliktlösung oder die Verbesserung der zwischenmenschlichen Beziehung (zur anderen Konfliktpartei) evtl. als blockiert erleben, bzw. die Interventionen der Konfliktberater tatsächlich psychisch aufnehmen und wirksam umsetzen können. Hierzu müssten psychodiagnostische und evtl. auch physiologische Messungen zum Ausmaß des Stresserlebens in eine solche Untersuchung integriert werden.

Nach diesen Ausführungen lässt sich folgendes *Fazit* ziehen: Trotz – auch im Rahmen dieser Untersuchung – unbeantwortet gebliebener Fragen sowie einer in Folgeuntersuchungen vorbehaltenen Überprüfung der entwickelten Messinstrumente können die Ergebnisse bereits heute als Beitrag für Wissenschaft und

Praxis der Konfliktberatung bei TuS-Konflikten dienen und im Spektrum der mit solchen Konfliktbearbeitungen befassten Berufsgruppen deren Ansatz bereichern.

Insbesondere zeigen die bisher vorliegenden Untersuchungen die Notwendigkeit und Sinnhaftigkeit, dass Mediatoren wissen, welche Beratungsform für welchen Typ von Konflikten passend ist. Die Ergebnisse weiterer Studien zur differentiellen Wirksamkeit könnten zu einer kompetenten Realisierung dieses Zuweisungsvorhabens beitragen.

Literatur

Ballreich, R. & Glasl, F. (2010). *Mediation in Bewegung. Ein Lehr- und Übungsbuch mit Filmbeispielen auf DVD.* Stuttgart: Concadora.

Bastine, R. (2002). *Was leistet die Familienmediation in der Praxis?* Vortrag Bad Boll.

Bastine, R. (2005). Familienmediation heute – Leistungsfähigkeit und Barrieren in der Praxis. *Zeitschrift für Konfliktmanagement*, 11-14.

Bastine, R. & Theilmann, C. (2004). Mediation mit Familien. In F. Nestmann, F. Engel & U. Sickendieck (Hrsg.), *Das Handbuch der Beratung. 2 Bde.: Ansätze, Methoden und Felder* (S. 129-149). Tübingen: DGVT.

Bono-Hörler, C. (2005). Wer findet zur Familienmediation, und wie wird sie erfolgreich abgeschlossen? In A. von Sinnen & M. Zirkler (Hrsg.), *Hinter den Kulissen der Mediation. Kontexte, Perspektiven und Praxis der Konfliktbearbeitung* (S. 352-382). Bern, Stuttgart, Wien: Haupt.

Bush, R. A. B. & Folger, J. P. (2005). *The Promise of Mediation: Responding to Conflict through Empowerment and Recognition.* San Francisco: Jossey-Bass.

Bush, R. A. B. & Folger, J. P. (2009). *Konflikt – Mediation und Transformation.* Weinheim: Wiley.

Bush, R. A. B. & Pope, S. G. (2004). Transformative Mediation. Changing the Quality of Family Conflict Interaction. In J. Folberg, A. L. Milne & P. Salem (Hrsg.), *Divorce and Family Mediation. Models, Techniques, and Applications* (S. 53-71). New York: The Guilford Press.

Cardia-Vonèche, L. & Bastard, B. (1995). Unaufhaltsamer Aufstieg oder unüberwindbare Stagnation? Die Frage nach dem Schicksal der Familienmediation. In J. Duss-von Werdt, G. Mähler & H.-G. Mähler (Hrsg.), *Mediation: Die andere Scheidung. Ein interdisziplinärer Überblick* (S. 205-214). Stuttgart: Klett-Cotta.

Della Noce, D. (2002). *Ideologically based Patterns in the Discourse for Mediators: A Comparison of Problem-Solving and Transformative Practice.* A Dissertation Submitted to the Temple University Graduate Board.

Dieterich, M. (1996). *Der Persönlichkeitsstrukturtest.* PST. Freudenstadt.

Dieterich, M. (2003). *Der Persönlichkeitsstrukturtest.* PST-R. Freudenstadt.

Dieterich, M. (2012). *Der Persönlichkeitsstrukturtest.* PST-R. Freudenstadt.

Dietzfelbinger, M. (2010). *Trennungsberatung. Beratung von Paaren, die auf Trennung und Scheidung zugehen.* Göttingen: Vandenhoeck Ruprecht.

Diez, H. (2005). *Werkstattbuch Mediation.* Köln: Centrale für Mediation.

Fisher, R., Ury, W. & Patton, B. (2004). *Das Harvard-Konzept. Der Klassiker der Verhandlungstechnik*. Frankfurt a. M.: Campus.

Folberg, J. & Milne, A. (1988). *Divorce Mediation. Theory and Practice*. New York: The Guilford Press.

Folger, J. P. & Bush, R. A. B., (2010). The Development of Transformative Mediation – Past Challenges and Future Prospects. In J. P. Folger, R. A. B. Bush & D. J. Della Noce (Hrsg.), *Transformative mediation: A Sourcebook. Resources for Conflict Intervention Practitioners and Programs* (S. 453-476). Institute for the Study of Conflict Transformation, USA.

Germund, R. (2012). *Außergerichtliche Streitbeilegung durch Co-Mediation: Rechtliche Fragestellungen, wirtschaftliche Gesichtspunkte, Erscheinungsformen und praktische Erfahrungswerte in Deutschland – zugleich eine fächerübergreifende, rechtstatsächliche Untersuchung der co-mediativen Praxis*. Berlin: Pro Business.

Hahlweg, K. (1996). *FPD. Fragebogen zur Partnerschaftsdiagnostik*. Göttingen: Hogrefe.

Hahn, R. A. & Kleist, D. M. (2000). Divorce Mediation: Research and Implications for Family and Couples Counseling. *The Family Journal 8* (2), April, 165-171.

Haynes, J. M., Bastine, R., Link, G. & Mecke, A. (2002). *Scheidung ohne Verlierer. Familienmediation in der Praxis*. München: Kösel.

Hösl, G. (2008). *Der MiteinanderMensch. Mediatives Handeln als Alltagskompetenz. Wie wir in Konflikten beziehungsweise werden*. Paderborn: Jungfermann.

Horstmeier, G. (2013). *Das neue Mediationsgesetz, Einführung in das neue Mediationsgesetz für Mediatoren und Medianden*. München: C.H. Beck.

Kanning, U. P. (2009). *ISK. Inventar sozialer Kompetenzen*. Göttingen: Hogrefe.

Kelly, J. B. (1996). A Decade of Divorce Mediation Research. *Family and Consiliation Courts Review 34* (3), July, 373-385.

Krabbe, H. (2004). Trennungs- und Scheidungsberatung. In F. Nestmann, F. Engel & U. Sickendieck (Hrsg.), *Das Handbuch der Beratung. 2 Bde.: Ansätze, Methoden und Felder. Bd 1: Disziplinen und Zugänge* (S. 1041-1049). Tübingen: DGVT.

Moen, J. K., Hudson, D. T., Antes, J. R., Jorgensen, E. O. & Hendrikson, L. H. (2001). Identifying Opportunities for Empowerment and Recognition in Mediation. In J. P. Folger & R. A. B. Bush (Hrsg.), *Designing mediation: Approaches to Training and Practice within a Transformative Framework* (S. 112-132). New York: Institute for the Study of Conflict Transformation.

Moore, C. (2003). *The Mediation Process. Practical Strategies for Resolving Conflict*. San Francisco: Jossey-Bass.

Nestmann, F., Engel, F. & Sickendieck, U. (Hrsg.) (2004). *Das Handbuch der Beratung. 2 Bände. Ansätze, Methoden und Felder*. Tübingen: DGVT.

Proksch, R. (1995). Praxiserfahrungen mit Vermittlung (Mediation) in streitigen Sorge- und Umgangsrechtsverfahren. In J. Duss-von Werdt, G. Mähler & H.-G. Mähler (Hrsg.), *Mediation: Die andere Scheidung. Ein interdisziplinärer Überblick* (S. 144-165). Stuttgart: Klett-Cotta.

Redlich, A. (2009). *Konflikt-Moderation in Gruppen. Eine Handlungsstrategie mit zahlreichen Fallbeispielen und Lehrfilm auf DVD. Moderation in der Praxis*. Hrsg. von Schrader, E. Band 2. Hamburg: Windmühle.

Rothman, J. (1997). *Resolving Identity Based Conflicts in Nations, Organizations, and Communities*. San Francisco: Jossey-Bass.

Rubin, J. Z., Pruitt, D. G. & Kim, S. H. (1994). *Social Conflict: Escalation, Stalemate and Settlement*. 2. Auflage. New York: McGraw-Hill.

Thomann, C. (2004). *Klärungshilfe 2: Konflikte im Beruf: Methoden und Modelle klärender Gespräche 2*. Reinbek: Rowohlt.
Thomann, C. & Prior, C. (2010) (Erstausgabe 1988). *Klärungshilfe 3. Das Praxisbuch*. Reinbek: Rowohlt.
Thomann, C. & Schulz von Thun, F. (2011). *Klärungshilfe 1: Handbuch für Therapeuten, Gesprächshelfer und Moderatoren in schwierigen Gesprächen*. Reinbek: Rowohlt.
Witte, E. H., Sibbert, J. & Kesten, I. (1992). *Trennungs- und Scheidungsberatung. Grundlagen – Konzepte – Angebote*. Göttingen: Verlag für Angewandte Psychologie.

Teil III.8

Einsatz und Wirkung von Interventionen und Instrumenten in der Mediation

Wortwörtliche Paraphrasen im Mediationsprozess 31

Ein gesprächsanalytischer Beitrag

Hans Nenoff

Dieser Beitrag illustriert die Ressourcen gesprächsanalytischer Methoden für die Analyse des Mediationsprozesses. Am Beispiel wortwörtlicher Paraphrasen wird dargestellt, wie mit Hilfe der Gesprächsanalyse ein vertieftes Verständnis über Formen und Funktionen von Interventionen aus dem Mediationsprozess gewonnen und für die professionelle Arbeit rückgebunden werden kann. Der Beitrag zeigt, dass wortwörtliche Paraphrasen von den mediierenden Personen systematisch angewandt werden und dabei durchaus eine Reihe nützlicher Funktionen leisten: Sie dienen als Rückmelder, Fortsetzer, Vorbereiter und Fokussierer. Wortwörtliche Paraphrasen sind ein Teil paraphrastischer Interventionsoptionen und verdienen aufgrund ihrer Funktionen für den Mediations- und Interaktionsprozess durchaus die Berechtigung, als Baustein mediativen Handelns betrachtet zu werden.

Mediatoren vertreten den Anspruch, ein systematisches Verfahren zur Konfliktbearbeitung und wenn möglich zur Konfliktbeilegung durchzuführen. Diesem Anspruch kann sich Mediation annähern, wenn die einzelnen Prozesse und die für die mediierenden Personen zur Verfügung stehenden Interventionen mit Hilfe qualitativer Methoden in ihrer Erscheinung und ihrer Wirkung beschrieben werden. Dieser Beitrag soll anhand von ausgewählten Beispielen darstellen, dass wortwörtliche paraphrastische Interventionen von den mediierenden Personen systematisch genutzt werden. Außerdem wird mit Hilfe gesprächsanalytischer Methoden gezeigt, dass diese Interventionen eine Reihe von Funktionen leisten, die im Mediationsprozess vorteilhaft sein können.

31.1 Ressourcen der Gesprächsforschung

Ein Forschungszweig, dessen Ziel die systematische Beschreibung interaktiver Verfahren darstellt, ist die *Gesprächsanalyse* (Deppermann 2008). Einen wesentlichen Teil ihrer Methodik bezieht die Gesprächsanalyse aus der Ethnomethodologie (Garfinkel 1967). Sie beruht auf der Annahme, dass soziale Ordnung grundsätzlich von den Beteiligten selbst hergestellt und regelhaft organisiert wird. Die Interaktionsteilnehmer strukturieren ihre soziale Ordnung nicht nur nach bestimmten Prinzipien, sondern sie zeigen zu jedem Zeitpunkt an, dass sie Prinzipien zur Herstellung der sozialen Ordnung anwenden und sich gemäß dieser Prinzipien verhalten. Innerhalb der Gesprächsforschung steht hauptsächlich die Konversationsanalyse (*engl. conversational analysis*) in der Tradition ethnomethodologischer Prämissen (Schegloff und Sacks 1974; Bergmann 2001). Kategorien, Muster und Zuordnungen werden ausschließlich aus den Daten selbst ermittelt und als sog. Ethnokategorien rekonstruiert. Die interpretative Kraft wird in diesem Prozess primär durch die sequenzielle Ordnung verbaler Interaktion erzeugt. Die von den Interaktionspartnern hergestellten Gesprächsschritte geben der betrachtenden und analysierenden Person Impulse und Hinweise darauf, wie die Interaktionspartner die Situation selbst „moment-by-moment" bewerten (Weiste und Peräkylä 2014, S. 689), und können „als Resultat methodischer Anstrengungen zur Bewältigung von Aufgaben und Problemen begriffen" werden (Deppermann 2008, S. 80). Die grundsätzliche Frage bei der Analyse jedes Merkmals richtet sich hauptsächlich an die syntagmatische Struktur der Gesprächszüge und kann so formuliert werden, wie sie von den Interaktionsteilnehmern immer implizit gestellt wird: „Why that now?" (Sacks und Schegloff 1973, S. 299). Die Antwort darauf liefert die Gesprächsordnung selbst.

31.2 Auswahl der Daten für die gesprächsanalytisch gesteuerte Untersuchung

Grundlage einer gesprächsanalytisch gesteuerten Untersuchung sind audio(-visuelle) Aufnahmen von ausschließlich „natürlichen" Gesprächen (Deppermann 2008, S. 24 f.). Damit sind u. a. authentische Kommunikationsvorgänge gemeint, die nicht zum Zweck der Beobachtung und Analyse herbeigeführt wurden (Bergmann 2001, S. 922). Das für diesen Beitrag vorliegende Korpus besteht aus Mediationsgesprächen und erfüllt diese Kriterien. Mediatoren und Konfliktpersonen sind keine Rollenspieler.[1] Die verhandelten Konflikte sind echt und die Mediatoren als solche ausgebildet. Die Beteiligten haben Kenntnis von der Aufnahme. Das Korpus umfasst 13 Mediationssitzungen aus sechs Mediationsfällen, von denen sieben Sitzungen als Audio- und sechs als Audio-Videodatei vorliegen. In fünf der Mediationsfälle werden Paar-, Trennungs- oder Beziehungsthemen bearbeitet, die jeweils in Co-Mediation durchgeführt werden. Der sechste Fall beinhaltet einen Konflikt in einem Verein. Die einzelnen Sitzungen haben eine Dauer von 90 bis 180 Minuten. Insgesamt stehen ca. 28 Stunden Material zur Verfügung. Das Material wurde vollständig transkribiert und anonymisiert.[2] Die im Beitrag aufgeführten Beispiele werden nach den Prinzipien des *Gesprächsanalytischen Transkriptionssystems 2* (GAT 2) dargestellt (Selting et al. 2009).

31.3 Darstellen des verhandelten Stands im Gespräch

Ein besonderes Merkmal von Gesprächen ist es, dass Interaktionsteilnehmer jederzeit die Option haben, den Stand des Gesprächs zu verdeutlichen und darzustellen, worüber gerade gesprochen wird (engl. *formulating*) (Garfinkel und Sacks 1970, S. 350). Sie beziehen sich mitunter gar in besonderer Weise reflexiv auf die vorangehenden Handlungen im Gespräch, um den gegenwärtigen Zeitpunkt des verhandelten Stands zu charakterisieren (Heritage und Watson 1979, S. 129). Was für Gespräche im Allgemeinen gilt, ist im Mediationsgespräch ein wesentlicher Grundpfeiler mediativen Handelns, das im Konzept des *Aktiven Zuhörens* verankert und als *Verstehendes Zuhören* in der sog. *person-orientierten Gesprächshaltung* konzeptualisiert wird:

Die mediierende Person wiederholt Teile dessen, was von den Konfliktpersonen geäußert wurde. Länge und Wortwahl zwischen Bezugs- und Bearbeitungsausdruck können dabei verschieden bis nahezu identisch sein. Solche Interventionen sollen hier als *Paraphrasen* bzw. *paraphrastische Interventionen* definiert werden.

1 An dieser Stelle möchte ich den Konfliktpartnern und Mediatoren danken, die die Bereitschaft (und den Mut) aufgebracht haben, sich für die Audio-/Videoaufnahmen zur Verfügung zu stellen.

2 Camilla Pawliska danke ich für Hilfe und Korrekturen am Rohtranskript.

31.3.1 Paraphrasen im Mediationsprozess

Neben dem Terminus „Paraphrasieren“ (Altmann et al. 1999, S. 143) konkurrieren innerhalb der Mediations- und Fachliteratur zur Gesprächsführung eine Reihe von Begriffen, um dieses Phänomen in verschiedenen Bedeutungsnuancen zu beschreiben: z. B. „Verbalisieren“ (Montada und Kals 2007, S. 205), „Loopen“ (Friedman und Himmelstein 2013, S. 111 ff.), „empathisches Zusammenfassen“ (Besemer 2009, S. 200) oder „Spiegeln“ (Risto 2003, S. 95 ff.). Paraphrastische Interventionen gelten im Mediationskontext als notwendige Basisfertigkeit (Moore 2003, S. 60). Kessen und Troja (2009, S. 303) bezeichnen das Paraphrasieren gar als „die wahrscheinlich wichtigste [...] Kommunikationstechnik in der Mediation“. Allerdings werden paraphrastische Interventionen häufig unkritisch aus personorientierten Helfer-Kontexten (z. B. Gesprächspsychotherapie) übernommen, in den Mediationskontext adaptiert und simplifizierend mit Hilfe des Konzeptes des ‚Aktiven Zuhörens‘ dargestellt (Mayer 2006, S. 114; Montada und Kals 2007, S. 206; Besemer 2009, S. 200 f.).

31.3.2 Wortwörtliche Paraphrasen im Mediationsprozess

Als eine unter vielen Möglichkeiten paraphrastischer Interventionen im Mediationsprozess gilt das wortwörtliche Paraphrasieren. In diesem Beitrag sollen damit solche Interventionen gemeint sein, in denen mindestens ein lexikalisches Segment aus dem Bezugsausdruck in den Bearbeitungsausdruck übernommen wird. Ausgeschlossen werden zunächst diejenigen Interventionen, die zwar lexikalische Übereinstimmungen aufweisen, jedoch syntaktisch eindeutig als Frage klassifiziert werden können und die funktional-pragmatisch beispielsweise eine Begründung, eine Information, eine Definition oder eine Entscheidung einfordern (z. B. „Was meinen Sie mit ...?“).

Im Mediationskontext sowie der Fachliteratur zur Gesprächsführung in Helfer-Kontexten wird das wortwörtliche Paraphrasieren inkonsistent und teilweise widersprüchlich in seinen Form-Funktionszuweisungen beschrieben. Einerseits werden „Echoantworten“ (Dulabaum 2000, S. 20) und das Aufgreifen, Wiederholen sowie Festhalten von „Schlüsselwörtern“ (Altmann et al. 1999, S. 140) als Mittel dargestellt, das die Gesprächsbereitschaft erhöht. Nach Erlenmeyer und Hangebrauck (2008, S. 79) transportiert eine wortgleiche Wiedergabe „ähnlich einem Papagei“ ein hohes Maß an Empathie. Die Konfliktpersonen könnten sich durch wortwörtliches Paraphrasieren „tiefgreifend verstanden“ fühlen (ebd.). Daimler et al. (2008, S. 346) erkennen wortwörtliches Paraphrasieren als prinzipiell berechtigte und häufig anwendbare Intervention an, während Ballreich und Glasl (2007, S. 115) wortwörtliches Paraphrasieren nur als bewusst eingesetztes Regulativ in solchen Situationen für nötig halten, in denen die zuhörende Konfliktperson „vieles überhört, filtert, verdreht oder anders akzentuiert als die sprechende Person". Andererseits wird wortwörtliches Paraphrasieren häufig als problematische Intervention dargestellt: Exakte und nah an den Bezugsausdrücken liegende Wiederholungen sollten vermieden werden, damit der Bearbeitungsausdruck nicht „zu einem papageienhaften Nachplappern verkommt" (Thomann 2004, S. 284). Ein Großteil der Autoren (Ballreich und Glasl 2007, S. 112 f.; Montada und Kals 2007, S. 205; Klappenbach 2011, S. 125) beschreiben das Wesen paraphrastischer Interventionen im präzisierenden Formulieren der identifizierten Kernaussagen des Bezugsausdrucks. Hierfür solle die mediierende Person im Wesentlichen eigene Worte wählen.

31.4 Gesprächsanalytische Betrachtungen wortwörtlicher Paraphrasen im Mediationsprozess

Dieses Kapitel soll zeigen, wie mit Hilfe der Gesprächsanalyse Formen und Funktionen von Phänomenen verbaler Interaktion extrahiert und nachgewiesen werden können. Exemplarisch wird dies hier anhand wortwörtlicher paraphrastischer Interventionen im Mediationsprozess dargestellt.

Die Auswahl der Interventionen beruht auf einer systematischen Durchsicht eines Teils des Korpus (6 von 13 Sitzungen), bei der insgesamt 127 Interventionen in die oben genannte Definition wortwörtlicher Paraphrasen fallen. Eine auf ethnomethodologischen Prämissen aufbauende Analyse der Sequenzen, in denen diese Interventionen eingefasst sind, zeigt, dass wortwörtliche Paraphrasen differenziertere Formen und Funktionen tragen als bislang angenommen und dargestellt in Abschnitt 31.2. Im Folgenden sollen wortwörtliche Paraphrasen in vier Hauptgruppen hinsichtlich ihrer Funktion klassifiziert werden (Rückmelder, Fortsetzer, Vorbereiter, Fokussierer) und mit jeweils mindestens einem Beispiel veranschaulicht und belegt werden.

31.4.1 Wortwörtliche Paraphrase als Rückmeldesignal

Die erste Gruppe der wortwörtlichen Paraphrasen weist starke Ähnlichkeiten mit den in der CA-Forschung sehr ausführlich beschriebenen Rückmeldesignalen (*engl.*

backchannels) auf (Schegloff 1982; Gülich und Mondada 2008, S. 43; Fitzgerald 2013, S. 80 ff.). Darunter fallen für gewöhnlich kleine Partikeln wie „mhm“, „ja“ oder „aha“.

Wortwörtliche Paraphrasen können diese Funktion ebenso übernehmen. Sie sind als Rückmelder an das vorhergehende Element angepasst: Sie schließen direkt an die Vorgängeräußerung an und übernehmen daraus lexikalische Elemente. In Beispiel 1 wird eine lexikalisch vollständige Intonationsphrase übernommen. Außerdem enthalten sie im Gegensatz zu einem Großteil paraphrastischer Interventionen keinen Reformulierungsindikator (Gülich und Kotschi 1996, S. 52 ff.; Schwitalla 2012, S. 179 ff.), d. h. sie werden nicht mit Hilfe von metadiskursiven Elementen wie „das heißt also“, „jedenfalls“ oder „verstehe ich das richtig“ mit dem Bezugsausdruck verknüpft. Bemerkenswert bei den wortwörtlichen Paraphrasen als Rückmeldesignal ist außerdem die prosodische Gestaltung. Lautstärke, Tempo und Akzentuierung orientieren sich stark am Bezugsausdruck. Die Akzentuierung ist bei wortwörtlichen Paraphrasen prinzipiell auffallend. In den meisten Belegen, die sich in dem hier untersuchten Korpus finden lassen, wird der Fokusakzent aus dem Bezugsausdruck übernommen.

Beispiel 1: AWS_S02, 00:29:22-00:29:30[3]

```
    01   MKS:   frau wEber,=sie ham das jetzt geHÖRT? (.)
    02          `´WÄr das so, ähm- (-)
    03   KGW:   ja-=das trifft_s ganz GUT-
->  04   MKS:   das: trifft_s ganz GUT;
    05   KGW:   hm;
    06   MKS:   hm;
```

Wortwörtliche Paraphrasen als Rückmelder treten häufig in Dritt-Position auf (Frage – Antwort – wortwörtliche Paraphrase). Beispiel 1 zeigt ein typisches Auftreten einer derartigen Sequenz, in der die Paraphrase die Sequenz als abgeschlossen markiert. Die Konfliktperson nimmt mit einem Rückbestätigungssignal (Z. 5) reflexiv Bezug auf die wortwörtliche Paraphrase und erweitert die Sequenz mit einem Nachlauf, der sich auf die vorangehende Sequenz bezieht und selbst „keine nächste Äußerung relevant setzt“ (Gülich und Mondada 2008, S. 55). Der Abschluss des Dritt-Positions-Teils (Z. 4) wird verstärkt durch die mittel-fallende Tonhöhenbewegung am Phrasenende. Die Mediatorin MKS zeigt, dass sie zuhört und die Antwort als angemessen auf die von ihr gestellte Frage bewertet. Insgesamt repräsentieren wortwörtliche Paraphrasen als Rückmelder für die mediierende

3 Die Sprechersiglen sind wie folgt kodiert: Mediatoren = MXX; Konfliktpartner = KXX

Person eine Option, das vorher von der Konfliktperson Geäußerte zu bestätigen und gleichzeitig explizit die eigene Verstehensleistung anzuzeigen. Sie sind offenbar geeignet, das Handlungsrepertoire eines person-orientierten, aufmerksamen, anerkennenden und empathischen Zuhörers zu ergänzen.

31.4.2 Wortwörtliche Paraphrase als Fortsetzer

Kleine Partikeln wie „hm“ und „ja“ können neben der Funktion als Bestätigungs- und Zuhörsignal auch als Fortsetzer fungieren. Sacks (1992, S. 411 f.) hat hierfür den Begriff „continuer“ geprägt. Diese Partikeln können als Aufforderungssignal zum Weitersprechen und Fortfahren des Gesprächsschritts dienen (Fitzgerald 2013, S. 80 ff.). Wortwörtliche Paraphrasen weisen in bestimmten Kontexten sehr ähnliche Eigenschaften auf.

Wortwörtliche Paraphrase als Brückenfortsetzer

In Beispiel 2 realisiert die Mediatorin eine wortwörtliche Paraphrase *vor* dem Ende des Gesprächsschritts. Die Intonationsphrase erreicht den kritischen Punkt eines möglichen Gesprächsschrittendes. Kritisch meint hier, dass dies immer auch eine mögliche Redeübernahme (*engl. transition relevant point*) bedeuten kann. Brückenfortsetzer greifen so einer möglichen Redeübergabe vor und signalisieren der Rederecht innehabenden Person, mit dem Gesprächsschritt fortzufahren.

Beispiel 2: AWS_S02, 01:02:58-01:03:06

```
      09   KTW:   ↑¯nIchts worüber wir ernsthaft drüber (.) [SPRECH]en:
      10   MJM:                                             [hm-   ]
           KTW:   [m_mÜs]sen;
      11   MJM:   [hm- ]
      12   MKS:         hm-
      13   MJM:          hm-
      14   KTW:            weil EInfach-=
      15          =das das das is zu wEIt
                  ausein[ANder;
->    16   MJM:     [<<p> s is zu wEIt;=hm-> ]
      17   KTW:                and sIE] da auch sehr
                  strinGENT is;=
      18          =in der beZIEHung;
```

Wie bei Rückmeldern handelt es sich bei wortwörtlichen Paraphrasen als Fortsetzer meist um relativ kleine Segmente, die eine hohe lexikalische Übereinstimmung mit dem Bezugsausdruck aufweisen und keinen Reformulierungsindikator enthalten. Die entscheidenden Merkmale wortwörtlicher Paraphrasen als Brückenfortsetzer zeigt Beispiel 2: Die Mediatorin beginnt die Paraphrase vor dem möglichen Ende des Gesprächsschritts, hier realisiert mit leiser Stimme. Die Konfliktperson führt ihren Gesprächsschritt direkt nach dem für die Übernahme relevanten Punkt mit gleicher Lautstärke und gleichem Tempo fort. Sie kontextualisiert die Paraphrase damit reflexiv als Nicht-Intervention zur Redeübernahme.

Wortwörtliche Paraphrasen fungieren also an geeigneten Positionen als Brückenfortsetzer, die der mediierenden Person nicht nur zum Signalisieren von Verstehen dienen, sondern gleichzeitig die Konfliktperson zum Fortführen des Gesprächsschritts ermutigen.

Wortwörtliche Paraphrase als Aufforderungsfortsetzer

Im Gegensatz zu den Brückenfortsetzern werden die wortwörtlichen Paraphrasen als Aufforderungsfortsetzer erst dann realisiert, wenn der Redeübernahmepunkt bereits erreicht wurde. Die sequenzielle Kraft der Aufforderungsfortsetzer ist wesentlich größer als die der Brückenfortsetzer. Die wortwörtlichen Paraphrasen in dieser Form entfalten nicht nur eine Ermunterung, sondern vielmehr eine Aufforderung zum Fortführen des Gesprächsschritts.

Beispiel 3: AWS_S02, 00:37:42-00:37:50

```
     21   KGW:   am lIEbsten ähm hätte ich irgendein reZEPT;=ja?
     22          <<lachend> he_he?>
->   23   MJM:   <<p> reZEPT;>
     24   KGW:   wo man (.) IRgendwie sagt-=
     25          =hIEr,=pass OFF,
     26          das musst de dann sO oder SO machen;
     27          aber das funktio[NIERT] halt nicht;[=ne?=]
     28   MJM:                   [hm:- ]            [hm-  ]
```

Beispiel 3 zeigt einen Bearbeitungsausdruck, der lediglich aus einem Segment besteht. In Zeile 21 beantwortet die Konfliktperson die Frage nach einer Lösung mit einer Idee, die sie selbst durch ein Lachen (Z. 22) als abwegig kontextualisiert. Das Beenden des Gesprächsschritts von KGW mit dem interrogativ realisierten „ja" (Z. 21) und das anschließende Lachen mobilisieren die Mediatorin zur Redeübernahme.

Sie entspricht der Erwartung, wiederholt jedoch lediglich das Fokuswort mit leiser Stimme und mittel-fallender Melodisierung am Ende der Intonationsphrase (Z. 23). Die Partikel dient somit einerseits dem Einlösen der erwarteten Bestätigung und eröffnet gleichzeitig die Aufforderung an KGW mit ihrem Gesprächsschritt fortzufahren. KGW erfüllt diese Aufforderung, bindet ihren Gesprächsschritt ohne Pause an und beschreibt weiter ihr Dilemma.

Beispiel 3 illustriert, wie wortwörtliche Paraphrasen in bestimmten Positionen das Potenzial tragen können, der Konfliktperson das Rederecht zuzusprechen und ihr die implizite Erwartung zuzuweisen, den Gesprächsschritt fortzusetzen, an den vorherigen Gedankengang anzuschließen und diesen weiter zu elaborieren.

31.4.3 Wortwörtliche Paraphrase zur Vorbereitung eines eigenen Gesprächsschritts

Wortwörtliche Paraphrasen können nicht nur als Ermunterung oder gar Aufforderung zum Fortsetzen eingesetzt werden. Sie können als Mittel der Gesprächssteuerung genutzt werden, mit deren Hilfe die mediierende Person z. B. ihre Redeübernahme rechtfertigt und einen eigenen Impuls vorbereitet.

Beispiel 4 zeigt, wie der Mediator nach der wortwörtlichen Paraphrase (Z. 16) und der anschließenden Bestätigung durch die Konfliktperson (Z. 17) seinen Anspruch auf Fortsetzen des Gesprächszugs durch deutlich hörbares Einatmen signalisiert (Z. 18). Die Konfliktperson akzeptiert den Anspruch: Auch während der relativ langen Pause unternimmt sie keinen Versuch der Redeübernahme. So kann der Mediator einen weiteren Impuls (Z. 18), hier in Form einer Frage, setzen.

Beispiel 4: UHG_S02a, 00:02:22-00:02:34

```
      13   KBH:   -WEnig bis eigentlich (    )
      14          tendenzi´ELL (---)
      15          ´GANZ `wEnig;
->    16   MGF:   <<lachend> hh°> °hh <<:)> wEnig bis tendenziell GANZ
                  wenig.=>
      17   KBH:   <<pp> =ja,>
      18   MGF:   °h (--) aber sie haben ´trOtzdem (-) gemEInsam
                  entschieden hier wieder `HER zu kommen;=ja?
```

Die wortwörtliche Paraphrase dient in dieser Form der mediierenden Person als Werkzeug, um den Inhalt zu sichern, zu bündeln und zu strukturieren. Sie schließt die vorherige Sequenz ab und bereitet gleichfalls systematisch als Vorlaufsequenz (*engl. pre-expansion*) (Schegloff 2007) einen möglichen nächsten Impuls (z. B. eine Frage, einen Vorschlag, eine Interpretation etc.) vor.

31.4.4 Wortwörtliche Paraphrase zum Fokussieren

Eine besondere sequenzielle Kraft wird im letzten Beispiel 5 verdeutlicht. Es zeigt einen von der Konfliktperson intonatorisch und syntaktisch-pragmatisch als beendet gekennzeichneten Gesprächsschritt (Z. 1–18). Die anschließende Pause (Z. 19) untermauert das Ende. Die Mediatorin setzt vor die wortwörtliche Paraphrase (ab Z. 26) zunächst ein sog. „PrePre" (Schegloff 1980, S. 115) (Z. 20, 21). Sie kündigt mit dem PrePre die unmittelbar darauf folgende Präexpansion an und fordert hierfür das dafür notwendige Einverständnis von KDN ein. Nach dem verbal signalisierten Einverständnis (Z. 22) bereitet die Mediatorin die wortwörtlichen paraphrastischen Elemente explizit mit mehreren Reformulierungsindikatoren als „Präexpansion" (Schegloff 2007) vor (Z. 23, 24, 25). Die Reformulierungsindikatoren markieren die darauffolgende Wiederholung vorausgreifend als von der Mediatorin erbrachte subjektive Verstehensleistung, die sich durchaus als korrekturbedürftig erweisen kann und von KDN entweder ratifiziert oder korrigiert werden muss.

Beispiel 5: UHG_S02a, 00:44:00-00:44:55

```
01   KDN:   wenn ich verTRAUen hab und sag-=
02          =okAY, (-)
03          ´SO sieht_s `Echt ´AUs?
04          °h ´SO sieht_s `Echt ´AUs?=
05          =hm::;
06          °h wie MACHen wir denn dAs,
07          °h dass wir bEIde mÖglichst, (--)
08   MMH:   `´hm_[hm, ]
09   KDN:        [GLÜCK]lich?
10          GUT?
11          ´sO `raus´kOmmen,
12          °h dass net der EIne net weiß ob er sich ESsen kaufen
            kann? (-)
            ((...))
18          °h aber ´sO (-) ´FÜHLT man sich dann ´UNglaublich
```

```
                        `Elend;
      19                (---)
      20    MMH:        °hh darf ich das BILD mal wiederhOlen,=
      21                =das sie grAd geBRACHT haben?
      22    KDN:        mhm_mhm?
      23    MMH:        ich hab verSTANDen-=
      24                sie SAGen,=
      25                =sie wÜnschen sich ´EIgentlich da so rAnzugehen-=
->    26                =°h ´SO sieht_s AUs- (.)
->    27                und ´SO sieht_s AUs- (.)
      28    KDN:        mhm_mhm,
      29    MMH:        und DANN gemeinsam zu gUcken-=
      30                =´WIE kommen ´wIr `bEIde ´glImpflich aus der `sAche-=
->    31                [=´Ohne dass] ´IRgend´jEmand (.) sich ´nIchts mehr zu
      32    KDN:        [<<f> ja::?>]
            MMH:        ´ESsen ´kAUfen `kAnn.
      33    KDN:        Und sich ni-=
      34                =Und nicht das sch-
      35                das de_ge MISStrauen gegenseitig hat-=
      36                =also auch von DEIner [seite an mIch,]=
```

Die Paraphrase selbst enthält mehrere wortwörtlich wiederholende Elemente (Z. 26, 27, 31) und wird intonatorisch durch die tief fallende Tonhöhenendbewegung sowie syntaktisch-pragmatisch als abgeschlossene Einheit markiert (Z. 31). Auffällig ist außerdem die rhythmische-melodische Realisierung der wortwörtlichen Paraphrase in Zeile 31 einschließlich der vorherigen Intonationsphrase (Z. 30): Die rhythmisch regelmäßigen Tonhöhensprünge zwischen Gipfel und Tal tragen den Ductus des Aufsagens oder Ablesens. Die wortwörtlichen paraphrastischen Elemente werden so zusätzlich prosodisch als Übernahme markiert. KDN bestätigt die wiederholten Elemente mehrmals: Einmal mit einem zweisilbigen Rückmeldesignal (Z. 28), ein zweites Mal besonders impulsiv mit einem lauten und gedehnten „ja" (Z. 32). KDN verstärkt die Bewertung der Mediatorin und übererfüllt damit sogar die Zustimmungserwartung (Pomerantz 1984, S. 67 ff.). Nach der rhythmisch realisierten Paraphrase schließt KDN ohne Pause ihren Gesprächsschritt mit „und" direkt an und elaboriert weiter. Damit bestätigt und ratifiziert KDN die Verstehensleistung der Mediatorin ein drittes Mal.

Die wortwörtliche Paraphrase der Mediatorin fungiert hier wie ein Motor und entfaltet als erster Teil der Sequenz eine erhebliche implizite Kraft, welche die Konfliktperson zur Bezugnahme nötigt, den in der wortwörtlichen Paraphrase fokussierten Inhalt zu ratifizieren und schließlich weiter zu elaborieren.

31.5 Erkenntnisgewinn

Dieser Beitrag illustriert die Ressourcen gesprächsanalytischer Methoden für die Analyse des Mediationsprozesses. Mit Hilfe gesprächsanalytischer Methoden kann ein vertieftes Verständnis professionellen Handelns von Mediatoren gewonnen und für die professionelle Arbeit rückgebunden werden. Es wird gezeigt, dass wortwörtliche Paraphrasen systematisch im Mediationsgespräch von den Mediatoren genutzt werden. Sie sind auf besondere Weise an die vorherige Äußerung angepasst und vielfältig in ihrer Form. Mitunter tragen sie keinen lexikalischen Reformulierungsindikator. Sie bestehen aus der Wiederholung lediglich eines einzelnen Elements oder aus mehreren Elementen aus dem Bezugsausdruck – häufig aus dem Ende des vorherigen Gesprächsschritts, teilweise aus weiter entfernt liegenden Intonationsphrasen herausgegriffen.

Wortwörtliche Paraphrasen weisen eine große Funktionsvielfalt auf: Sie dienen als Rückmelder, Fortsetzer, Vorbereiter oder Fokussierer. Damit leisten sie wesentlich mehr, als tiefgreifendes Verstehen anzuzeigen (Erlenmeyer und Hangebrauck 2008, S. 79). Sie tragen zu Unrecht die pejorative Konnotation, durch sie erscheine das Agieren der mediierenden Person als papageienhaftes Nachplappern (Thomann 2004, S. 284). Wortwörtliche Paraphrasen dienen der mediierenden Person zur Rederechtübernahme, zur inhaltlichen Strukturierung und zur Vorbereitung eines neuen Impulses. Sie sind als Intervention geeignet, das Gespräch am Laufen zu halten und die Konfliktperson zum Fortführen und Elaborieren des fokussierten Inhalts zu bewegen. Wortwörtliche Paraphrasen sind eine Facette mediativen Handelns, um den Konfliktpersonen Momente der Anerkennung, des Verstanden-Werdens und der Wertschätzung entgegenzubringen.

Literatur

Altmann, G., Fiebiger, H. & Müller, R. (1999). *Mediation: Konfliktmanagement für moderne Unternehmen*. Weinheim: Beltz.

Ballreich, R. & Glasl, F. (2007). *Mediation in Bewegung: Ein Lehr- und Übungsbuch mit Filmbeispielen auf DVD*. Stuttgart: Concadora-Verl.

Bergmann, J. R. (2001). Das Konzept der Konversationsanalyse. In K. Brinker, A. Burkhardt, H. Steger, G. Ungeheuer & H. E. Wiegand (Hrsg.), *HSK: Bd. 16.2. Text- und Gesprächslinguistik. Ein internationales Handbuch zeitgenössischer Forschung* (S. 919-927). Berlin & New York: De Gruyter.

Besemer, C. (2009). *Mediation: Die Kunst der Vermittlung in Konflikten*. Karlsruhe: Gewaltfrei Leben Lernen.

Daimler, R., Sparrer, I. & Varga von Kibéd, M. (2008). *Basics der systemischen Strukturaufstellungen: Eine Anleitung für Einsteiger und Fortgeschrittene*. München: Kösel.

Deppermann, A. (2008). *Gespräche analysieren: Eine Einführung* (4. Aufl.). Wiesbaden: VS Verl. für Sozialwiss.

Dulabaum, N. L. (2000). *Mediation: Das ABC: Die Kunst, in Konflikten erfolgreich zu vermitteln* (2. Aufl). Weinheim: Beltz.

Erlenmeyer, H., & Hangebrauck, R. (2008). *Mediation*. Altenberge: Niederle-Media.

Fitzgerald, P. E. (2013). *Therapy Talk: Conversation Analysis in Practice*. Hampshire: Palgrave Macmillan.

Friedman, G. & Himmelstein, J. (2013). *Konflikte fordern uns heraus: Mediation als Brücke zur Verständigung. Übersetzung von Antje Korsmeier. Mediation aktuell*. Frankfurt a. M.: Metzner.

Garfinkel, H. (1967). *Studies in Ethnomethodology*. Englewood Cliffs, NJ: Prentice-Hall.

Garfinkel, H. & Sacks, H. (1970). On formal structures of practical actions. In J. C. McKinney & E. A. Tiryakian (Hrsg.), *Theoretical sociology. Perspectives and developments* (S. 337-366). New York: Appleton-Century-Crofts, Educational Division.

Gülich, E. & Kotschi, T. (1996). Textherstellungsverfahren in mündlicher Kommunikation: Ein Beitrag am Beispiel des Französischen. In W. Motsch (Hrsg.), *Reihe Germanistische Linguistik: Bd. 164. Ebenen der Textstruktur. Sprachliche und kommunikative Prinzipien* (S. 37-80). Tübingen: Niemeyer.

Gülich, E. & Mondada, L. (2008). *Konversationsanalyse: Eine Einführung am Beispiel des Französischen. Romanistische Arbeitshefte*: Bd. 52. Tübingen: Niemeyer.

Heritage, J. C. & Watson, R. (1979). Formulations as Conversational Objects. In G. Psathas (Hrsg.), *Everyday Language. Studies in Ethnomethodology* (S. 123-162). New York, NY: Irvington.

Kessen, S., & Troja, M. (2009). Die Phasen und Schritte der Mediation als Kommunikationsprozess. In F. Haft & K. Gräfin von Schlieffen (Hrsg.), *Handbuch Mediation* (S. 293-320). München: C.H. Beck.

Klappenbach, D. (2011). *Mediative Kommunikation: Mit Rogers, Rosenberg & Co. konfliktfähig für den Alltag werden*. Paderborn: Junfermann.

Mayer, C.-H. (2006). *Trainingshandbuch interkulturelle Mediation und Konfliktlösung: didaktische Materialien zum Kompetenzerwerb*. Münster: Waxmann.

Montada, L. & Kals, E. (2007). *Mediation: Ein Lehrbuch auf psychologischer Grundlage*. Weinheim: Beltz, PVU.

Moore, C. W. (2003). *The Mediation Process: Practical Strategies for Resolving Conflict*. San Francisco: Jossey-Bass.
Pomerantz, A. (1984). Agreeing and Disagreeing with Assessments: Some Features of Preferred/Dispreferred Turn Shaped. In J. M. Atkinson & J. Heritage (Hrsg.), *Studies in Emotion and Social Interaction. Structures of Social Action. Studies in Conversation Analysis* (S. 57-101). Cambridge: Cambridge Univ. Press.
Risto, K.-H. (2003). *Konflikte lösen mit System: Mediation mit Methoden der Transaktionsanalyse. Ein Arbeitsbuch*. Paderborn: Junfermann.
Sacks, H. (1992). *Lectures on Conversation*. Oxford: Blackwell Publishers.
Sacks, H. & Schegloff, E. (1973). Opening up closings. *Semiotica 8*, 89-327.
Schegloff, E. (1980). Preliminaries to Preliminaries: 'Can I Ask you a Question?'. *Sociological Inquiry 50*, 104-152.
Schegloff, E. (1982). Discourse as an Interactional Achievement: Some Uses of 'uh huh' and Other Things that Come Between Sentences. In D. Tannen (Hrsg.), *Analyzing Discourse: Text an Talk* (S. 71-93). Georgetown University Press.
Schegloff, E. (2007). *Sequence Organization in Interaction. A Primer in Conversation Analysis: Bd. 1*. Cambridge: Cambridge Univ. Press.
Schegloff, E. & Sacks, H. (1974). Opening Up Closings. In R. Turner (Hrsg.), *Penguin Modern Sociology Readings. Ethnomethodology; Selected Readings* (S. 233-264). Harmondsworth: Penguin Education.
Schwitalla, J. (2012). *Gesprochenes Deutsch: Eine Einführung. Grundlagen der Germanistik: Bd. 33*. Berlin: Schmidt.
Selting, M. et al. (2009). Gesprächsanalytisches Transkriptionssystem 2 (GAT 2). Gesprächsforschung – *Online-Zeitschrift zur verbalen Interaktion. 10*, 353-402. www.gespraechsforschung-ozs.de, Zugegriffen: 22.08.2016.
Thomann, C. (2004). *Klärungshilfe 2. Konflikte im Beruf: Methoden und Modelle klärender Gespräche. Miteinander Reden*. Reinbek bei Hamburg: Rowohlt.
Weiste, E., & Peräkylä, A. (2014). Prosody and Empathic Communication in Psychotherapy Interaction. *Psychotherapy Research 24* (6), 687-701. doi:10.1080/10503307.2013.879619.

Kreativitätsforschung

32

Ergebnisse einer empirischen Studie zum Einsatz von Kreativitätstechniken in der Lösungsphase der Mediation

Anne-Katrin Rauschenbach

Kreativität in der Mediation – das verbinden viele Mediatoren einzig mit dem Brainstorming in der Phase der Generierung von Lösungsoptionen. Aber Kreativitätstechniken sind viel mehr als nur Brainstorming: Mehr als 100 bekannte Kreativitätstechniken (Montada und Kals 2013, S. 204; Knieß 2006, S. 47; Blasweiler 2013, S. 4; Geschka und Yildiz 1990, S. 37) dienen dazu, sich von eingefahrenen Denkstrukturen und altbewährten Lösungsansätzen zu lösen. Im Grundsatz wird zwischen intuitiven und systematisch-analytischen Kreativitätstechniken unterschieden (Schlicksupp 2004, S. 57 f.; Knieß 2006, S. 37 f.; Zebisch 2009, S. 181; Geschka und Yildiz 1990, S. 36; Kessen und Troja 2009, Rn. 50 ff.). Bei intuitiven Techniken steht die Entwicklung einer großen Anzahl neuer, ungewöhnlicher Ideen im Vordergrund der Arbeit. Die Ideenentwicklung, die zumeist in (Klein-)Gruppen oder Teams erfolgt, profitiert von der gegenseitigen Inspiration der Teilnehmer und erfolgt entweder mittels Assoziation, d. h. es werden ähnliche Ansätze zur Ideenfindung herangezogen und mit dem Problem verknüpft, oder mittels Analogiebildung, bei der Erkenntnisse aus fremden Sachverhalten auf das Problem angewandt werden. Systematisch-analytische Techniken hingegen basieren auf der Abstrahierung des Problems in viele independente Teilprobleme sowie der systematischen Lösung der Teilprobleme und Vereinigung aller auf diese Weise entwickelten Teillösungen zu einer Gesamtlösung. Systematisch-analytische Techniken sind sowohl mit einer oder zwei Personen als auch in der Kleingruppe anwendbar (Rauschenbach 2015, S. 13 ff.). In der Mediationsliteratur reduziert sich diese Vielfalt an Techniken deutlich: In Publikationen über Kreativitätstechniken in der Mediation sind nahezu ausschließlich intuitive Techniken zu finden (eine Übersicht hierzu findet sich ebd., S. 100). Wenn systematisch-analytische Techniken erwähnt werden, so ist dies entweder eher nachrichtlicher Natur oder sie werden recht pauschal als unpassend abgelehnt (Zebisch 2009, S. 181; Kessen und Troja 2009, Rn. 54).

32.1 Erste empirische Erkenntnisse aus der Mediationspraxis

Dieses Bild aus der Mediationslehre fand sich in einer ersten empirischen Untersuchung auch in der Praxis bestätigt: In einer kürzlich durchgeführten Umfrage (Rauschenbach 2016) wurden Mediatoren zum Bekanntheitsgrad und zum Einsatz von Kreativitätstechniken in der Mediation befragt. Hierzu wurde ein Fragebogen an einen Kreis von rund 500 Mediatoren versandt, 42 Mediatoren beteiligten sich. Es wurden acht intuitive Techniken aus der einschlägigen Mediationsliteratur sowie darüber hinaus sieben systematisch-analytische Techniken ausgewählt, die in Kontexten außerhalb der Mediation Einsatz finden und die für die Mediation vielversprechend erscheinen. Bei den intuitiven Techniken stellte *Brainstorming* die unter den Mediatoren bekannteste Kreativitätstechnik dar, alle Befragten kannten diese Technik und hatten mindestens gute Kenntnisse, mehr als die Hälfte verfügte sogar über umfassendes Wissen. Weiterhin sehr bekannt waren die *Kartenabfrage* und *Mindmapping*. Die in der Mediationsliteratur deutlich häufiger als die Kartenabfrage benannte *Methode 6-3-5* war überraschenderweise mehr als der Hälfte der Befragten gänzlich unbekannt bzw. sie verfügten lediglich über eine ungefähre Vorstellung von dieser Technik. Die systematisch-analytischen Techniken blieben in ihrer Bekanntheit deutlich hinter den intuitiven zurück, hier war lediglich der *Relevanzbaum/Problemlösungsbaum* nennenswert bekannt. Der Bekanntheitsgrad der Techniken bestimmt maßgeblich deren Einsatz in der Mediation: So wurde insbesondere Brainstorming von mehr als 80 Prozent der Teilnehmer bereits praktisch (nicht nur im Rollenspiel) eingesetzt, bei der Kartenabfrage waren es fast 70 Prozent – und zwar überwiegend im Mediationssetting mit zwei Konfliktbeteiligten (Rauschenbach 2016, S. 51 ff.).

32.2 Kritische Würdigung der Erkenntnisse

Intuitive Techniken basieren auf dem Gedanken, durch gegenseitige Inspiration der Teilnehmer neue Ideen und Lösungen zu entwickeln. Für ein Brainstorming wird eine Gruppengröße von etwa 5 bis 15 Personen benötigt, damit die Methode erfolgreich ist. Bedenklich an den Ergebnissen der Befragung ist daher, dass intuitive Techniken, die für die Kleingruppe entwickelt wurden, im Setting mit zwei Medianden angewandt werden, die sich – was erschwerend hinzukommt – bis vor kurzem im Konflikt miteinander befanden. Wie wahrscheinlich ist es, dass diese beiden Parteien nun in der Phase der Lösungsfindung neue, kreative Ideen entwickeln und sich gegenseitig inspirieren? Die Kreativitätsforschung zeigt: Es gibt nicht *die eine* Kreativitätstechnik; das Potenzial von Kreativitätstechniken ist abhängig von verschiedenen Faktoren. Dies sind der Mediationskontext (z. B. Wirtschafts- oder Familienmediation), das Setting (Mediation mit zwei Konfliktbeteiligten oder in Gruppen) und die Phase im Mediationsprozess. So gibt es Kreativitätstechniken, die nicht nur für die Generierung von Lösungsoptionen, sondern beispielsweise auch für deren Bewertung geeignet sind. Die Verfasserin hat eine Entscheidungsmatrix entwickelt, die bei der Auswahl der geeigneten Technik unterstützen kann (Rauschenbach 2015, S. 78). Ein weiterer wichtiger Aspekt ist die Kreativitätspräferenz. In Workshops zur Erprobung von in der Mediation noch eher unbekannten bzw. noch nicht angewandten Kreativitätstechniken war bei den Teilnehmenden insbesondere zu beobachten, dass Mediatoren, die sich eher als aus dem Bauch heraus handelnd bezeichneten, besser mit den (noch unbekannten) intuitiven Techniken arbeiten konnten, während Mediatoren, die sich als sachlich orientiert einschätzten, eher einen Bezug zu den systematisch-analytischen Techniken entwickelten. Gleiche Präferenzen wären auch bei den Medianden zu erwarten.

32.3 Nutzen für die Mediation

Für die Mediation stellen die systematisch-analytischen Techniken eine große, bislang überwiegend ungenutzte Chance dar. Möchte man intuitive Techniken (insbesondere Brainstorming) nur noch in dem Setting verwenden, für das diese Techniken konzipiert wurden, also in der Kleingruppe, benötigt man geeignete Techniken für die Mediation mit einer geringeren Anzahl an Konfliktbeteiligten. Die Berücksichtigung der vorgenannten Einflussfaktoren würde damit eine wertvolle Erweiterung des Methodenspektrums des Mediators zur Folge haben. Für jeden Mediationsfall könnte aus einer Vielzahl von Techniken die passende ausgewählt werden, es würden nicht in jedem Fall immer dieselben Techniken zur Anwendung kommen – ob passfähig oder nicht. Zudem kann der Mediator, sollte er feststellen, dass intuitive Techniken die Medianden nicht (genügend) bei der Entwicklung von Ideen unterstützen oder die Medianden diese sogar ablehnen, da sie ihnen möglicherweise zu spielerisch anmuten, mit Hilfe von systematisch-analytischen Techniken eine Versachlichung des Ideenfindungsprozesses initiieren. Dies gilt natürlich auch im umgekehrten Fall: Wenn die Ideenfindung nur auf der sachlichen Ebene erfolgt, kann es sinnvoll sein, mit intuitiven Techniken die emotionale Ebene stärker zu involvieren. Darüber hinaus ist eine Kombination verschiedener Techniken beispielsweise für die Generierung von Lösungsideen und deren Bewertung möglich und kann für eine gesamthafte Betrachtung der Lösung(en) förderlich sein.

32.4 Weiterer Forschungsbedarf

Eine empirisch orientierte Forschung unter dieser Fragestellung sollte sich u. a. folgenden Fragen widmen:

- Welche Kreativitätstechniken sind Mediatoren bekannt und woher?
- Welche Techniken werden in der Mediation eingesetzt, in welchem Mediationskontext, welchem Setting, welcher Phase im Mediationsprozess?
- Sind die mit Hilfe der eingesetzten Technik entwickelten Lösungen eher quantitativer (Vielzahl von Lösungsoptionen) oder qualitativer (völlig neuartige Lösungsoptionen) Art?
- Gibt es einen Zusammenhang zwischen persönlicher Kreativitätspräferenz und eingesetzter Technik?[1]

Die Aus- und Weiterbildung von Mediatoren könnte von den auf diese Weise gewonnenen Erkenntnissen profitieren.

Literatur

Blasweiler, K. H. (2013). Brainstorming – ein geeignetes Instrument zur Generierung von Lösungsoptionen? *Mediator 1*, 4-8.

Geschka, H. & Yildiz, A. (1990). Kreativitätstechniken: Probleme in den Griff bekommen. *Gablers Magazin. Zeitschrift für innovative Führungskräfte 4*, 36-40.

Kessen, S. & Troja, M. (2009). § 13 Die Phasen und Schritte der Mediation als Kommunikationsprozess. In F. Haft & K. Gräfin von Schlieffen (Hrsg.), *Handbuch Mediation* (S. 310-316). 2. Aufl. München: C. H. Beck.

Knieß, M. (2006). *Kreativitätstechniken. Methoden und Übungen*. München: C. H. Beck.

1 Um die Forschung auf diesem Themengebiet fortzusetzen, sind die Leser dieses Beitrages herzlich eingeladen, an der Untersuchung teilzunehmen. Die Verfasserin wäre Ihnen sehr dankbar, wenn Sie sich hierfür kurz Zeit nehmen, unter https://de.surveymonkey.com/r/NW9N7XT finden Sie den Fragebogen.

Montada, L. & Kals, E. (2013). *Mediation. Psychologische Grundlagen und Perspektiven.* Weinheim: Beltz.
Rauschenbach, A.-K. (2015). *Wenn Brainstorming versagt – Kreativitätstechniken in der Mediation.* Frankfurt a. M.: Metzner.
Rauschenbach, A.-K. (2016). Mehr als Brainstorming – Kreativitätstechniken in der Mediationspraxis. *Spektrum der Mediation 63*, 51-54.
Schlicksupp, H. (2004). *Innovation, Kreativität und Ideenfindung.* 6. Aufl. Würzburg: Vogel.
Zebisch, H. W. (2009). Die kreative Phase der Mediation. *Zeitschrift für Konfliktmanagement (ZKM) 6*, 180-182.

Vieldimensionalität und Methodenpluralismus in der Mediation von Alltagskonflikten

33

Konzeptionelle Überlegungen

Karim Fathi

33.1 Fragestellung und Annahmen

Die letzten Jahrzehnte verzeichnen eine Vielfalt und Zunahme von Ansätzen der mediativen Konfliktbearbeitung. Wurde die Mediation von jeher in Ost und West über Jahrtausende als „klassische Vermittlung" praktiziert, hat die heute bekannte moderne Mediation seit Mitte des 20. Jahrhunderts eine Anreicherung durch Einflüsse aus den Kommunikationswissenschaften und unterschiedlichen Therapieformen erfahren. Daher werden heute unter dem Einheitsbegriff „Mediation" eine wachsende Vielzahl von Dritt-Parteien-Ansätzen der gewaltfreien Konfliktbearbeitung zusammengefasst (Glasl 2009, 2004, 2003a), die auf unterschiedliche Konflikte Anwendung finden: organisationale Konflikte, Nachbarschaftskonflikte, Familienkonflikte etc. Diese Entwicklung macht eine gewisse Unübersichtlichkeit und methodische Grenzen und Defizite sichtbar (Fathi 2011).

Angesichts der Vielfalt bestehender Ansätze und der Komplexität von Konflikten stellt sich weniger die Frage nach einer „besten Standard-Methode der Konfliktbearbeitung". Vielmehr stellt sich, so die Annahme dieses Beitrags, die Frage, inwieweit sich bestehende Ansätze und die Vieldimensionalität von Konflikten theoretisch und praktisch integrieren lassen. Zwar wurde hierzu bei der Bearbeitung gewalttätiger Großkonflikte bereits Pionierarbeit geleistet. Doch über diese Beiträge hinaus, bleibt die Frage nach einem disziplinübergreifenden Methodenpluralismus, der Gemeinsamkeiten und Ergänzungspunkte unterschiedlicher Perspektiven integriert und für die Bearbeitung von Alltagskonflikten in westlichen Gesellschaften nutzbar macht, offen. Eine weitere Annahme dieses Beitrags ist, dass Methodenpluralismus den Erfolg von Mediationsprozessen erhöht. Erstens ermöglicht er eine nachhaltige Intervention, indem er Konflikte in ihren sichtbaren und tieferliegenden unsichtbaren Dimensionen bearbeitet. Zweitens ermöglicht ein Methodenpluralismus pragmatische Strategiewechsel in stockenden Mediationsprozessen durch die Bearbeitung des Konflikts „von unterschiedlichen Seiten". Zugleich geht der Beitrag davon aus, dass Methodenpluralismus nicht alleiniger Garant für den Mediationserfolg ist. Er kann andere erfolgskritische Faktoren, wie z. B. die persönlichen Kompetenzen des/r Mediators/in und der Parteien, nicht ersetzen.

Wie wird in der gegenwärtigen (mediativen) Konfliktbearbeitung mit der Vieldimensionalität von Konflikten umgegangen? Wie geht die gegenwärtige Mediationsforschung und -praxis, angesichts zunehmender Methodenvielfalt, mit dem Anspruch an eine differenzierte und situationsgerechte Konfliktbearbeitung um? Was wären verallgemeinerbare Kriterien für einen disziplinübergreifenden Methodenpluralismus, der auch erfolgskritische Ansätze integriert, die bislang kaum in der heutigen Mediationsforschung berücksichtigt wurden?

33.2 Vieldimensionalität und Methodenpluralismus in der gegenwärtigen Konfliktbearbeitung

Angesichts der Herausforderung, der Komplexität von Konflikten sowie der Vielfalt von Interventionsmethoden gerecht zu werden, finden sich in der heutigen Konfliktbearbeitung unterschiedliche Ansätze und Modelle. Einen maßgeblichen Einfluss hat die in den 1990er Jahren entstandene *Konflikttransformation* (Galtung 2008; Lederach 2003). Ihre Ursprünge gehen auf das Scheitern herkömmlicher Mediationsverfahren bei der Lösung hocheskalierter innerstaatlicher Konflikte zurück. So starben z. B. in Angola und Ruanda sogar mehr Menschen nach dem Unterzeichnen der Abkommen als während des vorangegangenen Bürgerkriegs (O'Toole 1997). Die Konflikttransformation bezieht sich daher auf ganzheitliche „Peace building"-Strategien. Neben der konstruktiven Konfliktlösung zielt sie auch auf die Herstellung umfassender sozialer Gerechtigkeit und die Versöhnung der Konfliktparteien ab. Dabei wird in der Mediation auf eine Berücksichtigung von Vertretern/innen aller Gesellschaftsebenen („Tracks") Wert gelegt („Multi-Track") (Reimann 2004; Miall 2004).

Zu den wesentlichen Beiträgen der Konflikttransformation gehört die Erfassung von Konflikten in ihrer Vieldimensionalität. Vieldimensionale Modelle ermöglichen es, manifeste und auch unsichtbare Konfliktaspekte zu berücksichtigen und entsprechend in der Intervention zu berücksichtigen. Beispielhaft seien im Folgenden die Modelle von Johan Galtung angeführt – einem Mitbegründer der Friedensforschung und der Konflikttransformation. Zu seinen bekanntesten Beiträgen (Galtung 2008, 1998) zählen seine Modelle zu einem vieldimensionalen Verständnis von „Konflikt", „Gewalt" und „Frieden". Die Modelle berücksichtigen erstens eine sichtbare individuelle Dimension, die sich z. B. im äußeren Verhalten von Personen und Formen sichtbarer „direkter Gewalt" zeigt. Daneben gibt es zweitens, eine unsichtbare interobjektive Dimension, die sich in Konflikten als „Zielwiderspruch" äußert und in der sich die „gesichtslose", sich in ausbeuterischen Strukturen manifestierende, „strukturelle Gewalt" ausprägen kann (Galtung 1975). Eine weitere unsichtbare Dimension ist intersubjektiv – sie zeigt sich in Konflikten in den polarisierten Annahmen der Konfliktparteien und kann sich als „kulturelle Gewalt" – sprich: feindbildfördernde, kulturell vermittelte Reize (z. B. Hasspropaganda in Nazideutschland und dem Bürgerkriegsruanda) – ausprägen. Ein dreidimensionales Verständnis von Frieden leitet sich unmittelbar aus dem Konflikt- und Gewaltmodell ab. Demnach ist Frieden nicht das Gegenteil von Konflikt, sondern von Gewalt und versteht sich als eine Konfliktaustragung in Abwesenheit von manifesten und subtilen Gewaltformen. Sie stellen sich in aller Kürze wie in Abb. 33.1 gezeigt dar.

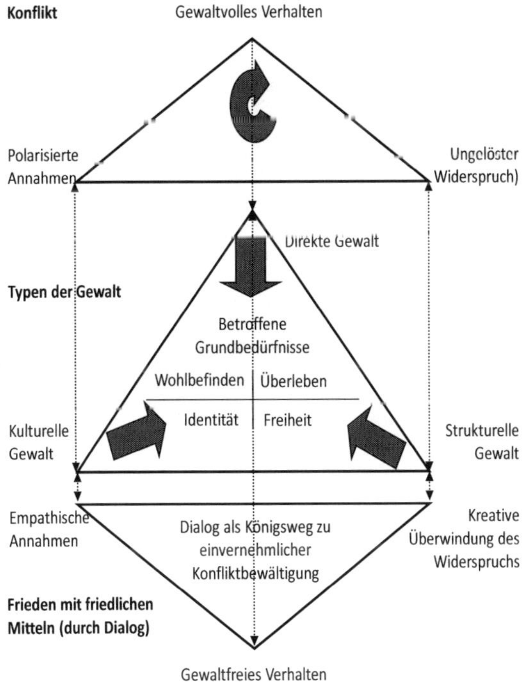

Abb. 33.1 Dreidimensionales Verständnis von Gewalt, Konflikt und Frieden nach Galtung (Quelle: nach Fathi 2013)

Über den hier beispielhaft dargestellten Beitrag von Galtung hinaus finden sich in der Konflikttransformation noch weitere, ähnliche Ansätze, wie z. B. von Coleman (2006), Lederach (2003), Ropers (2010). Sie alle haben gemein, dass sie vielfältige, nicht-reduzierbare Realitätsdimensionen von Konflikten kategorisieren, denen sich entsprechende Interventionsstrategien zuordnen lassen. Über diese Entwicklungen in der Konflikttransformation (die einen Fokus auf gewalttätige Großkonflikte setzt) hinaus, fehlt es bis heute an einer Übertragung dieses vieldimensionalen Ansatzes auf die mediative Bearbeitung von Alltagskonflikten. Wie könnte sich kulturelle und strukturelle Gewalt in Organisations- oder Nachbarschaftskonflikten im westlichen Alltag ausprägen? Gibt es noch andere Gewaltformen? Wie lassen sich diese unterschiedlichen Dimensionen im Rahmen einer „integrierten" Konfliktintervention berücksichtigen? Bevor wir auf diese Fragen unter Abschn. 33.4.2 näher eingehen, wird im folgenden Abschnitt auf eine weitere Entwicklung fokussiert, die sich in der heutigen Mediationsforschung und -praxis angesichts des Methodenzuwachses vollzogen hat.

33.3 Methodenpluralismus und situatives Vorgehen

Die Zunahme mediativer Ansätze seit den 1990er Jahren spiegelt nicht nur die Vieldimensionalität von Konflikten wider, sondern verfolgt auch den Anspruch, Konflikten in ihrer Einzigartigkeit gerecht zu werden. Glasl nennt letzteres eine „artgerechte Konfliktbearbeitung" (Glasl 2009). Hierzu sind über die Konflikttransformation hinaus in den letzten Jahren unterschiedliche Modelle entstanden, Konflikte nach ihrer jeweiligen Ausprägung einzuordnen und Orientierung in der Auswahl der passenden Methode zu finden.

Ein gängiges Orientierungsmodell berücksichtigt den Eskalationsgrad eines Konflikts. Im deutschsprachigen Raum gehört Glasls 9-stufiges Eskalationsmodell zu den bekanntesten. Es unterscheidet zwischen Konfliktsituationen „niedriger", „mittlerer" und „hoher" (oder auch „tiefer") Eskalation. Demnach erfordern hohe Eskalationsstufen eine dominantere Rolle (nicht-direktive Mediation) der intervenierenden Partei und niedrige bis mittlere Eskalationszustände eher nicht-direktive Mediationsansätze, bei denen die Aktivierung der Selbstheilungsprozesse der Konfliktparteien im Vordergrund steht. Zu ähnlichen Schlussfolgerungen und Modellen kommen u. a. auch Hizkias Assefa (1999), Johan Galtung (1998, 2000) und Ramsbotham et al. (2005).

Ein anderes Orientierungsmodell berücksichtigt den Konflikttypus: Handelt es sich um einen „heißen Konflikt", der sich durch eine offene Austragung auszeichnet, empfiehlt sich nach Glasl bei einer niedrigen Eskalationsstufe (1–4) der Einsatz lösungsfokussierter Mediationsansätze. Bei „kalt ausgetragenen Konflikten", in denen die Parteien eher aus dem Hinterhalt kämpfen, stoßen lösungsfokussierte Methoden ab der Eskalationsstufe 3 an ihre Grenzen. Hier empfehlen sich eher eskalierende Methoden und problem-bezogene, vergangenheitsaufarbeitende Mediationsansätze (Glasl 2009). Diese und weitere Indikatoren und Überlegungen sind insbesondere in den Werken von Glasl ausführlich ausgearbeitet worden (Glasl 2009, 2004, 2003a). Aus ihnen ergeben sich, je nach Ausprägung des Konflikts, Empfehlungen für die Auswahl der geeigneten Methode und Rolle, was eine strategische Orientierung in der Methodenvielfalt ermöglicht. Glasl hat diese Faktoren in seinem Indikatorenkompass zusammengefasst (s. Abb. 33.2).

Abb. 33.2 Indikatorenkompass für Strategie- und Rollenwahl (Quelle: Glasl 2009, S. 227)

Doch was ist, wenn sich mehrere Methoden zu einer Situation als passend erweisen? Wie lassen sich diese theoretisch und praktisch miteinander verknüpfen? Inwieweit bestehen auch Synergiepotenziale mit in der heutigen Mediationspraxis noch wenig berücksichtigten Ansätzen?

33.4 Theoretische und praxeologische Grundzüge für Methodenpluralismus

33.4.1 Verallgemeinerbarkeit von Mediationsphasen

Der Umgang mit Vieldimensionalität von Konflikten und Methodenpluralismus in der Mediation findet in einem empfindlichen Spannungsfeld statt. Einerseits erfordert die Mediationspraxis, der Einzigartigkeit einer jeden Konfliktsituation angemessen Rechnung zu tragen. Andererseits bedarf ein disziplinübergreifender Methodenpluralismus verallgemeinerbarer, sprich: transdisziplinärer, Integrationskriterien. In diesem Zusammenhang stellt Fathi (2011) in seiner Doktorarbeit unter anderem die Überlegung an, ob und inwieweit es solche Kriterien hinsichtlich der Phasen der Mediation gibt. Die Annahme ist dabei, dass trotz der Unterschiedlichkeit der Methoden, die für eine situationsadäquate Konfliktbearbeitung (Abschn. 33.3) berücksichtigt werden muss[1], ihnen allen Gemeinsamkeiten zugrunde liegen, die sich für einen integrierenden Ansatz berücksichtigen lassen. Bei einem Vergleich unterschiedlicher Verfahren kommt Fathi (2011) zu drei, allen Mediationsansätzen weitgehend immanenten Metaphasen:

1. Vorphase: Einleitung, Orientierung. In dieser Phase erfolgt eine gegenseitige Erwartungsklärung zwischen Mediant/innen und Mediator/in. In dieser und spätestens im Laufe der nächsten Phase ergibt sich eine Einschätzung der Konfliktindikatoren (Abb. 33.2) und damit eine strategische Vorauswahl der anzuwendenden Methoden.
2. Informationsphase: Hier geht es darum, die Situation, die Akteure und die Themen kennen zu lernen. Typisch für den klassischen, europaweit verbreiteten Ansatz der problembezogenen Mediation ist die Frage „Worum geht es?". Ähnlich fragt die weniger verbreitete Strömung der prozessbezogenen Mediationsansätze „Was beschäftigt Sie?" (Czollek und Watzke 2004). Selbst lösungsfokussierte Ansätze beginnen oft mit einer problembezogenen Aussprache, in der die Parteien darlegen, „was schon immer gesagt werden sollte". Doch den Schwerpunkt legt die lösungsfokussierte Methode auf Fragen wie „Wie wäre Ihre Situation/Ihr Verhalten/das Verhalten des/r Anderen, wenn der Konflikt nicht da wäre?" All diesen Ansätzen ist eine Situationsdarlegung gemein (Bannink 2009).

---

1 Glasl geht dabei grundsätzlich von der Annahme aus, dass sich alle derzeit üblichen Mediationsansätze in drei Hauptströmungen zusammenfassen lassen: der problembezogenen, der visionsgeleiteten (inklusive der lösungsfokussierten Mediation) und der prozessgeleiteten Mediation (Glasl 2009).

3. Vertiefungsphase: Je nach Verfahren erfolgt hier eine Vertiefung mit unterschiedlichen Akzenten. Problembezogene Verfahren fragen „Worum geht es eigentlich?" und zielen auf eine wechselseitige Klärung der hinterliegenden Bedürfnisse der Parteien sowie daraus resultierenden Empathieaufbau ab. Gegebenenfalls erfolgt hier auch eine tiefere Problemsensibilisierung und Vergangenheitsaufarbeitung. Lösungsfokussierte Verfahren fragen nach positiven Unterschieden („Wann lief es gut?") und Ressourcen („Woran liegt es, dass es nicht schlimmer ist?", „Was läuft gut?", „Was könnten Sie tun…?", „Was brauchen Sie dazu?"). Prozessorientierte Verfahren sind ungebunden im Fokus und praktizieren „Go with the flow" (Glasl 2009).
4. Lösungs- und Umsetzungsphase: Hier sind sich alle Verfahren mit lösungsfokussierten Fragen ähnlich, z. B. „Wie könnten bedürfnisgerechte Lösungen aussehen?", „Was wären Ihre nächsten Schritte, um die Konfliktsituation zu verbessern?".

In der Zusammenschau stellen sich die Gemeinsamkeit und die Verschiedenheit aller drei Hauptströmungen hinsichtlich ihrer Phasen, wie in Tabelle 33.1 aufgezeigt.

Tab. 33.1 Gemeinsamkeiten und Unterschiede zwischen unterschiedlichen Phasenmodellen (Quelle: eigene Darstellung, angelehnt an Glasl 2009, S. 223)

Verschiedene Phasenmodelle der Mediation			
	Problembezogen	*Visionsgeleitet*	*Prozessgeleitet*
Phase 0: Orientierung	• Orientierung: Vorphase, Einleitung	• Orientierung, Einleitung	• Intake: Vorphase, Einleitung
Phase I: Darlegung	• Darlegungsphase: Sichtweisen der einzelnen Konfliktparteien	• Darlegung: Was schon immer gesagt werden sollte • Blick auf die Zukunft / Lösungs-Trance	• In allem: „Follow the parties". Was immer gerade bei den Parteien aktuell wird, „checking in": „empowerment & recognition", Resumées & Spiegeln & Paraphrasieren & Recycling…
Phase II: Vertiefung	• Konflikterhellung, Konfliktvertiefung	• Fokus auf Unterschiede gelungener und misslungener Konfliktbewältigung	
Phase III: Lösungen / Abschluss	• Problemlösung, Entwurf von Lösungsoptionen • Übereinkunft • Umsetzungsphase • Nachtreffen, eventuell Nachverhandlung	• Fokus auf Ressourcen, Vereinbarungen, Messkriterien • Wertschätzung für kleine Schritte	• Abschluss

33.4.2 Vieldimensionalität und Methodenpluralismus bei der Bearbeitung von Alltagskonflikten

Wie lässt sich der bislang eher auf gewalttätige Großkonflikte zugeschnittene Ansatz der Vieldimensionalität (Abschn. 33.2) auf die Bearbeitung von Alltagskonflikten übertragen? Galtungs Modell erweiternd, unterscheidet Fathi vier nicht-reduzierbare Realitätsdimensionen (Näheres zu den epistemologischen Hintergründen unter Fathi 2011): Eine individuell-objektive (Es-Singular-Perspektive), eine individuell-subjektive (Ich-Perspektive), eine interobjektive (Es-Plural-Perspektive) und eine intersubjektive Dimension (Wir-Perspektive). Diese Dimensionen finden sich über die Konfliktforschung hinaus auch in anderen transdisziplinären Beiträgen wieder, so z. B. in Habermas' „vier Geltungsansprüchen" (1981), Karl Poppers „Drei Welten" (2004) oder den Quadrantenmodellen von Roger Sibeon (2004) und Derek Layder (1997) (vgl. Tabelle 33.2).

Tab. 33.2 Vier Quadranten (basierend u. a. auf Fathi 2011; Sibeon 2004, S. 108-110; Layder 1997, S. 2-4)

	Subjektiv	*Objektiv*
Mikro	**ICH-Perspektive**: Motive, Gefühle, Gedanken, innere Handlungsantriebe Methodologie: Qualitative Methoden, z. B. Introspektion, Meditation, Phänomenologie. Geltungskriterium: Wahrhaftigkeit	**ES-Perspektive**: Messbares (Zahlen, Fakten), Beobachtbares (Verhalten) Methodologie: Quantitative Methoden, basierend auf Positivismus, Empirismus, Behaviorismus Geltungskriterium: Wahrheit
Makro	**WIR-Perspektive**: Gemeinsam geteilte Bedeutungen (Kultur, Normen, Werte, kollektive Narrative etc.) Methodologie: Hermeneutik, interpretative Soziologie etc. Geltungskriterium: Kulturelle Bedeutung	**SIE-Perspektive (ES Plural)**: Strukturen, Systeme, Muster, Feedbackschleifen Methodologie: Systemtheorie, Strukturalismus Geltungskriterium: Funktion / Funktionalität

Aus dem hier skizzierten Quadrantenmodell ergeben sich mindestens zwei Anwendungen: Erstens ermöglicht es in erkenntnistheoretischer Hinsicht ein disziplinübergreifendes, vieldimensionales Verständnis von Konfliktzusammenhängen. Zweitens bietet es aus praktischer Sicht eine Orientierung hinsichtlich der Gemeinsamkeiten und Ergänzungspunkte unterschiedlicher Interventionsansätze, die sich im Rahmen eines mediativen Methoden-Mix miteinander kombinieren lassen. Im Folgenden seien einige einander ergänzende Interventionsansätze skizziert.

Individuell-objektiv: Dieser Interventionsbereich umfasst verhaltensorientierte Maßnahmen. Viele Alltagskonflikte sind von Kommunikationskonflikten geprägt, also Missverständnissen und Verletzungen, die sich aus Interaktionszusammenhängen ergeben. In der Regel nehmen sich dabei die Parteien als „auf die Aktionen des Anderen reagierend" wahr (Watzlawik et al. 2000). Vor diesem Hintergrund zielen verhaltensorientierte Ansätze darauf ab, die Parteien für ihre automatischen Reaktionen zu sensibilisieren und Verhaltensalternativen zu trainieren. Demnach lassen sich nach dem Ursprungsmodell von Blake und Mouton (1985) fünf unterschiedliche Konfliktstile unterscheiden – kompetitiv, nachgebend, Rückzug, Kompromiss, kreative Zusammenarbeit – und jeder dieser Stile kann, je nach Situationserfordernis, angemessen sein. Die meisten Akteure haben einen Schwerpunkt auf nur einem oder zwei Stilen und reagieren oftmals einseitig – ein breiteres Verhaltensrepertoire würde zu stimmigeren und adäquateren Reaktionen führen (Thomas 2002). Ein anderer Ansatz wird von der ‚gewaltfreien Kommunikation' repräsentiert – einer Methode, um konstruktiv emotional belastende Anliegen zur Sprache zu bringen und gleichzeitig empathisch auf den anderen einzugehen (näher hierzu Rosenberg 2012).

Kollektiv-objektiv: Die interobjektive Dimension schaut auf zugrunde liegende Systemdynamiken und Konfliktstrukturen. „Strukturelle Gewalt" nimmt in Alltagskonflikten vor allem die Form bürokratischer Sachzwänge an. In Organisationen sind Konflikte oft Oberflächensymptome tieferer struktureller Ursachen, z. B. unklare Zuständigkeitsbereiche, aus ineffizienten Prozessen resultierender Termindruck oder Personalüberlastung. An dieser Stelle knüpft Mediation an umfassendere Interventionsformen, wie z. B. der systemischen Organisationsentwicklung, an. Neben diesen strukturellen Gewaltpotenzialen, die sich in allen Konflikten unterschiedlich ausprägen, gibt es eine allen Konflikten zugrunde liegende strukturelle und systemische Komponente. Die strukturelle Komponente ist der Zielwiderspruch. Ein hierauf fokussierter Ansatz ist von der Harvard-Methode inspiriert worden: Demnach lassen sich scheinbar unvereinbare Gegensätze mit einer Mischung aus Kreativität und Pragmatismus überwinden. Wichtig ist hierbei die oft vernachlässigte Berücksichtigung von „weichen Übereinkünften". Erscheint z. B. eine inhaltliche Lösung (harte Übereinkunft) vordergründig unüberbrückbar, könnten sich die Parteien zumindest auf das Verfahren einigen, wie sie die Lösung erreichen wollen (weiche Übereinkunft) (näher unter Fisher et al. 1991). Die systemische Komponente knüpft an den Beiträgen des Systems Thinking an – einem Sammelbegriff für unterschiedliche systemische Ansätze (näher hierzu unter Jackson 2003).

Generell interessiert aus einer systemischen Sicht nicht der Blick auf Individuen, sondern auf die Interaktionsmuster zwischen ihnen (Simon 2015). Demnach ist alleine Kommunikation das Basiselement aller sozialen Systeme (z. B. eines Konfliktsystems), weil soziale Systeme – so die Theorie von Luhmann (2010) – alleine durch Kommunikation erzeugt werden. Die systemische (Konflikt-)Intervention fokussiert daher auf eine Analyse und Veränderung der Interaktionsmuster. Sie berücksichtigt z. B. wiederkehrende, weitgehend vorhersagbare Interaktionsmuster („systemische Archetypen", näher hierzu unter Senge 2006 und eine Anwendung auf den Sri-Lanka-Konflikt unter Ropers 2008). Andere Dimensionen, wie z. B. Gedanken und Werte, werden pragmatisch ausgeblendet, wenn sie nicht in ein Kommunikationsereignis übergehen. Hier ergeben sich Ergänzungspotenziale durch Methoden aus den anderen Quadranten.

Individuell-subjektiv: Trotz ihrer hohen Relevanz ist in der gegenwärtigen Konflikt- und Mediationsforschung und -praxis die psychische Dimension noch relativ wenig berücksichtigt worden. Zwar wird bestätigt, dass Konflikte und gewalttätiges Verhalten wesentlich von einem Gefühl der Frustration angetrieben werden. So verwendet z. B. Galtung (1998) explizit den Leidensbegriff aus dem Buddhismus („Dukkha"). Zugleich bleibt das Potenzial anderer, über die Mediation hinausgehender Disziplinen weitgehend ungenutzt (Fathi 2011). Aus den Einsichten der spirituellen Weisheitstraditionen (z. B. Dwoskin 2010; Katie 2002; Chopra 2005) sowie der kognitiven und der positiven Psychologie (Reivich und Shatté 2003) ergibt sich z. B. ‚Leiden' als Treiber für Konflikte nicht nur aus verletzten Bedürfnissen, sondern aus wertenden, selbstdestruktiven Glaubenssätzen. Demnach wäre, so Chopra, der empfundene Schmerz einer Konfliktsituation (z. B. eines verbalen Schlagabtauschs) ein per se flüchtiges Ereignis. Das sich hieraus ergebende Leiden wäre Schmerz, an dem der Geist bewusst oder unterbewusst festhalte. Indem Betroffene die vergangene Situation immer wieder im Geiste abspielen oder mit einer Wertung versehen (z. B. „Sie hat mich hintergangen!", „Er nimmt mich nicht ernst!" etc.), würden sie den vorübergehenden Schmerz aufrechterhalten und unnötig verstärken (Chopra 2005; Katie 2002). Daraus ergibt sich das, was Fathi (2011) als selbst zugefügte „psychische Gewalt" bezeichnet. Als Antwort darauf finden sich vielfältige, in der Mediationsforschung bislang unberücksichtigte Methoden, die bei der Beseitigung psychischer Gewalt – sprich: beim Loslassen (Releasing) des Schmerzes – unterstützen können. Hierzu zählen unter anderem „The Work" (Katie 2002) und die „ABC-Methode" (Reivich und Shatté 2003; Stavemann 2008) auf kognitiver Ebene; die Sedona-Methode (Dwoskin 2010) und Atemtechniken wirken auf der emotional-körperlichen Ebene. Der Einfluss von innerer Gelassenheit oder zumindest positiven Emotionen ist für den Mediationserfolg nicht zu unterschätzen, wie die lösungsfokussierte Therapie inzwischen bestätigt (Bannink

2009). Ein anderer Bereich betrifft die Arbeit mit „innerer Pluralität“, sprich: den vielfältigen in uns angelegten (un-)bewussten Persönlichkeitsanteilen. Deutschlandweit ist hierbei vor allem das Modell des „Inneren Teams“ von Schulz von Thun (2014) bekannt, der es für zwischenmenschliche Klärungshilfe, aber auch für innerpsychische Mediation nutzt. Das kürzlich von Singer am Max-Planck-Institut entwickelte „ReSource“-Projekt verwendet ein solches Modell der inneren Pluralität für die systematische Empathieförderung (ReSource-Projekt 2015) – was für die künftige Mediationsforschung und -praxis relevant sein dürfte.

Kollektiv-subjektiv: Die intersubjektive Dimension fokussiert auf der Bearbeitung von kulturell vermittelter Gewalt. In Alltagskonflikten prägt sich kulturelle Gewalt subtil in Form von Feindbildern gegenüber „dem/der/den anderen“ aus (z. B. pauschalisierende Annahmen einer Abteilung gegenüber der anderen). Im Kontext der in gewalttätigen Großkonflikten eingesetzten Konflikttransformation finden sich hierzu viele Interventionstechniken, die prinzipiell auch auf Alltagskonflikte in westlichen Gesellschaften adaptiert werden könnten. Die Storytelling-Methode und die vergleichenden Geschichtsbuchprojekte arbeiten mit der Umdeutung von Narrativen (mehr dazu am Beispiel des Israel-Palästina-Konflikts unter Bar-On 2000; Bar-On et al. 2015). Andere Anwendungen, wie z. B. Mediationsfußball (z. B. football3 (o. J.)) oder Konflikttheater (z. B. „Kreativ im Konflikt“ (o. J.)), nutzen kreative Wege für den Aufbau konstruktiver Beziehungen und einer empathischeren Kultur.

Die methodischen Ergänzungspunkte sind zusammenfassend in Tabelle 33.3 dargestellt.

Ausgehend von der Annahme, dass Mediationsprozesse im Wesentlichen drei Metaphasen (Abschn. 33.4.2) durchlaufen und dass sich Konflikte in mindestens vier synchronen Realitätsdimensionen ausprägen, ergibt sich der in Abbildung 33.3 dargestellte konzeptionelle Vorschlag. Eine weitere Konkretisierung bleibt weiterführenden Publikationen vorbehalten.

Tab. 33.3 Integration unterschiedlicher Konfliktbearbeitungsdisziplinen und Ansätze (Quelle: eigene Darstellung)

	Subjektiv	***Objektiv***
Individuell	Psyche • Aufdecken und Abbau psychischer (selbstzugefügter) Gewalt • Einsatz von Releasing-Techniken, z. B. The Work, die Sedona-Methode, Atemtechniken • Innere Persönlichkeitsanteile integrieren	Verhalten • Aufdecken und Abbau direkter Gewalt (verbal, physisch) • Stimmiges Konfliktverhalten trainieren, z. B. Repertoire-Erweiterung, Gewaltfreie Kommunikation
Kollektiv	Kultur/Bedeutung/Beziehung • Aufdecken und Abbau kultureller Gewalt • Friedenskultur und Beziehungsaufbau, z. B. durch Konfliktheater, Mediationsfußball • Polarisierende Narrative umdeuten (Storytelling, Narrative Mediation)	Struktur/System • Aufdecken und Abbau struktureller Gewalt • Interaktionsmuster systemisch verstehen (systemisches Konfliktmanagement) • Systemveränderung, z. B. durch systemische Organisationsentwicklung • Kreative und weiche Übereinkünfte aushandeln (z. B. Harvard-Methode)

Phase 0: Orientierung

- Einschätzung und Methodenvorauswahl /-anpassung mit dem Indikatorenkompass (Abb. 2)

Analyse der Konflikt-/Gewaltdimensionen	
Psyche: Annahmen (individuell) Psychische Gewalt	**Verhalten:** Verhalten Direkte Gewalt
Kultur/Beziehung: Annahmen (kulturell) Kulturelle Gewalt	**Struktur/System:** Zielwiderspruch Strukturelle Gewalt

Phase I: Darlegung / Information

- Worum geht's? (Problembezogen)
- Wie wäre eine Zukunft ohne die vorhandenen Gewalt- und Konfliktformen? (Visionsgeleitet)

Transformierung der Dimensionen	
Psyche: Veränderung Konfliktannahmen (individuell): z. B. Releasingtechniken, inneres Team	**Verhalten**: Training / Veränderung Konfliktverhalten: z. B. GFK, Repertoire erweitern
Kultur/Beziehung: Umdeutung Konfliktannahmen (kulturell): z. B. Empathie- förderung, Storytelling, kreative Anwendungen	**Struktur/System:** Überwindung Zielwiderspruch, Einübung neuer Interaktionsmuster, Systemveränderung

Phase II: Vertiefung / Bearbeitung

- Aufarbeitung: Worum geht's eigentlich? (Problembezogen)
- Ressourcen: Wo läuft es bereits gut? Warum nicht schlechter (Visionsbezogen)
- Bearbeitung vorhandener Gewaltformen

Transformierte Konflikt-/Gewaltdimensionen	
Psyche: Gelassene / differenziertere Annahmen (individuell)	**Verhalten:** Konstruktive Austragung / Gewaltfreiheit
Kultur/Beziehung: Empathische / differenziertere Annahmen (kulturell) Neue Narrative	**Struktur/System:** Kreative und pragmatische Überwindung von Zielwiderspruch Transformation Muster und System

Phase III: Lösungen / Abschluss

- Einvernehmliche Lösungen
- Kleine Schritte
- Umsetzungsplanung und Evaluation
- Abschluss

Abb. 33.3 Skizze eines integrativen Mediationsprozesses (Quelle: eigene Darstellung)

Literatur

(Letzter Zugriff auf die Internetquellen: 18.07.2016)

Assefa, H. (1999). The Meaning of Reconciliation. In European Centre for Conflict Prevention (Hrsg.), *People Building Peace. 35 Inspiring Stories from Around the World* (S. 37-45). Den Haag.

Bannink, F. (2009). *Praxis der lösungsfokussierten Mediation. Konzepte, Methoden und Übungen für MediatorInnen und Führungskräfte.* Stuttgart: Concadora.

Bar-On (2000). *Den Abgrund überbrücken. Mit persönlicher Geschichte politischen Feindschaften begegnen.* Hamburg: Edition Körber-Stiftung.

Bar-On, D., Adwan, S. & Naveh, E. (2015). *Die Geschichte des Anderen kennen lernen.* Frankfurt a. M.: Campus.

Blake, R. & Mouton, J. (1985). *The Managerial Grid III: The Key to Leadership Excellence.* Houston: Gulf.

Center for Conflict Dynamics (o. J.). Homepage. http://www.conflictdynamics.org/index.php.

Chopra, D. (2005). *Das Buch der Geheimnisse.* München: Arkana.

Coleman, P. T. (2006). Conflict, Complexity and Change: A Meta-Framework for Addressing Protracted, Intractable Conflicts – III. Peace and Conflict. *Journal of Peace Psychology 12*, 325-348.

Czollek, L. & Watzke, E. (2004). Lea Czollek im Gespräch mit Ed Watzke über Queeres und Transgressive Mediation. Der Fisch des Diogenes. In G. Perko & E. Czollek (Hrsg.), *Lust am Denken: Queeres jenseits kultureller Verortungen* (S. 122-139). Köln: Papyrossa.

Dwoskin, H. (2010). *Die Sedona-Methode.* Kirchzarten bei Freiburg: VAK.

Fathi, K. (2011). *Integrierte Konfliktbearbeitung im Dialog – Der Integrale Ansatz als Bindeglied unterschiedlicher Methoden.* Marburg: Tectum.

Fathi, K. (2013). Conflict potentials of different welfare regimes – a metatheoretical perspective. In Karolewski, I. P. & Suszyki, A. M. (Hrsg.), *Identity, Citizenship and Welfare: National and International Perspectives* (S. 41-74). Osnabrück: Fibre.

Fisher, R., Ury, W. & Patton, B. (1991). *Getting to Yes: Negotiating Agreement without Giving In.* New York: Random House Business.

football3 (o. J.). *football3 handbook.* Berlin. www.streetfootballworld.org.

Galtung, J. (1975). *Strukturelle Gewalt.* Reinbek: Rowohlt.

Galtung, J. (1998). Konflikttheorie. Konfliktformationen – Konfliktlebenszyklen – Konflikttransformationen – Konfliktinterventionen – Gewaltfreie Konflikttransformation. In J. Galtung, *Frieden mit friedlichen Mitteln. Friede und Konflikt, Entwicklung und Kultur* (S. 131-225). Opladen: Leske + Budrich.

Galtung, J. (2000). *Conflict Transformation by Peaceful Means (the TRANSCEND Method) Manual.* o. O.

Galtung, J. (2008). *50 Years: 100 Peace and Conflict Perspectives.* Oslo: TRANSCEND University Press.

Glasl, F. (2003a). Das Anwendungsspektrum unterschiedlicher Mediationsformen: Ein kontingenztheoretisches Modell. In G. Mehta & K. Rückert (Hrsg.), *Mediation und Demokratie* (S. 102-119). Heidelberg: Carl-Auer-Systeme.

Glasl, F. (2003b). Interventionsstrategien für heiße und kalte Konflikte im mikro- und mesosozialen Bereich. In G. Mehta & K. Rückert (Hrsg.): *Mediation und Demokratie* (S. 281-300). Heidelberg: Carl-Auer-Systeme.

Glasl, F. (2004). *Konfliktmanagement. Ein Handbuch für Führungskräfte, Beraterinnen und Berater.* Bern: Freies Geistesleben.

Glasl, F. (2009). Nachwort. In F. Bannink, *Praxis der lösungsfokussierten Mediation. Konzepte, Methoden und Übungen für MediatorInnen und Führungskräfte* (S. 221-242). Stuttgart: Concadora.

Habermas, J. (1981). *Theorie des kommunikativen Handelns. (Bd. 1: Handlungsrationalität und gesellschaftliche Rationalisierung, Bd. 2: Zur Kritik der funktionalistischen Vernunft).* Frankfurt a. M.: Suhrkamp.

Jackson, M. C. (2003). *Systems Thinking: Creative Holism for Managers.* Chichester [u. a.]: John Wiley & Sons.

Katie, B. (2002). *Lieben was ist – Wie vier Fragen Ihr Leben verändern können.* München: Goldmann.

Kreativ im Konflikt (o. J.). *Konflikttransformation mit Theater.* http://www.kreativimkonflikt.de/.

Layder, D. (1997). *Modern Social Theory: Key Debates and New Directions.* London and Bristol: Routledge.

Lederach, J. P. (2003). *Conflict Transformation, extracts from Lederach's book "The Little Book of Conflict Transformation".* Oktober 2013. http://www.beyondintractability.org/essay/transformation.

Luhmann, N. (2010). *Soziale Systeme. Grundriß einer allgemeinen Theorie.* Frankfurt a. M.: *Suhrkamp.*

McConnell, J. (1995). *Mindful Mediation: A Handbook for Buddhist Peacemakers.* Bangkok: Buddhist Cultural Centre.

Miall, H. (2004). Conflict Transformation: A Multi-Dimensional Task. Berghof handbook for conflict transformation. In Austin, A., Fischer, M. & Ropers, N. (Hrsg.), *Transforming Ethnopolitical Conflict – The Berghof Handbook* (S. 67-90). Wiesbaden, Berlin: VS Verl. für Sozialwiss.

O'Toole, K. (1997). Why Peace Agreements Often Fail to End Civil Wars. *Stanford Report,* 19.11.1997. http://news.stanford.edu/pr/97/971119civilwar.html

Popper, K. (2004). *Alles Leben ist Problemlösen – Über Erkenntnis, Geschichte und Politik.* München: Piper.

Ramsbotham, O., Woodhouse, T. & Miall, H. (2005). *Contemporary Conflict Resolution: The Prevention, Management and Transformation of Deadly Conflicts.* Cambridge: John Wiley & Sons.

Reimann, C. (2004). Assessing the State-of-the-Art in Conflict Transformation, Berghof Conflict Research. In Austin, A., Fischer, M. & Ropers, N. (Hrsg.), *Transforming Ethnopolitical Conflict – The Berghof Handbook* (S. 41-66). Wiesbaden, Berlin: VS Verl. für Sozialwiss.

Reivich, K. & Shatté, A. (2003). *The Resilience Factor.* New York: Broadway Books.

ReSource-Project (2015). *Homepage.* https://www.resource-project.org/resource-2015/trainingsinhalte.html

Ropers, N. (2010). Friedliche Einmischung. Zivile Konfliktbearbeitung 1995-2010. *Wissenschaft & Frieden 4: Konflikte zivil bearbeiten,* 11–15; http://www.wissenschaft-und-frieden.de/seite.php?artikelID=1651.

Ropers, N. (2008). Systemic Conflict Transformation: Reflections on the Conflict and Peace Process in Sri Lanka, Berghof Foundation for Peace Support (heute: Berghof Conflict Research ed.): A Systemic Approach to Conflict Transformation – Exploring Strengths and Weaknesses, *Berghof Handbook Dialogue Series No. 6.* Berlin: 11-41.

Rosenberg, M. (2012). *Gewaltfreie Kommunikation*. 10. Aufl., Paderborn: Junfermann.
Schulz von Thun, F. (2014). *Miteinander reden 3 – Das „innere Team" und situationsgerechte Kommunikation*. Reinbek: Rowohlt.
Senge, P.M. (2006). *Die Fünfte Disziplin. Kunst und Praxis der lernenden Organisation*. Stuttgart: Klett-Cotta.
Sibeon, R. (2004). *Rethinking Social Theory*. London: SAGE.
Simon, F. B. (2015). *Einführung in die Systemtheorie des Konflikts*. Heidelberg: Carl-Auer.
Stavemann, H. (2008). *Therapie emotionaler Turbulenzen – Einführung in die kognitive Verhaltenstherapie*. Hamburg: Beltz.
Thomas, K. W. (2002). *Thomas-Kilmann Conflict Mode Instrument*. o. O.
Watzlawick, P., Beavin, J. & Jackson, D. (2000). *Menschliche Kommunikation. Formen, Störungen, Paradoxien*. Bern: Huber Hans.

Teil III.9

Irritationen und Widersprüche im Handeln des Mediators

Mediations-Beratungswirklichkeit für Anwält*innen 34

Eine antinomietheoretische Professionalisierungsperspektive

Marita K. Wambach-Schulz

Mediation in der rechtsanwaltlichen Praxis ist ein Beratungshandeln, das nicht zum genuinen Kern der Anwaltstätigkeit zählt. Das geänderte Anforderungsprofil für die mediatorische Tätigkeit lässt sich mit einem juristischen Hintergrund in einer geeigneten Ausbildung zum/r Anwaltsmediator*in erwerben. Tatsache ist: „Die Anwaltschaft hat inzwischen Mediation als zusätzliche Dienstleistung und komplementäres Geschäftsfeld entdeckt" (Marx 2016, S. 73). Die Ausbildung zum/r Mediator*in wird den Anwält*innen inmitten einer Reihe von Fort- und Weiterbildungsangeboten anempfohlen. Eine befragte Anwältin äußerte sich folgendermaßen.

> *„(...) irgendwie werden wir ja immer zugeschmissen mit allen möglichen Fortbildungsmöglichkeiten, ja, für alle möglichen Seminare, und äh von der [Institution] gab's auch immer das für Mediation, das jedes Jahr wieder neu auf den Tisch flog" (Z. 69–72, C).*

Damit eine Anwältin oder ein Anwalt den Titel „Anwaltsmediator*in" führen darf, akzeptieren die Anwaltskammern eine 90-stündige Ausbildung nach einem spezifischen, inhaltlichen Konzept (vgl. ebd., S. 73). Anwaltsmediator*innen treten dann als Vermittelnde auf und optimieren durch Strukturierung ihres Vorgehens die Verhandlungsabläufe im außergerichtlichen Streitbeilegungsverfahren. Dabei versuchen sie bei den Parteien einen Lernprozess im Bereich Kommunikations- und Kooperationsfähigkeit zu stärken (vgl. Haft 2000, S. 244). Die Akteur*innen werden allparteilich tätig, ohne eigene Entscheidungskompetenz, was die Ausgestaltung des Beziehungsverhältnisses zur Adressatenseite kennzeichnet (vgl. Marx 2016, S. 73). In diesem Fall vertritt die Anwältin oder der Anwalt nicht wie sonst eine Seite gegen die andere, sondern unterstützt beide Seiten zugleich, selbst eine einverständliche Lösung zu finden. In jedem Fall ist die Anwaltschaft dazu angehalten, ihre jeweilige Rolle klar zu definieren (vgl. ebd.), besonders, wenn

Rechtsfragen bei der Auseinandersetzung mit den Konfliktparteien für diese bedeutend sind und geklärt werden sollen. „Die Parteien möchten dann nicht nur die vermittelnde, sondern auch die rechtliche Unterstützung durch den Mediator, sofern er zugleich Anwalt ist“ (Schmidt et al. 2012, S. 9). So stellt sich die Frage, inwieweit Spannungsverhältnisse oder konträre Zielsetzungen dem mediatorischen Anwaltshandeln zugrunde liegen? Der vorliegende Beitrag präsentiert Ausschnitte meiner qualitativ-empirischen Interview-Studie, die sich derzeit auf 14 Interviews aus dem Zeitraum von 2014 bis 2016 stützt.

34.1 Zum Forschungsstand professionellen Handelns in der Mediation

Bezugnehmend auf den vorliegenden Forschungsstand empirischer Untersuchungen zum professionellen Handeln in der Mediation betont Dauner kritisch, dass der Prozess der verbandsständischen Organisation der Mediation sehr weit fortgeschritten ist und der Ausformung professionellen Handelns vorauszueilen scheint (vgl. Dauner 2010, S. 88). Tatsächlich liegen nur vereinzelt wissenschaftliche Beobachtungen zum mediatorischen Professionshandeln vor (vgl. ebd.). Die fallrekonstruktiven Einblicke zur Familienmediation aus einer berufssoziologischen Perspektive nach Maiwald bilden da eine Besonderheit. Schon Maiwald (2004) stellt fest, mediatorisches Handeln hat, wenn es tatsächlich der Pragmatik einer Mediation entspricht, mit verschiedenen widersprüchlichen Handlungsanforderungen umzugehen (vgl. ebd., S. 130). Seine Auseinandersetzung mit der Familienmediation folgt professionalisierungstheoretischen Herausforderungen von Berufen.

34.2 Die Theoriefolie nach Helsper und methodisches Vorgehen

Unter Berücksichtigung *paradoxie- und antinomietheoretischer Professionsansätze* (Schütze 1996; Helsper 2002) wird die Interpretation dessen möglich, was die mediatorische Beratungswirklichkeit für Anwält*innen bedeutet. Dies macht vor allem das Antinomie-Konzept nach Helsper (2002) möglich, in dem Begriffe wie *Paradoxie* und *Antinomie* verwendet werden, um Handlungsdilemma-Situationen zu analysieren. Helsper identifiziert in seinen Untersuchungen das Interaktions- und Beziehungsverhältnis zwischen Lehrkräften und Schüler*innen als grundlegend antinomische Handlungsstruktur. Als Vertreter der Erziehungswissenschaft versteht er den Begriff der *Antinomie* als „Kontradiktion eines Satzes in sich oder zweier Sätze zueinander. (...) Pädagogisches Handeln wird in diesem Sinne im Spannungsfeld widersprüchlicher Anforderungen hervorgebracht (...) [,] die gleichermaßen relevant sind und Anspruch auf Gültigkeit erheben können" (Helsper 2004, S. 61). Diese interaktionistische Professionsperspektive schließt sowohl an die empirischen Einblicke professioneller Sozialarbeit nach Schütze (2000), als auch an den symbolisch-interaktionistischen Ansatz, den systemtheoretischen Professionsansatz, vertreten von Stichweh (1996), sowie den strukturtheoretischen Professionsansatz nach Oevermann (2002) an. Darauf aufbauend entsteht die Perspektive nach Helsper (2002), die der Autorin als theoretische Grundlage und Interpretationsfolie für die empirische Studie dient. Helsper differenziert vier Arten von widersprüchlichen Anforderungen im weiteren Sinne und bildet ein Konzept von Antinomien und Konfliktpotenzial ab. Die in diesem Beitrag fokussierte erste Ebene betrifft all jene Zielkonflikte, die aus der internen Beziehungsstruktur des zu errichtenden Arbeitsbündnisses zwischen der Akteursseite und der Adressatenseite resultieren und nicht aufhebbar (konstitutiv), sondern reflexiv zu handhaben sind (Helsper 2002, S. 75). Als methodisch-theoretisches Instrumentarium der Datenerhebung wurde das narrative Interview nach Schütze (1983) mit dem Schwerpunkt der Berufsbiografie herangezogen. Zusätzlich wurde ein spezifischer Interviewleitfaden im exmanenten Nachfrageteil eingesetzt, mit dem Ziel, die Beziehungs- und Interaktionsverhältnisse konkret erfassen zu können.

34.3 Empirische Ergebnisse

Um menschliches Handeln interpretieren und verstehen zu können, ist es notwendig, sowohl die Perspektive des Handelnden als auch die Handlungsabläufe zu betrachten. Interviewende wollen erfahren, was die oder der Handelnde konkret erlebt hat und welche Bedeutung den eigenen Handlungen zugeordnet wird. Hier folgt als Beispiel zunächst eine interpretative Analyse einzelner Ausschnitte aus einem narrativen Interview mit einem Anwalt, der auf das Insolvenzrecht spezialisiert ist und daher auf Menschen in existenzieller Not trifft. Er ist in einer Gemeinschaftskanzlei mit verschiedenen Anwaltskolleg*innen tätig, die auf unterschiedlichen Rechtsgebieten aktiv sind. Nur zwei Akteur*innen bieten Anwaltsmediation an. Der Informierende bezeichnet sich selbst als *„(...) Anwalt, der auch Mediator ist" (Z. 109, Th)* und Mediation als ein *„(...) naja in gewissen Fortbildungs- und – Weiterbildungspflichten unterliegendes Anhängsel" (Z. 108–109, Th).* Er schätzt Mediation als Handlungsoption und zudem als sinnvolles Beratungselement ein. Der Befragte redet versteckt biografisch, wenn er äußert, dass ein Teil seiner Anwaltstätigkeit daraus besteht, dass er mit *Leuten* zu tun hat, die sich in existenziellen Krisen befinden. Der Handlungsrahmen einer rechtsanwaltlichen Tätigkeit ist ihm zu eng. Er nutzt mediative Werkzeuge in der herkömmlichen anwaltlichen Praxis gerne. Dies mit der Absicht, die komplexen Probleme der *Leute* besser berücksichtigen zu können, ohne dass diese gleich zu Mediant*innen werden, und er stößt indessen auf subjektive Grenzen. *„(…) ja also wobei ich mich immer wieder frage, hab' ich die Grenzen erreicht, das weiß ich, das weiß man halt nie"* (Z. 149–150, C). Der Befragte erlebt sich dann häufig als Grenzgänger im Beratungshandeln, wenn er plötzlich als eine Art *stellvertretender Krisenlöser* oder als *Sozialpartner* bzw. als *Psychiater* fungiert und tiefreichend in biografische Zusammenhänge der *ganzen Person* eingebunden wird (vgl. Helsper 2016, S. 54).

> *„Äh der hat mir von seinen früheren Selbstmordabsichten erklärt, ja, das find ich auch alles eher schreckliche Dinge. ((holt tief Luft)) Und dies (.) für äh für mich ist immer wieder die Gratwanderung, ich bin nicht ihr Sozial-äh-äh-Partner und auch nicht ihr – ihr Psychiater ähm aber auf der andern Seite muss man die ja schon so behandeln, dass sie (,) in der Situation einfach äh schon abgeholt werden, ja?" (Z. 141–146, C).*

Die beschriebene Beratungshandlungssituation interpretiert der Befragte als Gratwanderung zwischen zwei Anforderungen, einer individuellen Grenzsetzung einerseits und zugleich dem Aushalten einer entgrenzten Beziehungslogik und Personenorientierung andererseits (vgl. Helsper 2016, S. 57). Solche Situationen sind für die betreffende Anwaltschaft als Dilemma-Situation bzw. als Antinomie einzuordnen, auch wenn diese nicht unmittelbar als Typus nach Helsper (2002) vorgestellt wird. Der Befragte ist konfrontiert mit der *konstitutiven Antinomie Grenzsetzung vs. Entgrenzung.*

Wie dem Interview weiter zu entnehmen ist, bietet Mediation dem Befragten aus seiner Sicht Erleichterung in einem Prozess, der ihm als Anwalt nicht gut tut, wenn er auf suizidale Mandant*innen trifft. Insofern eröffnet die Mediation ihm mehr Raum, um den *Leuten* in ihrer Not besser gerecht zu werden bzw. durch die Verfahrensweisen ihre Not nicht zu verstärken. Angesprochen ist eine wahrgenommene Spannung, in der das Grundstreben eines Professionellen nach Nähe dem Grundstreben nach Distanz im Beziehungsverhältnis mit der Adressatenseite gegenübersteht (Arbeitsbündnis). Aus Sicht der Antinomiefigur Helspers handelt es sich um gleichzeitig „emotional-diffuse, partikulare Haltungen als auch distanzierte, spezifische und universalistische Haltungen" (Helsper 2002, S. 84). Daraus resultiert die *konstitutive Antinomie Nähe vs. Distanz.*

Im Weiteren thematisiert ein anderer Befragter den Erstkontakt im zentralen Erstgespräch mit der Adressatenseite und schildert die Rahmenbedingungen als Verfahrensberater für seine künftige Rollenübernahme als Anwalt oder Mediator. In dieser ersten gemeinsamen Sitzung ist die Rollenverteilung offen zu legen und in Absprache mit allen Konfliktbeteiligten zu definieren. Die eindeutige Rollenklärung zu Beginn verschafft Sicherheit und Vertrauen aller Parteien in das Verfahren. In der folgenden Sequenz werden spezifische Spannungsmomente und Unbestimmtheiten bzgl. der interaktiven Handlungsanforderungen an den Befragten deutlich:

> *„Also ähm erstmal muss man natürlich äh (1) sagen äh für die Leute und auch für mich ist das natürlich immer ein wesentlicher Unterschied, und das wird es auch immer so bleiben, kommen die zu einem als Anwalt oder kommen die zu einem als Mediator, ja? Also wenn einer zu einem als Anwalt kommt, äh dann und man will mit dem irgendwo in die Mediation überschwenken, dann funktioniert das in den meisten Fällen nicht, weil der ja mit ´nem bestimmten Verständnis äh kommt, ja also ich will von dem ´nen Rechtsrat der soll mir helfen und so weiter. Also da jetzt in eine irgendwie äh neutrale Position rüber zu schlittern, funktioniert nicht ja? Und ich selber muss mir natürlich auch äh sagen, wenn ich dem gegenübertrete, was bin ich jetzt eigentlich?" (Z. 158–168, C).*

Die Spannungsverhältnisse, die dem Abschnitt zu entnehmen sind, beziehen sich auf das Beziehungsverhältnis und die Interaktionsstruktur. Hinsichtlich der Rollenabklärung kommen die erlebten Schwierigkeiten und Unsicherheiten seitens des Professionellen zum Ausdruck. Die eigene Feststellung, für eine bestimmte Herangehensweise zu plädieren und die Adressatenseite dahingehend zu beraten, bleibt für den Professionellen vollständig unberücksichtigt. In der formalen Analyse der Sequenz wird der subjektive Sinn in dieser Situation deutlich, da der Befragte in der anonymisierten *Man-Perspektive* nach Soeffner (2004) erzählt. Die Interviewerin ist aufgefordert, den Übergang von Handlungsfreiheit zur Handlungsheteronomie sowie die Wirkung faktischer Zwänge und Strukturen zu verstehen. Im Sinne der wissenssoziologisch-hermeneutischen Auslegung nach Soeffner handelt es sich in dieser Situation um faktische Zwänge und Strukturen, denen der Befragte sich innerlich ausgesetzt sieht. Ferner lässt sich in dieser Interviewpassage ein Weil-Motiv finden (vgl. ebd., S. 225) *„(...) weil der ja mit ´nem bestimmten Verständnis äh kommt" (Z. 164, C).* Weil-Motive symbolisieren die Erfahrung äußeren und inneren Zwangs (vgl. ebd., S. 224). Der Befragte fühlt sich fremdbestimmt, da er entsprechend der an ihn herangetragenen Rollenerwartungen nicht in Distanz tritt, keinen entscheidenden Einfluss nehmen kann und da er so handeln muss und keine Möglichkeit sieht, entsprechend seinen ideellen Vorstellungen anders zu handeln, als er es tut. Die Handlungen werden ohne eigene Entscheidungen und Geltung verursacht. Die Methoden- bzw. Rollenzuweisung erfolgt allein durch den Einfluss der Adressatenseite basierend auf deren Erwartungshaltung und Deutungsmuster zum herkömmlichen Anwaltsdasein. Das herangetragene, öffentlich vertraute Rollenhandeln als Rollendefinition und die geforderte Anpassung des Professionellen ist ein Moment des Zwangs und der Abhängigkeit von der Adressatenseite. Eine solche Erwartungshaltung weist für den Professionellen Inkonsistenzerfahrungen in Anlehnung an Soeffner (ebd.) auf. Das zugrunde liegende Interaktionsverhältnis bestätigt insofern Inkonsistenzen, dass Professionelle sich mit einem für sie unabänderlichen Ist-Zustand konfrontiert sehen (vgl. ebd., S. 218 ff.). Im bedeutenden Erstgespräch ist insofern eine grundlegende Dynamik hinsichtlich der paradoxalen Erwartungsstruktur festzustellen; Professionelle sind gleichermaßen autonom und interdependent. Mit Rückgriff auf die Antinomiefigur Helspers (2002) werden im Rahmen solcher Beziehungskonstellationen antinomische Beziehungen als gültige, sich widersprechende Anforderungen innerhalb des Arbeitsbündnisses identifiziert – als Spannung von Autonomie und Heteronomie (vgl. ebd., S. 85) in unterschiedlichen Varianten. Gemeint ist beispielsweise die Spannung, dass Professionelle in der Mediation Autonomie und Selbstbestimmung ermöglichen und explizit zuschreiben oder anordnen, auch um sich selbst von überbordenden Ansprüchen und komplexen Anforderungen zu entlasten (vgl. Helsper 2016, S. 57). Durch Zwänge wird Handlungsheteronomie in der Autonomie des Professionellen erzeugt. In anderen Situationen wird durch direkte Intervention des Professionellen Handlungsheteronomie in der Autonomie der Adressat*innen erzeugt, als *konstitutive Antinomie Handlungsautonomie vs. Handlungsheteronomie.*

Einige der Befragten sind der Ansicht, dass sie sich in der häufig unter Handlungsdruck stehenden Praxis aufgrund der diffusen Erwartungshaltung geradezu in einem Auftragsdilemma befinden. In der Praxis der Professionellen kristallisieren sich in der direkten Interaktion zusätzlich fallspezifische Widersprüche nach Helsper (2002) heraus, deren Bearbeitung in Anlehnung an das Antinomie-Konzept zu drastischen und dramatischen Verwicklungen und Verstrickungen als eine interaktive Zuspitzung mit den ohnehin konstitutiven Antinomien führen können. Diese Handlungsdilemmata und Handlungsambivalenzen, die sich auf der direkten Interaktionsebene spezifisch ausformen und nicht den alltagsbezogenen Regelfall bilden, werden nach Helsper als pragmatische Paradoxien gekennzeichnet (vgl. ebd., S. 76). In der folgenden Sequenz kommt es in diesem Bedeutungszusammenhang zu einer für die Interviewerin überraschenden Feststellung eines Befragten. Aus seiner Interpretationsperspektive scheint erfahrungsbedingt der Anwaltsberuf eher hinderlich zu sein für Mediation:

> *„Ich glaube, dass der (′) Anwalt, der auch Mediator ist, immer wieder dagegen ankämpfen muss, nicht nur Anwalt zu sein. Also mitunter erscheint mir ähm (1) die Anwaltsprofession für die Mediation hinderlich zu sein, weil die Erwartungshaltung, die Erwartungshaltung eines Menschen der hier zur Türe reinkommt, ist im Regelfalle diejenige, dass er einen (,) Anwalt haben möchte. Er kommt ja auch in eine Anwaltskanzlei. Und dann sitzt zufällig ein Anwalt vor ihm, der auch Mediator ist" (Z. 383–390, Th).*

Wie kann diese Aussage vor dem Hintergrund der vorgestellten Interviewpassagen sinnschließend interpretiert werden? Die erfahrungsbedingt notwendige Loslösung der Befragten von dem als zu eng ausgelegten anwaltlichen Handeln misslingt insofern, dass diese unter Zwang gegen ihre Ideale handeln müssen, sich in Abhängigkeit befinden und selbst handlungsunfähig sind, sie reagieren nur. So verharren sie innerhalb des Handlungsrahmens, von dem sie sich ursprünglich mithilfe jener Freiheitserweiterung durch Mediation lösen wollten.

Die nächste Erzählperspektive stammt aus dem exmanenten Nachfrageteil eines anderen Interviews. Der Informierende bezieht sich auf die Frage der Interviewerin nach angenommenen Schwierigkeiten des Rollenträgers hinsichtlich der Rollentrennung zwischen Anwalt und Mediator. Dabei kommt eine andere Dimension konfligierender Zielsetzung zum Vorschein. Diese liegt im Themenkreis der voneinander abzugrenzenden Verfahrensweisen kontradiktorisch (Verfahrenstätigkeit als Anwalt) vs. konsensual (Verfahrenstätigkeit als Mediator).

> *„(…). Ähm aber (1) wenn man zu (′) Beginn der Tätigkeit ganz sauber trennt, (2) welche Methode ist (1) die gewollte, die gewünschte, das stellt man entweder vor, oder aber, der Mandant hat schon eine ganz klare Vorstellung, ich habe Sie aufgesucht als Mediator oder ich habe Sie ausgesucht als (1) Fachanwalt für (′) Hmhmhm, (1) wenn man dann diese einmal getroffene Methodenwahl (1) beherzigt, kommt man auch nicht in einen Konflikt" (Z. 217–223, T).*

Die Interpretation der Erzählung aus der interaktionsbezogenen Perspektive des Befragten ermöglicht in dieser Sequenz erneut die Identifizierung des bereits erwähnten Man-Zwangs und einem Weil-Motiv, wodurch die Erfahrung äußeren oder inneren Zwangs symbolisiert wird (vgl. Soeffner 2004, S. 218 ff.). Der Befragte teilt der Interviewerin mit, was der Professionelle aus seiner Interpretationsperspektive tun muss, um eine subjektiv schon einmal wahrgenommene Rollenkonfliktsituation zu lösen oder ihr auszuweichen und erst gar nicht in Konflikt zu geraten. Verborgen bleibt, ob ein Konflikt auf der intrapersonellen als auch auf der interpersonellen Ebene angesprochen ist. Für den Informierenden ist der Zeitpunkt für den Einsatz einer bestimmten Strategie von Bedeutung *„Beginn der Tätigkeit" (Z. 218, Th)*, gemeint ist das Erstgespräch. Im Weiteren thematisiert der Befragte die Bewältigungsstrategie, die er notwendigerweise entwickelt hat, um die Situation zu meistern: Gemeint ist, wenn er *„ganz sauber trennt" (Z. 218, Th)*. Ein Befragter äußerte sich zu dieser Thematik folgendermaßen:

> *„Ist auch wieder alles eine Frage des – des – des Beginns. Also nichts ist (.) ich glaube, dass nichts schlimmer ist, als (1) äh ein Mandant, der zum Anwalt (′) geht, der Meinung ist, bei einem Anwalt zu sein und plötzlich im ersten Gespräch mit der Gegenseite (1) dann feststellt, dass er eigentlich beim Mediator gelandet ist, oder umgekehrt" (Z. 244–248, Th).*

Die Interviewerin wird in der Äußerung zuvor auf eine weitere Bewältigungsstrategie im Umgang mit zwei widersprüchlichen Anforderungen hingewiesen. Es ist das *Beherzigen* der Rollen- bzw. Methodenwahl. An dieser Stelle wird eine Metaphorik sichtbar, die einen grundlegenden Aspekt im Entscheidungsprozess verdeutlicht. Die Metaphern *beherzigen* sowie *sauber trennen* betonen den Prozesscharakter des Interaktionsverhältnisses und implizieren das Risiko eines Abweichens. Dies deutet auf die Wahrnehmung von Spannungsverhältnissen im Beratungshandeln hin. Es geht um die Wahl des Konfliktlösungsverfahrens zwischen formal-juristischen, universalistischen Verfahrensregeln und Ablaufmustern im kontradiktorischen Verfahren einerseits und um Offenheit, Kreativität und Flexibilität in einem interaktiven, kommunikativen Prozess eines konsensualen Verfahrens andererseits (vgl. Helsper 2002, S. 84). Es bilden sich hier unabhängig von Helspers Antinomie-Typen zwei gültige, antinomische Handlungsanforderungen ab: *Antinomie kontradiktorisch vs. konsensual bzw. Rollenambivalenz Anwalt*in vs. Mediator*in.*

Um stabile Konfliktpotenziale der unterschiedlichen Rollenerwartungen zu betrachten, eignet sich die *Kritische Rollentheorie* nach Habermas (1973). Diese vertritt die Auffassung, dass eine Theorie der Rollen Freiheitsgrade des Handelns enthalten muss (vgl. ebd., zitiert nach Unger 2007, S. 308). Mit Bezug auf Goffman u. a. stellt Habermas fest, dass in der sozialen Wirklichkeit keine „Komplementarität der Erwartungen und des Verhaltens", keine „Kongruenz zwischen Rollendefinition und Rolleninterpretation" und auch keine „Kongruenz zwischen geltenden Normen und wirksamen Verhaltenskontrollen" existieren (ebd.). Diese Rollenperspektive induziert, dass Menschen in ihrem Handeln nicht zweifelsohne die gegenseitig an sie gerichteten Rollenerwartungen befriedigen, bzw. sicherstellen und in Distanz treten können sowie in bestimmten Situationen flexibel auslegen können (vgl. Unger 2007, S. 308). Unger bezieht sich weiter auf die Ausführungen Habermas und vertritt, dass zwischen einem öffentlich bekannten Rollenhandeln als Rollendefinition und der Rolleninterpretation häufig ein Bruch klafft (vgl. ebd.). Habermas unterstreicht, dass Subjekte mit Freiheitsgraden in Konfliktmomenten umgehen müssen und dann die Frage, wie sie damit umgehen, ihre Ich-Identität bestimmt (vgl. Habermas 1973, zitiert nach Unger 2007, S. 308).

An dieser Stelle ist die Frage interessant, wie die Informierenden im Interview mit Freiheitsgraden umgehen und welche individuellen Lösungsstrategien die befragten Anwält*innen entwickeln, um die wahrgenommenen Spannungsverhältnisse zu bewältigen? Darin liegt der Erkenntnisgewinn der empirischen Studie der Autorin.

Literatur

Dauner, F. (2010). Professionalisierung – ein Weg für die Mediation? Mediation auf dem Weg zur Profession? In K. Gräfin von Schlieffen (Hrsg.), *Professionalisierung und Mediation* (S. 79-90). München: C.H. Beck.

Habermas, J. (1973). *Kultur und Kritik. Verstreute Aufsätze*. Frankfurt a. M.: Suhrkamp.

Haft, F. (2000). *Verhandlung und Mediation*. München: C.H. Beck.

Helsper, W. (2002). Lehrerprofessionalität als antinomische Handlungsstruktur. In M. Kraul, W. Marotzki & C. Schweppe (Hrsg.), *Biographie und Profession* (S. 64-85). Bad Heilbrunn: Klinkhardt.

Helsper, W. (2004). Antinomien, Widersprüche, Paradoxien: Lehrerarbeit – ein unmögliches Geschäft? Eine strukturtheoretisch-rekonstruktive Perspektive auf das Lehrerhandeln. In B. Koch-Priewe, F.-U. Kolbe & J. Wildt (Hrsg.), *Grundlagenforschung und mikrodidaktische Reformansätze zur Lehrerbildung* (S. 49-98). Bad Heilbrunn: Klinkhardt.

Helsper, W. (2016). Antinomien und Paradoxien im professionellen Handeln. In M. Dick, W. Marotzki & H. Mieg (Hrsg.), *Handbuch Professionsentwicklung* (S. 50-62). Bad Heilbrunn: Klinkhardt.

Maiwald, K.-O. (2004). *Professionalisierung im modernen Berufssystem*. Wiesbaden: VS Verl. für Sozialwiss.

Marx, A. (2016). *Mediation und Konfliktmanagement in der Sozialen Arbeit*. Stuttgart: Kohlhammer.

Oevermann, U. (2002). Professionalisierungsbedürftigkeit und Professionalisiertheit pädagogischen Handelns. In M. Kraul, W. Marotzki & C. Schweppe (Hrsg.), *Biographie und Profession* (S. 19-63). Bad Heilbrunn: Klinkhardt.

Schmidt, F. H., Lapp, T. & Monßen, H.-G. (2012). *Mediation in der Praxis des Anwalts*. München: C.H. Beck.

Schütze, F. (1983). Biographieforschung und narratives Interview. *Neue Praxis 3*, 283-293.

Schütze, F. (1996). Organisationszwänge und hoheitsstaatliche Rahmenbedingungen im Sozialwesen. Ihre Auswirkungen auf die Paradoxien des professionellen Handelns. In A. Combe & W. Helsper (Hrsg.), *Pädagogische Professionalität. Untersuchungen zum Typus pädagogischen Handelns* (S. 183- 275). Frankfurt a. M.: Suhrkamp.
Schütze, F. (2000). Schwierigkeiten bei der Arbeit und Paradoxien des professionellen Handelns. Ein grundlagentheoretischer Aufriß. *Zeitschrift für qualitative Bildungs-, Beratungs- und Sozialforschung 1*, 49-96.
Soeffner, H.-G. (2004). *Auslegung des Alltags – Der Alltag der Auslegung. Zur wissenssoziologischen Konzeption einer sozialwissenschaftlichen Hermeneutik*. Konstanz: UVG.
Stichweh, R. (1996). Professionen in einer funktional differenzierten Gesellschaft. In A. Combe & W. Helsper (Hrsg.), *Pädagogische Professionalität. Untersuchungen zum Typus pädagogischen Handelns* (S. 49-69). Frankfurt a. M.: Suhrkamp.
Unger, T. (2007). *Bildungsidee und Bildungsverständnis. Eine grundlagentheoretische Analyse und empirische Fallstudie zum Bildungsverständnis von Lehrenden an Berufsschulen*. Münster: Waxmann.

Teil III.10

Ökonomische und kostentheoretische Überlegungen

Transaktionsmediation

Eine wirtschaftswissenschaftliche Erörterung von Mediation in (Vertrags-)Verhandlungen

35

Wilfried Janoska

35.1 Transaktionsmediation: Mediation ohne Konflikt

Mediation ist als alternatives Streitbeilegungsverfahren populär geworden. Mit *Mediativer Kommunikation* als integrativem Ansatz wird der Anwendungsbereich von Mediation erweitert und flexibilisiert, wenn man beim Konfliktpotenzial ansetzt und nicht auf den Konfliktfall wartet, wodurch *Konfliktprävention* möglich wird (Klappenbach 2011, S. 42). Verhandlungen bergen Konfliktpotenziale, die zwischen den Vertragsparteien im Vorfeld des Vertragsschlusses vorbeugend mediativ kommuniziert werden könnten, wenn sie den Konfliktstoff der beabsichtigten *Transaktionen* durch gemeinsame Analyse und Kommunikation potenzieller *Rechts- und Realfolgen* transparent machen würden. Die Inhaltsanalyse der Konsequenzen bezieht sich auf die Ermittlung des gemeinsamen Zwecks, den jeweiligen Parteiwillen und die an den Vertrag geknüpften Systemerwartungen. Die wirtschaftliche Analyse des Verhandlungsprozesses zeigt auf, wie die Parteien ihren Konflikt formalisiert und institutionalisiert haben. Die Analyse der Kommunikation zwischen den Parteien bietet an, Komplexität im Verhandlungsprozess auf der Struktur- und Prozessebene sichtbar zu machen und zu reduzieren (Haft 2000, S. 107). Verhandler erreichen diese Meta-Ebenen regelmäßig nicht allein, so dass sich für Mediation ein Anwendungsfeld ergibt. Diese Art von Mediation wird *Mediation ohne Konflikt* (Schonewille 2008, S. 38), *Deal Mediation* (Hager und Pritchard 1999, S. 1) oder *Transactual Mediation* (Peppet 2003, S. 81) genannt. *Transaktionsmediation* beschreibt die Rolle eines neutralen und unparteiischen Dritten, der die Prinzipien der Mediation einsetzt, um den Parteien zu helfen, den Vertrag auszuhandeln (Schonewille und Fox 2011, S. 91). Da die Streitbeilegung durch Mediation im Kern auf die Herbeiführung einer Einigung, also einen Vertrag, gerichtet ist, wird Transaktionsmediation als natürliche Applikation auf die Transaktionspraxis von Verhandlungen angesehen (Stearns Johnsen 2011, S. 3 f.).

Was für Konflikte aus bereits geschlossenen Verträgen (*Konfliktverhandlung*) gelte, müsse auch auf Verhandlungen zutreffen, die auf einen Vertragsschluss abzielen (*Vertragsverhandlung*) (Berkel 2015, S. 1).

Wenn hier von zwei Arten der Mediation gesprochen wird, bleiben die grundlegenden Prozessschritte doch gleich: *Vorbereitung der Mediation – Konfliktanalyse – Konfliktbearbeitung – Mediationsvereinbarung – Evaluation der Mediation* können in den Verhandlungsprozess integriert werden, ohne dass ein Konflikt vorliegt (Berkel 2015, S. 1). Konfliktmediation unterscheidet sich durch das Vorhandensein eines Vertrages von der Transaktionsmediation (Berkel 2015, S. 5). Transaktionsmediation setzt weder Konflikt noch Vertrag voraus, um bei Verhandlungen zwischen den Kontrahenten zu einem *Win/Win* zu kommen. Betrachtet man komplexe Wirtschaftskontexte, kommt neben der Transaktionsmediation des eigentlichen Transaktionsprozesses für die Konfliktmediation eine Integrationsphase der Ergebnisse und die post-transaktionale Periode der Umsetzung (Janoska 2014, S. 71 ff.) als Anwendungsfeld in Betracht.

Dieser Beitrag beschäftigt sich mit der Frage, ob Mediatoren in Vertragsverhandlungen genauso nutzenstiftend eingesetzt werden können, wie dies bereits in Konfliktfällen geschieht. Ausgangspunkt ist die Annahme, dass Verhandlungen über geschäftliche Transaktionen mit Situationen der Streitbeilegung und Konfliktlösung vergleichbar sind, aber eine andere Perspektive haben.

35.1 Transaktionen und Transaktionskosten

Dem Begriff *Transaktion* kommt eine integrative Funktion im interdisziplinären Diskurs um Anwendungsbereiche von Mediation zu. Aus *Interaktionen* werden *Transaktionen*, die Außenwirkung entfalten und latent vorhandene Konflikte transparent machen, als deren Ursache sie angesehen werden. Bei der *Transaktionsanalyse* nach Berne (1983) kann eine Transaktion als Grundeinheit einer Sozialaktion betrachtet und dieser Vorgang wiederum als Transaktion bezeichnet werden, weil jeder Beteiligte einen gewissen Gewinn daraus zieht, was auch der Grund dafür ist, weshalb er sich an einer solchen Transaktion beteiligt (ebd., S. 15). Es geht mithin um Motivation, Erwartungen und Bedürfnisse, Konflikte zu überwinden, die entstehen, weil Menschen nicht auf derselben Ebene miteinander kommunizieren.

Nach der *Transaktionskostentheorie* von Coase (1937, S. 386) wird die Wirtschaftlichkeit von Transaktionen nicht nur an Kosten gemessen, die primär oder sekundär aus dem Vertrag folgen, sondern auch daran, welche (vermeidbaren) Zusatzkosten durch Verhandlungsstörungen verursacht werden (Posner 2007, S. 51 f.). *Trans-*

aktionskosten sind Such- und Verhandlungskosten, die mit Vertragsanbahnung, -verhandlung und -durchführung oder eben mit Streit um die Vertragsauslegung, Nichterfüllung oder Leistungsstörungen zusammenhängen (ebd., S. 99). Die Parallelen zu Kostenerwägungen in der Konfliktmediation sind evident.

35.2 Verhandeln

Wenn Konfliktparteien in Wirtschaftskontexten Probleme selbst miteinander lösen wollen, bleiben ihnen grundsätzlich zwei Konfliktlösungsstrategien: *Verhandlung (Negotiation)* und *Vermittlung (Mediation)* (Ponschab 2008, S. 196). Nach Saner (2008, S. 15) kann eine Verhandlung als „...ein Vorgang [definiert werden], bei dem zwei oder mehr Parteien eine Einigung darüber suchen, wer von ihnen in einer angestrebten Transaktion was leisten, empfangen, dulden oder unterlassen soll." Verhandeln ist danach nur eine Form, Interessengegensätze in Bezug auf ein bestimmtes Gut auszutragen (Pfetsch 2006, S. 11) und Ausgangspunkt ist stets das Streben nach Zielerreichung (Allert 2014, S. 599). Es existieren unterschiedliche Theorien, die einerseits den Verhandlungsprozess unter verschiedenen Aspekten und Fragestellungen behandeln, sich andererseits selbst *metatheoretisch* betrachten lassen (Pfetsch 2006, S. 11).

35.3.1 Eigennutzmaximierung

Die *Rational Choice Theory* (Rationalprinzip) steht für die Vorgabe, dass Gewinne aus Verhandlungsgeschäften nur auf Kosten anderer zu generieren sind und das Verhandlungsspiel – spieltheoretisch ausgedrückt – ein *Null-Summen-Spiel* ist (Pfetsch 2006, S. 11). Nach dem *Paradigma rationalen Handelns* gehen Menschen bei ihren Entscheidungen und Handlungen möglichst ökonomisch vor. *Eigennutzmaximierung* gilt als primäres bzw. einziges Handlungsmotiv und anhand der Denkfigur des *Homo oeconomicus* werden Menschen als rationale Egoisten betrachtet, die in sozialen Interaktionen ihren subjektiven Nutzen maximieren möchten und sich dabei eigennützig und zweckrational verhalten (Kals und Ittner 2008, S. 4). Sie orientieren sich am *Prinzip der Gewinnmaximierung* und stellen im Vorfeld Berechnungen an (*Nutzenkalkül*), mit denen sie einzuschätzen versuchen, wie man bei der Verwirklichung seiner Ziele optimal vorgeht (Roth 2011, S. 111).

Transaktionskosten, unvollkommene Voraussicht künftiger Ereignisse und Informationssymmetrien lassen sich aber nur unzureichend berechnen, so dass man tatsächlich von *eingeschränkter Rationalität* (*Bounded rationality*) sprechen muss (Richter und Furubotn 2011, S. 215). Störungen aus Transaktionskosten, Informationsasymmetrien und strategischem Verhalten werden nicht immer durch den Mechanismus von Angebot und Nachfrage abgebildet und stehen einer effizienten und gerechten Verteilung von Gütern durch Verträge im Wege (Peppet 2004, S. 268). Damit der Mediator diese Unwägbarkeiten des Marktes berücksichtigen kann, wird er sich nicht allein auf die Wirksamkeit von Eigennutz als Motiv verlassen, weil er sich andernfalls einseitigem Denken und Handeln aussetzt, woraus *Sich-selbst-erfüllende-Prophezeiungen* entstehen können (Kals und Ittner 2008, S. 5). Geht der Mediator statt von Nutzenmaximierung von einem *Motivpluralismus* aus und stellt er der Eigennutzannahme alternative Annahmen gegenüber, verschafft er den Parteien höhere Flexibilität, Verhaltenssicherheit und maximalen Handlungsspielraum (ebd., S. 5), damit sich Effizienzverluste aus unvollständigen Geschäftsabschlüssen minimieren lassen.

35.3.2 Rationales Verhandeln und Komplexität

Betrachtet man Verhandlungen als *Positiv-Summen-Spiel*, können Verhandlungsergebnisse allen Verhandlungspartnern Gewinne bringen, auch wenn dies nicht notwendigerweise gleichzeitig geschieht (Pfetsch 2006, S. 11). Verhandlungsstrategisch betrachtet werden im *Null-Summen-Spiel* Ergebnisse erzwungen oder kommen unter Druck zustande, während im *Positiv-Summen-Spiel* die freie Entscheidung und Wahrung der Interessen aller im Vordergrund stehen (ebd., S. 11 f.). Wenn dadurch für beide Parteien eindeutige Kooperationsvorteile erkennbar werden, schwindet die Gefahr opportunistischen Verhaltens und es kann sich eine Vertrauensgrundlage für Mediation entwickeln (Wiens 2013, S. 580). Vertrauen wirkt als Mittel zur Reduzierung von sozialer Komplexität und dient nach Luhmann (2000, S. 24 f.) dazu, den Bereich rationaler Handlungen nach Möglichkeit durch persönliches Vertrauen oder Vertrauen auf das Funktionieren gesellschaftlicher Systeme zu erweitern. Zukunft ist dabei als kontingent zu betrachten, d. h. es bestehen mehr Möglichkeiten, als Wirklichkeit werden können (ebd., S. 5).

Risiko und Unsicherheit bleiben Situationsmerkmale von Verhandlungen. Wahrnehmungen, Emotionen und unbewusst wirkende Faktoren durchkreuzen oft rationale Entscheidungen und sind die eigentlichen Entscheidungsträger, während Analytik, Logik und Vernunft erst im Nachhinein dafür sorgen, dass eine Entscheidung den rationalen Überbau und allgemein anerkannte Gründe für die gewählte Entscheidungsvariante erhält (Braun 2010, S. 138). Danach können *analytische* und *emotionale* Gründe beim Entscheiden in Verhandlungssituationen eine Rolle spielen und in ihrem Wechselwirken nützlich werden, „weil sie das Wahrnehmungsspektrum erweitern, neue Perspektiven ermöglichen und dogmatisches Verschanzen hinter der einen oder anderen Position erschweren“ (ebd., S. 45). *Positionen* sind nach Haft (2000, S. 65) nichts anderes als fiktive Geschichten über „eine Zukunft, in der die Geschichte des anstehenden Problems diejenige Fortsetzung gefunden hat, welche sich die Parteien jeweils wünschen“. *Positionsdenken* bedeutet die intuitive Reaktion auf die Überforderung des Menschen durch Komplexität und äußert sich dadurch, dass Verhandler einander *Geschichten erzählen*, aus denen sie *Argumente* ableiten, die in *Positionen* münden (Haft 2000, S. 59 f.). Zwischen Parteien findet ein Machtkampf statt, wenn sie über ihre Positionen *verhandeln*, und sie verschließen sich anderen, besseren und weiterführenden Lösungen, weil nur die jeweiligen Positionen im eigenen *Kalkül* auftauchen (ebd., S. 68).

Nach dem *Harvard-Konzept des sachbezogenen Verhandelns* (Fisher et al. 2006, S. 33 ff.) wird dieser Mechanismus als *Positionsgerangel* bezeichnet. Es differenziert beim Verhandeln grundsätzlich zwei Ebenen: die „Substanz des Verhandlungsgegenstands“ und den „Prozess des Umgehens mit dieser Substanz“ (ebd., S. 33). Die letzte Ebene wird *Spiel ums Spiel* bzw. *Meta-Spiel* genannt: Jeder Zug betrifft nicht nur die *Kernfrage* der Verhandlung, sondern strukturiert gleichzeitig die Regeln des Verhandlungsspiels mit, unabhängig von bewussten Entscheidungen oder Kenntnis der Parteien (ebd., S. 33). Wird die *Methode sachbezogenen Verhandelns* angewandt, erreicht man damit vernünftige Übereinkünfte und Effizienz durch einen steigenden Konsens gemeinsamer Entscheidung, d. h. ohne solche Transaktionskosten, die durch Gerangel um Positionen entstehen, die später ohnehin aufgegeben werden (ebd., S. 38). Auch wenn Bedürfnisse als wichtiger Schlüssel zum Verhandlungserfolg angesehen werden, dominiert beim Harvard-Konzept ein explizit instrumenteller Eigennutzfokus, wohingegen Mediation „…auf einen tieferen Bedürfnisausgleich und zukünftige kooperative Beziehungsgestaltungen“ abzielt und „nachhaltige(n) und komplexe(n) Impulse, Erfahrungen und Veränderungsprozesse“ berücksichtigt (Kals und Ittner 2008, S. 15).

35.4 Nutzen von Transaktionsmediation

Während Verhandlungen zwischen mindestens zwei Parteien stattfinden, ist Mediation ohne einen fähigen Vermittler nicht denkbar und kann als Verhandlung in Begleitung kundiger Dritter charakterisiert werden (Ponschab 2008, S. 196). Mediation vereinigt in sich mehrere Wirkungsebenen, bei deren Betrachtung eine *systemische Perspektive* hilfreich ist. In Positionsdenken verstrickte Menschen haben mit ihren vordergründig linearen, kategorisierenden und abstrahierenden Denkgewohnheiten die Neigung, Standpunkte zu fixieren und zu ideologisieren. Dadurch reduzieren sich die natürlichen Phänomene der Realität auf *dürre* Begriffe innerhalb ihrer kulturellen Bedingungen (Maturana und Varela 1987, S. 20), indem sie sich bei ihrer Wahrnehmungsbereitschaft von ihren Erwartungen leiten lassen, die wiederum bestimmen, was tatsächlich wahrgenommen wird (Hayward 1990, S. 19). In Verhandlungen führt dies zu einem Verlust an Kreativität und zu einem beschränkten Blick auf tatsächlich naheliegende Lösungsmöglichkeiten.

35.4.1 Funktion des Transaktionsmediators

Aus der Perspektive des Mediators steht der Verhandlungsprozess mit seinen kommunikativen Dimensionen im Vordergrund. Deshalb sieht man seine Funktion im Prozessmanagement und in der Prozessberatung (Schonewille und Fox 2011, S. 99). Diese Funktion des Mediators erlaubt es den Verhandlungspartnern, sich vollständig aufeinander und ihren Verhandlungsgegenstand zu konzentrieren, währenddessen der Mediator sich um die Beziehungsentwicklung kümmert (Peppet 2003, S. 82). Wirkt der Mediator auf die Beziehungsebene ein, tritt der Gegenstand der Geschäftsverhandlungen (Sachebene) mit der Aussicht eines *Win/Win* sozusagen neben die Parteien (Beziehungsebene). Der Mediator *berät* also nicht einzelne oder beide Seiten in ihren Geschäftsinteressen (Tenbergen 2001, S. 7), sondern den *Geschäftsprozess an sich* (Schonewille und Fox 2011, S. 99). Indem er den Interventionsfokus konsistent auf die Verhandlungen legt, erhöht er den Grad des Vertrauens zwischen den Parteien und sorgt dadurch für mehr Flexibilität und Kreativität im Verhandlungsprozess. Außerdem werden Interventionsprinzipien der Mediation dargelegt, bei denen es um die Reflexion der verschiedenen Möglichkeiten der Einflussnahme geht (Grubendorfer 2016, S. 39) und in deren Rahmen Vorschläge unterbreitet werden können, welche die Parteien selbst nicht machen wollen oder können. Indem man sich gegenseitig offen und besser informiert, kann man die eher negativen Folgen ungewünschter Missverständnisse reduzieren (Gilson 1984, S. 270). Jede Partei hat auf diese Weise eine bessere Chance, das jeweilige Problem zu erkennen und im Verhandlungsprozess zu verorten.

35.4.2 Prozessgestaltung durch Transaktionsmediation

Interessensgegensätze erzeugen im Verhandlungsverlauf eine inhärente Spannung (Sawicki 2007, S. 4). Prinzipiell verfestigen sich die Positionen und es besteht die

Gefahr, im Hin und Her des Positionsgerangels zu verharren. Der Interessensgegensatz wird zum vermeintlich unüberbrückbaren Ereignis und kann ohne Impuls von außen nicht überwunden werden. Der Impuls von außen löst einen auswertenden Dialog zwischen den Parteien aus und macht Zirkelschlüsse im Denken und Handeln ebenso transparent wie die Interdependenz im Positionsgerangel mit der Folge der Stagnation von Verhandlungen (Sawicki 2007, S. 6). Der Transaktionsmediator ist meist Impuls und Ursache für diese Verschiebung im Verhandlungsprozess. Der Verhandlungsprozess kann durch Intervention des Mediators beeinflusst werden. In der Kommunikation pendelt der Mediator zwischen Verhandlungsebene und Mediationsstadien und gleicht so den Mediationsprozess an den Verhandlungsablauf an.

Der Fokus der Transaktionsmediation liegt auf Prävention, also Zweckverwirklichung und Störungsvorsorge. Der Mediator steuert zusammen mit den Geschäftspartnern den Prozess der Vertragsentstehung und die Umstände der Vertragsdurchführung. Ausgestattet mit rechtlicher Feld- und mediativer Prozesskompetenz schafft der Transaktionsmediator einerseits eine *Entscheidungsarchitektur* (Thaler und Sunstein 2012, S. 11), indem er in seiner Position ein *benutzerfreundliches Umfeld* (ebd., S. 23) organisiert und die Parteien Entscheidungen treffen, und andererseits eine *Interventionsarchitektur* (Grubendorfer 2016, S. 38), wie er selbst am Veränderungsgeschehen als Beobachter teilnimmt und interveniert. Durch Transaktionsmediation erhalten die Parteien also Entscheidungsfreiheit, die sie sich nicht zugestehen würden, und werden dennoch in eine bestimmte Richtung gelenkt, damit sie ihr Leben verbessern (Thaler und Sunstein 2012, S. 331).

35.4.3 ‚Interventionstechniken' in der Transaktionsmediation

Der Transaktionsmediator fordert die Parteien auf, ihre Verhandlungspositionen zu überdenken, und ermutigt sie, statt den bisherigen Positionierungen eine rationale Bewertung vorzunehmen, um die Risiken eines Verhandlungsabbruchs zu minimieren. Es wird mehr Wert auf Transparenz bei der Ermittlung von Risiken, Kosten und Nutzen gelegt. Während der Mediation ist der Mediator angehalten, als Bote zwischen den Parteien die Nachrichten zu überbringen oder Teile der jeweiligen Darstellungen zu wiederholen. Gleichzeitig wird er versuchen, die Grundlage für einheitliche Sachverhaltsdarstellungen zu ermitteln, um Überflüssiges aus der tatsächlichen Substanz der Verhandlungen zu entfernen (Sawicki 2007, S. 4). In diesem Fall kann der Mediator in einer Diskussion um die Sach- und Rechtsfolgen die Bandbreite und Möglichkeiten eines Konsenses mit den Parteien diskutieren. Der Mediator wird hierdurch ermessen, mit welcher Wahrscheinlichkeit bei verschiedenen Punkten mit einer Auflösung der (hypothetischen) Argumentation gerechnet werden kann. Nach vielen Diskussionen ist der Mediator schließlich soweit *im Stoff*, dass er seinerseits den Parteien eine (hypothetische) Auflösung als *Königsweg* präsentieren und den Verhandlungsprozess mit ihnen evaluieren kann (ebd., S. 5). Wenn der Mediator erkennt, dass die Sachlage von beiden Parteien in ähnlicher Weise interpretiert wird, werden sich die Parteien in diese Richtung bewegen lassen und sind davon überzeugt, dass sie ihr Ziel gemeinsam angesteuert und gemeinsam erreicht haben.

35.5 Ergebnis

Wenn in einem Markt mit hohen Transaktionskosten zu rechnen ist, die die Vertragsparteien nicht abschätzen können, kommen Dritte, die diese Kosten verringern können, ins Spiel und werden dadurch eine Rolle am Markt einnehmen. Transaktionsmediation dient dazu, komplexe Entscheidungen zu strukturieren. Funktionalität rückt als Aspekt in den Vordergrund der Analyse von Möglichkeiten, mit Mediation in Management- und Wirtschaftskontexten präventiv erfolgreich zu sein. Bei der Analyse, Planung, Gestaltung und Kontrolle unter Effektivitäts- und Effizienzaspekten können im Schnittstellenmanagement Erkenntnisse und Konzepte aus den Gebieten Transaktionsanalyse und Verhaltensökonomik, Neue Institutionenökonomie und Transaktionskostentheorie, Ökonomische Analyse des Rechts und Kautelarjurisprudenz, Motivations- und Handlungspsychologie und auf metatheoretischer Ebene von der Systemtheorie nutzbar gemacht werden. Transaktionsmediation als kontextgebundenes Verhandlungs- und Informationssystem ermöglicht es, durch Strukturierung des Verhandlungsprozesses Kooperation und Vertrauensbildung zu fördern und Komplexität zu reduzieren.

Literatur

Allert, A. (2014). Verhandeln in Krisen- und Sanierungssituationen. In A. Crone & W. Henning (Hrsg.), *Modernes Sanierungsmanagement – Sanierungskonzepte, Finanzierungsinstrumente, Insolvenzverfahren, Haftungsrisiken, Arbeitsrecht und Verhandlungsführung*, 4. Aufl. (S. 589-616). München: Vahlen.

Berkel, G. (2015). Deal Mediation. Erfolgsfaktoren professioneller Vertragsverhandlungen. *Zeitschrift für Konfliktmanagement: Mediation, Verhandeln, Vertragsgestaltung 18* (1), 4-7.

Berne, E. (1983). *Was sagen Sie, nachdem Sie ‚Guten Tag' gesagt haben? – Psychologie des menschlichen Verhaltens.* Frankfurt a. M.: FISCHER Taschenbuch.
Braun, W. (2010). *Die (Psycho-)Logik des Entscheidens. Fallstricke, Strategien und Techniken im Umgang mit schwierigen Situationen.* Bern: Huber / Hogrefe.
Coase, R. H. (1937). *The Nature of the Firm.* Economica, New Series 4 (16), 386–405, http://links.jstor.org/sici?sici=00130427%28193711%292%3A4%3A16%3C386%3ATNOT%3E2.0.CO%3B2-B. Zugegriffen: 9. Juli 2016.
Fisher, R., Ury, W. & Patton, B. M. (2006). *Das Harvard-Konzept. Der Klassiker der Verhandlungstechnik. Sonderausgabe.* Frankfurt a. M. & New York: Campus.
Gilson, R.J. (1984). Value Creation by Business Lawyers: Legal Skills and Asset Pricing. *Yale Law Journal 94*, 239-313.
Grubendorfer, C. (2016). Unternehmenskultur beobachten und verändern. *wirtschaft + weiterbildung 07/08*, 34-39.
Haft, F. (2000). *Verhandlung und Mediation: die Alternative zum Rechtsstreit.* 2. Aufl. München: Beck.
Hager, L.M. & Pritchard, R. (1999). Deal Mediation: How ADR Techniques can help achieve durable agreements in the Global Markets. *ICSID Review 14* (1), 1-15.
Hayward, J. (1990). *Die Erforschung der Innenwelt.* Bern: O.W.Barth.
Janoska, W. (2014). Privatisation and acquisition of public hospitals from the perspective of law and economics. In D. Greiling, P. Eichhorn & H. I. Macdonald (Hrsg.), *Entrepreneurship in the Public Sector*, (S. 66-77). Baden-Baden: Nomos.
Kals, E. & Ittner, H. (2008). *Wirtschaftsmediation.* Göttingen: Hogrefe.
Klappenbach, D. (2011). *Mediative Kommunikation. Mit Rogers, Rosenberg & Co. konfliktfähig für den Alltag werden.* Paderborn: Junfermann.
Luhmann, N. (2000). *Vertrauen. Ein Mechanismus der Reduktion sozialer Komplexität.* 5. Aufl. Konstanz & München: UVK / UVK Lucius.
Maturana, H. & Varela, F. (1987). *Der Baum der Erkenntnis.* Bern: Scherz.
Peppet, S. (2003). Transactional Mediation: Using Mediators in Deals. *The Colorado Lawyer 32* (10), 81-84.
Peppet, S. (2004). Contract Formation in Imperfect Markets: Should We Use Mediators in Deals? *Ohio State Journal on Dispute Resolution* 19 (2), 283–367.
Pfetsch, R. R. (2006). *Verhandeln in Konflikten. Grundlagen – Theorie – Praxis.* Wiesbaden: VS Verl. für Sozialwiss.
Ponschab, R. (2008). Mediation. Oder: Was ist Ihr Interesse? In R. Ponschab & A. Schweizer (Hrsg.), *Schlüsselqualifikationen. Kommunikation – Mediation – Rhetorik – Verhandlung – Vernehmung*, (S. 191-247). Köln: Dr. Otto Schmidt.
Posner, R.A. (2007). *Economic Analysis of Law.* 7. Aufl. New York: Aspen.
Richter, R. & Furubotn, E. G. (2011). *Neue Institutionenökonomik. Eine Einführung und kritische Würdigung.* 3. Aufl. Tübingen: Mohr Siebeck.
Roth, G. (2011). *Persönlichkeit, Entscheidung und Verhalten. Warum es so schwierig ist, sich und andere zu ändern.* 6. Aufl. Stuttgart: Klett-Cotta.
Saner, R. (2008). *Verhandlungstechnik: Strategie, Taktik, Motivation, Verhalten, Delegationsführung.* 2. Aufl. Bern: Haupt.
Sawicki, S. C. (2007). Mediation the Dance And the Deal. *The American Journal of Mediation 2*, 1-8. http://www.americanjournalofmediation.com/docs/SAWICKI%20-%20Mediation%20The%20Dance%20and%20The%20Deal%20.pdf. Zugegriffen: 9. Juli 2016.

Schonewille, M. (2008). Deal-Mediation, of Liever: Deal-Facilitation, een kennismaking. *Tijdschrift voor mediation en conflictmanagement 12 (2)*, 38-40. http://www.mediation-utrecht.eu/sites/mediation-utrecht.eu/files/Deal-mediation.pdf. Zugegriffen: 9. Juli 2016.

Schonewille, M. & Fox, K. H. (2011). Moving beyond ‚Just' a Deal, a Bad Deal or No Deal. How a Deal-Facilitator Engaged by the Parties as a ‚Counsel to the Deal' Can Help Them Improve the Quality and Sustainability of the Outcome. In J.-C. Goldsmith, A. Ingen-Housz & G. Pointon (Hrsg.), *ADR in Business: Practice and Issues Countries and Cultures*, Bd. 2, (S. 81-116). Alphen a.d.R.: Kluwer Law International.

Stearns Johnsen, J. (2011). *Alternative ‚Deal' Resolution: The Facilitated Negotiation of Transactions. Legal Studies Research Paper Series Nr. 45* (2010–2011). Albany Law School. http://www.acrgny.org/Resources/Documents/Conference_2011/Workshop%20Materials/C-2_%20Sterns%20Johnson_%20Alternative%20Deal%20Resolution_CLE.pdf. Zugegriffen: 9. Juli 2016.

Tenbergen, R. (2001). *The Mediator as Negotiation Advisor – Should the Negotiator Give Advice to the Disputants?* http://www.ifld.de/Education/Material/Mediation%20Essay.pdf. Zugegriffen: 9. Juli 2016.

Thaler, R. H. & Sunstein, C. R. (2012). *Nudge. Wie man kluge Entscheidungen anstößt.* Berlin: Ullstein.

Wiens, M. (2013). *Vertrauen in der ökonomischen Theorie. Eine fundierte und verhaltensbezogene Analyse.* Berlin: LIT.

Die Organisation eines internen Konfliktmanagements von Unternehmen unter transaktionskostenanalytischem Paradigma

36

Eine empirische Erhebung in der Bau- und IT-Branche

Theresa Wand

36.1 Einleitung

Die Anzahl an Konflikten in und zwischen Unternehmen steigt durch zunehmenden Wettbewerb und sich schnell ändernde Umweltbedingungen stetig an. Die Unternehmen sind daher gefordert, ihren Umgang mit Konflikten zu professionalisieren, um die negativen Auswirkungen zu minimieren. Für die Etablierung eines Konfliktmanagements im Unternehmen stehen unterschiedliche Organisationsmaßnahmen zur Verfügung. Aus ökonomischer Perspektive soll in diesem Beitrag ermittelt werden, unter welchen Bedingungen die Etablierung eines Konfliktmanagementsystems effizient ist. Darüber hinaus wird der Frage nachgegangen, wie eine Koordinationsstelle für ein Konfliktmanagement gestaltet werden sollte. Konkret wird betrachtet, über welche Kenntnisse und Eigenschaften der Stelleninhaber verfügen sollte, um die mit der Stelle verbundenen Anforderungen zu erfüllen. Als theoretische Basis dieser Untersuchung dient die Transaktionskostentheorie, die im Folgenden vorgestellt wird. Im Anschluss werden zwei Hypothesen abgeleitet und die empirischen Ergebnisse dargestellt.

36.2 Theoretische Grundlage

36.2.1 Transaktionskostentheorie

Inhalt der Transaktionskostentheorie sind die Koordinationsformen von Tauschbeziehungen zwischen unterschiedlichen Wirtschaftssubjekten. Die Wirtschaftssubjekte verfügen nur über begrenzte Ressourcen und können diese durch Tauschbeziehungen mit anderen Akteuren erweitern. Hierbei werden sowohl Tauschbeziehungen zwischen unabhängigen, externen Partnern als auch innerhalb eines Unternehmens betrachtet (Grosse 2008, S. 832 f.). Bei den Tauschbeziehungen im Unternehmen handelt es sich um den Austausch von Arbeitsleistungen zwischen den Mitarbeitern. Diese Tauschbeziehungen bilden die grundlegenden Untersuchungseinheiten der Transaktionskostentheorie. Williamson (1981) definiert Transaktionen wie folgt: „A transaction may thus be said to occur when a good or service is transferred across a technologically separable interface" (ebd., S. 1544). Die Transaktionskostentheorie baut auf folgenden Annahmen hinsichtlich der Umwelt und des Verhaltens der Transaktionspartner auf: Die Umwelt ist unsicher, d. h. zukünftige Ereignisse können nur geschätzt werden (Picot et al. 2005, S. 59). Des Weiteren ist eine bestimmte Verteilung der Verfügungsrechte gegeben. Hierbei wird angenommen, dass eine marktwirtschaftliche Wirtschaftsordnung vorliegt. Darüber hinaus besteht eine bestimmte Technologie, die zur Erfüllung der Aufgabe genutzt wird.

Die Annahmen bezüglich des Verhaltens der Wirtschaftssubjekte werden wie folgt beschrieben. Die Wirtschaftssubjekte handeln begrenzt rational, da sie nur über eine begrenzte Informationsverarbeitungskapazität verfügen. Die Wirtschaftssubjekte handeln, um ihre Bedürfnisse zu befriedigen (Grosse 2008, S. 833). Dabei streben die Wirtschaftssubjekte das Ziel der Nutzenmaximierung an (Schreyögg 2008, S. 188). Wenn begrenzt rationale Wirtschaftssubjekte Transaktionen durchführen, d. h. die Arbeitsaufgabe erfüllen, entstehen dabei Kosten. Durch eine geeignete Organisation können diese Kosten verringert werden. Da bei der Transaktionskostentheorie das Effizienzziel verfolgt wird, soll bei der Wahl zwischen zwei Organisationsformen für dieselbe Aufgabe die Form mit den niedrigeren Kosten gewählt werden. Auch Maßnahmen zur Lösung eines Konflikts stellen Organisationsformen dar. Die Wahl zwischen zwei möglichen Maßnahmen sollte daher ebenfalls nach dem Effizienzkriterium erfolgen. Im Folgenden werden zwei Hypothesen über die Eignung bestimmter Konfliktlösungsmaßnahmen aufgestellt und theoretisch begründet.

36.2.2 Organisationmaßnahmen hinsichtlich des Konfliktmanagements in Unternehmen

H1: Organisationsmaßnahmen im Unternehmen

„Wenn in einem Unternehmen die Wahrscheinlichkeit von Konflikten hoch ist und sich diese regelmäßig wiederholen, sollten im Unternehmen generelle Durchführungsregeln zum Umgang mit Konflikten eingeführt werden, um die Transaktionskosten zu senken."

Die Hypothese wurde aus dem Substitutionsgesetz abgeleitet, das Gutenberg (1983) für die Organisation eines Unternehmens aufgestellt hat: „Überall da, wo betriebliche Vorgänge ein verhältnismäßig hohes Maß an Gleichartigkeit und Periodizität aufweisen, wird die Tendenz wirksam, fallweise durch generelle Regeln zu ersetzen" (ebd., S. 236). Generelle Regeln werden als „Handlungsanweisungen, die für ganze Klassen von Ereignissen über einen Zeitraum hin gültig sind" (Prim 1968, S. 128, zitiert nach de Pay und Brenner o. J., S. 6) definiert. Fallweise Regelungen gelten dagegen punktuell in Bezug auf Ort und Zeit, d. h. einmalig für ein Ereignis. Der Vorteil generell geregelter Organisationsmaßnahmen, beispielsweise die Festlegung eines Plans, besteht in der Senkung der Transaktionskosten der Arbeitsabläufe, da z. B. die Mitarbeiter nach diesem Plan arbeiten können. Die Nachteile entstehen durch die Kosten, die für die Erstellung des Plans und die Nachbesserung anfallen, falls die Plandaten nicht zutreffen. Wenn nun eine Vielzahl gleichartiger Aufgaben oder dieselbe Aufgabe mehrfach bearbeitet werden soll, wiegen die Vorteile die Nachteile auf. Für einmalige Ereignisse gilt die gegenteilige Aussage. Wird diese Erkenntnis auf die Regelung von Konflikten übertragen, sollte ein Unternehmen dann ein generelles Konfliktmanagement errichten, wenn die Wahrscheinlichkeit hoch ist, dass es zu einem Konflikt kommt und wenn diese Fälle öfter eintreten können.

Hinsichtlich des Konfliktmanagements kann eine Vielzahl an möglichen Organisationsmaßnahmen im Unternehmen eingerichtet werden. So können Ombudspersonen als Konfliktanlaufstelle genutzt werden. Das Führen von Schiedsrichter- und Mediatorenlisten erleichtert im Konfliktfall die Suche nach einem neutralen Dritten. Weiterhin können interne Richtlinien zu Verfahrensstandards entwickelt, bzw. externe Verfahrensstandards oder Schlichtungsregeln genutzt werden. Um für den vorliegenden Konflikt ein geeignetes Verfahren zu wählen, können technologiegestützte Fallzuweisungsinstrumente angewandt werden. Eine weitere Maßnahme besteht in der Schaffung einer Koordinationsstelle, die das Konfliktmanagement im Unternehmen aufeinander abstimmt. Die Organisationsmaßnahmen entsprechen generellen Regeln, deren Einsatz sich bei Tätigkeiten eignet, die gleichartig und wiederkehrend sind. Die Errichtung, Durchführung und Kontrolle der Organisationsmaßnahmen verursacht Transaktionskosten.

H2: Ausgestaltung der Koordinationsstelle für das Konfliktmanagement

„Der Mitarbeiter, der die Konflikte im Unternehmen koordiniert, sollte über folgende Eigenschaften und Kenntnisse verfügen, um die Aufgaben der Koordinationsstelle zu geringeren Kosten zu absolvieren:

- *Kenntnisse über Konfliktbeilegungsverfahren*
- *juristische Kenntnisse*
- *betriebswirtschaftliche Kenntnisse*

- *technische Kenntnisse*
- *Mediationskompetenzen*
- *Moderationskompetenzen*
- *analytische Fähigkeiten*
- *unparteiisch*
- *unbefangen*
- *empathisch.*"[1]

Wie in Hypothese 1 beschrieben, wird eine Koordinationsstelle nur errichtet, wenn die Transaktions- und Produktionskosten sinken, die zur Erledigung der konflikthaften Aufgabe anfallen. Im Rahmen der Hypothese 2 wird dem Problem nachgegangen, wie die Koordinationsstelle für das Konfliktmanagement gestaltet werden soll, sodass die Aufgabe der Koordination erfolgreich erledigt wird. Die in der Hypothese aufgezählten Eigenschaften und Fähigkeiten wurden mittels einer Literaturrecherche zusammengetragen (Kreyenberg 2005, S. 282; Hagel 2011, S. 65 f.; RTMKM 2012, S. 254 ff.). Allport (1937) definiert Persönlichkeitseigenschaften als Fähigkeit, „viele Reize funktionell äquivalent zu machen und konsistente äquivalente Formen von Handlungen und Ausdruck einzuleiten und ihren Verlauf zu lenken" (zitiert nach Heckhausen 1989, S. 57). Bestimmte Eigenschaften befähigen also einen Menschen, die Reize, die aus seiner Umwelt auf ihn einströmen, so zu bündeln, dass daraus Handlungen abgeleitet werden können, die die Erfüllung der Funktion ermöglichen. Die Funktionen, die der Inhaber der Koordinationsstelle erfüllen muss, sind die erste Aufnahme des Konfliktes und eine Einschätzung hinsichtlich des Konfliktgegenstandes und dessen Folgen. Darüber hinaus berät der Koordinator die Parteien bei der Wahl des Konfliktbeilegungsverfahrens. Hierfür benötigt der Mitarbeiter juristische Kenntnisse und Kenntnisse über die Konfliktbeilegungsverfahren an sich. Um den Inhalt des Konfliktes bewerten zu können, werden abhängig von der Art des Konfliktes technische Kenntnisse benötigt. Betriebswirtschaftliches Wissen und analytische Fähigkeiten ermöglichen die Abschätzung der Folgen des Konfliktes hinsichtlich finanzieller Ressourcen oder des Absatzes der Produkte, sowie die Erfassung der Konfliktkosten. Um selber bei der Kommunikation zwischen den Parteien zu unterstützen, sollte der Koordinator sowohl über Moderations- als auch Mediationskompetenzen verfügen. So kann der Koordinator als Mediator arbeiten. Der Umgang mit Konflikten fordert darüber hinaus, dass der Mitarbeiter die Situation der Parteien nachvollziehen kann, wofür ein hohes Maß an Empathie nötig ist. Die Interessen der Personen sollen nachvollzo-

1 In dieser Hypothese werden die angegebenen Kompetenzen zusammengefasst. Eine Gewichtung wird aus Gründen der Vereinfachung an dieser Stelle nicht vorgenommen.

gen werden können. Allerdings muss dabei gewährleistet werden, dass keine Partei bevorzugt wird, sondern der Koordinator unparteiisch und unbefangen handelt.

Aus transaktionskostentheoretischem Blickwinkel können die Kosten gesenkt werden, wenn der Stelleninhaber der Koordinationsstelle über die genannten Eigenschaften verfügt, da er aufgrund seines Wissens und seiner Erfahrung bessere Entscheidungen treffen kann.

36.3 Empirische Untersuchung

36.3.1 Untersuchungsdesign

Die empirische Untersuchung wurde in Form von Fallstudien mittels vergleichender Experteninterviews als qualitative Erhebung durchgeführt. Fallstudien eignen sich für komplexe, noch nicht erforschte Fragestellungen und ermöglichen eine umfassende Darstellung der sozialen Wirklichkeit. Nachteilig ist dabei, dass eine Verallgemeinerung der Erkenntnisse nur eingeschränkt möglich ist (Borchardt und Göthlich 2007, S. 35 ff.). Den Interviews lag ein standardisierter Fragebogen zugrunde, der den Experten neben geschlossenen Fragen auch die Möglichkeit für freie Antworten bot. Nach einem Pretest wurden elf Interviews in zwei Erhebungsperioden mit Vertretern aus Unternehmen der Baubranche (sieben Interviews) und der IT-Branche (vier Interviews) sowie deren externen Beratern durchgeführt. Die Befragungen erfolgten persönlich oder telefonisch. Hierbei wurde der standardisierte Fragebogen nach der ersten Erhebungsperiode überarbeitet, sodass Hinweise aus den ersten Interviews berücksichtigt worden sind. Befragt wurden sowohl kleine und mittelständige als auch große Unternehmen. Alle Unternehmen verzeichnen zum Interview-Zeitpunkt steigende Gewinne, woraus geschlussfolgert werden kann, dass es ihnen möglich ist, auftretende Konflikte mit Geschäftspartnern erfolgreich zu lösen. So können die theoretischen Überlegungen mit ihren Erfahrungen verglichen werden.

H1: Organisationsmaßnahmen im Unternehmen

Die Tabelle 36.1 macht deutlich, über welche der genannten Organisationsmaßnahmen die befragten Unternehmen verfügen.

Tab. 36.1 Organisationsmaßnahmen hinsichtlich des Konfliktmanagements (Quelle: eigene Darstellung)

Organisationsmaßnahme	Pretest (1)	Bau (7)	IT (4)	Σ (12)
Ombudsperson	/	-	//	///
Koordinationsstelle KM	/	//	///	𝍸/
Mediatorenlisten	/	-	//	///
Schiedsrichterlisten	/	-	-	/
Schlichtungsregeln	/	//	-	///
interne Richtlinien zu Verfahrensstandards	/	/	-	//
externe Richtlinien zu Verfahrensstandards	/	/	-	//
technologiegestützte Fallzuweisungsinstrumente	/	-	-	/

Zwei der befragten Unternehmen nutzen *Ombudspersonen* im Umgang mit Konflikten. Darüber hinaus gab der Interviewpartner des Pretests an, dass Ombudspersonen wichtige Aufgaben im Rahmen des Konfliktmanagements erfüllen. Beide Unternehmen gehören inhaltlich der IT-Branche an und sind Großunternehmen bzw. in eine Konzernstruktur integriert, wobei die Ombudsperson des Konzerns die Funktion für das Tochterunternehmen übernimmt.

Eine selbstständige *Koordinationsstelle* für das Konfliktmanagement besteht in zwei großen IT-Unternehmen. Die weiteren genannten Koordinationsstellen sind in andere Abteilung wie die Rechtsabteilungen integriert.

Ebenfalls in der IT-Branche werden bei zwei Unternehmen *Mediatorenlisten* geführt, die im Konfliktfall die Suche nach einem externen oder internen Mediator erleichtern. Hinsichtlich der Häufigkeit und Art der Konflikte wurde ermittelt, dass Konflikte häufig intern zwischen Mitarbeitern oder unterschiedlichen Teams entstehen. Diese Konflikte werden in der Regel außergerichtlich und unternehmensintern gelöst. Hierbei kommen die gelisteten, unternehmensinternen Mediatoren zum Einsatz. Offensichtlich sehen die Unternehmen noch keine Notwendigkeit für die Schaffung einer permanenten Stelle, sondern es reicht ihnen aus, wenn Mediatoren benannt werden, die im Konfliktfall eingesetzt werden können.

Erstaunlicherweise wird in keinem der Unternehmen eine Liste mit geeigneten *Schiedsrichtern* geführt, obwohl Streitfälle – vor allem in der Baubranche – oft vor Schiedsgerichten ausgetragen werden.

Eine Besonderheit der Baubranche besteht darin, Standards und Regeln zu haben, nach denen im Konfliktfall verfahren werden soll. So wird in der Vergabe- und Vertragsordnung für Bauleistungen, die Grundlage für Aufträge öffentlicher Auftraggeber ist, festgelegt, wie im Konfliktfall vorzugehen ist. *Interne und externe Verfahrensstandards* werden nur von einem Bauunternehmen genutzt. Bei diesem

Unternehmen handelt es sich um ein großes Unternehmen mit einem hohen Konfliktpotenzial.

Technologiegestützte Fallzuweisungsinstrumente sind in keinem der befragten Unternehmen installiert. Die Leiter entscheiden persönlich über das genutzte Verfahren oder die vertraglich festgelegten Verfahren werden durchgeführt.

Obwohl in der Baubranche ein hohes Konfliktpotenzial vorliegt, da Umweltunsicherheiten hinsichtlich der Ausführung der Bauarbeiten bestehen (Schröder 2015, S. 4), verfügen die befragten Bauunternehmen nur zu einem geringen Maß über formelle Organisationsmaßnahmen. Die Gründe können in der Struktur der betrachteten Unternehmen gesucht werden, da die befragten Unternehmen bis auf ein kleines Unternehmen nur Vertreter großer Bauunternehmen waren. Die Großunternehmen sind aber dezentral organisiert, sodass die Leiter der einzelnen Niederlassungen über den Umgang mit Konflikten entscheiden. Zentral werden sie dabei von der Rechtsabteilung unterstützt.

Als Fazit lässt sich ziehen, dass ein formelles Konfliktmanagementsystem nur in Ansätzen in den Unternehmen etabliert ist. Die Tatsache aber, dass die Hälfte der befragten Unternehmen über eine Koordinationsstelle verfügt, weist darauf hin, dass ein Bedarf an generellen Regelungen besteht. Wird nach den Bedingungen gefragt, unter denen sich eine Formalisierung lohnt, so bestätigen die Unternehmen, wie in Tabelle 36.2 gezeigt wird, dass dies bei hoher und sich wiederholender Auftrittswahrscheinlichkeit von Konflikten der Fall sei. Allerdings müssen diese Bedingungen nicht zwingend in großen Unternehmen vorliegen.

Tab. 36.2 Bedingungen zur Eignung von Organisationsmaßnahmen (Quelle: eigene Darstellung). Nach den Bedingungen, unter denen sich eine Formalisierung lohnt, wurden sechs Unternehmen während der zweiten Erhebungsperiode befragt.

Bedingung	Bau (4)	IT (2)
hohe Wahrscheinlichkeit von Konflikten	//	//
große Unternehmen	/	//
Konflikte treten immer wieder auf	///	//

H2: Ausgestaltung der Koordinationsstelle für das Konfliktmanagement

Nachdem bestätigt werden konnte, dass in zahlreichen Unternehmen eine Koordinationsstelle eingerichtet wurde, ist es sinnvoll, Eigenschaften und Fertigkeiten zu ermitteln, über die der Inhaber dieser Stelle verfügen sollte.

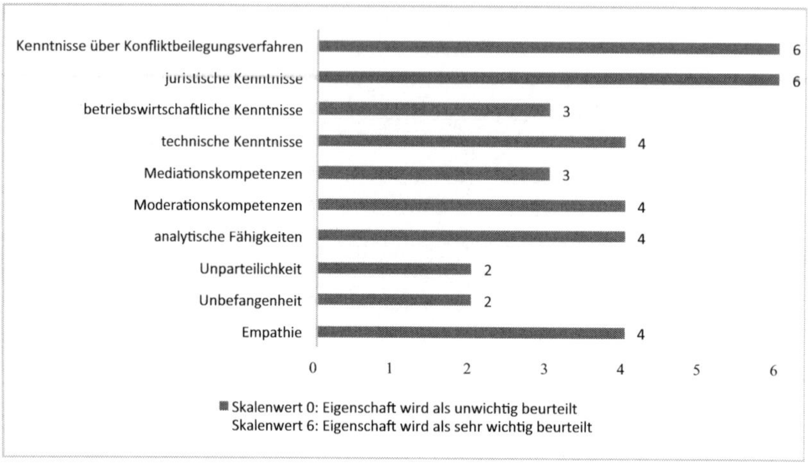

Abb. 36.1 Eigenschaften und Kenntnisse der Koordinationsstelle (Quelle: eigene Darstellung)

Wie in Abbildung 36.1 gezeigt, gaben alle Befragten an, dass der Stelleninhaber über Kenntnisse hinsichtlich der Konfliktbeilegungsverfahren verfügen soll. So sind die Spezifikationen sowie Vor- und Nachteile der Verfahren bekannt, wodurch der Koordinator hinsichtlich der Eignung beraten kann. Um den Konflikt rechtlich zu bewerten und die Folgen eines Gerichtsverfahrens abzuschätzen, sind des Weiteren juristische Kenntnisse nötig. Diesen Kenntnissen wird durch die befragten Unternehmen eine sehr große Bedeutung zugemessen. Der Mitarbeiter soll darüber hinaus auch über technische, fachspezifische Kenntnisse verfügen. Dies ist vor allem für die Bewertung von Konflikten im Zusammenhang mit Bauleistungen wichtig. Alle Vertreter der Bauindustrie schätzen diese Kenntnisse als besonders wichtig ein und zeigen damit, welche Anforderungen an den Konfliktmanager in dieser Branche gestellt werden. Sowohl für die juristische als auch für die technische Bewertung des Konfliktgegenstandes werden analytische Fähigkeiten als wichtig eingestuft. Den Moderationskompetenzen und der Empathie wird ebenfalls eine große Bedeutung beigemessen. Der Stelleninhaber muss den Konflikt analysieren und nachvollziehen können. Dabei ermittelt der Mitarbeiter die persönlichen Interessen der Parteien und soll auf diese eingehen. Um die Kommunikation zwischen den Parteien aufrecht zu erhalten, sind Moderationskompetenzen notwendig, denen eine mittlere Bedeutung beigemessen wird. Der Koordinator im Unternehmen ist zwar Ansprechpartner im Konfliktfall und koordiniert den Umgang mit den

Konflikten, für die eigentliche Lösung ist er jedoch nicht automatisch zuständig, sodass ein anderer neutraler Dritter den Konflikt löst. Daher muss der Koordinator selber nicht unbedingt über Mediationskompetenzen verfügen. Die Aussagen der Interviewten weisen darauf hin, dass betriebswirtschaftlichen Kenntnissen nur eine durchschnittliche Bedeutung zukommt. Es wurde angenommen, dass betriebswirtschaftliche Kenntnisse dem Mitarbeiter ermöglichen, die Konfliktkosten zu erfassen. In den Unternehmen werden diese aber kaum erfasst und wenn, dann werden nur die reinen Verfahrens- und Anwaltskosten dokumentiert. Hinsichtlich der Unparteilichkeit werden Unterschiede in der Bewertung bei den zwei Branchen deutlich. Die befragten IT-Unternehmen, bei denen dem Umgang mit internen Konflikten eine große Bedeutung zukommt, schätzen die Unparteilichkeit als sehr wichtig ein, wohingegen die Experten der Baubranche diese Eigenschaft als weniger wichtig bewerten. Dieser Unterschied kann durch die Inhalte der Konflikte begründet werden. In der Baubranche treten Konflikte eher hinsichtlich technischer Probleme und Verzögerungen auf. Bei internen Konflikten hingegen betreffen die Inhalte eher die Einschätzungen der eigenen Mitarbeiter und die Zusammenarbeit im Team. Eine neutrale Einschätzung ist daher wichtiger als bei Konflikten, die messbare Faktoren beinhalten. Diese Einschätzung trifft neben der Unparteilichkeit auch auf die Unbefangenheit zu. Darüber hinaus gaben die Interviewpartner an, dass der Stelleninhaber der Koordinationsstelle vertrauenswürdig und ausgeglichen sein sollte und über eine offene Grundhaltung verfügen sollte.

36.4 Zusammenfassung

Die steigende Anzahl an Konflikten in und zwischen Unternehmen fordert, dass die Unternehmen ihren Umgang mit Konflikten professionalisieren. Gerade unter der Bedingung, dass eine hohe, sich wiederholende Auftrittswahrscheinlichkeit von Konflikten vorliegt, lohnt sich die formelle Organisation eines Konfliktmanagements. Allerdings zeigen die Untersuchungsergebnisse, dass die Formalisierung in den Unternehmen nur zum Teil durchgeführt wird und nicht alle der genannten Organisationsmaßnahmen Anwendung finden. Eine besondere Rolle nimmt hierbei die Koordinationsstelle ein. An den Stelleninhaber werden umfangreiche Anforderungen gestellt, um die übertragenen Aufgaben erfolgreich zu erfüllen. Unabhängig von den Konfliktinhalten sollen die Koordinatoren über juristische und Verfahrenskenntnisse verfügen. Darüber hinaus sind auch ‚Soft Skills' wie z. B. Moderationskenntnisse, von hoher Bedeutung.

Künftig sollte weiterhin untersucht werden, welche branchenspezifischen Besonderheiten bestehen, um den Unternehmen Handlungsempfehlungen hinsichtlich des Konfliktmanagements auszusprechen. Die Betrachtung der Transaktionskosten ermöglicht dabei, die unterschiedlichen Maßnahmen ökonomisch zu bewerten, um so eine Entscheidung hinsichtlich einer effizienten Organisationsform zu ermöglichen. Neben den Organisationsmaßnahmen können auch unterschiedliche Konfliktbeilegungsverfahren unter transaktionskostentheoretischen Gesichtspunkten untersucht werden.

Literatur

Borchardt, A. & Göthlich, S.E. (2007). Erkenntnisgewinnung durch Fallstudien. In S. Albers (Hrsg.), *Methodik der empirischen Forschung* (2., überarb. u. erw. Aufl., S. 33-48). Wiesbaden: Gabler.

de Pay, D. & Brenner, W. (o. J.). *Generelle Regelungen beim Multiprojektmanagement in der industriellen Forschung.* Unveröffentlichtes Arbeitspapier. Freiberg.

Grosse, D. (2008). Transaktionskostentheorie. In H. Corsten & R. Gössinger (Hrsg.), *Lexikon der Betriebswirtschaftslehre* (5., vollst. überarb. Aufl., S. 832-836). München: Oldenbourg.

Gutenberg, E. (1983). *Grundlagen der Betriebswirtschaftslehre* (24. Aufl.). Berlin & Heidelberg: Springer.

Hagel, U. (2011). Der Unternehmensjurist als Risikomanager. Die mysteriöse Welt von Risikoanalysen und Entscheidungsbäumen. *SchiedsVZ 9* (2), 65-76.

Heckhausen, H. (1989). *Motivation und Handeln* (2. Aufl.). Berlin et al.: Springer.

Kreyenberg, J. (2005). *Handbuch Konfliktmanagement* (2. Aufl.). Berlin: Cornelsen.

Picot, A., Dietl, H. & Franck, E. (2005). *Organisation. Eine ökonomische Perspektive* (4., überarb. u. erw. Aufl.). Stuttgart: Schäffer-Poeschel.

RTMKM Round Table – Mediation und Konfliktmanagement der Deutschen Wirtschaft (2012). Die Erwartungen der Unternehmen an ihre Berater bei der Konfliktbearbeitung und -beilegung. *SchiedsVZ 10* (5), 254-257.

Schreyögg, G. (2008). *Organisation: Grundlagen moderner Organisationsgestaltung; mit Fallstudien* (5., vollst. überarb. u. erw. Aufl.). Wiesbaden: Gabler.

Schröder, R (2015). *Streitbeilegung im Bauwesen. In DGA-Bau (Hrsg.), Initiativen zur Außergerichtlichen Streitbeilegung im Bauwesen bündeln* (Schriftenreihe der DGA-Bau Nr. 1, S. 1–16). Berlin: ohne Verlag.

Williamson, O. (1981). The Modern Corporation: Origins, Evolution, Attributes. *Journal of Economic Literature 19* (4), 1537-1568.

Teil III.11

Zugangsvoraussetzungen und Bedingungen für Mediation

Obligatorische Mediation und das Prinzip der Freiwilligkeit

37

Eine rechtsvergleichende Studie Deutschland – USA

Ansgar Marx

37.1 Forschungsgegenstand

In der deutschen Mediationslandschaft hat sich das Prinzip der freiwilligen Mediation als nahezu unverrückbare Doktrin festgesetzt. Generell wird darunter die freiwillige Teilnahme der Parteien am Mediationsprozess verstanden. Argumentiert wird mit der Schaffung einer ‚offenen Verhandlungsatmosphäre' sowie der Selbstbestimmung der Kontrahenten.

Das im Jahr 2012 in Kraft getretene deutsche Mediationsgesetz (MedG) konstatiert, dass die Parteien freiwillig eine einvernehmliche Beilegung ihres Konflikts anstreben (§ 1 Abs. 1 MedG). Das Gesetz verlangt die freiwillige Teilnahme der Kontrahenten an der Mediation (§ 2 Abs. 2 MedG) und zwar von Anfang bis Ende (Fritz und Pielsticker 2013, zu § 2 MedG Rz. 73). Das Prinzip der Freiwilligkeit wirkt zementiert. In anderen Ländern hingegen müssen Parteien in bestimmten Bereichen (etwa Verbraucherstreitigkeiten oder Scheidungen) vor einem streitigen Gerichtsverfahren einen Mediationsversuch durchlaufen.

Einen solchen Weg beschreiten in den USA zahlreiche Bundesstaaten, allen voran Kalifornien. Dort können oder müssen die Gerichte bei streitigen Sorge- und Umgangskonflikten eine obligatorische Mediation vorschalten.

Ein zentrales Anliegen der im Jahr 2009/10 mit Unterstützung der Deutschen Forschungsgemeinschaft durchgeführten Studie war es, die rechtstatsächlichen Erfahrungen mit der angeordneten sowie obligatorischen Mediation im Bundesstaat Kalifornien zu untersuchen. Dabei wurden Instrumente wie die Analyse der Gesetzgebung und der aktuellen Literatur, Experteninterviews sowie teilnehmende Beobachtungen von Mediationssitzungen eingesetzt. Die Zielsetzung bestand darin, aus den so gewonnenen Erkenntnissen Empfehlungen für eine stärkere Verankerung der Mediation in Kindschaftsangelegenheiten im Gesetz über das Verfahren in Familiensachen und in den Angelegenheiten der freiwilligen Gerichtsbarkeit (FamFG) zu entwickeln sowie Konsequenzen für das in Deutschland vorherrschende Prinzip der Freiwilligkeit der Mediation abzuleiten (Marx 2010a, S. 300 ff.; Marx 2010b, S. 132 ff.).

37.1.1 Begriffsbestimmung

In diesem Beitrag werden primär zwei Begriffe verwendet: angeordnete Mediation und obligatorische Mediation. *Angeordnete Mediation* trifft auf Mediationen zu, die auf Anordnung eines Gerichtes, eines Arbeitgebers/Vorgesetzten oder einer Autoritätsperson (z. B. Lehrer) zustande kommen. *Obligatorische Mediation* ist eine Mediation, die entweder durch Gesetz, durch Vertrag oder durch Allgemeine Geschäftsbedingungen vorgeschrieben ist. Vermieden wird der Terminus ‚mandatorische Mediation', der kürzlich in die Diskussion eingebracht wurde. Dieser ist nicht nur ein überflüssiger Anglizismus, sondern zudem noch irreführend.[1] Ebenso wird der Begriff ‚Zwangsmediation' nicht gebraucht, da dieser negative Assoziationen weckt.

37.1.2 Sorgerechtsmediation und die Doktrin der Freiwilligkeit

Nach § 135 FamFG können Familiengerichte seit September 2009 anordnen, dass Eheleute einzeln oder gemeinsam an einem kostenfreien Informationsgespräch über Mediation teilnehmen (Abs. 1). Außerdem können die Gerichte in „geeigneten Fällen den Ehegatten eine außergerichtliche Streitbeilegung in Scheidungsfolgesachen" vorschlagen (Abs. 2).

In Kindschaftssachen hingegen, so der Gesetzgeber des FamFG im Jahr 2009, etwa bei elterlichem Streit um das Sorge- und/oder Umgangsrecht, sollten die Eltern *lediglich auf die Möglichkeit der Beratung durch die Beratungsstellen sowie auf das Verfahren der Mediation hingewiesen werden* (§ 156 Abs. 1 FamFG a.F.). Mit Einführung des Mediationsgesetzes im Jahr 2012 wurde die Möglichkeit der Anordnung eines Informationsgespräches über Mediation ermöglicht (§ 156 Abs. 1 S. 3 FamFG). Die dahin gehende Empfehlung des Autors, die ein Resultat der Forschung in den USA war, wurde in das Gesetz aufgenommen. Ferner kann das Gericht anordnen, dass die Eltern an einer *Beratung* durch einen *Träger der*

1 Laut etymologischem Wörterbuch ist ein ‚Mandatar' ein ‚Bevollmächtigter' und das ‚Mandat' eine ‚Beauftragung'. Abgeleitet wird dies von dem lateinischen Verb ‚mandare – anvertrauen' bzw. dem Substantiv ‚mandatum – Auftrag' (Köbler 1995).

Kinder- und Jugendhilfe zur Entwicklung eines einvernehmlichen Konzepts für die Wahrnehmung der elterlichen Sorge und der elterlichen Verantwortung teilnehmen (§ 156 Abs. 1 S. 2 u. 4 FamFG). Der Gesetzgeber differenziert insofern zwischen Beratung und Mediation.

Um ein einvernehmliches Sorgerechtskonzept zu erreichen, können Familiengerichte streitende Eltern zu einer Beratung verpflichten, nicht jedoch zu einer Mediation. Lässt sich das noch sachgerecht begründen?

Der überwiegende Teil der deutschen Fachwelt hält an dieser Doktrin der Freiwilligkeit der Mediation fest, etwa mit der Begründung, um „zwischen den Parteien eine möglichst offene Verhandlungsatmosphäre zu schaffen" (Kracht 2016, S. 369).

In jüngerer Zeit wird das Prinzip der Freiwilligkeit mit Verweis auf Erfahrungen bei der Arbeitsmediation, beim Täter-Opfer-Ausgleich im Strafverfahren (Trenczek und Delattre 2004 S. 16; Marx 2016, S. 184) oder auf die ausländische Praxis auch in Deutschland hinterfragt. Schon 2001 haben Nelle und Hacke (2001, S. 61) die Feststellung getroffen, dass eine „obligatorische Mediation kein Selbstwiderspruch ist" und in zuvor definierten Bereichen möglich sein sollte. Thomann und Prior (2006, S. 136) führen Erfahrungsberichte aus der Arbeitsmediation an, die den Schluss nahe legen, dass eine freiwillige, selbst motivierte Teilnahme an der Mediation für eine erfolgreiche Klärung keinesfalls Bedingung sei. Im Kontext von Trennung und Scheidung plädiert Kriegel (2006, S. 3) für eine Pflichtmediation vor Inanspruchnahme eines Gerichts und stützt sich dabei auf empirische Forschungsergebnisse zur „mandatory mediation" in anderen Ländern. Bastine (2005, S. 13) fragt sich, ob ein gewisser Druck auf Eltern hilfreich sein kann, um diesen einen Zugang zur Mediation erst zu eröffnen.

Neuere Initiativen „verordneter Kooperation" (Wiesner 2006, § 17 Rz. 43 c), wie das sogenannte „Cochemer Modell" (www.ak-cochem.de), weisen in die richtige Richtung. Diese Modelle basieren auf einer Zusammenarbeit der am Scheidungsprozess beteiligten Fachleute (Richter, Rechtsanwälte, Berater, Gutachter und Verfahrenspfleger) und setzen auf Deeskalation. Ziel ist eine konsensorientierte Lösungsfindung unter aktiver Beteiligung der Eltern. Dabei distanzieren sich die fachlichen Akteure von dem gängigen Gewinner-Verlierer-Schema und verpflichten sich zu einer konstruktiven Haltung (Füchsle-Voigt 2004, S. 600 ff.).

Drei Hauptfragen der Forschung:

- Ist eine Abkehr vom Prinzip der Freiwilligkeit der Mediation in Deutschland angebracht?
- Wie erleben Mediatoren, Experten und Klienten die obligatorische Mediation, insbesondere die obligatorische Sorgerechtsmediation in Kalifornien, und was können wir daraus lernen, um unser Modell in Deutschland zu verbessern?

- In welcher Weise könnte Mediation stärker in die Beratung bei streitigen Sorgerechtsfällen integriert werden?

37.2 Sorgerechts-Mediation in Kalifornien

37.2.1 Hintergrund

Bei der Umsetzung und Modernisierung der Familien-Mediation hat der Bundesstaat Kalifornien seit etwa drei Jahrzehnten eine Vorreiterrolle eingenommen und besonders die Standards der Mediation von Sorge- und Besuchsrechtskonflikten geprägt. Sorgerechts-Mediation ist seit 1981 gesetzlich verankert (Senate Bill 961, s. auch Folberg et al. 2004, S. 416) und mittlerweile in das kalifornische Familiengesetz (Family Code – §§ 3160 ff.[2]) eingezogen. Mediation hat einen festen Platz an den Familiengerichten, die zahlreiche Mediatoren beschäftigen.

Im US-amerikanischen Justizsystem besteht der Grundkonsens, dass Parteien von dem Zugang zu Verfahren alternativer Konfliktlösung (ADR), wie Mediation, profitieren können, um ihren Konflikt „fair, zeitnah, interessengerecht, kosteneffektiv und weniger formal als im streitigen Gerichtsverfahren" zu lösen (Stoner o. J., § 8.2). Das gilt besonders für Sorge- und Besuchsrechtsfälle, in denen die Eltern naturgemäß auch nach ihrer Trennung – über gemeinsame Kinder – miteinander verbunden sind und einen kooperativen Umgangsstil pflegen sollten. In diesem Rechtsgebiet räumen der kalifornische Gesetzgeber sowie die Rechtsprechung einer mediierten Lösungsfindung eindeutige Präferenz ein.[3] Das kalifornische Familiengesetz geht so weit, *allen streitigen Sorge- und Umgangsrechtsfällen eine obligatorische Mediation* (*court-ordered mediation*) zu verordnen (FamC § 3170).

Wissenschaftliche Studien unterstützen diese Präferierung der Mediation gegenüber streitigen Gerichtsverfahren. Evaluationen haben ergeben, dass 55 % der angeordneten Sorgerechts-Mediationen (*mandatory custody mediation*) eine Einigung erzielen. Daneben zeichnet sich eine außerordentlich hohe Zufriedenheitsrate der Parteien mit der Mediationsmethode ab, die bei 80 bis 95 % liegen soll (Kelly 2004, S. 7). Daraus lässt sich schließen, dass selbst Paare, die während der Mediation zu keiner Einigung kamen, dennoch von dem methodischen Ansatz profitiert haben.

---

2 https://leginfo.legislature.ca.gov/faces/codesTOCSelected.xhtml?tocCode=FAM.

3 Marrriage of Dunn-Kato und Dunn (2002) 103, CA 4th, 345 ff.; https://www.courtlistener.com/opinion/2255161/in-re-marriage-of-dunn-kato-dunn/?q=michael&page=2161.

Forschungsergebnisse belegen zudem, dass sich Eltern eher an mediierte Vereinbarungen gebunden fühlen als an Gerichtsbeschlüsse und auch später einen kooperativeren Umgang miteinander pflegen. Schließlich haben Studien herausgearbeitet, dass Väter nach einer mediierten Trennung oder Scheidung stärker am Leben ihrer Kinder teilhaben als die Kontrollgruppe ohne Mediation (ebd., S. 19).

37.2.2 Obligatorische Sorgerechts-Mediation

Gesetzliche Grundlagen

Kalifornien hat seit den 80er Jahren positive Erfahrungen mit der obligatorischen Sorgerechts-Mediation gemacht und diese im Familiengesetz verankert (FamC §§ 3160 ff.). Das Familiengericht ist gehalten, bei streitigen (*contested*) Sorgerechts- oder Besuchsangelegenheiten eine Mediation anzuordnen (FamC § 3170). Die Teilnahme an der angeordneten Mediation ist für die Parteien verpflichtend. Kommt eine Partei (Eltern-, Stiefeltern- oder Großelternteil) der gerichtlichen Anordnung nicht nach, kann sie von der persönlichen Anhörung im streitigen Gerichtsverfahren ausgeschlossen werden.[4] Insoweit steht dem Gericht zwar kein Zwangsmittel zur Verfügung, die Mediation durchzusetzen, über die Androhung, das Anhörungsrecht zu verlieren, kann jedoch erheblicher Druck auf die Parteien ausgeübt werden.

Mit der obligatorischen Sorgerechts-Mediation verfolgt Kalifornien mehrere Ziele, die weit über eine neutrale Konfliktlösung im Familienumfeld reichen:

- Primäres Ziel der Programme ist es, den feindseligen Umgang der Eltern/Familienmitglieder zu reduzieren;
- gleichzeitig soll eine Vereinbarung erreicht werden, die das Kindeswohl in das Zentrum stellt und
- schließlich soll dem Recht des Kindes auf Umgang mit beiden Elternteilen entsprochen werden (FamC § 3161).

Insofern hat der Mediator im Verfahren immer das Kindeswohl mit zu bedenken, was ihn im Zweifelsfalle sogar verpflichtet, mit dem Kindeswohl unverträgliche Absprachen der Eltern zu hinterfragen und in gewisser Weise Eltern zu lenken, ihre Elternrolle weiterhin auszufüllen. Diese Funktion des Mediators hat in Sorgerechtsfällen eine andere Qualität als die ‚pure Neutralität' des Mediators, wie wir sie

4 Marriage of Economou (1990) 224, C. A 3d, 1466, 1487, 274 CR 473.

Deutschland gemeinhin kennen. So hat das gesamte System der Sorgerechts-Mediation in Kalifornien auch einen intervenierenden und pädagogischen Charakter.

In diesem Zusammenhang ist die Information und ggf. Schulung der Parteien zu sehen, die der Mediation vorgeschaltet ist. Zahlreiche Gerichte erwarten von den Parteien, an einer Informations- oder Orientierungssitzung teilzunehmen. In einigen Gerichtsbezirken müssen Scheidungseltern – selbst in nicht-streitigen Sorgerechtsfällen – vorher einen Kurs über gemeinsame Elternschaft (*co-parenting class*) besuchen. Typischerweise bietet der Familiengerichtsservice optionale Seminare, Videos oder Literatur für alle Parteien mit minderjährigen Kindern an.[5]

Auswahl der Mediatoren

Da dem Mediator eine öffentliche Funktion übertragen wird und er quasi als Hüter des Kindeswohls auftritt, liegt seine enge Anbindung an das Familiengericht auf der Hand. Das Gericht bestimmt den Mediatior für den jeweiligen Fall (Stoner o. J., § 8.47).

Vom Gericht bestellt werden kann

1. ein bei Gericht angestellter Mediator,
2. ein Mitglied des Familienschlichtungsgerichtes (*Family Conciliation Court*) oder
3. ein Mitarbeiter der Bewährungsabteilung (*Probation Department*),
4. ein Mediator des Dienstes für geistige Gesundheit (*Mental Health Services*),
5. ein Mediator einer anderen Organisation oder
6. eine Einzelperson (FamC § 3164).

Vertraulichkeit und Empfehlungen an das Gericht

Vom Grundsatz her ist die obligatorische Sorgerechts-Mediation vertraulich und findet im privaten Rahmen unter Ausschluss der Öffentlichkeit statt (FamC § 3177). Die Parteien haben kein Recht, den Mediator als Zeugen bei Gericht zu benennen.

Dieser Grundsatz der Vertraulichkeit der Mediation wird jedoch stark relativiert. Gerichtsstatuten können Mediatoren legitimieren, ja verpflichten, Verfahrensempfehlungen abzugeben. So kann der Mediator gegenüber dem Gericht die Empfehlung aussprechen, einen Verfahrensbeistand für einen Minderjährigen zu bestellen (*counsel be appointed to represent the minor child*) (FamC § 3184) (Stoner o. J., § 8.54).

5 Notwendigkeit und Umfang der Elterninformation sind in den sogenannten Court Rules festgelegt, etwa Los Angeles Ct.R. 14.20; San Diego Ct.R. Div. 5; San Francisco Ct.R. 11.7. C; Ventura Ct.R. 9.30 A. 2.

Des Weiteren kann der Mediator, sofern keine Sorgerechtsvereinbarung getroffen wurde, empfehlen, eine Untersuchung zur elterlichen Sorge durchführen zu lassen (FamC § 3183 [b]). Zum Schutz des Kindeswohls kann der Mediator ebenso die Empfehlung aussprechen, eine Sorgerechtsbeschränkung (*restraining order*) zu erlassen (FamC § 3183 [c]).

In anderen Fällen wiederum sind Sorgerechts-Mediatoren verpflichtet, wenn sie als Familientherapeuten, Psychologen oder Sozialarbeiter lizensiert sind, den Verdacht einer Kindesmisshandlung zu melden (PenC § 11165.7).

Sorgerechtsvereinbarung, Umsetzung, Vollstreckung

Wenn die Parteien sich ganz oder teilweise über die elterliche Sorge und/oder Umgangsmodalitäten geeinigt haben, fasst der Mediator die Vereinbarung schriftlich zusammen. Typischerweise wird die Einigung als „Elternplan/Erziehungsplan" (*parenting plan*) bezeichnet (Stoner o. J., § 8.67).

Die Vereinbarung wird erst dann vom Familiengericht bestätigt oder in den Gerichtsbeschluss einbezogen, wenn die Parteien ihren Inhalt persönlich oder durch ihre Rechtsanwälte gebilligt haben (FamC § 3186 [b]). Eine Vollstreckung des ‚*Parenting Plans*' ist an eine vorherige gerichtliche Bestätigung gebunden. Möglich ist auch eine Änderung der Vereinbarung durch das Familiengericht (FamC § 3179).

37.2.3 Studien zur Sorgerechts- und Scheidungs-Mediation in Kalifornien

Dieser Beitrag konzentriert sich auf zwei umfangreiche Studien: Die erste befasst sich mit Sorgerechts-Mediation an kalifornischen Gerichten, die zweite mit der kompletten Scheidungs-Mediation ebenfalls in Kalifornien.

Langzeitstudie: Sorgerechts-Mediation an kalifornischen Gerichten

Seit 1991 hat das *Center for Families, Children and Courts* (CFCC) eine Reihe von Studien zur Sorgerechts-Mediation an kalifornischen Gerichten durchgeführt und über 18.000 streitige Sorgerechtsfälle untersucht (CFCC 1993, 2000). Die Datenerhebungen erstreckten sich über einen Zeitraum von mehr als zehn Jahren.

Zu den Rahmenbedingungen: In Kalifornien besteht, wie oben beschrieben, seit 1981 die obligatorische Mediation für streitige Sorge- und Besuchsrechtsfälle auf gesetzlicher Grundlage. Die gerichtlich angeordnete Mediation ist für die Parteien kostenfrei. Die Eltern können sich auch an einen privaten (kostenpflichtigen) Mediations-Service wenden. Die Mehrzahl der Parteien zieht jedoch die gerichtliche

Familien-Mediation vor. 1996 beispielsweise wurden 84.550 Fälle mediiert, wobei 26 % eine Änderung des Sorgerechtsbeschlusses anstrebten (CFCC 2000).

Es wurden auch Fälle mediiert, in denen elterliche Gewalt involviert war. Hierbei wurden die Eltern überwiegend (57 %) in getrennten Sitzungen (*caucus*) interviewt (CFCC 2002).

Ergebnisse der Studie:
Die Einigungsrate wurde 1991 mit 55 % angegeben, wobei 48 % der Probanden ihren Elternkonflikt als stark einstuften. In mehr als der Hälfte der Fälle kam ein besonders kritischer Punkt wie Kindesvernachlässigung oder Drogenabhängigkeit hinzu. Häusliche Gewalt spielte bei 29 % eine Rolle (CFCC 1993).

Die Mehrheit der 1991 und 1993 durchgeführten Studien berichtete über eine hohe Zufriedenheit der Klienten mit dem Mediationsprozess. Es wurden 16 Indikatoren gemessen. Mehr als 90 % der Klienten fühlten sich von dem Mediator mit Respekt behandelt. Sie gaben an, dass die Mediatoren ihre Bedenken wahrnahmen und das Kindeswohl in den Mittelpunkt stellten. 70 % der Eltern führten an, dass die Mediatoren ihnen halfen, sich auf eine kooperative Elternschaft zu besinnen (Kelly 2004, S. 7). Die hohe subjektive Zufriedenheit der Eltern mit dem Mediationsprozess dokumentiert sich ebenfalls darin, dass 86 % die Methode der Mediation an Freunde weiterempfehlen würden.

Das Spektrum der erzielten Vereinbarungen war in etwa vergleichbar mit gerichtlichen Sorgerechtsbeschlüssen. Am meisten wurde das Modell der gemeinsamen elterlichen Sorge vereinbart. Auch zeigten die Studien, dass die Mütter bei der elterlichen Sorge nicht schlechter abschnitten als bei Vergleichsgruppen, und dass der Zufriedenheitsfaktor bei ihnen sehr groß war (Kelly 2004, S. 9).

Studien zum Scheidungs- und Mediationsprojekt in Kalifornien

Während die Sorgerechts-Mediation obligatorisch und grundsätzlich gerichtsverbunden (*court connected*) ist, werden die kompletten Scheidungsfolgen (Ehegatten- und Kindesunterhalt, Vermögensausgleich, Hausrataufteilung) in der Regel von Mediatoren in eigener Praxis mediiert. Eine komplette Scheidungs-Mediation bezieht dann auch die Themen elterliche Sorge und Besuchsrecht mit ein und ist im Gegensatz zur gerichtsverbundenen Mediation kostenpflichtig. Diese private Scheidungs-Mediation wurde von Kelly in einer multidimensionalen Langzeitstudie untersucht, die rechtliche, ökonomische und psychologische Dimensionen sowohl während als auch nach dem Scheidungsprozess berücksichtigte. Eine Gesamtübersicht ist im Jahre 2004 erschienen (Kelly 2004, S. 3 ff.). Kelly nutzte ein vergleichendes Untersuchungsdesign. Eine untersuchte Gruppe erfasste mediierte

Paare; die Paare der Kontrollgruppe führten ein streitiges Scheidungsverfahren durch. Insgesamt nahmen an der Studie 437 Personen teil.

Zu den Ergebnissen: 58 % der mediierten Paare erreichten eine komplette oder teilweise Einigung in der Mediation. Die Zufriedenheit der Klienten mit der Mediation wurde anhand von verschiedenen Indikatoren gemessen, wobei die Zufriedenheitsrate mit dem Mediationsprozess und der Mediation zwischen 65 % und 82 % lag.

Verglichen mit dem streitigen Scheidungsprozess konnte Mediation die Bereitschaft zur Kooperation zwischen den Klienten bei Beginn der Scheidung bis zum Ende des Scheidungsverfahrens deutlich verbessern. Dieser positive Effekt für die Wahrung der Elternrolle wurde über einen Zeitraum von zwei Jahren gemessen. Mediierte Eltern suchten mehr Unterstützung von ihrem Partner in Erziehungsfragen, waren eher bereit, sich auf Änderungen bei den Besuchszeiten einzulassen und konnten jederzeit mit ihren Kindern per Telefon in Verbindung treten (ebd., S. 18).

Weiterhin wurde festgestellt, dass Mediations-Eltern sich häufiger auf die gemeinsame elterliche Sorge einließen als die Gruppe der Eltern im streitigen Scheidungsprozess. Die Mediation führte ebenso zu großzügigeren Vereinbarungen im Hinblick auf die Besuchszeiten des Elternteils, bei dem die Kinder nicht überwiegend wohnten (ebd., S. 19). Auch zeigte sich, dass die in der Mediation erzielten Vereinbarungen zwischen den Elternteilen deutlich spezifischer abgefasst waren, etwa in Bezug auf die Beteiligung an der Erziehung der Kinder, Besuchspläne und die elterliche Verantwortung in Gesundheitsfragen.

Bei der Höhe des Kindesunterhaltes waren keine Unterschiede zwischen der mediierten und der streitigen Gruppe feststellbar. Jedoch waren die mediierten Väter eher bereit, ‚Extras' für ihre Kinder zu finanzieren wie Sport-, Musik- oder Schulaktivitäten.

Als Folge der Mediation wurde eine erhebliche Kostenreduzierung für die Parteien erreicht. Die Verfahrenskosten der Gruppe, die an einem streitigen Scheidungsverfahren teilnahmen, waren um 134 % höher als die der Mediations-Gruppe (durchschnittlich 12.226 US $ verglichen mit 5.234 US $).

37.2.4 Argumente zur obligatorischen Sorgerechts-Mediation

Die Erfahrung mit freiwilliger Mediation ohne gerichtliche Anordnung zeigt, dass das Gros der Klienten den streitigen Prozess vorzieht, selbst wenn das Gericht Mediation empfiehlt. Auf der anderen Seite belegen Studien, dass Eltern, die an einer angeordneten Mediation teilnehmen, im Nachhinein über positive Erfahrungen mit der Mediation berichten und die obligatorische Mediation anderen

Scheidungspaaren empfehlen würden. Dieses Paradoxon wird damit erklärt, dass einerseits Parteien keine rechte Vorstellung davon haben, was in der Mediation auf sie zukommt, und sie an die Kultur des konkurrenzbetonten Gerichtssystems gewöhnt sind. Zum anderen zwingt Mediation die Parteien bzw. Eltern in einer Phase, in der Schmerz, Misstrauen und Ablehnung dem anderen Partner gegenüber dominieren, wieder miteinander zu reden und zu kooperieren. Freiwillig würden sich viele darauf nicht einlassen (Shepard 2004, S. 58).

Mangelnde Information, Angst vor der unbekannten Methode und die notwendige Kooperationsbereitschaft sind demnach entscheidende Faktoren, die Parteien von der freiwilligen Mediation abhalten.

Ohne obligatorische Mediation hätte demnach nur die Minderheit der Kinder, deren Eltern von sich aus zur Kooperation bereit sind, die Chance, an der durch Mediation induzierten kooperativen Erziehungshaltung ihrer Eltern zu partizipieren (ebd., S. 59). Insofern erfüllt die obligatorische Sorgerechts-Mediation eine vitale gesellschaftliche Funktion.

37.3 Ausblick

Das Prinzip der Freiwilligkeit der Mediation ist im Bereich Trennung und Scheidung ein Hindernis auf dem Weg zu einem konstruktiven Streitverhalten und zur Entwicklung eines einvernehmlichen Sorgeplans der Eltern. Die Möglichkeit obligatorischer oder angeordneter Mediation sollte auch in Deutschland gesetzlich erleichtert werden. Pilotprojekte, die wissenschaftlich begleitet und evaluiert werden, könnten die Wirkung validieren.

Literatur

Bastine, R. (2005). Familienmediation heute – Leistungsfähigkeit und Barrieren in der Praxis. *ZKM*, 13 ff.

CFCC (Center for Families, Children and Courts) (1993), *Client Evaluations of Mediation Services: Perspectives of Mothers and Fathers.* San Francisco.

CFCC (2000), *Preparing Court-Based Child-Custody Mediation Services for the Future.* San Francisco.

CFCC (2002), *Domestic Violence in Court-Based Child-Custody Mediation Cases in California.* San Francisco.

Emery, R. E., Matthews, S. G. & Wyer, M. M. (1991). Child Custody Mediation and Litigation: Further Evidence on the Differing Views of Mothers and Fathers. *Journal of Consulting and Clinical Psychology*, 410-418.
Folberg, J.; Milne,A. & Salem,P. (2004). *Divorce and Family Mediation*. New York, London: Guilford.
Fritz, R. & Pielsticker, D. (2013). *Mediationsgesetz*, Kommentar, Köln: Luchterhand.
Füchsle-Voigt, T. (2004). Verordnete Kooperation im Familienkonflikt. *FPR*, 600 ff.
Kelly, C. (1990). *Mediated and Adversarial Divorce Resolution Processes: An Analysis of Post-Divorce Outcomes*, Washington D. C.: Wiley.
Kelly, C. (2004). Family Mediation Research: Is there Empirical Support for the Field? *Conflict Resolution Quarterly*, 7.
Köbler, G. (1995). *Deutsches Etymologisches Wörterbuch. www.koeblergerhard.de/derwbhin.html.*
Kracht, S. (2016). Rolle und Aufgabe des Mediators – Prinzipien der Mediation. In F. Haft & K. Gräfin von Schlieffen (Hrsg.), *Handbuch Mediation* (2. Aufl.) (S. 363-392). München: Beck.
Kriegel, K. (2006). Mediationspflicht – eine Chance für mehr Autonomie? *ZKM*, 1 ff.
Marx, A., (2010a). Obligatorische Sorgerechtsmediation? *ZKJ*, 300 ff.
Marx, A. (2010b). Das Prinzip der Freiwilligkeit der Mediation – Empirische Daten und notwendige Kurskorrekturen. *ZKM*, 132 ff.
Marx, A. (2016), *Mediation und Konfliktmanagement in der Sozialen Arbeit*, Stuttgart: Kohlhammer.
Nelle, A. & Hacke, A. (2001). Obligatorische Mediation: Selbstwiderspruch oder Reforminstrument? *ZKM*, 61.
Shepard, A. I. (2004). *Children, Courts and Custody – Interdisciplinary Models for Divorcing Families*. Cambridge: Cambridge University Press.
Stoner, K. E. (o. J.). *Custody Mediation. In: California Child Custody Litigation and Practice.* Loose leave.
Thomann, C. & Prior, C. (2006), Vorgespräche – mit wem und mit wem nicht? *ZKM*, 136 ff.
Trenczek, T. & Delattre, G. (2004). Mediation und Täter-Opfer-Ausgleich. *Spektrum der Mediation*, 14 ff.
Wiesner, R. (Hrsg.) (2006). *SGB VIII, Kinder- und Jugendhilfe, Kommentar*, 3. Aufl., München: Beck.

Konfliktprävention durch Mediation – frühe Beteiligung der Öffentlichkeit

38

Annika Schreiber

38.1 Einleitung

Der Konsenscharakter und die Befriedungsfunktion der Mediation gewinnen vor dem Hintergrund steigender Protestbereitschaft der Öffentlichkeit bei der Planung von umweltrelevanten Großvorhaben in der *juristischen Diskussion* an Bedeutung (vgl. Eisele 2011, S. 113). Selbst die Bundeskanzlerin regte im Jahr 2010, mit Blick auf die starken Proteste gegen das Großprojekt der Fehmarnbelt-Querung zwischen Dänemark und Deutschland (Spiegel 2014) eine Mediation an: „Bei großen Infrastrukturprojekten müssen wir die Menschen mitnehmen", so Angela Merkel. Eine Mediation sei daher denkbar (Veit 2010). Indes wird an Mediation oder andere vergleichbare Konfliktbearbeitungsmethoden immer erst gedacht, wenn die Proteste schon ein erhebliches Ausmaß erreicht haben.[1]

Aber entspricht dies der Funktion der Mediation im öffentlichen Bereich? Soll sie lediglich für die Behebung von hoch eskalierten Konflikten eingesetzt werden (Sünderhauf 1997, S. 74)? Oder ist sie auch geeignet, Konflikten vorzubeugen? Zeigt der Wandel von Zielen der Öffentlichkeitsbeteiligung ein anderes Verständnis der Mediation im öffentlichen Bereich an? Für weitere Überlegungen mit dem Ziel der (gesetzlichen) Förderung der Mediation in der Planungspraxis und Untersuchungen zu den Möglichkeiten der rechtlichen Integration von Mediation in den Verfahrensablauf von Zulassungs- und Genehmigungsverfahren, ist die Auseinandersetzung mit den Zielen einer Anwendung von Mediation bei umweltrelevanten Großvorhaben erforderlich. Denn Zielvorstellungen beeinflussen die abstrakt-generelle Normierung und institutionelle Konzeption von Mediationsverfahren (Gläßer 2015, S. 92).

1 So auch bei „Stuttgart 21"; vgl. bei Fuchs et al. (2011, S. 81).

Hier besteht weiterer Forschungsbedarf, denn erste gesetzgeberische Bemühungen, die Planungspraxis zum verstärkten Einsatz von Mediation zu ermutigen, gehen von einem anderen Verständnis der Mediation im öffentlichen Bereich aus, als der Wandel der Funktionen[2] der Öffentlichkeitsbeteiligung es nahelegt. Dieser Beitrag untersucht deshalb die *Funktion der Mediation im öffentlichen Bereich* vor dem Hintergrund der veränderten Ziele einer (frühen) Öffentlichkeitsbeteiligung.

38.2 Frühe Öffentlichkeitsbeteiligung

Gegner der Bürgerbeteiligung kritisieren sie seit jeher als wesentliches Hemmnis für Planungsvorhaben (s. dazu Stüer 1997; Bullinger 1994; Fisahn 2002, S. 212). Entsprechend wurden seit den 1990er Jahren Beteiligungsvorschriften in Genehmigungsverfahren in der Bundesrepublik abgebaut (sog. Beschleunigungsgesetzgebung, vgl. Zschiesche 2015, S. 118).

Inzwischen sind Infrastrukturvorhaben, die nicht von heftigen Protesten begleitet werden, die Ausnahme geworden. Die Forderung betroffener Bürgerinnen und Bürger nach mehr Beteiligung ist allgegenwärtig: „Keine Stadt würde es seit ‚Stuttgart 21' mehr wagen, auch nur eine Straßenbahnhaltestelle ohne die Beteiligung der Bürger zu verlegen".[3] Nicht nur Umweltverbände, sondern auch Stimmen aus Politik und Wirtschaft fordern „eine frühzeitige, breite und kontinuierliche Beteiligung der Öffentlichkeit"[4] und die „Öffnung des Planungsrechts für Mediation vor allem bei Großvorhaben".[5]

Dieses neue Selbstverständnis von demokratischer Teilhabe ist – zumindest im Ansatz – auch beim Gesetzgeber angekommen.[6] Insbesondere mit den Geset-

2 Für den Zweck dieser Untersuchung werden der in der Rechts- und Verwaltungswissenschaft gebräuchliche Funktionsbegriff und der (weitere) Zielbegriff synonym verwendet, vgl. dazu Zschiesche (2015, S. 57).

3 Sittler, im Interview mit der TAZ v. 20./21. 02.2016, S. 3 (Walter Sittler ist prominenter Stuttgart-21-Gegner).

4 Deutscher Industrie- und Handelskammertag, Stellungnahme v. 03.01.2011 und Pressemitteilung v. 05.01.2011, zitiert nach Wulfhorst (2011), S. 581.

5 Fuchs et al. (2011, S. 81), die den FDP-Politiker Döring aus dem Verkehrsausschuss des Deutschen Bundestages zitieren.

6 Vgl. den Entwurf zum Planvereinheitlichungsgesetz, BT-Drs. 17/9666, S. 13; Schink (2011a, S. 235) mit weiteren Beispielen für den vor allem durch das EU-Recht veranlassten Wandel der Öffentlichkeitsbeteiligung; zu den Zielen der Aarhus-Konvention Zschiesche (2015, S. 88 ff.); zur Wasserrahmenrichtlinie Uhlendahl (2011).

zesnovellierungen im Rahmen des Planvereinheitlichungsgesetzes[7] zeichnet sich eine Abkehr von der bisher eher restriktiven Beteiligung der Öffentlichkeit ab. § 25 Abs. 3 Verwaltungsverfahrensgesetz (VwVfG) hat die frühe Öffentlichkeitsbeteiligung erstmalig gesetzlich verankert. Die Neuregelung verpflichtet die zuständigen Behörden, darauf hinzuwirken, dass der Planungsträger eines Großprojekts[8] die betroffene Öffentlichkeit frühzeitig über die Ziele, Mittel und Auswirkungen des Vorhabens unterrichtet.

Die Einführung der frühen Öffentlichkeitsbeteiligung setzt einen Impuls für ein verändertes Verständnis von Bürgerbeteiligung. Bisherige Formen der Öffentlichkeitsbeteiligung werden nicht mehr als ausreichend angesehen (vgl. BT-Drs. 17/9666, S. 13). Mit der förmlichen Öffentlichkeitsbeteiligung (z. B. Anhörung und Erörterung im Planfeststellungsverfahren) wurden herkömmlich die Ziele der Informationsgewinnung der Behörden (vgl. Fisahn 2002, S. 210) und des vorgelagerten Rechtsschutzes[9] verfolgt. Die Entwicklung letzterer Funktion wurde Mitte der 1970er Jahre als „wichtigster Beitrag des juristischen Schrifttums zur Partizipationsdiskussion" bezeichnet (Battis 1976, S. 62). Inzwischen wird auch der Rechtsschutz nicht mehr als ausreichend angesehen, denn die förmlichen Verfahren zur Öffentlichkeitsbeteiligung setzen in einem (zu) späten Planungsstadium ein (vgl. BT-Drs. 17/9666, S. 13) Es geht oft nur noch darum, ein bestimmtes Vorhaben zu rechtfertigen. Nicht mehr das ‚Ob' der Planung, sondern nur – und gegebenenfalls sehr eingeschränkt – das ‚Wie' kann dann noch behandelt werden (vgl. Burgi 2012, S. 277). Dadurch kann der Eindruck entstehen, dass die Öffentlichkeitsbeteiligung nur dazu dient, die Bürgerinnen und Bürger von einem Vorhaben in Kenntnis zu setzen, auf das sie ohnehin keinen Einfluss nehmen können (vgl. Hoffmann-Riem 1990, S. 26). Das kann zu Enttäuschungen und Frustrationen führen, die in einer steigenden Protestbereitschaft Ausdruck finden, wie sie sich auch bei „Stuttgart 21" zeigten.

Diesem Phänomen wollte der Gesetzgeber mit der Einführung der frühen Öffentlichkeitsbeteiligung entgegenwirken. Er verfolgt damit vor allem das Ziel der Akzeptanzsteigerung für das jeweilige Vorhaben (vgl. BT-Drs. 17/9666, S. 13). Die Steigerung der Akzeptanz ist darauf gerichtet, Entlastungseffekte für die öffentlichen Haushalte und den Zeitaufwand des Verfahrens zu erzeugen (vgl.

7 Gesetz zur Verbesserung der Öffentlichkeitsbeteiligung und Vereinheitlichung von Planfeststellungsverfahren (Planvereinheitlichungsgesetz) v. 31.05.2013, BGBl. I, S. 1388.

8 Ein raumbedeutsames Vorhaben mit Auswirkungen auf eine große Anzahl von Betroffenen, Seibert-Fohr (2013, S. 311)

9 Vgl. BVerfG, Beschluss vom 20.12.1979 – 1 BvR 385/77, NJW 1980, 759 (Mülheim-Kärlich-Entscheidung des Bundesverfassungsgerichts).

BT-Drs. 17/9666, S. 14; BT-Drs. 16/2494, S. 19), indem u. a. die gerichtlichen Anfechtungen von Behördenentscheidungen reduziert werden (vgl. BT-Drs. 17/9666, S. 13). Die Förderung der Transparenz und Akzeptanz von Verwaltungshandeln wird also neben den herkömmlichen Funktionen der Öffentlichkeitsbeteiligung hervorgehoben (vgl. Seibert-Fohr 2013, S. 326). Überlegungen zur Verbesserung der Öffentlichkeitsbeteiligung sollten sich an dieser Zielvorstellung orientieren. Der gesetzliche Rahmen zur Förderung der Mediation und die Ausgestaltung des Mediationsverfahrens müssen darauf ausgerichtet sein, substanziell zur Akzeptanz von planungsrelevanten Großvorhaben beizutragen.

38.3 Grenzen der frühen Öffentlichkeitsbeteiligung

Um akzeptanzfördernd zu wirken, müssen Verfahren diskursiv ausgestaltet sein (vgl. Seibert-Fohr 2013, S. 322). Die Neuregelung des § 25 Abs. 3 VwVfG ist nicht ausreichend, um eine Akzeptanzförderung zu erreichen. Denn die Regelung sieht keine Einbeziehung von Planungsalternativen vor. Diese ist für das Beteiligungsverfahren unter Akzeptanzgesichtspunkten aber ein ganz wesentlicher – wenn nicht der wichtigste – Punkt (vgl. Eckertz-Höfer 2012, S. 9). Heiner Geißler bemerkte im Verfahren zu „Stuttgart 21", es solle zu Beginn der Planung von Großprojekten ein bürgerdemokratisches Verfahren geben, bei dem auch die Diskussion über Alternativen zugelassen wird (vgl. Fuchs et al. 2011, S. 81). Damit ist die „echte" Beteiligung gemeint. Denn Akzeptanz setzt zumindest voraus, dass das Verfahren, das zu der Entscheidung über die Durchführung eines Vorhabens geführt hat, als fair empfunden wird (vgl. Hollander-Blumhoff und Tyler 2008, S. 491). Die Perzeption von Fairness hängt wiederum vor allem vom Ausmaß der Beteiligung der Betroffenen am Zustandekommen des Ergebnisses ab (Lind 1995; Shestowsky 2004; Tyler 1984). Vor diesem Hintergrund ist die frühe Öffentlichkeitsbeteiligung des § 25 Abs. 3 VwVfG ein unzulänglicher, zu zaghafter Schritt. Nicht zu Unrecht ist die Vorschrift daher als „möglichst schadlose *Soft- und Minimal-Lösung*" kritisiert worden (vgl. Bund Deutscher Verwaltungsrichter 2012, S. 4). Denn führt man sich die Ziele vor Augen, die der bundesdeutsche Gesetzgeber mit der Einführung der frühen Öffentlichkeitsbeteiligung verfolgte, bleibt unverständlich, dass § 25 Abs. 3 VwVfG keine öffentliche Information und Erörterung der Planungsalternativen vorsieht.

Es ist eine Aufgabe des demokratischen Rechtsstaats, für die Rechtssicherheit zu sorgen; Planungsverfahren müssen so ausgestaltet sein, dass sie bestandskräftige Entscheidungen generieren, die private und öffentliche Belange so sorgfältig in Ausgleich bringen, dass sie nicht revidiert werden müssen (vgl. Seibert-Fohr 2013,

S. 311). Genießt die Entscheidung die Akzeptanz der Bürgerinnen und Bürger, wird sie nicht angefochten. Die Herstellung von Akzeptanz hat – so verstanden – eine Befriedungsfunktion und birgt Legitimationspotenzial (vgl. Seibert-Fohr 2013, S. 322 m. w. N.)[10] – unabhängig von der Frage, ob Akzeptanz als Rechtsprinzip gelten kann (vgl. dazu Schmidt-Assmann 1991, S. 369 ff.; Würtenberger 1991; Seibert-Fohr 2013, S. 311 m. w. N.). Entsprechend muss die Wahl und Ausgestaltung der Beteiligungsverfahren nach ihrer integrativen Wirkung erfolgen, damit sie in der Folge Akzeptanz generieren können (vgl. Schink 2011b, S. 1378; Zschiesche 2015, S. 62). Gerade wenn sich aufgrund technischer, wirtschaftlicher oder ökologischer Komplexität des Verfahrens starke Interessengegensätze abzeichnen, bietet es sich an, frühzeitig über die strittigen Punkte einen Grundkonsens im Rahmen einer Verhandlungslösung zu erreichen (vgl. Zschiesche 2015, S. 333).

Für die Mediation als ein Instrument der Erhöhung von Transparenz und Akzeptanz durch Partizipation,[11] ist somit der *Zeitpunkt* ihres Einsatzes entscheidend. Dieser Zeitpunkt ist abhängig von den jeweiligen rechtlichen und tatsächlichen Umständen des Einzelfalls zu bestimmen (vgl. Wulfhorst 2011, S. 588). Grundsätzlich kann Mediation die frühe Öffentlichkeitsbeteiligung vor allem dann sinnvoll ergänzen und die akzeptanzsteigernde Wirkung entfalten, wenn sie zu einem Zeitpunkt der Planung einsetzt, in dem es noch um das ‚Ob' der Planung geht. Das Vorhaben muss hinreichend konkret sein, damit eine Beteiligung zielgerichtet erfolgen kann, gleichzeitig müssen Möglichkeiten der Einflussnahme gegeben sein (vgl. Schink 2011b, S. 1385). Das Gesetz sieht indes die Funktion der Mediation vorrangig in der Klärung von bereits eskalierten Konflikten (vgl. Schink 2011b, S. 1385).

10 Vgl. Schink (2011a, S. 232), der ihr sogar eine zusätzliche Legitimationsfunktion zuschreibt.

11 Vgl. Köster (2002. S. 71); Holznagel und Ramsauer (2013, S. 132 ff. und 2009, Rdnr. 11 ff.) zu den Erfolgsaussichten der Mediation; Zschiesche (2015, S. 333 ff.) zum Einsatz von Dialogverfahren, Zukunftswerkstätten und Runden Tischen; Schink (2011a, S. 241) mit Beispielen der mitgestaltenden Partizipation in der Aufstellung von Bewirtschaftungs- und Maßnahmenplänen nach der Wasserrahmenrichtlinie und der Lärmaktionsplanung.

38.4 Mediation nach Auftreten von Konflikten

38.4.1 Mediation zur Konfliktbeilegung

Eine im Rahmen der Öffentlichkeitsbeteiligung durchgeführte Mediation liegt grundsätzlich im Anwendungsbereich des Mediationsgesetzes[12].[13] Der Begriff ‚Mediation im öffentlichen Bereich' ist gegen die Mediation im privaten Bereich (Familien- bzw. Wirtschaftsmediation) abzugrenzen. Zu Anwendungsfeldern im öffentlichen Bereich gehören u. a. Stadt- und Raumplanung, Verkehr- und Naturschutz (Meuer und Troja 2004, S. 44).

Die Definition der Mediation in § 1 MediationsG setzt das Vorliegen eines Konfliktes voraus, den die Parteien „beilegen".[14] Das der Anwendung von Mediation zugrunde liegende Konfliktverständnis und die übergeordnete politische Zielrichtung bestimmen maßgeblich, ob die Mediation mit dem Ziel der pragmatischen Konflikt*behebung*, der zukünftigen Konflikt*vermeidung* oder zur vertieften Konflikt*bearbeitung* eingesetzt wird (Gläßer 2015, S. 93). Dies hat Einfluss auf die konkrete Ausgestaltung und den Zeitpunkt des Mediationsverfahrens (ebd., S. 92). Eine Mediation, die auf Konflikt*prävention* gerichtet ist, muss früher ansetzen, als ein Verfahren zur konkreten Konflikt*behebung* (vgl. Holznagel und Ramsauer 2009, Rn. 20).[15] Soll Mediation bei Großvorhaben mit dem Ziel der Akzeptanzsteigerung eingesetzt werden, um der Entstehung von Konflikten entgegenzuwirken,[16] ist sie vorrangig auf die Konflikt*prävention* gerichtet. Eine solche Mediation ist nicht vom Wortlaut des § 1 MediationsG erfasst.[17] Der Gesetzgeber hat den Anwendungsbe-

---

12 Gesetz zur Förderung der Mediation und anderer Verfahren der außergerichtlichen Konfliktbeilegung (MediationsG) vom 26.07.2012 (Artikel 1 des Gesetzes v. 21.7.2012 BGBl. I S. 1577). Das Gesetz ist in Umsetzung der Richtlinie 2008/52/EG über bestimmte Aspekte der Mediation in Zivil- und Handelssachen (ABl. EU Nr. L 36, S. 3) im Jahre 2012 in Kraft getreten.

13 Der deutsche Gesetzgeber hat sich dafür entschieden, das Mediationsgesetz über den Anwendungsbereich der Richtlinie hinaus für jegliche Mediation gelten zu lassen (die Richtlinie nimmt verwaltungsrechtliche Streitigkeiten aus ihrem Anwendungsbereich heraus (Art. 1 Abs. 2 sowie Erwägungsgrund 10 S. 3 der EG-Mediationsrichtlinie)).

14 § 1 Abs. 1 Mediationsgesetz vom 21.07.2012 (BGBl. I S. 1577).

15 Vgl. Ramsauer (1997, S. 166) zum Unterschied zwischen *vor*laufender, *mit*laufender und *selbst*laufender Mediation.

16 BT-Drs. 17/12525, S. 1; BT-Drs. 17/9666, S. 15, 18.

17 Die Formulierung orientiert sich an Art. 3 lit. a) Med-RiLi, vgl. Erwägungsgrund 11 der Med-RiLi, vgl. Hagel (2012, Rn. 18); vgl. dagegen Horstmeier (2012, S. 6), der präventive Mediationsverfahren vom Anwendungsbereich der Richtlinie umfasst sieht.

reich des MediationsG bewusst[18] nur für kurative Verfahren eröffnet (vgl. Hagel 2012, Rn. 18). Dieser Nachteil[19] offenbart sich besonders im öffentlichen Bereich.

Nach dem MediationsG wählen die Parteien den Mediator aus (§ 2 Abs. 1 MediationsG). Das ist Ausdruck des tragenden Prinzips der Eigenverantwortlichkeit (vgl. Gläßer 2012, Rn. 6). Die Konfliktparteien bestimmen sowohl die Aufnahme und Beendigung als auch den Verfahrensablauf der Mediation (vgl. Goltermann et al. 2012, S. 301). Erst recht liegt also nach dem Prinzip der Eigenverantwortlichkeit die Bestimmung ihres Ziels bei den Beteiligten. Nach dem engen Mediationsbegriff (Walz 2009, Rn. 8 ff.) ist aber gerade die Festlegung des Ziels der Mediation nur begrenzt möglich. Im privaten Bereich wiegt dieser Umstand nicht so schwer, wenngleich er auch hier die Effizienz und Effektivität schmälert (vgl. Diop und Steinbrecher 2012, S. 3027). Denn Verfahrensmodalitäten lassen sich auch außerhalb des Mediationsgesetzes vertraglich regeln – das gewährleistet die Privatautonomie (vgl. Hagel 2012, Rn. 18–19).

Im öffentlichen Bereich ist das Problem anders gelagert. Auch hier ist die Eigenverantwortlichkeit der Teilnahme ein tragendes Prinzip von Mediationsverfahren.[20] Allerdings werden Mediationsverfahren im öffentlichen Bereich in der Regel nicht von Bürgerinnen und Bürgern in Auftrag gegeben, sondern von der (Landes-) Regierung, der zuständigen Behörde oder den Planungsträgern.[21] Diese sehen oft erst Handlungsbedarf, wenn sich die Interessensgegensätze schon in starken Protesten, zahlreichen Einwendungen oder Klagen äußern.[22] Hier ist deshalb eine differenzierte Regelung für den Einsatz der Mediation erforderlich, deren Beurteilung sich nach den mit der Mediation im öffentlichen Bereich verfolgten Zielen zu orientieren hat.

18 Entgegen der Forderung des Round Table – Mediation & Konfliktmanagement der Deutschen Wirtschaft (2009, S. 147).

19 Vgl. zur Kritik Hagel (2012, § 1 Rdnr. 18); Round Table – Mediation & Konfliktmanagement der Deutschen Wirtschaft (2009, S. 147); Goltermann et al. (2012, S. 302); Diop (2010, S. 240); Diop und Steinbrecher (2011, S. 131).

20 Vgl. Gerd Fuchs vom Förderverein Mediation im öffentlichen Bereich, zitiert nach Besemer (2016, S. 36).

21 Vgl. Holznagel und Ramsauer (2013, S. 137) zu dem Vorschlag eines Antragsverfahrens zur Prüfung der Erfolgsaussichten der Mediation auf Initiative von Umweltverbänden und Drittbetroffenen.

22 So auch in den Mediationsverfahren: *Flughafen Frankfurt-Main*, *Tiefe-Geothermie Vorderpfalz* und *Windpark Wehneberg*. Die politische Profilierung spielt dabei oft eine nicht unwesentliche Rolle (vgl. Schink 2011a, S. 242).

38.4.2 Mediation zur Verringerung von Konfliktpotenzial

Eine Regelung zur Anwendung der Mediation im öffentlichen Bereich findet sich in der bundesweit einmaligen Verwaltungsvorschrift zu Öffentlichkeitsbeteiligung.[23] Nach Ziffer 8.3 der VwV-Öffentlichkeitsbeteiligung kann Mediation eine Öffentlichkeitsbeteiligung nach Antragstellung *vertiefen*, wenn sich ein *großes Konfliktpotenzial* abzeichnet. Nach der Vorschrift ist ein großes Konfliktpotenzial gegeben, wenn 3.000 Einwendungen vorgebracht wurden und sich mehr als zehn Kommunalvertretungsorgane ablehnend zum Vorhaben geäußert haben.

Der baden-württembergische Verordnungsgeber sieht, anders als der Bundesgesetzgeber, die Funktion der Mediation schon in der Verringerung von Konflikt*potenzial*. Allerdings soll sie nicht in der frühen Planungsphase, sondern erst *nach* Antragstellung Anwendung finden.[24] Beurteilt man deshalb diese Vorschrift vor dem Hintergrund der Ziele der (frühen) Öffentlichkeitsbeteiligung, die vor allem auf eine Konflikt*prävention* gerichtet sind, muss festgestellt werden, dass auch mit einem solchen Verständnis von Mediation viel Potenzial verschenkt wird. Die Ziele der Akzeptanzförderung und Entlastung der förmlichen Verfahren kann durch Mediation am besten gefördert werden, wenn sie zu einem frühen Zeitpunkt der Planung eingesetzt wird. Mediation ist gerade *vor* der Antragstellung sinnvoll. Die Fronten können zu einem späten Zeitpunkt der Planung schon stark verhärtet sein (vgl. Schink 2011a, S. 227): Wenn sich 3.000 Bürger und zehn Kommunalvertretungsorgane durch ein Vorhaben beeinträchtigt sehen, haben sich die Interessensgegensätze schon manifestiert. Das erschwert eine einvernehmliche Lösung.[25] Andere Disziplinen gehen hier im Übrigen schon von einem ‚Konflikt'

---

23 Vgl. Verwaltungsvorschrift der Landesregierung zur Intensivierung der Öffentlichkeitsbeteiligung in Planungs- und Zulassungsverfahren vom 17. Dezember 2013 (GAbl. Nr. 2, 2014, S. 22), in Kraft getreten am 27. Februar 2014, VerwR 4.11, (VwV-Öffentlichkeitsbeteiligung).

24 Die VwV-Öffentlichkeitsbeteiligung unterscheidet zwischen der „frühen Öffentlichkeitsbeteiligung" *vor* Antragstellung und der „nicht-förmlichen Öffentlichkeitsbeteiligung" *nach* Antragstellung (Ziffer 1.3.3 und Ziffer 1.3.4 der VwV-Öffentlichkeitsbeteiligung).

25 Vgl. Glasl (2012, S. 72): Das berühmte Modell der Konflikteskalation in neun-Stufen verdeutlicht, dass sog. Win-Win-Lösungen wahrscheinlicher sind, wenn sich der Konflikt noch auf einer niedrigen Eskalationsstufe befindet.

aus.[26] Mediation sollte deshalb im Idealfall vor Beginn des drohenden Konflikts ansetzen (vgl. Fuchs et al. 2011, S. 81). In der Bauleitplanung ist diese Notwendigkeit erkannt worden.[27]

38.5 Mediation vor Auftreten von Konflikten

Soll die Mediation den gewünschten Befriedungseffekt haben, müssen die Beteiligten erwarten dürfen, dass das Mediationsergebnis in der Verwaltungsentscheidung umgesetzt wird (vgl. Zilleßen 2009, Rn. 48). Das Umsetzungserfordernis steht indes in einem Spannungsverhältnis zu den rechtlichen Bedingungen des Verwaltungshandelns. Je früher die Mediation einsetzt, desto günstiger sind die Bedingungen, dieses Spannungsverhältnis aufzulösen.

Das Verwaltungshandeln vollzieht sich in verfassungsrechtlich gezogenen Grenzen. Anders als im Privatrecht können Mediationsergebnisse nicht unmittelbar verbindliche Wirkung entfalten (vgl. Holznagel und Ramsauer 2009, Rn. 2). Die Grundlage der Mediation ist die Privatautonomie. Sie findet ihre grundsätzliche Verankerung in Art. 2 Abs. 1 GG (Breidenbach und Gläßer 1999, S. 209). Dagegen gilt im öffentlichen Bereich der Grundsatz der Gesetzmäßigkeit der Verwaltung (Art. 20 Abs. 3 GG). Während im privaten Raum Mediation als „prozedurale Seite der Privatautonomie im Konflikt" begriffen werden kann (Wendenburg 2013, S. 29), ist die Verwaltung nicht frei, sich vertraglich zur Umsetzung des Mediationsergebnisses zu binden.[28] Aus rechtsstaatlichen Gründen ist die Verwaltung verpflichtet, eine rechtmäßige eigenverantwortliche Entscheidung zu treffen.[29]

26 In der Konfliktsoziologie wird eine Konfliktsituation angenommen, wenn die unterschiedlichen Interessen der Betroffenen in einer gegenseitigen Abhängigkeit stehen, weil sie sich wechselseitig bedingen, so dass nicht jedes Interesse voll verwirklicht werden kann und diese Spannungssituation von mindestens einer Partei als beeinträchtigend erlebt wird, vgl. Glasl (2012, S. 68); Hanschitz (2005, S. 69); Montada und Kals (2007, S. 71).

27 Vgl. § 3 Abs. 1 BauGB, nach dem die Öffentlichkeit auch über „sich wesentlich unterscheidende Lösungen", d. h. über mögliche Alternativen, unterrichtet wird (dies u. U. im Rahmen einer Mediation, vgl. § 4b BauGB); Fuchs et al. (2011, S. 84); Bund Deutscher Verwaltungsrichter (2012, S. 5).

28 Vgl. BVerwG, Urt. v. 05.07.1974 – IV C 50/72 – BverwGE 45, 309-331 (Flachglas-Urteil zur Zulässigkeit einer faktischen Vorabbindung der Verwaltung); Brandt (1990, S. 251).

29 Prinzip der staatlichen Letztverantwortung, vgl. dazu Hoffmann-Riem (1989, S. 57); Siegel (2012, S. 1007); Holznagel und Ramsauer (2013, S. 156); Brandt (1990, S. 251).

Indes ergeben sich je nach Verfahrensart Möglichkeiten, das Mediationsergebnis in die Verwaltungsentscheidung einfließen zu lassen, sofern es rechtmäßig ist.[30] Im Städtebaurecht kann das Mediationsergebnis, z. B. im Rahmen des Beschlusses über den Flächennutzungs- oder Bebauungsplan, berücksichtigt werden (vgl. Fuchs et al. 2011, S. 84). Im Planfeststellungsverfahren kann das Mediationsergebnis im Rahmen der Abwägung Bedeutung erlangen, wenn der Vorhabenträger es zum Gegenstand seines Antrags macht.[31] Ähnliches gilt für andere Genehmigungsverfahren, z. B. nach dem Bundes-Immissionsschutzgesetz. Im Idealfall hat der Vorhabenträger in diesen Fällen mit der Öffentlichkeit im Wege einer Mediation einen Konsens gefunden. Entspricht die Behörde dem Antrag, ist dadurch schon die Reduktion späterer Einwendungen und Klagen gewährleistet.

Ein Beispiel dafür liefert das Mediationsverfahren zwischen dem Übertragungsnetzbetreiber Amprion und der Bürgerinitiative „Menschen unter Strom e.V.". Am 28.1.2015 unterzeichneten die Beteiligten eine Mediationsvereinbarung über den Neubau der 380-kV-Umspannanlage in Hagen-Garenfeld. Nach acht Monaten war es gelungen, einen Konsens über alle Maßnahmen und den Bau zu finden.[32] Das Mediationsergebnis wurde in der Genehmigungsentscheidung umgesetzt. Auch im Mediationsverfahren zur Sanierung des Berliner Landwehrkanals[33] verpflichtete sich das Wasserstraßen Neubauamt Berlin als Vorhabenträgerin in der Schlussvereinbarung, das Ergebnis der Mediation als Grundlage seines Antrags im Planfeststellungsverfahren einzubringen.[34]

---

30 Vgl. Härtel (2005, S. 758) und Siegel (2002, S. 84) zu den „rechtlichen Vorwirkungen", die das förmliche Verfahren auf das Mediationsverfahren entfaltet.

31 Vgl. Bundesverwaltungsgericht, Urteil v. 03.03.2011 – 9 A8/10 – BVerwGE 139, 150-184, Rdnr. 25: Das Gericht stellt fest, dass „grundsätzlich keine Bedenken (Erg. d. Verf.: bestehen), dem Planfeststellungsverfahren, auf dem die Entscheidung beruht, ein informelles Verfahren mit dem Ziel vorzuschalten, eine Empfehlung für eine Planung zu erarbeiten, die auf breite Akzeptanz in der Öffentlichkeit stoßen kann." (Siegel 2002, S. 86; Schink 2011b, S. 1383; Besemer 2014, S. 35).

32 Vgl. http://www.derwesten.de/wp/staedte/hagen/amprion-und-enervie-mit-mediation-zufrieden-id10124208.html. Zugegriffen: 01.06.2016.

33 Siehe dazu: https://www.mediationaktuell.de/news/mediationsverfahren-zukunft-landwehrkanal-in-berlin-teil-3. Zugegriffen: 01.06.2016. Das Verfahren ist als Pilot- und Vorzeigeverfahren bezeichnet worden (Fuchs et al. 2011, S. 84).

34 BT- Drs 18/1771, S. 4 Nr. 17; Mediationsvereinbarung „Zukunft Landwehrkanal", Ziffer 5.2., abrufbar unter https://www.mediationaktuell.de/sites/ma.site/files/dateien/mediationsvereinbarung_landwehrkanal.pdf. Zugegriffen: 01.06.16; WSA Pressemitteilung vom 17.09.2007, abrufbar unter http://www.wsv.de/ftp/presse/2007/00291_2007.pdf. Zugegriffen: 01.06.2016.

Wenngleich das Verfassungsrecht Grenzen setzt, gibt es rechtliche Möglichkeiten für eine Implementation des Mediationsergebnisses in die Verwaltungsentscheidung. Die Umsetzung bleibt aus den oben erwähnten verfassungsrechtlichen Gründen vom Handeln der Verwaltung abhängig. Soll das verfahrensinterne Legitimationspotenzial der Mediation für den politischen Prozess nicht verschenkt werden, muss die Umsetzung der Mediationsergebnisse im Rahmen der Gesetze gewährleistet sein (Troja 2003, S. 135). Überlegungen zu den Möglichkeiten einer rechtlichen Verankerung der Mediation in das Planungsverfahren müssen deshalb auf die bestmöglichen Bedingungen für die Umsetzung der Mediationsergebnisse gerichtet sein. Erste Voraussetzung für eine Berücksichtigung der Verhandlungsergebnisse ist, dass das Mediationsverfahren *rechtzeitig* durchgeführt wird. Es ist zwar möglich, einen Antrag auch nachträglich zu modifizieren (vgl. Siegel 2002, S. 86), dies birgt aber größeres Konfliktpotenzial und das Risiko, dass es aufgrund der verhärteten Positionen zu keiner Verhandlungslösung kommt. Dies widerspricht dem Ziel der Akzeptanzförderung. Zu groß ist die Gefahr, dass die Öffentlichkeit sich vorgeführt fühlt und die Bürgerbeteiligung als Farce begreift.

38.6 Ausblick

In „atemberaubender Geschwindigkeit“ (Wulfhorst 2011, S. 581) hat sich das Verständnis von Bürgerbeteiligung verändert. Bürgerinnen und Bürgern fordern zunehmend eine frühe und umfassende Beteiligung. Vor diesem Hintergrund muss auch die Mediation im öffentlichen Bereich gesehen und erforscht werden. Mediation ist geeignet, Konflikten vorzubeugen, die Akzeptanz von Verwaltungsentscheidungen zu fördern, das Verwaltungsverfahren zu entlasten und die Anfechtung von Verwaltungsentscheidungen zu reduzieren (vgl. ebs., S. 586). Mediation sollte daher frühzeitig, möglichst vor Antragstellung, eingesetzt werden. Mit diesem Verständnis von Mediation im öffentlichen Bereich kann den Forderungen einer selbstbewussten Öffentlichkeit begegnet werden. Der Zeitpunkt sollte deshalb Ausgangspunkt für weitergehende Überlegungen zur gesetzlichen Förderung der Mediation in der Planungspraxis sein, um das Potenzial der Mediation als „Rezept gegen eine offenbar gewordene Verdrossenheit der Bürger mit politischen und planerischen Entscheidungsprozessen“ (Fuchs et al. 2011, S. 86) auszuschöpfen.

Literatur

Battis, U. (1976). *Partizipation im Städtebaurecht*. Berlin: Duncker und Humblot.

Besemer, C. (2014). Erfolgsbedingungen politischer Mediation. In C. Besemer (Hrsg.), *Politische Mediation. Prinzipien und Bedingungen gelingender Vermittlung in öffentlichen Konflikten* (Arbeitshilfen für Selbsthilfe- und Bürgerinitiativen, Nr. 47, S. 11). Bonn: Stiftung Mitarbeit.

Besemer, C. (2016). Dialog auf Augenhöhe angesichts von Machtungleichheit? Bürgerbeteiligung und politische Mediation unter der Lupe. *Spektrum der Mediation 61*, 34-38.

Brandt, E. (1990). Umsetzung von Ergebnissen informeller Aushandlungen in formelle Entscheidungen. In W. Hoffmann-Riem & E. Schmidt-Assmann (Hrsg.), *Konfliktbewältigung durch Verhandlungen* (Konfliktmittlung in Verwaltungsverfahren, Bd. 2, S. 239). Baden-Baden: Nomos.

Breidenbach, S. & Gläßer, U. (1999). Selbstbestimmung und Selbstverantwortung im Spektrum der Mediationsziele. *KON:SENS 4*, 207-212.

Bullinger, M. (1994). Investitionsförderung durch nachfragegerechte und kooperative Beschleunigung von Genehmigungsverfahren. *JuristenZeitung 49* (23), 1129-1180.

Bund Deutscher Verwaltungsrichter (2012). Planvereinheitlichungsgesetz. Stellungnahme v. Februar 2012 zum Gesetzesentwurf. *BDVR-Rundschreiben 1*, 3-7.

Burgi, M. (2012). Das Bedarfserörterungsverfahren: Eine Reformoption für die Bürgerbeteiligung bei Großprojekten. *Neue Zeitschrift für Verwaltungsrecht*, 277-280.

Diop, D. (2010). Was lange währt, wird endlich gut? Zum Referentenentwurf „Gesetz zur Förderung der Mediation und anderer Verfahren der außergerichtlichen Konfliktbeilegung" des BMJ. *Recht und Politik 46*, 236-241.

Diop, D. & Steinbrecher, A. (2011). Ein Mediationsgesetz für Deutschland: Impuls für die Wirtschaftsmediation? *Betriebs-Berater 3*, 131-139.

Diop, D. & Steinbrecher, A. (2012). Cui bono? Das Mediationsgesetz aus Unternehmenssicht. *Betriebs-Berater 49*, 3023-3029.

Eckertz-Höfer, M. (2012). *Jahrespressegespräch 2012. Rede der Präsidentin des Bundesverwaltungsgerichts Marion Eckertz-Höfer anlässlich des Jahrespressegesprächs am 16. Februar 2011*, Bundesverwaltungsgericht. http://www.bverwg.de/medien/pdf/pressemappe_2012.pdf. Zugegriffen 16.06.2016.

Eisele, J. (2011). Öffentliche Streitbeilegungsverfahren, zwischen Mediation, Schlichtung, Moderation und Schaulaufen der Akteure. *Zeitschrift für Rechtspolitik 4*, 113-116.

Fisahn, A. (2002). *Demokratie und Öffentlichkeitsbeteiligung* (Jus publicum, Bd. 84). Tübingen: Mohr Siebeck.

Fuchs, G., Hehn, M. & Wagner, J. (2011). Mediation im öffentlichen Bereich – Möglichkeiten und Grenzen. Ein Beitrag aus Anlass von Stuttgart 21. *Umwelt- und Planungsrecht 3*, 81-86.

Glasl, F. (2012). Eskalationsdynamik sozialer Konflikte. In T. Trenczek, D. Berning & C. Lenz (Hrsg.), *Mediation und Konfliktmanagement* (NomosPraxis, S. 67-78). Baden-Baden: Nomos.

Gläßer, U. (2012). § 2. In *Mediationsgesetz. Handkommentar* (1. Aufl., NomosKommentar, S. 106-192). Baden-Baden: Nomos.

Gläßer, U. (2015). Verbraucher-ADR und Mediation. In C. Althammer (Hrsg.), *Verbraucherstreitbeilegung. Aktuelle Perspektiven für die Umsetzung der ADR-Richtlinie* (Schriften

zur Mediation und außergerichtlichen Konfliktlösung, Bd. 4, S. 85-100). Frankfurt a. M.: Metzner.
Goltermann, N., Hagel, U., Klowait, J. & Levien, D.-A. (2012). „Das neue Mediationsgesetz" aus Unternehmenssicht. *SchiedsVZ 6*, 299-305.
Hagel, U. (2012) § 1. In *Mediationsgesetz. Handkommentar* (1. Aufl., NomosKommentar, S. 85-105).Baden-Baden: Nomos.
Hanschitz, R. (2005). Konflikte und Konfliktbegriffe. In G. Falk, P. Heitel & E. Krainz (Hrsg.), *Handbuch Mediation und Konfliktmanagement* (S. 63-82). Wiesbaden: VS Verl. für Sozialwiss.
Härtel, I. (2005). Mediation im Verwaltungsrecht. *JuristenZeitung 60* (15/16), 753-763.
Hoffmann-Riem, W. (1989). *Konfliktmittler in Verwaltungsverhandlungen* (Forum Rechtswissenschaft, Bd. 22). Heidelberg: Müller.
Hoffmann-Riem, W. (1990). Verhandlungslösungen und Mittlereinsatz im Bereich der Verwaltung: Eine vergleichende Einführung. In W. Hoffmann-Riem & E. Schmidt-Assmann (Hrsg.), *Konfliktbewältigung durch Verhandlungen* (Informelle und mittlerunterstützte Verhandlungen in Verwaltungsverfahren, Bd. 1, 1. Aufl., S. 13-41). Baden-Baden: Nomos.
Hollander-Blumhoff, R. & Tyler, T. R. (2008). Procedural Justice in Negotiation. Procedural Fairness, Outcome Acceptance, and Integrative Potential. *Law & Social Inquiry 8*, 473-500.
Holznagel, B. & Ramsauer, U. (2009). § 28 Mediation im Verwaltungsrecht. In F. Haft & K. Gräfin von Schlieffen (Hrsg.), *Handbuch Mediation* (2. Aufl., S. 683). München: Beck.
Holznagel, B. & Ramsauer, U. (2013). Förderung der Mediation im Planungsverfahren – Vorschläge zur Überwindung praktischer Probleme. *Verwaltungsarchiv 104. Band* (2), 131-160.
Horstmeier, G. (2012). Umsetzung der Mediationsrichtlinie durch ein neues Mediationsgesetz – der große Wurf für die Mediation? *Juristische Rundschau 1*, 1-9.
Köster, B. (2002). *Die Privatisierung des Bauleitplanverfahrens und der Einsatz von Mediation in den Beteiligungsverfahren* (Verfassungs- und Verwaltungsrecht unter dem Grundgesetz, Band 28). Frankfurt a. M.: P. Lang.
Lind, A. E. (1995). Verfahrensgerechtigkeit und Akzeptanz rechtlicher Autorität. In G. Bierbrauer, W. Gottwald & B. Birnbreier-Stahlberger (Hrsg.), *Verfahrensgerechtigkeit. Rechtspsychologische Forschungsbeiträge für die Justizpraxis* (S. 3-20). Köln: O. Schmidt.
Meuer, D. & Troja, M. (2004). *Mediation im öffentlichen Bereich – Status und Erfahrungen in Deutschland 1996–2002.* Abschlussbericht eines Forschungsprojektes im Rahmen des Abschlussberichts eines Forschungsprojektes im Rahmen des DFG-Schwerpunktprogramms „Mensch und globale Umweltveränderungen". Oldenburg: MEDIATOR – Zentrum für Konfliktmanagement und -forschung an der Carl-von-Ossietzky-Universität Oldenburg.
Montada, L. & Kals, E. (2007). *Mediation. Ein Lehrbuch auf psychologischer Grundlage* (2., vollst. überarb. Aufl.). Weinheim: Beltz, PVU.
Ramsauer, U. (1997). Mediation im Umweltrecht. Ursachen und Erscheinungsformen. In S. Breidenbach (Hrsg.), *Mediation für Juristen. Konfliktbehandlung ohne gerichtliche Entscheidung* (S. 161-169). Köln: Schmidt.
Round Table – Mediation & Konfliktmanagement der Deutschen Wirtschaft. (2009). Positionspapier der deutschen Wirtschaft zur Umsetzung der EU-Mediationsrichtlinie. *Zeitschrift für Konfliktmanagement 5*, 147-152.
Schink, A. (2011a). Bürgerakzeptanz durch Öffentlichkeitsbeteiligung in der Planfeststellung. Defizite und Verbesserungsvorschläge. *Zeitschrift für Gesetzgebung*, 226-248.

Schink, A. (2011b). Öffentlichkeitsbeteiligung – Beschleunigung – Akzeptanz. Vorschläge zur Verbesserung der Akzeptanz von Großprojekten durch Öffentlichkeitsbeteiligung. *Deutsches Verwaltungsblatt 22*, 1377-1385.

Schmidt-Assmann, E. (1991). Verwaltungslegitimation als Rechtsbegriff. *Archiv des öffentlichen Rechts*, 329.

Seibert-Fohr, A. (2013). Öffentlichkeitsbeteiligung im Planungsverfahren. Chancen und Grenzen am Beispiel des Planvereinheitlichungsgesetzes. *Verwaltungsarchiv 104*, 311-326.

Shestowsky, D. (2004). Procedural Preferences in Alternative Dispute Resolution: A Closer, Modern Look at an Old Idea. *Psychology, Public Policy, and Law 10* (3), 211-249.

Siegel, T. (2002). Mediation in der luftverkehrsrechtlichen Planfeststellung. *Natur und Recht 2*, 79-87.

Siegel, T. (2012). Mediation in der Planfeststellung: Klare Trennung oder funktionale Verschränkung? *Deutsches Verwaltungsblatt*, 1003-1008.

Spiegel (2014). http://www.spiegel.de/wirtschaft/fehmarnbelt-gegner-wollen-gegen-tunnelbau-klagen-a-984538.html. Zugegriffen: 01.06.2016.

Stüer, B. (1997). Die Beschleunigungsnovellen 1996. *Deutsches Verwaltungsblatt*, 326-341.

Sünderhauf, H. (1997). *Mediation bei der außergerichtlichen Lösung von Umweltkonflikten in Deutschland* (Schriften des Vereins für Umweltrecht). Berlin: Rhombos.

Troja, M. (2003). Mediation als institutioneller Wandel in der Demokratie. In G. Mehta & K. Rückert (Hrsg.), *Mediation und Demokratie. Neue Wege des Konfliktmanagements in größeren Organisationen* (1. Aufl., S. 120-148). Heidelberg: Carl-Auer-Systeme.

Tyler, T. R. (1984). The Role of Perceived Injustice in Defendants' Evaluations of Their Courtroom Experience. *Law & Society Review 18* (1), 51-74.

Uhlendahl, T. C. (2011). Öffentlichkeitsbeteiligung in der Umweltplanung? *Standort 35* (1), 22-28.

Veit, S. M. (2014). *Kanzlerin will keinen Aufstand.* Die TAZ v. 22.10.2010, abrufbar unter http://www.taz.de/1/archiv/print-archiv/printressorts/digi-artikel/?ressort=na&dig=2010%2F10%2F22%2Fa0005&cHash=81e76ee3cd. Zugegriffen: 01.06.2016.

Walz, R. (2009). § 37 Der Notar als Mediator. In F. Haft & K. Gräfin von Schlieffen (Hrsg.), *Handbuch Mediation* (2. Aufl., S. 909-942). München: Beck.

Wendenburg, F. (2013). *Der Schutz der schwächeren Partei in der Mediation* (Veröffentlichungen zum Verfahrensrecht, Bd. 95, 1., neue Ausg). Tübingen: Mohr Siebeck.

Wulfhorst, R. (2011). Konsequenzen aus „Stuttgart 21": Vorschläge zur Verbesserung der Bürgerbeteiligung. *Die Öffentliche Verwaltung 64*, 581-590.

Würtenberger, T. (1991). Akzeptanz durch Verwaltungsverfahren. *Neue Zeitschrift für Verwaltungsrecht*, 257-263.

Zilleßen, H. (2009). § 30 Umweltmediation. In F. Haft & K. Gräfin von Schlieffen (Hrsg.), *Handbuch Mediation* (2. Aufl., S. 1169-1197). München: Beck.

Zschiesche, M. (2015). Öffentlichkeitsbeteiligung in umweltrelevanten Zulassungsverfahren. Status quo und Perspektiven (Braunschweigische Rechtswissenschaftliche Studien). Berlin: BWV, Berliner Wiss.-Verl.

Teil III.12

Transfer von Ausbildungswissen in den Alltag überprüfen

Einsatz mediatorischer Kompetenz auch im außerschulischen (Konflikt-)Alltag? 39

Ergebnisse einer Interviewstudie zu „Effekten und Wirkungen" von Ausbildung und praktischen Erfahrungen in Schülermediation

Daniel Fittje

Mediation von Schüler*innen für Schüler*innen (Schülermediation[1]) wird seit den 1990er Jahren auch in der Bundesrepublik Deutschland als Möglichkeit interpretiert, Kinder, Jugendliche und ebenso junge Erwachsene mediationsverständig zu prägen. Wenngleich in den verschiedenen Schulstufen bzw. Schulformen in den Realisierungen unterschiedlich ausgeprägt, gehört der Ansatz offensichtlich mittlerweile fast selbstverständlich zum (Präventions-)Repertoire von deutschen Schulen (vgl. Marx 2016, S. 171; Ennuschat 2016). Seit Beginn der Etablierung von (Schul- bzw. vor allem) Schülermediation wurde dazu auch geforscht. Es liegen daher u. a. Arbeiten vor, in denen ältere und damit nicht mehr ausschließlich aktuelle Darstellungen zur Verbreitung von Schülermediation in einzelnen Bundesländern erfolgen (z. B. Diehl 2001; Landesrat für Kriminalitätsvorbeugung Mecklenburg-Vorpommern 2003). Teil bisheriger Forschung sind des Weiteren Studien, die wenige oder auch nur einzelne Schulen in den Fokus nehmen (z. B. Caesar 2004; Nentwig-Gesemann und Bohnsack 2005). Während sich Untersuchungen in der Auswahl von an entsprechender Forschung beteiligten Schulen bis 2006 (und dann später wieder) lokal bzw. regional begrenzten, wurde im genannten Jahr die bislang einzige Studie veröffentlicht, in der zur Schülermediation auf der Grundlage von Angaben aus fast der gesamten BRD ausgeführt wird (Behn et al. 2006). In den bisher erfolgten Betrachtungen wird fast durchgängig u. a. auch die Frage nach der ‚Wirksamkeit'

1 Für den Ansatz der Mediation von Schüler*innen für Schüler*innen werden in Literatur und Praxis weitere Bezeichnungen verwendet: u. a. die Begriffe ‚Konfliktlotsen', ‚Streitschlichter*innen', ‚Konfliktscouts', ‚Peermediator*innen' und ebenso ‚Friedensstifter*innen'. Vor dem Hintergrund von zu dieser schillernden Vielfalt erfolgten Hinweisen (vgl. Grüner et al. 2015, S. 8; Ludwig-Huber 2016, S. 211) wird im Beitrag der Begriff Schul- bzw. Schülermediation verwendet. Es wird aber auch auf alle anderen und anders gekennzeichneten Realisierungen, aber ebenso auf Mediation von Schüler*innen für Schüler*innen fokussierende Realisierungen Bezug genommen.

von Schülermediation thematisiert. Das sich dazu ergebende Bild ist allerdings nicht eindeutig, denn zu unterschiedlich sind die Anlagen der Arbeiten, die Interpretationen und Ergebnispräsentationen. Die Erkundungen dazu scheinen daher noch nicht abgeschlossen. Der folgende Beitrag schließt an genau jener Unvollständigkeit an und berichtet zu Rückmeldungen von in Schülermediation ausgebildeten Jugendlichen zum zugesagten ‚Effekt', dass mediatorische Fähigkeiten auch in außerschulischen Lebenswirklichkeiten Berücksichtigung finden.

39.1 Behauptet: Wissen und Erfahrungen in Mediation sind auch außerhalb von Mediationen (und auch außerhalb von Schul- und Unterrichtszeiten) nutzbar[2]

Die vertiefte Auseinandersetzung mit Mediation soll u. a. dazu befähigen, mit Konflikten im schulischen Alltag, bei denen Schülermediator*innen nicht Me-

2 Wenngleich weniger dezidiert beschrieben und eingefordert als für Schülermediator*innen, wird eine ähnliche Zusage bzw. ein ähnlicher Anspruch ‚an Transfer' auch für in Mediation ausgebildete Erwachsene formuliert. U. a. wird z. B. in Angeboten für Mediationsausbildungen ein persönlicher Gewinn auch im Umgang mit eigenen Konflikten offeriert (vgl. z. B. Nordsee Akademie Leck 2015; s. a. Klappenbach 2012). Zudem wird durch Begriffe, wie z. B. ‚Mediative Kompetenz' (vgl. z. B. Stuttgarter Institut für Konfliktbewältigung e.V. 2016), ‚mediative Kommunikation' (vgl. z. B. Klappenbach 2005a, 2005b, 2011) und auch ‚mediative Führungstechnik' (vgl. u. a. Todt 2010; Lassnig 2013), das Spektrum der Möglichkeiten von Mediation in ihrer genuinen Form erweitert und so ein ‚persönlicher Gewinn' (auch außerhalb von Mediationen) suggeriert. In den Standards des Bundesverband Mediation e. V. wird zudem bzgl. des Verhaltens von, vom Bundesverband anerkannten, Mediator*innen u. a. formuliert, dass diese sich bereit erklären, „im eigenen Konflikt diesen mit einer Mediation (…) [zu] bearbeiten" (Bundesverband Mediation e. V. 2015, S. 4). Inwiefern dies auch der Realität entspricht, ist nicht bekannt. Es fehlen zur Wirklichkeit des ‚Selbstnutzen' von Mediation in Konflikten, an denen ausgebildete erwachsene Mediator*innen beteiligt sind, ausreichende Forschungsvorhaben und damit aussagekräftige Ergebnisse dazu. Diese Lücke können auch jene (wenigen) bisher vorhandenen Arbeiten nicht füllen, die z. B. auf Fragen zur ‚Nachhaltigkeit von Mediationsausbildungen' fokussieren (Klappenbach 2012; Meinhold et al. 2014). Verfügbar sind auch Veröffentlichungen, in denen der Anspruch relativiert bzw. unter der Beachtung von ‚Pro und Contra' eingeordnet wird (vgl. z. B. Malinowski 2013; Grundig Akademie, Abschnitt 4). Für die Frage des Nutzens mediatorischer Kompetenz außerhalb von Mediationen für erwachsene Mediator*innen scheint demnach Forschungsbedarf zu bestehen, denn der (eventuelle) ‚Mehrwert' und dafür geltende Bedingungen für erwachsene Mediator*innen sind bislang offensichtlich nicht (ausreichend) Gegenstand entsprechender Untersuchungen.

diator*innen, sondern am Konflikt direkt Beteiligte sind, in konstruktiver Weise umzugehen. Gewaltfreier, eigenverantwortlicher und mediativ orientierter Umgang mit eigenen Konflikten soll obligatorisch werden. Erwartet wird ein Verhalten, welches eine wahrnehmbare Reduktion bzw. Vernachlässigung destruktiver Konfliktbewältigung bei gleichzeitiger Zentralisierung konstruktiver Anteile beinhaltet. Schülermediator*innen sollen, so u. a. Druyen und Wichterich (2002) „(…) auch im ‚Alltagshandeln', wenn sie nicht in ihrer Funktion tätig sind, konfliktbewältigend wirken. Zu denken ist dabei nicht nur an Situationen, in denen (…) [Schülermediator*innen] als neutrale Dritte auftreten, sondern auch an (…) Streitigkeiten [,] in die sie selbst verwickelt sind" (ebd., S. 113; s. a. Hanke 2007, S. 14; Rademacher 2013, S. 112). Grundlage dazu bilden, so z. B. Davenport (2000), die während der theoretischen und praktischen Beschäftigung mit Schülermediation erworbenen „Teilfähigkeiten im Konfliktlösungsverhalten" (ebd., S. 201). Zum Eigenbezug sollen u. a. folgende Elemente genügen: „(…) Ertragen-Können von Konfliktspannungen; Empathie; Erkennen verschiedener Perspektiven; Akzeptieren der Eigenverantwortung; (…) Einsichtsfähigkeit (…)" (ebd., s. a. Metzger 1998, S. 21; Haßlinghaus et al. 2003, S. 23). Der Adaptionsanspruch, aus einer Ausbildung und Praxis, die auf die Vermittlung in Konflikten anderer fokussiert, Eigennutz abzuleiten, wird allerdings nicht nur auf Situationen während der Schul- und Unterrichtszeit begrenzt. Kompetenzbildungen sollen, so verschiedene Autor*innen, auch in Lebenswirklichkeiten außerhalb des schulischen Alltags nützen. Unter anderem formuliert Müller (2001), dass Ausbildung und Praxis in Schülermediation für Schülermediator*innen „soziale Kompetenzen weit über den Schulalltag hinaus [entwickeln]. (…) Diese für die Lebenspraxis wichtigen Erfahrungen und Fähigkeiten können (…) in die Familie, die Nachbarschaft (…) hineingetragen werden" (ebd., S. 129; s. a. Kopietz und Schäfer 2006, S. 12; s. a. Davenport 2000, S. 210; Kügler 2004, S. 18; Faller et al. 2009, S. 8 f.).

39.2 Ungeklärt: Werden Wissen und Erfahrungen in Mediation außerhalb von Schul- und Unterrichtszeiten auch tatsächlich genutzt?

Kompetenzerwerb bzw. ggf. entsprechende Erweiterungen der Kompetenzen auf Grund des Engagements als Schülermediator*in sind in entsprechenden Publikationen nachzuvollziehen (z. B. Hartig 2006; S. 93; Nentwig-Gesemann et al. 2007). Übertragungen der sich auf jener Teilhabe gründenden Fach-, Methoden-, Selbst- und Sozialkompetenz (Faller 1998, S. 214) in den außerschulischen Bereich sind daher offensichtlich grundsätzlich möglich – zumal scheinbar keine gegenteiligen Bemerkungen dazu vorhanden sind. Unklar bleibt allerdings, ob Wissen und Erfahrungen in den außerschulischen Lebenswirklichkeiten ausgebildeter Schulmediator*innen wirklich eine Rolle spielen. Berichte dazu geben nicht eindeutig Auskunft. Während einige Autor*innen konkrete Beispiele nennen (z. B. Metzger 1998, S. 24; Gärtner 2004, S. 199), bleiben andere Arbeiten dazu ohne eindeutigen Befund (z. B. Caesar 2004, u. a. S. 234 ff.; Kantereit 2008, S. 51). Ebenso sind Hinweise zu rezipieren, welche dem Adaptionsanspruch bzw. der Zusage widersprechen (z. B. Nolz 1997, S. 24; Hanke 2007, S. 15; Jefferys-Duden 2008, S. 52). Die Frage der Beachtung mediatorischer Fähigkeiten im außerschulischen Alltag (und deren ‚Wert' bzw. konkrete Umsetzung dort) bleibt bisher somit nicht eindeutig bzw. unzureichend beantwortet.

39.3 Methodisches Vorgehen

Einen Beitrag zur Klärung können Ergebnisse einer dazu erfolgten Studie leisten (Fittje 2007–2010). Das Forschungsinteresse bestand (bzw. besteht) darin, die Perspektiven von in Mediation ausgebildeten Schüler*innen zu Möglichkeiten und Grenzen der Berücksichtigung mediativer Fertigkeiten in Situationen außerhalb des schulischen Gefüges zu eruieren. Befragt wurden 22 Schülermediator*innen im Alter zwischen 15 und 18 Jahren, die sich seit mindestens zwei Jahren mit der Theorie und Praxis der Schülermediation beschäftig(t)en. In problemzentrierten Interviews (vgl. Witzel 2000) wurden Interaktionen in verschiedenen außerschulischen Sozialbeziehungen auf Gelingen bzw. Misslingen entsprechender Adaptionen geprüft. Thematisiert wurden Interaktionen

a. in der Familie,
b. in der Gruppe der Gleichaltrigen und
c. im öffentlichen (Sozial-)Raum.

Auswertung und Analyse erfolgten anhand der Leitlinien der ‚qualitativen Inhaltsanalyse' (vgl. Mayring 2010).

39.4 Ergebnis der Analyse: kein Nutzen von Wissen und Erfahrungen in Mediation außerhalb von Schul- und Unterrichtszeiten

Als grundlegende Bewertung der Befragten gilt, dass eine Beachtung innerschulisch erlernter Fertigkeiten und dort gemachter Erfahrungen in außerschulischen Lebenswirklichkeiten nicht stattfindet. Für alle thematisierten Sozialbeziehungen erfolgen Zurückweisungen, die Option ‚Besserwissen' aus Teilhabe an Theorie und Praxis der Schülermediation in jedweder Interaktion (in, aber auch außerhalb konfliktiver Momente) passiv und/oder auch aktiv einzusetzen.

„[Außerhalb von Schule] hat man (…) nicht drauf geachtet, was jetzt (…) [eine Schülermediatorin/ein Schülermediator] tun soll. (…) irgendwie: ‚Ich fühle mich. Du fühlst dich.' (…)." (Sarah)

„(…) [Außerhalb von Unterricht und Schule] setz' ich eigentlich nix aus der Ausbildung [und Praxis der Schülermediation ein] (…)". (Max)

Im Folgenden wird anhand von zwei möglichen Konstellationen im außerschulischen Alltag zu ausgewählten Begründungen bzgl. des ‚allgemeinen Negativbescheides' berichtet. Auf Grund der Begrenzung auf zwei Kategorien könnte so allerdings der Eindruck entstehen, dass sich die Ablehnungen nur auf ‚direkte' bzw. ‚keine direkte' Beteiligung an Konflikten beschränken und somit allein nur diese beiden Perspektiven gültig sind. Es sei deshalb darauf hingewiesen, dass die Begründungszusammenhänge vielfältiger sind und sich nicht auf ‚Beteiligung oder Nichtbeteiligung' beschränken. Neben den angeführten zwei Unterscheidungen prägen z. B. auch folgende Hemmnisse den Einsatz mediatorischer Kompetenzen in außerschulischen Lebenswirklichkeiten:

(a) *Desinteresse an Klärung*, u. a. auf Grund der Akzeptanz des aktuellen ‚Status quo' (z. B. in der Sozialbeziehung ‚Feindschaft'):

„(…) würd' mich nich' interessieren. (…) der Typ der kann wegbleiben und ich leb' mein Leben. Is' nich' notwendig [, dass wir den Konflikt noch klären]." (Max)

(b) *ausbleibende Notwendigkeit für die Aktivierung mediativer Kompetenzen*, da die Dissonanz so gelagert ist, dass eine methodisch fundierte bzw. strategische Gesprächsführung nicht erforderlich ist (z. B. in den Interaktionen in der Clique):

„Das reicht auch schon mit den normalen Kenntnissen, die man als Mensch hat (...) Das einfach zu klären (...)" (Tobias)

(c) *Konflikt als die Beziehung konstituierendes Merkmal* bewertet wird und eine Auflösung bestehender Dissonanzen das Miteinander eher gefährden als stabilisieren würde (z. B. in Liebesbeziehungen):

„(...) Mit dem kann ich mich so gut streiten. (...) irgendwo können wir nicht ohne (...)." (Sarah)

Für den vorliegenden Beitrag wurde in Anbetracht der möglichen Darstellungsmenge daher eine konsequente Eingrenzung vorgenommen. Im Folgenden sind die angekündigten Ausführungen nun dargestellt.

39.5 Direkte Beteiligung an Konflikten

Mediatorische Kompetenzen sollen, wie benannt, in Konflikten im außerschulischen Bereich, an denen Schülermediator*innen direkt beteiligt sind, hilfreich sein. Zugunsten konstruktiver Abläufe sollen destruktive Mechanismen vernachlässigt werden. Allerdings gelingt es in Konflikten, in denen die Befragten direkt involviert sind, nicht, eigene Emotionen und Bedürfniszentrierungen so zu kanalisieren, als dass in irgendeiner Form konstruktive Orientierungen möglich werden. Die mit unmittelbarer Beteiligung an Konflikten u. a. verbundene „mentale Einengung" (Montada 2009, S. 504) behindert eine Berücksichtigung von Wissen zu konstruktiv-sachlichem Umgang mit Dissonanzen. Die Teilhabe an Ausbildung und Praxis der Schulmediation soll, so u. a. Druyen und Wichterich (2002), auch die „Selbstregulationskräfte (...) [auch bei eigener Konfliktbeteiligung] stärken" (ebd., S. 105). Für den Bereich der direkten Beteiligung an Konflikten scheinen die intendierten ‚Kräfte' allerdings nicht wirksam.

„Bei sich selber ist das sehr schwierig (...). (...) wenn man richtig wütend is' und da denkt man nicht: ‚Ach da ja, Phase vier.' (...)" (Sarah)

*„(...). Weil ich dann so auf hundertachtzig bin, dass ich schon **überkoch'.** Und dann kann ich mich nich' mehr darauf konzentrieren, was ich in der Schule gelernt hab'. (...) Und dann will man gar nich' grad' da schlichten. Dann will man seine Wut rauslassen. (...)" (Susanne)*

Schülermediator*innen sollen, so u. a. Druyen und Wichterich (ebd.) weiter, „Modell für rücksichtsvolles und empathisches Gesprächsverhalten" (ebd., S. 105) sein. Aus den Explorationen lässt sich allerdings insgesamt lediglich schlussfolgern, dass sich diese Idee in Konflikten, an denen direkte Beteiligung besteht, ebenso nicht abbildet.

> *„(...) gestern hatten wir (...) mal wieder [einen Konflikt] (...). Hab' ich halt zu ihm gesagt: ‚(...) Verpiss' dich! Du kleiner Spast!'" (...) (Susanne)*

> *„(...) meinte [ich] so: ‚(...) Kannst deine Fresse grad' nicht aufreißen (...)?' (...) hab' ich ihm (...) Schläge angedroht. (...)" (Peter)*

Der Kreis „bornierter Selbstreferenzialität konkurrierender Akteure" (Mastronardi 2000, S. 51) gilt für Schülermediator*innen demnach ebenso wie für ‚normale Konfliktbeteiligte' (denen dieser eingeschränkte Bezugsrahmen zugestanden wird). Eine Emanzipation von emotionalen Impulsen und der Fokussierung auf eigene Bedürfnisse und deren Sicherung scheint sich durch mediatorische Fachlichkeit nicht abzubilden. Trotz Wissen und Erfahrung der Schülermediator*innen, „einen zweidimensionalen Kampf in eine dreidimensionale Erkundung umzuwandeln, die zum Entwurf einer Lösung führt" (de Bono 1987, S. 173) finden entsprechende Adaptionen nicht statt.

> *„(...) wenn ich eine Person abgöttisch hasse, dann will ich einfach nicht mit ihr Friede, Freude, Eierkuchen machen." (Yvonne)*

> *„(...) [, wenn ich mit meiner Schwester einen Konflikt habe,] fühlt man sich eigentlich so als das Streitpaar. (...) dass eigentlich jemand braucht, der diese Situation mal 'n bisschen auflöst. (...)" (Maria)*

Kenner*innen der Schülermediation mag das Hemmnis, zu welchem ausgeführt wurde, möglicherweise als zu banal erscheinen, um als exklusiver Befund gelten zu dürfen. Ggf. wirkt es zu logisch, dass mit direkter Beteiligung an Konflikten auch negative Emotionen (Johnson 1990) verbunden sind, dieser „psychische Ausnahmezustand" (Montada 2009, S. 504) kognitive Beschränkungen bedingt und somit eine Berücksichtigung mediativer Kompetenzen, wie berichtet, nicht erfolgt. Bei aller konsequenten Logik drängt sich aber folgende Frage auf: Wenn in den Grundsätzen für Mediationsverfahren (Haumersen und Liebe 2005, S. 67) u. a. benannt wird, dass Mediationen, und damit der Bezug zu mediativen Befähigungen, nur dann gelingen können, wenn (Schüler-)Mediator*innen a) in keiner Form in persönlicher Beziehung zu den am Konflikt Beteiligten stehen und zudem

b) kein eigenes Interesse am Ausgang der Gespräche haben – würde sich dann nicht konsequenterweise ein Ausschlusskriterium für jene Nützlichkeit mediativer Fertigkeiten ergeben? Der Anspruch der Adaption des für die Steuerung fremder Konflikte vermittelten Wissens in eigene Lebenszusammenhänge wird im Diskurs zu Schülermediation bisher, unbeachtet grundlegender Vorgaben, als definitives Resultat formuliert. Es besteht daher ein unabweisbarer Widerspruch zwischen den Vorgaben, welche Bedingungen für (Schüler-)Mediationen (bzw. [Schüler-] Mediator*innen) gelten (sollen) (vgl. z. B. Hauk 2000; Grüner et al. 2015, u. a. S. 11; Kracht 2016; Kessen und Troja 2016) und jener Vision, dass Übertragungen innerschulisch erlernter Fähigkeiten in Konflikte im außerschulischen Bereich, an denen eine direkte eigene Beteiligung besteht, erfolgen.[3]

Vor dem Hintergrund der Kenntnis zu Inhalten von ca. 30 Richtlinien für Ausbildungen von Schülermediator*innen (vgl. Fittje 2007–2010) ist zudem zu bemerken, dass die Zusage, dass mediative Kompetenzen im außerschulischen Bereich Berücksichtigung finden, in der Wichtigkeit scheinbar eher randständig von Belang sind. Die Schwerpunkte der Ausbildungsvorschläge beinhalten logischerweise den Fokus, wie Schüler*innen aktive Mediator*innen in Konflikten anderer Schüler*innen werden können. Im Gegensatz zu den differenzierten Vorgaben und Übungen, wie Mediationen in der Funktion als neutrale dritte Person gesteuert werden sollen, fallen direkte Informationen zum Eigennutz fast vernachlässigbar gering aus. Zu den Möglichkeiten einer Adaption werden nur wenige und wenn dann eingeschränkte Hinweise gegeben.

Dazu folgendes Beispiel: Antipathische Beziehungen (Feindschaft) werden – wenn überhaupt – als Teilelement der Thematisierung von ‚Stereotypen/Vorurteilen' und/oder ‚Unterschiedlichkeit' verortet. Ziel ist, dass in Mediation auszubildende

3 Von Haft und Schlieffen (2016) wird im Vorwort der dritten Auflage des ‚Handbuch Mediation' eine „selbstreflexive Neubestimmung der Mediation" (ebd., S. XI) als erforderlich gekennzeichnet. Dieser Vorschlag soll(te) auch für Mediation im Zusammenhang mit Schule gelten (vgl. Ennuschat 2016, S. 1040). Die aufgezeigte Diskrepanz kann – wenn die genannte Mahnung denn ausreichend Beachtung und aktive Befürworter*innen findet – im weiteren Diskurs zur Schul- bzw. Schülermediation Thema sein. Der Bedarf für eine nüchternere Bewertung von Mediation im schulischen Gefüge als bislang ist schon länger gegeben. Im Vergleich mit positiv (z. T. glorifizierend) beschreibenden Expertisen fällt die Menge kritischer Hinweise auffallend gering aus. Es besteht ein Missverhältnis zwischen befürwortenden Expertisen und jenen, die zu Schülermediation ‚diplomatisch eingebettet' (z. B. Seydel 2003) oder auch wenig entschärft ausführen (z. B. Koßmann 2012; Fittje 2016). Ist Schülermediation ein in Theorie und Praxis ausschließlich gelingender und deshalb unkritisch zu bewertender Ansatz? Oder sind Reflexionen nicht gewollt, da diese möglicherweise Veränderungen im Konzept bedingen und somit bisheriges ‚Wohlfühlen mit Schülermediation' hinterfragen würden?

Schüler*innen den „Umgang mit Vorurteilen und Feindbildern (…) [reflektieren]" (Hauk 2002, S. 88; vgl. auch Druyen und Wichterich 2002, S. 6). Vorschläge von Jefferys und Noak (2001) stellen sich dazu z. B. wie folgt dar: Vorgeschlagen wird eine Diskussion „über Vorurteile und den Umgang mit ihnen" (ebd.) innerhalb der Auszubildendengruppe. Wie die Ergebnisse einer Diskussion (ggf. auch mit der Frage nach außerschulischen Belangen) allerdings gesichert werden sollen, wird nicht konkretisiert. Für die Thematisierung von Antipathie als einer Grundlage von Feindschaft (vgl. u. a. Hoffmeister 1955, S. 63 und S. 595; Eckert et al. 2000, S. 406; von Schlippe 2013) wird, die Diskussionsanregung ergänzend, eine Beobachtungsaufgabe – als Hausaufgabe und nicht als offene Diskussion wie in anderen Übungen – vorgeschlagen: „Beobachte zwei Wochen lang, wie du auf Menschen reagierst, die du nicht magst" (ebd., S. 121). Der Auftrag wird allerdings a) ohne Differenzierung, ob Beobachtungen auch außerhalb von Schul- und Unterrichtszeiten stattfinden sollen, und b) ohne Anhaltspunkte auf den Umgang mit möglichen Ergebnissen für die Schüler*innen formuliert. Der Vorschlag bleibt demnach unvollständig. Er enthält weder Ideen zur Ergebnissicherung noch Ansätze, wie mit ‚antipathischen Wahrnehmungen' der auszubildenden Schüler*innen (anschließend) umgegangen werden soll. Eine Auswertung scheint nicht vorgesehen. Mögliche Beobachtungen in außerschulischen Lebenszusammenhängen werden somit offensichtlich nicht weiter thematisiert – die Adaption mediativer Kompetenz[4] ebenso wenig. Ähnlich defizitär sind in diesem Zusammenhang Hinweise von Altenburg (2005).

Der Abbruch des Themenschwerpunktes (und damit eine ‚unterlassene Hilfeleistung') wird hier noch deutlicher. Nach Anregungen, über eigene Antipathie/Feindschaften nachzudenken (ebd., S. 73), wird eine Auswertung entsprechender Ergebnisse als nicht erforderlich deklariert. Benannt wird, dass es „nicht nötig [sei], dass die Schülerinnen und Schüler ihre Ergebnisse laut vortragen und die anderen auf ihre ‚dunkle Seite' schauen lassen" (ebd., S. 74). Eine Vertiefung – und damit auch ein Diskurs, welcher möglicherweise die außerschulische Wirklichkeit miteinschließt – wird demnach als unnötig deklariert. Behauptet wird, dass die vorgeschlagene Übung „für sich [wirkt und] man (…) sich darauf verlassen [kann], dass sie in den Gruppenmitgliedern ihren Ort findet und verarbeitet wird" (ebd.). Wie soll aber eine Mitnahme innerschulisch erworbenen Wissens zur mediativen Steuerung von Konflikten in den eigenen außerschulischen Alltag erfolgen, wenn Adaptionsthematisierungen entweder ausbleiben oder wie in den genannten Beispielen unvollständig sind? Scheinbar sind die aktuelle Ausbildung und Praxis der Schülermediation von

4 Z. B. Verständnis zur möglichen Notwendigkeit eines humanistischen Menschenbildes im Zusammenspiel mit Realitäten (von Konfliktbearbeitung) in Feindschaft (vgl. Besemer 2016, S. 65 f.).

der Abwesenheit des Einbezugs alltagsweltlicher, außerschulischer Relevanzen der Schüler*innen geprägt, welche sich als Mediator*innen engagieren (wollen). Ohne ausreichende, während Ausbildung und Praxis zur Verfügung gestellte Hinweise, wie Eigenbezug von Inhalten der Theorie und Praxis der Schülermediation gelingen kann, wird die Idee, dass Adaptionen, wie thematisiert, erfolgen, eher ein ‚frommer Wunsch' bleiben. Eine Wirklichkeit von Übertragungen mediativen Wissens und entsprechender Erfahrungen in außerschulische Alltagswirklichkeiten ausgebildeter Schülermediator*innen – zurückführbar auf entsprechende Teilhabe an Schülermediation – wird (möglicherweise) dann gelingen, wenn Ausbildungen und auch Praxisrealitäten alltagsrelevanter werden. Dafür müssten dann aber auch Belange außerschulischer Lebenswirklichkeiten der Schüler*innen ggf. mehr mit einbezogen werden. Eine dezidierte Thematisierung der Möglichkeiten, wo (nicht), wie (nicht) mediative Kompetenzen Einsatz finden können, kann demnach (möglicherweise) einen entsprechenden Beitrag zur Reflexion leisten. Fakt ist, dass die aktuellen Ausbildungs- und Praxisrichtlinien eher von Erwartungen an ausgebildete Schülermediator*innen u. a. bzgl. des Umgangs mit (eigenen) Konflikten getragen werden (vgl. z. B. Hauk 2002; S. 89; Druyen und Wichterich 2002, S. 113; Hanke 2007, S. 14). Eine direkt auf die Schüler*innen und deren außerschulische Relevanzen bezogene Hilfestellung bzgl. des Eigennutzes fällt, wie bereits benannt, dagegen gering aus. Eine Annäherung (mit entsprechender Verortung in den Ausbildungen) an die außerschulischen Lebenswirklichkeiten auszubildender bzw. ausgebildeter Schülermediator*innen könnte für alle Beteiligten durchaus hilfreich sein und das derzeit prägende ‚epiphanische Hoffen' würde Substanz erfahren. Fürsprecher*innen der Transfervision bekämen (möglicherweise) Bestätigungen des Gelingens entsprechender Adaption und Schüler*innen, welche sich für Mediation interessieren, eine für sie lebensnähere Vermittlung entsprechenden Wissens mit – eindeutig formulierten und diskutierten Adaptionsanregungen.

39.6 Keine direkte Beteiligung an einem Konflikt

Wenn die direkte Beteiligung an einem Konflikt Adaptionen ausschließt, bleibt zu klären, welche Chancen diesbezüglich für Situationen bestehen, bei denen keine unmittelbare Beteiligung am Konfliktthema, dessen bisheriger Historie und Dynamik gegeben ist. Zur Klärung in diesem Zusammenhang bietet sich ein Einblick in Schilderungen aus dem außerschulischen Alltag der Clique (Wetzstein et al. 2005) an. Wenn andere, als die Befragten, in Konflikt miteinander sind, wären diese somit (theoretisch) neutrale Unbeteiligte. Zudem verfügen die Befragten über entsprechendes Wissen, um mediative Situationen, wie jene während der Schul- und Unterrichtszeit, anzustreben oder ggf. auf einzelne Elemente der Schülermediation zurückzugreifen. Formuliert wird von den befragten Schüler*innen zudem detailliert, wie vorzugehen wäre, wenn Mediation stattfinden würde. Kenntnisse können demnach exploriert werden und eine Bezugnahme theoretisch erfolgen. Die Nennungen verbleiben allerdings durchgängig im Konjunktiv. Sequenzen, in denen Realumsetzungen formulierter Handlungsskizzen geschildert werden, sind nicht Bestandteil der Explorationen.

> *„(…) Dann würd' ich (…) fragen, was da (…) passiert is'. Auch aus der Ausbildung her. (…) Dann würd' also erst so von ihm die äh Sache haben wollen und dann von ihr. (…)" (Alexander)*

Unmissverständlich wird hingegen benannt, dass auch in Konstellationen, wie diese eben entworfen wurden, eine Berücksichtigung nicht erfolgt. Obwohl weder eine direkt emotionale noch eine thematische Beteiligung besteht, wird eine Berücksichtigung mediativen Wissens auch hier zurückgewiesen.

> *„(…) das macht man ja nich' [im Konflikt anderer Cliquenbeteiligter zu vermitteln und dann zu sagen] (…): ‚Hab' ich richtig verstanden, dass du das und das meinst?'. (…)" (Yvonne)*

Wie aber wird die Transferabsage argumentativ gestützt? Die Ablehnungen begründen sich u. a. auf der Erfahrung, dass Cliquenmitglieder auf ihre Autonomie bzgl. der Konfliktregelung hinweisen. Mediationen können – so Hinweise in der entsprechenden Grundlagenliteratur – nur Umsetzung finden, wenn die Beteiligten dazu auch Bedarf kommunizieren und an einer Mediation teilnehmen wollen: „[W]ichtig ist, dass alle (…) bereit sind [,] aktiv an dem Gespräch teilzunehmen und nach einer einvernehmlichen Problemlösung zu suchen" (Besemer 2016, S. 17). Da diese Bedingung in Fällen von Konflikten unter Cliquenbeteiligten offensichtlich nicht erfüllt ist, werden Klärungssettings im Format der Schülermediation (auf Grund der fehlenden Legitimation) gar nicht erst initiiert. Entsprechende Bezugnahmen zu mediativem Wissen können (bzw. müssen) daher nicht erfolgen.

> *„die (…) sagen dann: ‚(…) ich bin doch kein kleines Kind mehr. (…) Ich regel' das selber.' (…)" (Kerstin)*

> *„(…) Dann sagen sie (…): ‚Ja, das geht dich nichts an, wieso misch[s]t du dich da denn mit ein?'. (Annika)*

Des Weiteren spielen Überlegungen eine Rolle, dass es bei einer Anfrage zur Unterstützung an die Konfliktbeteiligten zur Erweiterung des Konfliktrahmens kommt. Diese Entwicklung könnte eine ungewollte Beteiligung zur Folge haben. Trotz des Wissens zur Steuerung von Eskalation bedrohter oder bereits eskalierter Situationen hin zu einem strukturierten, konstruktiven Gespräch (Faller 1998, S. 36; Montada und Kals 2007) scheinen derlei reale und/oder antizipierte Entwicklungen Berücksichtigung auszuschließen. (Schüler-)Mediator*innen sollen „Interventionen auch für kritische Situationen verfügbar (…) haben, wenn das Gespräch (…) hitzig und feindlich zu werden droht“ (Druyen und Wichterich 2002, S. 106), und zudem „keine Angst vor Konflikten und Gefühlsäußerungen der Streitenden [haben]“ (Oboth und Weckert 2011, S. 245). Ein Rückbezug zu derlei Vorgaben erfolgt allerdings nicht.

> *„(…) würde dann schon gerne helfen, dass die das dann klär'n, aber dann (…): ‚Lass' [ich] es lieber.‘. Sonst krieg' ich da auch noch was mit [ab].“ (Annika)*

> *„(…) also ich bleib' lieber (…) [unbeteiligt] (…) Sonst streitet man sich ja noch vielleicht mit jemandem, mit//mit dem man sich gar nicht streiten will.“ (Jasmin)*

Dass Inhalte der Theorie und Praxis der Schülermediation keine Relevanz haben, bildet auch ein bestehendes Informationsdefizit auf Seiten derer ab, die sich nicht vertieft mit (Schüler-)Mediation beschäftigt haben. Eine Ablehnung der Vermittlungshilfe begründet sich somit des Weiteren auf (vermutetem) Nichtwissen zu Möglichkeiten und Grenzen mediatorischer Unterstützung im Konfliktfall. Schulinterne Öffentlichkeitsarbeit ist zwar Bestandteil der Praxis der Schülermediation (Ammermann und Leins 2005, S. 40 f.) – bzgl. der Frage des Transfers in den außerschulischen Bereich allerdings lässt sich feststellen, dass eine eigeninitiative Übertragung der aus dem innerschulischen Bereich bekannten Vorgehensweisen nicht erfolgt. Innerschulische Informationsoffensiven spielen im informellen außerschulischen Bezug offenbar aber keine Rolle.

> *„(…) außerschulisch (…) die könn' mit (…) [Schülermediation] nichts anfangen. (…) Die ham' davon nicht so viel gehört (…). (…) die in 'ner Schule, die wissen ja auch was wir machen (…). (…) Aber (…) meine Freunde (…) nicht (…).“ (Kerstin)*

In Anbetracht der aufgeführten Beispiele wird nachvollziehbar, dass auch in Konflikten in der Clique, an denen keine Direktbeteiligung besteht, eine Berücksichtigung nicht erfolgt bzw. nicht erfolgen kann. Der Einsatz von in der Schule erworbenem, theoretischem und ebenso praktischem Wissen zur Mediation in der Freizeitgruppe ‚Clique' findet demnach nicht statt.

Als weiterführender Gedanke drängt sich (bzgl. beider Kategorien, zu denen ausgeführt wurde) folgende Überlegung auf: Kann der Anspruch eines Bezugs mediatorischer Kompetenz, wie eingefordert, möglicherweise auf Grund der Realität von anderen primär wichtigeren Entwicklungsaufgaben im Jugendalter grundsätzlich nicht greifen? ‚Normales Jugendlichsein' – geprägt von den Einflüssen der Gruppe der Gleichaltrigen, der Identitätsfindung, der Ablösung von der Herkunftsfamilie, austesten von Grenzen usw. (vgl. z. B. Erikson 1988; Oerter und Dreher 2002; Flammer und Alsaker 2002; Seydel 2003) – scheint im ‚Wirken' intensiver und automatischer abzulaufen, als eine unbedingte, für die Außenwelt wahrnehmbare Übernahme mediativer Dogmen in das eigene Verhaltensrepertoire bzw. die Ausübung mediatorisch orientierter Vermittlungen im außerschulischen Bereich in der Gruppe der Gleichaltrigen. Auch scheinen Entwicklungsaufgaben untereinander in Konkurrenz zu stehen, sich gegenseitig temporär zu verdrängen bzw. zu überlagern. In Hinblick z. B. auf die u. a. von Hurrelmann (2007) genannte Aufgabe der „Entwicklung einer (…) sozialen Kompetenz, um (…) schulischen und (…) beruflichen Anforderungen nachzukommen" (ebd., S. 27) wäre eine ‚Mehrbeachtung' mediativer Kompetenzen durchaus sinnvoll. Allerdings scheint eine Aufwertung der Bemühungen, durch Schülermediation einen entsprechenden Vorsprung zu erlangen, nur wenig von Interesse, bzw. es werden derlei Möglichkeiten offensichtlich nicht erkannt. Hindert bereits die Realität der Lebensphase ‚Jugend' und die damit verbundene Komplexität in Hinblick auf Entwicklungsanforderungen jene postulierte Transferleistung?

Folgende Vertiefung dazu anhand von Betrachtungen zur ‚Liebesbeziehung': Liebesbeziehungen im Jugendalter sind, entsprechenden Expertisen folgend, von einem Mindestmaß an (von den Adoleszenten mehr oder minder reflektierter) Unverbindlichkeit geprägt. In diesem Zusammenhang formuliert u. a. Wendt (2012), dass feste Partnerschaften Jugendlicher „häufig nur von kurzer Dauer sind und im Stile einer ‚seriellen Monogamie' gelebt werden" (ebd., S. 63). Feste Liebesbeziehungen haben im Jugendalter in Anbetracht der zeitlichen Kürze ihres Bestehens demnach nur eine relative Bedeutung. Nennungen der Befragten bestätigen diese Perspektive:

> *„Hat nicht lange gehalten. ((lacht)). (…) Die große Liebe war das nicht (…)" (Jasmin)*

> *„(…) wir war'n nich' lange zusammen. Also ich hatte bis jetzt noch nie so 'ne ganz lange Beziehung. Immer kurze." (Tammo)*

Die Entwicklungsphase der Jugend, deren Kennzeichen und die für diese genannten Aufträge u. a. in Hinblick auf Auf- und Ausbau von Beziehungen (Havighurst 1974, S. 43 ff.; Oerter und Dreher 2002, S. 268 ff.; Wendt 2009) bedingen demnach offensichtlich ein geringes Maß an Verbindlichkeit. Folge ist ein nur schmales Interesse an unbedingtem Erhalt bestehender Liebesbeziehungen. Aufgaben für die Zeit des Jugendalters sind die Entwicklung bzw. Erprobung und nicht die unbedingte Ausführung längerfristiger Partnerschaft(en). Beziehungen zu festen Partner*innen im Jugendalter sind somit eher als ‚Erprobungsfeld' mit einer ‚tendenziellen Erlaubnis' zur jederzeit möglichen Modifikation (z. B. Beziehungsabbruch), denn als bereits ‚endgültiges Lebenskonzept' einzuordnen (vgl. Schmidt-Denter 2005, S. 175; Wendt 2009, 2012). Es wird anhand der Hinweise durchaus nachvollziehbar, warum Konflikte in Liebesbeziehungen Adoleszenter und deren Aushandlungen nicht mit jenem ‚Weitblick' geprägt sind, wie es für längerfristig beabsichtigte Beziehungsverläufe notwendig ist (vgl. Becker 2008, S. 148 ff. und S. 194 ff.). In Hinblick auf die Frage der Notwendigkeit der Aufrechterhaltung der Beziehung (inklusive einer entsprechenden Konfliktbearbeitung) fällt die ‚Kosten-Nutzen-Rechnung' der Befragten eher zu Gunsten der Option, die Beziehung zu beenden, aus, anstatt mit Hilfe mediativer Kompetenzen eine mögliche Trennung begründende Konflikte zu bearbeiten. Die Notwendigkeit konsensorientierter Konfliktaushandlungen – um eben eine Liebesbeziehung langfristig(er) zu gestalten – scheint trotz mediatorischen (Besser-)Wissens von begrenzter Wertigkeit.

> *„Es kam (…) von ihrer Seite so: ‚So, ich will nich' mehr. Gar nich' mehr.'. Und das war dann halt so." (Peter)*

> *„Ja, ich hab' einfach (…) gesagt: ‚Ja, klappt nich' so mit uns. Ich mach' Schluss.'. Fertig." (Tammo)*

> *„(…) wurde einem das zu doof. Dann hat man halt die Sache beendet [ohne noch einmal über die Gründe der Entscheidung zu sprechen]. (…)" (Jasmin)*

Diese die Jugendphase kennzeichnenden Parameter scheinen die Möglichkeiten der Adaption von innerschulisch erworbenem Wissen zum mediativen Umgang mit Konflikt unabweisbar mit zu beeinflussen. Als sinnvoll könnte es sich deshalb erweisen, die Kennzeichen der ‚Lebensphase Jugend' in weitere Überlegungen zur Frage von Gelingen – aber auch zu Begrenzungen – des Einsatzes mediativer Kompetenzen außerhalb von Schul- und Unterrichtszeiten mehr einzubeziehen, als dies bislang gegeben ist.

39.7 Zusammenfassung und Ausblick

In Schülermediation ausgebildete Jugendliche widersprechen der im Diskurs als ‚Effekt' zugesagten Nützlichkeit innerschulisch erworbener Kompetenzen für den außerschulischen Alltag in Gänze. Anhand von zwei ausgewählten unterschiedlichen Konstellationen wurde hinterfragt, inwiefern eine Berücksichtigung mediativer Fertigkeiten (nicht) möglich ist. Der Erwerb von Konfliktfinesse zum (besseren) Umgang mit Konflikten als „wünschenswertes Nebenprodukt" (Hartig 2006, S. 95) für Schülermediator*innen bildet sich u. a. auf Grund direkter Beteiligung an konfliktivem Geschehen nicht ab. Der Einsatz mediatorischen (Besser-)Wissens ist zudem, wie anhand von Beispielen aus dem Cliquenalltag dargestellt, auf Grund von Parametern aus dem tradierten und offensichtlich ausreichenden bzw. gelingenden Konfliktmiteinander nicht nötig bzw. nicht möglich. Es wird ggf. von Wert sein, das bisher gültige, aus entsprechenden Veröffentlichungen zu interpretierende Lineardenken – a) Eingabe: Teilhabe an Theorie und Praxis der Schülermediation, b) Verarbeitung: nachhaltiger Paradigmenwechsel bzgl. des eigenen Konfliktverhaltens u. a. durch Übernahme von Mediationsdogmen und c) Ausgabe: sachlich-mediatives Agieren im außerschulischen Bereich – kritisch zu reflektieren und hinsichtlich denkbarer Neuformulierungen und Differenzierungen zu diskutieren.

Für das Forschungsfeld Schülermediation sind zudem weitere Desiderate vorhanden.

1. Ungeklärt ist u. a. *die Perspektive jener Schüler*innen,* die auf Grund der für die Auswahl von Schüler*innen als (potenzielle) Mediator*innen übliche Verfahren (Vogt 2005; Pepmeier 2012) *nicht an Ausbildung und Praxis der Schülermediation teilnehmen dürfen* und denen so z. B. das Privileg von Wertschätzung (u. a. durch entsprechende Zertifikate; s. z. B. Hanke 2007, S. 17 f.) verwehrt bleibt. Wie bewerten diese an einer Schulung in konstruktivem Umgang mit Konflikten ebenso interessierten Schüler*innen das Ergebnis solcher Bewerbungsverfahren? Genügt es, so wie es Grüner et al. (2015) vorschlagen, „mit den [unterlegenen] Bewerbern [nach Abschluss des Verfahrens zu sprechen], um Kränkungen vorzubeugen" (ebd., S. 12) und mitzuteilen, „dass die Auswahl keine Entscheidung gegen sie als Person ist und (…) [die] Entscheidung nicht nur von Fähigkeiten, sondern auch von Faktoren wie dem Klassen- und Geschlechterverhältnis abhängig [war]" (ebd.)? Oder bleibt ein Mindestmaß an Verärgerung über nicht zugängliche Gratifikationen? Sind von Ausbildung und Praxis der Schülermediation ausgeschlossene Schüler*innen möglicherweise treibende Kräfte für die

Problematik der Akzeptanz von Schülermediation bzw. Schülermediator*innen durch Mitschüler*innen (Simsa 2001, S. 49; Behn et al. 2006, S. 128)?

2. Auch die Frage der Stigmatisierung von Schülermediator*innen als Vorbilder, den Umgang mit eigenen Konflikten in der Schule betreffend, kann Thema für weitere Forschung sein (Lindner 2002, S. 71; Hanke 2007, u. a. S. 14; Rademacher 2013, S. 127). Sind ein „Ehrenkodex" (Grüner et al. 2015, S. 60 ff.) und daraus resultierende Erfordernisse an das Verhalten von Schülermediator*innen für diese wirklich (nur) vorteilhaft? Wird Schüler*innen nicht jene Erfahrungsspanne, welche Adoleszenten auf Grund des für diese geltenden Moratoriums gewöhnlich zugestanden wird und die auch ‚Mängel' beinhalten darf, beschnitten? Welche (unausgesprochenen) Disziplinierungsvorhaben von an Schule beteiligten Erwachsenen spielen möglicherweise eine Rolle? Welche Perspektiven formulieren z. B. Schüler*innen, die sich auf Grund von realem und/oder antizipiertem, ‚für Schülermediator*innen nicht angemessenem Verhalten' vor der Gesamtlehrerkonferenz entschuldigen müssen, um weiterhin Schülermediator*in sein zu dürfen, wie es z. B. Grüner et al. berichten (2015, S. 61 f.)?
3. Verschwiegen werden soll nicht, dass die Befragten, neben allen Zurückweisungen des Nutzens, subjektiv-individuelle Gewinne aus der Beteiligung an Theorie und Praxis der Schülermediation für sich reklamieren. Die berichteten Erfolge sind bisherigen Nennungen im Diskurs zur Schülermediation in diesem Zusammenhang ähnlich und damit anschlussfähig. Bei allen Interviewpartner*innen sind diese allerdings stets in ein Gemenge unterschiedlicher weiterer Faktoren eingebettet. Eine genuine Zuordnung von subjektiv-individuellen Lern- und Entwicklungsfortschritte im Umgang mit Konflikt als ‚Wirkung' der Teilhabe an Theorie und Praxis der Schülermediation kann daher nicht zulässig sein. In einem Fall z. B. begründen sich, ohne dazu noch entsprechende Belegstellen aus dem Interview aufzuführen, Zugewinne im Umgang mit Konflikt u. a. auf schulrechtlichen Maßnahmen, fokussierter Eigenverantwortung, parallel erfolgenden Veränderungen im familiären Umfeld, jugendtypischen Entwicklungsprozessen sowie auch der sozialen Einbindung (u. a.) in die Gruppe der Schülermediator*innen. Subjektiv-individuelle Erfolge können daher nicht allein genuin durch Kompetenzen aus dem Engagement als Schülermediator*in heraus bedingt sein. Möglicherweise (!) leisteten die Inhalte der Ausbildung und Praxis der Schülermediation einen Beitrag zu den in diesem Fall berichteten Resultaten. Unabweisbar ist, dass Theorie und Praxis der Schülermediation in ein multifaktorielles Bedingungsgeflecht eingebunden sind. Eine angemessenere Bewertung von berichteten ‚Erfolgen' ist daher unumgänglich. Im Diskurs zur Schülermediation wird durch ‚Kann-Formulierungen' und ‚Hoffnung implizierende Ausblicke' (vgl. Schubarth und Simsa 2001, S. 5; Jefferys und Noak 2001,

S. 10; Faller et al. 2009, S. 7 ff.) zwar (auch) auf die Notwendigkeit einer wirklichkeitsnahen Bewertung bzgl. der ‚Wirkung' hingewiesen. Offensichtlich wurden und werden derlei Einordnungshinweise allerdings nur gering wahrgenommen bzw. gänzlich ignoriert, denn den Diskurs zur Schülermediation tragen vielmehr Überzeugungen eines breiten ‚Effekt- und Wirkungsradius' und weniger realistische Einordnungen. Empirische Erkundungen, wie im vorliegenden Beitrag exemplarisch dargestellt, können versuchen, unter dem Fokus einer konkreten Forschungsfrage (im vorliegenden Artikel: ‚Kompetenztransfer') jene Parameter zu untersuchen, die das oben beispielhaft entworfene Geflecht zu analysieren. Gelingen werden so Beiträge zu einer angemessenen öffentlichen Kommunikation des ‚Wertes' von Schülermediation insgesamt. Auch zur konzeptionellen Neuausrichtung von Ausbildung und Praxis der Schülermediation würden Ergebnisse entsprechender Forschung, wie benannt, Grundlagen anbieten können.

Literatur

Altenburg, M. (2005). *Die Kunst Konflikte produktiv zu lösen. Sensibilisierungsprogramm für die Klassen 7 und 8*. Frankfurt a. M.: Amt für Lehrerbildung.

Ammermann, E. & Leins, A. (2005). *Schüler werden Streitschlichter: Ein praxisorientierter Lehrgang für die Sekundarstufe I*. Neuried: Care-Line.

Becker, O. A. (2008). *Was hält Partnerschaften zusammen? Psychologische und soziologische Erklärungsansätze zum Erfolg von Paarbeziehungen*. Wiesbaden: VS Verl. für Sozialwiss.

Behn, S., Kügler, N., Lembeck, H.-J., Pleiger, D., Schaffranke, D., Schroer, M. & Wink, S. (2006). *Mediation an Schulen. Eine bundesdeutsche Evaluation*. Wiesbaden: VS Verl. für Sozialwiss.

Besemer, C. (2016). *Mediation – Die Kunst der Vermittlung in Konflikten*. 4. Aufl. Karlsruhe: Gewaltfrei Leben Lernen e.V.

Bono, E. de (1987). *Konflikte: Neue Lösungsmodelle und Strategien*. Düsseldorf u. a.: ECON.

Bundesverband Mediation e. V. (2015). *Standards und Ausbildungsrichtlinien für die Lizensierung als Mediatorin BM®/Mediator BM®*. http://www.bmev.de/fileadmin/downloads/anerkennung/bm_standards_mediatorIn_2015.pdf. Zugegriffen: 10. Oktober 2016.

Caesar, V. (2004). *Verbreitung, Umsetzungspraxis und Wirksamkeit von Peer Mediation im Kontext schulischer Gewaltprävention*. Köln: Universität zu Köln. http://kups.ub.uni-koeln.de/1243. Zugegriffen: 10. Oktober 2016.

Davenport, N. (2000). Gesprächs- und Streitkultur in der Schule – Wege zur praktischen Partnerschafts-, Demokratie- und Friedenserziehung. In P. Geißler & K. Rückert (Hrsg.), *Mediation – die neue Streitkultur. Kooperatives Konfliktmanagement in der Praxis* (S. 205-219). Gießen: Psychosozial-Verlag.

Diehl, F. (2001). Zur Lage der Schulmediation in Rheinland-Pfalz. In C. Simsa & W. Schubarth (Hrsg.), *Konfliktmanagement an Schulen. Möglichkeit und Grenzen der Schulme-*

diation (S. 148-159). Frankfurt a. M.: Deutsches Institut für Internationale Pädagogische Forschung.
Druyen, C. & Wichterich, H. (2002). CI und Streitschlichtung. Streitschlichtungsprojekte als Chance zur Entwicklung einer gemeinsamen Identität (in) der Schule. In G. Regenthal (Hrsg.), *Schulen in der Veränderung. Neue Strukturen und Praxisberichte* (S. 99-119). Neuwied, Kriftel: Luchterland.
Eckert, R., Reis, C. & Wetzstein, T. A. (2000). *„Ich will halt anders sein wie die anderen!" Abgrenzung, Gewalt und Kreativität bei Gruppen Jugendlicher.* Opladen: Leske + Budrich.
Ennuschat, J. (2016). § 44 Schulmediation. In F. Haft & K. Gräfin von Schlieffen (Hrsg.), *Handbuch Mediation*. 3. Aufl. (S. 1023-1039). München: Beck.
Erikson, E. H. (1988). *Der vollständige Lebenszyklus.* Frankfurt a. M.: Suhrkamp.
Faller, K. (1998). *Mediation in der pädagogischen Arbeit. Ein Handbuch für Kindergarten, Schule und Jugendarbeit.* Mühlheim an der Ruhr: Verlag an der Ruhr.
Faller, K., Kerntke, W. & Wackmann, M. (2009). *Konflikte selber lösen. Handbuch für Mediation und Konfliktmanagement in Schule und Jugendarbeit.* 2. Aufl. Mühlheim an der Ruhr: Verlag an der Ruhr.
Fittje, D. (2007–2010). *Peermediation: Versprechen und Wirklichkeit. Welche Perspektive(n) formulieren in Mediation ausgebildete Hauptschülerinnen und Hauptschüler in Bezug auf die Berücksichtigung ihrer Kenntnisse und Erfahrungen zur/mit der Theorie und Praxis der Peermediation im Zusammenhang mit Konflikten in ihren außerschulischen Sozialbeziehungen?* Unveröffentlichtes Manuskript.
Fittje, D. (2016). Schülermediation – ein pädagogisches Feigenblatt? Notwendigkeit kritischer(er) Betrachtungen. *Perspektive Mediation 13* (3), 205-209.
Flammer, A. & Alsaker, F. D. (2002). *Entwicklungspsychologie der Adoleszenz. Die Erschließung innerer und äußerer Welten im Jugendalter.* Bern u. a.: Huber.
Gärtner, I. (2004). Schulentwicklung durch Schulmediation – Erfahrungen an südpfälzischen Schulen. In W. Melzer & H.-D. Schwind (Hrsg.), *Gewaltprävention in der Schule. Grundlagen – Praxismodelle – Perspektiven. Dokumentation des 15. Mainzer Opferforums 2003* (S. 185-202). Baden-Baden: Nomos.
Grundig Akademie (o. J.). *Konsequenzen für ein Qualifikationskonzept.* http://www.wirtschafts-mediation.info/projekt/ger/erg/brd/kons.htm. Zugegriffen: 10. Oktober 2016.
Grüner, T., Hilt, F. & Tilp, C. (2015). *Streitschlichtung mit Schülermediatoren.* Hamburg: AOL.
Haft, F. & Schlieffen, K. Gräfin von (2016). Vorwort zur dritten Auflage. In F. Haft & K. Gräfin von Schlieffen (Hrsg.), *Handbuch Mediation*. 3. Aufl. (S. IX-XI). München: Beck.
Hanke, O. (2007). *Konfliktlotse in 30 Stunden.* München und Basel: Reinhardt.
Hartig, C. (2006). *Auswirkungen der Tätigkeit von Schülerstreitschlichtern. Fallstudie an einer Mittelschule im Kontext des Standes von Mediationsprojekten in Sachsen.* Marburg: Tectum.
Haßlinghaus, P., Gropp, A. & von Vangerow-Hauffe, R. (2003). Wie es anfing. Entstehung des Streitschlichterprogramms am Steinbart-Gymnasium Duisburg. *Pädagogik 55* (1), 21-23.
Hauk, D. (2000). *Streitschlichtung in Schule und Jugendarbeit. Das Trainingshandbuch für Mediationsausbildung.* Mainz: Matthias-Grünewald.
Hauk, D. (2002). Schlichter statt Richter – Mediation in der Schule. In G. W. Schnaitmann (Hrsg.), *Konfliktmanagement in der Schule. Erfolgreich kommunizieren und handeln* (S. 83-89). Hannover: Schroedel.
Haumersen, P. & Liebe, F. (2005). Interkulturelle Mediation. Empirisch-analytische Annäherung an die Bedeutung von kulturellen Unterschieden. In D. Busch & H. Schröder

(Hrsg.), *Perspektiven interkultureller Mediation. Studien zur interkulturellen Mediation*, Band 2 (S. 63-80). Frankfurt a. M. et al.: Peter Lang.

Havighurst, R. J. (1974). *Developmental Tasks and Education*. 3. Aufl. New York: David McKay Company, Inc.

Hoffmeister, J. (Hrsg.) (1955). *Wörterbuch der philosophischen Begriffe*. Hamburg: Meiner.

Hurrelmann, K. (2007). *Lebensphase Jugend. Einführung in die sozialwissenschaftliche Jugendforschung*. 9. Aufl. Weinheim und München: Juventa.

Jefferys-Duden, K. (2008). *Das Streitschlichterprogramm. Mediatorenausbildung für Schüler/innen der Klassen 3–6*. 3. Aufl. Weinheim und Basel: Beltz.

Jefferys, K. & Noak, U. (2001). *Streiten, Vermitteln, Lösen. Das Schüler-Streit-Schlichter-Programm*. Lichtenau: AOL.

Johnson, E. H. (1990). *THE DEADLY EMOTIONS: The Role of Anger, Hostility, and Agression in Health and Emotional Well-being*. New York: Praeger.

Kantereit, T. (2008). *Streitschlichtung in der Schule: Konzepte und Praxis unter der pädagogischen Lupe*. München: AVM.

Kessen, S. & Troja, M. (2016). § 14 Ablauf und Phasen einer Mediation. In F. Haft & K. Gräfin von Schlieffen (Hrsg.), *Handbuch Mediation*. 3. Aufl. (S. 329-355). München: Beck.

Klappenbach, D. (2005a). Mediative Kommunikation – Ein Spektrum mediativer Gesprächs- und Handlungskompetenz für Beruf und Alltagswelt. *Forum der Mediation 8* (2), 16-21.

Klappenbach, D. (2005b). Mediative Kommunikation – Ein Plädoyer für die breitere Anwendung mediativer Kompetenzen. *Spektrum der Mediation 18*, 30-31.

Klappenbach, D. (2011). *Mediative Kommunikation. Mit Rogers, Rosenberg & Co. konfliktfähig für den Alltag werden*. 2. Aufl. Paderborn: Junfermann.

Klappenbach, D. (2012). *Perspektiven mediativer Kompetenzentwicklung. Eine explorative Studie zur retroperspektiven Evaluation einer Mediationsausbildung durch interkulturell arbeitende Kräfte aus sozialen und pädagogischen Handlungsfeldern*. Frankfurt a. M. u. a.: Peter Lang.

Kopietz, C. & Schäfer, R. (2006). *Fit für die Streitschlichtung. Eine Ausbildung in 7 Bausteinen*. Lichtenau: AOL.

Koßmann, R. (2012). *Streitschlichtung in der Schule. Eine rekonstruktionslogische Betrachtung*. Norderstedt: Books on Demand.

Kracht, S. (2016). § 13 Rolle und Aufgabe des Mediators – Prinzipien der Mediation. In F. Haft & K. Gräfin von Schlieffen (Hrsg.), *Handbuch Mediation*. 3. Aufl. (S. 301-327). München: Beck.

Kügler, E. (2004). Streitschlichterausbildung. Ein Trainingsprogramm. *Schulmagazin 5 bis 10 72* (11), 18-22.

Landesrat für Kriminalitätsvorbeugung Mecklenburg-Vorpommern (Hrsg.) (2003). *Impulse – Informationsblatt für kommunale Kriminalprävention Februar 2003*, Sonderausgabe: Konflikte gewaltfrei lösen. Mediation an Schulen und Mecklenburg-Vorpommern. Anregungen – Analyse – Empfehlungen. Schwerin: Landesrat für Kriminalitätsvorbeugung Mecklenburg-Vorpommern.

Lassnig, G. (2013). *Mediative Führungstechniken in Projekten: Möglichkeiten und Grenzen der Vorbeugung und Lösung von Projektkonflikten*. Saarbrücken: AV.

Lindner, M. (2002). „Wir sind einfach viel näher dran" – Erfahrungen mit einem Schlichterprogramm. Disziplin. Sinn schaffen – Rahmen geben – Konflikte bearbeiten. *Friedrich Jahresheft 2002*, 70-72.

Ludwig-Huber, A. (2016). Schülermediation. Beim Pausenbrot und noch viel mehr! *Perspektive Mediation 13* (3), 210-214.
Malinowski, R. (2013). *Der mediative Führungsstil: Illusion oder Perspektive?* Hamburg: Tredition.
Marx, A. (2016). *Mediation und Konfliktmanagement in der Sozialen Arbeit.* Stuttgart: Kohlhammer.
Mastronardi, T. F. (2000). *Mediation als Weg. Kunst und Technik der Vermittlung.* Ittigen: Signifix Medien GmbH.
Mayring, P. (2010). *Qualitative Inhaltsanalyse. Grundlagen und Techniken.* 11. Auflage. Weinheim und Basel: Beltz.
Meinhold, F., Discher, V. & Frohn, D. (2014). „Und was lernt man da?" Evaluation des Kompetenzerwerbs. *Spektrum der Mediation 55*, 39-44.
Metzger, T. (1998). „Was Jugendliche Erwachsenen in der Konfliktlösung voraus haben" – Chancen und Erfahrungen mit (Peer-)Mediation. In Aktion Jugendschutz Landesarbeitsstelle Bayern e.V. (Hrsg.), *Mediatoren statt Gladiatoren. Faire und gewaltfreie Konfliktlösungen durch (Peer-)Mediation in Jugendhilfe, Schule, Familie und Stadtteil* (S. 21-25). München: Aktion Jugendschutz Landesarbeitsstelle Bayern e.V.
Montada, L. (2009). Mediation – Pfade zum Frieden. *Erwägen, Wissen, Ethik – Streitforum für Erwägungskultur 20* (4), 501-511.
Montada, L. & Kals, E. (2007). *Mediation. Ein Lehrbuch auf psychologischer Grundlage.* 2. Aufl. Weinheim: Beltz.
Müller, U. E. C. (2001). *Schule – Konflikte – Mediation. Zwei Trainingsprogramme zu Streitschlichtung und Lebenskompetenzförderung an Schulen.* Nürnberg: emwe.
Nentwig-Gesemann, I. & Bohnsack, R. (2005). Peer-Mediation in der Schule. Eine qualitative Evaluationsstudie zu einem Mediationsprojekt am Beispiel einer Berliner Gesamtschule. In Deutsche Kinder- und Jugendstiftung (Hrsg.), *Jung. Talentiert. Chancenreich? Beschäftigungsfähigkeit von Jugendlichen fördern.* (S. 143-175). Opladen: Budrich.
Nentwig-Gesemann, I., Fritsche, B. & Bohnsack, R. (2007). Konflikte friedlich lösen. Dokumentarische Evaluationsforschung am Beispiel von zwei Peer-Mediationsprojekten. In U. B. Schröder & C. Streblow (Hrsg.), *Evaluation konkret. Fremd- und Selbstevaluationsansätze anhand von Beispielen aus Jugendarbeit und Schule* (S. 65-105). Opladen: Budrich.
Nolz, B. (1997). Schlichten ist besser als Richten. Erfahrungen mit einem Schüler-Streit-Schlichter-Programm. *HLZ Zeitschrift der GEW Hamburg 4* (10), 23-24.
Nordsee Akademie Leck (2015). *Ausbildung in Mediation und Konflikt-Coaching.* http://www.nordsee-akademie.de/fileadmin/user_upload/veranstaltungen-pdfs/werbetext-mediation.pdf. Zugegriffen: 10. Oktober 2016.
Oboth, M. & Weckert, A. (2011). *Mediation für Dummies.* Weinheim: Wiley.
Oerter, R. & Dreher, E. (2002). Jugendalter. In R. Oerter & L. Montada (Hrsg.), *Entwicklungspsychologie.* 5. Aufl. (S. 248-318). Weinheim u. a.: Beltz.
Pepmeier, S. (2012). *Streitschlichtung. Helfen statt wegschauen!* Kerpen: Kohl.
Rademacher, H. (2013). Mediation, Schulentwicklung, Konfliktmanagement. In H. Rademacher (Hrsg.), *Leitfaden konstruktive Konfliktbearbeitung und Mediation. Für eine veränderte Schulkultur* (S. 105-133). Schwalbach/Ts.: Debus.
Schlippe, A. von (2013). Die Konstruktion von Feindbildern – eine paradoxe ‚Anleitung'. *Konfliktdynamik 2 (3)*, 212–221.
Schmidt-Denter, U. (2005). *Soziale Beziehungen im Lebenslauf.* 4. Aufl. Weinheim und Basel: Beltz.

Schubarth, W.; Simsa, C. (2001). Chancen und Grenzen der Schulmediation – eine Einführung. In C. Simsa, W. Schubarth (Hrsg.), *Konfliktmanagement an Schulen – Möglichkeiten und Grenzen der Schulmediation* (S. 3-8) Frankfurt a. M.: Deutsches Institut für Internationale Pädagogische Forschung.

Seydel, O. (2003). Streit mit den Streitschlichtern. Sieben Einwände gegen die Peer-Mediation und eine Entgegnung. *Pädagogik 55* (1), 30-34.

Simsa, C. (2001). *Mediation in Schulen – Schulrechtliche und pädagogische Aspekte*. Neuwied, Kriftel: Luchterland.

Stuttgarter Institut für Konfliktbewältigung e.V. (2016). *Mediative Kompetenz*. https://www.mediatorenausbildung.org/ausbildung-zum-mediator-nutzen/#toggle-id-9. Zugegriffen: 10. Oktober 2016.

Todt, J. (2010). *Mediativer Führungsstil: als Weiterentwicklung des demokratischen Führungsstils*. Saarbrücken: VDM.

Vogt, S. (2005). Auswahl der Streitschlichterinnen und Streitschlichter. In P. Kaeding, J. Richter, A. Siebel & S. Vogt (Hrsg.), *Mediation an Schulen verankern. Ein Praxishandbuch* (S. 69-113). Weinheim und Basel: Beltz.

Wendt, E.-V. (2009). *Sexualität und Bindung. Qualität und Motivation sexueller Paarbeziehungen im Jugend- und jungen Erwachsenenalter*. Weinheim und München: Juventa.

Wendt, E.-V. (2012). Liebe und Sexualität im Jugendalter: zwischen neuer Keuschheit und Extremen. *Akademie Aktuell 49* (1), 62-63.

Wetzstein, T., Erbeldinger, P. I., Hilgers, J. & Eckert, R. (2005). *Jugendliche Cliquen: Zur Bedeutung der Cliquen und ihrer Herkunfts- und Freizeitwelten*. Wiesbaden: VS Verl. für Sozialwiss.

Witzel, A. (2000). *Das problemzentrierte Interview*. http://www.qualitative-research.net/index.php/fqs/article/view/1132/2519. Zugegriffen: 10. Oktober 2016.

Teil III.13

Forschung zu benachbarten Hilfeverfahren auf Mediation beziehen

Zum Verhältnis von Mediation und Beratung 40

Zeigetheoretische Überlegungen in heuristischer Absicht

Werner Glenewinkel und Volker Kraft

Der folgende Beitrag besteht aus vier Behauptungen und einer Schlussfolgerung:

1. Mediation wird durch die Mediatorinnen erkennbar und wirkt durch sie,
2. Beratung arbeitet mit einer spezifischen Zeigestruktur,
3. Mediation ist letztlich eine Sub-Form der Beratung und
4. deshalb könnte ihre Zeigestruktur für eine Theorie der Mediation produktiv sein und
5. damit kann sie auch ein hilfreiches Handwerkszeug für Mediatorinnen werden.

40.1 Mediation als ein Klärungshilfeverfahren[1]

Seit den wegweisenden Überlegungen von Proksch (1989) zur Übertragbarkeit US-amerikanischer Vermittlungsinterventionen während und nach der Scheidung in das Recht der Familiengerichtshilfe hat Familienmediation im Besonderen und Mediation im Allgemeinen eine eindrucksvolle Entwicklung genommen. Man

1 Der Ausdruck wird hier – in Anlehnung an Thomann und Schulz von Thun (1992) – als Oberbegriff für alle Verfahren gewählt, die zur Bearbeitung von Problemen und Konflikten mit Hilfe einer Person von außen angeboten und von einer Dreiecks-Struktur bestimmt werden (siehe dazu Abschn. 40.2). Er ist weiter gefasst als der Begriff „Konfliktbearbeitungs-Verfahren" (vgl. Kohlhage im selben Band, Kapitel 18). Er wurde 1988 zum ersten Mal von Thomann und Schulz von Thun veröffentlicht und kann als eine parallele bzw. ergänzende Entwicklungslinie zur Mediation gelesen werden. 2007 erschien *Klärungshilfe 3* von Thomann und Prior; darin wird – so der Klappentext – „eine echte Konfliktmediation vom Anfang bis zur Lösung geschildert." Wikipedia.org beschreibt Klärungshilfe als „eine eigenständige Methode der Mediation" (Zugegriffen: 25.7.2016).

könnte sagen, dass *Mediation als Begriff* für ein besonderes Klärungshilfeverfahren in der Gesellschaft angekommen ist. Diese überwiegend positive Konnotierung der Mediation könnte nach unserer Erfahrung mit folgender Überlegung zusammenhängen: Die Ausgangsituation der meisten Konflikte wird von einer generellen Schuld- und Problemzuweisung an die Gegenseite bestimmt – „Du bist schuld" und „Der oder die ist das Problem". In einem Mediationsverfahren hat der Mediator die Aufgabe, den Konflikt zu „fraktionieren", d. h. in überschaubare Themen zu zerlegen, diese getrennt und nacheinander zu bearbeiten und damit die Chancen einer Konfliktlösung zu erhöhen. Zugleich gibt es weder auf die Frage, was Mediation ist (40.1.1) noch auf die Frage, was in Mediationsverfahren wirkt (40.1.2), bislang eindeutige Antworten.

40.1.1 Was ist Mediation?

Auf die Frage *Was ist Mediation*? gibt es zur Zeit keine eindeutigen, theoretisch fundierten Antworten. In § 1 des Mediationsgesetzes[2] findet sich allerdings die folgende Definition: „Mediation ist ein vertrauliches und strukturiertes Verfahren, bei dem Parteien mithilfe eines oder mehrerer Mediatoren freiwillig und eigenverantwortlich eine einvernehmliche Beilegung ihres Konflikts anstreben". Diese Formulierung beschreibt zwar einige Grundsätze des Mediationssettings, sie vermag aber nicht die Vielfalt der aktuellen Erscheinungsformen von Mediation widerzuspiegeln, geschweige denn, ihnen eine gemeinsame Grundform zu vermitteln.[3] Insofern fällt es immer schwerer, von „der" Mediation zu sprechen. Die Unschärfe des Begriffs könnte Mediation zu einem Container-Begriff machen, in

2 Mediationsgesetz vom 21.7.2012 (BGBl. I S. 1577), geändert durch Verordnung vom 31.8.2015 (BGBl. I S. 1474).

3 Diese Vielfalt ist nicht nur an der wachsenden Zahl von Bindestrich-Mediationen erkennbar (von Arbeitsrechts-Mediation bis Online-Mediation), sondern auch an den sehr unterschiedlichen Mediations*anlässen* (vom Partnerkonflikt bis zur Stadtpolitik), den gegensätzlichen Mediations*motivationen* (freiwillig/angeordnet) sowie an den uneinheitlichen Grundberufen von Mediatorinnen und den in Inhalt und Aufwand wenig einheitlichen Mediations*ausbildungen* durch ebenso vielfältige Verbände und Vereine.

dem jeder sein Verständnis von Mediation unterbringen kann.[4] Damit ergibt sich als Problem: „Was ist drin, wenn Mediation drauf steht?“[5]

Gleichzeitig verweist die juristische Formulierung auf eine der noch nicht gelösten ‚Kontroversen‘. Haft und von Schlieffen (2016, S. IX) sprechen von zwei „Lagern“ und beschreiben sie so: „Die einen befürchten die zunehmende ‚Verrechtlichung‘ der Mediation, die anderen beklagen ‚die unaufhaltsame Konsensualisierung des Rechtswesens‘, die häufig infolge eines ausgedehnten Begriffsverständnisses generell unter das Schlagwort ‚Mediation‘ gefasst wird.“

Die verschwommene Begrifflichkeit nährt die Vermutung, dass (nicht nur) Laien Mediation von Nicht-Mediation kaum noch unterscheiden können. Die Definitionskriterien sind entweder zu unbestimmt (z. B. Gerechtigkeit, sprich Win-Win-Situationen schaffen) oder unbekannt (z. B. das Phasenmodell) oder erst im Verlauf des Verfahrens erkennbar und überprüfbar (z. B. Allparteilichkeit). Somit kann Mediation nur schwer von anderen Klärungshilfeverfahren abgegrenzt werden.[6] Dieser Befund könnte zu der provokanten Frage verleiten, ob es letztlich ebenso viele Mediationsverfahren wie Mediatoren geben kann? Tatsache ist allerdings, dass zur Zeit die Mediatorinnen bestimmen, ob ein Klärungshilfeverfahren das Etikett Mediation bekommt oder nicht. Wer sich als Mediator versteht (und dafür ausgebildet ist), nennt das, was er anbietet, Mediation. Die Mediatorinnen sind diejenigen, die den Rahmen des Mediationsverfahrens vorgeben[7] und ausfüllen.[8]

---

4 Seit längerer Zeit verknüpfen auch die Schiedsamtsvertreter ihre Tätigkeit mit Mediation. Rammert (2003, S. 28) schreibt in der SchiedsamtsZeitung: „Wirkliche strukturelle Unterschiede zwischen der Mediation und der Schlichtungsverhandlung gibt es m. E. nicht. Nachweisbare Unterschiede werden am ehesten in der Person des Vermittlers begründet liegen.“ Mittlerweile bietet der Bund Deutscher Schiedsmänner und Schiedsfrauen e. V. (BDS) auch regelmäßige Aus- und Fortbildungen in Mediation an, siehe www.bdsev.de

5 Greger (2015, S. 175) untersucht 15 Mediationsangebote am Maßstab des § 1 MedG und stellt einen sehr hohen Fehlgebrauch des Mediationsbegriffs fest. Die Vielfalt der Angebote unter dem Begriff der Mediation zusammenzufassen, sei „nicht nur sachlich unzutreffend, sondern auch schädlich.“

6 Gleichwohl finden sich immer wieder Versuche der Abgrenzung; so z. B. Iser (2009, S. 84), die vorschlägt, das Verhältnis von „Supervision und Mediation“ auf der Grundlage von vier „Profilen der Konfliktintervention“ zu bestimmen.

7 Dabei geht es um die im Kern nicht streitigen Rahmenbedingungen des Verfahrens wie Freiwilligkeit, Phasenverlauf, Neutralität sowie um das Grundprinzip von Mediation: Autonomie, d. h. „Selbstverantwortung der Konfliktparteien für ihren eigenen Konflikt“, so auch Hehn (2016, S. 95).

8 Das wiederum hängt entscheidend davon ab, wie sie ihr Handwerk verstehen (abhängig vom Grundberuf), welches Handwerkszeug ihnen vertraut ist (entsprechend den metho-

40.1.2 Mediatorinnen sind die eigentlichen Wirkfaktoren

Sucht man mit Hehn (2016, S. 95) nach einem „historisch gewachsenen" und „mittlerweile wissenschaftlich fundierten" Verständnis von Mediation, dann ist ein „roter Faden" zu erkennen: Die Kompetenz zur Regelung von Konflikten wird gerade nicht an Dritte übertragen, denn die Konfliktparteien sind die Experten ihres Konflikts. Damit liegt die „Hauptaufgabe des Mediators" darin, „sich allparteilich für die Herausarbeitung der Interessen jeder Partei einzusetzen". Folgt man dieser Einschätzung, kann und muss man die Mediatorinnen (zur Zeit) als die entscheidenden Definitions- und Wirkfaktoren für Mediation bezeichnen.[9] Allerdings sollten die Mediator-Techniken auch nicht überbetont werden. Eine ‚passive' Wirkung wird auch durch bloße Anwesenheit des Mediators als Drittem erzeugt.[10] Gleichwohl gibt es große Unterschiede in der Ausübung der Rolle. So ist „ein kritisches Überdenken der eigenen Rolle als Mediator im Prozess der Mediation" zum Beispiel mit Supervision oder Intervision (so Hehn 2016, S. 96)[11] noch keineswegs selbstverständlicher Standard. Darüber hinaus führt auch hier die Vielfalt der Mediatorinnen zu einem ausdifferenzierten Rollenverständnis. So zählt Haft (2016, S. 107)[12] allein sieben Möglichkeiten auf, diese Rolle auszufüllen

---

dischen Schwerpunkten ihrer Ausbildung) und wie sie Konfliktsituationen handhaben können (maßgeblich mitbestimmt von ihrer Persönlichkeit)

9 Motz (2016, S. 21 f.) betont die Notwendigkeit, sorgfältig zwischen *Definitionskriterien* („Was ist Mediation?") und *Gütekriterien* („Was macht *gute* Mediation aus?") zu unterscheiden. Vorrangig sei zu klären, was überhaupt Mediation sei, bevor man herausfinden könne, was gute Mediation ausmache. Denn im Einzelfall könne das Definitionskriterium dem Gütekriterium widersprechen. Der hier benutzte Begriff des *Wirkfaktors* ist zum Teil auch als ein Gütekriterium gemeint, antwortet aber vor allem auf die Frage, wer oder was überhaupt in Mediationen Wirkung erzeugt – nach hiesiger Auffassung eben vor allem die Arbeit des Mediators mit seinen fachlich-methodischen Standards und seiner Haltung.

10 Es wäre sicherlich eine produktive Forschungsfrage, zu beantworten, wie Mediationen verlaufen würden, wenn sich die Mediatorinnen soweit irgendwie möglich auf das bloße Anwesendsein beschränkten und auf den expliziten Einsatz ihrer Techniken, ihres Handwerkszeugs verzichteten. Möglicherweise könnten Erfahrungen aus einem solchen Experiment die Diskussion um Techniken und Handwerkszeuge neu beleben (vgl. Abschn. 40.5, Offene Fragen).

11 Noch deutlicher Friedman (zit. nach Aschenbrenner und Friedman 2015), der zunehmend auf die Selbstreflexion des Mediators Wert legt und darauf abhebt, wie der Mediator im Kontakt mit den Konfliktparteien mit sich selbst umgeht.

12 Unterschieden werden: der passive *Katalysator*; der aktiv führende *Chairman*; der Fakten, Regeln und Normen verkündende *Enunciator;* der eigene Meinungen und Bewertungen abgebende *Evaluator;* der unrealistische Erwartungen aufdeckende *Agent of Reality*; der

– allerdings immer unter der Voraussetzung, stets als Dienstleister der Parteien aufzutreten. Der Mediator ist ein „beteiligter Unbeteiligter"[13] – *Unbeteiligter*, weil er keine Konfliktpartei ist und allparteilich sein soll; *beteiligt*, weil er in seiner Funktion mit dem Konflikt befasst ist und somit ein Akteur mit großem Einfluss auf das Verfahren und sein Ergebnis.

40.1.3 Auf der Suche nach einem anderen Handwerkszeug

Die hier dargestellten Befunde – die Unschärfe des Mediationsbegriffs, die Vielfalt der Mediationswirklichkeiten und die Bedeutung des Mediators als Wirkfaktor – könnten zu dem Schluss verleiten, dass die Ausdifferenzierung von Mediation zwangsläufig und unumkehrbar sei. Demgegenüber könnte gerade die Vielfalt der Entwicklung auf dem Mediationsmarkt als Herausforderung und als Chance gesehen werden. Wenn Eindeutigkeit schwindet und Abgrenzung schwer fällt, liegt es nahe, sich auf Gemeinsamkeiten der zahlreichen Klärungshilfeverfahren zu besinnen. Es gilt dann zu prüfen, was sich in anderen Verfahren bewährt hat und was übernommen werden kann, anstatt das ‚Rad neu erfinden' zu wollen.

Eine vielbeachtete Formulierung (vgl. Kirchhoff und Schroeter 2006, S. 56) beschreibt Mediation als einen Dreiklang von Handwerk, Wissenschaft und Kunst. Noch ist nicht entschieden, wie sich aus diesem Dreiklang ein stimmiges und einheitliches Konzept entwickeln lässt (vgl. Kriegel-Schmidt 2012).[14] Unabhängig

---

als *Informationsmittler* zwischen den Parteien Agierende; der eigene Entscheidungsvorschläge unterbreitende *Leader* (vgl. dazu auch Abschn. 40.4.2).

13 Heck (2016) gehört zu den Soziologen, die seit einiger Zeit den Blick auf Mediation als ein Klärungshilfeverfahren richten; allerdings mit einem erweiterten Fokus. Heck geht es generell um die Konflikttransformation durch vermittelnde Dritte unter Bezugnahme auf die frühen Forschungsergebnisse von Simmel (1908) u. a. Ein *unbeteiligter Beteiligter* wäre nach diesem Verständnis jemand, der zu den Parteien gehört, also Beteiligter am Konflikt ist.

14 Mit ihrem Plädoyer für ein Perspektiven-reflexives Modell von Interkultureller Mediation bereichert Kriegel-Schmidt die Diskussion. Interkulturelle Mediation befördere die Uneindeutigkeit des Begriffs und erhöhe die Komplexität des Verfahrens. Damit werde die Suche nach dem Kern von Mediation nicht einfacher. Vielleicht deshalb formuliert Kriegel-Schmidt eine Absage an das Universalitätspostulat und fordert eine enge Definition (vgl. Kriegel-Schmidt 2012, S. 107 ff.). Die von ihr aufgestellte Forderung, Mediation als Handlungskonzept (ebd., S. 210 ff.) zu begreifen, d. h. auszugehen von den bereits vorhandenen theoretischen Grundlagen, mit denen Mediation heutzutage dargestellt und begründet wird (ebd., S. 221 f., FN 193), scheint mit der Entwicklung einer Zeigestruktur in Mediationsverfahren vereinbar.

vom Ausgang dieses Suchprozesses wird keine Mediationsarbeit ohne stimmiges Handwerkszeug auskommen. Deshalb erscheint es sinnvoll, sich auf die Suche nach brauchbaren Anleihen aus anderen Klärungshilfeverfahren zu begeben. Angesichts der Bedeutung der Mediatorinnen im Verfahren sollte sich die Suche von ihrer Rolle leiten lassen. Gesucht wird demnach ein Handwerkszeug, das gewissermaßen als eine Grundform mediatorischen Handelns[15] von möglichst vielen mit ihren unterschiedlichen Rollenvorstellungen als hilfreich, stärkend (und von überzogenen Erwartungen und Ansprüchen entlastend) genutzt werden könnte. Theoriekonstruktiv wird hier gleichsam nach dem Bottom-up-Prinzip verfahren. Ausgangspunkt sind die beobachtbaren Interaktionen, das also, was Mediatorinnen tatsächlich tun, kurzum: die *mediatorischen Operationen*.

40.2 Beratung arbeitet mit einer Zeigestruktur

Beratung ist ein weitverbreitetes, vielfältiges, vielschichtiges und theoretisch durchgearbeitetes Klärungshilfeverfahren.[16] Jegliche Kommunikationstätigkeit, die nicht nur privat, sondern insbesondere professionell organisiert (mit oder auch ohne normative Rahmenbedingungen) und methodisch orientiert (an welcher Methode/Werthaltung/Regel auch immer) ist und zwischen einer (oder mehreren) ratsuchenden Personen und einer (oder mehreren) beratenden Personen stattfindet, fällt somit – unabhängig davon, wie sie sich selbst bezeichnet – unter das Phänomen Beratung. Ungeachtet der Vielfalt der Beratungsformen wird im Folgenden zunächst eine *Struktur des Zeigens* vorgestellt, wie sie in der pädagogischen Beratungsforschung entwickelt worden ist.[17]

---

15 *Mediatorisches Handeln* wird hier enger verstanden, sozusagen als ein Minus zu *Mediation*, die i. d. R. das ganze Mediationsverfahren und dessen Kontexte umfasst. Mediatorisches Handeln nutzt die Erkenntnisse, das Handwerkszeug und die Erfahrungen mit Mediationen, unabhängig von Anlass und Ort des Handelns; es kann auch in jedem anderen Klärungshilfeverfahren genutzt werden; vgl. dazu auch Kraft (2011).

16 Zur Verdeutlichung siehe www.wikipedia.org/wik/Beratung (Zugegriffen: 1.7.2016).

17 Das ‚Zeigen' hat seit geraumer Zeit in verschiedenen Wissenschaftsgebieten verstärkt theoretische Aufmerksamkeit gefunden und empirische Forschungen stimuliert. ‚Zeigen' gilt – gerade in jüngster Zeit unter der Formel ‚iconic' oder ‚visual turn' – nicht nur in Evolutionstheorie, Anthropologie und Entwicklungspsychologie, sondern auch in den Bildwissenschaften, in Philosophie und vor allem in der Phänomenologie als ein überaus bedeutsames Thema. In der Erziehungswissenschaft ist daraus ein eigener Ansatz entwickelt worden, der als ‚operative Pädagogik' Gestalt gewonnen hat; vgl. dazu Prange (2012) sowie Kraft (2007).

40.2.1 Das Beratungsdreieck

Jeder Beratungssituation liegt im Normalfall eine Dreieckssituation zugrunde: Ein Ratsuchender *R* sucht einen Berater *B* auf und bringt sein Problem *P* mit. Diese Konstellation wird hier als Beratungsdreieck zwischen *B* und *R* und dem Problem *P* bezeichnet. Dieses Dreieck setzt sich aus drei dyadischen Beziehungen zusammen: einer dyadischen Beziehung zwischen den zwei Personen *R* und *B*,[18] einer zweiten Dyade zwischen der Sache (dem Problem *P*) und dem Ratsuchenden *R* sowie einer dritten Dyade zwischen der Sache und dem Berater *B*. Die Dynamik dieses Dreiecks wird von den unterschiedlichen Interessen der Personen bestimmt. Während *R* nach einer Klärung des Problems *P* sucht und seine Handlungsbeziehung darauf konzentriert, richtet *B* sein beraterisches Handeln auf diesen Vorgang der Problemlösung. Sein Agieren ist also auf das Hin- und Herpendeln des Ratsuchenden *R* zwischen sich und seinem Problem *P* gerichtet. Um ein Bild zu benutzen: *R* gerät nicht in einen Ballwechsel mit *B*, sondern er spielt den Ball gleichsam gegen eine Tennis-‚Wand' und *B* kommentiert diese Bewegung.

Die Beratungssituation wird somit durch eine doppelte Reflexionssituation geprägt: Einmal ergibt sie sich aus dem nachdenklichen Überlegen des *R* in Bezug auf die Lösungssuche zu seinem Problem *P* und zum anderen durch das beraterische Handeln des *B*. Diese Konstruktion (vgl. Kraft 2009, S. 201) definiert die Aufgabe des Beratenden als Moderator für die Such- und Pendelbewegungen des *R* zu *P*. Auf eine kurze Formel gebracht ist *Beratung:*

$$B = 2 \cdot R \text{ (= Reflexion).}$$

Das didaktische Dreieck als Grundmuster

Ausgangspunkt der pädagogischen Beratungsforschung[19] ist der Zusammenhang zwischen Beratung und Erziehung. Erziehung und Beratung sind ‚gleichsam wie kommunizierende Röhren miteinander verbunden.' Erziehung wiederum ist ohne Lernen nicht denkbar. Ein Sozialisationsprozess besteht aus langen Wegen des

18 *Personen* steht hier für alle möglichen Beratungskonstellationen, schließt also Gruppen, Institutionen und Organisationen mit ein.

19 Grundlegend dazu Kraft (2009). Dort wird ausführlich und in verschiedenen Durchführungen das Formproblem der Erziehung am Beispiel der Beratung behandelt (ebd., S. 181-231); auf diese Arbeiten stützt sich vornehmlich die folgende Argumentation wie auch auf die neue Studie „Erziehung – Beratung – Psychotherapie", in der diese drei kommunikativen Handlungsformen aus vier verschiedenen Perspektiven (operativ, systemfunktional, disziplinär und professionell) dargestellt werden (Kraft 2017).

Lernens. Das Kommunikationsziel Lernen führt – wenn es institutionell verfolgt wird – geradewegs zu der Frage, wie unterrichtliches Handeln strukturiert ist. Das Ergebnis lässt sich als ‚didaktisches Dreieck' darstellen: „Der Schüler *S* interessiert sich für einen Gegenstand *LG*, für den sich auch der Lehrer *L* interessiert (joint attention); die (beobachtend-intervenierende) Handlung des Lehrers als ‚Unterricht' bezieht sich auf die Handlungsbeziehung der Schülers zum Lerngegenstand; durch ‚Übernahme' des Gegenstandsbezugs des Lehrers (durch Zeigen artikuliert und vergegenwärtigt) verändert sich der Gegenstandsbezug des Schülers in dessen Richtung" (Kraft 2009, S. 116 f.).[20]

Die Abbildung 40.1 macht die Parallelität zwischen dem didaktischen und dem Beratungsdreieck deutlich. Sie lässt erkennen, dass das Beratungsdreieck gewissermaßen auf den Schultern des didaktischen Dreiecks steht. Das bedeutsame Bindeglied ist der Lernbegriff.

Eine Beratung wird regelmäßig dann gebraucht, wenn der Ratsuchende mit seinem Problem alleine nicht fertig wird, aber eine Art Entscheidungs-‚Zwang' verspürt, der innerlich und/oder äußerlich begründet sein kann. In emotional belasteten Situationen fällt Veränderung bzw. das Ausprobieren neuer Verhaltensweisen besonders schwer. Argumente von außen müssen ankommen und angenommen werden. Appelle wie „Überleg doch mal!" und „Sei doch vernünftig!" reichen in der Regel meist nicht. Hilfestellung ist nötig. Formen des Zeigens erhöhen die Lernchancen, sprich: die Bereitschaft, sich auf Neues ein- und Veränderungen zuzulassen.

20 Bei Prange (2012, S. 118) findet sich eine nähere Erläuterung dieser Bewegung: „Zeigen ist vorlaufender Rückgriff, Lernen rücklaufender Vorgriff. (…) Insofern gleichen, um ein anderes Bild zu benutzen, Zeigen und Lernen zwei gegeneinander laufenden Zahnrädern, rechtsdrehend nach vorwärts und zurück das Zeigen, links und entgegendrehend das Lernen." Erfahrene Schulmediatorinnen bestätigen aus ihren Erfahrungen in der Schule die große Bedeutung für das Zeigen und Lernen bei der Lösungsfindung; bei Kindern ist noch klarer zu erkennen, dass Konfliktsituationen Stresssituationen sind und deshalb Dritte Angebote machen müssen; die streitenden Schülerinnen können nicht alleine und ohne Unterstützung Lösungen finden. Für die Figur des ‚didaktischen Dreiecks' ist grundlegend die Studie von Sünkel (1996).

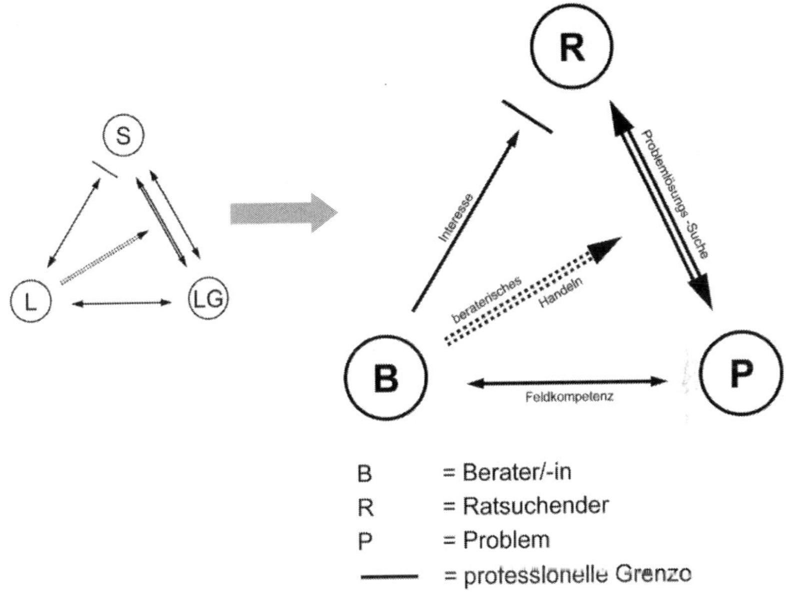

Abb. 40.1 Das didaktische Dreieck und das Beratungsdreieck (Quelle: Kraft 2016)

Die Differenzierung des Beratungsproblems

Allerdings gibt es eine Fülle unterschiedlicher Problemsituationen, die Anlass für eine Beratung sein können. Somit werden die Anforderungen an die ‚Lernbereitschaft' des Ratsuchenden sehr unterschiedlich sein – von *sehr gering* bei der Verbraucherberatung zur Frage der Qualität eines Haushaltsgerätes bis *sehr hoch* bei der Paarberatung zur Frage, ob die Krise in der Paarbeziehung bewältigt werden kann. Zudem verfügt nicht jeder Berater über die nötigen Erfahrungen bzw. Feldkompetenzen für einen spezifischen Problembereich, um die erforderliche Reflexionsleistung auch erbringen zu können.

Somit bedarf es einer Differenzierung der Beratungsprobleme. Dazu bietet sich eine grobe Unterscheidung (vgl. Kraft 2011, S. 158) in *Sachprobleme* einerseits und *Lebensprobleme* andererseits an. Für die Lebensprobleme sind psychologische, sozialpädagogische und eventuell auch ärztliche Beraterinnen zuständig; für Sachprobleme all die Beratungsstellen, die bei sachlich-technischen Problemlösungen behilflich sein können. In den Köpfen der Ratsuchenden existiert diese Unterscheidung in der Regel auch. Zur Verbraucherberatung geht man mit einem

Sachproblem; dort erwartet man sachliche „Klärungshilfe". An die psychosoziale Beratungsstelle wendet man sich mit einem Lebensproblem und wünscht sich verständnisvolle „Bewältigungshilfe" (Witte et al. 1992, S. 107).

Diese Differenzierung erleichtert das Aufsuchen der ‚passenden' Beratungsinstitution und gewährleistet in der Regel, dass die dortigen Beraterinnen für ihr professionelles Handeln auch angemessen ausgebildet worden sind. In der Praxis werden sich viele Beratungsprobleme dieser eher theoretischen Unterscheidung nicht fügen. Die Grenzen verwischen sich und häufig sind beide Bereiche in unterschiedlicher Intensität in dem jeweiligen Beratungsproblem verborgen.

Für das Beratungsdreieck ergibt sich daraus eine weitere Differenzierung: Lebensprobleme und Sachprobleme stehen in einem spezifischen Verhältnis zum Ratsuchenden. Das Lebensproblem lässt sich als *internalisiert* beschreiben, d. h. der Ratsuchende trägt es in sich, er muss es zum Gegenstand der Beratung machen; demgegenüber ist das Sachproblem *externalisiert*, d. h. es ist nicht struktureller Bestandteil der ratsuchenden Person und kann daher in der Beratungssituation anders bearbeitet werden.

40.2.2 Die Zeigestruktur in der Beratung

Nach den bisher angestellten Überlegungen lässt sich jetzt die Zeigestruktur in der Beratung genauer betrachten (vgl. Kraft 2017). Der Ratsuchende, der eigentlich ein Lösungssuchender ist, pendelt zwischen seinen eigenen, unvollkommenen Überlegungen und den von dem Problem ausgehenden Fragen hin und her. Er ist ambivalent, unsicher und/oder ratlos. Die Beratungsperson ist der Moderator dieser Pendelbewegung. Dabei muss er nicht nur die Differenzierung des Beratungsproblems in Lebens- und Sachprobleme im Blick haben, sondern auch der Unterscheidung in internalisierte und externalisierte Problembereiche gerecht werden. Dabei hilft ihm die Struktur des Zeigens. Sie besteht in Anlehnung an die Differenzierung der Beratungsprobleme aus zwei grundsätzlichen Zeigeformen, nämlich dem *reflexiven* und dem *repräsentativen* Zeigen (siehe Abbildung 40.2). Das *Lebensproblem* erfordert ein *reflexives Zeigen*. Der Experte für das Lebensproblem ist der Ratsuchende selbst. Der Berater begibt sich in einen Suchprozess mit dem Ratsuchenden und benutzt dabei entsprechendes methodisches Handwerkszeug (z. B. Spiegeln, reflexive Fragetechniken, Reframing etc.). Die Lösung besteht regelmäßig in einem Finden – verbunden mit der freien Entscheidung des Ratsuchenden, diesem Weg zu folgen oder nicht zu folgen. Das *Sachproblem* verlangt nach *repräsentativem Zeigen*. Die Beratungsleistung besteht hierbei in einem Angebot an Information, Wissen und

Erfahrung und wird zum Aufzeigen von konkreten Lösungs-Optionen genutzt. Man könnte auch sagen: Der Ratsuchende lässt sich gleichsam ‚unterrichten'.

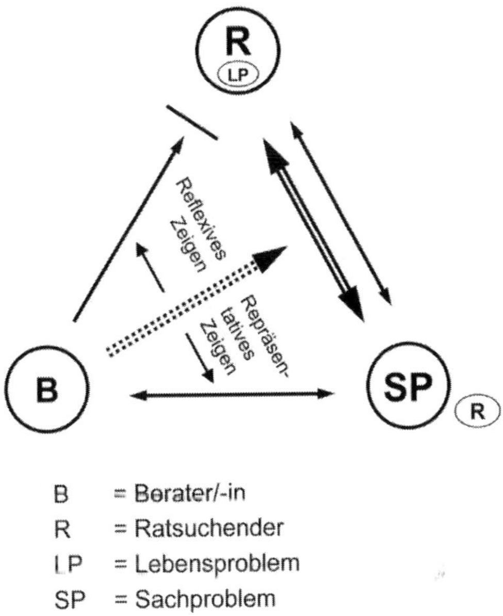

Abb. 40.2 Die Zeigestruktur in der Beratung (Quelle: Kraft 2016)

Diese Unterscheidung fordert von den Beraterinnen Flexibilität. Sie müssen ihr beraterisches Handeln der jeweiligen Situation angemessen anpassen – mal steht das reflexive Zeigen, mal das repräsentative Zeigen im Vordergrund. Gleichzeitig erlaubt diese Unterscheidung, die möglichen Grenzen des beraterischen Handelns genauer zu bestimmen. Denn es gibt natürlich Situationen, in denen einerseits der Berater den Ratsuchenden nicht mehr erreicht – weil auf Seiten des Beraters die Feldkompetenz nicht ausreicht, weil eine professionelle Grenze missachtet worden ist oder weil sich neue Umstände ergeben haben. Andererseits kann auch der Ratsuchende aus der Handlungsbeziehung zu seinem Problem – aus welchen Gründen auch immer – aussteigen. In beiden Fällen ist gegebenenfalls ein anderes Klärungshilfe-Verfahren zu empfehlen.

40.3 Zum Verhältnis von Mediation und Beratung

Angesichts der schillernden Vielfalt der Beratungslandschaft könnte man meinen, wir seien zu einer Beratungsgesellschaft geworden. Wikipedia[21] zählt unter dem Stichwort Beratung über 50 Beratungsformen auf – von der Anlageberatung bis zur Weiterbildungsberatung. Die Deutsche Gesellschaft für Beratung (DGfB)[22] ist ein Dachverband von 20 Verbänden und vertritt 25.000 Beraterinnen. Die pädagogische Beratungsforschung bietet eine Erklärung an, nach der das wachsende Bedürfnis nach Beratung in unserer modernen Gesellschaft auch folgender Erkenntnis geschuldet sein kann: „Denn das, was die Erwachsenen den Kindern schuldig bleiben oder vielleicht auch angesichts komplizierter Lebenslagen derzeit schuldig bleiben müssen, kehrt später als Bedürfnis nach Unterstützung, Hilfe und eben Beratung wieder" (Kraft 2009, S. 183). Fraglich ist – in dieser Einschätzung ähneln sich Beratung und Mediation sehr –, ob man überhaupt noch von *der* Beratung als einem einheitlichen Verfahren sprechen kann.[23] Jedenfalls lässt sich feststellen, „dass Beratung als eine Grundform der Kommunikation sozusagen keine System-, Disziplin- oder Professionsgrenzen kennt" (ebd., S. 213).[24]

Kommunikation besteht aus einem Wechselspiel von Reden und Zuhören mit vielfältigen Zielen: Mitteilungen austauschen, um zu einer gemeinsamen Entscheidung zu kommen (oder nicht), oder Wahrnehmungen abgleichen, um sich verstehen zu können (oder nicht), und/oder Informationen aufnehmen, um etwas zu lernen (oder nicht). Das Finden einer Lösung soll mittels sprachlicher Auseinandersetzung erreicht werden. Das gilt für Beratung und Mediation in gleicher Weise.

40.3.1 Mediation als „verdoppelte" Beratung

Beratung (Ausnahme: Schwangerschaftskonfliktberatung) und Mediation (Ausnahme: gerichtlich angeordnete Mediation) haben noch weitere Gemeinsamkeiten: Beide Verfahren sind grundsätzlich freiwillig; sie sind vertraulich und laufen mit

21 https://de.wikipedia.org/wiki/Beratung (Zugegriffen: 17.6.2016).

22 www.dachverband-beratung.de (Zugegriffen: 17.6.2016).

23 Auch die Bemühungen des nationalen Forums *Beratung in Bildung, Beruf und Beschäftigung* können über diese Schwierigkeit nicht hinweghelfen; ebenso gibt es deutliche Abgrenzungsprobleme, z. B. zwischen Therapie, Coaching, Supervision und Beratung.

24 Zum Beispiel lautet das Schwerpunktthema in der Zeitschrift ‚Die Konfliktdynamik' im Oktober 2016 *Mediationskompetenz für Beraterinnen*.

Hilfe eines Dritten hinreichend strukturiert ab. Beide beruhen auf einer Dreiecksstruktur, die sich aus dyadischen Beziehungen zusammensetzt.

Hier zeigt sich ein bedeutsamer Unterschied: Anders als in der Beratung besteht die Grundkonstellation in der Mediation aus drei beteiligten *Personen*. Auf den ersten Blick ist dieser Unterschied gravierend, weil nicht nur eine, sondern zwei dyadische Personenbeziehungen bestehen. Auf den zweiten Blick verliert dieser Unterschied seine Bedeutung.[25] Man kann das Drei-Personen-Dreieck in der Mediation in zwei neue Dreiecke aufteilen, die aus jeweils zwei Personen und einem Problem gebildet werden. Das eine Dreieck besteht dann aus der Beziehung zwischen der Konfliktpartei *K 1*, dem Problem *P* (i.d.R. mit Konfliktpartei *K 2*) und zu einem Dritten in der Mediatoren-Rolle *M*. Das zweite Dreieck besteht spiegelbildlich aus der Konfliktpartei *K 2*, ihrem Problem (i.d.R. mit Konfliktpartei *K 1*) und dem Dritten *M*. Diese neuen Dreiecke gleichen – jedes für sich – exakt dem bereits bekannten Beratungsdreieck. Mediation lässt sich so als eine doppelte Beratungssituation konstruieren. Auf eine kurze Formel gebracht ist *Mediation:*

$$M = 2 \cdot B.$$

Damit könnte man Mediation als eine Subform der Beratung charakterisieren. Mit dieser Beschreibung von $M = 2 \cdot B$ wird das Mediationsdreieck zu einem „Hexagon der Mediation", zu einem Sechseck.

40.3.2 Vom Problem zum Konflikt

Mediation als Subform der Beratung zu beschreiben, wird wahrscheinlich nicht ohne Widerspruch bleiben. Die gemeinsame Schnittmenge durch das sogenannte ‚Beratungsdreieck' dürfte manchen als Begründung nicht ausreichen. Denn Mediation

25 Einerseits wird mit diesem Vorgang von Triade auf Dyade umgestellt. Konkret bedeutet dies eine ‚praktische' Zerlegung der Tätigkeiten und wie man über sie spricht. Andererseits bleibt die Situation für die Beteiligten stets eine Triade. Hier ergibt sich ein äußerst produktiver Bezug zum Konzept der „rotierenden Triade" von Schmidt und Kriegel-Schmidt (2012, insbes. S. 119-121). Die „Konfliktdyade" der Konfliktparteien wird durch die „fokussierten Interventionen" der Mediatorinnen zur „aktivierten Dyade" der Mediatorin mit Konfliktpartei 1 bzw. Konfliktpartei 2. In dieser Dyade ist die jeweils andere Konfliktpartei ausgeschlossen. Die wechselnde Aktivierung der Einzeldyaden durch eine Einschluss-Ausschluss-Dynamik ergibt dann das Bild einer „rotierenden Triade" – mit der Chance auf „Hypothesen zu identitätsrelevanten Leistungen in der triadischen Kommunikationsstruktur" mit dem Ziel einer Verständigungsförderung (ebd., S. 131).

unterscheidet sich von der Beratung noch in einem strukturell bedeutsamen Punkt: Die Verdoppelung der Beratungssituation führt zur gleichzeitigen Anwesenheit von zwei Parteien mit ihren jeweiligen Problemen an einem gemeinsamen Ort. Diese zwei Parteien befinden sich in Interaktion – also in einem aufeinander bezogenen Kommunizieren –, sonst hätten sie sich nicht in einem Mediationsverfahren zusammengefunden. Offensichtlich bestehen zwischen ihnen Unvereinbarkeiten im Denken, Vorstellen, Wahrnehmen und/oder Fühlen und/oder Wollen. Mindestens eine der Parteien erlebt die Realisierung dieser Unvereinbarkeit als Beeinträchtigung. Die so beschriebene Situation wird in der Konfliktforschung als sozialer Konflikt bezeichnet (vgl. Glasl 1994, S. 14). Dieser Unterschied macht aus dem jeweiligen *Beratungsproblem* einen *Mediationskonflikt*. Und die Verschiebung vom ‚Problem' zum ‚Konflikt' markiert die Differenz zwischen Beratung und Mediation.

40.4 Die Anwendung der Zeigestruktur

Die Übertragung der bisher erarbeiteten Zeigestruktur auf Mediationen lässt sich in Abbildung 40.3 verdeutlichen. Hier wird die Aufgabe der Mediatorinnen als sich neutral, allparteilich und unbefangen[26] zeigende Dritte deutlich sichtbar. Ihre Möglichkeiten des Zeigens machen ihren Handlungsspielraum deutlich. Der wird nach allgemeiner Ansicht als (zulässige) „Verfahrenskompetenz"[27] beschrieben. Die Zeigestruktur kann helfen zu erkennen, dass Verfahrens*kompetenz* – so sorgsam sie auch ausgeübt wird – immer auch eine Verfahrens*macht* ist. *Macht* in dem Sinne, dass sie selbst bei Einhaltung aller professionellen Verhaltensregeln Einfluss auf das Verfahrensergebnis hat.[28] Das Zeigen als Bestandteil der Verfahrensmacht erfordert

---

26 Der zivilprozessuale Begriff der richterlichen Befangenheit (§ 42 II ZPO: „Wegen Besorgnis der Befangenheit findet die Ablehnung statt, wenn ein Grund vorliegt, der geeignet ist, Misstrauen gegen die Unparteilichkeit eines Richters zu rechtfertigen."), insbesondere die Rechtsprechung zu Einzelfällen begründeter Ablehnung, könnte helfen, schärfere Konturen für die Forderung nach Neutralität der Mediatorinnen zu schaffen.

27 Dazu Glenewinkel (1999, S. 91-94), damals allerdings ohne den darin enthaltenen Machtaspekt deutlich zu sehen und zu thematisieren.

28 Besemer (2013) differenziert die Aufgaben der Mediatorinnen nach „Gesprächsmoderation" und „Klärungshilfe". Im Ergebnis steht ihnen die „Oberhandsicherung" zu, d. h. sie müssen die Kontrolle über den Gesprächsverlauf behalten. Das ist mehr oder weniger „herrschende Meinung" unter Mediatorinnen. Strittig ist, ob Mediatorinnen eigene Vorschläge zur Problemlösung anbieten dürfen und wenn ja, wann die Autonomiegrenze der Parteien verletzt ist. Besemer hält es deshalb für „ratsam, Vorschläge und Ideen – wenn überhaupt – in einer Weise einzubringen, dass sie die Streitparteien

ein austariertes ‚Sowohl-als-auch': die persönlichen Grenzen der Parteien sehen und respektieren sowie gleichwohl lenken und führen. Das Zeigen nimmt den mit dem Konflikt verbundenen Stress der Parteien ernst und nutzt die Zeigemöglichkeiten als Angebot in Richtung möglicher *Lösung*swege für den Konflikt. Eine Lösung wäre nach diesem Verständnis nicht nur das Finden eines für beide Seiten akzeptablen Ergebnisses, sondern auch eine Klärung der Interessenslagen sowie ein größeres Verstehen der Gegenseite. Gleichzeitig begrenzt die Zeigestruktur diesen Handlungsspielraum, da Lebensprobleme nur soweit wie möglich und nötig zum Gegenstand der Mediation werden sollen.

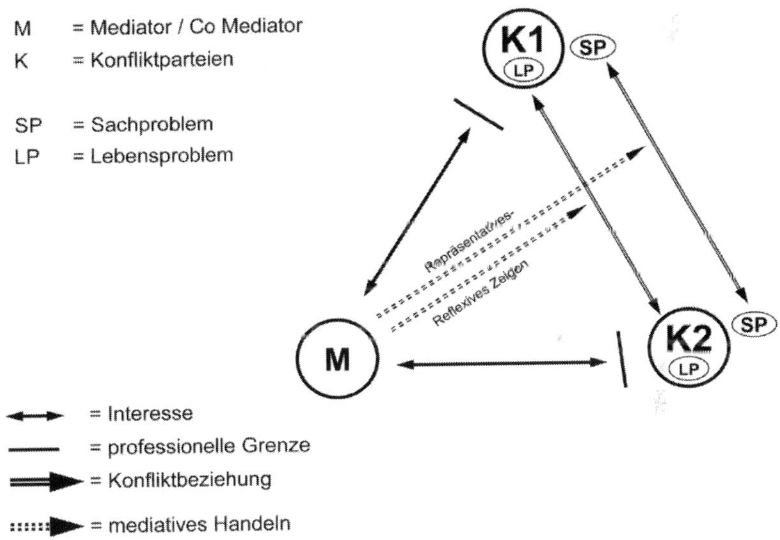

Abb. 40.3 Die Zeigestruktur der Beratung in der Mediation (Quelle: eigene Darstellung)

‚nicht zu stark' beeinflussen. Diese sollen' die Möglichkeit haben, den Vorschlag zurückzuweisen, ohne befürchten zu müssen, die Mediatorinnen dadurch zu ‚verstimmen'" (ebd., S. 131 ff. und S. 135).

40.4.1 Das neue Hexagon der Mediation

Was ist neu an dieser Darstellung der Zeigestruktur in Mediationsverfahren? Zu betonen sind drei Erkenntnisse aus der Beratungsforschung, die hier für Mediation nutzbar gemacht worden sind:

Reduktion von Konflikt-Komplexität

Ein Kernstück gelingender Mediationsarbeit ist die Herausarbeitung der Interessen, die hinter den von den Parteien mitgebrachten Positionen stehen. Die vom Mediator zu leistende strukturierende Unterscheidung der Konflikte in Lebens- und Sachprobleme korrespondiert mit der Verfahrensweise der Mediation, die Interessen hinter den Positionen zu erfragen, und präzisiert dieses Vorgehen. Das klare Abgrenzen – ungeachtet der Tatsache, dass es Mischformen und Vermischungen geben wird – dient der Versachlichung. Der Vorrang der (externalisierten) Sachprobleme erleichtert das Verhandeln. Alles, was objektivierbar ist, lässt sich leichter klären. Je deutlicher dieser Fraktionierungsprozess gehandhabt wird, desto leichter wird die Konflikttransformation. Je mehr die Konfliktparteien den Blick auf ihr eigenes Beratungsdreieck im Mediationsverfahren richten, desto weniger müssen sie mit Schuldzuweisungen an die andere Seite reagieren. Im Ideal versteht die zuhörende Partei, was der Gegenseite wichtig ist, und lagert dieses Wissen in ihrem „Interaktionsgedächtnis" ab (Heck 2016, S. 80 f.).[29]

Die klaren und geraden Linien in Abbildung 40.3, die die Konfliktbeziehungen zwischen den Parteien veranschaulichen – von SP zu SP (bzw. wenn nötig von LP zu LP) – sollen andeuten, wie wichtig das Aufrechterhalten dieser Trennung für das Arbeiten mit der Zeigestruktur sein wird.

Lernen im Konflikt

Lernen ist ein Prozess, der in emotional belasteten Situationen besonders schwer fällt. Er braucht Zeit und Rahmenbedingungen, die das Lernen ermöglichen bzw. erleichtern. Beides ist in Konfliktsituationen besonders schwer zu erreichen,

---

29 Im persönlichen Gespräch führte Heck ergänzend aus: Das Problem ist ja, dass die Mediation nun eine ganze Menge thematisieren kann, aber man braucht Tools um Themen einzugrenzen bzw. um die Art und Weise zu regeln, wie man über den Konflikt spricht (Metakommunikation!). Das vorgeschlagene Vorgehen ist eben eine Art und Weise, über das Gesamtkonfliktgemisch zu sprechen und es nach Lebens- und Sachproblemen zu sortieren und damit zu zerlegen, also Reduktion von Konflikt-Komplexität. In die gleiche Richtung zielt der Ansatz von Schmidt und Kriegel-Schmidt (2012): „Denn erst die Möglichkeit, die Perspektive des anderen in einer von der kontradiktorischen Logik abweichenden Weise einzunehmen, eröffnet die Chance der Verständigung" (ebd., S. 121).

gleichwohl es eine Voraussetzung für gelingende Klärungshilfe ist. Das didaktische Dreieck dient dafür als Grundmuster (Abschn. 40.2.1).

Die Verschiebung vom Problem zum Konflikt (Abschn. 40.3.2) verschärft möglicherweise die aus der Beratung bekannten Schwierigkeiten. Denn die selbstbestimmte Suche nach Konfliktlösungen erfordert von den Konfliktparteien zweierlei: zum einen, dass sie *konfliktbereit* sind, d. h. sehen und akzeptieren, dass es unterschiedliche Wahrnehmungen und unterschiedliche (und jeweils berechtigte) Interessen gibt; und zum anderen, dass sie *konfliktfähig* sind, d. h. die Bereitschaft und die Fähigkeit haben und einbringen, das eigene Verhalten zu reflektieren und neue/andere/ungewohnte Verhaltensweisen auszuprobieren (vgl. Glenewinkel 1999, S. 87 f., Schmidt und Kriegel-Schmidt 2012, S. 118).

Man kann Lernen als eine Umprogrammierung psychischer Strukturen verstehen; erforderlich wäre eine Art von Nachgiebigkeit, die soziologisch auch als „Lernen im Konflikt" bezeichnet werden kann.[30]

Zeigen als Handwerk

Der Blick der Mediatorinnen und ihre Interventionen richtet sich – wie die Abbildung 40.3 deutlich zeigt – in diesem *Hexagon* weniger auf die Konfliktparteien als Personen, sondern vornehmlich auf deren Verhältnis zu den wechselseitigen Konfliktbeziehungen innerhalb der vorgestellten Konfliktthemen.

Das Zeigen als Angebot eines anschaulichen Lernens kann den Konfliktparteien helfen, in Konfliktsituationen Neues auszuprobieren. Die Zeigestruktur arbeitet mit der Unterscheidung zwischen reflexivem und repräsentativem Zeigen. Das repräsentative Zeigen erlaubt mehr Beratungsaktivitäten des Mediators (oder eines hinzugezogenen Sachexperten), ohne dass die Entscheidungsmacht der Konfliktparteien beeinträchtigt würde; vielmehr könnte genau dies die Konfliktparteien entlasten.

30 In Anlehnung an Luhmann spricht Heck (2016) hier von „Lernen im Konflikt", worauf das Mediationsverfahren nach dieser Vorstellung abzielt. In Gerichtsverfahren wird ein Lernen gerade nicht geleistet, der Lernvorgang unberechenbar und somit die Suche nach Schuldigen gefördert.

40.4.2 Der beteiligte Unbeteiligte

Das Gesetz[31] definiert Mediation als „eigenverantwortliche Beilegung eines Konflikts". Dies könnte man als das Substrat zahlreicher Literaturbeiträge verstehen, die die Autonomie der Parteien in der Mediation als theoretischen Strukturkern bewerten (vgl. Glenewinkel 1999, S. 222-224; Hehn 2016, S. 95). Autonomie der Parteien als Selbst-Regelungskompetenz ist ein hoher Anspruch. Im Idealfall gelingen faire Lösungen bei den Sachproblemen; gegenseitiges Verstehen bei den Lebensproblemen; Ergebnisse, die verbindlich geregelt, gemeinsam umgesetzt und zukünftig beachtet werden. Die Autonomieidee für die Parteien korrespondiert mit der Neutralitätsrolle des Mediators. Es geht um die viel und strittig diskutierte Frage nach der Macht des Mediators: Wie weit beteiligt und wo unbeteiligt? Mit der Zeigestruktur im neuen Hexagon der Mediation wird die Rolle der Mediatorinnen anders akzentuiert:

Bisher war der Mediator verantwortlich für die personalen Beziehungen in dem Mediationsdreieck: Je mehr er die Parteien einfühlsam und allparteilich genug verstünde und dementsprechend agiere, je eher würden die Parteien eine Win-Win-Lösung finden. Jetzt übernimmt er deutlicher Verantwortung für die Problembearbeitung, indem er sich auf die Moderation der Beziehungen zwischen den Konfliktparteien fokussiert. Je klarer er die Probleme, die zu dem Konflikt geführt haben, differenzieren kann (und damit den Parteien hilft zu sehen, was zu tun wäre), je eher finden die Parteien zur Einsicht, was sie tun müssten, um zu einer Win-Win-Lösung zu gelangen.[32] Die Nutzung der Zeigestruktur erleichtert es, aus der Konfliktbeziehung zwischen den Parteien einen ‚Lern-' bzw. ‚Verhandlungs-Gegenstand' zu machen und damit das Verfahren, die Parteien und sich selbst zu entlasten.

31 vgl. https://www.gesetze-im-internet.de/bundesrecht/mediationsg/gesamt.pdf. Online als Download verfügbar.

32 Fabricius und Fabricius-Brand (2007) stellen das „Adjusted-Winner"-Verfahren vor, mit dem faire Win-Win-Lösungen – besonders in familienrechtlichen Auseinandersetzungen – möglich sein sollen. Sie beschreiben ein stark formalisiertes Verfahren und die Anwendung einer Gerechtigkeitsformel, womit eine faire Verteilung anhand der persönlichen Präferenzen der Parteien erreicht werden soll. Zufriedenheit soll dadurch zustande kommen, dass im Ergebnis keine Partei der anderen etwas neidet. Dieses Verfahren könnte für die Arbeit mit der *Zeigestruktur* interessant sein, weil in einem mehrstufigen Verfahren der jeweilige Wert der Sache in Punkten ausgehandelt wird und damit konkret, vergleichbar und nachvollziehbar „auf-ge-zeigt" werden kann (vgl. dazu auch Kohlhage im selben Band, Kapitel 18).

Die Möglichkeiten des Zeigens werden von der Unterscheidung zwischen Sach- und Lebensproblemen mitbestimmt. Sachprobleme erfordern zu ihrer Lösung objektives Wissen.[33] Zur Darstellung steht ihm das repräsentative Zeigen zur Verfügung. Das Zeigen wird zudem vom Rollenverständnis der Mediatorinnen (vgl. FN 12, Haft 2016) beeinflusst. Danach kann das Zeigen sich entsprechend der folgenden Rollen konstellieren:

- Als *Katalysator* zeigt er Gelassenheit und verändert allein durch seine Anwesenheit die Konfliktsituation;
- als *Chairman* zeigt er, wie aktive Verhandlungsführung gelingt;
- als *Enunciator* zeigt er, wie man die Informations- und Argumentationsbasis erweitert;
- als *Agent of Reality* zeigt er, was nach seiner realistischen, rechtlichen, situations-bezogenen Einschätzung machbar wäre und was nicht;
- als *Informationsmittler* zeigt er, wie man Regeln verabreden kann, mit deren Hilfe Informationen zwischen den Parteien transportiert und gehört werden können;
- als *Evaluator* zeigt er, was er zu der jeweiligen Situation meint und wie er eine bestimmte Situation bewerten würde;
- als *Leader* zeigt er, wie er entscheiden würde, wenn er entscheiden könnte, oder wie andere in ähnlichen Situationen entschieden haben.

Jede Form dieses Zeigens ist *repräsentativ*, d. h. so könnte es gehen. Alles, was ich zeige, ist kein Ausdruck persönlicher Wertschätzung (oder Kritik), sondern repräsentiert das Verfahren, vernünftig mit Konflikten umgehen zu lernen. Der Unterton jeglichen Zeigens lautet: Ihr Konfliktparteien müsst letztlich eure eigenen Entscheidungen fällen und sie auch verantworten.

Lebensprobleme beruhen auf subjektivem Wissen, können also auch nur von der jeweiligen Partei benannt, verdeutlicht oder erklärt werden. Die Mediatorinnen haben lediglich die Möglichkeit, ihr Handwerkszeug zu nutzen und sinnvoll einzusetzen. Vor allem können sie den Parteien einen Spiegel vorhalten (die wichtigste Technik dazu nennt man Spiegeln), ihnen ihre Wahrnehmung mitteilen, das Gesagte reflektieren, mit neuen, fiktiven Lösungsmöglichkeiten spielen, Situationen

33 Es könnte hilfreich sein, einmal über Wissensformen der Mediation nachzudenken und dabei die Unterscheidung von propositionalem („Knowing That") und nicht-propositionalem Wissen („Knowing How") zu nutzen. Luhmann hat einmal vorgeschlagen, Ehepaare sollten sich zur Hochzeit einen Großen Brockhaus anschaffen – dann gäbe es eine klare Grundlage zur Klärung von *Sachproblemen*.

umdeuten. Dieses Zeigen ist immer *reflexiv* und erfordert eine dementsprechend geschulte Zeigekompetenz.

In jedem Fall bestimmen die Mediatorinnen weitgehend das Klima der Verhandlungen. Lernen gelingt über Personen, besonders über Personen, die glaubwürdig, freundlich und stimmig sind; ganz unabhängig von der Art des Zeigens setzen sie Akzente durch die Gestaltung des Settings. Damit können die Parteien sehr früh lernen, dass es um ein „Sowohl-als-auch" geht: freundlich im Umgang *und* klar in der Ansprache, miteinander reden *und* Konflikte bearbeiten – also das eine *und* das andere ist möglich.

40.5 Offene Fragen an Praktiker und Forscher aus der Perspektive der Beratungsforschung

Mit der hier vorgestellten Zeigestruktur wird behauptet, dass damit eine Reihe von Chancen für die Mediationspraxis verbunden sein können. Dabei wird nicht verkannt, dass fast alle Chancen zugleich vielfältige Einwände zur Machbarkeit und Nützlichkeit einer solchen Zeigestruktur nach sich ziehen werden. Gleichwohl sollen diese Einwände zu offenen Fragen führen, die Mediatorinnen zum Ausprobieren und Forscherinnen unterschiedlicher Disziplinen zur Suche nach Antworten anregen könnten.

40.5.1 Zur Rolle der Mediatorinnen

Kann ein Verständnis der Zeigestruktur in Mediationsverfahren zu einer Entlastung der Mediatorinnen führen:

- Vom Erfolgsdruck?
- Vom Widerspruch zwischen Verfahrensmacht und Neutralitätsgebot?
- Von der Sorge um geheime Sympathie und Antipathie gegenüber den Konfliktparteien?
- Wenn *Ja*, was müsste folgerichtig neu oder anders geregelt bzw. in Ausbildungsordnungen festgeschrieben werden?
- Sind die aufgewiesenen Zeigemöglichkeiten mit den vorherrschenden Vorstellungen über die Neutralitätspflicht der Mediatorinnen vereinbar?
- Wenn *Nein*, wie kann dann die Rolle des Mediators als unbeteiligtem Beteiligten neu definiert und praxistauglich bestimmt werden?

- Kann das Arbeiten mit der Zeigestruktur Co-Mediation – insbesondere von Mediatorinnen mit unterschiedlicher Herkunft und Ausbildung – erleichtern bzw. befördern?
- Wenn *Ja*, was wäre zu unternehmen, um für eine solche Zusammenarbeit zu motivieren?

40.5.2 Das Zeigen als Handwerkszeug

- Ist die Zeigestruktur ein handhabbares Handwerkszeug?
- Unterscheidet es sich deutlich genug von bisherigen Verhaltensmöglichkeiten der Mediatorinnen?
- Sind die Unterscheidungen zwischen Lebens- und Sachproblemen sowie reflexivem und repräsentativem Zeigen praktikabel?
- Wenn *Ja*, welche Kompetenzen müssten in Mediationsausbildungen zukünftig mehr gefördert und gestärkt werden?

Wenn die Zeigestruktur mit ihrer inneren Verbindung von Zeigen und Lernen erfolgreich praktiziert werden soll, müsste möglicherweise auch ein anderes Zeit-Verständnis von Mediationsverfahren erprobt werden. Bisher sind möglichst wenige Sitzungen in ziemlich schneller Folge ein erstrebenswertes Ziel. Erfolgreiches Zeigen braucht Zeit zum Lernen, d. h. zum Verstehen des Gezeigten, zum Vertiefen und Ausprobieren.

- Wie müsste das Verfahren mit seinen Sitzungen und Terminen organisiert werden, damit ausreichend ‚Lernzeit' zur Verfügung stünde?
- Sind die Überlegungen zur Fairness im ‚Adjusted Winner'-Verfahren mit einem Verständnis der Zeigestruktur verträglich?

40.5.3 Ein Multi-Door-Beratungshaus

- Ist es inhaltlich vertretbar, *Beratung* zu einem übergreifenden Klärungshilfeverfahren (und konsequenterweise Mediation zu einer Subform von Beratung) zu erklären?
- Ist es empfehlenswert, die Idee eines Multi-Door-Beratungshauses in einem Pilotprojekt auf seine Tauglichkeit und seinen möglichen Nutzen zu erproben?
- Wenn *Nein*, gibt es andere Möglichkeiten, die verschiedenen Klärungshilfeverfahren und ihre Varianten (alle Mediationsformen wie Beratung, Schlich-

tung, Vermittlung, Therapie, Verhandlung, Supervision, Coaching) zu einem kooperativen Streitbeilegungsnetz zu verknüpfen, in dem nicht nur die jeweiligen Unterschiede sichtbar, sondern auch adäquate Zugangsmöglichkeiten für Außenstehende erkennbar werden?

- Wenn *Nein*, welche Konsequenzen wären dann für den Container-Begriff Mediation zu ziehen?

40.6 Ausblick

Unsere – der beiden Autoren – gemeinsame Beschäftigung mit Mediation spiegelt ein Stück weit die Situation von Mediation heute wider: Sie ist ein semantisch, professionell und disziplinär mehrfach besetztes Gelände. In starkem Maße wird sie von sich fortwährend verändernden gesellschaftlichen Bedingungen beeinflusst. Das zeigt sich nicht nur in immer neuen Konflikttypen und dementsprechend neuen Ansprüchen und Herausforderungen; sondern auch an den unterschiedlichen Perspektiven der jeweiligen Akteure. Mediation ist ein ‚polykontextualisiertes Phänomen'; wir Autoren repräsentieren davon Praxis und Theorie, Machbarkeit und Wissenschaftlichkeit.

Bei dem Versuch, diese Komplexität auf angemessene Weise zu reduzieren, ist häufig unklar, wonach eigentlich gesucht wird: Geht es um die Reflexionstheorie einer Profession, oder geht es um die wissenschaftliche Theorie einer Handlungsform; oder anders formuliert: um Wissenschaft, Handwerk oder Kunst? Einigkeit könnte wahrscheinlich darüber hergestellt werden, dass Mediation keine eindeutige disziplinäre Heimat hat und auch als Profession über keine eindeutige ‚Systemreferenz' verfügt: Es gibt Mediation im Recht wie in der Erziehung, in der Politik (lokal, regional, national und global), aber auch in Familien- und Beziehungskonstellationen. Kurzum: kein Konflikttyp, der nicht unter Mediationsansprüche gebracht werden könnte.

In dieser Lage läuft unser Vorschlag darauf hinaus, sich auf *mediatorische Grundoperationen* zu besinnen, auf das also, was Mediatoren tatsächlich in Konfliktsituationen tun. Wir gehen davon aus, dass jede Konfliktlösung einen Lernprozess erfordert, der durch das mediatorische Handeln angeregt, auf je besondere Weise herausgefordert und dadurch zu beeinflussen versucht wird. Um die Vielfalt dieses besonderen Handelns einerseits zu erfassen und es andererseits nicht vorschnell und ungeprüft an bestimmte Konzepte und Sichtweisen zu binden, braucht es einen ‚Gegenstandsbegriff zweiter Ordnung': das *Zeigen*. Mediatoren zeigen Bestimmtes auf bestimmte Weise, vornehmlich repräsentativ und reflexiv. Konfliktparteien reagieren auf das Gezeigte mit Lernen. (Anders als in der Schule geht es hier aber im Sinne von Carl Rogers (1974) um „signifikantes Lernen", um solches also, das biografisch bestimmt und situativ von existentieller Bedeutung ist.) Man könnte also Mediation gleichsam als die *Einheit der Differenz von Zeigen und signifikantem Lernen in Konfliktsituationen* auffassen. Dass damit alle Probleme – die theoretischen und die praktischen – gelöst wären, wird nicht behauptet. Wie tragfähig der Vorschlag ist, es einmal mit dieser eher ungewohnten Sichtweise zu versuchen, wissen wir natürlich nicht. Das muss weiteren Arbeiten vorbehalten bleiben und wird sich erst in Zukunft nicht zuletzt mit der Beantwortung der aufgeworfenen Fragen ‚zeigen'.

Literatur

Aschenbrenner, J. B. & Friedman, G. J. (2015). Inside out. How Conflict Professionals Can Use Self Reflection to Help Their Clients. *ZKM* 6, 199.

Besemer, C. (2013). *Mediation. Die Kunst der Vermittlung in Konflikten.* Baden: Werkstatt für Gewaltfreie Aktion.

Fabricius, D. & Fabricius-Brand, M. (2007). Mehr Fairness und Gerechtigkeit in familienrechtlichen Verfahren mit „win-win"? Teil 1 und 2. *Zeitschrift für Konfliktmanagement 2 und 3*, 58-62 und 84-87.

Glasl, F. (1994). *Konfliktmanagement. Ein Handbuch für Führungskräfte und Berater.* Bern: Haupt/Stuttgart: Freies Geistesleben.

Glenewinkel, W. (1999). *Mediation als außergerichtliches Konfliktlösungsmodell. Am Beispiel der Trennungs- und Scheidungsmediation in der Bundesrepublik Deutschland.* Stuttgart: ibidem.

Greger, R. (2015). Unter falscher Flagge – Zum Fehlgebrauch des Mediationsbegriffs und seinen Folgen. *Zeitschrift für Konfliktmanagement 6*, 172-176.

Haft, F. (2016). Verhandlung und Mediation. In F. Haft & K. Gräfin von Schlieffen (Hrsg.), *Handbuch Mediation* (S. 99-108). München: C.H. Beck.

Haft, F. & Schlieffen, K. Gräfin von (2016). Vorwort zur dritten Auflage. In F. Haft & K. Gräfin von Schlieffen (Hrsg.), *Handbuch Mediation* (S. IX-XI). München: C.H. Beck.

Heck, J. (2016). Der beteiligte Unbeteiligte. Wie vermittelnde Dritte Konflikte transformieren. *Zeitschrift für Rechtssoziologie – The German Journal of Law and Society 1*, 58-87.

Hehn, M. (2016). Entwicklung und Stand der Mediation – ein historischer Überblick. In F. Haft & K. Gräfin von Schlieffen (Hrsg.), *Handbuch Mediation* (S. 77-98). München: C.H. Beck.

Iser, A. (2009). Verhältnisbestimmung von Supervision und Mediation. In R. Haubl & B. Hausinger (Hrsg.), *Supervisionsforschung. Einblicke und Ausblicke* (S. 72-91). Göttingen: Vandenhoeck & Ruprecht.

Kirchhoff, L. & Schroeter, K. (2006). Lehrmodul 4: Mediations„wissenschaft"? *Zeitschrift für Konfliktmanagement 2*, 56-59.

Kraft, V. (2007). Operative Triangulierung und didaktische Emergenz: Zur Zeigestruktur der Erziehung. In J. Aderhold & O. Kranz (Hrsg.), *Intention und Funktion. Probleme der Vermittlung psychischer und sozialer Systeme* (S. 140-158). Wiesbaden: VS Verl. für Sozialwiss.

Kraft, V. (2009). *Pädagogisches Selbstbewusstsein. Studien zum Konzept des Pädagogischen Selbst.* Paderborn et al.: Schöningh.

Kraft, V. (2011). Beraten. In J. Kade et al. (Hrsg.), *Pädagogisches Wissen. Erziehungswissenschaft in Grundbegriffen* (S. 155-161). Stuttgart: Kohlhammer.

Kraft, V. (2017). *Erziehung – Beratung – Psychotherapie. Eine Einführung in Unterscheidungen.* Stuttgart: Kohlhammer (in Vorbereitung).

Kriegel-Schmidt, K. (2012). *Interkulturelle Mediation – Eine Konstruktion. Plädoyer für ein Perspektiven-reflexives Modell.* Berlin: LIT.

Motz, O. (2016). „Ein leitendes Gefühl" – auf dem Weg zu professioneller Mediation? *Zeitschrift für Konfliktmanagement 1*, 21-23.

Prange, K. (2012). *Die Zeigestruktur der Erziehung. Grundriss der Operativen Pädagogik.* Paderborn et al.: Schöningh.

Proksch, R. (1989). Alternative Streitentscheidung im Scheidungsfolgenrecht. Überlegungen zur Übertragbarkeit US-Amerikanischer Vermittlungsintervention während und nach der Scheidung in das Recht der Familiengerichtshilfe. *Archiv für soziale Arbeit*, 71-111.

Rammert, M. (2003). Mediation bei den Schiedsämtern und Schiedsstellen. *Schiedsamts-Zeitung 2*, 25-29.

Rogers, C.R. (1974). *Lernen in Freiheit. Zur Bildungsreform in Schule und Universität.* München: Kösel.

Schmidt, K. & Kriegel-Schmidt, K. (2012). Der Einfluss triadischer Kommunikation auf Identitätsarbeit und Verständigung – Forschungsansätze der Objektiven Hermeneutik für Mediation. In D. Busch & C.-H. Mayer (Hrsg.), *Mediation erforschen* (S. 118-133). Wiesbaden: VS Verl. für Sozialwiss.

Simmel, G. (1908). *Soziologie. Untersuchungen über die Formen der Vergesellschaftung.* Berlin: Duncker & Humblot. Online verfügbar unter: http://socio.ch/sim/soziologie/index.htm (zuletzt abgerufen am 10.3.2017).

Sünkel, W. (1996). *Phänomenologie des Unterrichts. Grundriß der theoretischen Didaktik.* Weinheim & München: Juventa.

Thomann, C. & Prior, C. (2007). *Klärungshilfe 3. Das Praxisbuch.* 3. Aufl., Hamburg: Rowohlt.

Thomann, C. & Schulz von Thun, F. (1992). *Klärungshilfe – Handbuch für Therapeuten, Gesprächshelfer und Moderatoren in schwierigen Gesprächen.* Reinbek: Rowohlt.

Witte, E. H., Sibbert, J. & Kesten, I. (1992). *Trennungs- und Scheidungsberatung. Grundlagen, Konzepte*, Angebote. Göttingen: Verlag für Angewandte Psychologie.

Teil IV

Qualifikationsarbeiten als Ressource für die Erforschung von Mediation?

Masterarbeiten in Mediations-Studiengängen

41

Ungehobene Schätze für die (empirische) Mediationsforschung?

Kirsten Schroeter und Ulla Gläßer

41.1 Einführung: Master-Studiengänge als Motor für die Mediationswissenschaft

Mediation kann aus einer Vielzahl von disziplinären Perspektiven theoretisch wie praktisch nutzbringend erforscht werden; Mediationswissenschaft stellt damit eine ‚Schnittmengenwissenschaft'[1] dar. Gleichwohl ist die Zahl an publizierten (insbesondere empirisch basierten) Forschungsarbeiten, die sich explizit dem Themenfeld Mediation widmen, im deutschsprachigen Raum nach wie vor sehr gering. Viele Veröffentlichungen im Bereich Mediation und Konfliktmanagement stellen eher persönliche Meinungsäußerungen dar oder bereiten bereits publiziertes Gedankengut nochmals auf (s. auch Gläßer und Kirchhoff 2015); originäre Forschungsergebnisse im Sinne einer Dokumentation systematisch gewonnener, neuer Erkenntnisse finden sich dagegen eher selten.

Der Forschungsstoff und -bedarf zum Thema Mediation aber ist enorm – nicht zuletzt angesichts der fortschreitenden Etablierung des Verfahrens in immer mehr Lebensbereichen. Das Mediationsverfahren kommt inzwischen in Familienstreitigkeiten, Wirtschaftskonflikten, öffentlichen Planungsverfahren und internationalen Krisen zur Anwendung. Die Einsatzorte von Mediatoren reichen dabei vom Schulhof über den Gerichtssaal bis in die Vorstandsetage von Großkonzernen.

Allein aus der vertiefenden – geschweige denn der vergleichenden – Betrachtung der unterschiedlichen Einsatzbereiche von Mediation mit ihren jeweiligen Kontextbedingungen, rechtlichen Rahmungen und Erfolgsdefinitionen ergäbe sich eine Fülle lohnender Forschungsfragen.

1 Zum Stand der wissenschaftlichen Beschäftigung mit Mediation im deutschsprachigen Raum vor genau einem Jahrzehnt sowie den Anforderungen an und Rahmenbedingungen für eine Mediationswissenschaft siehe Kirchhoff und Schroeter (2006).

Ergänzend zu einer forscherischen Adlerperspektive auf Einsatzfelder und -möglichkeiten von Mediation wäre das konkrete Handeln der Mediatoren näher in den Blick zu nehmen. Auch hierzu liegen eine Reihe von relevanten Leitfragen nahe:

Wissen Mediatoren, was sie tun?[2] Im Zuge der (notwendigen) Professionalisierung von Mediation muss die Entwicklung einer Mediationsmethodik, die diesen Namen auch verdient,[3] wissenschaftlich unterstützt werden. Dafür bedarf es auch der empirischen Erfassung der Anwendungskriterien und Wirkweisen mediativer Interventionen[4] in den unterschiedlichen Mediationssettings, -prozessen und -stilen. In Ergänzung und Weiterführung der Vielzahl von normativen, quasi lehrbuchartigen Veröffentlichungen darüber, wie Mediation idealerweise sein sollte, benötigt es mehr Kenntnisse darüber, wie Mediation tatsächlich ist.

Wie halten es Mediatoren mit Rechtsfragen im Verfahren? Obschon der Umgang mit rechtlichen Positionen und Argumenten wesentlicher Bestandteil sämtlicher Mediationsausbildungen ist (oder sein sollte[5]), sind die Kenntnisse über die diesbezügliche tatsächliche Praxis von Mediatoren bislang allenfalls anekdotisch. Dies verwundert umso mehr, als der Umgang mit Recht doch besonders heikel und sensibel mit Blick auf die Wahrnehmung der Allparteilichkeit der Mediatoren ist – und sich hierin jedenfalls das Rollenverständnis und der Stil eines Mediators ausdrücken. (Nicht zuletzt deshalb war der Umgang mit Recht – damals mit Bezug auf die Tätigkeit von Richtern als Mediatoren bei Gericht – einer der Kristallisationspunkte der mediationspolitischen Debatte, die das Gesetzgebungsverfahren begleitete.)

Wie erleben Mediationsparteien das Verfahren und seine (auch langfristige) Wirksamkeit? Die Herangehensweisen und Wirkprinzipien von Mediation werden zunehmend nach Schulen ausdifferenziert; dies geht mit teilweise sehr unterschiedlichen Versprechen über die spezifische Logik der Wirksamkeit einher.[6] Fast alle Veröffentlichungen hierzu argumentieren aus der Perspektive der Mediatoren;

2 Diese Grundfrage an das Handeln von Dritten, die zwischenmenschliche Prozesse begleiten und befördern, stellt sich analog in Beratung, Coaching und Supervision (siehe Busse und Ehmer 2010); hier sind befruchtende Querbezüge zur Konfliktarbeit herzustellen.

3 Mit dem Begriff der Methodik wird die Gesamtheit der in einem (Fach-)Bereich verwandten Methoden sowie die Forschung über und Lehre von diesen Methoden erfasst; siehe dazu Gläßer (2016, S. 359, insbes. Fn. 5).

4 Siehe dazu Gläßer (2016).

5 Siehe dazu Punkt 7 der Anlage zur Verordnung über die Aus- und Fortbildung von zertifizierten Mediatoren (ZMediatAusbV 2016).

6 Für einen aktuellen Überblick (samt kritischer Einordnung) siehe das Schwerpunktheft „Kontroverse Modelle der Mediation" (Troja et al. 2015).

das tatsächliche Erleben der Parteien bleibt zumeist unbeleuchtet. Auch systematische Analysen der Nachhaltigkeit von Mediationsvereinbarungen aus diversen Konfliktbereichen liegen nicht vor. Nicht zuletzt sind zu den (oft behaupteten) Transfereffekten aus der Teilnahme an einer Mediation in das zukünftige eigene Konfliktverhalten der Parteien keine Befunde bekannt.

Für die bislang trotz alledem geringe Zahl an forschungsbasierten Veröffentlichungen gibt es eine Reihe von Gründen:

Das Feld der Mediation ist schwer zugänglich – zum einen wegen der hohen Vertraulichkeitsanforderungen der Konfliktparteien, zum anderen, weil sich Mediatoren (quantitativ und qualitativ) ungern ‚in die Karten schauen lassen'.

Forschung, insbesondere empirische Forschung, kostet Zeit und macht viel Arbeit. Ein großer Teil der Publikationen zu Mediation wird immer noch von Praktikern geschrieben, die nicht die Ressourcen für eine Forschungsarbeit haben. Umgekehrt sind im Hochschulkontext im deutschsprachigen Raum nur wenige einschlägige Institute bzw. Lehrstühle/Professuren vorhanden, die im Feld Mediation/Konfliktmanagement ausreichend beheimatet und erfahren sind, um praxisrelevante Forschung initiieren und begleiten zu können.[7]

Insbesondere das für dieses Forschungsfeld besonders naheliegende und fruchtbare Scholar Practitioner-Modell, in dem sich akademisch und praktisch ausgerichtete Tätigkeiten gleichrangig ergänzen und gegenseitig befruchten, findet bisher im klassisch akademischen Umfeld wenig Akzeptanz und ist deshalb für Menschen mit akademischen Karrierevorstellungen eine riskante biografische Variante. Auch für die nötige disziplinübergreifende Arbeitsweise und Vernetzung lassen sich akademisch eher wenig ‚Lorbeeren' ernten.

Die Zahl der explizit auf Mediation ausgerichteten Studiengänge im deutschsprachigen Raum lässt sich beinahe an einer Hand abzählen; diese Studiengänge sind überwiegend ausbildungs- und nicht (primär) forschungsorientiert ausgerichtet. Dieses Phänomen spiegelt – neben arbeitsökonomischen Erwägungen vieler Studiengangsverantwortlicher – sicherlich das nach wie vor wenig entwickelte Selbstverständnis von Mediatoren als auch akademisch bzw. wissenschaftlich fundiert Tätige wieder (und verweist insofern auch auf die – offene – Frage nach dem Gelingen der Professionalisierung von Mediation[8]).

---

7 Zu den jüngsten Entwicklungen des Themenfelds Mediation in der Hochschullandschaft siehe im Einzelnen Gläßer und Kirchhoff (2015).

8 Siehe dazu von Schlieffen (2010) sowie insbesondere mit skeptischen Einschätzungen Maiwald (2004).

Gerade deswegen stellt sich die Frage, ob und wie Master-Studiengänge im Themenfeld Mediation und Konfliktmanagement dazu beizutragen können, die dargestellte Forschungslücke kleiner werden zu lassen.

41.2 Potenzial

Auf den ersten Blick erscheint der mögliche Forschungsbeitrag durch Master-Studiengänge vielversprechend: Ein Hochschul-Studiengang im Feld Mediation – in Abgrenzung zu einer reinen Praxisausbildung – legitimiert sich nicht zuletzt aus dem Ansatz, das Verfahren und seine konzeptuelle Einbettung wissenschaftlich fundiert zu vermitteln. Insofern sollten den Studierenden die entsprechenden Grundlagen und das Diskursfeld einer wissenschaftlichen Perspektive auf Mediation am Ende des Studiums vertraut sein. Auch ein nicht explizit forschungsorientiert ausgerichteter Master-Studiengang ist qua Einbindung in akademische Logiken zwingend darauf ausgerichtet, die Studierenden zum eigenständigen wissenschaftlichen Arbeiten anzuleiten und zu befähigen. Diese Hinführung erfolgt über mehrere Semester, idealerweise durch eine daraufhin angelegte Choreografie von spezifischen studienbegleitenden Leistungen, an deren Ende unter allen Umständen eine wissenschaftliche Abschlussarbeit anzufertigen ist. All dies legt nahe, dass hier wesentliche Anschubenergie für explizit mediationsbezogene Forschung entstehen sollte.

Die Zusammensetzung von Studierenden und Lehrenden an einem typischen postgradual ausgerichteten[9] Master-Studiengang Mediation bietet beste Voraussetzungen für disziplinübergreifenden Austausch und das Entwickeln inter- und transdisziplinärer Forschungsfragen. Die beteiligten Akteure entstammen verschiedenen Disziplinen und sollten in ihrer jeweiligen Disziplin gehörige Studienerfahrung aufweisen. Sie schreiben (in aller Regel) nicht zum ersten Mal eine wissenschaftliche Abschlussarbeit; sie sind im Wesentlichen mit den Herausforderungen in der Konzeption und Durchführung einer Forschungsarbeit – jedenfalls unter den Bedingungen ihrer ‚Heimat-Disziplin' – vertraut. So wissen sie etwa um die Bedeutung einer klaren Fragestellung, einer soliden Methodik und einer guten Selbstorganisation sowie um die typischen Fallstricke in einem solchen Forschungsprozess.

9 Mediations-Studiengänge in Deutschland sind ganz überwiegend als berufsbegleitende Weiterbildungsstudiengänge konzipiert. Dies bedeutet, dass in aller Regel ein Hochschulabschluss und gewisse Berufserfahrung Zugangsvoraussetzungen sind.

Die Entscheidung für ein Studium – statt oder in Ergänzung zu einer reinen Mediations-Praxisausbildung – erfolgt regelmäßig sehr bewusst. Ein explizites Forschungsinteresse ist oft Teil der Studienmotivation; bisweilen formulieren Studierende die Einschätzung, ihr erstes Studium jedenfalls in forscherischer Hinsicht nicht voll ‚ausgekostet' zu haben und dies nunmehr nachholen zu wollen. Das Studium findet berufsbegleitend statt, so dass die Studierenden häufig langjährige Erfahrungen aus einer anspruchsvollen Berufspraxis mitbringen; sie haben vor diesem Hintergrund oft ein gutes Gespür für handlungs- und praxisrelevante Forschungsfragen. Sie werden bei ihren Masterarbeiten in der Regel durch Mediationsexperten mit eigener Praxiserfahrung begleitet, die ebenfalls dazu beitragen, dass eine breite Verortung der Forschungsfragen im Diskursfeld stattfindet, und somit die mediationspraktische Relevanz sicher stellen.

41.3 Hürden

Gute Voraussetzungen für Inter- und Transdisziplinarität sind allerdings beileibe kein Garant für deren Gelingen. Inter- und transdisziplinäres Arbeiten erfordert einen hohen Grad an (nicht nur begrifflicher) Verständigung. Unterschiedliche Herkunftsdisziplinen bringen es mit sich, dass Studierende sehr unterschiedliche Vorstellungen von wissenschaftlicher Arbeit und daran anzulegenden (inhaltlichen, methodischen, formalen) Standards mitbringen. Dies gilt in besondere Weise für empirische Forschungsarbeiten. Forscherische Neugier in Form eines starken Interesses für das eigenständige Erheben von Daten und für einen systematischen Kontakt mit Mediationsrealität geht nicht selten einher mit mangelnden methodischen Kompetenzen bzw. mangelnden Erfahrungen im empirischen Arbeiten: So bestehen zunächst unrealistische Vorstellungen über ein geeignetes, angemessen zugeschnittenes Thema und dessen Realisierbarkeit. Dieses Phänomen stellt das Personal eines Studiengangs vor die Frage, inwiefern und mit welchem Aufwand (für Studierende wie Betreuende) derartige Kompetenz- und Erfahrungsdefizite auszugleichen sind. Nicht zuletzt ist dabei der Aspekt von vergleichbaren Wettbewerbsbedingungen für Studierende im Studienabschluss im Blick zu behalten.

Forschung, insbesondere empirische Forschung, braucht Zeit. Studien- und Prüfungsordnungen enthalten enge Zeitvorgaben für das Anfertigen einer berufsbegleitenden Masterarbeit (in der Regel eine Zeitspanne von drei bis vier Monaten), diese empfinden ‚Studierende in der Mitte des Lebens', die beruflich wie privat in vielfältigen Bezügen und Verantwortlichkeiten stehen, als besonders limitierend. Forschung, insbesondere empirische Forschung im Themenfeld Mediation, braucht auch deswegen Zeit, weil das Feld nicht ohne Weiteres zugänglich ist – die Wege zum Erheben von Daten sind jeweils neu zu (er)finden. Allein dieser Schritt erfordert nicht selten gründliche Recherche, hohen Kommunikationsaufwand und bedarf ggf. auch formaler Legitimierung (z. B. über das Einholen einer Genehmigung eines Ministeriums für die Durchführung einer Fragebogenerhebung in nachgeordneten Behörden). Anders als im Bereich der Psychotherapie, wo es üblich ist, dass an Ausbildungsinstitute eine Ambulanz angeschlossen ist, über die Forschungsprojekte mitlaufen, ist im Feld der Mediation insbesondere der Zugang zur Perspektive der Parteien kaum möglich.

Im Rahmen einer Masterarbeit kann und soll eine klar umgrenzte Fragestellung bearbeitet werden. Reichweite, Tiefe und Umfang der Arbeit sind insofern begrenzt, in der Regel wird man von einem Anfang in der Bearbeitung eines Themas sprechen können. Zu beobachten ist, dass aus den Abschlussarbeiten im Rahmen von Master-Studiengängen viele einzelne Anfänge entstehen –, dass aber kaum Bezüge hergestellt oder gar systematisch aufeinander aufgebaut wird. Das ist zum einen darin begründet, dass bereits abgeschlossene Masterarbeiten oft nicht oder nur schwer für Studierende zugänglich sind. Dies wiederum hängt von der Veröffentlichungs- bzw. Archivierungspraxis des jeweiligen Studiengangs ab; bei Verlagen stößt das ‚schmale Format' von Masterarbeiten auf geringes Interesse. Zum anderen ist es Ausdruck bisher leider kaum vorhandener thematisch, einschlägiger Forschungsprogramme, aus denen heraus kohärent Teilfragestellungen in einem größeren wissenschaftlichen Kontext bearbeitet werden könnten.

41.4 Möglichkeiten des Umgangs mit den Hürden

Master-Studiengänge Mediation sind insofern aufgefordert, einen Umgang mit diesen Hürden zu entwickeln, der es erlaubt, das große Potenzial von Masterarbeiten für die Beförderung von Mediationsforschung möglichst umfassend zu bergen. Unmittelbare Gestaltungsmöglichkeiten ergeben sich dabei zunächst auf der Ebene der Studienbedingungen vor Ort und insbesondere der individuellen Betreuung. Die folgenden Facetten zeigen exemplarisch den diesbezüglichen aktuellen Status quo im Master-Studiengang Mediation und Konfliktmanagement an der Europa-Universität Viadrina[10] und sind somit die Quintessenz aus zehn Jahren Begleitung von Masterarbeiten.

10 Grundsätzliche Überlegungen zur Konzeption eines Master-Studiengangs im Bereich Mediation finden sich bei Gläßer (2012).

Unserer Erfahrung nach hat es sich bewährt, die Studierenden möglichst frühzeitig mit der mehrfachen ‚Herausforderung Masterarbeit' zu konfrontieren und die möglichen Schwierigkeiten dabei nicht zu beschönigen. So erhalten bei Bedarf Interessenten bereits vor der Studienentscheidung eine abstrakt-generelle Vorab-‚Warnung' vor den besonderen Hürden der Anfertigung einer Masterarbeit in einem berufsbegleitenden Studium. In der Mitte des Studiums hat sich als nützliches Instrument zur Verständigung über die grundlegende Perspektive des Master-Studiengangs Mediation auf die Masterarbeit und mit ihr verbundenen Fragen der sogenannte ‚Methoden-Workshop' erwiesen, eine eintägige fakultative Veranstaltung im Anschluss an eine verpflichtende Präsenzveranstaltung durchzuführen, in deren Rahmen Mitarbeiter des Studiengangs zum einen in die wesentlichen Voraussetzungen und Rahmenbedingungen für die Anfertigung einer Masterarbeit einführen. Hierbei werden auch konkrete Qualitätsmaßstäbe für gute Arbeiten vorgestellt und an Beispielen verdeutlicht; die Qualitätskriterien bilden dann später auch die Grundlage und explizite Struktur für die Gutachten und Bewertungen. Zum anderen bietet der Methoden-Workshop die Gelegenheit, die Annäherung und Konkretisierung erster Forschungsideen beratend zu unterstützen und somit anhand von konkreten Beispielen zu illustrieren, wie Zuschnitt und Bearbeitung von Forschungsfragen idealerweise erfolgen könnten. In diesem Workshop erfolgt auch eine gesonderte Aufklärung über die spezifischen (zeitlichen und methodischen) Anforderungen und Unwägbarkeiten einer empirischen Arbeit.

Im Stadium der Themenwahl haben wir für empirische Vorhaben mittlerweile bewusst ein ‚Nadelöhr' geschaffen: Arbeiten mit einem empirischen Schwerpunkt müssen eigens zugelassen werden – Voraussetzung dafür ist entsprechendes forschungsmethodisches Know-how. Dies ist individuell durch entsprechende Qualifikationsnachweise (etwa aus dem ersten Studium) zu belegen. Sollten keine ausreichenden Methodenkenntnisse vorliegen, ist zu klären, ob und wie dies kompensiert werden kann. Denn der Master-Studiengang kann dabei nur in begrenztem Maße spezifische Unterstützung leisten, da für die Erstellung der Arbeiten gleiche Wettbewerbsbedingungen zu gewährleisten sind. Die Verantwortung, eine entsprechende forschungsmethodische Qualifikation zu erwerben – sei es durch entsprechend aufwändigere Einarbeitung in einschlägige Literatur, sei es durch Teilnahme an entsprechenden Schulungen – liegt also bei den Studierenden. Diese Selbstverpflichtung zur eigenständigen Qualifizierung wird förmlich erklärt, um – auch im Sinne einer Fürsorge für die Studierenden – sicher zu stellen, dass eine maximal informierte Entscheidung getroffen wird.

Über die ersten Jahrgänge hinweg machten wir wiederholt die Erfahrung, dass es vielen berufstätigen Studierenden trotz geeigneten Themas und bester Vorsätze nicht gelang, ihr Thema zufriedenstellend zu bearbeiten, da im letzten (dritten)

Studiensemester Lehrveranstaltungen mit ihren zugehörigen Leistungsnachweisen, Masterarbeits-Erstellung und schwierige Rahmenbedingungen außerhalb des Studiums kollidierten. Daraus zogen wir die Konsequenz, ein optionales viertes Semester anzubieten, in dem studienseitig eine ausschließliche Konzentration auf die Masterarbeit möglich ist.

In den individuellen Betreuungsgesprächen mit den Erstgutachtern während der Bearbeitungszeit erfolgt dann die sorgfältige, individuelle Beratung bei dem konkreten Zuschnitt des Themas und Ansatzes der jeweiligen Arbeit. Art, Rhythmus und Intensität der Betreuung hängen dabei vom jeweiligen Charakter einer Arbeit ab. Standardmäßig gibt es zwei ausführliche Beratungskontakte zwischen Studierenden und Betreuenden. Das erste Gespräch liegt relativ früh am Beginn der Bearbeitungszeit, um eine geeignete Fragestellung zu identifizieren und einen zielführenden Ansatz und Aufbau der Arbeit zu unterstützen. Das zweite Betreuungsgespräch findet auf (subjektiv empfundener) ‚halber Wegstrecke' statt, um die im Zuge der Bearbeitung entstehenden methodischen und strukturellen Fragen zu klären. Die Gespräche dauern typischerweise jeweils eine Stunde; sie werden durch die Studierenden in einem Protokoll zusammengefasst, das von den Betreuern gegengezeichnet wird. Bei empirischen Arbeiten sind darüber hinaus weitere ‚Haltepunkte' vorgesehen zur Absicherung des grundsätzlichen Forschungsdesigns, zum Abgleich der methodischen Instrumente (Fragebogen, Interviewleitfaden etc.) und zur Überprüfung des Auswertungsprocederes. Eine realistische Zeitplanung unter Berücksichtigung möglicher Unwägbarkeiten im Verlauf spielt dabei eine besondere Rolle.

Auch wenn nicht alle Schwierigkeiten einer empirisch angelegten Masterarbeit auflösbar oder auffangbar sind, gibt es bei anhaltender Motivation der Studierenden unter den geschilderten Betreuungsbedingungen gute Chancen, dass die empirischen Arbeiten gelingen und zu echten kleinen Forschungsperlen ausgeformt werden.

41.5 Ein Blick in die Schatzkammer – Vorstellung exemplarischer Masterarbeiten

Dass der soeben beschriebene Aufwand mit Blick auf die zu überwindenden Hürden lohnt, steht zu beweisen. Anhand von ausgewählten Masterarbeiten aus zehn Jahren Master-Studiengang Mediation und Konfliktmanagement an der Europa-Universität

Viadrina[11] möchten wir exemplarisch illustrieren, welche forscherischen Schätze zum Verständnis und zur Etablierung von Mediation zu heben sind.

Bisweilen bündeln Studierende ihre Forschungsinteressen und vermögen auf diese Weise ein komplexes Thema bemerkenswert vielschichtig und multiperspektivisch auszuleuchten. Beispielhaft dafür sei ein Paket aus vier Masterarbeiten genannt, die sich der frühzeitigen Evaluation der gerichtlichen Mediation am Landgericht Rostock aus der Sicht von Richtern, Richtermediatoren, Parteien und deren Rechtsanwälten widmeten, dafür umfangreiche Fragebogendaten auswerteten (für die Gesamtschau der Projektevaluation: Rinnert 2005) und spezifische Facetten wie rechtliche Grundlagen (Mack-Oberth 2005), die Zufriedenheit der Parteien (Mahmens 2005) und der Rechtsanwälte (Jürgens 2005) mit Mediationsprozess und -ergebnis vertieft untersuchten. Mediation im Kontext Justiz bietet aufgrund seines institutionellen Rahmens erleichternde Zugangsbedingungen für Forschung – und so verwundert es nicht, dass hierzu etliche weitere Arbeiten hervorzuheben sind: etwa eine bundesweite Bestandsaufnahme zu Umfang und Ausgestaltung der Ausbildung von Richtermediatoren und begleitender Qualitätssicherungsmaßnahmen (Melinkat 2008) oder eine preisgekrönte[12] qualitative Untersuchung über die individuelle Positionierung von Richtermediatoren im Spannungsfeld innerer Ansprüche und äußerer (auch institutioneller) Erwartungen (Bielecke 2008) anhand des Beratungsinstruments des „Inneren Teams" (Schulz von Thun 2010). Einen ganz anderen Zugang stellt eine Dokumentenanalyse zur Kommunikation über gerichtsnahe Mediation in juristischen Fachzeitschriften (Wimmer 2007) dar.

Gemeinschaftliches Forschen kann auch in ein Gemeinschaftswerk münden. Ein interdisziplinäres Team aus drei Absolventen lieferte einen profunden Beitrag zur Erhellung von Etablierungshindernissen von Mediation/Konfliktmanagement in Unternehmen (Kampherm et al. 2007). und leitete darauf basierend Handlungsempfehlungen ab. Diese qualitative Untersuchung fand im Rahmen der zehn Jahre laufenden Studienreihe ‚Konfliktmanagement in der Deutschen Wirtschaft' in Kooperation von Europa-Universität Viadrina und PriceWaterhouseCoopers statt[13]. Gerade im Kontext von Fragestellungen zur Wirtschaftsmediation bieten die beruflichen Hintergründe und Netzwerke der Studierenden bisweilen exzellente Feldzugänge und ermöglichen ihnen präzise, kontextspezifische Datenerhebungen und entsprechende Schlussfolgerungen mit günstigen Aussichten für den Transfer

11 Wir danken der geschäftsführenden Koordinatorin des Studiengangs Romy Orthaus für ihre Recherche-Unterstützung.

12 Förderpreis der Centrale für Mediation im Jahr 2009.

13 Auch in die Studien 1 und 3 der Reihe flossen zahlreiche Masterarbeiten ein.

in die Praxis[14] – so etwa in einer preisgekrönten[15] Arbeit über Unternehmenskooperationen und Wirtschaftsmediation am Beispiel der Zusammenarbeit zwischen Verlader und Logistikdienstleister (Schumann 2010).

Unter Etablierungs- und Institutionalisierungsgesichtspunkten besonders ertragreich sind Arbeiten, die mediationsnahe oder -ähnliche Verfahren auf ihren mediativen Gehalt hin untersuchen – so etwa eine Fallstudie im Bereich der öffentlichen Planung (Berlin 2011), die die Sicht der beteiligten Akteure auf mediative Verfahrenselemente erhob, oder eine aus mehreren Datenquellen gespeiste Untersuchung eines Leistungsangebots aus dem Spektrum außergerichtlicher Streitbeilegungsmöglichkeiten von Rechtsschutzversicherern (die sogenannte ‚Konfliktlösungsunterstützung'). Letztere Arbeit zeigt durch die detaillierte Analyse von Gesprächsprotokollen in eindrucksvoller Weise das Spannungsfeld zwischen der Erwartungshaltung der auftraggebenden Rechtsschutzversicherer (insbes. kosteneffiziente Konfliktbeilegung), den Wünschen der Konfliktparteien (z. B. nach rechtlicher Beratung) und den Prinzipien der Mediation (inbes. Allparteilichkeit und Beratungsabstinenz der Mediatorenrolle) auf, in dem sich die Konfliktlösungsunterstützung bewegt.

Im Feld der internationalen Friedensmediation beeindrucken Fallstudien und die Erhebung spezifischen Expertenwissens über leitfadengestützte Interviews – wie etwa in einer Untersuchung zur Rolle von Mediation im Rahmen der Mission der Vereinten Nationen zur Überwachung der Friedensabkommen in Guatemala (Kallabis 2005), die über den Fall deutlich hinausweisend das Potenzial von Mediation in diesem Feld identifiziert.

Beispielhaft für die Untersuchung von Konfliktbearbeitung im interkulturellen Kontext seien abschließend zwei in engem thematischen Zusammenhang entstandene Arbeiten zum Thema Diversität und Kultur im Rahmen der Commercial Mediation Competition der International Chamber of Commerce (Paris) genannt, die auf der Basis von qualitativen und quantitativen Daten die unter Umständen kulturbedingt unterschiedlichen Mediationsstile und -ansätze beschreiben (von Rosenstiel 2011) und daraus empirische fundierte Erkenntnisse zur Anpassung des Wettbewerbsformats generieren (Bond 2011).

14 Aufgrund der Sensibilität der erhobenen Daten und ihrer Interpretation verlangen die Unternehmen allerdings bisweilen, dass die fertigen Masterarbeiten nicht öffentlich zugänglich sein sollen.

15 Thesis Award 2010 der Bundesvereinigung Logistik.

41.6 Impulse für die Zukunft

Neben den in Abschnitt 41.4 aufgezeigten studiengangsinternen Maßnahmen können strukturelle Rahmenbedingungen auf verschiedenen Ebenen wesentlich dazu beitragen, das Potenzial dieser Forschungsarbeiten sichtbar zu machen und zu verstärken.

41.6.1 Zugang zum Feld

Der nach wie vor schwierige empirische Zugang zum Feld der Mediation könnte und sollte durch Forschungskooperationen zwischen Hochschulen und den diversen Mediationsverbänden erleichtert werden. Auf quantitativer Ebene wäre es z. B. extrem förderlich, wenn die Verbände über Mitgliederumfragen Fallzahlen und weitere Daten zu durchgeführten Mediationen erheben würden, um die diesbezüglich bestehende Leerstelle schließen zu helfen und eine Bezugsgröße für Unterstichproben zu schaffen. Ebenfalls über Mitgliedererhebungen könnten lohnende, aktuelle Forschungsfragen identifiziert und dazu passende Teilstichproben erschlossen werden.

Wenn sich institutionelle Anbieter von Mediation/Konfliktmanagement mit Begleit- und Evaluationsforschungsanliegen an Universitäten wenden, können methodisch versierte Master-Studierende im Zuge ihrer Abschlussarbeiten involviert werden.[16] Eine derartige Beteiligung bietet Synergieeffekte. Zugleich entstehen aber unter Umständen auch gewisse Dilemmata mit Blick auf die gegenüber den Auftraggebern zu leistende Qualität der Forschungsprodukte: Inwieweit sind die hierfür notwendige zusätzliche Anleitung und die Betreuung der Studierenden mit dem Anspruch gleicher Wettbewerbsbedingungen vereinbar?

41.6.2 Incentivierung

Anreize, den zusätzlichen Aufwand innovativer, insbesondere empirischer Abschlussarbeiten auf sich zu nehmen, könnten durch Kleinstipendien geschaffen werden, die für die Monate der Bearbeitungsphase eine finanzielle Basis schaffen,

16 Siehe dazu die einschlägigen Beispiele in Abschnitt 41.5.

die es wiederum ermöglicht, dass berufstätige Studierende ihre Arbeitszeit reduzieren oder gar unbezahlten Sonderurlaub beantragen können.[17]

Auch die Auslobung von Forschungspreisen für Qualifikationsarbeiten unterhalb der Dissertationsschwelle kann zu überobligatorischen Forschungsleistungen motivieren. Hier sei der Förderpreis der Centrale für Mediation des Verlags Dr. Otto Schmidt[18] besonders hervorgehoben, mit dem bereits seit 2009 besonders innovative Master- und Magisterarbeiten zum Themenbereich Mediation und Konfliktmanagement ausgezeichnet werden.[19]

Ideal (und an der Zeit) wäre es, wenn große Stiftungen thematische Förderschwerpunkte im Bereich Konflikt(bearbeitungs)forschung setzen würden, um Forschungsprojekte in größeren inhaltlichen, zeitlichen und personellen Dimensionen anlegen zu können. Masterarbeiten als ‚kleine Form' könnten hier als Einzelbausteine integriert werden.

41.6.3 Austausch und Vernetzung

Studierende, die neben – oft anspruchsvoller – Berufstätigkeit in kurzer Frist eine Masterarbeit verfassen wollen, haben zumeist nur wenig Zeit, sich zu den sie beschäftigenden Forschungsfragen und -themen mit ähnlich befassten Gesprächspartnern auszutauschen, Feedback einzuholen oder sich gar systematisch zu vernetzen. Ehegatten oder Freunde werden zwar oft als Gesprächspartner in den Entstehungsprozess einer Arbeit einbezogen, haben aber in der Regel keine ausreichenden einschlägigen Vorkenntnisse, um über eine Plausibilitäts- und Rechtschreibkontrolle hinaus forscherischen Mehrwert einspeisen zu können.

Um der Vereinzelung von Denkprozessen entgegenzuwirken, können in der Organisationsstruktur von Mediations-Studiengängen verschiedene Formate von Gruppenarbeiten zugelassen werden: Im thematischen Verbund entstehende Arbeiten können entweder als separat geschriebene (und bewertete) Mosaiksteine der umfassenderen Erhellung eines komplexeren Themas dienen oder als echtes

17 Derartige Stipendien können in der Regel aus hochschulrechtlichen Gründen nicht von den Universitäten selbst ausgereicht werden, so dass sich hierfür externe Stifter/Finanziers finden müssen.

18 Finanziert wird der Preis über die Stiftung Apfelbaum.

19 Siehe dazu http://www.centrale-fuer-mediation.de/cfm_mediationspreis.htm. Zugegriffen: 1. Oktober 2016).

Gemeinschaftswerk verfasst werden[20]. In beiden Varianten entsteht wissenschaftlicher Mehrwert durch das geteilte Diskursfeld. Für Einzelarbeiten können systematisch ‚Forschungspatenschaften' angeregt werden, in denen Studierende zu Tandems verkoppelt werden, die sich regelmäßig wechselseitig nach dem Fortschritt ihrer Arbeiten erkundigen und sich gegenseitig strukturiertes Feedback geben; auch die Zuordnung von Mentoren aus dem Absolventenkreis ist denkbar[21].

Universitätsunabhängig unterstützt die 2010 gegründete, bundesweit tätige Forschungsgruppe ‚Mediation' institutionenübergreifend Forschungsvorhaben zum Thema Mediation durch Vernetzung und Kolloquien.[22]

41.6.4 Sichtbarkeit und Anknüpfungsmöglichkeiten

Da Masterarbeiten im Gegensatz zu Dissertationen nicht veröffentlicht werden müssen, gelangen diese Arbeiten häufig nicht über die Grenzen der Archive der Heimatuniversitäten hinaus. Ihre Inhalte sind so für die Fachwelt nicht zugänglich; Zitationsmöglichkeiten und wertvolle weiterführende Impulse gehen verloren.

Es braucht dringend mehr Sicht- und Auffindbarkeit für Masterarbeiten im Themenfeld Mediation – denn darüber entsteht neben Ermutigung und Würdigung für die Autoren auch die Möglichkeit für nachfolgende Studierende, auf vorherige Arbeiten aufzubauen, inhaltliche und/oder methodische Erkenntnisse und Impulse aufzugreifen und darüber an länger werdenden thematischen Fäden mit zu weben. Insofern gilt es, interessante Abschlussarbeiten an Universitäten auffind- und verfügbar zu machen und für Masterarbeiten allgemein zugängliche Veröffentlichungsorte zu schaffen. Da eine Masterarbeit mit ihrem vorgegeben begrenzten Umfang von üblicherweise 60–80 Seiten für die Publikation als Monografie in gängigen Schriftenreihen schlicht zu schmal ist, müssen neue Formate geschaffen werden. So hat der Master-Studiengang Mediation und Konfliktmanagement an der Europa-Universität Viadrina im Jahr 2015 in Kooperation mit dem Metzner Verlag die „Viadrina Schriftenreihe zu Mediation und Konfliktmanagement" er-

---

20 Hier müssen allerdings die Beiträge der einzelnen Kandidaten für die Bewertung klar abgrenzbar bleiben, siehe dazu exemplarisch § 16 Abs. 8 der Studiengangs-spezifischen Ordnung für den Master-Studiengang Mediation an der Europa-Universität Viadrina.

21 Ein diesbezügliches Angebot machen z. B. Alumni des Master-Studiengangs Mediation an der Europa-Universität Viadrina über den Verein zur Förderung von Wissenschaft und Praxis der Mediation e.V. http://www.wissenschaft-praxis-mediation.de. Zugegriffen: 1. Oktober 2016.

22 Näheres dazu unter http://forschungsgruppe-mediation.weebly.com. Zugegriffen: 1. Oktober 2016.

öffnet, die als Publikationsplattform ausschließlich überdurchschnittlichen und impulsgebenden Masterarbeiten gewidmet ist, welche kostenlos zum Download und kostenpflichtig als Print zur Verfügung stehen.[23]

In stark komprimierter Form oder in Auszügen können Masterarbeiten natürlich auch in Sammelbänden oder einschlägigen Fachzeitschriften platziert werden. Letztere könnten gesonderte Rubriken für die Vorstellung empirischer Forschungsarbeiten einrichten.

Sichtbarkeit ist nicht nur über Publikationen zu erreichen: In der mittlerweile auch im Bereich Mediation/Konfliktmanagement recht vielfältigen Kongresslandschaft sollten – explizit auch für den ‚Forschungsnachwuchs' – verstärkt Gelegenheiten für die Präsentation von Forschungsergebnissen und für disziplinübergreifenden, forschungsbezogenen Austausch geschaffen werden. Denkbar sind hier Poster-Sessions, gesonderte Forschungs-‚Tracks' oder -panels etc.

41.7 Fazit

Auch wenn empirische Masterarbeiten am Ende eines Mediationsstudiums deutlich zusätzliche Mühe und vielfältige Herausforderungen mit sich bringen, kann der Zusatzaufwand unter günstigen Rahmenbedingungen nicht nur zu einem persönlich lohnenden Forschungserlebnis werden, sondern auch relevante Erkenntnisfortschritte und weiterführende Impulse für die Mediationswissenschaft hervorbringen.

Literatur

Berlin, C. (2011). *Mediative Elemente bei der Bürgerbeteiligung zur öffentlichen Planung am Beispiel der Werkstattgespräche zum Stadtumbau Südkreuz in Berlin*. Unveröffentlichte Masterarbeit: Europa-Universität Viadrina.

Bielecke, A. (2008). *Gerichtliche Mediation – zwischen innerem Anspruch und äußerer Wirklichkeit*. Unveröffentlichte Masterarbeit: Europa-Universität Viadrina; in komprimierter Form veröffentlicht u. a. In U. Gläßer & K. Schroeter (Hrsg.) (2011), *Gerichtliche Mediation. Grundsatzfragen, Etablierungserfahrungen und Zukunftsperspektiven* (S. 305 ff.). Baden-Baden: Nomos.

23 Siehe dazu https://www.mediationaktuell.de/fachliteratur/literatur/wissenschaft/viadrina_schriftenreihe. Zugegriffen: 1. Oktober 2016.

Bond, G. (2011). *How Does Culture Materialize in a Necessarily Standardized International Mediation Moot?* Unveröffentlichte Masterarbeit: Europa-Universität Viadrina.

Busse, S. & Ehmer, S. (Hrsg.) (2010). *Wissen wir, was wir tun? Beraterisches Handeln in Supervision und Coaching.* Göttingen: Vandenhoeck & Ruprecht.

Gläßer, U. (2012). Designing a Master's Program in Mediation – Context, Concept, Challenges. In M. Euwema & F. Schonewille (Hrsg.), *Mastering Mediation Education* (S. 61-71). Antwerpen, Appeldoorn & Portland: Maklu.

Gläßer, U. (2016). Mediative Interventionen. In F. Haft & K. Gräfin von Schlieffen (Hrsg), *Handbuch Mediation,* 3. Aufl. (S. 357 ff.). München: C.H. Beck.

Gläßer, U. & Kirchhoff, L. (2015). Lehrmodul 20: Mediation – Entwicklungslinien und Zukunftsperspektiven. *Zeitschrift für Konfliktmanagement,* 191-124.

Jürgens, I. (2005). *Die gerichtliche Mediation bei dem Landgericht Rostock.* Unveröffentlichte Masterarbeit: Europa-Universität Viadrina.

Kallabis, A. (2005). *Die Rolle von Mediation im Rahmen der Friedensmission in Guatemala.* Unveröffentlichte Masterarbeit: Europa-Universität Viadrina.

Kampherm, E., Wellmann, A., & Kraus, S. (2007). *Praxis der Konfliktbearbeitung von Unternehmen in Deutschland. Eine qualitative Folgestudie.* Unveröffentlichte Masterarbeit: Europa-Universität Viadrina; in stark gekürzter Form veröffentlicht. In E. Kampherm, A. Wellmann & S. Kraus (2007), *Praxis des Konfliktmanagements deutscher Unternehmen. Ergebnisse einer qualitativen Folgestudie zu „Commercial Dispute Resolution – Konfliktbearbeitungsverfahren im Vergleich.* PwC/Europa-Universität Viadrina.

Kirchhoff, L. & Schroeter, K. (2006). Lehrmodul 4: Mediations„wissenschaft"? Zwischen Wissenschaftstheorie und Pragmatismus. *Zeitschrift für Konfliktmanagement 2*, 56-59.

Mack-Oberth, M. (2005). *Rechtliche Grundlagen der gerichtlichen Mediation.* Unveröffentlichte Masterarbeit: Europa-Universität Viadrina.

Mahmens, A. (2005). *Gerichtliche Mediation bei dem Landgericht Rostock. Beurteilung der durchgeführten Mediationen durch die Parteien.* Unveröffentlichte Masterarbeit: Europa-Universität Viadrina.

Maiwald, K.-O. (2004). *Professionalisierung im modernen Berufssystem. Das Beispiel der Familienmediation.* Wiesbaden: VS Verl. für Sozialwiss.

Melinkat, I. (2008). *Mediation an deutschen Gerichten: ein Überblick und ein Ausblick.* Unveröffentlichte Masterarbeit: Europa-Universität Viadrina.

Rinnert, R. (2005). *Gerichtliche Mediation bei dem Landgericht Rostock.* Unveröffentlichte Masterarbeit: Europa-Universität Viadrina.

Rosenstiel, A. von (2011). *How Does Culture Materialize in a Necessarily Standardized International Mediation Moot?* Unveröffentlichte Masterarbeit: Europa-Universität Viadrina.

Schlieffen, K. Gräfin von (2010). *Professionalisierung und Mediation.* München: C.H. Beck.

Schulz von Thun, F. (2010). Miteinander reden 3: Das „Innere Team" und situationsgerechte Kommunikation (21. Auflage), Frankfurt a. M.: Rowohlt.

Schumann, C. (2010). *Unternehmenskooperation und Wirtschaftsmediation am Beispiel der Zusammenarbeit zwischen Verlader und Logistikdienstleister.* Unveröffentlichte Masterarbeit: Europa-Universität Viadrina.

Troja, M., Redlich, A. & Dendorfer-Ditges, R. (Hrsg.) (2015). *Konfliktdynamik. Verhandeln, Vermitteln und Führen in Organisationen*, Heft 4. Stuttgart: Klett-Cotta.

Wimmer, U. (2007). *Ein Kommunikationsverfahren wird kommuniziert. Eine Analyse von Beiträgen zur gerichtsnahen Mediation in deutschen juristischen Fachzeitschriften der Jahre*

2000 bis Mitte 2006 auf Grundlage einer Juris-Recherche. Unveröffentlichte Masterarbeit: Europa-Universität Viadrina.

ZMediatAusbV (2016). *Verordnung über die Aus- und Fortbildung von zertifizierten Mediatoren* (Zertifizierte-Mediatoren-Ausbildungsverordnung – ZMediatAusbV) in der Fassung der Bekanntmachung vom 31. August 2016.

Wissenschaftliche Abschlussarbeiten ‚Think Tank' für die Mediationsforschung und Impulsgeber für die Mediationspraxis?

42

Stefan Kracht

42.1 Vorbemerkung

Mediation stammt – wie viele konsensorientierte Konfliktbearbeitungsverfahren – aus der Praxis und den dort festgestellten oder vermuteten Defiziten. Dabei war das Mediationsverfahren zunächst als Gegenbewegung zum staatlich regulierten, justizförmigen Konfliktlösungsverfahren entwickelt worden und zeichnete sich durch eine weitgehende Unreguliertheit aus. Trotz dieser ursprünglichen *Staatsferne* hat sich Mediation mittlerweile auch als akademisches Lehr- und Forschungsfach an *staatlichen* Hochschulen etabliert. So gibt es etwa seit dem Jahr 2000 das Contarini-Institut für Mediation an der Fernuniversität in Hagen[1], das sich speziell auf die Erforschung von Mediation fokussiert.

Studienangebote gibt es in den unterschiedlichsten Ausprägungen und die Bandbreite reicht von 200 Stunden umfassenden Ausbildungen zum Mediator, über zweisemestrige Weiterbildungsangebote bis hin zum Masterabschluss. Neben diesen Angeboten, die die spezifische wissenschaftliche Befassung mit Mediation und eine Ausbildung zum Mediator im Blick haben, ist Mediation mittlerweile auch in vielen anderen grundständigen Studiengängen anzutreffen. So zum Beispiel in der Juristenausbildung.[2] Dennoch sind *quantitativ die meisten* wissenschaftlichen Abschlussarbeiten bei den speziellen Masterangeboten im Bereich Mediation anzutreffen. Wie bei akademischen Masterprüfungen üblich, schließen auch die Studienangebote im Bereich Mediation mit einer Masterarbeit ab, wobei die Zeit-

1 Siehe unter: https://www.fernuni-hagen.de/contarini/, letzter Abruf am 30.10.2016.

2 Siehe etwa § 5a Abs. 3 DRiG: „Die Inhalte des Studiums berücksichtigen die rechtsprechende, verwaltende und rechtsberatende Praxis einschließlich der hierfür erforderlichen Schlüsselqualifikationen wie Verhandlungsmanagement, Gesprächsführung, Rhetorik, Streitschlichtung, Mediation, Vernehmungslehre und Kommunikationsfähigkeit …"

dauer zur Bearbeitung schwankt.[3] Teilweise gibt es für empirische Arbeiten auch noch eine Verlängerungsmöglichkeit.

Trotzdem ist zu konstatieren, dass mittlerweile auch in den grundständigen Studiengängen – etwa im Bereich des Bachelor oder Master of Law – Abschlussarbeiten aus dem Themenfeld Mediation anzutreffen sind. Gleiches gilt auch für die wissenschaftlichen Qualifikationsarbeiten wie etwa Promotionen, die sowohl in geisteswissenschaftlichen als auch an juristischen Fakultäten angenommen werden. Während bei den Promotionen das Forschungspotenzial für die Mediation offensichtlich ist, wird dieses bei den Abschlussarbeiten bisher bei weitem nicht ausgeschöpft. Dieser Beitrag will der Frage nachgehen, wo die Gründe dafür zu suchen sind und wie man Masterarbeiten zum Thema Mediation als Forschungsressource nutzen kann.

42.2 Warum wird das Potenzial bisher nicht genutzt?

Das Forschungspotenzial von Masterarbeiten kann deshalb häufig nicht ausgeschöpft werden, weil oftmals nur der Abschlusscharakter der Arbeiten gesehen wird. Dies bedeutet konkret, dass man Themen wählt, die innerhalb der Bearbeitungszeit ‚machbar sind' und für die Studierenden gut zu bearbeiten sind. Dieser Ansatz ist grundsätzlich auch nicht zu beanstanden und sollte immer im Vordergrund stehen, muss andererseits aber auch nicht unbedingt zu einer Verkürzung des Forschungspotenzials führen.

Beispiel: An der FernUniversität in Hagen werden jährlich rund 80 Masterarbeiten geschrieben. Dabei haben die Studierenden die Möglichkeit, sich selbst ein Thema auszusuchen. Von diesem Angebote machen rund 90 % der Absolventen Gebrauch. Themen, bei denen die reine ‚Abschluss-Komponente' im Vordergrund steht und deren wissenschaftlicher Ertrag dementsprechend überschaubar ist, lauten etwa: „Der Einsatz von Mediation bei innerbetrieblichen Konflikten: Chancen und Risiken" oder „Chancen und Risiken beim Einsatz von Mediation in Behörden" usw.

3 Etwa drei Monate im Master of Mediation an der FernUniversität in Hagen (Prüfungsordnung für den Weiterbildenden Master-Studiengang Mediation an der FernUniversität in Hagen vom 12. Februar 2014), vier Monate im Master-Studiengang an der Europa-Universität Viadrina in Frankfurt a. d. Oder (Studien- und Prüfungsordnung für den postgradualen, berufsbegleitenden und weiterbildenden Master-Studiengang Mediation in der Fassung der Neubekanntmachung vom 20.12.2012), beide zuletzt abgerufen am 30.10.2016.

Diese sogenannten ‚sicheren Themen' sind häufig bereits in der Literatur ausgiebig erörtert worden und haben dementsprechend einen deskriptiven Schwerpunkt. Um hier nicht falsch verstanden zu werden: Auch solche Arbeiten haben natürlich ihre Berechtigung und sind verdienstvoll, bieten aber aus Forschungsperspektive nur ein eingeschränktes Erkenntnispotenzial.

42.3 Das Forschungspotenzial von Masterarbeiten aktivieren

Masterarbeiten können die Mediationsforschung in zweierlei Hinsicht bereichern. Da ist zum einen die *Feldforschung* im Sinne einer empirischen Forschung, die Grundlage für spätere Erkenntnisse ist. Zum anderen können Masterarbeiten aber auch Potenzial als *Think Tank* entfalten. Bei *empirischen Mediationsabschlussarbeiten* ist es ähnlich wie in anderen akademischen Disziplinen, die aposteriorisch arbeiten. Je nach Fragestellung können wertvolle Erkenntnisse für die verschiedenen Forschungsthemen gewonnen werden.[4] Allerdings ist eine Hauptproblematik solcher Untersuchungen, dass Daten erhoben werden müssen und, sofern dazu Befragungen eingesetzt werden, die Studierenden auf die Mitwirkung Dritter angewiesen sind. Daraus resultiert eine verbreitete Hemmung, solche Themen zu bearbeiten, weil man keine Prognose etwa zur Rücklaufquote von Fragebögen geben kann.

Die zweite Möglichkeit, das Forschungspotenzial von Abschlussarbeiten zu heben, liegt darin, diese als wissenschaftlichen *Think Tank* zu begreifen. Geht man davon aus, dass auch bei der Untersuchung ähnlicher Themen durch unterschiedliche Bearbeiter verschiedene Ideen und Lösungskonzepte zu Tage treten können, bietet sich zunächst die *Bündelung* bestimmter Themen an, was man auch unter den Begriff des *Themenschwarms* fassen kann.

Beispiel: So wurden an der FernUniversität in Hagen beispielsweise nach Erlass des Mediationsgesetzes eine ganze Reihe von Masterarbeiten zu verschiedenen Themenkomplexen dieses Gesetzes geschrieben. Dazu gehörte etwa die Frage, inwieweit die im Mediationsgesetz aufgestellten Regelungen zu den einzelnen Prinzipien mit der ursprünglichen Mediationslehre vereinbar sind oder wie beispielsweise einzelne Prinzipien durch das Mediationsgesetz beeinflusst werden. Auch die Frage, ob bspw. das Mediationsgesetz bei der innerbetrieblichen Mediation uneingeschränkt Wirkungen entfaltet, wurde durch einige Masterarbeiten unter verschiedenen Blickwinkeln untersucht.

4 Einzelheiten dazu bei Schroeter und Gläßer im vorliegenden Band, Kapitel 41.

Die aus den einzelnen Arbeiten resultierenden Erkenntnisse fügen sich bei einer Gesamtschau zu einem Gesamtbild zusammen, wodurch das Potenzial von Abschlussarbeiten deutlich wird. Durch eine entsprechende Veröffentlichung der Arbeiten können diese Erkenntnisse dann auch in die Wissenschaftslandschaft hinausgetragen werden.

Eine andere Herangehensweise im Sinne eines Think Tank ist das *Entwickeln neuer Modelle im Sinne eines Gedankenexperiments.* Dieses Instrument kann etwa zur Verbesserung bestehender Denkstrukturen, erkannter Defizite der Mediation oder auch der Verbreitung von Mediation beitragen.

Als *Beispiel* soll hier eine im Jahre 2016 verfasste Masterarbeit im Master of Mediation an der FernUniversität in Hagen zum Thema eines sog. ‚Güteanwaltsmodell' (Theißen 2015/16) vorgestellt werden. Die Bearbeiterin wertete die vorliegenden empirischen Erhebungen zum Thema ‚Einsatz von Mediation als Konfliktlösungsverfahren' aus und fragte nach den Ursachen dafür, dass etwa in der Wirtschaft häufig Mediation als Wunschverfahren zur Streitbearbeitung angegeben wird, in der Praxis aber fast immer noch ausschließlich der justizförmige Weg eingeschlagen wird. Die Untersuchung kam – stark verkürzt – zu dem Ergebnis, dass Mediation trotz aller Aufklärung noch ein relativ unbekanntes Terrain ist und Menschen bei der Konfliktbewältigung eher dazu neigen, Bekanntes einzusetzen. Die Schwelle zur Mediation sei daher zu hoch und hemme ihre Verbreitung. Dementsprechend entwickelte die Bearbeiterin ein niederschwelliges Angebot, dass es sowohl den Anwälten als auch den Mandanten erlaubt, mit konsensualen Konfliktlösungen in Kontakt zu kommen, ohne bereits eine klassische Mediation durchführen zu müssen. Das ‚Güteanwaltsmodell' lehnt sich an die Methode der ‚Cooperative Practice' an, verzichtet aber darauf, die Parteilichkeit der Anwälte infrage zu stellen. Trotzdem sollen beide Anwälte zusammen ein gemeinsames Prozessmanagement sicherstellen und damit den Weg zu einer konsensualen Einigung erleichtern. Dieses Modell erlaubt es den Anwälten, ihre Mandanten auch nach dem Scheitern eines güteanwaltlichen Verfahrens weiter vertreten können. Bei allen dabei zu beachtenden rechtlichen Problemen und Einschränkungen entsteht dadurch ein Angebot, dass sowohl Anwalt als auch Mandant annehmen können, ohne zu sehr die gewohnten Pfade der Konfliktbearbeitung verlassen zu müssen. Wird das Verfahren erfolgreich abgeschlossen, haben sich die Beteiligten schon ein ganzes Stück weit in Richtung konsensorientierte Konfliktbeilegung bewegt und werden insoweit auch der Mediation zukünftig aufgeschlossener gegenüber stehen.

Wie das Beispiel zeigt, wurde ein problematischer Aspekt aufgegriffen, analysiert und dann ein Modell zu seiner Lösung entwickelt. Für die Aktivierung von Masterarbeiten als Forschungsressource ist dieser Aspekt enorm wichtig, weil auch hier für die Kandidaten sichergestellt werden kann, dass die Arbeit ‚handhabbar' bleibt und somit die Abschlussfunktion nicht beeinträchtigt wird. Durch die modellhafte Bearbeitung real existierender Probleme wird zugleich ein Link in die Praxis gesetzt, dort können dann die Erkenntnisse erprobt und später mit einer empirischen Arbeit auf ihre Wirksamkeit hin untersucht werden. Bislang erfolgt der Transfer in die Praxis, wenn überhaupt, fast ausschließlich über die Betreuer solcher Arbeiten und ist damit sehr begrenzt bzw. von den jeweiligen Personen abhängig. Hier wäre zu wünschen, dass zukünftig solche Arbeiten in größerem Umfang veröffentlicht werden, um die Verbreitung zu fördern und das Potenzial auszuschöpfen.

42.4 Zusammenfassung/Ausblick

Um wissenschaftliche Abschlussarbeiten für die Forschung zu aktivieren, gibt es zwei Wege: den empirischen Ansatz oder die Nutzung als *Think Tank*. Dabei kommen *Themenschwärme* oder das *problembezogene Gedankenexperiment* in Betracht. Wichtig ist aber in allen Fällen, dass die Arbeiten veröffentlicht werden und in den etablierten Forschungsmedien Beachtung finden. Hier kann zunehmend auf Onlinepublikationen zurückgegriffen werden, die kostengünstig sind und in den allermeisten Fällen auch eine Online-Recherierbarkeit sicherstellen. Wenn diese Überlegungen zukünftig öfter beachtet werden, können auch wissenschaftliche Abschlussarbeiten häufiger zur Mediationsforschung beitragen.

Literatur

Theißen, M. (2015/2016). *Mediation aus anwaltlicher Sicht: der Einsatz sog. Güteanwälte mit dem Ziel größerer Attraktivität und Verbreitung mediativer Konfliktlösung in der Praxis.* Masterarbeit im Master of Mediation an der FernUniversität in Hagen WS 2015/2016, unveröffentlicht

Forschungsgruppe Mediation

43

Über den hochschulübergreifenden Beitrag zur Erforschung von Mediation

Katarzyna Schubert-Panecka

Dieser Beitrag fasst die wichtigsten Etappen der Entwicklung der bundesweiten Forschungsgruppe Mediation (ForMed)[1] zusammen, stellt ihre Ziele vor und gibt Einblicke in die Arbeitsweise.

Sommer 2009. Frankfurt a. d. Oder. Mehrere Dutzende von AbsolventInnen und Studierenden des Masterstudiengangs Wirtschaftsmediation an der Europa-Universität Viadrina versammeln sich um Dr. Ulla Gläßer und Dr. Lars Kirchhoff im Open-Space-Format, um „Per Mediation durch die Galaxis – Gemeinsam Räume für Mediation in unserer Gesellschaft zu schaffen!" Darunter ein paar ForschungsliebhaberInnen, die sich in der Arbeitsgruppe zur Mediationsforschung austauschen. Zu diesem Zeitpunkt gibt es in Deutschland keinen einzigen Lehrstuhl exklusiv für Mediation, auch wenn sich einige ProfessorInnen für Forschung zu Mediation dezidiert interessieren.

Frühling 2010. Karlsruhe. Dr. Jürgen von Oertzen, Björn Neuhaus und die Autorin treffen sich voller Elan, um der Sommeridee einer Vernetzung von Menschen, die Mediation erforschen (wollen), – zunächst im deutschsprachigen Raum – eine Plattform zu bieten. Das Netzwerk Forschungsgruppe Mediation wird ins Leben gerufen. In diesem sollen WissenschaftlerInnen diverser disziplinärer Herkunft die Forschungsvorhaben ihrer Mitglieder kritisch begleiten, sich gegenseitig kontinuierlich unterstützen und inhaltlich bereichern können – mit der Vision einen Beitrag zur Mediationsforschung zu leisten und damit auch der Unübersichtlichkeit der deutschen Mediationsszene in Praxis und Forschung *ad momentum* entgegenzuwirken.

Herbst 2010. Berlin. Um potenzielle InteressentInnen zu erreichen, stellt sich das Netzwerk bei dem Kongress des Bundesverbandes Mediation vor. Unser Plan

1 www.forschungsgruppe-mediation.de.

geht auf: Wir finden InteressentInnen, die einen tiefergehenden Austausch und Unterstützung wünschen und reisen von nun an quer durch die Republik, um ihnen – unabhängig von der geografischen oder disziplinären Verortung – die Möglichkeit zu bieten, an einem Forschungskolloquium teilzunehmen. Die Kolloquien finden u. a. in Potsdam, Heidelberg, Karlsruhe, Hamburg und Berlin statt. Neben den Kolloquien werden interne Projekte initiiert, um hier bspw. die Gestaltung einer kollaborativ funktionierenden Literaturdatenbank oder das „Genaology Project" zu erwähnen.

Frühling 2013. Jena. Zum 7. Kolloquium der ForMed treffen wir uns vor dem Auftakt des Deutschen Mediationstages und begrüßen Dr. Katharina Kriegel-Schmidt und Klaus Schmidt im Leitungsteam der Forschungsgruppe. Nach einem erfolgreichen Kolloquium erarbeiten wir gemeinsam eine Strategie, die unser *Profil* stärken als auch den Bedarf unter den WissenschaftlerInnen besser aufgreifen und die Vernetzung untereinander unterstützen soll.

Die Forschungsgruppe Mediation *als eine unabhängige Plattform für – angehende und etablierte, institutionell gebundene und ungebundene, junge und ältere – ForscherInnen, die sich mit Mediation wissenschaftlich beschäftigen und deren Erforschung voranbringen wollen,* entwickelt sich weiter. Sie versteht sich als eine Gemeinschaft, die auf Augenhöhe agiert und Mitgliedern die Möglichkeit bietet, an Reflexion und Weiterentwicklung von Forschungsvorhaben wechselseitig zu partizipieren.

Dazu gehört es für uns, dass wir

- Forschungsvorhaben inhaltlich und methodisch begleiten: direkt, unmittelbar und kollegial,
- gemeinsam an neuen Themen und Forschungseinrichtungen partizipieren,
- Transparenz in der Forschungslandschaft schaffen,
- wissenschaftliche Gemeinschaft und deren Vernetzung weiterentwickeln,
- Begegnung fördern und gestalten,
- Mediation reflektieren, enttabuisieren, entschleiern, entzaubern … und damit entwickeln helfen,
- unterschiedliche (kulturelle/disziplinäre) Blickwinkel auf die Mediation trainieren,
- Publikationsprojekte anstoßen und fördern,
- Raum für Projektideen geben sowie transdisziplinäre Projekte entwickeln und durchführen, als auch
- einen wissenschaftlichen Austausch auf internationaler Ebene anregen.

43.1 Wie tun wir das?[2]

Die Arbeit in der Gruppe ist besonders durch ihre interdisziplinären Forschungskolloquien geprägt, die der Präsentation, dem Austausch und der Diskussion über aktuelle Forschungsprojekte unter den MediationswissenschaftlerInnen dienen. Kernstück solcher Kolloquien sind Vorträge und Diskussionen zu laufenden und abgeschlossenen Forschungsprojekten, die sich sowohl auf die inhaltliche als auch auf die methodische Ebene dieser Arbeiten fokussieren. Rein quantitativ überwiegen unter den ReferentInnen DoktorandInnen, wobei auch Masterarbeiten, Habilitationen und Publikationsvorhaben sowie theoriebezogene Reflexion von PraktikerInnen (teils zu deren Arbeit, teils zu grundlegenden Themen) referiert und besprochen werden. Die Zielrichtung der Veranstaltungen ist dabei gewissermaßen zirkulär: praktische Probleme werden mit wissenschaftlichem Instrumentarium untersucht, um schließlich – beispielsweise durch Publikationen, Vorträge oder Workshops – wenn nicht gelöst, dann doch reflektiert in die Praxis zurückgegeben werden zu können. Einige dieser Publikationen können in den deutschsprachigen Periodika zum Thema Konflikt- und Mediation (als Beispiel seien die Veröffentlichungen von Fittje (2016), Heck (2015, 2016), Itten (2016), Kriegel Schmidt und Schmidt (2015), Schmidt (2016), Schubert-Panecka (2015, 2016a, 2016b) oder Tröndle (2015) genannt), manche in diesem Sammelband gefunden werden.

Seit 2013 etablieren sich unter dem Leitungstrio (Schubert-Panecka, Kriegel-Schmidt und Schmidt) regelmäßige Kolloquien im Halbjahres- bzw. Jahresturnus. Für einzelne Kolloquien, die an Hochschulen stattfinden, kooperieren wir mit GastgeberInnen, die unseren fachlichen, stets interdisziplinären Austausch jeweils sehr bereichern (stellvertretend seien genannt aus der Psychologie: Prof. Alexander Redlich und aus der Rechtswissenschaft: Prof. Christian Fischer). Im Hintergrund tagt das Leitungstrio bei jährlichen Strategietreffen in der polnischen Heimatstadt der Autorin, Słubice. Diese Treffen sind der konzeptionellen Überprüfung und Weiterentwicklung der Forschungsgruppe gewidmet.

Die ReferentInnen finden zu uns über einen öffentlichen *Call for Papers*. Sie haben im Kolloquium die Möglichkeit, ihre Forschungs- und Qualifikationsarbeiten zu präsentieren und offene Fragen in vertrauensvoller Atmosphäre zu diskutieren. Damit leistet die Forschungsgruppe auch einen Beitrag zur Qualität von Qualifi-

---

2 Dieses Fragment des Beitrags wurde in der Perspektive Mediation 172, 3/2015 im Beitrag „Mediation und Wissenschaft" von Schubert-Panecka veröffentlicht. Dort zu finden ist auch ein ausführlicher Rückblick auf das Jubiläumskolloquium in Hamburg in 2015.

kationsarbeiten, die an diversen Lehrstühlen und Hochschulen fachübergreifend angebunden sind.

Herbst 2016. Karlsruhe. Mit dem Sammelband zur Mediationsforschung unter der Leitung von Katharina Kriegel-Schmidt schreiten die ForMed in ihrer Vision als auch ihre Mitglieder voran. Abgesehen von der Zusammenkunft vieler MediationsforscherInnen in nunmehr insgesamt elf Kolloquien: Mit dem Plädoyer für einen transdisziplinären Austausch, in dem auch im Sinne von Wissenschaftskommunikation unterschiedliche Disziplinen zueinander finden mögen, streben wir nach einem realen transdisziplinären Projekt, dessen Anfang auch in diesem Sammelband liegen möge.

An den bisherigen Kolloquien (von welchen zehn Präsenz- und ein Online-Kolloquium waren), nahmen über 60 ReferentInnen und weitere Dutzende von InteressentInnen teil. Die Profile als auch Forschungsthemen mancher der Mitglieder können auf der Internetseite der ForMed gefunden werden. An drei Kolloquien haben auch ProfessorInnen teilgenommen, die ihre (zumeist Meta-)Perspektive aus der eigenen Disziplin heraus auf die Erforschung von Mediation darlegten.

Für den *Herbst 2017* planen wir ein internationales Kolloquium, das dank unserer Vernetzung in der globalen Welt einen Austausch in Europa und auch weltweit ermöglichen soll. Mit zunehmendem Bekanntheitsgrad und steigendem Renommee von Mediation entsteht ein öffentlicher Diskurs zu Fragen nach ihrer Definition, Qualität und wissenschaftlicher Fundierung, der weit über den deutschsprachigen Raum hinausgeht.

Wenn Sie Fragen haben, neugierig sind und beitragen wollen, werden auch Sie unsere Gemeinschaft bereichern können. Herzlich Willkommen!

Literatur

Fittje, D. (2016). Schülermediation – ein pädagogisches Feigenblatt? Notwendigkeit kritischer(er) Betrachtungen, *Perspektive Mediation 3*, 205-209.

Heck, J. (2015). Mediationsforschung als Selbstbeschreibung, *Perspektive Mediation 1*, 26-31.

Heck, J. (2016). Der beteiligte Unbeteiligte. Wie vermittelnde Dritte Konflikte transformieren, *Zeitschrift für Rechtssoziologie – The German Journal of Law and Society 36* (1), 58-87.

Itten, A. (2016). Mediation: Politikgestaltung im öffentlichen Raum. *Perspektive Mediation 3*, 164-170.

Kriegel-Schmidt, K. & Schmidt, K. (2015). Kulturwissenschaften und Mediation, *Perspektive Mediation 1*, 20-25.

Schmidt, K. (2016): Entstehung und Bearbeitung von Konflikten. In F. Haft & K. Gräfin von Schlieffen (Hrsg.), *Handbuch Mediation* 3. Aufl. (S. 209-224). München: Beck.

Schubert-Panecka, K. (2015). Transdisziplinäre Erforschung von Mediation. Ein Plädoyer. *Perspektive Mediation 1*, 6-12.
Schubert-Panecka, K. (2016a). *Online Mediation. Eine Antwort auf digitalisierte Lebensräume und Streitigkeiten im XXI. Jh.?* Prawom Mediów Elektronicznych, Beck Polska.
Schubert-Panecka, K. (2016b): 25 Jahre Mediation im Nachbarland Polen, *Konfliktdynamik 3*, 2-11.
Tröndle, J. (2015): Die Elemente der Mediation, *Konfliktdynamik 3*, 210-218.

Forschungsprofile der Autorinnen und Autoren

Barth, Niklas, Dipl.-Soz., geb. 1985 in Würzburg, Studium der Soziologie, Psychologie und Literaturwissenschaft in München und Wien. Wiss. Mitarbeiter im DFG-Projekt „Übersetzungskonflikte" am Lehrstuhl Prof. Dr. Armin Nassehi (LMU München). Aktuelles Dissertationsprojekt „Ökologien des Medialen. Fallstudien zu einer empirischen Medientheorie". Forschungsschwerpunkte: Medientheorie, Gesellschaftstheorie, Medizin- und Theatersoziologie, qualitative Sozialforschung.
Kontakt: niklas.barth@soziologie.uni-muenchen.de

Bettmann, Richard, Dr. phil., geb. 1982 in Dortmund, Studium der Sozialen Arbeit in Dortmund, Masterstudium der Kommunikationswissenschaft an der Universität Duisburg-Essen, Promotion 2015 in Essen. Derzeit wiss. Mitarbeiter und Habilitand an der FernUniversität in Hagen in einem Forschungsprojekt zur Personalrekrutierung. Forschungsschwerpunkte: qualitative Sozial-, Kommunikations- und Organisationsforschung, Kommunikativer Konstruktivismus.
Kontakt: Richard.Bettmann@kwi-nrw.de

Busch, Dominic, Prof. Dr. phil., geb. 1976 in Koblenz, Dipl.-Studium der Kulturwissenschaften, Promotion zum Thema „Interkulturelle Mediation" (Mediations-Wissenschaftspreis 2004 der Centrale für Mediation). Gegenwärtig Professor für interkulturelle Kommunikation und Konfliktforschung an der Universität der Bundeswehr München. Aktuelle Forschungsarbeiten befassen sich mit diskursiven Konstruktionen von Verständnissen von Kultur und Kulturalität sowie deren normativer Handhabe.
Kontakt: busch@unibw.de

Clemens, Mario, M.A., geb. 1985 in Berlin, Studium der Kulturwissenschaften an der EUV in Frankfurt a. d. Oder und Istanbul sowie der Friedens- und Konfliktforschung an der OVGU Magdeburg. Wiss. Mitarbeiter am Institut für Politikwissenschaft der Otto-von-Guericke-Universität Magdeburg sowie am Institut für Konfliktmanagement (IKM) an der Europa-Universität Viadrina. Forschung in den Bereichen Konflikttheorie, Konfliktanalyse und Mediation. Befasst sich u. a. mit Konfliktmanagement an Hochschulen.
Kontakt: mario.clemens@ovgu.de

Fathi, Karim, Dr. phil., geb. 1979 in Hamburg, Diplom-Studium der Soziologie in Hamburg, Masterstudium der Friedens- und Konfliktforschung in Marburg, Promotion 2011 in Frankfurt a. d. Oder Forschung zu den Themen Konfliktmanagement und Krisenbewältigung (Resilienzförderung) in einem transdisziplinären Zugriff. Er publiziert derzeit vor allem zu Fragestellungen transdisziplinärer Analyse und Förderung gesellschaftlicher Krisenbewältigung und lebt in Berlin.
Kontakt: fathi@die-denkbank.de

Fittje, Daniel, Dipl.-Sozialpäd. (FH), geb. 1977 in Magdeburg, Studium der Sozialabeit / Sozialpädagogik in Berlin. Er promoviert an der Carl-von-Ossietzky-Universität Oldenburg zu Schülermediation und ist Mitglied der Forschungsgruppe Mediation (ForMed). Seine Themenschwerpunkte: Schul- bzw. Schülermediation, Mediation in Verwaltung, Mediation in der Sozialen Arbeit.
Kontakt: daniel.fittje@uni-oldenburg.de

Gabler, Andrej Marc, Ass. jur., geb. 1968 in Neumünster, Studium der Rechtswissenschaften an der CAU in Kiel. Als Vorsitzender Richter Mitinitiator der Longitudinalstudie zu Wirkfaktoren und Wirkdimensionen in der gerichtlichen Mediation am Amts- und Landgericht Kiel.
Kontakt: andrej.gabler@online.de

Galvanek, Janel, M.P.S., M.A., geb. 1976 in Irwin (USA), Studium der Friedensforschung und Sicherheitspolitik an der Universität Hamburg und der Germanistik an der Georgetown Universität in Washington, D.C. Senior Project Manager bei der Berghof Foundation, Berlin. Ihre Forschungsthemen sind die Interaktion zwischen staatlichen und nicht-staatlichen Akteuren und die Einbeziehung lokaler Akteure in Konflikttransformationsprozesse. Ferner forscht sie zu Kindersoldaten. Ihr regionaler Fokus liegt auf Afrika südlich der Sahara und Südasien.
Kontakt: j.galvanek@berghof-foundation.org

Germund, Robert, Dr. jur., geb. 1981 in Gerolstein. Studien und Promotionsstudien der Rechts- und Staatswissenschaften, des Prozessmanagements, der Internationalen Beziehungen und der Diplomatie in Bonn, Köln, Hamburg, Bochum, Budapest, Wien, Salzburg und St. Gallen. 2011 juristische Promotion in Köln zur ‚Außergerichtlichen Streitbeilegung durch Co-Mediation'. Er forscht überwiegend zur Bau-, Familien- und Wirtschaftsmediation sowie zu den Spezifika und Möglichkeiten der fächerübergreifenden co-mediativen Zusammenarbeit.
Kontakt: R.Germund@germund.eu

Glässer, Ulla, Prof. Dr. jur., geb. 1970 in Nürnberg, Studium der Rechtswissenschaften in Bonn, Strasbourg und Berkeley (US), zweites jur. Staatsexamen in Berlin. Seit 2015 Inhaberin der Professur für Mediation, Konfliktmanagement und Verfahrenslehre an der Europa-Universität Viadrina Frankfurt a. d. Oder, wiss. Leiterin des Master-Studiengangs Mediation sowie Co-Direktorin des Instituts für Konfliktmanagement. Forschungsschwerpunkte: Konfliktmanagement im Justiz- und Wirtschaftssektor, rechtliche Normierung und Qualitätssicherung von Mediation und anderen Konfliktbearbeitungsverfahren.
Kontakt: glaesser@europa-uni.de

Glenewinkel, Werner, Dr. jur., geb. 1945 in Höxter, Studium der Rechtswissenschaft in Freiburg und Kiel, 2. jur. Staatsexamen 1976, Dissertation zur Mediation 1999. Zuletzt Dozent an der Fachhochschule für öffentliche Verwaltung, Abt. Bielefeld bis 2010.
Kontakt: werner.glenewinkel@t-online.de

Gutenbrunner, Lisa, Dipl.-Psych., geb. 1985 in Göttingen, Studium der Psychologie an der Philipps-Universität Marburg. Derzeit wiss. Mitarbeiterin im Fachbereich Psychologie der Philipps-Universität Marburg, Doktorarbeit zum Thema „Mediation in Intergruppenkonflikten: Die Rolle von Empathie zwischen den Konfliktparteien".
Kontakt: lisa.gutenbrunner@uni-marburg.de

Hartmann, Arthur, Prof. Dr. jur. habil., Dipl.-Soz., geb. 1957 in Weilheim i.OB, Studium des Rechts und der Soziologie an der LMU München, 1987 zweites jur. Staatsexamen. 2001 Habilitation zur Theorie der organisierten Kriminalität. Gegenwärtig Professor für Strafrecht und Kriminologie und Leiter des Instituts für Polizei- und Sicherheitsforschung an der HfÖV in Bremen. Hauptforschungsgebiete: Restorative Justice, organisierte und Wirtschaftskriminalität sowie Geldwäsche, Vermögensabschöpfung und Strafprozessrecht.
Kontakt: arthur.hartmann@hfoev.bremen.de

Hauska, Elvira, Dr. rer. soc. oec, geb. 1966 in Knittelfeld (AT), Studium der Betriebswirtschaft. Promotion 1995 in Graz zur Optimierung in der Produktionsplanung. Aktuelle Forschungs- und Publikationsschwerpunkte: Mediation im historischen Kontext, Mediationsbiografien, Trends, interdisziplinäres Konfliktmanagement.
Kontakt: eh@elvira-hauska.at

Hiltscher, Wolfgang, Dr. forest., MM, geb. 1961 in Stockhausen/Meschede, Studium der Forstwissenschaften (Göttingen), Promotion 2001, anschließend Masterstudiengang Mediation an der FernUniversität in Hagen. Arbeitet hauptberuflich an der Universität Göttingen und befasst sich forschend mit Konflikten und Konfliktbearbeitung an Hochschulen.
Kontakt: whiltsc@gwdg.de

Itten, Anatol, M.A., geb. 1983 in Heiden (CH), Studium der Politik- und internationalen Rechtswissenschaften an den Universitäten Bern, Osnabrück und Malmö. Research Fellow und SNF-Stipendiat am Public Mediation Programm der Universität Amsterdam. Er promoviert an der Graduate School for Humanities and Social Sciences der Universität Luzern zu kontextuellen Voraussetzungen und Wirkfaktoren auf Mediationsergebnisse im öffentlichen Bereich. Forscht und publiziert zu Themen der politischen und öffentlichen Konfliktbewältigung und lebt zurzeit in Amsterdam.
Kontakt: a.v.itten@uva.nl

Janoska, Wilfried, Dipl.-Wirtschaftsjurist (FH), geb. 1963 in Gescher/Westf., Studium des Wirtschaftsrechts. Publikationsschwerpunkte: Ökonomische Theorie des (Unternehmens-)Rechts bei Privatisierungen, M&A-Projekten und Insolvenz sowie (Transaktions-)Mediation konfligierender Interessen von Transaktionspartnern des öffentlichen, freigemeinnützigen und privaten Sektors.
Kontakt: wilfried.janoska@gmx.de

Jeschonek, Oliver, M.Sc., geb. 1970 in Klagenfurt, Masterstudium Coaching & Organisationsentwicklung in Wien (Abschluss 2012). Seit 2015 Mitarbeiter im Referat Coaching, Mediation und Teamentwicklung in der Landesverteidigungsakademie des Österreichischen Bundesheeres.
Kontakt: oliver@jeschonek.at

Kaiser, Peter, Prof. Dr. phil. habil., Dipl.-Psych., geb. 1950 in Karlsruhe, Studium der Psychologie und Philosophie an der Universität Heidelberg, Approbation als Psychotherapeut. Universitätsprofessor für Psychologie und Pädagogik an der Universität Vechta. Forschungsschwerpunkte und Publikationen zu Konflikt- und Mediationsforschung, Struktur- und Kommunikationsproblemen von Paaren und Familien sowie von Einrichtungen des Sozial- und Gesundheitswesens.
Kontakt: peter.kaiser@uni-vechta.de

Kals, Elisabeth, Prof. Dr., geb. 1966 in Aachen, Studium der Psychologie an den Universitäten Trier und Reading (GB). Promotion 1993 mittels eines Stipendiums der Studienstiftung des Deutschen Volkes und Habilitation 1998 an der Universität Trier. Professorin für Sozial- und Organisationspsychologie an der Katholischen Universität Eichstätt-Ingolstadt. Forschungsschwerpunkte: Konfliktforschung, Mediation, Gerechtigkeitspsychologie, Emotionspsychologie sowie Motivforschung.
Kontakt: elisabeth.kals@ku.de

Kang, Yumeng, B.A., geb. 1991 in Peking (CN), Bachelorstudium der Germanistik an der Beijing Foreign Studies University. Sie studiert Interkulturelle Personalentwicklung und Kommunikationsmanagement an der Friedrich-Schiller-Universität Jena und erforscht Mediation als TV-Format in China.
Kontakt: yumeng_kang@sina.com

Kiefer, Florian, M.A., geb. 1983 in Berlin, Studium der Erziehungswissenschaft und Soziologie. Seit 2012 wiss. Mitarbeiter an der Otto-von-Guericke-Universität Magdeburg (Professur Medien- und Erwachsenenbildung). Forschungsschwerpunkte: Bildungstheorie, Mediensozialisation sowie medienpädagogische Projektarbeit.
Kontakt: florian.kiefer@ovgu.de

Kilchling, Michael, Dr. jur., geb. 1958 in Baden-Baden, Studium der Rechtswissenschaften, Promotion 1995 an der Albert-Ludwigs-Universität Freiburg zum Thema „Opferinteressen und Strafverfolgung". Wiss. Referent am Max-Planck-Institut für ausländisches und internationales Strafrecht, Abteilung Kriminologie und derzeit Vorsitzender des „European Forum for Restorative Justice".
Kontakt: m.kilchling@mpicc.de

Kirchhoff, Lars, Prof. Dr. jur., geb. 1972 in Bielefeld, Studium der Rechtswissenschaft in Passau und Berlin, Postgraduiertenstudium zum Themenfeld ADR an der Yale Law School, Promotion zum Thema „Paradigms, Process and Practice of

International Mediation". Seit 2008 wiss. Direktor des Instituts für Konfliktmanagement der Europa-Universität Viadrina.
Kontakt: kirchhoff@europa-uni.de

Kohlhage, Gisela, M.A., MM, geb. 1962 in Dortmund, Studium der Sozialen Verhaltenswissenschaft, Erziehungs- und Rechtswissenschaft, Mediation an der FernUniversität in Hagen. Zurzeit Promotionsstudentin an der juristischen Fakultät der FernUni Hagen mit dem Thema Gerechtigkeit in der Mediation. Mitglied der Forschungsgruppe Mediation.
Kontakt: info@mediation-kohlhage.de

Kracht, Stefan, Dr. jur, geb. 1963, Studium der Rechtswissenschaften, 2. Staatsexamen, Promotion 2006 an der FernUniversität in Hagen im öffentlichen Recht. Er ist geschäftsführender Direktor des weiterbildenden Studiengangs Master of Mediation an der FernUniversität in Hagen, Vorsitzender der „Deutschen Gesellschaft für Mediation" und Vizepräsident im Dachverband „Deutsches Forum für Mediation". Forschungsschwerpunkte sind Fragen im Bereich der Ethik, außergerichtliche Streitbeilegung sowie die Mediation im öffentlichen Recht.
Kontakt: Stefan.Kracht@fernuni-hagen.de

Kraft, Volker, Dr. phil. habil., geb. 1951 in Kiel, Studium der Pädagogik und Psychologie, Approbation als Psychotherapeut. Professor für Pädagogik, Sozialpädagogik, Psychologie und Beratung an der HS Neubrandenburg (1995-2016), derzeit am Institut für Pädagogik der CAU Kiel. Forschungsschwerpunkte: Allgemeine Pädagogik, Theorie der Beratung, Psychoanalyse, Systemtheorie, Wissenschaftsforschung.
Kontakt: kraft@paedagogik.uni-kiel.de

Kreuser, Karl, Dr. phil., Dipl.-Ing., geb. 1961 in München, Studium des Bauingenieurwesens, der Soziologie und Philosophie. Promotion 2010 in Hannover. Forschungsprojekte und Publikationen zu Mediationskompetenz, Professioneller Kompetenz und Kollektiver Kompetenz.
Kontakt: karl.kreuser@sokrateam.de

Kriegel-Schmidt, Katharina, Dr. phil., geb. 1979 in Cottbus, Studium der Erziehungswissenschaften, Psychologie und Interkulturellen Wirtschaftskommunikation in Jena, Clermont-Ferrand und Strasbourg, Promotion 2012 in Jena. Vertretungsprofessorin am Lehrstuhl Interkulturalität der BTU Cottbus-Senftenberg. Sie erforscht Mediation in einem kulturwissenschaftlichen Zugriff, ist im

Leitungsteam der Forschungsgruppe Mediation (ForMed) und engagiert sich für die systematische Entwicklung einer deutschsprachigen Mediationsforschung. Sie publiziert vor allem zu Fragestellungen Interkultureller Mediation.
Kontakt: katharina.kriegel-schmidt@b-tu.de

Laufer, Wiebke-Lena, Dr. phil., geb. 1983 in Bielefeld, Studium der Evangelischen Theologie, Mathematik und Erziehungswissenschaften in Bielefeld, Promotion 2015 in Osnabrück mit einer Arbeit zum Thema „Mediation und christliche Verantwortung. Eine mediationstheoretische und systematisch-theologische Untersuchung".
Kontakt: laufer@wisdomensch.de

Lucas, Laila, M.A., geb. 1988 in Berlin, Bachelorstudium der Kulturwissenschaften in Leipzig und Granada (ES) sowie Master in Erwachsenenpädagogik in Berlin. 2016 Masterarbeit zum Diversitätsverständnis in der mediationsbezogenen Weiterbildung. Forschungsschwerpunkte: Mediation und Macht, Subjektivierungstheorie, Migrationspädagogik.
Kontakt: lailalucas@gmx.de

Marx, Ansgar, Prof. Dr. jur., Studium der Rechtswissenschaften an den Universitäten Mainz und Frankfurt a. M. Zweites jur. Staatsexamen. Promotion zum Adoptionsrecht in asiatischen Staaten an der Uni Hamburg. Seit 1994 Professor für Zivilrecht, Familienrecht und Mediation an der Ostfalia HS Braunschweig/Wolfenbüttel. Forschung zu Themen der Mediation in sozialen Arbeitsfeldern am National Conflict Resolution Center, San Diego (US). Publikationen zu Themen des Familienrechts und des Konfliktmanagements.
Kontakt: iko.institut@t-online.de

Mayer, Claude-Hélène, PD Dr. disc. pol. habil., PhD in Management und in Psychologie, geb. 1975 in Göttingen, Studium der Ethnologie, Interkulturellen Didaktik und Sozioökonomik ruraler Entwicklung in Göttingen. 2012 Habilitation in Psychologie mit Schwerpunkt Arbeits-, Organisations- und Kulturpsychologie an der EUV Frankfurt a. d. Oder Visiting Professor an der UNISA (ZA), Senior Research Associate an der Rhodes University (ZA) und Privatdozentin an der EUV Frankfurt a. d. Oder Forschungsschwerpunkte: Interkulturelles Konfliktmanagement und Mediation, mentale Gesundheit in Organisationen und Frauen in Führung.
Kontakt: claudemayer@gmx.net

Mayer, Stefanie, Ass. jur., geb. 1987 in München, Studium der Rechtswissenschaften in München. Derzeit Promotion am Lehrstuhl für Strafrecht, Strafprozessrecht, Kriminologie und Sanktionenrecht (Universität Augsburg) zum Thema „Täter-Opfer-Ausgleich im Strafvollzug".
Kontakt: s.mayer@jofer.de

Mayr, Katharina, Dipl.-Soz., geb. 1979 in Dachau, Studium der Soziologie, BWL und Psychologie in München. Mitarbeiterin am DFG-Forschungsprojekt „Übersetzungskonflikte" an der LMU München. Derzeitiges Dissertationsprojekt zur Regulierung von Patientenautonomie.
Kontakt: Katharina.Mayr@soziologie.uni-muenchen.de

Mess, Anne Christina, Dr. phil., geb. 1962 in Hamburg, Studium der Psychologie an der Universität Hamburg, Master of Mediation an der FernUniversität in Hagen. Promotion zur Wirksamkeit von Trennungs- und Scheidungsmediation an der Universität Hamburg. Sie forscht zu quantenphysikalischen Einflussfaktoren bei intra- und interpersonellen Konflikten.
Kontakt: praxis@acmess.de

Montada, Leo, Prof. em. Dr., Jahrgang 1938, hatte einen Lehrstuhl für Angewandte und Pädag. Psychologie an der Univ. Trier. Er war Gründungspräsident der Intern. Society for Justice Research ISJR, ist Mitglied der Berliner Akademie der Wissenschaften und der Deutschen Nationalakademie Leopoldina. Die Alexander von Humboldt-Stiftung verlieh ihm 1993 den Max-Planck-Forschungspreis für internationale Forschungskooperation. 2004 erhielt er den Franz-Weinert-Preis der Deutschen Gesellschaft für Psychologie, im Jahre 2010 den Life Time Achievement Award der ISJR. Seine zentralen Forschungsthemen sind Gerechtigkeitsprobleme im persönlichen, sozialen und politischen Leben, Ungerechtigkeit und soziale Konflikte, die Steuerung und produktive Nutzung von Emotionen, die Sozialisation und Entwicklung normativer Überzeugungen. Alle diese Themen fließen in seine Publikationen zur produktiven Gestaltung von Mediationen ein.
Kontakt: lmontada@t-online.de

Nenoff, Hans, Dipl.-Sprechwissenschaftler, geb. 1982 in Leipzig, Studium der Sprechwissenschaft in Halle/Saale. Wiss. Mitarbeiter an der Professur für Sprechwissenschaft und Phonetik in Jena. Promoviert zu Gesprächstechniken im Mediationsprozess (bis vsl. 2017).
Kontakt: hans.nenoff@uni-jena.de

Norden, Insa, Ass. jur., geb. 1964 in Münster/Westf., Studium der Rechtswissenschaften und Pädagogik in Frankfurt a. M. Mitwirkung an einer Longitudinalstudie über die Wirkweisen gerichtlicher Mediation am Amts- und Landgericht Kiel.
Kontakt: Insa.Norden@ag-kiel.landsh.de

Pick, Ina, Dr. phil., geb. 1983 in Altenkirchen, Studium der Allgemeinen und Angewandten Sprachwissenschaft an der Universität Wien, 2014 Promotion zum Anwaltlichen Mandantengespräch an der TU Dortmund. DAAD-Postdoc-Forschungsprojekt in Boulder, Colorado, zur Untersuchung von Mediation in Deutschland und den USA aus sprachwissenschaftlicher Perspektive. Zurzeit wiss. Assistentin am Deutschen Seminar (Universität Basel). Forschungsschwerpunkte: Diskurs- und Gesprächsanalyse, Medienlinguistik, Rechtlinguistik, Mediationsforschung, Beratungsforschung, Gesprächstypologisierung, Angewandte Gesprächsforschung.
Kontakt: ina.pick@unibas.ch

Planta, Katrin, M.A., geb. 1982 in Saarlouis, Studium der Politik- und Kommunikationswissenschaften in Münster und Lille (FR) und der internationalen Konfliktbearbeitung in Bradford (GB). Promovendin an der FU Berlin. Seit 2009 wiss. Mitarbeiterin und Projektmanagerin bei der Berghof Foundation. Forschungsschwerpunkte: Verhandlungs- und Mediationsprozesse mit nicht-staatlichen bewaffneten Gruppen, soziale Gewalt im ‚Frieden', Wechselwirkungen und Spannungen zwischen traditionellen und nicht-traditionellen Konfliktbearbeitungsmechanismen.
Kontakt: k.planta@berghof-foundation.org

Rauschenbach, Anne-Katrin, Dipl.-Kauffrau (FH) und M.A., geb. 1977 in Berlin, Studium der Wirtschaftswissenschaften an der FH für Wirtschaft in Berlin, Masterstudium Mediation an der Europa-Universität Viadrina in Frankfurt a. d. Oder Forschung und Publikationen zum Einsatz von Kreativitätstechniken in der Mediation.
Kontakt: info@rauschenbach.berlin

Reitz, Kristina, Prof. Dr., geb. 1966 in Alsfeld, Studium der Rechtswissenschaften, 2. jur. Staatsexamen u. Studium der Sozialarbeit. Promotion 2003 in Gießen zum Thema „Die Behandlung des Sorge(rechts)konfliktes nach elterlicher Trennung oder Scheidung aus systemischer Sicht". Seit 2014 als Professorin an der HS Niederrhein (Fachbereich Sozialwesen) tätig. Forschungsschwerpunkte: Methodenvielfalt in der Mediation, Mediation und Kreativität.
Kontakt: kristina.reitz@hs-niederrhein.de

Roithmaier, Ina, M.Sc., geb. 1993 in München, Studium der Psychologie an der Katholischen Universität Eichstätt-Ingolstadt. Masterarbeit 2016 zum Thema Konflikte in Freiwilligenorganisationen der Flüchtlingshilfe.
Kontakt: ina.roithmaier@gmx.de

Schlupp-Hauck, Wolfgang, Dipl.-Sozialarbeiter (FH), geb. 1957 in Mannheim, Studium an der Kath. Fachhochschule Freiburg. Diplomarbeit 1985 zu gemeinwesenorientierter Friedensarbeit. Vorsitzender der Bundesarbeitsgemeinschaft Täter-Opfer-Ausgleich, publiziert zur Weiterentwicklung des TOA durch Wiedergutmachungskonferenzen und die Ausweitung in den Justizvollzug.
Kontakt: wolfgang.schlupp-hauck@stuttgart.de

Schmidt, Klaus, M.A., geb. 1969 in Pritzwalk, Studium der Erziehungswissenschaften, Psychologie und Soziologie in Jena, Clermont-Ferrand und Strasbourg. Promoviert derzeit an der FSU Jena zu subjektkulturellen Formen des Paares und erforscht in einem kultursoziologischen Zugriff Grundformen der Mediation. Er ist im Leitungsteam der Forschungsgruppe Mediation (ForMed).
Kontakt: Klaus.Schmidt@interculture.de

Schmitt, Gerd, M.A., geb. 1977 in Erlangen, Studium der Soziologie und Erziehungswissenschaften in Münster, Promovend am Center for Migration, Education and Cultural Studies der Carl-von-Ossietzky Universität Oldenburg. Forschungsschwerpunkte: Mediation, Social Justice und Machtkritik, poststrukturalistische Theorie, Affekttheorie, posthumanistische Methodologie.
Kontakt: gerd.schmitt@uni-oldenburg.de

Schmitt, Lars, Prof. Dr. phil., geb. 1972 in Hanau, Studium der Soziologie, Psychologie sowie Friedens- und Konfliktforschung in Marburg. Professor für Politische Soziologie an der HS Düsseldorf, beschäftigt sich mit Konflikt-, Bildungs-, Beratungs- und Politischer Soziologe, v. a. mit Blick auf soziale Ungleichheit und Partizipation. Seinen analytischen und methodologischen Ansatz der Habitus-Struktur-Reflexivität lässt er in die Beratungs- und Mediationspraxis einfließen.
Kontakt: lars.schmitt@hs-duesseldorf.de

Schreiber, Annika, Ass. jur., geb. 1984 in Heidelberg, Studium der Rechtswissenschaften in Freiburg und Montréal, zweites jur. Staatsexamen in Konstanz. Wiss. Mitarbeiterin am Institut für Rechtstatsachenforschung der Universität Konstanz, Promotionsvorhaben zum Thema „Mediation im öffentlichen Bereich

– Bedingungen der Implementierung von Mediationsergebnissen in Verwaltungsentscheidungen".
Kontakt: annika.schreiber@uni-konstanz.de

Schroeter, Kirsten, Dipl.-Psych., geb. 1973 in Hamburg, Studium der Psychologie und Soziologie an der Universität Hamburg sowie am Illinois Institute of Technology (US). Leiterin der Praxisausbildung im Master-Studiengang Mediation an der EUV Frankfurt a. d. Oder Publikationsschwerpunkte: Konzeptuelle und methodische Aspekte von Konfliktbearbeitung in Organisationen und Unternehmen. Mitherausgeberin der Reihe „Interdisziplinäre Studien zu Mediation und Konfliktmanagement" sowie der „Viadrina-Schriftenreihe zu Mediation und Konfliktmanagement".
Kontakt: schroeter@europa-uni.de

Schubert-Panecka, Katarzyna, Dr. jur., geb. 1977 in Słubice (PL), Studium der Rechtswissenschaften an der Juristischen Fakultät der Universität Szczecin und Promotion an der Universität Rostock. Gründungsmitglied und Leitungsteam der Forschungsgruppe Mediation und Sprecherin der DACH-Fachgruppe Polen. Publikations- und Forschungstätigkeit im Bereich Europäisches Prozessrecht, (grenzüberschreitende) Mediation, mediative und interkulturelle Kompetenzen/ Verständigung. Redaktionsmitglied der Perspektive Mediation (u. a. im Bereich Erforschung von Mediation, Interkulturelle Mediation).
Kontakt: ksp@schubert-panecka.eu

Schulz, Katharina, MM, geb. 1983 in Pasewalk, Bachelorstudium Bildungswissenschaft in Magdeburg, Masterfernstudium Mediation in Hagen. Wiss. Mitarbeiterin an der Otto von-Guericke-Universität Magdeburg (Professur Betriebspädagogik).
Kontakt: katharina.schulz@ovgu.de

Thiel, Kathrin, geb. 1986 in Gunzenhausen, Studium für das Lehramt an Grundschulen mit Hauptfach Schulpsychologie. Wiss. Mitarbeiterin und Doktorandin an der Professur für Sozial- und Organisationspsychologie an der Katholischen Universität Eichstätt-Ingolstadt. Schwerpunkte: Gerechtigkeitspsychologie und Konfliktforschung im Bereich des freiwilligen Engagements in Organisationen.
Kontakt: kathrin.thiel@ku.de

Tröndle, Jakob, Dipl-Psych., geb. 1986 in Tübingen, Studium der Psychologie (Nebenfach Philosophie) in Hamburg und Berlin, dort Promotion zur Mediation als Subjektivationsprozess am Fachbereich Erziehungswissenschaft. Mitglied der

Forschungsgruppe Mediation. Publiziert zu Grundlagen der Erforschung von Mediation sowie der Verortung von Mediation im kulturellen Wandel, insbesondere im Kontext der Psychotherapeutik.
Kontakt: jakobtroendle@gmail.com

Wambach-Schulz, Marita K., M.A., geb. 1958 in Heinsberg, Studium der Sozialpädagogik/Sozialarbeit, Psychosoziale Beratung u. Mediation an der HS Niederrhein. Promoviert seit 2014 an der RWTH Aachen zur Erforschung professionellen Handelns im Handlungsfeld anwaltlicher Mediation.
Kontakt: marita.wambach-schulz@hs-niederrhein.de

Wand, Theresa, M.Sc., geb. 1989 in Leipzig, Studium der Betriebswirtschaftslehre in Berlin und Freiberg. Wiss. Mitarbeiterin und Doktorandin am Lehrstuhl für Forschungs- und Entwicklungsmanagement an der TU Bergakademie Freiberg, Promotion zum Thema „Organisation eines Konfliktmanagementsystems und Auswahl von geeigneten Konfliktbeilegungsverfahren".
Kontakt: theresa.wand@bwl.tu-freiberg.de

Weigel, Sascha, Dr. jur., geb. 1977 in Erlabrunn/Sachsen, Studium der Rechtswissenschaften, Geschichte und Publizistik in Berlin und Leipzig, Promotion 2011 in Halle/Saale („Konfliktmanagement in der Verwaltung des aktivierenden Staates mit Mediation und Transaktionsanalyse", Luther-Urkunde). Publiziert zum strategischen Konfliktmanagement in Organisationen, Mediationsstilen und Systemdesign sowie zu den Auswirkungen der Digitalen Transformation für die Lebens- und Arbeitswelt.
Kontakt: s.weigel@inkovema.de

Wendland, Matthias, PD Dr. jur., LL.M., geb. 1975 in Berlin, zweites jur. Staatsexamen in Koblenz, Studium der Rechtswissenschaften in Berlin und Leuven (BE), LL.M.-Studium an der Harvard Law School . 2015 Promotion zu den dogmatischen Grundlagen des Mediationsverfahrens, 2016 Habilitation. Privatdozent am Institut für Internationales Recht (LMU München), Lehrstuhlvertreter an der Universität Konstanz. Forschungsschwerpunkte: gerichtsverbundene Mediation, ADR-Dogmatik, System- und Grundlagenfragen, rechtsphilosophische Grundlagen der Mediation, Verbraucherstreitbeilegung.
Kontakt: wendland@jura.uni-muenchen.de

Druck

Canon Deutschland Business Services GmbH
Ferdinand-Jühlke-Str. 7
99095 Erfurt